교육학
개론

파워특강
교육학개론

개정2판 발행   2025년 01월 10일
개정3판 발행   2026년 01월 09일

편 저 자 | 공무원시험연구소
발 행 처 | (주)서원각
등록번호 | 1999-1A-107호
주   소 | 경기도 고양시 일산서구 덕산로 88-45(가좌동)
교재주문 | 031-923-2051
팩   스 | 031-923-3815
교재문의 | 카카오톡 플러스친구 [서원각]
홈페이지 | www.goseowon.co.kr

▷ 이 책은 저작권법에 따라 보호받는 저작물로 무단전재, 복제, 전송행위를 금지합니다.
▷ 내용의 전부 또는 일부를 사용하려면 저작권자와 (주)서원각의 서면동의를 반드시 받아야 합니다.
▷ ISBN과 가격은 표지 뒷면에 있습니다.
▷ 파본은 구입하신 곳에서 교환해드립니다.

이 책의 머리말

2000년대 들어와서 꾸준히 이어지던 공무원 시험의 인기는 2021년 현재에도 변함이 없으며 9급 공무원 시험 합격선이 꾸준히 상승하고 높은 체감 경쟁률도 보이고 있습니다.

최근의 공무원 시험은 과거와는 달리 단편적인 지식을 확인하는 수준의 문제보다는 기본 개념을 응용한 수능형 문제, 또는 과목에 따라 매우 지엽적인 영역의 문제 등 다소 높은 난도의 문제가 출제되는 경향을 보입니다. 그럼에도 불구하고 합격선이 올라가는 것은 그만큼 합격을 위한 철저한 준비가 필요하다는 것을 의미합니다.

교육행정직은 일반행정직에 비해 교육행정이라는 국한된 영역을 담당합니다. 이러한 특수성으로 인해 행정학에 대한 깊은 지식은 물론, 교육학 이론 전반과 실제 교육현장에서 일어나는 현상을 분석하고 이해하는 안목 역시 요구됩니다. 또한 타 직렬에 비해 선발인원이 적은 만큼 경쟁률이 높으므로 보다 확실한 준비가 필요합니다. 따라서 교육학개론 시험에 자주 출제되는 핵심이론은 반드시 숙지하고, 기출문제와 예상문제를 통해 실제 시험에 출제되는 문제 유형을 파악하여 실전에 대한 감을 충분히 익혀야 합니다.

본서는 광범위한 내용을 체계적으로 정리하여 수험생으로 하여금 보다 효율적인 학습이 가능하도록 구성하였습니다. 핵심이론에 더해 해당 이론에서 출제된 기출문제를 수록하여 실제 출제경향 파악 및 중요 내용에 대한 확인이 가능하도록 하였으며, 출제 가능성이 높은 다양한 유형의 예상문제를 단원평가로 수록하여 학습내용을 점검할 수 있도록 하였습니다.

신념을 가지고 도전하는 사람은 반드시 그 꿈을 이룰 수 있습니다. 서원각 파워특강 시리즈와 함께 공무원 시험 합격이라는 꿈을 이룰 수 있도록 열심히 응원하겠습니다.

특징 및 구성

핵심이론 정리
방대한 양의 기본이론을 체계적으로 정리하여 필수적인 핵심이론을 담았습니다. 교육학개론 영역을 세분화하여 그 흐름을 쉽게 파악할 수 있습니다. 서원각만의 빅데이터로 구축된 빈출 내용을 수록하여 이론 학습과 동시에 문제 출제 포인트 파악이 가능합니다.

기출문제 파악
공무원 시험에서 가장 중요한 것은 기출 동향을 파악하는 것입니다. 이론정리와 기출문제를 함께 수록하여 개념 이해와 출제경향 파악이 즉각적으로 이루어지도록 구성했습니다. 이를 통해 문제에 대한 이해도와 해결능력을 동시에 향상시켜 학습의 효율성을 높였습니다.

예상문제 연계
문제가 다루고 있는 개념과 문제 유형, 문제 난도에 따라 엄선한 예상문제를 수록하여 문제풀이를 통해 기본개념과 빈출이론을 다시 한 번 학습할 수 있도록 구성하였습니다. 예상문제를 통해 응용력과 문제해결능력을 향상시켜 보다 탄탄하게 실전을 준비할 수 있습니다.

최신 기출문제 수록
최근 시행된 국가직 및 지방직, 서울시 기출문제를 수록하였습니다. 최신 기출 동향을 파악하고 학습된 이론을 기출과 연계하여 정리할 수 있습니다.

반복학습
반복학습은 자신의 약점을 보완하고 학습한 내용을 온전히 자기 것으로 만드는 과정입니다. 반복학습을 통해 이전 학습에서 확실하게 깨닫지 못했던 세세한 부분까지 철저히 파악하여 보다 완벽하게 실전에 대비할 수 있습니다.

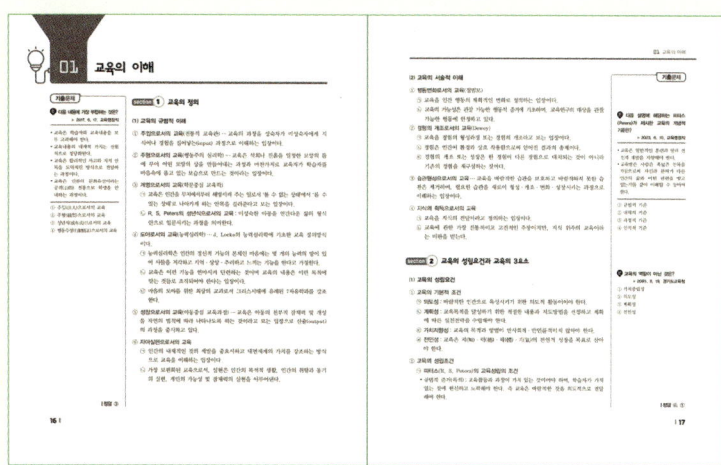

핵심이론정리

1. 이론 정리
교육학개론 핵심이론을 이해하기 쉽게 체계적으로 요약하여 정리했습니다.

2. 기출문제 연계
이론학습이 기출문제 풀이와 바로 연결될 수 있도록 이론과 기출문제를 함께 수록하였습니다.

문제유형파악

1. 단원별 예상문제
기출문제 분석을 통해 예상문제를 엄선하여 다양한 유형과 난도로 구성하였습니다.

2. 핵심을 콕!
핵심이론을 반영한 문제 구성으로 앞서 배운 이론복습과 실전대비가 동시에 가능합니다.

3. 친절한 해설
수험생의 빠른 이해를 돕기 위해 세심하고 친절한 해설을 담았습니다.

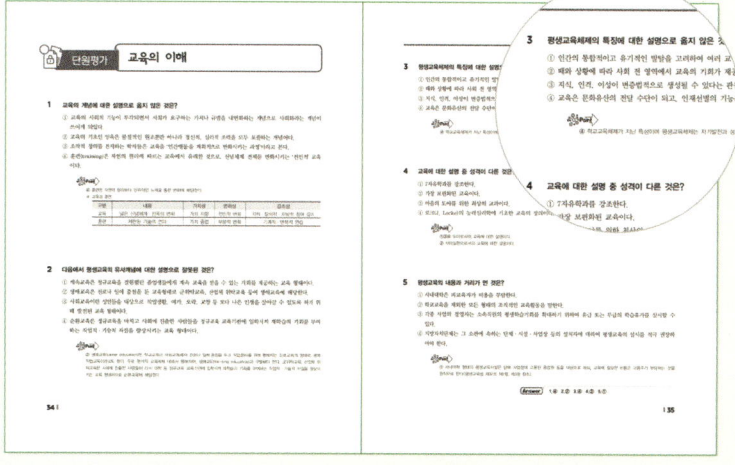

이론팁

1. 포인트 팁
학습의 포인트가 될 수 있는 중요 내용을 한눈에 파악할 수 있도록 구성하였습니다.

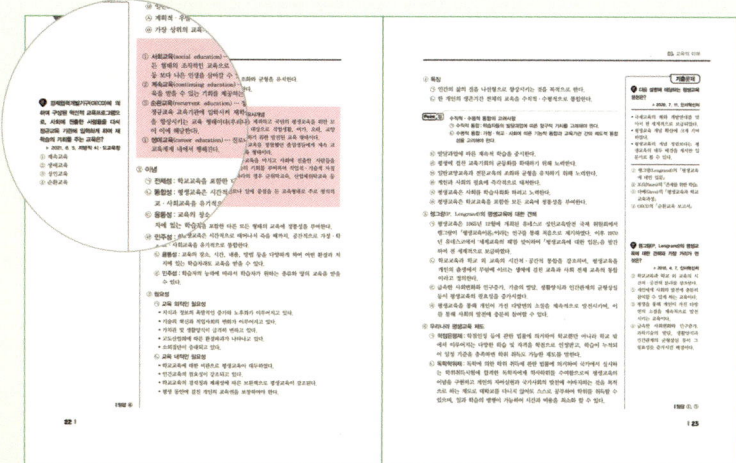

이 책의 차례

PART 01

교육의 이해
- Section.01 교육의 정의 ········· 14
- Section.02 교육의 성립요건과 교육의 3요소 ········· 15
- Section.03 교육과 훈련의 구분 ········· 17
- Section.04 교육의 목적 ········· 17
- Section.05 교육의 유형 ········· 19
- Section.06 교육제도론 ········· 29

PART 02

한국교육사
- Section.01 삼국시대의 교육 ········· 50
- Section.02 고려시대의 교육 ········· 52
- Section.03 조선시대의 교육 ········· 56
- Section.04 근대의 교육 ········· 62
- Section.05 현대의 교육 ········· 65

PART 03

서양교육사
- Section.01 그리스의 교육 ········· 90
- Section.02 로마의 교육 ········· 93
- Section.03 중세교육 ········· 96
- Section.04 문예부흥기의 교육 ········· 99
- Section.05 17세기 실학주의 교육 ········· 102
- Section.06 18세기의 교육 ········· 105
- Section.07 19세기의 교육 ········· 108
- Section.08 20세기의 교육 ········· 113

PART 04 교육철학

- Section.01 학문적 성격 ········· 136
- Section.02 전통적 교육철학 ········· 138
- Section.03 현대의 교육철학 ········· 140
- Section.04 20세기 후반의 교육철학 ········· 144
- Section.05 동양의 교육철학 ········· 149

PART 05 교육과정

- Section.01 교육과정의 개념 ········· 164
- Section.02 교육과정의 구성요소 ········· 165
- Section.03 교육과정의 구성절차 ········· 166
- Section.04 교육과정의 유형 ········· 170
- Section.05 타일러(Tyler) 합리적 모형 ········· 177
- Section.06 우리나라의 교육과정 ········· 181

PART 06 교육공학 및 교육방법

- Section.01 교육공학의 기초 ········· 220
- Section.02 시청각교육 ········· 224
- Section.03 교수매체 ········· 226
- Section.04 컴퓨터와 교육 ········· 228
- Section.05 교육과 뉴미디어 ········· 230

이 책의 차례

PART 07

교육심리학

Section.01 교육심리학의 기초 ········· 242
Section.02 학습자의 발달과 교육 ········· 244
Section.03 발달이론 ········· 247
Section.04 인지적 특성과 발달 ········· 256
Section.05 정의적 특성과 교육 ········· 262
Section.06 학습이론 ········· 267
Section.07 적응·부적응·정신위생 ········· 275
Section.08 발달의 개인차 ········· 278

PART 08

교육평가

Section.01 교육평가의 기초 ········· 304
Section.02 교육평가의 유형 ········· 307
Section.03 교육평가의 절차 ········· 313
Section.04 교육평가의 모형 ········· 317

PART 09 교육사회학

Section.01 교육사회학의 기초 ·········· 334
Section.02 교육사회학의 제 이론 ·········· 337
Section.03 사회화와 교육 ·········· 344
Section.04 문화와 교육 ·········· 348
Section.05 교육의 기회균등육 ·········· 349
Section.06 학력상승이론 ·········· 353
Section.07 발전교육론 ·········· 355

PART 10 교수-학습이론

Section.01 교수-학습이론의 기초 ·········· 372
Section.02 수업설계 ·········· 375
Section.03 교수-학습방법 ·········· 376
Section.04 수업의 실제 ·········· 384
Section.05 교수-학습이론 ·········· 387

이 책의 차례

PART 11

생활지도
- Section.01 생활지도의 의의 ········· 412
- Section.02 상담 ········· 413
- Section.03 상담이론 ········· 416
- Section.04 생활지도의 실제 ········· 420

PART 12

교육행정학
- Section.01 교육행정의 기초 ········· 434
- Section.02 교육행정이론의 발달과정 ········· 436
- Section.03 동기이론 ········· 439
- Section.04 의사결정이론 ········· 442
- Section.05 지도성이론 ········· 444
- Section.06 교육행정조직론 ········· 446
- Section.07 교육기획 및 교육정책 ········· 457
- Section.08 장학론 ········· 459
- Section.09 교육재정론 ········· 463
- Section.10 교육인사행정 ········· 466

PART 13

교육연구
- Section.01 교육연구의 이해 ········· 488
- Section.02 표집(sampling) ········· 489
- Section.03 연구의 도구 ········· 490
- Section.04 연구방법의 종류 ········· 493

PART 14 교육통계

- Section.01 교육통계의 기초 ········· 502
- Section.02 집중경향치와 변산도 ········· 503
- Section.03 정상분포곡선과 상관도 ········· 505
- Section.04 원점수와 표준점수 ········· 506
- Section.05 문항의 통계적 분석 ········· 508

PART 15 관련 법령

- Section.01 교육기본법 ········· 516
- Section.02 초·중등교육법 ········· 518
- Section.03 사립학교법 ········· 523
- Section.04 지방교육재정교부금법 ········· 525
- Section.05 평생교육법 ········· 527
- Section.06 교육공무원법 ········· 531
- Section.07 지방교육자치에 관한 법률 ········· 536
- Section.08 공교육 정상화 촉진 및 선행교육 규제에 관한 특별법 ········· 539
- Section.09 학교폭력예방 및 대책에 관한 법률 ········· 542
- Section.10 독학에 의한 학위취득에 관한 법률 ········· 547

교육의 이해

01 교육의 정의
02 교육의 성립요건과 교육의 3요소
03 교육과 훈련의 구분
04 교육의 목적
05 교육의 유형
06 교육제도론

01 교육의 이해

기출문제

문 다음 내용에 가장 부합하는 것은?
▶ 2017. 6. 17. 교육행정직

- 교육은 학습자와 교육내용을 모두 고려해야 한다.
- 교육내용의 내재적 가치는 선험적으로 정당화된다.
- 교육은 합리적인 사고와 지적 안목을 도덕적인 방식으로 전달하는 과정이다.
- 교육은 인류의 문화유산이라는 공적(公的) 전통으로 학생을 안내하는 과정이다.

① 주입(注入)으로서의 교육
② 주형(鑄型)으로서의 교육
③ 성년식(成年式)으로서의 교육
④ 행동수정(行動修正)으로서의 교육

┃정답 ③

section 1 교육의 정의

(1) 교육의 규범적 이해

① **주입으로서의 교육(전통적 교육관)** … 교육의 과정을 성숙자가 미성숙자에게 지식이나 경험을 집어넣는(input) 과정으로 이해하는 입장이다.

② **주형으로서의 교육(행동주의 심리학)** … 교육은 석회나 진흙을 일정한 모양의 틀에 부어 어떤 모양의 상을 만들어내는 과정과 마찬가지로 교육자가 학습자를 마음속에 품고 있는 모습으로 만드는 것이라는 입장이다.

③ **계명으로서의 교육(학문중심 교육학)**
　㉠ 교육은 인간을 무지에서부터 해방시켜 주는 일로서 '볼 수 없는 상태'에서 '볼 수 있는 상태'로 나아가게 하는 안목을 길러준다고 보는 입장이다.
　㉡ R. S. Peters의 성년식으로서의 교육 : 미성숙한 아동을 인간다운 삶의 형식 안으로 입문시키는 과정을 의미한다.

④ **도야로서의 교육(능력심리학)** … J. Locke의 능력심리학에 기초한 교육 정의방식이다.
　㉠ 능력심리학은 인간의 정신적 기능의 본체인 마음에는 몇 개의 능력의 방이 있어 사물을 지각하고 기억·상상·추리하고 느끼는 기능을 한다고 가정한다.
　㉡ 교육은 이런 기능을 연마시켜 단련하는 것이며 교육의 내용은 이런 목적에 맞는 것들로 조직되어야 한다는 입장이다.
　㉢ 마음의 도야를 위한 최상의 교과로서 그리스시대에 유래된 7자유학과를 강조한다.

⑤ **성장으로서의 교육(아동중심 교육과정)** … 교육은 아동의 천부적 잠재력 및 개성을 자연의 법칙에 따라 나타나도록 하는 것이라고 보는 입장으로 산출(output)의 과정을 중시하고 있다.

⑥ **자아실현으로서의 교육**
　㉠ 인간의 내재적인 것의 계발을 중요시하고 내면세계의 가치를 강조하는 방식으로 교육을 이해하는 입장이다.
　㉡ 가장 보편화된 교육으로서, 실현은 인간의 목적적 생활, 인간의 취향과 동기의 실현, 개인의 가능성 및 잠재력의 실현을 이루어낸다.

(2) 교육의 서술적 이해

① 행동변화로서의 교육(정범모)
  ㉠ 교육을 인간 행동의 계획적인 변화로 정의하는 입장이다.
  ㉡ 교육의 가능성은 관찰 가능한 행동적 증거에 기초하며, 교육연구의 대상을 관찰 가능한 행동에 한정하고 있다.

② 경험의 개조로서의 교육(Dewey)
  ㉠ 교육을 경험의 형성과정 또는 경험의 개조라고 보는 입장이다.
  ㉡ 경험은 인간이 환경과 상호 작용함으로써 얻어진 결과의 총체이다.
  ㉢ 경험의 개조 또는 성장은 한 경험이 다른 경험으로 대치되는 것이 아니라 기존의 경험을 재구성하는 것이다.

③ 습관형성으로서의 교육 … 교육을 바람직한 습관을 보호하고 바람직하지 못한 습관은 제거하며, 필요한 습관을 새로이 형성·개조·변화·성장시키는 과정으로 이해하는 입장이다.

④ 지식의 획득으로서의 교육
  ㉠ 교육을 지식의 전달이라고 정의하는 입장이다.
  ㉡ 교육에 관한 가장 전통적이고 고전적인 주장이지만, 지식 위주의 교육이라는 비판을 받는다.

section 2 교육의 성립요건과 교육의 3요소

(1) 교육의 성립요건

① 교육의 기본적 조건
  ㉠ 의도성: 바람직한 인간으로 육성시키기 위한 의도적 활동이어야 한다.
  ㉡ 계획성: 교육목적을 달성하기 위한 적절한 내용과 지도방법을 선정하고 계획에 따른 실천전략을 수립해야 한다.
  ㉢ 가치지향성: 교육의 목적과 방법이 반사회적·반인륜적이지 않아야 한다.
  ㉣ 전인성: 교육은 지(知)·덕(德)·체(體)·기(氣)의 전인적 성장을 목표로 삼아야 한다.

② 교육의 성립조건
  ㉠ 피터스(R. S. Peters)의 교육성립의 조건
    • 규범적 준거(목적): 교육활동과 과정이 가치 있는 것이어야 하며, 학습자가 가치 있는 것에 헌신하고 노력해야 한다. 즉 교육은 바람직한 것을 의도적으로 전달해야 한다.

기출문제

문 다음 설명에 해당하는 피터스(Peters)가 제시한 교육의 개념적 기준은?
▶ 2023. 6. 10. 교육행정직

• 교육은 일반적인 훈련과 달리 전인적 계발을 지향해야 한다.
• 교육받은 사람은 폭넓은 안목을 가짐으로써 자신과 분야가 다른 인간의 삶과 어떤 관련을 맺고 있는지를 깊이 이해할 수 있어야 한다.

① 규범적 기준
② 내재적 기준
③ 과정적 기준
④ 인지적 기준

문 교육의 역할이 아닌 것은?
▶ 2005. 8. 19. 경기도교육청
① 가치중립성
② 의도성
③ 계획성
④ 전인성

정답 ④, ①

PART 1 교육의 이해

기출문제

문 피터스(R.Peters)는 교육의 개념을 3가지 준거로 구분하였다. 그 중 규범적 준거(normative criterion)에 근거한 교육의 개념으로 옳은 것만을 모두 고른 것은?
▶ 2018. 4. 7. 인사혁신처

㉠ '무엇인가 가치있는 것'을 추구하는 활동이다.
㉡ 학습자의 의식과 자발성을 전제하는 것이다.
㉢ 지식, 이해, 인지적 안목을 길러주는 것이다.

① ㉠
② ㉢
③ ㉡, ㉢
④ ㉠, ㉡, ㉢

|정답 ①

- 인지적 준거(내용) : 가치 있는 것의 구체적인 내용으로서 지식, 인지적 안목, 이해를 들 수 있다. 즉 교육은 무용(無用)하지 않은 지식과 이해, 인지적 전망을 내포해야 한다.
- 과정적 준거(방법) : 교육내용이 가치 있는 것이라도 그것의 전달방법이나 전달과정이 도덕적으로 온당하지 않으면 교육적 활동이 아니다. 즉 교육은 학습자의 자발적 기지가 결여된 절차는 배제하여야 한다.

ⓒ 교육성립의 조건(김종서 외)
- 인간의 성장가능성 : 인간은 무한한 성장가능성을 지닌 존재라는 신념이 전제되어야 한다.
- 성장력 : 성장가능성 속에 내재하는 성장욕구로서 스스로 자라고자 하는 충동을 의미한다.
- 상호작용 : 개체와 환경의 상호작용을 통해서만 교육이 가능한 것으로 인간의 성장가능성을 실현시킬 수 있는 조건을 의미한다.
- 교육목적 : 자기실현의 성숙한 인간으로 키우는 것을 의미한다.

(2) 교육의 3요소

① 교육의 3요소
  ㉠ 교사 : 형식교육이나 비형식교육에서 가르치는 입장에 있는 사람이다.
  ㉡ 학생 : 배우는 입장에 있는 사람이다.
  ㉢ 교육내용 : 가르치는 사람과 배우는 사람을 연결시켜 주는 매개물, 교육재료나 교육과정으로서 학생의 성장·발달을 촉진하는 수단적 기능을 하는 문화재와 경험적 요소가 모두 포함된다.
  ㉣ 교육활동 : 교육의 3요소(교사, 학생, 교육내용)의 상호작용에 의해 이루어진다.

② J. J. Rousseau의 교육의 3요소
  ㉠ 자연 : 인간 내부의 자연성을 의미하며, 아동의 소질과 성장의 힘을 말한다.
  ㉡ 사물 : 인간 내부에 영향을 끼치는 외적 환경을 의미한다.
  ㉢ 인간 : 인간에 의한 인간교육을 의미한다.

③ Aristoteles의 개인 완성의 3요소
  ㉠ 자연적 요소 : 인간은 질료적 기체로서 가변적이다.
  ㉡ 습관 : 훈련에 의해서 선하게 또는 악하게 되는 것이다.
  ㉢ 이성 : 인간을 인간답게 완성하는 근본적인 요소이다.

④ Erasmus의 교육의 3요소
  ㉠ 자연 : 훈련받아야 할 내면적인 능력인 동시에 발달가능성인 천성을 의미한다.
  ㉡ 훈련 : 교수나 지도를 응용하는 것을 의미한다.
  ㉢ 연습 : 자연에 의하여 부여받고 훈련에 의하여 촉진되는 활동력을 의미한다.

section 3 교육과 훈련의 구분

(1) 교육과 훈련(R. S. Peters)

구분	내용	가치성	변화성	강조점
교육	넓은 신념체계·안목의 변화	가치지향	전인적 변화	지적·창의적·자발적 참여 강조
훈련	제한된 기술의 연마	가치중립	부분적 변화	기계적·반복적 연습

(2) 교수와 교화(T. F. Green)

구분	내용	주요 활동	강조점
교수	지식, 신념의 형성·이해	근거 또는 이유를 밝힘	이해의 추구
교화	지식, 신념의 전달 또는 채택 여부	근거 또는 이유를 밝히는 것은 부차적	정답의 강조

(3) 교육과 교도

① 교육 … 정상적인 사람을 정상적으로 유지·발전시켜 주는 것이다.

② 교도 … 정상적인 사람이 비정상적으로 되었을 때 정상적으로 환원시켜 주는 것으로 개인의 법적·사회적 책임감을 회복시키는 것을 목적으로 한다.

section 4 교육의 목적

(1) 교육목적의 개념

교육목적이란 교육의 여러 가지 조건을 고려하면서 교육을 통해서 성취하려고 하는 궁극적 표적이며 교육이 지향하는 기본적인 방향이다.

① 교육의 궁극적인 목적은 이상적 인간상을 형성하는 것이다.

② 교육목적은 완성되는 것이 아니고 교육의 과정을 통하여 하나씩 실현해 가는 것이다.

기출문제

문 다음 교육과 훈련의 차이점 중 틀린 것은?
▶ 2007. 10. 27. 전라남도교육청

① 교육은 가치지향적이나 훈련은 가치중립적이다.
② 교육은 인간 특성의 일부를 변화시키지만 훈련은 전인적 변화를 가져온다.
③ 교육은 인간의 신념체계의 변화에 관여하지만, 훈련은 제한된 기술의 연마이다.
④ 교육은 지적·창의적 참여를 강조하지만 훈련은 기계적 학습을 강조한다.

| 정답 ②

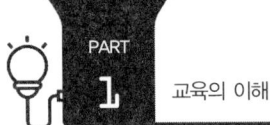

> 기출문제

(2) 교육목적의 기능

① **방향제시의 기능** … 교육목적은 교육활동의 구체적 방향을 제시한다.

② **선정·조직의 기준** … 교육목적은 교육내용의 선정 및 조직의 기준이 된다(학습경험).

③ **교육활동의 통제기능** … 교육목적은 교육활동을 통제하는 기능을 한다.

④ **교육(학습)평가의 기준** … 교육목적은 교수·학습활동 종료 시에 교육평가의 기준이 된다.

⑤ **동기유발기능** … 교육목적은 학습동기를 유발한다.

⑥ 교육목표가 명세화되고 학습자가 이를 자각적으로 인식할 경우 학습동기, 학습성취, 파지, 일반화, 전이가 높아진다.

(3) 교육목적의 내재설과 외재설

① **교육목적의 내재설**(J. Dewey, R. S. Peters)
  ⊙ 교육의 목적은 교육과정 자체 속에 존재하며, 교육은 다른 어떤 것을 위한 수단이 될 수 없다는 입장이다.
  ⓒ 인격의 완성이나 자아실현이 교육의 목적이다.
  ⓒ 교육목적으로서의 교육과정을 중시한다.

② **교육목적의 외재설**(G. Langford)
  ⊙ 교육은 하나의 도구와 같아서 인간의 필요에 의해 목적을 달성하기 위한 수단으로 이용될 수 있다는 입장이다.
  ⓒ 정치발전, 경제발전, 사회발전이 교육의 목적이다.

(4) 우리나라 교육목적

① **일반적 교육목적**
  ⊙ **교육이념** : 홍익인간의 이념
  ⓒ **교육목적** : 인격도야(개성교육), 자주적 생활능력(생활교육), 민주시민으로서의 자질(시민교육), 민주국가 발전과 인류공영의 이상 실현

② **유치원**〈유아교육법 제11조·제24조〉
  ⊙ **입학연령** : 유치원에 입학할 수 있는 사람은 유아로 한다.
  ⓒ **무상교육** : 초등학교 취학직전 3년의 유아교육은 무상으로 실시하되, 무상의 내용 및 범위는 대통령령으로 정한다.

③ **초등학교**〈초·중등교육법 제38조〉 … 초등학교는 국민생활에 필요한 기초적인 초등교육을 하는 것을 목적으로 한다.

④ 중학교 · 고등공민학교
  ㉠ 중학교〈초 · 중등교육법 제41조〉: 중학교는 초등학교에서 받은 교육의 기초 위에 중등교육을 하는 것을 목적으로 한다.
  ㉡ 고등공민학교〈초 · 중등교육법 제44조〉: 고등공민학교는 중학교 과정의 교육을 받지 못하고 취학연령을 초과한 사람 또는 일반 성인에게 국민생활에 필요한 중등교육과 직업교육을 하는 것을 목적으로 한다.
⑤ 고등학교 · 고등기술학교
  ㉠ 고등학교〈초 · 중등교육법 제45조〉: 고등학교는 중학교에서 받은 교육의 기초 위에 중등교육 및 기초적인 전문교육을 하는 것을 목적으로 한다.
  ㉡ 고등기술학교
    • 고등기술학교는 국민생활에 직접 필요한 직업기술교육을 하는 것을 목적으로 한다〈초 · 중등교육법 제54조 제1항〉.
    • 고등기술학교에 입학할 수 있는 사람은 중학교 또는 고등공민학교(3년제)를 졸업한 사람, 중학교를 졸업한 사람과 동등한 학력이 인정되는 시험에 합격한 사람, 그 밖에 법령에 따라 이와 동등 이상의 학력이 있다고 인정된 사람으로 한다〈초 · 중등교육법 제54조 제3항〉.
    • 고등기술학교에는 고등학교를 졸업한 사람 또는 법령에 따라 이와 같은 수준 이상의 학력이 있다고 인정된 사람에게 특수한 전문기술교육을 하기 위하여 수업연한이 1년 이상인 전공과(專攻科)를 둘 수 있다〈초 · 중등교육법 제54조 제4항〉.

section 5 교육의 유형

(1) 평생교육
① 개념 … 일생을 통한 다음의 교육으로 모든 교육을 포함하는 가장 상위의 교육 개념이다.
  ㉠ 태어나서부터 죽을 때까지 한 개인의 생존기간에 걸쳐서 이루어지는 교육을 수직적으로 통합한 교육과 가정 · 학교 · 사회에 걸쳐서 이루어지는 교육을 수평적으로 총합한 교육을 총칭한다.
  ㉡ 계속적인 소질의 계발과 사회발전에 참여하며, 계속적인 자기갱신과 사회적 응을 위한 교육이다.
  ㉢ 학교의 사회화, 사회의 교육화를 이루려는 교육이며, 전 생애를 통해 학습기회를 제공하는 교육이다.
  ㉣ 인간성의 조화로운 발달과 변화하는 사회에 대처하기 위한 교육이며, 인간의 삶의 질을 향상시키기 위해 수직적 · 수평적인 교육을 통합한다.
  ㉤ 공동체 복지를 증진시키기 위한 인간화 교육이다.

기출문제

문 「초 · 중등교육법」 및 동법 시행령상 학교에 대한 설명으로 옳지 않은 것은?
▶ 2015. 4. 18. 인사혁신처
① 자율고등학교는 자율형 사립고와 자율형 공립고, 자율학교로 구분된다.
② 교육감이 특성화중학교를 지정 · 고시하고자 하는 경우에는 미리 교육부장관의 동의를 받아야 한다.
③ 교육감이 특성화중학교의 지정을 취소하는 경우에는 미리 교육부장관의 동의를 받아야 한다.
④ 교육감이 외국어 계열의 특수목적고등학교를 지정 · 고시하고자 하는 경우에는 미리 교육부장관의 동의를 받아야 한다.

문 평생교육에 대한 설명으로 옳지 않은 것은?
▶ 2025. 6. 21. 제1회 지방직
① 학교가 교육을 독점하는 것을 인정한다.
② 계획적인 학습과 우발적인 학습을 모두 포함한다.
③ 모든 기관과 모든 장소에서 이루어지는 교육을 수평적으로 통합한 것이다.
④ 한 개인의 생존기간 전체에 걸쳐 이루어지는 교육을 수직적으로 통합한 것이다.

정답 ①, ①

기출문제

문 경제협력개발기구(OECD)에 의하여 구상된 혁신적 교육프로그램으로, 사회에 진출한 사람들을 다시 정규교육 기관에 입학하게 하여 재학습의 기회를 주는 교육은?
▶ 2021. 6. 5. 지방직 시·도교육청

① 계속교육
② 생애교육
③ 성인교육
④ 순환교육

ⓑ 일반교양교육과 전문교육 사이의 조화와 균형을 유지한다.
ⓢ 계획적·우발적 학습을 모두 포함한다.
ⓞ 가장 상위의 교육개념이다.

> **평생교육의 유사개념**
> ① 사회교육(social education) … 학교교육을 제외하고 국민의 평생교육을 위한 모든 형태의 조직적인 교육으로 성인들을 대상으로 직업생활, 여가, 오락, 교양 등 보다 나은 인생을 살아갈 수 있도록 하기 위한 발전된 교육 형태이다.
> ② 계속교육(continuing education) … 정규교육을 경험했던 졸업생들에게 계속 교육을 받을 수 있는 기회를 제공하는 교육 형태이다.
> ③ 순환교육(recurrent education) … 정규교육을 마치고 사회에 진출한 사람들을 정규교육 교육기관에 입학시켜 재학습의 기회를 부여하여 직업적·기술적 자질을 향상시키는 교육 형태이다(우리나라의 경우 군위탁교육, 산업체위탁교육 등이 이에 해당한다).
> ④ 생애교육(career education) … 진로나 일에 중점을 둔 교육형태로 주로 형식적 교육체제 내에서 행해진다.

② 이념
  ㉠ **전체성**: 학교교육을 포함한 다른 모든 형태의 교육에 정통성을 부여한다.
  ㉡ **통합성**: 평생교육은 시간적으로 태어나서 죽을 때까지, 공간적으로 가정·학교·사회교육을 유기적으로 통합한다.
  ㉢ **융통성**: 교육의 장소, 시간, 내용, 방법 등을 다양하게 하여 어떤 환경과 처지에 있는 학습자라도 교육을 받을 수 있다.
  ㉣ **민주성**: 학습자의 능력에 따라서 학습자가 원하는 종류와 양의 교육을 받을 수 있다.

③ 필요성
  ㉠ 교육 외적인 필요성
    • 지식과 정보의 폭발적인 증가와 노후화가 이루어지고 있다.
    • 기술의 혁신과 직업사회의 변화가 이루어지고 있다.
    • 가치관 및 생활양식이 급격히 변하고 있다.
    • 고도산업화에 따른 환경파괴가 나타나고 있다.
    • 소외집단이 증대되고 있다.
  ㉡ 교육 내적인 필요성
    • 학교교육에 대한 비판으로 평생교육이 대두하였다.
    • 인간교육의 필요성이 강조되고 있다.
    • 학교교육의 경직성과 폐쇄성에 따른 보완책으로 평생교육이 강조된다.
    • 평생 동안에 걸친 개인의 교육권을 보장하여야 한다.

|정답 ④

④ 특징
  ㉠ 인간의 삶의 질을 나선형으로 향상시키는 것을 목적으로 한다.
  ㉡ 한 개인의 생존기간 전체의 교육을 수직적·수평적으로 통합한다.

> **Point 팁** 수직적·수평적 통합의 고려사항
>   ㉠ 수직적 통합: 학습자들의 발달과업에 따른 항구적 가치를 고려해야 한다.
>   ㉡ 수평적 통합: 가정·학교·사회에 따른 기능적 통합과 교육기관 간의 제도적 통합성을 고려해야 한다.

  ㉢ 발달과업에 따른 계속적 학습을 중시한다.
  ㉣ 평생에 걸친 교육기회의 균등화를 확대하기 위해 노력한다.
  ㉤ 일반교양교육과 전문교육의 조화와 균형을 유지하기 위해 노력한다.
  ㉥ 개인과 사회의 필요에 즉각적으로 대처한다.
  ㉦ 평생교육은 사회를 학습사회화 하려고 노력한다.
  ㉧ 평생교육은 학교교육을 포함한 모든 교육에 정통성을 부여한다.

⑤ 랭그랑(P. Lengrand)의 평생교육에 대한 견해
  ㉠ 평생교육은 1965년 12월에 개최된 유네스코 성인교육발전 국제 위원회에서 랭그랑이「평생교육이론」이라는 연구를 통해 처음으로 제기하였다. 이후 1970년 유네스코에서 '세계교육의 해'를 맞이하여『평생교육에 대한 입문』을 발간하여 전 세계적으로 보급하였다.
  ㉡ 학교교육과 학교 외 교육의 시간적·공간적 통합을 강조하며, 평생교육을 개인의 출생에서 무덤에 이르는 생애에 걸친 교육과 사회 전체 교육의 통합이라고 정의한다.
  ㉢ 급속한 사회변화와 인구증가, 기술의 발달, 생활양식과 인간관계의 균형상실 등이 평생교육의 필요성을 증가시켰다.
  ㉣ 평생교육을 통해 개인이 가진 다방면의 소질을 계속적으로 발전시키며, 이를 통해 사회의 발전에 충분히 참여할 수 있다.

⑥ 우리나라 평생교육 제도
  ㉠ **학점은행제**: 학점인정 등에 관한 법률에 의거하여 학교뿐만 아니라 학교 밖에서 이루어지는 다양한 학습 및 자격을 학점으로 인정받고, 학습이 누적되어 일정 기준을 충족하면 학위 취득도 가능한 제도를 말한다.
  ㉡ **독학학위제**: 독학에 의한 학위 취득에 관한 법률에 의거하여 국가에서 실시하는 학위취득시험에 합격한 독학자에게 학사학위를 수여함으로써 평생교육의 이념을 구현하고 개인의 자아실현과 국가사회의 발전에 이바지하는 것을 목적으로 하는 제도로 대학교를 다니지 않아도 스스로 공부하여 학위를 취득할 수 있으며, 일과 학습의 병행이 가능하여 시간과 비용을 최소화 할 수 있다.

기출문제

문 다음 설명에 해당하는 평생교육 문헌은?
▶ 2020. 7. 11. 인사혁신처

• 국제교육의 해와 개발연대를 맞아서 전 세계적으로 보급되었다.
• 평생교육 개념 확산에 크게 기여하였다.
• 평생교육의 개념 정립보다는 평생교육의 대두 배경을 제시한 입문서로 볼 수 있다.

① 랭그랑(Lengrand)의『평생교육에 대한 입문』
② 포르(Faure)의『존재를 위한 학습』
③ 다베(Dave)의『평생교육과 학교교육과정』
④ OECD의『순환교육 보고서』

문 랭그랑(P. Lengrand)의 평생교육에 대한 견해와 가장 거리가 먼 것은?
▶ 2018. 4. 7. 인사혁신처

① 학교교육과 학교 외 교육의 시간적·공간적 분리를 강조한다.
② 개인에게 사회의 발전에 충분히 참여할 수 있게 하는 교육이다.
③ 평생을 통해 개인이 가진 다방면의 소질을 계속적으로 발전시키는 교육이다.
④ 급속한 사회변화와 인구증가, 과학기술의 발달, 생활양식과 인간관계의 균형상실 등이 그 필요성을 증가시킨 배경이다.

┃정답 ①, ①

PART 1 교육의 이해

기출문제

문 다음에 해당하는 우리나라의 평생교육 제도는?
▶ 2021. 4. 17. 인사혁신처

- 국민의 학력·자격이수 결과에 대한 사회적 인정 및 활용기반을 확대하기 위한 제도이다.
- 학교교육, 비형식교육 등 국민의 다양한 개인적 학습경험을 학습이력관리시스템으로 누적·관리한다.

① 학습휴가제
② 학습계좌제
③ 시간제 등록제
④ 평생교육 바우처

문 평생교육 제도에 대한 설명으로 옳지 않은 것은?
▶ 2022. 6. 18. 교육행정직

① 학습휴가제 – 평생학습 기회를 확대하기 위하여 소속 직원에게 유급 또는 무급의 학습휴가를 실시할 수 있다.
② 평생교육이용권 – 국민에게 평생교육의 기회를 제공하기 위하여 신청을 받아 평생교육이용권을 발급할 수 있다.
③ 학습계좌제 – 평생교육을 촉진하고 인적자원의 개발·관리를 위해 국민의 개인적 학습경험을 종합적으로 집중 관리한다.
④ 독학학위제 – 고등학교 졸업이나 이와 같은 수준 이상의 학력을 인정받지 못한 경우에도 학사학위 취득시험의 응시 자격이 있다.

│정답 ②, ④

ⓒ 학습휴가제: 도서비, 교육비, 연구비 등 학습비를 지원하는 것을 말한다.
ⓔ 학습계좌제: 평생교육법에 따라 평생교육을 촉진하고 인적자원의 개발·관리를 위하여 국민의 개인적 학습경험을 종합적으로 집중 관리하는 제도로, 개인의 다양한 학습경험을 공식적인 이력부에 종합적으로 누적·관리하고 그 결과를 학력이나 자격인정과 연계하거나 고용정보로 활용하는 제도를 말한다. 국민의 평생교육, 취업자의 계속교육을 촉진하기 위하여 개별적으로 취득한 학력, 학위, 자격 등 인증된 학습경험과 학교의 교육 등에서 얻은 학습경험을 누적 기록·관리하고 이를 객관적으로 인증하기 위한 제도이다.
ⓜ 문하생 학점·학력 인정제: 국가무형문화재의 보류자로 인정된 사람과 그 전수교육을 받은 사람으로서 대통령령으로 정하는 사람은 그에 상당하는 학점을 인정받는 제도이다.
ⓗ 시간제 등록제: 대학의 입학 자격이 있는 사람이 시간제로 등록하여 수업을 받을 수 있게 하는 제도를 말한다.

(2) 전인교육

① **개념** … 지·덕·체·기의 모든 면에서 조화로운 발달을 도모하기 위한 전인격적 교육을 의미하는 것으로, 전인교육의 궁극적 목표는 자아실현을 도모하는 교육이다.

② **필요성**
  ㉠ 인간의 자아실현
  ㉡ 학문중심 교육과정의 보완책
  ㉢ 학교교육환경의 미비점 보완
  ㉣ 청소년 비행의 예방
  ㉤ 인간성 상실현상에 대한 대처

③ **전인교육의 고전적 견해**
  ㉠ 우리나라: 화랑도교육[相磨以道義(상마이도의), 相悅以歌樂(상열이가악), 遊娛山水(유오산수), 無遠不至(무원부지)의 방법론]에서 전인교육의 형태를 찾을 수 있다.
  ㉡ 소크라테스(Socrates): 지·덕·복의 합일설에서 전인교육의 형태를 찾을 수 있다.
  ㉢ 플라톤(Platon): 지육·덕육·체육·미육의 4육론에서 전인교육의 형태를 찾을 수 있다.
  ㉣ 몽테뉴(Montaigne): 전인(whole man)의 개념을 최초로 사용하였다(수상집).
  ㉤ 루소(Rousseau): 전인의 인간상으로 고상한 야인(noble savage)을 제시하였다.

ⓑ 페스탈로치(Pestalozzi) : 도덕적 교육을 중심으로 한 3H(Heart, Head, Hand)의 조화로운 발달을 제시하였다.

(3) 가정교육

① 개념 … 가족 상호간의 직·간접적인 상호작용에 의해 자연발생적으로 이루어지는 교육이다.

② 특징
  ㉠ 가정은 1차적인 공동사회로서 친밀한 대면적 교섭에 의해 교육이 이루어진다.
  ㉡ 생활의 장(場) 그 자체가 교육이며 대부분 자연적·무의도적 교육이 이루어진다.
  ㉢ 초기의 가정교육은 성격형성에 결정적 영향을 미친다.
  ㉣ 가정교육의 중요한 기능은 애정, 이해, 친밀감이다.

③ 중요성
  ㉠ 인간발달의 기본적인 틀은 초기의 가정교육에서 거의 결정된다.
  ㉡ 어린 시절에 신체적·지적·사회적(사회성) 발달과 관련하여 가소성이 가장 많고, 일정한 시기가 지나면 정서적 발달과 관련하여 불가소적 성격을 지닌다.
  ㉢ 어린 시절(0~6세 또는 0~3세)에 형성된 성격은 그 후에 재학습이 불가하다.
  ㉣ 프로이드(Freud) : 0~6세 시절의 구강기·항문기·성기기의 시기에 인간의 성격발달은 결정된다고 보았다.
  ㉤ 블룸(Bloom) : 8세까지 인간의 지능 80%가 발달한다고 주장하였다.

④ 가정환경과 교육
  ㉠ 지위환경 : 가정이나 학교 등 하위 사회집단이 갖는 경제적 상태, 사회적 지위, 문화적 상태 등의 계층을 구성하는 요소이다.
    • 지위환경의 대표적인 지표는 사회·경제적 지위이다.
    • 교육수준, 직업수준, 수입수준, 가정의 문화수준의 4가지 요인을 수량화하여 구성한다.
  ㉡ 작용환경 : 가정 내의 부모와 자녀 간의 상호작용의 질이 개인의 행동에 영향을 미치는 요인으로, 그 요인인 과정변인의 종류는 다음과 같다.
    • 성취압력, 가정에서의 언어모형이다.
    • 가정에서의 학습조력, 가정에서 주변을 탐색하도록 허용하는 자극, 가정 내의 지적 관심과 지적 활동, 가정에서 강조하는 생활습관 등이 포함된다.

PART 1 교육의 이해

기출문제

가정환경과 부모의 유형

```
            자율
       민주적 | 방임적
수용 ─────────────── 거부
       과보호적 | 전제적
            통제
```

(4) 영재교육

① **영재** … 지적·학습적·창의적·인성적 특성을 포함한 재능이 뛰어난 사람으로 타고난 잠재력을 계발하기 위하여 특별한 교육을 필요로 하는 사람이다.

② **영재교육** … 영재를 대상으로 각 개인의 능력과 소질에 적합한 교육내용과 방법으로 실시하는 교육이다.

③ **영재교육방법**
   ⊙ **풍부화**: 정규학급에 있으면서 특수교육과정 자료를 제공받는 것이다.
   ⓒ **가속화**: 월반 또는 조기입학·졸업을 통해 교육과정을 가속화하는 것이다.

> **Point 팁** 조기교육 … 학령에 도달하지 않은 어린이들을 일정한 교육과정에 따라 교육하는 취학 전 교육으로 지능발달이 빠른 어린이의 정신연령에 맞게 교육하는 것이다.

④ **렌줄리(J. S. Renzulli)의 세 고리 모형** … J. S. 렌줄리는 실제로 사회에서 뛰어난 공헌을 한 사람들은 극단적으로 높을 필요는 없는 '평균 이상의 능력', '높은 창의성', '높은 과제 집착력'을 갖추고 있다며 영재성 개념의 구성요인으로 주장하였다.

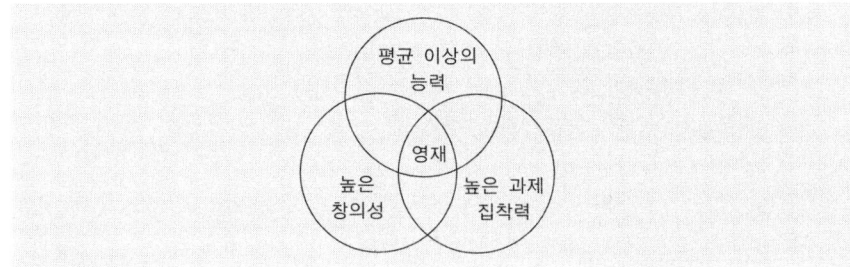

(5) 특수교육

① **개념** … 특수교육이란 특수교육대상자의 교육적 요구를 충족시키기 위하여 특성에 적합한 교육과정 및 상담지원·가족지원·치료지원·보조인력지원·보조공학기기지원·학습보조기기지원·통학지원 및 정보접근지원 등 특수교육 관련서비스 제공을 통하여 이루어지는 교육을 말한다.

문 렌줄리(Renzulli)가 제시한 영재성의 세 가지 요소에 해당하지 않는 것은?
▶ 2021. 6. 5. 지방직 시·도교육청
① 높은 도덕성
② 높은 창의성
③ 높은 과제집착력
④ 평균 이상의 능력

정답 ①

② **목적** … 특수교육은 신체적·정신적·지적 장애 등으로 특별한 교육적 배려를 필요로 하는 자에게 유치원 및 초·중·고등학교에 준하는 교육과 실생활에 필요한 지식·기능 등 사회적응교육을 하는 것을 목적으로 한다.

③ **특징**
  ㉠ **통합교육** : 특수교육대상자는 일반학교에서 장애유형·장애정도에 따라 차별을 받지 아니하고 또래와 함께 개개인의 교육적 요구에 적합한 교육을 받을 수 있다.
  ㉡ **개별화교육** : 각급학교의 장은 특수교육대상자 개인의 능력을 계발하기 위하여 장애유형 및 장애특성에 적합한 교육목표·교육방법·교육내용·특수교육 관련서비스 등이 포함된 계획을 수립하여 실시해야 한다.
  ㉢ **순회교육** : 특수교육교원 및 특수교육 관련서비스 담당 인력은 각급학교나 의료기관, 가정 또는 복지시설 등에 있는 특수교육대상자를 직접 방문하여 교육을 실시한다.
  ㉣ **진로 및 직업교육** : 특수교육대상자는 학교에서 사회 등으로의 원활한 이동을 위하여 관련 기관의 협력을 통하여 직업재활훈련·자립생활훈련 등을 받을 수 있다.

④ **취학제도**
  ㉠ 특수학교의 취학제도는 일반학교 취학제도와 동일하다.
  ㉡ 1960년대까지는 초등학교과정만 의무교육이었으나, 1970년대 후반부터 유치원과정과 고등학교과정까지 무상교육을 확대 실시하였다.

⑤ **학제**
  ㉠ 특수교육기관은 특수교육대상자에게 유치원·초등학교·중학교 또는 고등학교의 과정을 교육하는 특수학교 및 특수학급을 말한다.
  ㉡ 특수학교제도는 초등학교·중학교·고등학교의 6 - 3 - 3학제를 따르고 있으나, 특수학교에는 유치원과정이 추가되어 있다.
  ㉢ 특수학급은 일반학교 내에 병설되어 있고, 통합교육을 추구하고 있다는 점에서 역시 6 - 3 - 3의 기본학제를 따르고 있다.
  ㉣ 고등학교과정에서 직업교육을 강조하고 있어 실업학교의 성격을 띤다.

(6) 통일교육

① **개념** … 민족의 염원인 통일국가를 이루고, 이를 발전시켜 나가는 데 필요한 지식·태도·가치관·사고능력·행위의 규범과 절차를 이해하고 습득하게 하는 교육이다.

기출문제

특수 학습자 유형을 바르게 설명한 것은?
▶ 2018. 4. 7. 인사혁신처

① 학습부진(under achiever)
  －정서적 혼란과 같은 의미로 사용되며 개인적 불만, 사회적 갈등, 학교성적 부진이 지속적으로 나타난다.
② 학습장애(learning disabilities)
  －지능 수준이 낮지 않으면서도 말하기, 쓰기, 읽기, 셈하기 등 특정학습에서 장애를 보인다.
③ 행동장애(behavior disorders)
  －지적 수준이 심각할 정도로 낮고, 동시에 적응적 행동의 결함을 보인다.
④ 정신지체(mental retardation)
  －선수학습 결손으로 인해 자신의 지적능력에 비해서 최저 수준에 미달하는 학업 성취를 보인다.

| 정답 ②

기출문제

② 교육부에서 제시한 통일교육의 목표
- ⊙ 평화통일의 실현의지 함양: 통일교육은 우리 사회 구성원들의 평화통일에 대한 긍정적 인식을 제고하고, 적극적 실천의지와 역량을 신장시켜 나가는 데 적극적으로 기여하도록 해야 한다.
- ⓒ 건전한 안보의식 제고: 통일교육은 안보의식을 바탕으로 한 안보역량의 강화가 평화통일의 실현을 뒷받침한다는 점을 인식시켜야 한다.
- ⓒ 균형 있는 북한관 확립: 통일교육은 북한의 실상 등에 대해 객관적으로 이해하고 균형 있는 사고를 할 수 있도록 이루어져야 하며, 이를 토대로 북한문제에 대해 올바르게 판단할 수 있는 안목을 갖출 수 있도록 해야 한다.
- ⓔ 평화의식 함양: 통일교육은 상대를 배제하고 갈등의 시각으로 바라볼 것이 아닌 '다름'을 인정하는 자세와 관용의 정신, 평화의식을 함양시켜야 한다.
- ⓜ 민주시민의식 고양: 통일교육은 민주적 의사결정과 문제해결 능력, 그리고 민주적 원리와 절차에 따라 행동할 수 있는 능력을 통합적으로 기르도록 해야 한다.

③ 통일교육의 방향
- ⊙ 통일문제에 대한 관심 제고 및 통일의지 확립
- ⓒ 한반도 통일시대를 위한 통일준비 역량 강화
- ⓒ 자유민주주의 가치에 대한 확신 및 민주 시민 의식 함양
- ⓔ 민족공동체를 형성하기 위한 노력

(7) 대안교육

① 개념
- ⊙ 대안교육: 지식 위주의 학교교육의 한계를 극복하고 새로운 교육이념을 추구하는 대안교육운동이다.
- ⓒ 교육이념: 교육의 주체인 학생이 능동적으로 배우도록 유도하고 공동체 가치를 중시하며 노작교육을 통해 생명존중과 사회적 협동을 체험시키는 교육이다.

② 유형
- ⊙ 제도 속의 대안학교: 정규학교로 운영
- ⓒ 제도 밖의 대안학교: 비정규학교로 운영
- ⓒ 방과 후 교육, 보완적 학교

③ 대안학교의 공통적 특성
- ⊙ 대규모 학교보다는 미니학교로 운영된다.
- ⓒ 개개인의 인격존중과 창의성이 발휘될 수 있는 분위기를 조성한다.
- ⓒ 지역사회와 밀접한 유대관계를 갖는 생활 속의 교육을 실시한다.

(8) 열린 교육

① 학습자의 학습속도와 관심의 개인차를 존중하고 내재적 흥미에 의해 자율적으로 학습해 나가도록 교육과정을 유연하게 편성·운영하는 개별화된 학습자 중심교육이자 총체적 자율화교육이다.

② 교사와 학생이 모두 학습내용·과정의 결정에 적극적으로 관여하는 형태의 교육이다.

> **열린 교육의 의미(한국열린교육학회)**
> ① 풍부한 학습자료의 준비
> ② 유연성 있는 공간의 활용
> ③ 탄력 있는 학급집단의 운영화
> ④ 개별학습과 소집단 활동의 증가
> ⑤ 통합적인 교육과정
> ⑥ 열린 인간관계
> ⑦ 학습활동 선택의 자유
> ⑧ 학생존중

(9) 새 학교문화 창조를 위한 추진과제

① 학교토론문화의 형성

  ㉠ 개요
  - 교원·학생·학부모들이 지켜야 할 규범을 민주적인 절차에 의하여 스스로 제정하고 준수한다.
  - 학교 공동체 구성원 모두가 자기가 할 일을 분명히 인식하고 자기 몫을 다하는 풍토를 조성한다.

  ㉡ 주요 과제
  - 교원의 집단사고의 활성화(단위학교의 각종 운영위원회 활성화)
  - 학생자치회 활동의 내실화
  - 학부모의 학교교육 참여기회 확대(학부모의 날 운영)

② 교수-학습과정의 개별화 실현

  ㉠ 개요
  - 소질·적성·흥미 등 학생의 개성을 살리는 방향으로 교육과정을 편성하고 운영한다.
  - 교사 중심의 수업에서 학생 스스로가 학습하는 방법을 터득하여 자기주도적 학습을 실현한다.

  ㉡ 주요 과제
  - 학생 중심의 교육과정 운영(단위학교에서의 교육과정 편성권 확대)
  - 학생의 자기주도적 학습능력 배양(탐구학습, 협력학습 등)

PART 1 교육의 이해

기출문제

- 독서교육의 강화
- 컴퓨터교육의 강화
- 수업의 질 향상을 위한 학교 생활공간 확보

③ 다양한 체험학습의 수행
  ㉠ 개요
  - 현실로부터 유리된 이론 중심의 교육을 지양하고, 학생들이 지역사회의 일터를 학습장으로 이용하며, 직접 체험·봉사활동을 강화한다.
  - 건전한 학생축제문화를 창달한다.

  ㉡ 주요 과제
  - 정규교육과정 운영 시 교과별 현장체험교육 강화(도·농간 교류학습 활성화)
  - 방과 후 교육활동 강화
  - 학생축제문화 창달

④ 평가의 다양화 및 투명성의 보장
  ㉠ 개요: 누구나 수긍할 수 있는 평가체제를 구축하여 대입 무시험전형제의 조기정착을 도모한다.

  ㉡ 주요 과제
  - 수행평가를 통한 학생의 총체적 이해·평가[학생생활기록부제(종합생활기록부) 보완]
  - 학업성적관리위원회의 기능 강화 및 성적 공개
  - 학교운영위원회의 참여 확대로 무시험전형 추천의 투명성 보장

⑤ 교원의 전문성·책무성 제고
  ㉠ 개요
  - 침체된 교단 분위기를 교원 스스로가 개혁한다.
  - 긍지와 사명감을 갖고 교수-학습활동에 전념할 수 있는 풍토를 조성한다.

  ㉡ 주요 과제
  - 교원인사제도의 개선 및 탄력적인 운영(수습교사제 도입)
  - 교원연수기회의 확대 및 연수방법의 개선
  - 교원의 교수활동 강화
  - 교실수업의 혁신을 위한 교과연구공모제의 지속적인 실시
  - 학년·교과담임의 전문화
  - 수업 우수교사 유인체제의 강화

문 우리나라 학교운영위원회의 구성 및 운영에 대한 설명으로 옳은 것은?

▶ 2015. 4. 18. 인사혁신처

① 국·공립학교의 교감은 운영위원회의 당연직 교원위원이 된다.
② 국·공립학교에 두는 운영위원회의 회의는 학교장이 소집한다.
③ 국·공립학교에 두는 운영위원회는 학교교육과정의 운영방법에 대해서 심의한다.
④ 사립학교에 두는 운영위원회는 학교발전기금의 조성·운용 및 사용에 관한 사항을 심의할 수 없다.

정답 ③

⑥ 학교경영의 자율성 증진
  ㉠ 개요
   • 단위학교의 교육 자치를 활성화하고, 지역실정과 특성에 맞는 다양한 교육활동을 창의적으로 실시한다.
   • 교원·학부모·지역사회 인사들이 참여하고 협조하는 학교경영체제를 정착한다.
  ㉡ 주요 과제
   • 단위학교 책임경영제의 정착(학교운영위원회 기능의 강화)
   • 지역사회 인사 및 유관기관과의 협조체제 확립
   • 초빙교장·교사제의 확대

section 6 교육제도론

(1) 교육제도의 일반원리

① 교육제도의 개념
  ㉠ 국민교육을 효율적으로 실시하기 위해 제정된 교육실시상의 법적 기제 일체를 의미한다.
  ㉡ 국민이 이상으로 삼고 있는 교육을 실현시키기 위한 기제인 동시에 국가교육정책 실현을 위한 기구를 말한다.
  ㉢ 국민교육을 위한 행정조직이다.

② 교육제도의 일반원리
  ㉠ 공교육의 원리: 모든 국민이 평등하게 교육받을 수 있는 권리가 보장되는 교육의 국가 관리 체제의 원리이다.
  ㉡ 기회균등의 원리: 모든 국민이 그 능력에 따라서 균등하게 교육받을 수 있는 원리이다.
  ㉢ 의무교육의 원리: 취학의 의무(취학아동의 보호자), 학교설치의 의무(국가 및 지방공공단체), 교육보장의 의무의 3요소로 구성된 제도의 원리이다.

(2) 학교제도(학제)의 구조

① 개념 … 국가의 목표를 실현하는 제도적 장치로서의 학교교육을 단계별로 구분하고, 각 단계의 교육목적과 교육기관, 교육내용을 설정한다. 줄여서 '학제'라고도 한다.

② 구성 … 학제는 수직적 '계통성'과 수평적 '단계성'에 따라 구성한다.
  ㉠ 계통성: 어떤 교육을 하고 있는가, 어떤 계층의 취학자를 대상으로 하고 있는가를 나타내는 것으로 복선형 학제에서 중시된다.

ⓒ 단계성 : 어떤 연령층을 대상으로 하는가 또는 어느 정도의 교육단계인가를 나타내는 것으로 단선형 학제에서 중시된다.
③ 유형
  ㉠ **복선형 학제** : 상호관련성이 없는 두 가지 이상의 학교계통이 병존하면서 학교계통간의 이행을 인정하지 않는 학교제도를 의미한다. 즉 상급계층의 학교계통과 일반대중의 학교계통이 분리되어 있는 학교제도를 말한다.
    • 단계성보다는 계통성이 중시되고, 사회계급·사회계층을 재생산하는 기능을 담당한다.
    • 장점 : 교육의 계획적 통제가 용이하다.
    • 단점 : 계층사회를 고정화한다.
  ㉡ **단선형 학제**
    • 학교계통이 하나밖에 없는 학교제도를 의미하며 출신성분, 경제적 계층에 구애됨이 없이 능력에 따라 교육을 받을 수 있는 학교제도를 말한다.
    • 단선제는 계통성보다는 단계성이 중시되며, 그 원리는 기회균등의 민주정신에 기초한다.
④ 우리나라의 현행 학교제도
  ㉠ **기본학제** : 유치원, 초등학교, 중학교, 고등학교, 대학교로 이어지는 정규학교제도이다.
  ㉡ **특별학제** : 기본학제의 보완적 기능을 수행하거나 사회교육의 성격을 가지고 정규학교의 교육과정에 준하는 교육을 실시하기 위한 학교제도이다.

> **Point 팁** 특별학제의 유형
> ㉠ 중학교 : 고등공민학교, 방송통신중학교
> ㉡ 고등학교 : 방송통신고등학교, 근로청소년을 위한 특별학급, 고등기술학교
> ㉢ 고등교육기관 : 산업대학, 방송대학, 기술대학

  ㉢ **학교 외 제도** : 기본학제나 특별학제 외에 교육법규에 규정되지 않은 교육부 이외 부처산하에 학교·훈련원·훈련소 등이 있다.
⑤ 학교제도의 요건
  ㉠ **교육이념의 구현**
    • 교육본질의 추구 : 교육의 수단적인 가치보다는 본질적인 가치를 우선하여야 한다.
    • 교육기회의 평등성 : 교육기회의 차별금지라는 소극적인 의미를 벗어나서 적극적으로 교육에 대한 투입의 평등과 결과의 평등도 포함되어야 한다.
    • 교육체제의 다양화 : 교육이 개인과 사회의 다양한 요구를 충족시켜 주기 위해서는 학교 프로그램이나 계열을 다양하게 제공해 주어야 한다.
    • 교육체제의 개방화 : 학생이 필요에 따라 언제라도 교육을 받을 수 있도록 평생교육체제를 확립하고 학생들의 수직적·수평적 이동을 자유롭게 허용하여야 한다.

ⓒ 인지발달과의 적합성 : 학생의 취학연령과 학교단계의 설정은 학생의 신체적·인지적·정서적·도덕적인 발달수준 등과 적합하게 이루어져야 한다.
ⓒ 사회발전에 기여 : 학제가 정치·경제·사회·문화 등 제 분야의 발전에 적합하도록 제도화되어야 한다.
ⓔ 교육체제의 효율성 : 학제가 원래의 의도에 충실하여 교육투자의 효과를 제대로 가져와야 한다.

Point 팁 형식·비형식·무형식 학습
ⓐ 형식학습(formal learning) : 교육기관, 성인훈련기관, 직장에서의 체계적인 교육 프로그램을 통한 학습으로, 학위나 자격증의 형태로 사회적으로 공식 인정되는 것
ⓑ 비형식 학습(non-formal learning) : 교육 프로그램을 통한 학습활동이지만, 공식적으로 평가되어 학위나 자격증으로 인정되지 않는 학습
ⓒ 무형식 학습(informal learning) : 일상적인 직업 관련 활동이나 가사, 여가활동 등을 통해 이루어지는 학습

기출문제

🔍 형식학습과 비교한 비형식 학습에 대한 설명으로 옳지 않은 것은?
▶ 2020. 7. 11. 인사혁신처

① 시간 – 단기간 및 시간제 학생
② 목적 – 일반적인 목적 및 학위 수여
③ 내용 – 개인화된 내용 및 학습자가 입학조건 결정
④ 전달방식 – 자원의 절약 및 유연한 체제

| 정답 ②

단원평가 — 교육의 이해

1 교육의 개념에 대한 설명으로 옳지 않은 것은?

① 교육의 사회적 기능이 부각되면서 사회가 요구하는 가치나 규범을 내면화하는 개념으로 사회화라는 개념이 쓰이게 되었다.
② 교육의 기초인 양육은 물질적인 원조뿐만 아니라 정신적, 심리적 조력을 모두 포괄하는 개념이다.
③ 조작적 정의를 견지하는 학자들은 교육을 '인간행동을 계획적으로 변화시키는 과정'이라고 본다.
④ 훈련(training)은 자연의 원리에 따르는 교육에서 유래한 것으로, 신념체계 전체를 변화시키는 '전인적' 교육이다.

④ 훈련은 자연의 원리보다 인위적인 노력을 통한 변화에 해당한다.
※ 교육과 훈련

구분	내용	가치성	변화성	강조성
교육	넓은 신념체계·안목의 변화	가치 지향	전인적 변화	지적·창의적·자발적 참여 강조
훈련	제한된 기술의 연마	가치 중립	부분적 변화	기계적·반복적 연습

2 다음에서 평생교육의 유사개념에 대한 설명으로 잘못된 것은?

① 계속교육은 정규교육을 경험했던 졸업생들에게 계속 교육을 받을 수 있는 기회를 제공하는 교육 형태이다.
② 생애교육은 진로나 일에 중점을 둔 교육형태로 군위탁교육, 산업체 위탁교육 등이 생애교육에 해당한다.
③ 사회교육이란 성인들을 대상으로 직업생활, 여가, 오락, 교양 등 보다 나은 인생을 살아갈 수 있도록 하기 위해 발전된 교육 형태이다.
④ 순환교육은 정규교육을 마치고 사회에 진출한 사람들을 정규교육 교육기관에 입학시켜 재학습의 기회를 부여하는 직업적·기술적 자질을 향상시키는 교육 형태이다.

② 생애교육(career education)은 학교교육과 사회교육에서 진로나 일에 중점을 두고 직업준비를 위해 행해지는 진로교육의 형태로, 생애직업교육이라고도 한다. 주로 형식적 교육체제 내에서 행해지며, 생애교육(life-long education)과 구별해야 한다. 군위탁교육, 산업체 위탁교육은 사회에 진출한 사람들이 다시 대학 등 정규교육 교육기관에 입학시켜 재학습의 기회를 부여하는 직업적·기술적 자질을 향상시키는 교육 형태이므로 순환교육에 해당한다.

3 평생교육체제의 특징에 대한 설명으로 옳지 않은 것은?

① 인간의 통합적이고 유기적인 발달을 고려하여 여러 교육간의 연계와 결합을 추구한다.
② 때와 상황에 따라 사회 전 영역에서 교육의 기회가 제공될 수 있어야 한다고 본다.
③ 지식, 인격, 이성이 변증법적으로 생성될 수 있다는 관점을 가지고 있다.
④ 교육은 문화유산의 전달 수단이 되고, 인재선별의 기능을 한다.

④ 학교교육체제가 지닌 특성이며 평생교육체제는 자기발전과 성장의 수단으로 정의한다.

4 교육에 대한 설명 중 성격이 다른 것은?

① 7자유학과를 강조한다.
② 가장 보편화된 교육이다.
③ 마음의 도야를 위한 최상의 교과이다.
④ 로크(J. Locke)의 능력심리학에 기초한 교육의 정의이다.

①③④ 도야로서의 교육에 대한 설명이다.
② 자아실현으로서의 교육에 대한 설명이다.

5 평생교육의 내용과 거리가 먼 것은?

① 사내대학은 피교육자가 비용을 부담한다.
② 학교교육을 제외한 모든 형태의 조직적인 교육활동을 말한다.
③ 각종 사업의 경영자는 소속직원의 평생학습기회를 확대하기 위하여 유급 또는 무급의 학습휴가를 실시할 수 있다.
④ 지방자치단체는 그 소관에 속하는 단체·시설·사업장 등의 설치자에 대하여 평생교육의 실시를 적극 권장하여야 한다.

① 사내대학 형태의 평생교육시설은 당해 사업장에 고용된 종업원 등을 대상으로 하되, 교육에 필요한 비용은 고용주가 부담하는 것을 원칙으로 한다〈평생교육법 제32조 제2항, 제3항 참조〉.

Answer 1.④ 2.② 3.④ 4.② 5.①

6 교육의 정의로서 가장 적절한 설명은?

① 인간 행동의 계획적인 변화
② 학교에서 실시되는 수업과정
③ 사회적응능력의 배양
④ 특정 전문지식의 습득

정범모는 교육을 '인간 행동의 계획적인 변화'로 정의하였다. 이 입장은 행동변화로서의 교육적 측면을 강조한 것이다.

7 평생교육의 이념 중에서 다음과 같은 내용은 어디에 속하는가?

> 지식기반사회를 추구하는 평생교육은 학교교육뿐만 아니라 학교 이외의 모든 교육에 정통성을 부여하고 있다.

① 민주성
② 포괄성
③ 융통성
④ 전체성

평생교육의 4대 이념
㉠ 전체성: 모든 종류의 교육에 정통성을 부여한다.
㉡ 통합성: 모든 종류의 교육을 통합한다.
㉢ 민주성: 원하는 종류, 원하는 양만큼의 자유로운 교육을 받을 수 있게 한다.
㉣ 융통성: 어떤 환경하의 학습자라도 교육받을 수 있게 한다.

8 다음 중 '교육'이라는 용어가 최초로 사용된 문헌은?

① 시경
② 소학
③ 맹자
④ 중용

'교육'이라는 용어가 최초로 쓰인 문헌은 「맹자(孟子)」이다. 맹자는 "천하의 영재를 얻어 교육하는 것이 군자에게 있어 세 번째 즐거움이다."라고 하여 교육의 중요성을 강조하였다.

9 교육이 추구해야 할 가치를 제시하는 규범적 정의방식에 포함되지 않는 것은?

① 문화 획득으로서의 교육
② 주입으로서의 교육
③ 주형으로서의 교육
④ 계명으로서의 교육

① 문화 획득으로서의 교육은 가치중립적인 교육의 서술적 정의방식에 포함되며 교육을 '문화의 전승과정'으로 정의한다.

10 다음 중 전통적 교육관인 주입으로서의 교육의 정의는?

① 교육은 교육자가 학습자를 마음속에 품고 있는 모습으로 만드는 과정이다.
② 교육은 경험의 형성과정 또는 경험의 재구성이다.
③ 교육은 성숙자가 미성숙자에게 지식이나 경험을 집어넣는 과정이다.
④ 교육은 미성숙한 아동을 인간다운 삶의 형식 안으로 입문시키는 과정이다.

주입으로서의 교육에서 교육자는 이미 가치 있는 교육내용을 소유하고 있다고 생각하고, 학습자는 수동적인 자세로 교육내용을 수용·기억·이해하며 이에 따라 행동하여야 한다고 주장한다.

11 교육을 인간의 마음의 능력을 단련하는 것으로 이해하는 입장에서 가장 강조하는 것은?

① 7자유학과
② 문화의 전승
③ 경험의 재구성
④ 습관의 형성

교육을 인간의 마음의 능력을 단련하는 것으로 이해하는 입장은 능력심리학의 '도야로서의 교육'을 의미한다. 이 입장에서는 마음의 도야를 위한 최상의 교과로서 그리스시대에 유래된 7자유학과를 강조한다.
※ 7자유학과는 3학(문법, 수사, 논리)과 4예(산수, 기하, 천문, 음악)로 구성되어 있다.

Answer 6.① 7.④ 8.③ 9.① 10.③ 11.①

단원평가

12 가장 보편화된 교육관으로서 인간의 내재적인 것의 계발을 중요시하고 내면세계의 가치를 강조하는 방식으로 교육을 이해하는 입장은 무엇인가?

① 자아실현으로서의 교육
② 도야로서의 교육
③ 주형으로서의 교육
④ 주입으로서의 교육

② 도야로서의 교육은 정신적인 능력(지각·기억·상상·추리)을 연마시켜 단련하는 것이다.
③ 주형으로서의 교육은 교육자가 학습자를 마음속에 품고 있는 모습으로 만드는 과정이다.
④ 주입으로서의 교육은 성숙자가 미성숙자에게 지식이나 경험을 집어넣는 과정이다.

13 다음 중 교육학을 하나의 독립된 학문으로 성립시킨 인물은?

① 듀이(J. Dewey)
② 헤르바르트(J. F. Herbart)
③ 칸트(I. Kant)
④ 뒤르켐(E. Durkheim)

헤르바르트(J. F. Herbart)는 교육의 목적은 '윤리학'에서, 교육의 방법은 '심리학'에서 구하면서 교육학을 하나의 독립된 학문으로 출범시켰다.

14 다음의 내용과 가장 관계가 깊은 교육의 특성요인은?

- 교육은 목적과 방법이 반사회적·반인륜적이지 않아야 한다.
- 교육은 본질적으로 가치 있는 것을 지향하고 선택하는 일이 포함되어야 하며 도덕적 판단에 어긋나서는 안 된다.

① 교육의 의도성
② 교육의 계획성
③ 교육의 가치지향성
④ 교육의 효율성

교육의 가치지향적 특성은 교육의 목적과 방법이 반사회적·반인륜적이지 않아야 함을 의미한다.

15 교육적 활동과 비교육적 활동을 구분하는 기준이 아닌 것은?

① 교육의 의도성
② 교육의 계획성
③ 교육의 가치지향성
④ 교육의 효율성

교육적 활동의 기본조건은 의도성, 계획성, 가치지향성, 전인성이 포함된다. 이러한 기준을 통해서 교육적 활동과 비교육적 활동을 구분할 수 있다.

16 다음의 설명과 관련이 있는 학자는?

- 교육성립의 조건에는 규범적 준거, 인지적 준거, 과정적 준거가 있다.
- 교육은 교육활동과 과정이 가치 있는 것이어야 한다.
- 교육은 교육내용이 가치 있는 것일지라도 그것의 전달방법이나 전달과정이 온당하지 않으면 교육적 활동이 아니다.

① 피터스(R. S. Peters)
② 듀이(J. Dewey)
③ 칸트(I. Kant)
④ 피닉스(P. H. Phenix)

피터스(R. S. Peters)는 그의 저서 「윤리학과 교육」에서 교육은 그 자체로서 목적을 갖는다고 주장하였으며 교육은 가치로운 것의 전달을 포함한다는 교육의 준거를 내세운다.

Answer 12.① 13.② 14.③ 15.④ 16.①

17 다음 중 교육과 훈련의 차이점을 바르게 설명한 것은?

① 교육은 부분적 변화를 추구하지만, 훈련은 전인적 변화를 추구한다.
② 교육은 가치중립적이고, 훈련은 가치지향적이다.
③ 교육은 기계적이고 반복적이지만, 훈련은 지적이고 창의적이다.
④ 교육은 넓은 신념체계의 변화에 중점을 두지만, 훈련은 제한된 기술을 연마하는 것에 중점을 둔다.

교육과 훈련

구분	내용	가치성	변화성	강조점
교육	넓은 신념체계의 변화	가치지향	전인적 변화	지적·창의적·자발적 참여 강조
훈련	제한된 기술의 연마	가치중립	부분적 변화	기계적·반복적 연습

18 교육의 3요소를 자연, 사물, 인간이라고 제시한 교육사상가는?

① 아리스토텔레스(Aristoteles)
② 로크(Locke)
③ 루소(J. J. Rousseau)
④ 칸트(Kant)

루소(J. J. Rousseau)는 교육의 3요소를 자연, 사물, 인간이라고 제시하였다. 즉, 자연은 인간 내부의 자연성을 의미하고 사물은 인간 내부에 영향을 끼치는 외적 환경이며 인간은 인간에 의한 인간교육을 의미한다.

19 교육의 목적에 대한 다음 설명 중 옳지 않은 것은?

① 교육의 궁극적인 목적은 이상적 인간상을 형성하는 것이다.
② 교육의 외재적 목적이란 교육이 다른 어떤 목적을 위한 수단이 됨을 의미한다.
③ 교육의 내재적 목적이란 교육하는 것 그 자체가 목적임을 의미한다.
④ 교육의 목적은 교육활동의 방향 제시, 교육내용의 선정에 영향을 주지 않는다.

④ 교육의 목적은 교육활동의 방향 제시, 학습경험 선정, 교육활동의 통제기능, 학습평가의 기준, 동기유발에 영향을 준다.

20 다음의 내용과 가장 관련이 깊은 것은?

- 지식이나 신념을 전달한다.
- 근거 또는 이유를 밝히는 것은 부차적 활동이다.
- 정답을 강요한다.

① 교육 ② 교화
③ 훈련 ④ 교도

훈련은 제한된 기술의 연마로서 가치중립적인 활동이며, 교도는 정상적인 사람이 비정상적이 되었을 때 정상적으로 훈련시키는 활동이다.

21 다음 중 칸트의 주장은?

① 교육의 본질은 인간의 자연적 본성을 계발하는 데 있다.
② 교육철학이란 철학적 방법과 견해를 교육이라 불리우는 분야에 적용하는 것이다.
③ 사람이란 교육이 만드는 것에 지나지 않는다.
④ 교육의 과정은 그 자체를 초월한 어떤 목적도 가지지 않으며, 교육 그 자체가 목적이다.

① 페스탈로찌(Pestalozzi) ② 피닉스(P. H. Phenix) ③ 칸트(I. Kant) ④ 듀이(J. Dewey)

22 다음 중 교육기본법 제2조의 교육목적이 아닌 것은?

① 자주적 생활능력 ② 사교육의 강화
③ 민주시민으로서의 자질 ④ 민주국가 발전과 인류공영의 이상실현

교육기본법 제2조(교육이념) … 교육은 홍익인간의 이념 아래 모든 국민으로 하여금 인격을 도야하고(개성교육), 자주적 생활능력(생활교육)과 민주시민으로서의 필요한 자질(시민교육)을 갖추게 하여 인간다운 삶을 영위하게 하고 민주국가의 발전과 인류공영의 이상을 실현하는 데 이바지하게 함을 목적으로 한다.

Answer 17.④ 18.③ 19.④ 20.② 21.③ 22.②

23 다음 중 고등기술학교의 목적은?

① 국민생활에 필요한 기초적인 초등교육을 한다.
② 초등교육을 받지 못하고 취학연령을 초과한 자에 대하여 국민생활에 필요한 교육을 한다.
③ 초등학교에서 받은 교육의 기초 위에 중등교육을 한다.
④ 국민생활에 직접 필요한 직업기술교육을 한다.

① 초등학교 ② 공민학교 ③ 중학교

24 다음과 가장 관련이 깊은 교육의 형태는 무엇인가?

> • 일생을 통한 교육으로 태아에서부터 무덤까지 한 개인의 생존기간에 걸쳐서 이루어지는 교육이다.
> • 가정 · 학교 · 사회에 걸쳐서 이루어지는 교육이다.
> • 계속적인 소질의 계발과 사회발전에 참여하며, 계속적인 자기 갱신과 사회적응을 위한 교육이다.

① 평생교육　　　　　　　　　　② 전인교육
③ 가정교육　　　　　　　　　　④ 영재교육

② 지 · 덕 · 체 · 기의 모든 면에서 조화로운 발달을 도모하기 위한 전인격적 교육이다.
③ 가족 상호간의 직 · 간접적인 상호작용에 의해 자연발생적으로 이루어지는 교육이다.
④ 영재를 대상으로 각 개인의 능력과 소질에 맞는 교육내용과 방법으로 실시하는 교육이다.

25 지 · 덕 · 체 · 기의 모든 면에서 조화로운 발달을 도모하기 위한 교육은 무엇인가?

① 평생교육　　　　　　　　　　② 전인교육
③ 열린교육　　　　　　　　　　④ 특수교육

전인교육 … 산업사회의 인간소외현상으로 야기된 비인간화현상을 없애고 인간성 회복을 위해서 대두된 개념이다. 전인(whole person)이란 지(知) · 덕(德) · 체(體) · 기(技)의 조화가 잘 이루어진 인간을 의미한다.

26 다음에서 평생교육의 개념에 포함되는 것을 모두 골라 묶은 것은?

> ㉠ 유치원교육　　　　　　　㉡ 가정교육
> ㉢ 사회교육　　　　　　　　㉣ 노인교육

① ㉠
② ㉠㉡
③ ㉠㉡㉢
④ ㉠㉡㉢㉣

　평생교육은 태아에서부터 무덤까지 수직적으로 통합한 교육과 가정·학교·사회에 걸쳐서 이루어지는 교육을 수평적으로 총합한 교육이다. 따라서 평생교육의 개념에는 ㉠㉡㉢㉣ 모두 포함된다.

27 다음 중 평생교육이 대두하게 된 원인이 아닌 것은?

① 지식과 정보가 폭발적으로 증가하고 노후화가 이루어지고 있기 때문이다.
② 학교교육이 공립학교 위주에서 사립학교 위주로 변화하기 때문이다.
③ 소외집단이 증대되고 있기 때문이다.
④ 평생 동안에 걸친 개인의 교육권을 보장하기 위해서이다.

　평생교육이 대두하게 된 원인
　㉠ 교육외적인 필요성
　　• 지식과 정보가 폭발적으로 증가하고 노후화가 이루어지고 있다.
　　• 기술의 혁신과 직업사회의 변화가 이루어지고 있다.
　　• 가치관 및 생활양식이 급격히 변하고 있다.
　　• 고도 산업화에 따른 환경파괴가 이루어지고 있다.
　　• 소외집단이 증대되고 있다.
　㉡ 교육내적인 필요성
　　• 학교교육에 대한 비판으로 평생교육이 대두하였다.
　　• 인간교육의 필요성이 강조되고 있다.
　　• 학교교육의 경직성과 폐쇄성에 따른 보완으로 평생교육이 강조된다.
　　• 평생 동안에 걸친 개인의 교육권을 보장하기 위해 필요하다.

Answer　23.④　24.①　25.②　26.④　27.②

28 다음 중 전인교육과 관련이 없는 것은?

① Socrates의 지·덕·복의 합일설
② Platon의 지육·덕육·체육·미육의 4육론
③ 우리나라의 화랑도 정신
④ 이황의 기질변화설

　　기질변화설은 이황의 주장으로, 학습을 통해서 기(氣)의 사람이 이(理)의 삶으로 바뀔 수 있다는 것이다. 기질변화설은 전인교육과 관련이 없다.

29 다음 중 평생교육의 이념에 대한 설명으로 옳지 않은 것은?

① 전체성 – 학교교육을 포함한 기타 모든 형태의 교육에 정통성을 부여한다.
② 통합성 – 평생교육은 시간적으로 태어나서 죽을 때까지, 공간적으로는 가정, 학교, 사회교육을 유기적으로 통합한다.
③ 융통성 – 교육의 장소, 시간, 내용, 방법 등을 다양하게 하여 어떤 환경과 처지에 있는 학습자라도 교육을 받을 수 있다.
④ 민주성 – 모든 국민이 평등하게 교육받을 수 있는 권리가 보장될 수 있도록 국가가 관리한다.

　　④ 민주성은 학습자가 원하는 종류와 능력에 따라 교육을 받을 수 있다는 의미이다. 모든 국민이 평등하게 교육받을 수 있는 권리가 보장될 수 있도록 국가가 관리하는 것은 교육제도의 원리이다.

30 다음 중 전인교육에 대한 내용으로 옳은 것은?

① 지·덕·체·기의 조화로운 발달을 지향한다.
② 학교는 전인교육을 위한 별도의 교육과정을 편성하였다.
③ 전인교육은 교과만을 통하여 학습된다.
④ 전인교육은 유아기의 중요성을 강조하는 교육이다.

　　전인교육은 별도의 교육과정을 편성하지 않고, 모든 교과와 생활지도를 통해 이루어진다. 전인교육은 유아기의 중요성을 강조하기보다는 현재의 행동양식에 초점을 맞춘다.

31 다음 중 전인교육을 구현하기 위한 방법으로서 옳지 않은 것은?

① 교과외활동과 특별활동교육을 강화한다.
② 인간중심 교육과정을 중시한다.
③ 절대평가보다 상대평가를 강화한다.
④ 교사의 자질 향상을 위해 현직교육을 강화한다.

전인교육을 구현하기 위해서는 상대적 평가에서 절대적 평가로 전환해야 하며, 선발적 평가관에서 발달적 평가관으로 전환해야 한다.

32 다음 중 가정교육에 대한 설명이 아닌 것은?

① 가정교육이란 가족 상호간의 상호작용에 의해 자연발생적으로 이루어지는 교육이다.
② 초기의 가정교육은 아동의 성장에 영향을 미치지 않는다.
③ 가정교육의 중요한 기능은 애정과 이해, 친밀감이다.
④ 가정은 1차적 사회화의 장(場)으로 인간의 신체발달, 건강, 지적인 발달, 정서적 발달, 사회성 발달에 영향을 미친다.

초기의 가정교육은 아동의 성격형성에 결정적 영향을 미친다. 프로이드(Freud)는 성장발달단계를 구강기→항문기→남근기→잠복기→생식기로 구분하며 각 단계에서 어떤 경험을 하느냐에 따라 개인의 성격이 형성된다고 하였다.

Answer 28.④ 29.④ 30.① 31.③ 32.②

33 영재의 정의로 가장 적절한 것은?

① 영재는 재능이 뛰어난 사람으로, 타고난 잠재력을 계발하기 위하여 특별한 교육을 필요로 하는 자이다.
② 영재는 지능지수가 상위 1%에 속하는 자이다.
③ 영재는 창의력이 뛰어난 자이다.
④ 영재는 일반능력, 창의력, 과제집착력 등의 요인에서 모두 평균 이상의 특성을 소유한 자이다.

영재는 재능이 뛰어난 사람으로 타고난 잠재력을 계발하기 위하여 특별한 교육을 필요로 하는 자이다. 영재를 대상으로 개인의 능력과 소질에 맞는 교육내용과 방법으로 실시하는 교육이 영재교육이다.

34 다음의 설명과 관련이 없는 것은?

> • 가정이나 학교 등 하위 사회집단이 갖는 경제적 상태, 사회적 지위, 문화적 상태 등의 계층을 구성하는 요소이다.
> • 대표적인 지표는 사회·경제적 지위이다.

① 가정의 생활습관
② 수입수준
③ 가정의 문화수준
④ 교육수준

지위환경 … 가정이나 학교 등 사회집단의 계층을 구성하는 요소를 말한다. 지위환경은 교육수준, 직업수준, 수입수준, 가정의 문화수준의 4가지 요인을 수량화하여 지표로 구성한다.

35 영재교육의 가속화 방법에 대한 설명이 아닌 것은?

① 영재교육의 가속화 방법은 영재아동의 교육과정을 가속화하는 것이다.
② 월반이나 조기입학을 통해 미리 교육을 받는 것은 영재교육의 가속화 방법이다.
③ 사사프로그램과 현장견학은 영재교육의 가속화 방법이다.
④ 영재교육의 가속화 방법은 비민주적이고 또래집단으로부터 격리되어진다는 점에서 비판을 받는다.

③ 사사프로그램이나 현장견학은 영재교육의 풍부화 방법에 속한다. 영재교육의 풍부화 방법은 정규학급에 있으면서 특수교육과정자료를 제공받는 것이다.

36 다음 중 우리나라 최초의 특수교육기관은?

① 서운관
② 제생원
③ 원산맹아학교
④ 국립맹아학교

우리나라 장애인 교육은 조선 세종 27년(1445) 당나라 제도를 본받아 고려 때부터 설치되어 있던 관아인 서운관에서 훈도 4~5명을 두고 총명한 맹인 10명을 선발하여 3일에 한 번씩 음양학을 교육하였다.

Answer 33.① 34.① 35.③ 36.①

단원평가

37 우리나라 특수교육의 변천과정에 대한 설명으로 옳지 않은 것은?

① 1894년 미국의 여의사 Rosseta가 처음으로 맹인 소녀에게 점자교육을 실시하면서 근대적 특수교육이 시작되었다.
② 1912년 조선총독부가 관학을 중심으로 특수교육을 실시하였다.
③ 1945년 광복 후 중등특수교육이 시작되었다.
④ 1945년 ~ 1969년까지의 특수교육은 주로 관학에 의존하였다.

④ 1945년 ~ 1969년까지의 특수교육은 주로 사학에 의존하였다.

38 우리나라 특수교육의 학제로 올바른 것은?

① 초등학교 – 중학교 – 고등학교
② 유치원 – 초등학교 – 중학교 – 고등학교
③ 초등학교 – 중학교 – 특수학교
④ 유치원 – 초등학교 – 특수학교 – 고등학교

우리나라 특수교육의 학제는 일반 학교 학제와 마찬가지로 초·중·고교의 6 – 3 – 3의 학제를 따르고 있으나, 특수학교에 유치원과정이 추가되어 있다.

39 학교의 통일교육에 대한 설명으로 옳지 않은 것은?

① 모든 교과에서 통일교육내용을 반영하여 지도한다.
② 객관적 사실에 기초하여 통일의지를 심어주는 교육을 실시한다.
③ 교사의 재량에 따라 통일교육을 실시하지 않아도 된다.
④ 학생들의 흥미와 관심을 갖는 생활문화 중심의 교육을 한다.

통일교육은 통일국가를 이루고 발전시키는 데 필요한 교육경험을 제공하는 교육이다. 따라서 학교에서는 통일교육이 반드시 이루어져야 한다.

40 교육제도의 일반원리에 해당하지 않는 것은?

① 공교육의 원리
② 기회균등의 원리
③ 의무교육의 원리
④ 전인교육의 원리

교육제도의 일반원리에는 공교육의 원리, 기회균등의 원리, 의무교육의 원리가 있다.

Answer 37.④ 38.② 39.③ 40.④

한국교육사

01 삼국시대의 교육
02 고려시대의 교육
03 조선시대의 교육
04 근대의 교육
05 현대의 교육

02 한국교육사

기출문제

문 국가가 설립한 교육기관이 아닌 것은?
▶ 2008. 5. 12. 행정자치부
① 국자감(國子監)
② 12도(十二徒)
③ 향교(鄕校)
④ 학당(學堂)

문 고구려의 경당에 대한 설명으로 옳지 않은 것은?
▶ 2022. 4. 2. 인사혁신처
① 문과 무를 아울러 교육하였다.
② 미혼 자제들을 위한 교육기관이다.
③ 『문선(文選)』을 교재로 사용하였다.
④ 유교 경전으로는 사서(四書)를 중시하였다.

| 정답 ②, ④

section 1 삼국시대의 교육

(1) 고구려의 교육

① 태학(太學) … 소수림왕 2년(372)에 설립된 우리나라 최초의 관학이며, 최초의 고등교육기관이다.
  ㉠ 교육목적: 유교교육에 의한 관리를 양성하고, 고대국가체제의 확립을 목적으로 했다.
  ㉡ 교육대상: 상류계층의 귀족 자제를 위한 관리양성기관이다.
  ㉢ 교육내용: 중국 태학의 교육내용인 오경(五經: 역, 시, 서, 예, 춘추), 삼사(三史: 사기, 한서, 후한서), 삼국지 등이다.
  ㉣ 성격: 전통유지, 고전중심, 정신교육(인격교육) 등을 중시했다.
  ㉤ 교육사적 의의
    • 우리나라 교육에서 보이는 학교교육의 시초로 역사적 의의를 지닌다.
    • 한국 유학의 기원으로 최초로, 한국에서 유교의 정착이라는 역사적 의의를 지닌다.
    • 중국 여러 왕조의 학교교육을 제외하고 동아시아에서 가장 앞선 학교라는 의의를 지닌다.

② 경당(扃堂) … 우리나라 최초의 사학이다. 초등학교에서 대학까지의 교육과정을 담당했다는 견해와 중등교육기관이라는 견해가 있다.
  ㉠ 교육대상: 서민의 자제와 지방호족의 미혼 자제를 대상으로 하였다.
  ㉡ 교육내용
    • 통경(通經: 경전읽기)과 습사(習射: 활쏘기)를 실시하는 문무일치교육을 하였다.
    • 오경(五經), 사기(史記), 한서(漢書), 삼국지(三國志), 춘추(春秋), 옥편(玉篇), 학통(學統), 문선(文選) 등을 가르쳤다.
  ㉢ 특징
    • 일반 대중에게도 사학의 형태로 교육이 보급되었다는 것을 알 수 있다.
    • 경당은 군사기관인 동시에 교육기관이다.
    • 태학은 귀족을 중심으로 중앙에, 경당은 사학으로 지방에 위치하였다.

(2) 백제의 교육

① 「삼국사기」에 의하면 고구려가 태학을 세운 지 3년 후인 서기 375년에 '박사 고흥(博士 高興)'에 의해 「서기(書記)」를 만들었다는 기록이 있고 모시박사, 의박사, 역박사, 오경박사 등 각종 분야의 박사제도가 있다.

Point 팁 박사란 유교경전에 정통한 학자이다.

② 일본 사료에 의하면 서기 285년에 왕인(王仁)이 일본에 천자문과 논어를 전했다는 기록이 있다. 서기 285년은 고구려의 태학(372)이 설립되기 87년 전으로 이는 백제가 고구려보다 학교교육이 앞섰다고 추정해 볼 수 있다.

③ 백제의 중앙관제로서 내법좌평과 사도부라는 교육행정관청과 기구가 존재하였기 때문에 교육행정의 대상이 있었음을 알 수 있다.

(3) 신라의 교육

① 화랑도 교육(삼국통일 이전의 교육)

㉠ 교육목적
- 세속오계(世俗五戒)에 충실한 용감한 무인과 실천적 인물의 양성이 목적이었다.
- 종교적·도덕적 기품을 지닌 인물의 양성을 목적으로 하였다.
- 자연을 사랑하고 국토를 애호하는 미풍을 장려하는 데 목적이 있었다.

㉡ 교육내용 : 지적인 면보다는 도덕적·정서적·신체적·사회적·군사적인 훈련을 중시하였다.

㉢ 교육방법 : 우리나라 전인교육의 기원이 된다.
- 상마이도의(相磨以道義) : 서로 도의로써 심신을 단련한다.
- 상열이가악(相悅以歌樂) : 시와 음악을 즐긴다.
- 유오산수(遊娛山水)·무원부지(無遠不至) : 명산과 대천을 찾아다니며 즐겨 멀리 이르지 않은 곳이 없었다.

㉣ 교육사적 의의
- 신체단련, 정서도야, 도덕교육을 중시한 점에서 전인격적 교육의 모습을 볼 수 있다.
- 유럽 신교육 운동기의 후조운동, 보이 스카우트와 유사하다.
- 중세 기사도교육과는 실생활 중심의 교육이라는 점에서 유사하다.
- 심신일여(心身一如), 언행일치(言行一致)의 도의를 기본으로 하는 한국 고유사상의 발로이다.
- 교육내용 중 유오산수(遊娛山水)·무원부지(無遠不至)는 심신단련과 직관교육을 중시한 것이다.
- 교육기관인 동시에 군사기관이었다.

기출문제

📌 다음 내용에 해당하는 우리나라 교육제도는?
▶ 2015. 6. 27. 교육행정직

- 유(儒)·불(佛)·선(禪) 삼교의 융합
- 청소년들의 심신을 수련하는 교육 집단
- 원광(圓光)의 세속오계를 통한 교육이념의 체계화.

① 고구려의 경당
② 신라의 화랑도
③ 고려의 국자감
④ 조선의 성균관

정답 ②

기출문제

문 우리나라 교육사에 관한 설명으로 옳지 않은 것은?
▶ 2024. 6. 22. 교육행정직

① 백제에서는 교육기관으로 국학을 세웠다.
② 고구려에서는 교육기관으로 태학을 세웠다.
③ 유형원은 『반계수록』에서 교육제도 개혁을 주장하였다.
④ 근대적 관립학교인 육영공원을 세웠다.

② 국학(國學 : 삼국통일 이후)
　㉠ 성격 : 신문왕 2년(682)에 당나라의 국자감 제도를 모방하여 세운 신라 최초의 관학으로 예부(禮部)에서 관리하였으며, 문묘를 설치하였다.
　㉡ 교육목적
　　• 봉건적 중앙집권제도의 확립과 강화를 위한 관리양성
　　• 지도 계급의 교양을 높이기 위한 교육
　　• 유교사상의 보급과 연구
　㉢ 교육내용
　　• 유학과 : 교양과목으로 논어·효경은 필수였고, 전공과목은 삼분과제를 실시하여 예기와 주역, 춘추좌씨전과 모시, 상서와 문선을 다루었다.
　　• 기술과(잡과) : 논어와 효경은 필수였고, 산학과 의학을 다루었다.
　㉣ 입학대상 : 무위자(無位者)에서부터 대사(大舍) 이하의 관직을 가진 자로서 15~30세까지를 원칙으로 하였다.
　㉤ 수업연한 : 9년을 원칙으로, 졸업 후 10~11등급의 관위를 부여했다.
　㉥ 특징
　　• 국학의 2대 기능은 학업과 문묘제례이다.
　　• 국학 출신자는 대나마(10관등), 나마(11관등)에 임용하였으며, 독서삼품과에 의한 임용제가 적용되었다.

③ 독서삼품과
　㉠ 성격
　　• 원성왕 4년(788) 관리 선발을 위한 국가시험제도로 유학경전의 능통 정도에 따라 인재등용방법의 객관화를 도모하여 국학의 성격으로 삼았다.
　　• 과거제도 도입의 예비단계로서 예부에서 관할하였다.
　　• 성적에 따라 상품·중품·하품으로 구분하고 관리임용의 순서로 삼았다.
　㉡ 교육사적 의의
　　• 삼국통일 이후 유학의 연구·보급으로 학벌 본위·시험 본위의 교육제도(문관 위주)로 전환하였다.
　　• 고려 광종 9년부터 실시된 과거제도의 시초가 되었다.

section 2 고려시대의 교육

(1) 고려시대 교육의 개요

① 교육목적 … 관리양성과 과거급제를 목적으로 하였다.

|정답 ①

② 교육기관
  ㉠ 관학(官學) : 중앙에 국자감과 동서학당(5부학당)을 설치하였고 지방에 향교를 두었다.
  ㉡ 사학(私學) : 십이공도(十二公徒), 지방의 경관(經館), 서당(書堂)이 있었다.
③ 특징
  ㉠ 국·공립 교육기관이 발달하였고, 과거제도가 확립되었다.
  ㉡ 특권계급의 세력이 강해짐에 따라 문벌과 학벌을 중시하면서 사학이 발달하게 되었다.

(2) 고려시대의 관학

① 국자감
  ㉠ 기본성격
  - 성종 11년(992) 개경에 설립한 최고 학부의 국립고등교육기관이었다.
  - 종합대학으로 국자학, 태학, 사문학, 서학, 율학, 산학의 6학(六學)이 각 단과대학 성격으로 구성되었으며, 예부에서 관장하였다.
  - 국자학·태학·사문학은 유학과로서 박사와 조교가 있었으며, 율·서·산학은 잡학으로서 해당 기술을 익히는 것으로 박사만 두었다.
  - 예종 4년(1109)에는 국자감에 칠재(七齋)를 두어 교육내용을 분과적으로 실시하였으며, 문무교육을 장려하였다. 7재는 사학이 발달되어 관학이 위축되자 관학 진흥책으로 유학을 진흥하기 위하여 국자감에 설치한 것으로 유학재 6재와 무학재 1재를 합한 것이다.
  - 예종 14년(1119)에는 양사(養士)의 일과 그 비용을 전담하는 기구인 양현고(養賢庫)를 세워 국자감 경제기반의 발전을 도모하였다.
  ㉡ 교육목적 : 인재양성과 관리등용에 목적을 두었다.
  ㉢ 입학자격 : 문벌귀족사회의 성격을 반영하여 육학(六學)에 따라 엄격하게 제한되었다.
  ㉣ 교과과정

구분	교과	수업연한
필수	논어(論語), 효경(孝經)	합 1년
선택	상서, 공양, 곡량	각 2년
	주역, 모시, 주례, 의례	각 3년
	예기, 좌전	각 3년

  ㉤ 특징
  - 국초에 문묘(文廟)를 세움으로써 우리나라 국학향사(國學享祀)의 시초가 되었다.
  - 예종 11년에 국자감에 무학을 설치하고 무신등용의 길을 열어 주었다.

기출문제

문 고려 시대의 관학만을 모두 고르면?
▶ 2025. 4. 5. 국가직

㉠ 5부학당   ㉡ 서원
㉢ 서당   ㉣ 국자감

① ㉠, ㉡
② ㉠, ㉣
③ ㉡, ㉢
④ ㉢, ㉣

문 다음 설명에 해당하는 고려시대 교육기관은?
▶ 2025. 6. 21. 제1회 지방직

- 성종 11년(992년)에 설립되었다.
- 육학으로 구성되었다.
- 교과목으로 효경, 논어 등이 있었다.

① 국학
② 경당
③ 국자감
④ 육영공원

문 통일신라의 국학과 고려의 국자감에서 공통으로 필수 과목이었던 두 책은?
▶ 2021. 6. 5. 지방직 시·도교육청

① 『논어』와 『맹자』
② 『논어』와 『효경』
③ 『소학』과 『가례』
④ 『소학』과 『대학』

정답 ②, ③, ②

기출문제

문 향교(鄕校)에 대한 설명으로 옳지 않은 것은?
▶ 2008. 5. 12. 행정자치부

① 향교의 기능은 크게 제례(祭禮)와 강학(講學)의 두 가지로 나뉜다.
② 향교는 조선시대에 처음 설치된 관학 교육기관이다.
③ 향교의 교생은 양반 이외에 일반 양인(良人) 신분도 등록할 수 있었다.
④ 향교에 대한 관리와 감독은 지방수령의 기본 업무 중 하나이다.

문 조선시대의 향교에 대한 설명으로 옳지 않은 것은?
▶ 2021. 4. 17. 인사혁신처

① 전국의 부·목·군·현에 일읍일교(一邑一校)의 원칙에 따라 설립된 지방 관학이다.
② 교관으로는 중앙에서 파견하는 교수(敎授)나 훈도(訓導)가 있었다.
③ 성균관과 마찬가지로 문묘와 학당으로 구성된 묘학(廟學)의 구조를 갖추고 있었다.
④ 향교 유생들은 성균관 유생들을 대상으로 거행하는 알성시나 황감제, 도기과 등의 시험에 함께 응시할 수 있었다.

정답 ②, ④

- 예종 4년에 7가지 전문강좌인 7재를 설치하였다.
- 학관, 박사, 학사들의 회강 휴식소로 보문각을 설치하였다.
- 고금도서를 소장한 청연각(연구강론을 위한 아카데미)을 설치하였다.
- 숙종 6년에 국자감에 서적사를 두고 귀중한 책을 인쇄하였다.
- 충렬왕 30년에 국학의 유영재단인 섬학전을 설치하였다.
- 학생을 기숙시키는 기숙사 제도를 두었다.

② 학당(學堂)
  ㉠ 국도(國都)에 세운 중등교육기관으로 지방에 세운 향교와 같은 수준의 학교이다.
  ㉡ 학당에는 향교와는 달리 문묘를 모시지 않는다.
  ㉢ 동서학당(東西學堂)과 오부학당(五部學堂)이 있었다.
    - 동서학당(東西學堂): 원종 2년(1216)에 설립하였다.
    - 오부학당(五部學堂): 정몽주가 개경의 중앙과 동·서·남·북에 세운 학교로 북부학당이 설치되지 못하여 후에 사학이라 불렸다.

③ 향교(鄕敎)
  ㉠ 인종 5년(1127)에 내린 조서에 의하여 각 주현(州縣)에 세운 관학으로 지방 중등교육기관이며 유학의 전파, 지방민의 교화가 목적이었다.
  ㉡ 교육내용은 유교 중심적이었고 봄·가을에 걸쳐 선성(先聖)·선현(先賢)을 추모하는 제사를 지내어 향교는 교육기관이자 제사기관이었다.
  ㉢ 입학자격은 국자감의 율(律)·서(書)·산(算)의 3학과 같아서 문무관 8품 이상의 자와 서인에게도 입학을 허가하였고, 성적이 우수하면 국자감에 입학할 수 있는 기회가 주어지기도 했다.

(3) 고려시대의 사학

① 십이공도(十二公徒)
  ㉠ 고려시대의 가장 유명한 사학 12곳을 의미하며, 도(徒)는 학을 따르는 무리라는 뜻이다. 성종 이후 관학이 쇠퇴하는 과정에서 최충(崔沖)이 사설교육기관으로 9재 학당을 열어 학생을 교육한 데서 비롯되었다.
  ㉡ 교육목적: 일차적으로 관리와 인재양성을 위한 과거준비를 위한 것이었으나 후에 하나의 학풍과 학벌을 형성하게 되었다.
  ㉢ 교육내용: 구경(九經), 삼사(三史), 시문 짓기
  ㉣ 역사적 의의: 관학인 국자감이 부진하고 향교와 학당이 수립되기 이전 고려의 문화와 유학교육에 지대한 공적을 남겼다. 그러나 사학의 설립은 학벌을 형성하여 문벌귀족 사회를 더욱 강화시키는 역할을 하였다.
  ㉤ 특별한 조교법을 실시하였고 하과(하계강습회), 각촉부시제도가 있었다.

② 서당(書堂)
  ⊙ 고려의 서당에 관한 자세한 기록은 없고, 서당은 조선조에 와서 아주 발달하였다.
  ⓒ 서당은 서민계급의 자제들을 대상으로 한 '초등교육기관'으로 서민교육의 보급과 민중교화에 큰 역할을 하였다.
  ⓒ 향선생(鄕先生)을 두고 부락민들이 자치적으로 운영하였다.

(4) 고려시대의 과거제도

① 개요
  ⊙ 목적
    • 개국 초 중앙집권에 수반된 호족, 개국공신의 합리적인 도태와 제거가 목적이다.
    • 문호개방을 통한 광범위한 인재선발책의 일환이었다.
  ⓒ 응시자격 : 양민(천민이나 승려 자제는 제외)은 무제한, 평민에게는 10번, 관리에게는 5번의 기회를 주었다.
  ⓒ 시험시기 : 격년 또는 매년 1회
  ② 좌주문생(座主門生)제도 : 과거에서 고시관과 급제자 사이의 관계가 새로 생겨 평생 부자(父子)관계의 예(禮)로 지속되었다.
  ⓜ 과거준비에만 몰두하여 중국 고전에 치중하게 되어 독자성 없는 교육이 실시되었으며, 사대주의와 상고주의(尙古主義)가 팽배하게 되었다.

② 종류
  ⊙ 제술업(製述業, 동당시) : 시(詩)·부(賦)·송(頌)·책(策) 등의 문예를 겨루는 시험으로 제술업이 중시되었다.
  ⓒ 명경업(明經業) : 서(書)·역(易)·시(詩)·춘추(春秋) 등 유교경전으로 시험을 보았다.

> **Point 팁** 제술업과 명경업은 문신을 등용하던 것으로 제술업이 중시되었는데, 이는 경학(經學)보다는 문예(文藝)를 숭상하던 고려의 풍조를 알 수 있다.

  ⓒ 잡업 : 기술관을 위한 시험이다.
  ② 고려의 과거시험에는 무과시가 없었다.

기출문제

PART 2 한국교육사

기출문제

문 조선시대 성균관의 학령에 대한 설명으로 옳은 것을 〈보기〉에서 고른 것은?
▶ 2018. 5. 19. 교육행정직

〈보기〉
㉠ 사서오경과 역사서뿐만 아니라 노자와 장자, 불교, 제자백가 관련 서적도 함께 공부하도록 하였다.
㉡ 매월 옷을 세탁하도록 주어지는 휴가일에는 활쏘기와 장기, 바둑, 사냥, 낚시 등의 여가 활동을 허용하였다.
㉢ 유생으로서 재물과 뇌물을 상의하는 자, 주색을 즐겨 말하는 자, 권세에 아부하여 벼슬을 꾀하는 자는 벌하도록 하였다.
㉣ 매년 여러 유생이 함께 의논하여 유생들 중 품행이 탁월하고 재주가 출중하며 시무에 통달한 자 한두 명을 천거하도록 하였다.

① ㉠, ㉡
② ㉠, ㉣
③ ㉡, ㉢
④ ㉢, ㉣

|정답 ④

section 3 조선시대의 교육

(1) 조선시대 교육의 개요

① 성리학과 교육
  ㉠ 교육철학: 조선시대의 교육은 유교 중심의 유교주의가 지배적이었으며, 성리학에 기초한 윤리철학을 교육철학으로 삼았고, 조선후기에는 실학이 교육사상의 주류를 이루었다.
  ㉡ 성리학은 항상 선량한 마음을 가지고 천부의 본성을 기른다는 존양(存養)과 지식을 확실하게 한다는 궁리(窮理)를 목표로 삼고 있다.
  ㉢ 성리학적 교육철학에 기초하여 교육목적을 '선인의 양성'에 두고 궁극적인 최종의 목적은 성현(聖賢)의 자리에 도달하는 것이다.
  ㉣ 교육방법: 성현들의 행실을 모방하는 것이다.
  ㉤ 교육내용: 소학(小學), 사서(四書), 삼경(三經), 주자가례를 중시하였다.

② 실학과 교육
  ㉠ 공리공론을 일삼는 성리학에 대한 비판과 서양의 신문물이 유입되면서부터 사회개혁을 위한 새로운 학풍인 실학이 대두되었다.
  ㉡ 실학의 유파: 경세치용, 이용후생, 실사구시

(2) 조선시대의 관학

① 성균관 … 태조 7년(1398)에 건립된 최고의 고등교육기관이다. 성균(成均)의 의미는 이지러짐과 과불급이 균형을 이룬다는 뜻이다.
  ㉠ 교육목적: 인재양성과 신현·선성에 제사, 통치이념인 유교의 보급과 고급관리의 배출 등을 목적으로 하였다.
  ㉡ 입학자격: 생원과 진사를 원칙으로 하며, 정원이 미달될 때 사학의 우수자로 보충하였다.
  ㉢ 교육내용
    • 경술과 문예를 주로 하여 정주학(程朱學)의 봉독을 기본활동으로 삼았다.
    • 교육과정은 사서오경의 구재지법(九齋之法)을 주 과정으로 하였으며 이는 대학, 논어, 맹자, 중용, 서, 시, 춘추, 예기, 역을 특성에 따라 재(齋)로 편성하여 이것을 단계적으로 학습하는 것이다.

② 사부학당
  ㉠ 발전과정
    • 제도적 시초는 고려 원종 2년(1261)에 설립된 동서학당이다.
    • 태종 11년(1411)에 설립된 중등교육기관이며 성균관의 하위 교육기관이다.

- 남부학당으로 시작되어 중부·동부·서부에 설립되어 사부학당을 이루게 되었으며, 이를 사학(四學)이라고 하였다.
   ⓒ 성격 : 내용·방법 등은 성균관과 유사하나 그 수준이 성균관보다 낮아 성균관의 부속 학교적 성격을 지닌다.
   ⓒ 입학대상 : 양반집 자제와 민중 자제들 중에 뽑힌 자들로 그 정원은 각학(各學)에 100명이었으며, 교원은 교수 2명과 훈도 2명이었다.
   ⓔ 특징
     - 문묘를 갖지 않은 점이 성균관이나 향교와 다르다.
     - 교원을 30개월간 장기 근속시키는 구임법(久任法, 근속법)을 시행하였다.
     - 성균관에 예속된 학교로서 성균관 관원이 교사로 파견되었고 학당의 잡무를 맡는 관리, 노비도 성균관의 소속이었다.
     - 성균관, 사헌부, 예조 등 국가로부터 감독을 받았다.
     - 기숙사 제도를 두었으며, 학비는 모두 국가에서 지급하는 관급이었다.
     - 「소학」을 필수과목으로 가르쳤다.

③ 종학(宗學)
   ⓙ 세종 11년(1429)에 왕실 종친의 자제를 교육하기 위해 설립된 학교이다.
   ⓒ 종학은 다른 학교와는 달리 예조가 아닌 종부시(宗簿寺)가 감독했다.

④ 향교(鄕校)
   ⓙ 발전배경
     - 고려 때부터 관학교육기관으로 세워진 것으로 조선시대에 와서 교육적 기능이 강화된 지방의 중등교육기관이다.
     - 향교는 성균관과 같이 문묘기능과 교육기능도 함께 가지고 있었으며, 사회교화와 향풍순화 등의 사회교육적 기능도 갖고 있었다.
     - 지방재정에 의해 설립되었으며 일명 교궁, 재관이라고도 불렀다.
   ⓒ 설립목적 : 성현에 대한 제사, 지방유생의 교화, 관리진출의 수단이었다.
   ⓒ 교육내용
     - 소학, 사서, 오경이 중요한 교과였다.
     - 향교교육은 숭유주의에 입각하여 인재양성과 민풍순화에 중점을 두었다.
     - 농업과 잠업에 대한 서적이 사용된 점으로 보아 약간의 실업교육이 병행되었다는 것을 알 수 있다.

⑤ 잡학교육
   ⓙ 형식적인 교육기관이 없이 중앙과 지방의 소관관청 하에서 실시한 실업교육·기술교육이었다.
   ⓒ 국가는 잡학을 관학으로 하고 과거에 잡과를 두었다.

PART 2 한국교육사

ⓒ 잡과에는 역과(譯科), 율과(律科), 의과(醫科), 음양과(陰陽科), 이과, 악과, 서과, 도과 등이 있었다.
ⓔ 잡과는 양반의 관료를 선발하는 문과와 무과에 비해 경시되었다.

(3) 조선시대의 사학

① 서당
  ㉠ 교육내용
  • 강독(講讀) : 강독은 책을 읽고 그 내용을 해석하는 것이다.
  • 제술(製述) : 오언절구, 칠언절구, 사율, 고풍십팔시 등의 글짓기이다.
  • 습자 : 글씨를 익히는 것으로 바른 글씨체인 해서와, 행서·초서를 가르쳤다.
  ㉡ 교육방법
  • 교육은 전반적으로 개별교수법이며, 주입식·암기식이었다.
  • 학생들의 개인적 능력에 따라 진도가 각각 달랐다.
  • 학동은 훈장이 강(講)을 할 때 합격해야 다음의 내용을 배울 수 있었다.
  • 서당에서는 계절에 따라 교과내용을 달리하는 경우가 일반적이다.
  ㉢ 유형 : 서당의 설립과 운영은 기본자산이나 관청의 인가 같은 것이 요구되지 않았기 때문에 누구나 뜻만 있으면 가능했다.
  • 훈장자영서당 : 훈장 자신이 생계유지 혹은 교육취미로 세운 서당이다.
  • 유지독영서당 : 유지 혼자 급비를 담당하고 이웃 자녀에게 동냥공부를 허용했다.
  • 유지조합서당 : 몇몇 개인이 조합하여 훈장을 초빙하고 조합원 자녀만 교육하였다.
  • 촌락조합서당 : 촌 전체가 조합하여 촌락의 아이들을 가르치는 서당이다.
  ㉣ 교육사적 의의
  • 초등교육기관으로 천자문 등 한문의 기초를 익히는 데 역점을 두었다.
  • 유학기관으로 유교적 예절과 학문의 기초를 익혔다.
  • 사설교육기관으로 개인이나 마을 주민이 공동으로 설립하여 운영하였다.
  • 서당의 훈장은 학동들을 가르칠 뿐만 아니라 동리의 대소사에도 관여하여 동민을 교화하였다.
  • 서당은 향사(享祀)를 행하지 않았다.
  • 서당은 입학정원이나 신분상의 제한이 없었다.
  • 서당은 사학과 향교 입학을 위한 예비교육이었다.
  • 직접 대면을 통한 전인교육이 실시되었다고 볼 수 있다.

Point 팁 서당의 주요 교재
  ㉠ 천자문 : 중국 양나라의 주흥사가 지은 책으로 한문 초학자를 위한 교과서 겸 습자교본
  ㉡ 동몽선습 : 조선 중종 때 학자 박세무가 서당에 처음 입학한 학동을 위하여 지은 책
  ㉢ 명심보감 : 고려 충렬왕 때의 문신 추적이 금언, 명구를 모아 놓은 책으로 조선시대 어린이 한문 교양서
  ㉣ 소학 : 송나라 때 주자가 소년들에게 유학의 기본을 가르치기 위해 지은 책으로 조선시대 교육기관의 필수교재로 이용

기출문제

문 다음 설명에 해당하는 조선시대 교재는?
▶ 2020. 7. 11. 인사혁신처

• 소학(小學) 등 유학 입문용 교재이다.
• 중종 때 박세무가 저술하였다.
• 학습내용을 경(經)과 사(史)로 나누어 제시하였다.
• 일제 강점기에는 우리 역사를 다룬다는 이유로 서당의 교재로 쓰지 못하게 하였다.

① 『동몽선습』
② 『유합』
③ 『입학도설』
④ 『훈몽자회』

| 정답 ①

② 서원(書院)
  ㉠ 발전과정 : 조선시대 중등사학기관으로 중종 말기(1541) 풍기 군수 주세붕이 안향의 묘소에 사당을 세우고 백운동서원이란 이름을 붙이고 봄·가을에 걸쳐 제사를 지내고, 청년들을 모아 학문을 강습하기 시작한 것이 시초이다.
  ㉡ 목적 : 선현존경과 후진장학을 교육목적으로 한 중등사학교육기관이었다.
  ㉢ 교육적 의의
    • 교육적인 동기에서 출발하여 자유로운 분위기에서 수련을 쌓을 수 있었다.
    • 청년자제를 수용하여 학문에 정진하게 하였다.
③ 정사(精舍) … 명망 높은 선비가 산수 좋은 곳에 은거해 공부하는 곳을 마련하면 그 선비를 흠모하는 청소년들이 따라 모여 형성된 사설 아카데미와 같은 교육과 학습의 집이었다.

(4) 조선시대의 과거제도

① 특징
  ㉠ 국가의 관리등용을 위한 인재선발의 국가고시제로 문무(文武) 양과의 제도로 운영되었다(고려의 과거제도는 무과가 없었다).
  ㉡ 신진 유학자들은 사장(詞章)을 주로 하는 진사시를 억제하고 유학의 경전을 주로 하는 생원시를 중시하였다.
② 문과(文科), 무과(武科), 잡과(雜科) … 3년에 한 번씩 시행되는 식년시에 있었다.
  ㉠ 문과 : 대과(문과, 동당시)와 소과(생진과)로 구분된다.
    • 대과 : 문과시로 임용되는 시험으로 최고단계의 시험이다.
    • 소과 : 대과 응시 전에 보는 시험으로 경서를 외는 생원시와 문장을 짓는 진사시가 있었다.
  ㉡ 무과
    • 조선시대 문무양반의 관료체제가 형성됨에 따라 무과가 시행되었다.
    • 무과는 문과와 달리 소과와 대과가 없는 단일과이다.
    • 무과는 궁술(弓術), 총술(銃術), 강서(講書)를 시험과목으로 초시, 복시, 전시를 거쳤으며, 이와는 별도로 무과도시(武科都試)가 있었다.
    • 무과 초시는 120명, 무과 복시는 28명을 선발하였고, 무과 도시는 병조와 훈련원에서 종3품 이하의 관리나 한량인을 선발하였다.
  ㉢ 잡과
    • 잡과는 기술직 관리등용의 자격시험으로서 잡직에 근무하는 중인계급의 자제를 대상으로 응시하게 하였다.
    • 잡과 시험으로 역학, 의학, 음양학, 율학 등 국가의 잡학교육기관에서 업(業)을 닦은 중인계급들에게 독점 전승되고 양반계급은 잡직에 관여하지 않았으며, 상민(常民)과 천민(賤民)은 이에 참여할 수 없었다.
③ 별시(別試) … 국가의 경축이나 필요가 있을 때 보는 과거이다.

기출문제

문 조선시대 교육기관인 서원(書院)에 대한 설명으로 옳지 않은 것은?
▶ 2017. 6. 17. 교육행정직
① 관학(官學)인 향교(鄕校)와 대비되는 사학(私學)이다.
② 퇴계 이황은 서원의 교육목적을 위인지학(爲人之學)에 두었다.
③ 원규(院規) 혹은 학규(學規)라고 불리는 자체의 규약을 갖추고 있었다.
④ 교육의 기능뿐만 아니라 선현(先賢)을 숭상하고 그의 학덕을 기리는 제사의 기능도 겸하였다.

문 조선시대 과거제도에 대한 설명으로 옳지 않은 것은?
▶ 2014. 4. 19. 안전행정부
① 문과 대과에 급제한 자에게는 홍패(紅牌)가 지급되었다.
② 생진과의 복시(覆試)에 합격한 자에게는 성균관에 입학할 수 있는 자격이 주어졌다.
③ 생원시에서는 유교경전을, 진사시에서는 부(賦), 시(詩) 등의 문학을 시험보았다.
④ 과거시험은 정규시험인 정시(庭試)와 특별시험인 별시(別試)로 구분된다.

| 정답 ②, ④

(5) 조선시대의 교육사상

① 권근(1352~1409)
  ㉠ 교육적 인간상: 공(公), 근(勤), 관(寬), 신(信)의 4덕(四德)을 갖춘 인재
  ㉡ 교육목적: 인재(人才)의 양성이다.
  ㉢ 교육방법: "근소(近小)를 먼저하고 원대(遠大)를 나중에 하라."는 교육순서의 배열을 제시하고 있다.

② 이황(1501~1570)
  ㉠ 교육목적: 인(仁)을 체득한 성현에 이르는 것에 있었고 현실적으로는 경(敬)에 두었다.
  ㉡ 교육방법: 입지(立志), 궁리(窮理), 경(敬), 숙독(熟讀), 심득(心得), 궁행(躬行), 잠심자득(潛心自得)을 강조하였다.
  ㉢ 교육적 인간상: 성현을 이룬다(作聖).

③ 이이(1536~1584)
  ㉠ 교육이념
    • 입지(立志): 뜻을 세우는 일을 인간형성의 첫 번째 요건으로 중시하였다.
    • 명지(明知): 궁리명선(窮理明善)을 뜻하며, 독서를 강조하였다.
    • 역행(力行): 힘써 실행함이란 뜻으로 서양 진보주의의 "교육은 생활이다."라는 생활중심교육과 일맥상통한다.
  ㉡ 교육목적: 성인(聖人)을 준칙으로 하였으며, 경세제민정치를 통한 교육 국가의 건설이다.
  ㉢ 교육방법
    • 경험적·구체적인 것에서 추상적·형이상학적으로 진행할 것을 강조하였다.
    • 궁리·거경·역행을 제시, 특히 실행으로써 역행을 강조하였다.

퇴계	Spranger
기(氣)의 인	개성
이(理)의 인	보편성
경(敬)의 인	전체성

④ 유형원(1622~1673)
  ㉠ 교육이념: 신분제 타파를 전제로 한 교육의 기회균등을 내세웠다.
  ㉡ 교육적 인간상: 덕행인, 능력인
  ㉢ 교육사상: 공거제 제안, 국민보통 교육에 관심, 학교교육제도 중시, 학제 구상

> **Point 팁** 공거제 ··· 학교제도를 개혁하여 단선형으로 하고 단선형의 학교교육의 내실화를 통하여 적재적소의 인물을 양성하자는 것으로 학교교육과 관리선발의 일원화를 강조하였다는 특징을 지니고 있다.

⑤ 이익(1681~1763)
  ㉠ 교육이념 : 예(禮), 근검, 남녀유별
  ㉡ 교육방법 : 일신전공의 방법을 주장하였다.

> **Point 팁** 일신전공
> ㉠ 일신, 득사(得師), 호문(好問)이 있으며, 교육방법으로 호문을 중요시했다.
> ㉡ 일신(日新) : 자기수양의 방법으로 항시 새로운 것을 생각하는 방법이다.
> ㉢ 전공(全功) : 집중적으로 학문에 정진하는 것이다.

  ㉢ 교육적 인간상 : 주체성 있는 역사의식인
  ㉣ 교육사상 : 가정교육 중시, 학문의 자유 주장, 도시교육의 폐해 지적, 교육의 평등과 기회균등 주장, 소극적 여성 교육관, 주체적·실용적 인간 육성 목적

⑥ 정약용(1762~1836)
  ㉠ 교육이념 : 실학사상
  ㉡ 교육적 인간상 : 수기(修己)와 위천하인상(爲天下人像)을 제시(실용인)
  ㉢ 교육방법 : 실천성 강조
  ㉣ 교육사상 : 과거제도의 폐단 지적, 5학론(훈고학, 성리학, 문장학, 과거학, 술수학)의 통일 강조, 교육의 주체적 접근방식 강조, 효제자(孝悌慈) 덕목 중시, 삼불가독설

> **Point 팁** 삼불가독설 … 전통적인 유학교육기관에서 사용하던 천자문, 사략(史略), 통감절요(通鑑節要)를 읽혀서는 안 된다는 이론이다.

아학편(兒學編)
① 정의 : 조선후기 실학자 정약용이 아동의 한자학습을 위하여 저술한 교재이다.
② 내용
  ㉠ 2권 1책으로 상하 두 권으로 나누어 각각 1,000자의 문자를 수록하여 도합 2,000자로 이루어져 있다.
  ㉡ 당시 대표적인 한자학습서인 「천자문」이 체계적인 글자의 배열과 초학자를 배려한 학습의 단계성이나 난이도를 전적으로 무시하고 있음을 지적하고, 이러한 내용 및 체계상의 결점을 극복하고자 이 책을 찬술하게 되었음을 밝히고 있다.

기출문제

조선 후기 실학자에 의해 직접 편찬된 한자 학습용 교재는?
▶ 2024. 3. 23. 인사혁신처
① 아학편
② 천자문
③ 동몽선습
④ 입학도설

| 정답 ①

PART 2 한국교육사

기출문제

문 1894년부터 1896년까지 추진된 갑오개혁의 과정에 관제(官制) 또는 영(令)에 의해 설립된 근대 교육기관이 아닌 것은?
▶ 2023. 6. 10. 교육행정직

① 소학교
② 중학교
③ 외국어학교
④ 한성사범학교

문 개화기에 설립된 우리나라 관립 신식학교에 해당하는 것만을 모두 고르면?
▶ 2021. 6. 5. 시·도교육청

㉠ 동문학
㉡ 육영공원
㉢ 연무공원

① ㉠, ㉡
② ㉠, ㉢
③ ㉡, ㉢
④ ㉠, ㉡, ㉢

|정답 ②, ④

section 4 근대의 교육

(1) 갑오개혁과 교육개혁안

① 학무아문(學務衙門)
  ㉠ 외교와 교육을 관장해 온 예부 대신 외무아문(후에 외부로 개칭)과 학무아문을 설치하여 학무아문에서 교육에 관한 제반사항을 관장하였다.
  ㉡ 내용: 영재교육의 강조, 소학교와 사범학교의 설립 주장, 교육의 기회균등 원칙 제시, 대학교육과 전문학교 설립의 취지를 제시하였다.

② 고종의 홍범 14조 반포
  ㉠ 홍범 11조에 '국중의 준자제를 널리 찾아 외국에 파견하여 학술과 기예를 전습시킨다.'로 명시되어 있다.
  ㉡ 학무아문고시가 대내적 선포라면 홍범 14조는 대외적 선포이다.

(2) 고종의 교육입국조서(1895)

① 강령 … 덕육, 체육, 지육을 바탕으로 국가의 중흥을 도모하자.

② 내용 … 교육은 실로 국가를 보존하는 근본이라 하리로다. 교육은 그 길이 있는 것이니 헛된 이름과 실제 소용을 먼저 분별하여야 하리로다. 독서나 습자는 옛 사람의 찌꺼기를 줍기에 급급하여 시세의 대국에 어두운 자는 비록 그 문장이 고금에 통한다 하더라도 쓸데없는 서생에 불과할 것이다.

③ 교육적 의의
  ㉠ 근대 학제의 학립과 민주교육이념의 구현에 기여하였다.
  ㉡ 국민교육의 권장과 민족주의 교육의 생성을 가능하게 하였다.
  ㉢ 근로와 역행의 습성을 기를 것을 강조하였다.
  ㉣ 교육론을 강조하여 전인적 인간을 교육이 추구해야 할 인간상으로 설정하였다.
  ㉤ 사회개조를 위한 교육의 사회적 기능을 중시하였다.

(3) 근대 학교의 설립

① 정부에 의한 관학
  ㉠ 동문학(同文學): 영어 통역자를 양성하기 위해 1883년에 영어교육기관으로 동문학이 설치되었다.
  ㉡ 육영공원(育英公院): 1886년에 조선 정부가 세운 관료양성학교이다. 최초의 근대적 관학으로 전통적인 구교육에서 신교육으로 발전하는 교량을 담당하였다.

ⓒ 소학교
- 목적 : 신체발달을 고려하여 국민교육의 기초와 생활에 필요한 일반지식 및 기능을 수여하는 것으로 학령은 만 8세부터 15세에 이르는 아동이다.
- 교과제도는 심상과와 고등과로 구분하였으며, 설립방법에 따라 관립, 공립, 사립으로 구분하였다.

ⓓ 한성사범학교 : 1895년에 설립된 우리나라 최초의 교사양성기관이다. 본과 2년과 속성과 6개월로 규정되었고 본과에 입학할 수 있는 자는 20세 이상 25세 이하로, 속성과는 22세 이상 35세 이하로 규정하였다.

ⓔ 실업학교 : 1885년 Allen에 의한 광혜원에서 의학교육이 시작되었고, 1899년 상공학교가 설립되었으며 1900년 광업에 필요한 기술교육을 실시하기 위한 광무학교가 설립되었다.

ⓕ 고등교육 : 성균관이 고등교육기관으로서 위치를 갖고 있었다.

② 사학
  ⓐ 민족선각자들에 의한 사립학교
  - 원산학사(元山學舍) : 1883년 덕원읍민이 세운 최초의 근대적 사학으로 민중들이 자발적으로 국가의 위기의식을 인식하고 인재를 양성하기 위해 세웠다.
  - 흥화학교 : 1895년 민영환이 세운 학교이다.
  - 점진학교 : 1897년 안창호가 세운 최초의 남녀공학의 소학교이다.
  - 대성학교 : 1908년 안창호가 세운 학교이다.
  - 오산학교 : 1907년 이승훈이 세운 학교이다.

  ⓑ 선교사에 의한 사립학교
  - 배재학당 : 1885년 아펜젤러가 세운 사학이다.
  - 경신학교 : 1885년 언더우드가 세운 고아학교로 연희전문학교의 시초이다.
  - 이화학당 : 1886년 스크랜턴이 세운 우리나라 최초의 근대적 여성교육기관이다.
  - 정신학교 : 1887년 서울 장로회에서 세운 학교이다.

(4) 일제하의 식민지교육

일본인화 교육과 일본어 교육을 강조하였으며, 일본 역사와 문화를 주입시키려 하였다. 초보적인 농업·공업기술의 전수에 치중하여 우민화정책을 꾀하였다.

① 통감부하의 교육제도 … 한국인에 대한 문맹정책과 사립학교의 통제가 교육방침이었다.

② 일제 강점기 교육의 전개과정
  ⓐ 조선교육령(1911) : 학제를 보통학교·실업학교·전문교육으로 나누었고 한국인의 일본신민화 정책을 추진하였다.
  ⓑ 제1차 교육개정령(1915) : 사학을 구속·탄압·감시하여 사립학교가 수적으로 감소하였다.

기출문제

문 우리나라 개화기 교육에 대한 설명으로 옳지 않은 것은?
▶ 2020. 6. 13. 교육행정직

① 동문학은 통역관 양성을 위한 목적으로 출발하였다.
② 배재학당은 우리나라 최초로 설립된 민간 신식교육기관이다.
③ 육영공원은 엘리트 양성을 위한 목적으로 설립된 관립 신식교육기관이다.
④ 안창호는 대성학교를 설립하여 무실역행을 강조하였다.

문 다음 내용을 포함하고 있는 일제강점기의 조선교육령은?
▶ 2021. 4. 17. 인사혁신처

- 보통학교의 수업연한은 6년으로 한다. 단, 지역의 상황에 따라 5년 또는 4년으로 할 수 있다.
- 전문교육은 전문학교령에, 대학교육 및 그 예비교육은 대학령에 의한다.

① 제1차 조선교육령
② 제2차 조선교육령
③ 제3차 조선교육령
④ 제4차 조선교육령

정답 ②, ②

ⓒ **제2차 교육개정령(1922)** : 문화정책을 추진하였고, 한국인의 사범학교 및 대학 진학을 부분적으로 허용하였다.

ⓔ **제3차 교육개정령(1936)** : 학교명을 변경하였고, 한글교육을 폐지하였다. 황국신민화 교육을 더욱 강화하였다.

ⓜ **제4차 교육개정령(1943)** : 군사목적에 합치한 교육체제이며, 소학교를 국민학교로 개칭하였다.

ⓗ **일제 강점기의 교육행정** : 교과서 내용과 교사에 대한 감독을 실시하였다.

(5) 근대의 교육사상가

① **남궁억(1863 ~ 1939)**
  ㉠ 현산학교·모곡학교라는 중등교육기관을 설립하였다.
  ㉡ 학교에 다니지 못하는 청소년을 위해 통신강의록과 같은 「교육월보」를 순한글로 발간하였다.

② **이승훈(1864 ~ 1929)**
  ㉠ 강명의숙(초등교육)을 열어 신식교육을 실시하고, 1907년 오산학교를 설립하였다.
  ㉡ 교육적 인간상으로 성(誠), 경(敬), 애(愛)의 실천을 강조하였다.

③ **이기(1848 ~ 1909)**
  ㉠ 교육이념 : 국권회복, 독립정신의 고취
  ㉡ 교육적 인간상 : 인간평등사상에 기초한 실사구시의 애국적 한국인
  ㉢ 교육방법 : 지육·덕육·체육의 조화로운 발달을 중시했으며, 특히 체조를 중시했다.

④ **안창호(1878 ~ 1938)**
  ㉠ 교육신조 : 자아혁신, 무실역행, 점진공부를 기초로 하여 특히 자아혁신과 민족개조를 이룩하는 데 힘썼다.
  ㉡ 교육의 목적
    • 튼튼한 몸 : 건전한 육체에서 건전한 정신이 나온다는 믿음 위에서 지육보다 체육을 강조하였다.
    • 직업교육의 강조 : 일인일기(一人一技)의 교육을 주장하고 각 개인은 자기 민족에 봉사하고 자기의 천직을 다할 것을 강조하였다.
    • 인간다운 도덕적 품성의 도야 : 덕성을 기르기 위해 무실, 역행, 충의, 용맹의 4대 정신을 역설하였다.

section 5 현대의 교육

(1) 미군정기

① **개요** … 학무 당국은 한국 교육의 장기계획을 설계하기 위하여 교육심의회를 구성하고 교육이념, 교육방법, 학습지도, 교육제도, 교육행정, 의무교육, 교육의 기회 균등 등 7대 기본방침을 세워 한국 교육의 방향을 설정하게 되었고 미국 교육의 신사조인 진보주의 교육이 소개되기 시작하였다.

② **문맹 퇴치 노력** … 문맹자 해소를 위해 국문강습회 운동을 전개했으며, 공민학교를 설치하여 학령을 초과한 아동을 수용하여 기초교육을 실시했다.

③ **새교육 운동** … 진보주의 교육관의 영향을 받아 생활중심교육, 개성존중교육 등을 내세웠다.

(2) 정부 수립

교육법을 공포(1949. 12. 31)하여 우리나라 교육의 방향이 확립되었다. 홍익인간의 이념으로 인격을 완성시키고 민주생활을 하는 자질을 가진 인간의 양성이 교육의 목적이었다.

(3) 6·25 전쟁 이후

① **개요** … 휴전 이후에 학교를 재건하고 교육혁신으로 교육과정의 생활화와 교과서의 개편을 추진하였다.

② **교육방법** … 지능측정의 과학화, 학력고사의 표준화, 심리적인 면을 병용한 생활지도가 강조되었다. 시청각교육이 시작되었으며 전인교육의 실시를 지향하였다.

③ **기타** … 지역사회교육, 향토학교운동 등이 강조되고 산업과 학문의 긴밀한 관계를 위한 산학협동교육이 추진되었다.

(4) 1960 ~ 1970년대

자유주의적인 진보주의 교육이 후퇴하고 민족적인 교육이 강화되었다. 국민교육헌장이 제정·공포되고, 학문중심 교육과정이 도입, 발견학습·탐구학습이 강조되었으며, 민족주체성 교육, 국민정신교육, 새마을교육 등으로 경제 생산성 강화를 위한 교육과 체제강화를 위한 교육이 강조되었다.

(5) 1980년대

인간중심 교육과정이 강조되어 인간교육, 전인교육, 국민정신교육이 강조되었다. 민주화·자율화 등이 진행되면서 교육계에서도 민주화·자율화가 거세게 진행되었다.

기출문제

기출문제

(6) 1990년대

① **1990년대 초반(제5차 교육과정)** … 쾌적한 환경 속에서 행복한 삶을 누리는 복지국가건설을 위한 교육을 실시하였다.

② **1990년대 중반 이후(제6차 교육과정)** … 21세기를 주도할 자주적이고 건강하고, 창의적이고, 도덕적인 한국인 육성에 역점을 두었다.

(7) 2000년 이후

21세기의 세계화·정보화시대를 주도할 자율적이고 창의적인 한국인 육성에 역점을 두었다.

단원평가 한국교육사

1 조선시대 성균관에 대한 설명으로 옳은 것은?

① 양반(귀족)의 자제면 누구나 입학할 수 있다.
② 성현의 제사를 지내는 것이 주목적이다.
③ 강독, 제술, 서법 등이 교육내용이다.
④ 생원이나 진사가 되기 위한 준비기관이다.

① 성균관은 생원과 진사 합격생에 한하여 입학할 수 있었으며 정원이 미달될 때 사학의 우수자로 보충하였다.
② 인재양성과 신현·선성에 제사, 유교의 보급과 고급관리의 배출 등을 주목적으로 한다.
④ 성균관은 문과시험을 준비하는 최고의 교육기관이었다.

2 서당의 교육적 의미로 보기 어려운 것은?

① 서민들에게 교육의 기회를 확대시킨 국민교육기능
② 일대일교육으로 전인교육이 이루어짐
③ 능력별 교육 실시로 개별학습이 가능
④ 백성들을 위하는 국가의 보조기관으로 대중교육이 가능

④ 서당은 사설교육기관으로 개인이나 마을 주민이 공동으로 설립하여 운영하였다.

Answer 1.③ 2.④

3 조선초기의 대표적인 교육사상가로 서양의 코메니우스의 「세계도회」와 비견될 저서를 저술한 사람은?

① 권근
② 이이
③ 이황
④ 정약용

① 권근(1352~1409)의 「입학도설(入學圖說)」은 초학자를 위하여 성리학(性理學)의 기본원리를 그림을 붙여 설명한 책으로 코메니우스의 「세계도회」와 비견될 저서이다.
② 이이(1536~1584)
③ 이황(1501~1570)
④ 정약용(1762~1836)

4 삼국시대 및 통일 신라와 발해의 교육에 대한 설명으로 옳은 것은?

① 백제는 유학과 기술과를 두어 논어와 효경은 물론 산학과 의학도 다루었다.
② 신라 진흥왕 대에는 화랑도를 개편하고 국선(國仙)을 두었다.
③ 신라의 국학(國學)은 독서삼품과(讀書三品科)를 통해 입학생을 선발하였다.
④ 고구려의 경당(扃堂)은 상류계층의 귀족 자제를 위한 관리양성기관이었다.

① 신라의 국학(國學)에 유학과 기술과를 두어 논어와 효경은 물론 산학과 의학도 다루었다.
③ 신라의 독서삼품과(讀書三品科)는 관리 선발을 위한 국가시험제도였다.
④ 고구려의 경당(扃堂)은 서민의 자제와 지방호족의 미혼 자제를 대상으로 하였다.

5 삼국시대의 교육에 관한 설명으로 바르지 못한 것은?

① 고구려에는 태학과 경당이라는 학교가 있었다.
② 박사(博士) 제도의 존재는 백제에서 학교교육이 이루어졌을 가능성을 시사한다.
③ 신라는 화랑도 제도를 통하여 문무 일치의 교육을 실시하였다.
④ 신라의 국학은 우리나라 최초의 관학이다.

④ 우리나라 최초의 관학이자 최초의 고등교육기관은 고구려의 태학(太學)이고, 우리나라 최초의 사학은 고구려의 경당(扃堂)이다.

6 조선시대 교육기관인 (가)와 (나)에서 추구한 교육목적으로 옳은 것은?

> (가) 고려시대에 세워졌던 것으로 조선시대에 와서 그 교육적 기능이 왕성해진 지방교육기관으로 현대의 공립학교와 유사하다.
> (나) 풍기군수 주세붕이 안향의 묘소에 서당을 세우고 춘추 두 차례에 걸쳐 제향하는 동시에 학문을 강습하기 시작하였다.

> ㉠ 최고의 교육기관으로서 국가의 고급관리를 양성한다.
> ㉡ 관학으로 성현에 대한 제사와 지방유생에 대한 교화를 한다.
> ㉢ 조선 중기 이후 민간사학으로 선현봉사와 후진양성을 목적으로 한다.
> ㉣ 소학 단계의 청소년들의 글자 해독과 독해력을 통한 학문의 기초적인 지식획득이 목적이다.

    (가) (나)   (가) (나)
① ㉠   ㉡   ② ㉢   ㉣
③ ㉡   ㉢   ④ ㉣   ㉠

(가) 향교 (나) 서원

7 고구려의 학교교육에 대한 설명으로 적절하지 않은 것은?

① 경당은 서민층 미혼 자제들이 공부하던 곳이다.
② 경당에서는 경전읽기 교육만이 이루어졌다.
③ 태학의 설립은 국가 체제의 정비와 관련이 깊다.
④ 태학의 교육내용은 오경(五經), 삼사(三史), 삼국지 등이다.

② 경당에서는 통경(通經: 경전읽기)과 습사(習射: 활쏘기)를 실시하는 문무일치교육을 하였다.

Answer 3.① 4.② 5.④ 6.③ 7.②

단원평가

8 삼국시대 교육기관 중 화랑도 교육의 방법이 아닌 것은?

① 상마이도의(相磨以道義)
② 상열이가악(相悅以歌樂)
③ 유오산수(遊娛山水)
④ 자학자습(自學自習)

① 상마이도의(相磨以道義) : 서로 도의로써 심신을 단련한다.
② 상열이가악(相悅以歌樂) : 시와 음악을 즐긴다.
③ 유오산수(遊娛山水) · 무원부지(無遠不至) : 명산과 대천을 찾아다니며 즐긴다.
④ 자학자습(自學自習) : 원효의 교육사상으로 자학자습에 의한 내적 자각의 교육이론과 연결되어 있다.

9 다음 중 통일신라의 관학은 무엇인가?

① 태학
② 서당
③ 경당
④ 국학

① 고구려 관학 ② 조선의 사학 ③ 고구려의 사학

10 다음 중 고구려의 태학에 대한 설명이 아닌 것은?

① 우리나라 최초의 고등교육기관이다.
② 유교경전에 의한 문자 교육이 시작되었다.
③ 문무일치교육을 실시하였다.
④ 귀족과 특수층 자제를 위한 관리양성기관이다.

고구려의 태학 … 최초의 고등교육기관으로 귀족과 특수층 자제를 위한 관리양성기관이었다. 유교경전에 의한 문자 교육이 시작되었으며 유교 중심의 당나라 교육제도를 모방하였다. 교육내용은 오경, 삼사, 삼국지 등의 유교경전이다.
③ 문무일치교육은 고구려의 사학인 경당에서 최초로 실시하였다.

11 다음에서 설명하는 교육기관은?

- 우리나라 최초의 사학(私學)이다.
- 초등학교에서 대학까지의 교육과정을 담당했다.
- 교육과정은 독서와 활쏘기로 문무일치의 교육을 실시하였다.

① 태학 ② 경당
③ 향교 ④ 사부학당

고구려의 경당 … 우리나라 최초의 사학으로 일반 평민과 지방부호의 일반 자제의 교육을 실시하였다. 경당은 통경(경전읽기)과 습사(활쏘기)를 실시하는 문무일치교육을 하였으며 군사기관인 동시에 교육기관이다. 고려 이후 등장한 서당의 전신이라는 견해가 있다.

12 다음 중 조선시대의 관학에 대한 설명으로 적절하지 않은 것은?

① 종학(宗學)은 세종 11년에 왕실 종친의 자제를 교육하기 위해 설립한 학교이다.
② 사부학당은 사학(四學)이라고도 하며, 성균관이나 향교와 마찬가지로 문묘를 가진다.
③ 지방의 중등교육기관인 향교(鄕校)는 숭유주의에 입각하여 인재양성과 민풍순화에 중점을 두었다.
④ 조선시대의 잡학교육은 형식적인 교육기관 없이 중앙과 지방의 소관관청에서 실시한 실업교육·기술교육적 성격을 띤다.

② 사부학당은 성균관이나 향교와 다르게 문묘를 갖지 않는다는 점이 특징적이다.
※ 사부학당 … 제도적 시초는 고려 원종 2년에 설립된 동서학당으로 조선 태종 11년에 설립된 중등교육기관이다. 남부학당으로 시작하여 중부·동부·서부에 설립되어 사부학당을 이루게 되었으며, 이를 사학(四學)이라고도 한다. 학습 내용이나 방법은 성균관과 유사하나 그 수준이 성균관보다 낮아 성균관의 부속학교적 성격을 '소학'을 필수과목으로 가르치고 기숙사 제도를 시행하였다.

Answer 8.④ 9.④ 10.③ 11.② 12.②

13 삼국시대부터 개화기에 이르기까지 한국의 학교교육은 유교경전 중심의 교육이 지속되었다. 그 이유는 무엇인가?

① 문무일치교육 강조 ② 실학의 대두
③ 불교의 영향 ④ 과거제도의 실시

　과거제도는 폭넓은 지식의 발전을 저해하고, 교육기관이 과거 준비기관으로 전락하는 폐해를 낳았다. 또한 치열한 경쟁에 따라 부정부패가 만연하였고, 유교 경전의 내용을 암기하는 주입식 교육이 계속되었다.

14 삼국시대 교육기관 중 화랑도 교육에 대한 설명이 아닌 것은?

① 전인적 교육이었다.
② 정서교육을 중시하였다.
③ 실생활 중심의 교육이다.
④ 국가에서 보호·육성하는 관학이다.

　④ 화랑도 교육은 국가에서 보호하고 육성하였으나, 민간단체에서 조직한 사설단체이다.

15 신라 원성왕 4년(788) 관리 선발을 위한 국가시험제도로 유학 지식의 능통정도를 물어 인재를 등용한 최초의 과거제도는?

① 독서삼품과 ② 좌주문생제도
③ 박사제도 ④ 생원진사시

　② 고려시대 과거에서 고시관과 급제자 사이의 관계가 새로 생겨 평생 부자(父子)관계의 예로 지속되는 제도를 일컫는다.
　③ 박사는 백제시대 교육의 책임을 맡은 관직으로 모시박사, 의박사, 역박사, 오경박사 등 각종 분야에 관한 박사가 있었다.
　④ 생원진사시는 조선시대의 생원과와 진사과를 합쳐 생진과라 하며, 성균관 입학시험이다.

16 다음에서 설명하는 교육사상가는?

- 불교경전의 부분을 통합하면 하나로 화합할 수 있다는 화쟁사상(和諍思想)을 주장하였다.
- 시청각적 방법으로 무애가를 부르며 거리로 다니면서 민중교화에 힘썼다.
- 교육적 인간상으로 중도인(中道人)을 제시하였다.

① 원광 ② 원효
③ 최치원 ④ 설총

원효는 교육적 인간상으로 중도인을 제시하였고, 교육이념은 화쟁사상을 바탕으로 한다.

17 다음 중 고려의 관학으로 바르게 묶여진 것은?

① 국자감, 향교, 십이공도 ② 동서학당, 십이공도, 서당
③ 국자감, 동서학당, 향교 ④ 십이공도, 서당, 향교

고려의 관학으로는 국자감, 동서학당(5부학당), 향교가 있으며, 고려의 사학으로는 십이공도, 경관, 서당이 있다.

18 다음 중 고려의 국자감에 대한 설명으로 옳은 것은?

① 일종의 종합대학으로 국자학, 태학, 사문학, 서학, 율학, 산학의 6학이 각 단과대학 성격으로 구성되었다.
② 국도(國都)에 세운 중등교육기관으로 지방에 세운 향교와 같은 수준의 학교이다.
③ 지방중등교육기관이며 유학의 전파, 지방민의 교화가 목적이었다.
④ 고려시대의 가장 유명한 사학 12곳을 의미한다.

② 학당 ③ 향교 ④ 십이공도

Answer 13.④ 14.④ 15.① 16.② 17.③ 18.①

19 다음 중 고려시대의 과거제도와 관계가 없는 것은?

① 좌주문생제도가 있었다.
② 후주(後周)의 귀화인 쌍기의 건의에 의하여 국가 인재등용의 제도로서 성립되었다.
③ 고려의 과거시험에는 무과(武科)가 없었다.
④ 과거시험 중 잡업이 가장 중시되었다.

④ 고려시대의 과거시험은 문예를 겨루는 시험으로 제술업이 가장 중시되었다.

20 다음에서 설명하는 교육학자는?

- 주자학의 학조이며 섬학전제도를 만들었다.
- 교육의 방법으로 실천을 강조하였다(지행사상, 엄격, 친애 강조).
- 교육적 인간상으로 극치성경(克治誠敬)의 사람을 제시하였다.

① 최충 ② 정몽주
③ 안향 ④ 원효

안향(1243~1306)
㉠ 주자학 보급 : 원나라에서 「주자전서」를 가지고 와서 우리나라에 주자학을 전했으며, "공자의 도를 배우려면 먼저 주자의 도를 배워야 한다."라고 주자학을 근본으로 삼았다.
㉡ 교육목적 : 일상생활의 윤리가 성인의 도라고 보아 효(孝), 제(悌), 충(忠), 신(信), 경(敬), 성(誠) 등의 생활윤리 실천을 교육의 목적으로 삼았다.
㉢ 교육의 방법
 • 엄격과 친애로 가르치고 비유를 들어 가르쳤다.
 • 표리일치와 성경(誠敬)과 예법을 통한 교육을 주장하였다.
㉣ 장학제도 : 학교 진흥을 위해서는 재정적 기반이 있어야 한다고 보아 문무관리에게 품위에 따라 섬학전이라는 장학기금을 내게 하였는데, 이는 오늘날 교육의 연금제도와 같은 것이다.

21 다음 중 고려시대의 사학은 무엇인가?

① 향교 ② 십이공도
③ 국자감 ④ 성균관

①③ 고려시대의 관학 ④ 조선시대의 관학

22 다음에서 설명하는 조선시대의 교육기관은?

- 숭유주의에 입각한 인재양성과 민풍순화를 위한 기관이었다.
- 선현에 대한 향사와 유생에게 유교교육을 실시하였다.
- 교육에 필요한 교육시설, 숙식시설, 교관의 봉급 등은 모두 국가에서 무상으로 지급하였다.

① 서당 ② 사학
③ 성균관 ④ 향교

향교 … 조선 태종 이후 고려시대에 지방에 세웠던 중등 정도의 관학교육기관이 적극 장려되면서 전국의 주·부·군·현에 설치되었다. 고려시대에는 그렇게 흥하지 못하였는데 조선시대에 들어와 크게 흥하였으며 현대의 공립학교와 유사하다. 성현에 대한 제사와 유학의 교수에 목적을 두고 있었으며, 이와 더불어 지방문화의 향상 및 향풍순화 등의 사회교육적인 기능을 하였다.

Answer 19.④ 20.③ 21.② 22.④

단원평가

23 다음 ( ) 안에 들어갈 말로 연결된 것은?

> 조선시대의 교육은 ( )이(가) 지배적이었으며, 조선후기에는 ( )이(가) 교육사상의 주류를 이루었다.

① 성리학, 실학
② 실학, 성리학
③ 주자학, 실학
④ 성리학, 주자학

조선시대의 교육은 성리학에 기초하였으며, 조선후기에는 실학이 교육사상의 주류를 이루었다.

24 다음에서 설명하는 제도는 무엇인가?

> - 최충의 교육방법의 하나로 일종의 속작시 시험방법이다.
> - 초에 금을 그어 불을 켠 다음 생도들로 하여금 시간을 다투어 시를 짓게 하는 방법이다.

① 좌주문생제도
② 각촉부시제도
③ 독서삼품과제도
④ 섬학전제도

제시된 내용은 각촉부시(刻燭賦詩)이다.

25 조선시대의 관학인 성균관의 입학자격이 아닌 것은?

① 생원과 진사
② 국가에 공로가 있는 자
③ 관리 중 입학을 원하는 자
④ 연령이 높은 훈장의 보조교사

성균관은 일반적으로 생원과 진사만이 입학할 수 있다. 그러나 생원과 진사로 정원이 미달될 때 사학생도 중 15세 이상으로 「소학」과 사서오경 중 1경에 능통한 자, 국가에 공로가 있는 자, 문과 및 생원·진사의 초시인 한성시와 향시에 합격한 자, 관리 중 입학을 원하는 자만 입학자격이 주어졌다.

26 다음 중 성균관에 대한 설명이 아닌 것은?

① 성균관의 정원 200명은 모두 양재에 기거하였다.
② 성적평가를 대통, 통, 약통, 조통으로 하였다.
③ 성균관의 섬학전은 유생들의 식료, 일용품을 담당하는 후생복지기구이다.
④ 성균관은 사서오경의 구재지법(九齋之法)을 주요 교육과정으로 삼았다.

③ 유생들의 식료, 일용품을 담당하는 후생복지기구는 양현고이다. 섬학전은 고려시대 국자감의 자산을 확충하기 위한 제도였다.

27 조선시대 왕실 종친의 자제를 교육하기 위해 설립한 학교는?

① 향교　　　　　　　　　　② 성균관
③ 사학　　　　　　　　　　④ 종학

④ 조선시대의 종학은 왕실 종친의 자제를 교육하기 위해 설립한 학교이다.

28 다음 중 사학(四學)에 대해 바르게 설명한 것은?

① 조선시대 중등관학기관으로 성균관의 부속학교의 성격을 지니고 있다.
② 조선시대 중등관학기관으로 성현에 대한 제사, 지방유생의 교화, 관리진출의 수단으로 설립되었다.
③ 조선시대 사설 초등교육기관으로 지역사회 교화의 중심지였다.
④ 조선시대 중등사학기관으로 선현존경과 후진장학을 목적으로 하였다.

사학(四學) … 태종 11년에 설립된 중등교육기관으로 남부학당으로부터 시작되어 중부·동부·서부에 설립되어 사부학당을 이루게 되었다. 내용과 방법은 성균관과 유사하나 그 수준이 낮았으며, 성균관 부속학교의 성격을 지니고 있다. 문묘를 갖지 않은 점이 성균관이나 향교와 다르다.

Answer　23.①　24.②　25.④　26.③　27.④　28.①

단원평가

29 다음 중 잡학교육에 포함되지 않는 것은?

① 역학(譯學)　　② 의학(醫學)
③ 음양학(陰陽學)　　④ 주자학(朱子學)

조선시대의 잡학교육에는 역학(譯學) · 의학(醫學) · 율학(律學) · 음양학(陰陽學) · 산학(算學) · 화학 · 도학 · 악학 · 자학 · 어학이 있었다. 주자학은 경전 중심의 수신교육이다.

30 다음 중 조선시대의 관학교육기관에 대한 설명이 아닌 것은?

① 사학(四學)은 교원을 30개월간 장기 근속시키는 구임법을 시행하였다.
② 향교는 지방의 중등교육기관으로 문묘기능, 교육기능, 사회교육적 기능을 하였다.
③ 잡학교육은 양반계층을 중심으로 이루어졌다.
④ 성균관의 재원은 제사의 비용인 문묘비와 교육비인 양현비로 분류된다.

③ 잡학교육은 관아에서 실시한 실업 · 기술교육으로 형식적인 교육기관 없이 주무관청에서 실시하였다. 그러나 잡학교육은 양반 계층이 천시하여 중인계급을 중심으로 이루어졌다.

31 다음 중 조선시대의 사학으로 묶여진 것은?

① 서당, 서원　　② 국자감, 향교
③ 성균관, 서당　　④ 정사, 종학

조선시대의 사학은 서당, 서원, 정사, 문도제가 있다.

32 다음 중 조선시대 서당의 접장에 대한 설명으로 옳은 것은?

① 훈장의 보조교사이다.
② 학생의 신분으로서 학도를 가르친다.
③ 국가에서 파견하는 교도이다.
④ 훈장을 가르치고 지도한다.

서당의 조직
㉠ 훈장: 학도를 가르치는 교사로서 학식은 일정하지 않았다.
㉡ 접장: 조선시대 서당의 접장은 직접 훈장에게 배우면서 학력이 낮은 학생을 가르치고 지도하는 학생이다. 접장은 훈장을 도와서 학업지도와 생활지도를 담당하였으며, 서당의 면학 분위기 유지에 큰 역할을 하였다.
㉢ 학포: 피교육자로서 대개 7~8세부터 15~16세가 중심이었으나 20세 내지 25세 이상도 많았다.

33 다음 중 서당의 교육방법이 아닌 것은?

① 개별교육
② 주입교육
③ 암기식교육
④ 통합교육

서당의 교육방법
㉠ 주입식·암기식 방법: 교재의 내용을 읽고 암송하도록 하는 방법이다.
㉡ 능력별 교육과 개별학습: 학생의 개인차를 존중하는 개별학습으로 학생의 능력에 따라 진도를 결정하였다.
㉢ 보충학습: 일정 진도의 범위에 대하여 암송하지 못할 경우 밤글을 하도록 장려하였다.
㉣ 계절에 따른 교육: 계절에 따라 교과목을 선택하여 교육하였다.

34 서당의 교육내용 중 강독의 순서를 바르게 제시한 것은?

① 단자암기 - 음독 - 구독(句讀) - 문리 - 대의 - 자해자독(自解自讀)
② 음독 - 단자암기 - 구독(句讀) - 대의 - 문리 - 자해자독(自解自讀)
③ 단자암기 - 문리 - 구독(句讀) - 음독 - 대의 - 자해자독(自解自讀)
④ 음독 - 단자암기 - 구독(句讀) - 문리 - 대의 - 자해자독(自解自讀)

서당에서 강독은 단자암기 - 음독 - 구독(句讀) - 문리 - 대의 - 자해자독(自解自讀)의 순서로 가르친다.

Answer 29.④ 30.③ 31.① 32.② 33.④ 34.①

35 다음 중 서당에 대한 설명으로 옳지 않은 것은?

① 서당에서는 계절에 따라 교과내용을 달리하는 경우가 일반적이다.
② 서당은 초등교육기관으로 천자문 등 한문의 기초를 익히는 데 역점을 두었다.
③ 서당은 서민의 자제에게 교육의 기회가 부여되지 않았다.
④ 서당에서는 초달이란 체벌을 사용하였다.

③ 서당은 전국적으로 산재한 범계급적 초등교육기관이었다. 서민층의 사설교육기관으로 해방 후에도 그 명맥을 이어오다가 의무교육제도의 발달로 자취를 감추게 되었다.

36 경제적으로 여유가 있는 사람이 자기 자제를 교육시키기 위해 훈장을 초빙하고 서당 운영에 필요한 모든 경비를 부담하는 서당의 형태는?

① 훈장자영서당　　　　　　　② 유지독영서당
③ 유지조합서당　　　　　　　④ 향촌조합서당

① 지방 유지나 유학자가 훈장이 되어 직업적으로 혹은 교학일체의 취미로 운영한 것이다.
③ 마을의 유지들이 서당조합을 만들어 훈장을 초빙하고 자기들의 자제를 공부시킨 형태이다.
④ 같은 종친끼리 조합을 구성하여 경비를 공동으로 부담하여 자기 가문의 자제들을 공부시킨 형태이다.

37 다음 중 조선시대의 과거제도에 대한 설명으로 옳은 것은?

① 조선시대의 과거제도는 문과와 잡과로 이루어졌다.
② 진사시를 중시하고 생원시를 억제하였다.
③ 잡과는 대과와 소과로 구분된다.
④ 생원시와 진사시의 합격자에게는 성균관의 입학자격을 부여하였다.

① 조선시대의 과거제도는 3년에 한 번씩 시행되며 문과, 무과, 잡과가 있었다.
② 신진 유학자들은 사장(詞章)을 주로 하는 진사시를 억제하고 유학의 경전을 주로 하는 생원시를 중시하였다.
③ 잡과는 국가의 필요한 기술 관료를 선발하는 시험으로 단일과이며, 대과와 소과로 구분된 것은 문과이다.

38 조선시대 문관으로 등용되기 위해 통과해야 할 시험으로 묶여진 것은?

① 생진과, 잡과
② 무과 초시, 무과 복시
③ 생진과, 대과
④ 문과시, 무과 도시

조선시대 문관이 되기 위해서는 생진과(소과, 생원진사시)와 문과시(대과, 동당시)를 통과해야 한다. 조선시대 무관이 되기 위해서는 무과 초시, 무과 복시, 무과 전시를 통과해야 한다.

39 조선시대에서 국가가 필요로 하는 기술 전문인력을 선발했던 제도는?

① 문과(文科)
② 무과(武科)
③ 생진과(生進科)
④ 잡과(雜科)

조선시대의 기술직의 관리 등용을 위한 자격시험은 잡과이다.

40 다음 중 무과에 대한 설명으로 옳은 것은?

① 무과는 소과와 대과로 나누어 시행된다.
② 무과는 고려시대에 처음으로 실시된 시험이다.
③ 무과는 성균관 입학시험이다.
④ 무과는 궁술(弓術), 총술(銃術), 강서(講書)를 시험과목으로 하였다.

무과는 소과와 대과가 없는 단일과이며 조선시대에 처음으로 실시되었다. 무과는 고급무관의 등용 자격시험으로 궁술, 총술, 강서가 시험과목이었다.

Answer 35.③ 36.② 37.④ 38.③ 39.④ 40.④

단원평가

41 소학을 모든 교육의 기초로 삼자는 내용의 권근이 지은 학규는?

① 권학사목　　　　　　　　　② 향학사목
③ 진학절목　　　　　　　　　④ 학교사목

② 성균관의 학규로 작성한 것으로 과목에 대한 진급과 학습할 과목 순을 정해 놓은 것이다.
③ 교사의 취임, 전직과 학생의 근면, 결석에 대한 보충규제였다.
④ 이이가 지은 교사와 학생의 인사문제를 다룬 학규이다.

42 다음에서 설명하는 규범은?

- 성균관에서 아동교육에 이르기까지 경외의 각 학교에 적용시킨 법규이다.
- 아동교육과 관련하여 "아동의 가르침은 신분이 선비집안이나 평민을 가리지 않는다." 로 규정하여 교육기회 균등의 사상을 엿볼 수 있다.

① 권학사목　　　　　　　　　② 향학사목
③ 경외학교절목　　　　　　　④ 학교사목

경외학교절목 … 명종 원년에 지은 것으로 전국 학교에 적용시킨 학교로 교사의 채용, 교과목, 입학, 성적고사, 상벌 등에 관한 내용을 다룬 것이다.

43 다음 중 경(敬)의 사상을 주장한 학자는?

① 이이　　　　　　　　　　　② 권근
③ 이황　　　　　　　　　　　④ 이익

이황 … 교육이념을 성리학적 도덕인의 양성에 두어 경(敬)을 강조하였다. 개인의 심술을 개명하고 기질을 변화시켜 성현을 배우게 하는 데 교육의 목적을 두었다.

44 이이의 교육의 3대 이념에 포함되지 않는 것은?

① 입지(立志)
② 역행(力行)
③ 명지(明知)
④ 궁리(窮理)

이이의 교육이념
㉠ 입지: 뜻을 세우는 일을 인간형성의 첫 번째 요건으로 중시한다.
㉡ 명지: 궁리명선을 뜻하며, 밝게 알기 위해서는 독서의 중요성을 강조한다.
㉢ 역행
 • 궁행과 독행으로 경세제민과 민본·사회정의를 의미한다.
 • 힘써 실행함이라는 뜻으로 진보주의의 "교육은 생활이다."라는 생활중심교육과 일맥상통한다.

45 다음 중 우리나라 실학사상에 대한 설명이 아닌 것은?

① 교육기회균등을 주장하였다.
② 전통적 유학사상의 탐구를 주장하였다.
③ 공교육의 필요성을 인정하고 단계적 학제를 주장하였다.
④ 개인차를 인정하는 능력에 의한 교육을 주장하였다.

우리나라 실학사상은 조선중기 새로운 사회질서와 국가발전의 확립과 정책에 관한 학문적 연구를 포함해서 과학적·객관적 태도로 진리를 탐구하려 하였다. 우리나라 실학사상에서는 교육기회균등사상, 공교육의 필요성과 단계적 학제를 주장하였다. 또한 개인차를 인정하는 능력에 의한 교육을 주장하였다.

46 다음 중 입학도설과 관련이 없는 것은?

① 권근
② 시각 교재
③ 도해식 도서
④ 개화기의 신교육 도서

입학도설…중용과 대학의 도해서로 권근이 사단칠정의 철학사상을 바탕으로 집대성한 것이다. 도표를 통한 시각적 교육에 효과적이다. 코메니우스가 저술한 「세계도회」보다 268년이나 앞선다는 세계 교육사적 의의를 지니고 있다.

Answer 41.① 42.③ 43.③ 44.④ 45.② 46.④

단원평가

47 다음에서 설명하는 교육개혁안은?

> • 유형원이 제시한 교육개혁안이다.
> • 학교제도를 개혁하여 단선형으로 하고 단선형의 학교교육의 내실화를 통하여 적재적소의 인물을 양성하는 내용을 담고 있다.
> • 학교교육과 관리 선발의 일원화를 강조하였다.

① 공거제 ② 섬학전 제도
③ 소학교령 ④ 독서삼품과 제도

유형원은 과거제 폐지의 대안으로 공거제안을 제시하였으며, 공거제안의 가장 큰 특징은 학교교육과 관리 선발을 일원화하자는 데 있다.

48 다음 중 동학사상의 교육적 의의가 아닌 것은?

① 인본주의 교육이념 ② 사회존중 교육이념
③ 민족주의 교육이념 ④ 성리학적 교육이념

동학사상의 교육적 의의는 인본주의 교육이념, 사회존중 교육이념, 민족주의 교육이념, 실천적 교육이념이 있다.

49 다음 중 조선후기의 신학풍을 집대성하였으며 오학론과 불가독설을 주장한 학자는?

① 이익 ② 유형원
③ 정약용 ④ 이황

정약용은 조선후기 신학풍을 집대성한 학자로 오학론과 불가독설을 강조하였다. 오학론은 성리학, 훈고학, 문장학, 과거학, 술수학에 대한 논의로써 당시의 퇴폐적인 학문적 경향을 비판하고 있다. 불가독설은 전통적인 유학교육기관에서 사용하던 천자문, 사략, 통감절요를 읽혀서는 안 된다는 이론이다.

50 다음 중 유형원의 교육사상과 관련이 없는 것은?

① 신분에 의한 인간차별의 부당성을 지적하면서 능력에 따른 교육을 받을 수 있는 기회균등원칙을 주장하였다.
② 학교교육과 관리 선발의 일원화를 강조하였다.
③ 교육적 인간상으로 덕행인과 능력인을 제시하였다.
④ 학문은 궁극적으로 실생활에 유용하며 항상 국가 부흥에 기여하는 학문이 되어야 한다고 주장하였다.

④ 이익이 제시한 것이다.

51 다음 중 우리나라 최초의 근대적 관학은?

① 동문학
② 육영공원
③ 소학교
④ 원산학사

우리나라 최초의 근대적 관학은 육영공원이다. 이것은 1886년에 조선 정부가 세운 관료양성학교이다.

52 다음 중 학무아문고시의 내용을 바르게 설명한 것은?

① 영재교육이 시급함을 말하고 영재교육을 강조하였다.
② 국중의 준자제를 널리 찾아 외국에 파견하여 학술과 기예를 전습시켜야 한다고 주장하였다.
③ 과거제 대신에 발표된 조례로 문벌과 귀천에 구애되지 않는 인재의 등용 시험이다.
④ 국민교육제도를 명시한 법규이다.

② 홍범 14조 ③ 전고국 조례 ④ 소학교령

단원평가

53 다음 중 교육입국조서의 교육적 의의가 아닌 것은?

① 국사와 국문, 근대교육이념의 교과를 강조하였다.
② 근로와 역행의 습성을 기를 것을 강조하였다.
③ 3대 강령으로 덕·체·지를 강조하였다.
④ 구교육의 전통을 유지하는 계기를 마련하였다.

교육입국조서는 교육개혁의 대 방침을 제시한 것으로 구교육과 신교육의 선을 긋는 하나의 중요한 계기를 마련하였다.

54 다음 중 원산학사에 대한 설명으로 옳지 않은 것은?

① 덕원읍민이 세운 최초의 근대적 사학이다.
② 갑오경장 후 소학교의 기능과 중학교의 기능을 갖추었다.
③ 문예반과 무예반으로 편성되었다.
④ 외국학교의 모방이 아니라 서당을 개량서당으로 발전시켰다.

원산학사는 갑오경장 후 원래 가지고 있던 소학교와 중학교의 기능이 분화되어 문예반만 갖춘 원산소학교로 바뀌었다.

55 일제 강점기 교육의 특성을 시대 순으로 바르게 나열한 것은?

> ⊙ 학제를 보통학교 · 실업학교 · 전문교육으로 나누었다.
> ⓒ 한글을 폐지하였다.
> ⓒ 사립학교의 수적인 감소를 가져왔다.
> ② 한국인의 사범학교 및 대학 진학을 제한적으로 허용하였다.

① ⊙ − ⓒ − ⓒ − ②
② ⊙ − ⓒ − ② − ⓒ
③ ⊙ − ② − ⓒ − ⓒ
④ ⓒ − ⓒ − ② − ⓒ

Point
⊙ 조선교육령(1911)
ⓒ 제3차 교육개정령(1936)
ⓒ 제1차 교육개정령(1915)
② 제2차 교육개정령(1922)

Answer 53.④ 54.② 55.②

PART 03
서양교육사

01 그리스의 교육
02 로마의 교육
03 중세교육
04 문예부흥기의 교육
05 17세기 실학주의 교육
06 18세기의 교육
07 19세기의 교육
08 20세기의 교육

03 서양교육사

기출문제

section 1 그리스의 교육

(1) 특징
① 교육적 도야와 직업 준비로서의 교육을 구분하였다.
② 품성의 도야가 주된 목적이었다.
③ 교육상의 강제를 배제한 자유교육을 실시하였다.
④ 다방면에 걸친 교육을 중시하였다.

(2) 아테네(Athene)와 스파르타(Sparta)의 교육

구분	아테네(Athene)	스파르타(Sparta)
민족	이오니아족	도리아족
교육근거	Solon 헌법	Lycurgus 법전
교육목적	심신이 조화된 자유시민 양성	국가에 충성하는 군인 양성
교육내용	지식, 3R's와 선·미의 교육	체육 중심의 군대훈련과 3R's
교육방법	개성 중심의 진보적(자유주의적) 교육	국가 중심·통제적인 군사교육
교육단계	• 0~6세: 가정교육 • 7~15세: 교복교육 • 16~18세: 공립체육관, 소피스트 교육, 수사학교 • 18~20세: 에페베 청년단 가입, 군대 복무 후 20세에 시민권 획득	• 0~6세: 가정교육기(어머니의 아들 시대) • 7~17세: 국가교육기(나라의 아들 시대) • 18~20세: 군사훈련 • 20~30세: 군복무 • 30~ : 시민권 획득
특징	• 인문주의적·자유주의적 교육 • 진보주의적·교양주의적 교육	• 군국주의적 국가주의 교육 • 보수주의·상무주의적 교육 • 여성교육 중시
역사적 영향	개성 존중의 인문주의·자유주의 교육에 영향	전체주의·국가주의·군국주의 교육에 영향

(3) 교육사상가

① 소크라테스(Socrates, B.C. 479 ~ 399)
  ㉠ **교육목적** : 지덕합일(知德合一)의 도덕적 인간을 육성한다.
  ㉡ **교육방법** : 소크라테스는 모든 진리는 명백한 개념에 의하여 파악되어야 하는데 그 일을 위해서는 바른 문답법(회화법)이 요구된다고 하였다. 이것은 무지(無知)의 세계에서 의식적 무지로 이끄는 반어법과 의식적인 무지에서 합리적인 진리로 인도하는 산파법의 2단계로 나눈다. 산파법과 문답법은 오늘날의 토의법이나 질문법에 큰 영향을 미쳤다.
    - 반어법 : 반어적 파괴의 단계로서 질문과 심문을 통해 학습자로 하여금 지식의 그릇됨, 즉 스스로의 무지를 깨우쳐 학습자를 무의식적 무지에서 의식화된 무지로 끌어올리는 단계이다.
    - 산파법 : 개인의 마음속에 있는 막연한 생각을 문답에 의해 끌어내어 이를 명확히 인식시키는 단계이다.
  ㉢ **공헌점**
    - 지식은 실제적·도덕적인 가치를 지니는 것이다. 따라서 지식은 본질에 있어서 보편적인 것임을 지적하여 지식의 보편타당성을 주장하였다.
    - 지식은 대화를 통해 객관적으로 얻어지는 것이며 주관적으로는 자기 경험의 반성과 분류에 의해 얻어지는 것이다.
    - 교육은 지식의 주입이 아니고 사고력의 발전을 그 직접적인 목적으로 한다는 것을 지적하여 계발적 교육방법의 시초가 되었다.

② 플라톤(Platon, B.C. 428 ~ 348)
  ㉠ **교육목적** : 진·선·미의 절대적인 가치를 추구하는 이데아(Idea)의 실현과 개인적 정의(지혜·용기·절제의 조화), 국가적 정의(통치계급·수호계급·생산계급의 조화와 질서)의 실현에 두었다. 구체적으로 국가를 위하여 유능한 시민을 육성하는 것이다.
  ㉡ **교육과정**
    - 동굴의 비유 : 최저급의 환상의 단계에서 절대적 지식의 단계인 이데아의 세계에 이르는 과정을 동굴의 비유를 통해서 설명하였다.
    - 분선이론 : 환상→믿음→사고→지식·지성→선(善)의 이데아의 과정을 설명한 것이다.
  ㉢ **국가론 3계급론** : 세 계급 중에서 통치 및 군인계급에만 교육이 필요하고 제3계급인 서민에게는 교육이 필요치 않다고 주장하여 귀족적 교육사상의 모습을 볼 수 있다.
    - 제1계급 : 통치자 – 지혜, 이성의 덕
    - 제2계급 : 군인계급 – 용기, 기개의 덕
    - 제3계급 : 노동자계급 – 욕망, 절제, 금욕의 덕

기출문제

문 플라톤의 사상에 대한 설명으로 옳은 것은?
▶ 2025. 6. 21. 제1회 지방직
① 이데아의 세계는 지속적으로 변화한다.
② 귀족주의, 엘리트주의적인 특징을 갖는다.
③ 통치자 계급에게 절제의 덕을 강조하였다.
④ 이상국가에서 인간의 계급은 네 개로 분류된다.

문 다음 내용과 가장 관련이 깊은 것은?
▶ 2018. 5. 19. 교육행정직

- 핵심 주제는 정의, 즉 올바른 삶이다.
- 올바른 삶을 위해 가장 중요한 것은 이성의 덕인 지혜를 갖추는 것이다.
- 초기교육은 음악과 체육을 중심으로 하고, 후기교육은 철학 또는 변증법을 강조한다.

① 플라톤(Platon)의 『국가론』
② 루소(J. J. Rousseau)의 『에밀』
③ 듀이(J. Dewey)의 『민주주의와 교육』
④ 피터스(R. S. Peters)의 『윤리학과 교육』

정답 ②, ①

PART 3 서양교육사

기출문제

문 아리스토텔레스의 교육사상에 대한 설명으로 옳은 것만을 모두 고르면?
▶ 2020. 6. 13. 교육행정직

㉠ 모든 인간은 장차 실현될 모습을 스스로 지니고 있다는 목적론적 세계관을 지향한다.
㉡ 교육의 최종적인 목적은 행복한 삶을 영위할 수 있는 인간을 기르는 것이다.
㉢ 자유교육은 직업을 준비하거나 실용적인 목적을 위해 행해지는 것이 아니라 지식 자체의 목적에 맞추어져 있다.

① ㉠, ㉡
② ㉠, ㉢
③ ㉡, ㉢
④ ㉠, ㉡, ㉢

문 아리스토텔레스의 교육 사상에 대한 설명으로 옳지 않은 것은?
▶ 2016. 6. 18. 교육행정직

① 교육은 시민들의 행복한 삶을 다룬다는 점에서 정치와 동일하다.
② 도덕적 탁월성이란 개인이 가진 내적 소질을 최대한 발현시키는 것이다.
③ 인간을 포함하여 존재하는 모든 것은 장차 실현될 모습을 스스로 지니고 있다.
④ 반어법(反語法)과 산파술(産婆術)은 학습자의 무지를 일깨우기 위한 교수법이다.

정답 ④, ④

㉣ 플라톤은 유럽 대학의 기원이 되는 아카데미(Academy 혹은 Academia)를 설립하고 무보수로 교육하였다.
㉤ 지식의 조건 : 신념조건, 진리조건, 증거조건
㉥ 공헌점
  • 여성교육을 허용하고 여성교육에 있어서 최초의 옹호자가 되었다.
  • 서구에서 최초로 체계적인 교육론을 제시하였으며, 최초의 공교육론을 주장한 교육자였다.
㉦ 비판점
  • 서민교육의 불필요성을 주장하였다.
  • 교육의 기회균등을 무시하였으며 극소수의 지적 엘리트를 대상으로 한 귀족적인 교육 사상이었다.

③ 아리스토텔레스(Aristoteles, B.C. 384 ~ 322)
  ㉠ 교육목적 : 행복을 인생의 최고 목적으로 삼고, 개인의 완성, 교양을 갖춘 자유인의 양성에 두었다.
  ㉡ 교육방법
    • 객관적·과학적 방법을 사용하였다.
    • 교육단계는 신체적 발육 → 습관의 형성 → 이성의 도야이다.
    • 원만한 인격형성을 위하여 교사보다는 만물과의 중용을 중시하였다.
  ㉢ 교육내용 : 인간의 자연적 발달단계에 따른 순서에 응하여 소질이 계발되어야 한다고 하며 3단계 교육의 실시를 주장하였다.
    • 초등교육 : 신체적·도덕적 덕성의 함양
    • 중등교육 : 체육, 미술, 음악을 통한 감성 훈련
    • 고등교육 : 수학, 논리학, 과학의 연구를 통한 이성과 시민적 훈련
  ㉣ 공헌점
    • 사유의 법칙을 분석해서 전통적인 논리학의 창시자가 되었다.
    • 귀납적 방법을 사용하여 객관적, 과학적인 방법에 공헌하였다.
    • 아리스토텔레스의 철학은 중세 스콜라 철학의 기초가 되었다.
  ㉤ 비판점
    • 서민계급의 교육을 무시하고 자유인의 교육만을 주장하였다.
    • 여성교육을 부정하고 귀족주의 교육을 주장하였다.

④ 소피스트(Sophist)
  ㉠ 개요 : 소피스트의 원뜻은 '지자(知者)'이고, 아테네의 직업적인 교사를 지칭한다. 기원전 5세기 후반에는 웅변, 수사학 등을 가르치는 교수·철학자들의 총칭이다.

ⓒ 교육적 특징
- 진리관 : 절대 불변하는 지식을 부정하고, 인간의 지식도 주관에 따라 변화되므로 지식의 표준은 "인간의 주관뿐이다."라고 주장하여 상대적 진리관을 주장하였다.
- 교육목적 : 입신양명에 필요한 지식 및 웅변술을 습득·교수하는 것이다.
- 교육을 직업화하여 최초로 물적 보수나 급료를 받고서 학생들을 가르쳤다.
- 상대주의·실용주의를 주장하였다.

Point 팁 프로타고라스는 "진리의 근거는 인간의 감각이다. 감각은 개인에 따라서 다르기 때문에 보편적이고 객관적인 진리는 없다. 따라서 진리는 상대적이고 주관적이며 감각적이고 변화적이다."라고 하면서 철저한 실용주의를 주장하였다.

section 2 로마의 교육

(1) 일반적 특징

① 로마교육은 실용인·실천인·웅변인의 양성을 목적으로 한다.
② 로마교육은 그리스의 모방교육이었다.
③ 그리스의 문화는 심미주의 문화로 서양의 예술·문학·철학·정치학·신학에, 로마는 실용제일주의의 문화로 공학·법률·정부 등의 영역에 영향을 미쳤다.

(2) 시대별 특징

① **왕정시대** … 학교교육이 없이 가정과 일반 사회가 교육의 장이었다.
  ㉠ 교육목적 : 생활유지 기능이었다.
  ㉡ 교육내용 : 생활경험과 모방에 관한 것을 가르쳤다.
② **공화정시대** … 실용인·실천인·웅변인의 양성, 로마 고유의 교육적 성격이 나타난 시대였다.
  ㉠ 교육목적 : 용감하고 순종하는 군인 양성, 평화 시에는 선량한 국민의 양성에 목적을 두었다.
  ㉡ 교육내용
  - 3R's : 읽기, 쓰기, 셈하기
  - 12동판법 : 고대 로마 최고의 성문법으로, 후에 로마법의 기초가 되었다. 귀족의 관습법 악용으로부터 평민을 보호하기 위한 것이다.
  ㉢ 학교교육 : 그리스 문화 유입 후 루두스(Ludus, 초등교육), 문법학교(중등), 수사학교(고등)가 설립되었다.

기출문제

문 고대 로마의 교육에 대한 진술 중 옳지 않은 것은?
▶ 2007. 4. 14. 중앙인사위원회
① 로마 초기에는 부모가 자녀교육에 대하여 절대적인 권한을 행사하였다.
② 문법학교가 수사학교보다 높은 수준의 교육기관이었다.
③ 중등교육기관에서는 7자유학과를 체계적으로 가르쳤다.
④ 현학적인 학문보다 실용적인 학문을 더 중요시하였다.

정답 ②

③ 제정시대
  ㉠ 특징
    • 로마의 고유한 문화에 바탕을 둔 본질은 사라지고, 그리스 문화가 수입된 후 그리스 교육이 성행하던 시대의 교육이었다.
    • 학교중심교육이 본격적으로 진행되었으며, 중등교육 이상의 학교교육에 치중한 시기였다.
  ㉡ 교육목적 : 지적·도덕적인 유능한 웅변가의 양성과, 실용적 인간의 육성에 목적을 두었다.
  ㉢ 교육기관
    • 문자학교(Ludus)
    – 6 ~ 12세의 아동을 대상으로 한 초등교육기관이다.
    – 교육내용은 3R's와 12동판법, 그리스 회화, 속기 등이다.
    • 문법학교(Grammatius)
    – 12 ~ 16세 아동을 대상으로 한 중등교육기관이다.
    – 교육내용은 호머의 시, 문학과 역사 및 7자유학과(seven liberal arts)를 가르쳤다.
    – 7자유학과(3학 : 문법·수사학·논리학, 4예 : 산수·기하·천문학·음악)
    • 수사학교(Rhetor)
    – 문법학교를 거친 16 ~ 17세의 학생을 대상으로 한 고등교육기관이다.
    – 교육목적 : 변론의 기술을 연마하여 훌륭한 웅변가 양성, 로마 사회에 필요한 공복 혹은 인재의 육성
    • 수사학교와 유사한 성격의 철학학교와 법률학교가 있었으나, 수사학교가 대부분을 차지하였다.

(3) 교육사상가

① 카토(M. Cato, B.C. 234 ~ 149)
  ㉠ 「자제교육론」 집필 : 카토의 교육사상이 나타나 있으며 민족의 전통교육을 강조하였다.
  ㉡ 「유래기(由來記)」의 집필 : 조국의 역사를 알리고 위대한 선인의 감화를 받기 위해 집필하였다.

② 키케로(M. J. Cicero)와 세네카(M. Seneca)

구분	키케로	세네카
교육사상	인간의 천부적 소질완성, 이성적 존재로서의 덕성발휘	도덕주의 교육관과 성악설의 입장 (도덕서간집)
교육목적	• 선을 유지하고 생활화하는 것 • 인문적 교양을 가진 웅변가 양성	• 선(善)을 계발·생활화함 • 인문적 교양을 가진 웅변가 양성
교육내용 교육방법	• 체육 경시 • 학예·교양·웅변술 중심 • 인문주의와 자유주의 교육을 중시	• 도덕교육 강조, 엄격주의 • 진보적 교육방법(주지주의, 암기주의, 형식주의의 비실용적 교육 배격) • 근대적인 생활교육사상과 개성존중사상을 강조
인간관	성선설	성악설

③ 퀸틸리아누스(M. F. Quintillianus)
  ㉠ **교육목적**: 타고난 선성(善性)을 발전시키고, 천부의 덕을 조화롭게 갖춘 웅변가를 양성하는 것이 목적이었다.
  ㉡ **교육사적 의의**
    • 로마의 대표적인 교육사상가이며 '세계 최초의 공립학교 교사'였다.
    • 로마 유일의 교육전서이며, 체계적이고 과학적인 세계 최초의 교육저서「웅변교수론」을 저술하였다.
    • 서양교육사상 최초의 체벌 반대론자였다.
    • 가정교육도 중시하였으나 학교교육에 치중하였으며 학교교육에 있어서도 사립보다는 공립학교의 수립을 주장하였다.

> **Point 팁** 학교교육의 우월성
>   ㉠ 학생들의 경쟁심 자극에 효과가 있다.
>   ㉡ 학교에서는 우정을 기를 수 있다.
>   ㉢ 학우들과 더불어 스스로 배울 수 있다.
>   ㉣ 공동생활에 익숙해 질 수 있다.

    • 조기언어교육을 강조하였고, 외국어 교육도 마찬가지라고 하였다.
    • 아동의 개성을 존중하는 아동중심교육을 논하였다.
    • 학습에 있어서 흥미와 유희의 필요성을 인정하고 경쟁의식과 선택의 중요성을 강조하였다.
    • 현대교육사상의 기초이론을 정립했다는 평가를 받고 있다.

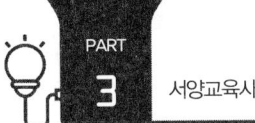

ⓒ 교육사상
- 가정교육보다 학교교육에 우위를 두었고 학교교육은 공립학교가 사립학교보다 우수하다고 하여 완전한 공립학교의 체계 확립을 주장하였다.
- 조기교육론, 체벌부정론, 개성존중론, 학교교육우위론, 교사론, 언어교육론을 체계적으로 전개하였다.

section 3 중세교육

(1) 개요

① 중세교육의 시대구분
- ㉠ 전기교육(5~11세기) : 종교교육(기독교교육)과 교부 철학이 지배했던 시기이다. 개인의 완성 및 개인적 필요에 의한 교육으로, 인간중심적 교육이다. 수도원교육의 금욕주의와 스콜라 철학이 구현된 시기이다.
- ㉡ 후기교육(12세기~르네상스 직전) : 비종교적 세속교육과 기사도 교육, 일반시민교육, 대학교육이 발달했던 시기이다. 교육내용이나 방법이 신중심주의적이다.

② 중세교육의 일반적 특징
- ㉠ 종교적 정서를 도야하는 주정주의가 지배적이었다.
- ㉡ 스콜라 철학의 발달과 더불어 인간의 이성도야를 가미하게 되었다.
- ㉢ 교권적 타율성이 강하게 작용하는 교육이었다.
- ㉣ 인간의 원죄설을 주장하였고, 현실생활의 부정과 내세를 위한 준비(영생)에 치중하였다.
- ㉤ 중세에 이르러서야 비교적 체계적인 초등·중등·고등교육기관이 형성되었고, 그 당시 사용했던 교과내용들은 오늘날 학교 교과목의 원형으로 볼 수 있다.

(2) 기독교 교육

① 교육사상
- ㉠ 종교적 정서를 도야하는 주정주의(主情主義)의 특징을 가지고 있다.
- ㉡ 현세의 향락과 행복에의 욕망을 배격하고 영원불멸의 내세를 동경하는 내세주의이다.
- ㉢ 신을 중심으로 신에 복종하는 신중심주의로 인문주의나 인간의 조화로운 발달을 생각할 수 없었다.
- ㉣ 세계주의를 주장하여 민족주의에 국한된 계급주의를 배격하고 사해동포주의와 박애주의를 주장하였다.

② 기독교의 학교제도
  ㉠ 교구교회 : 교구학교(오늘날의 주일학교), 음악학교를 마련하여 읽기, 쓰기, 음악 등을 공부하였으며 가난해도 공부할 수 있었다.
  ㉡ 예비문답학교 : 초등단계 수준의 교육으로 교리문답, 3R's, 찬미가 등을 공부하였다.
  ㉢ 고급문답학교 : 고등단계 수준의 교육으로 문답학교의 교사를 양성하였다.
  ㉣ 사원학교 : 성직자의 양성을 위한 고등교회학교이다.
  ㉤ 수도원학교 : 기독교 타락을 방지하기 위해 수도원 내에 설립한 학교이다.

(3) 스콜라 철학과 교육

① 교육사상
  ㉠ 교육목적 : 이성과 신앙의 조화에 두었다.
  ㉡ 교육내용 : 신학과 철학을 중심으로 다루었다.
  ㉢ 교육방법 : 강의, 필사, 토론, 논박 등의 방법을 사용했다.

② 교육적 의의
  ㉠ 지적 도야로서의 교육에 의미를 두었다.
  ㉡ 급진적인 지적 교육, 지적 도야에 치중했다.

③ 교육사적 의의
  ㉠ 수도원주의의 도덕적·정서적 도야 위주의 교육에서 스콜라주의의 지적 도야로 교육을 전환시켰다.
  ㉡ 교육의 실제가 급진적인 지적 교육, 지적 도야로 전환되어 문예부흥의 동기를 형성하였다.
  ㉢ 중세 대학의 발달에 많은 영향을 미쳤다.
  ㉣ 문예부흥기에는 인문주의 교육으로 16, 17세기 이후 실학주의로 나타나게 되었다.

(4) 중세후기의 교육

① 카알대제의 교육
  ㉠ 국민교화를 포고하고자 세계 최초의 교육헌장(교육령)인 승령규칙을 선포(787)하여 기독교의 포교와 일반 서민의 교육을 장려해서 독·서·산의 기초교육을 보급하였다.
  ㉡ 세계 최초의 의무교육령인 "국민으로서 모든 아동은 교육받지 않으면 안 된다."를 발표하였다(그러나 대부분의 학자들은 1642년에 선포된 고타 교육령을 세계 최초의 교육령으로 간주한다).

기출문제

유럽 중세의 교육에 대한 설명 중 가장 적절하지 않은 것은?
▶ 2007. 4. 14. 중앙인사위원회

① 초기의 대학은 조합(길드)의 형태로 발전하였다.
② 기사를 양성하는 기사도 교육이 체계화되었다.
③ 문답학교는 수도사를 양성하는 교육기관이었다.
④ 도제제도는 수공업 기술자를 양성하기 위한 제도였다.

정답 ③

PART 3 서양교육사

기출문제

문 중세대학이 발달한 원인을 모두 고른 것은?
▶ 2006. 11. 26. 대구광역시교육청

㉠ 사라센 문화의 영향
㉡ 스콜라 철학의 영향
㉢ 기사교육에 대한 관심 증가
㉣ 도시의 발달과 시민 계급의 형성
㉤ 학자들의 지적 탐구성의 발로

① ㉠㉡㉢
② ㉠㉡㉣
③ ㉠㉡㉣㉤
④ ㉡㉢㉣㉤
⑤ ㉠㉡㉢㉣㉤

② 기사도 교육
  ㉠ 기사는 기독교적인 무인(武人)을 말하며 기사교육은 중세 비종교적 교육의 대표적 유형이었다.
  ㉡ 학교에 의하지 않은 생활교육으로 유명한 기사의 가정이나 궁정에서 생활을 통하여 견문한 것을 모방하는 식으로 이루어졌으며, 이 점에서 신라의 화랑도 교육과 유사하다.
  ㉢ 기사교육은 상류사회의 자제들을 위한 교육이었다는 데 특징이 있다.

③ 대학교육
  ㉠ 대학의 특권(4대 특권)
    • 교수와 학생의 면세·면역특권
    • 대학관계자의 범죄에 대한 대학 내의 자치재판권
    • 학위수여권
    • 교수와 학생의 신분보장 및 자치권(부장·학장·총장의 선출권)
  ㉡ 영향
    • 고전문화의 계승자 역할
    • 지적 활동의 중심부(정치적 문제에 관한 언론의 자유 발생)
    • 자유로운 학문연구기관(문예부흥운동의 선구적 역할)

④ 시민교육
  ㉠ 발달배경
    • 중세후기 십자군 전쟁의 결과 동서간의 무역이 성행함에 따라 상공업이 발달하고 도시 발달에 따른 새로운 시민계급이 형성되면서 새로운 교육이 필요하게 되었다.
    • 시민계급에 필요한 생산교육과 직업교육을 중심으로 하여 시민계급의 자제를 위한 시민학교(Burger School), 또는 도시학교(City School)가 출현하게 되었다.
  ㉡ 특징
    • 시민계급에 필요한 생산교육·직업교육에 중심을 두었다.
    • 시민학교는 아래로부터의 필요에 의한 교육이다.
    • 미국의 주립대학의 성격과 유사하다.
  ㉢ 역사적 의의
    • 교육의 대상을 서민계급에까지 확대시켰다.
    • 실제 생활을 위한 현실적 교육을 실시하였다.
    • 교육을 교회로부터 독립시켜 교육의 자주성을 확립하려 하였다.

▎정답 ③

section 4 문예부흥기의 교육

(1) 문예부흥기의 인문주의 교육

① 교육목적 … 풍부한 인문적 교양의 습득을 통한 자아실현과 사회 및 인류의 발전과 복지향상에 목적을 두었다.

② 교육의 특징
  ㉠ 개인주의 : 중세적 정신으로부터 해방을 중시했다(개인의 자각).
  ㉡ 자연주의 : 중세 초자연주의적 교육사상을 반대하였다(자연적인 인간생활 기초).
  ㉢ 언어주의 : 고전어의 부활에 기초를 두었다(라틴어의 심미적 수양 강조).
  ㉣ 미적 귀족주의 : 중등교육 이상에 영향을 주었다.

③ 교육사상가
  ㉠ 비토리노(Vittorino, 1378 ~ 1446)
    • 아동 중심에 입각한 자유교육, 자발교육, 개성존중교육, 기회균등원리, 흥미 본위의 생활교육을 강조하였다.
    • 정신과 신체의 도덕적 품성의 조화로운 발달을 목적으로 하였다.
  ㉡ 에라스무스(D. Erasmus, 1467 ~ 1536)
    • 사회적 인문주의의 대표자로 아동 중심의 심리적 방법에 기초를 둔 교육사상가였다.
    • 학교 교사의 조직적 훈련의 필요성을 최초로 주장하였다.
    • 교육목적 : 경건한 마음의 도야를 중시했다.
    • 교육방법(아동자유교육론)
      - 체벌을 하는 대신 애정의 교육을 실시를 주장하였다.
      - 주입식 교육을 비판하고, 개인차와 능력에 따라 조금씩 학습시킬 것을 주장하였다.
      - 학습에 흥미를 갖도록 유희적 방법을 이용한다.
      - 교육의 기회균등을 주장하였다.
    • 교육적 영향
      - 심리주의, 자발주의, 흥미주의를 강조하여 근대의 신교육사상의 기본적 원리를 확립하였다.
      - 태아교육과 조기교육의 교육적 가치를 주장하였다.
      - 빈부·귀천·남녀의 차별 없는 교육과 교육의 기회균등을 주장하였다.
  ㉢ 비베스(J. L. Vives, 1492 ~ 1540)
    • 교육목적 : 건실한 현실 생활에 유능한 인간의 양성을 중시하였다.
    • 교육사상 : 가정교육과 초등교육의 중요성을 강조하였고, 공교육을 주장하였다.
    • 교육방법 : 개성존중, 흥미유발, 직관과 귀납법, 연습과 반복 등을 활용하였다(베이컨과 코메니우스에 영향).

기출문제

문 르네상스 시기의 인문주의 교육에 대한 설명으로 옳지 않은 것은?
▶ 2016. 4. 9. 인사혁신처
① 인간 중심적 사고를 강조하였다.
② 감각적 실학주의를 비판하며 등장하였다.
③ 북유럽의 인문주의 교육은 개인보다는 사회 개혁에 주된 관심을 가졌다.
④ 이탈리아의 인문주의 교육에서는 자기표현 및 창조적 능력의 실현을 강조하였다.

문 16세기 서양의 인문주의 교육사상에 대한 설명으로 옳은 것은?
▶ 2017. 6. 17. 교육행정직
① 고대 그리스·로마의 자유교육의 이상을 계승하였다.
② 자연이나 실재하는 사물을 매개로 하는 실물교육을 도입하였다.
③ 민족적으로 각성된 관점에서 공동체 의식을 기르는 데 주력하였다.
④ 고등교육이 아닌 초등교육 수준에서 구체적인 교육방안을 제안하였다.

┃정답 ②, ①

기출문제

문 종교개혁 시기의 교육과 가장 관계 깊은 것은?
▶ 2010. 4. 24. 경상북도교육청

① 교육의 과학화 운동이 본격화되었다.
② 칼뱅은 고타교육령에 영향을 주었다.
③ 전인교육이 교육이념으로 발달하였다.
④ 도시의 발달로 대학이 처음 생겨났다.
⑤ 루터는 공교육제도 발달에 영향을 주었다.

| 정답 ⑤

ⓔ 라블레(F. Rabelais, 1483 ~ 1553)
- 형식보다 내용과 이해를 중시하는 새 교육의 이상을 주장하였다.
- 체육, 직관적 학습을 중시하였다.
- 적합한 교수법과 관용적인 훈련법을 강조하였다.

(2) 종교개혁기의 교육(16세기의 교육)

① 신교의 교육
  ㉠ 교육목적 : 근대적 기독교인의 양성, 합리적 신앙과 사회적 도덕이 조화된 신앙인의 양성에 중점을 두었다.
  ㉡ 교육내용
   - 초등교육 : 성서, 모국어, 복음서, 종교문답서, 음악, 산수 등
   - 중등교육 : 라틴어, 그리스어, 변증법, 수사학, 수학 등
   - 대학 : 성서주해, 법학, 의학, 철학, 과학 등
  ㉢ 교육방법
   - 암기주의, 형식주의 교육방법이 성행하였다.
   - 학년별 학급 조직이 시작되었다.
  ㉣ 교육에의 영향
   - 이성의 강조를 통한 주지주의의 발달에 기여하였다.
   - 성서를 일반 서민에게까지 보급하였다.
   - 교육내용에 실과교육을 강조하였다.
   - 학교교육이 교회와 국가에 중요함을 인식시켰다.
  ㉤ 신교의 교육령
   - 고타 교육령(1642)
    - 고타(Gotha)의 영주 에른스트(Ernst)경이 세계 최초로 아동의 취학의무규정을 선포하였다.
    - 중앙집권적이고 전제적인 교육령이다.
    - 주요 내용 : 취학의 의무제, 학교관리, 교과과정, 교수법 등을 체계적으로 규정하고 있다.
   - 매사추세츠 교육령(1642)
    - 청교도들이 칼뱅주의에 입각하여 '교육의 국가책임을 인식'하여 공포하였다.
    - 현대적인 공교육제도로서 지방분권적이고 민주적인 교육령이다.
    - 주요 내용 : 공교육제도, 부모와 고용주의 의무교육규정, 전 주민의 교육세 또는 일반세금에 의한 무상교육제도, 지방자치단체의 학교설치 의무와 의무교육감독권 인정 등을 체계적으로 규정하였다.

② 구교의 교육
  ㉠ 교육목적 : 기독교적인 신사와 학자 양성에 있었다.

ⓒ 교육내용
- 초등 : 4R's(독법, 서법, 산법, 종교)
- 중등 : 라틴어를 중심으로 한 역사, 지리, 과학, 수학, 언어학, 문학 등
- 대학 : 스콜라철학, 라틴어, 신학 등

ⓒ 특징
- 반종교개혁운동으로 종교적 교육 강화
- 중등교육에 영향
- 교육은 교단에 의해 추진 : 로욜라의 예수회 교단, 라살의 예수교 동포단체, 잔센파
- 교사의 양성교육과 학교의 보급에 공헌

③ 교육사상가
ⓐ 루터(M. Luther, 1483~1546)
- 교육목적 : 합리적 신앙과 사회적 도덕도야가 조화를 이룬 유용한 인간의 육성을 목적으로 하였다.
- 교육방법 : 인간의 자유중시, 엄격한 체벌과 훈련배제, 학습과 실습의 병행을 주장하였다.
- 사상적 특징
 - 공교육제도를 주장하여 교육의 국가책임론을 강조하였다.
 - 가정교육을 중시하였다(국가발전의 기초).
 - 근대국가의 보통의무교육제도의 사상적 체계를 완성하였다.
 - 정서교육과 건강교육의 수단으로 음악과 체육을 중시하였다.

ⓑ 멜란히톤(Melanchton)
- 교과서 편찬과 상급과정으로 진급하는 학제를 만들어서 오늘날 학년제도의 시초를 마련하였다.
- 삭센교육령을 반포하여 학생을 3급으로 구분하여 소정의 교육과정을 배우게 하였다.
- 상급과정으로 진급하는 제도로서, 오늘날 학년 제도를 이루어 근대 학교령의 모델이 되었다.

ⓒ 칼뱅(J. Calvin)
- 근대자본주의 발달의 정신적 기초를 마련하였다.
- 매사추세츠 교육령(1642)에 영향을 주었다.

ⓓ 로욜라(L. Royola, 1491~1556)
- 예수교 교단을 설립하였다.
- 교육목적 : 경건, 근면, 정결을 강조하였다.
- 교육방법 : 강의와 반복에 의한 암기 위주의 교육, 경쟁심 자극, 체벌 등의 방법을 사용하였다.

기출문제

❓ 다음 중 교육사상가와 그의 사상이 가장 적절하게 연결된 것은?
▶ 2010. 3. 27. 충청북도교육청
① 페스탈로치 – 사고하는 방법, '민주주의 교육'
② 듀이 – 교육의 목적은 유덕하고 선하고 관조적인 삶
③ 루소 – '린하르트와 게르트루트', 최초의 교직단체 창설
④ 루터 – 어린이를 학교에 보내야 하는 의무에 관한 설교
⑤ 아리스토텔레스 – 자연에 의한 교육, 사물에 의한 교육, 인간에 의한 교육

정답 ④

기출문제

문 서양교육사에서 나타난 사실로 옳은 것은?
▶ 2017. 4. 8. 인사혁신처

① 고대 그리스의 스파르타에서는 신체와 영혼의 균형을 교육의 목적으로 추구하여 교육과정에서 읽기, 쓰기, 문학, 철학의 비중이 컸다.
② 고대 로마시대에는 초기부터 공립학교 중심의 공교육체제가 확립되어 유행하였다.
③ 17세기 감각적 실학주의는 감각을 통한 지각, 관찰학습, 실물학습을 중시하였다.
④ 산업혁명기 벨(A. Bell)과 랭커스터(J. Lancaster)의 조교법(monitorial system)은 소규모 토론식 수업방법이었다.

▎정답 ③

section 5 17세기 실학주의 교육

(1) 개요

① 교육의 특징
　㉠ 교육의 목적: 실용성(utility)·실천성에 두었다.
　㉡ 교육적 인간상: 합리적 인간이었다.
　㉢ 교육내용: 인간과 관계되는 구체적 사물과 실물교육을 강조하며 실질적 지식을 중시하였다.
　㉣ 교육과정: 자연과학을 반영시켰으며, 신학과 고전 중심의 교육과정에서 과학과 모국어 등을 포함한 광범한 교육과정을 내용으로 하였다.
　㉤ 교육방법: 암기와 기억보다 이해와 경험을 요구하고, 새로운 교수법인 시청각교육이 실시되었다.

② 교육의 유형
　㉠ 인문적 실학주의(Humanistic Realism)
　　• 교육목적: 고전연구를 통해 현실생활에 잘 적응할 수 있는 인간 양성이다.
　　• 교육내용: 고전문학이 포함하고 있는 과학적, 역사적, 사회적 지식을 연구하는 것이었다.
　　• 교육방법
　　－자발적 교육을 위해 흥미와 노력을 중시하였다.
　　－유쾌한 학습을 위해 유희·운동을 사용하였다.
　　• 특징
　　－인문주의 교육을 완전히 벗어나지 못했다.
　　－고전을 중시하는 것은 인문주의와 같으나 차이점은 고전을 배워 실생활에 이용한다는 점이다.
　　• 대표자: 밀턴, 라블레, 비베스
　㉡ 감각적 실학주의(Sense Realism)
　　• 교육목적: 자연의 상태 및 법칙 발견, 자연법칙에 순응하는 인간 양성이다.
　　• 교육내용: 자연과학적인 지식, 사회과학, 모국어의 실제적인 면을 중시하였다.
　　• 교육방법
　　－실물관찰주의와 경험 및 실험을 강조하였다.
　　－자연의 질서에 따른 교육을 중시하였다.
　　－교수는 자국어로 하였다.
　　－자연적 사물의 개념 교수 시 귀납법을 사용하였다.
　　－심리학적·과학적인 토대 위에 감각을 통한 교육을 하였다(감각적 직관).

- 특징
  - 대표적인 실학주의이다.
  - 과학적 실학주의라고도 한다.
  - 참지식은 실물과 회화와 표본에서 얻을 수 있다.
- 대표자 : 코메니우스, 베이컨, 라트케

ⓒ **사회적 실학주의(Social Realism)**
- 교육목적 : 세상에 눈이 밝은 사회인과 신사 양성에 있다.
- 교육내용
  - 고전학습보다 현대학습을 중시하였다.
  - 사회 안에서 생활하는 인간의 교육문제를 중시하였다.
  - 사회생활의 사교, 여행, 지리, 모국어 등의 경험을 중시하였다.
- 교육방법
  - 서적보다는 인간과 직접 접촉하는 사회적 활동을 통한 교육을 중시하였다.
  - 교육적 효과면에서 사교·여행을 중시하였다.
- 특징
  - 귀족적 교육이었다.
  - 고전을 통한 교육을 경시하였다.
  - 사회생활 경험을 강조하였다.
- 대표자 : 몽테뉴, 로크

(2) 교육사상가

① 밀톤(J. Milton, 1608~1674)
  ㉠ 교육목적 : 실제적인 인물의 양성을 목적으로 하였다.
  ㉡ 교육내용 : 고전보다는 구체적인 사물, 언어보다는 실제적 교육내용을 강조하였다.

② 로크(J. Locke, 1632~1704)
  ㉠ 교육목적 : 체·덕·지를 갖춘 교양 있는 신사 양성을 목적으로 하였다.
  ㉡ 교육내용 및 방법
    - 단련주의 체육 주장 : 건전한 신체에 건강한 정신이 깃든다.
    - 덕육 : 단련주의, 엄숙주의, 경(硬) 교육을 주장하였다.
    - 지육 : 형식적 도야의 입장(교육내용 자체보다 일반적 능력의 도야 중시)
  ㉢ 형식도야설 주장
  ㉣ 교수방법 : 흥미 중심, 직관을 통한 구체적·경험적 방법, 논리적 사고 중시, 발표와 응용을 강조하였다.

기출문제

문 다음 내용과 관련이 있는 인물은 누구인가?
▶ 2009. 5. 9. 대구광역시교육청

- 체·덕·지
- 건강한 신체에 건강한 정신이 깃든다.
- 체육교육에 영향
- 고상한 신사와 관련된 것

① 루소 ② 페스탈로찌
③ 코메니우스 ④ 칸트
⑤ 로크

정답 ⑤

PART 3 서양교육사

[기출문제]

ⓜ 백지설(Tabula Rasa) : 인간이 태어날 때는 백지와 같은 상태인데, 경험에 의해 선한 인간 혹은 악한 인간이 된다는 것으로 경험, 교육, 환경의 중요성을 강조한 이론이다.

③ 몽테뉴(M. Montaigne, 1533~1592)
  ㉠ 교육목적 : 신사의 양성과 심신의 건전한 발전을 교육의 목적으로 하였다.
  ㉡ 교육방법 : 조기교육, 개성존중, 실용적 교육을 주장하였다.

④ 베이컨(F. Bacon, 1561~1626)
  ㉠ 귀납적 연구방법을 확립하여 자연과학연구법에 새로운 혁명을 일으켰다.
  ㉡ 관찰·실험·경험을 중시한 감각적 실학주의자로서 경험적 교육사상의 토대가 되었다.

⑤ 라트케(Ratke)
  ㉠ 자연의 원리에 따른 새 교육방법을 제시하였다.
  ㉡ 직관주의적 언어교수를 강조하였다.
  ㉢ 교육방법
    - 쉬운 것에서 어려운 것으로 가르친다.
    - 조금씩 교수하고 반복연습을 시킨다.
    - 암기와 강제적 교수를 회피한다.
    - 남아의 교육은 남교사가, 여아의 교육은 여교사가 담당한다.

⑥ 코메니우스(J. A. Comenius, 1592~1670)
  ㉠ 교육목적 : 신과 함께 영원한 행복을 누리는 것이다.
  ㉡ 교육방법
    - 합자연의 원리(객관적 자연주의) : 자연의 질서에 따라 학습할 것과 최소한의 외적자극을 주어서 자연성을 보다 발전시킬 것을 주장하였다.
    - 직관의 원리(실물교수론) : 직접적인 사물을 통한 감각교육으로 모든 경험적 지식을 하였다.
    - 집단훈육을 강조하였다.
  ㉢ 교육사적 의의
    - 교육에 관하여 조직적으로 논술한 최초의 교육학서로 교육학의 고전인 「대교수학」과 세계 최초의 그림이 든 시청각 교과서인 「세계도회」를 저술했다.
    - 아동의 발달단계에 따른 치밀한 학년구분을 제시하였다.
    - 아동의 자연성을 활용한 합자연의 방법을 제시하였다.
    - 교육과정에서 7자유과에 물리학·지학·역사·도덕·종교까지 포함할 것을 주장하였다.

문 코메니우스(Comenius)의 교육사상에 대한 설명으로 옳지 않은 것은?
▶ 2023. 4. 8. 인사혁신처

① 모든 사람에게 모든 것을 철저하게 가르쳐야 한다고 주장하였다.
② 그림을 넣은 교재인 『세계도회』를 제작하여 문자 위주 언어교육의 문제를 해결하고자 하였다.
③ 동굴의 비유를 통해 교육의 핵심적 원리와 지식의 단계를 제시하였다.
④ 어머니 무릎 학교, 모국어 학교, 라틴어 학교, 대학으로 이어지는 단계적 학교 제도를 제안하였다.

| 정답 ③

Section 6. 18세기의 교육

(1) 계몽주의와 교육

① 계몽기의 교육적 특성
  ㉠ 교육목적 : 모든 속박으로부터 이성을 해방시키는 것에 목적이 있었다.
  ㉡ 교육내용 : 실용적 교육(철학, 과학, 정치, 경제, 미술, 예법 등)이 중심이었다.
  ㉢ 교육방법 : 감각주의와 도야주의에 의한 교수를 실시하였다.

② 계몽기의 각국의 교육적 상황
  ㉠ 일반적 특징 : 교사의 질적 저하, 학교시설과 환경의 미비와 함께 서민계급의 교육적 암흑시대라고 불린다.
  ㉡ 영국
    • 교육의 주체는 국가가 아닌 자선단체와 종교단체였다.
    • 교육의 목적은 상류계층에 순종하는 노동자의 육성이었다.
  ㉢ 독일 : 프리드리히 빌헬름 1세(Friedrich Wilhelm Ⅰ)의 '의무취학령'을 발표하였다.
  ㉣ 특수학교의 발달
    • 맹아학교의 설립 : 1784년 Valentin Hauy가 맹아학교를 설립하였다.
    • 농아학교의 설립 : 1760년에 미셸 드 레베가 파리에 설립하였다.
    • 저능아학교의 설립 : 19세기 초 구겐모스가 독일에 설립한 것으로 저능아 교육소의 효시였다(1820).

(2) 루소(J. J. Rousseau)의 자연주의 교육사상

① 교육의 목적
  ㉠ 자연인의 양성 : "자연은 어린이로 하여금 사람으로서의 생활을 시키려고 한다. 산다는 것만이 내가 그에게(에밀) 배우기를 원하는 직업이다."라고 하였다.
  ㉡ 시민도 국민도 아닌 일반적 인간으로서 도덕적 자유인을 육성한다.

② 교육의 특징 … 형식적 도야주의, 실학적 단련주의를 특징으로 한다.

③ 교육의 방법
  ㉠ 합자연의 원리 : 인간의 발달단계에 맞는 교육으로 인간 내부의 자연성을 강조한다.
  ㉡ 주정주의적 교육 : 생활의 원리에 의한 교육과 먼저 느끼는 교육을 주장하였다.
  ㉢ 실물교육 : 직관주의적 교육을 강조한다.
  ㉣ 소극적 교육 : 학습은 적극적인 방법보다는 자연발달의 순서에 따른 소극적 교육으로, 아동이 준비가 되었을 때 또는 필요를 느낄 때 실시하라고 주장하였다.

기출문제

문 다음 설명에 해당하는 교육사상가는?
▶ 2022. 6. 18. 교육행정직

• 아동이 무엇을 배울 수 있을 것인가에 대해 생각하지 않고 성인이 알아야 할 것에 대해서만 열중하고 있다는 점을 비판하였다.
• 자연주의 교육사상을 주장하였다.
• 자신의 교육관을 담은 『에밀(Emile)』을 저술하였다.

① 루소(Rousseau)
② 페스탈로치(Pestalozzi)
③ 듀이(Dewey)
④ 허친스(Hutchins)

|정답 ①

PART 3 서양교육사

기출문제

문 다음 글에 해당하는 교육사상가는?
▶ 2014. 4. 19. 안전행정부

"모든 것은 조물주의 손에서 나올 때는 순전히 선하나 인간의 손에 넘어오면서 타락한다."고 주장하며, 인위적 교육을 비판하고 자연의 원리에 맞는 교육을 해야 한다고 강조하였다.

① 니일(A. S. Neill)
② 루소(J. J. Rousseau)
③ 듀이(J. Dewey)
④ 로크(J. Locke)

| 정답 ②

　　ⓜ 교육의 3요소
　　　• 자연 : 인간 내부의 자연성을 강조한다.
　　　• 인간 : 인간에 의한 인간교육을 강조한다.
　　　• 사물 : 인간 주위의 환경 전체가 대상이 된다.
　　ⓗ 아동중심의 교육 : 현대에 지대한 공헌을 하였다.
　④ 「에밀」에 나타난 루소 교육사상의 장·단점
　　㉠ 장점
　　　• 교육을 내적·자연적 발전으로 보아 자유주의 교육을 주장하였다.
　　　• 주체적 자기활동을 강조하였다.
　　　• 심리적 개성을 존중하고, 보편적 일반 도야를 교육목적으로 삼았다.
　　　• 실학적 직관주의를 채택하였다.
　　　• 근로교육, 수공업 작업을 중시했다.
　　　• 교육기를 적당하게 정하였다.
　　　• 감정적 도야를 중시하였다.
　　㉡ 단점
　　　• 자연성을 선미(善美)로 보았다.
　　　• 감각적 자아와 정신적 자아, 개성과 인격을 혼동함으로써 자연주의에 우상을 갖게 하였다.
　　　• 소극적 교육으로 인해 자유방임주의로 흐를 가능성이 있다.
　　　• 가정교육을 중시하고 학교교육을 경시하였다.
　　　• 일반적 도야를 강조한 나머지 직업도야를 배척하였다.
　　　• 개인교육에 주력하여 사회방면을 무시하였다.
　　　• 훈련상에 있어서 자연적 징벌은 정당하지 않다고 보았다.

(3) 범애주의(Philanthropism) 교육사상

① 특징
　㉠ 빈부의 차이나 종파의 구별 없이 모두 범애정신에 의하여 교육하였다.
　㉡ 직관과 유희를 중시하고 아동을 유쾌한 상태에서 자유롭게 학습시키려 하였다.
　㉢ 교육을 아동의 행복을 위한 도야로 보고, 그렇게 하기 위하여 국어 및 실용적인 교과를 중시하였다.
　㉣ 아동을 보호하기 위하여 체육을 중시하고 신체발달에 주의하였다.
　㉤ 사랑의 정신에서 체벌을 반대하며 아동을 칭찬하는 데 힘썼다.
　㉥ 석차를 정하고 또는 시상을 하여 호감을 갖게 하였다.
　㉦ 종래의 문법부터 시작한 국어의 교수법을 회화로 시작하였다.
　㉧ 소년독서에 유의하고 아동문고를 많이 제공하였다.

106

② 교육사상가
　㉠ 잘츠만(C. G. Salzman, 1744~1811)
　　• 교육목적 : 이성적, 선량한 인간의 도야에 있다.
　　• 교육방법 : 지육·훈육·체육을 중시하였다.
　　• 동노조합 : 학교에서 자신의 가족은 물론 교직원과 가족, 전학생이 모두 교내에 거주하면서 동고동락하였다.
　㉡ 바제도우(J. B. Basedow)
　　• 범애주의 교육사상의 대표자이다.
　　• 교육목적 : 아동으로 하여금 공익에 봉사하는 인간애와 애국정신을 길러 행복한 생활을 영위하는 것에 목적을 두었다.
　　• 교육방법
　　－신체의 양호 : 신체 단련을 위해 운동을 장려하고 영양식을 취하게 하였다.
　　－훈련 : 로크와 루소에 영향을 받아 자연법칙에 따라 온순하고 순종하도록 하였다.
　　－교수 : 많이 가르치지 말고 유쾌하게 배우도록 하여 많은 양의 지식을 주입할 것이 아니라 생활에 유용한 지식을 질적으로 정선하도록 하였다.
　　－덕육 : 루소의 성선설에 입각하였다.

(4) 칸트(I. Kant)의 합리주의 교육사상

① 교육목적 … 인간성 이념의 실현이다.
② 교육의 기능성과 교육의 중요성 주장(교육만능론 입장)
　㉠ 사람은 교육에 의해서만 사람이 될 수 있다.
　㉡ 사람은 교육을 받지 않으면 안 될 유일한 피조물이다.
③ 교육방법
　㉠ 도덕성 양육을 위한 성격형성의 특성 : 복종, 진실성, 사교성 등
　㉡ 아동의 연령에 따라 가르칠 것을 제안
　㉢ 도덕교육의 4단계 : 훈련→교양화→시민화→덕화

기출문제

다음 중 범애주의의 교육사상가는 누구인가?
▶ 2005. 8. 14. 경상북도교육청
① 페스탈로치
② 바제도우
③ 헤르바르트
④ 프뢰벨
⑤ 루소

정답 ②

기출문제

문 신인문주의(Neo-Humanism)에 대한 설명이 아닌 것은?
▶ 2011. 5. 28. 서울특별시교육청

① 개인의 완성 및 개인적 필요에 의한 교육으로, 인간중심적 교육이다.
② 개성을 존중하면서도 사회성과 역사성을 중시하였다.
③ 루소의 자연주의에 영향을 받았다.
④ 계몽주의에 반대하고 비이성적 측면을 강조한다.
⑤ 계발주의, 국가주의, 과학적 실리주의 등이 이에 해당한다.

| 정답 ①

section 7 19세기의 교육

(1) 신인문주의 교육

① 특징
  ㉠ **인간성의 조화로운 발달 중시**: 고전문화의 정신인 인간성의 조화로운 발달을 중시했다.
  ㉡ **사회성과 역사성 중시**: 개성을 존중하면서도 사회성과 역사성을 중시하여 국가주의와 공존할 수 있었다.
  ㉢ **자연주의의 영향**: 루소의 자연주의에 영향을 받았다.
  ㉣ **비이성적 측면 강조**: 계몽주의에 반대하고 이성적으로 판단할 수 없는 것을 강조했다.
  ㉤ **계발주의 교육관**: 잠재능력 계발에 관심을 가졌으며, 교육의 구체적인 방법 면에 관심을 둔다.
  ㉥ **과학적 실리주의 추구**: 산업혁명을 배경으로 한다.

② 유형
  ㉠ **계발주의**: 페스탈로치, 프뢰벨, 헤르바르트가 중심이 되어 아동연구에서 얻은 심리학적 지식을 기초로 아동의 천부적 능력을 계발하고자 했다.
  ㉡ **국가주의**: 피히테를 중심으로 국가의 존속과 발전을 교육의 목표로 여겼다.
  ㉢ **과학적 실리주의**: 스펜서를 중심으로 자연과학적 내용과 방법으로 실생활 준비교육을 하려는 노력이다.

(2) 계발주의 교육

① 개념
  ㉠ 심리학적 방법에 의해 교육과정 및 교육방법을 인간발달 측면에 합치시키려는 교육개혁운동(심리학적 운동)이다.
  ㉡ 교육은 내부로부터 아동의 발달을 조정하는 것(계발주의)이라고 하였다.

② **교육목적** … 아동의 내적 발달 가능성 계발에 목적을 두었다.

③ **교육내용** … 활동중심의 교육과정 강조, 교과로는 독서 · 습자 · 산수 · 지리 · 역사 · 유희 · 음악 · 작업 · 미술 등을 가르쳤다.

④ **교육방법** … 아동활동의 원리, 흥미의 원리, 창작활동의 원리, 개인차의 원리, 사회화의 원리 등(현대적 원리)을 이용하였다.

⑤ 공통된 교육사상
  ㉠ 아동은 충실히 도야되어야 할 존엄한 존재이다.

ⓒ 아동의 심리에 기준을 둔 교육역설, 아동의 본성과 심의(心意)를 연구하여 그에 적합한 교육 강조하였다.
ⓒ 흥미와 노력을 모두 강조하였다.
ⓒ 교육은 발전의 과정이며, 발전에 있어서 초등교육의 중요성을 강조하였다.

⑥ 페스탈로치(Pestalozzi)의 교육사상
  ㉠ 교육목적 : 인간이 본래 가진 3H[Head(정신), Heart(심정), Hand(기술)]의 조화로운 발달, 인간 개혁을 통한 사회개혁 즉, 인간성의 교화를 통하여 이상사회를 실현하는 데 있었다.
  ㉡ 교육내용 : 수(계산·수학), 형(도화·습자·측량), 언(읽기·말하기·문법)
  ㉢ 교육방법
    • 노작교육의 원리 : 작업교수와 수공적 활동에 의하여 개선을 도모하는 것이다.
    • 직관교수의 원리 : 활동주의, 자연주의, 개발주의, 실사물과 경험에 의한 직관교육 실시를 주장하였다.
    • 합자연의 원리(자발성의 원리) : 인간성의 도야는 인간 내부의 힘을 자연법칙에 따라 계발되어야 한다는 것으로 자연적 발달에 무리한 교육개혁과 주입, 강요, 비약은 인위적 허식에 불과하다.
    - 자발성의 원리 : 교육은 학습자 내부의 잠재력을 밖으로 끌어내어 계발시키려는 원리이고 자기 발전을 위한 계발이지, 결코 주입이 아니라는 원리이다.
    - 방법의 원리 : 모든 인간의 지적·도덕적 발달은 그 기초에서 출발하여 순차적으로 진행하고 끝으로 이것을 통합하여야 한다는 원리이다.
    - 직관의 원리 : 직관은 모든 인식의 절대적인 기초이며 개개인의 인식은 반드시 직관에서 출발해야 한다는 것이다. 직관의 기본요소는 수, 형, 언이며, 이 3요소가 모든 인식의 기초를 이룬다.
    - 조화적 발전의 원리 : 인간이 가진 정신력, 마음, 기술력이 상호 균형 있고 조화롭게 발달함으로써 완전한 인간성의 조화가 이루어진다.
    - 사회의 원리(생활공동체의 원리) : 개인의 도야는 사회에서 이루어지고, 사회의 개선은 개인의 향상에도 이루어진다고 보는 원리이다.
  ㉣ 장·단점
    • 천부적인 본성의 조화적 발전을 논하고 개인적 교육원리를 세웠지만 사회적 고찰은 가정교육에서만 볼 수 있을 뿐 미흡하다.
    • 교육방법의 개선을 위해 심리적 방법을 도입하였다.
    • 민주 교육원리를 주장하고 실천에 옮긴 실천적 교육관이다.
  ㉤ 후세에 미친 영향
    • 보통교육(빈민학교·가정교육·노작교육·고아교육 등) 발전에 영향을 주었다.
    • 오스웨고 운동(Oswego Movement) : 페스탈로치주 보급운동으로 주창자는 E. A. Shelden이다.

기출문제

❓ 페스탈로치(Pestalozzi)의 교육사상에 대한 설명으로 옳지 않은 것은?
▶ 2023. 4. 8. 인사혁신처
① 『일반교육학』을 저술하여 심리학적 원리에 기초한 교육방법을 정립하였다.
② 아동의 자발적 활동과 실물을 활용한 직관교육을 중시하였다.
③ 루소의 자연주의 교육사상을 교육 실제에 적용하여 빈민학교를 설립하였다.
④ 전체적인 구조 속에서 신체적 능력, 도덕적 능력, 지적 능력의 조화로운 발달을 주장하였다.

| 정답 ①

PART 3 서양교육사

기출문제

문 다음과 같이 주장한 교육학자는?
▶ 2023. 6. 10. 교육행정직

교육의 목적은 궁극적으로 학생의 도덕적 품성을 강화하는 것이다. 도덕적 품성은 다섯 가지 기본 이념으로 이루어져 있으며, 내적 자유의 이념, 완전성의 이념, 호의(선의지)의 이념, 정의(권리)의 이념, 공정성(보상)의 이념이다.

① 페스탈로치(Pestalozzi)
② 피히테(Fichte)
③ 프뢰벨(Fröbel)
④ 헤르바르트(Herbart)

|정답 ④

- 퀸시 운동(Quincy Movement) : 페스탈로치의 참된 교육으로의 회귀운동으로 F. W. Parker가 주창자이며, 20세기 신교육운동의 기초가 되었다.

⑦ **헤르바르트(Herbart)의 교육사상**

㉠ **교육목적**
- 궁극적 목적 : 도덕적 품성의 도야
- 직접적 목적(5도념의 교육) : 5도념의 교육을 통해 도덕적 의지를 형성하는 것

㉡ **교육방법** : 교육목적을 달성하기 위한 방법으로서 관리, 교수, 훈련을 들었다.
- 관리 : 교수를 위한 예비적 단계이며, 아동의 신체적·감각적 욕구를 억제→일시적→외적인 질서를 보존→교수 및 훈련을 받을 수 있는 상태를 만드는 단계이다.
- 교수 : 교육의 목적을 달성하는 최선의 방법으로써 도덕적 품성을 형성하기 위한 방법이다.
  - 교수4단계설 : 명료 – 연합 – 계통 – 방법
  - 헤르바르트학파의 5단계설 : 예비 – 제시 – 비교 – 개괄 – 응용(라인), 분석 – 종합 – 연합 – 계통 – 방법(질러)
  - 흥미 : 어떤 관념이 활동을 적극적으로 하게 하는 마음이 일어나게 하는 것이다.
  - 전심(專心) : 일정 대상에 몰입되어 명확한 관념을 파악하는 것이다.
  - 치사(致思) : 파악된 개개의 관념을 통합하여 통일시키는 상태로 전심에서 얻은 대상을 반성에 의하여 통일하는 작용이다.
- 훈련 : 훈련은 서적을 매개로 하지 아니하고 직접적으로 아동의 정서를 도야하여 도덕적 품성을 기르고자 하는 교육활동이다.

㉢ **장·단점**
- 장점
  - 헤르바르트에 의해 체계적·과학적 교육학이 성립되었다.
  - 도덕적 품성의 도야를 교육의 중심목표로 삼았다.
  - 교수방법에 있어 체계적인 4단계설을 도입하였다.
  - 교수에 흥미와 훈련 등의 개념을 도입했다.
  - 과학적 교수법 연구에 활기를 띠게 했다.
- 단점
  - 교육학에 표상심리학을 도입하여 주지주의에 치중되었다.
  - 도덕적 품성도야를 강조한 나머지 신체훈련과 실용지식을 소홀히 했다.
  - 개인의 도덕적 도야에 중점을 두어 국가와 사회를 경시한 경향이 있다.
  - 교수단계설이 점차 형식화되었다.

⑧ **프뢰벨(Fröbel)의 교육사상**

㉠ **교육목적**
- 인간에게 내재된 신성을 계발하는 것이다.
- 아동의 선천적인 능력, 개인적 잠재능력을 계발하는 것이다.

ⓒ **교육내용**: 자기표현 활동을 할 수 있는 유희, 공작, 노래, 언어, 율동, 그림 등을 강조하여 무엇보다 수공과 유희를 자기표현의 가장 가치 있는 교육으로 보았다.

ⓒ **교육방법**
- 놀이 및 작업의 원리: 아동의 자연적 개발과정 중에서 특색 있는 자기활동은 놀이와 작업으로 중요한 교육수단이다.
- 은물의 중시: 은물(장난감 교재)에 의한 교육으로 감각기관을 훈련하고 우주의 이법(理法)을 깨닫고 신성을 인식하게 된다는 것이다.
- 통일의 원리: 교육의 목적도 절대자와의 통일에까지 발전시키는 원리이다.
- 자기활동의 원리: 자기활동은 자기 자신의 동기와 흥미로부터 생기며, 자신의 힘에 의해서 지지되는 활동이다.
- 연속적 발달의 원리: 인간의 생활이나 성장은 각 단계에 있어서 끊임없는 연속이므로, 단절이나 비약이 없고, 따라서 유아기가 중요하며 아동의 현재 교육은 현재의 자기발달에 충실한 것이 되어야 한다는 원리이다.
- 자기발달의 원리: 아동의 자기활동성을 유아교육의 근본원리로 삼고 자유로운 교육을 주장하였으며 교육을 창조적 자기발달의 과정이라고 생각하였다.

ⓔ **공헌점**
- 유치원의 창시자로 유치원의 교육내용과 교육방법을 체계화하였다.
- 유아교육은 어머니와 보모의 중요성을 강조하였다.
- 몸, 마음, 정신의 균형과 조화를 중시하여 전인교육의 바탕을 이루어 주었다.
- 유희를 자기표현의 가장 가치 있는 교육으로 생각하며 놀이(play)와 게임의 중요성을 일깨웠다.
- 유치원 교육의 발달로 여교사의 양성과 보모양성을 위한 교육기관이 발달하게 되었다.

(3) 국가주의 교육

① **교육목적** … 개인의 성장·발달보다는 국가의 존속과 발전에 목적을 두고 국가에 봉사하고 충성할 수 있는 국민을 양성하여 국가의 이상과 목적을 실현하고자 하였다.

② **교육사적 의의** … 의무교육제도의 성립에 영향을 주었으며 교육의 국가관리, 공교육제도를 발전시켰다.

③ **원인** … 19세기 나폴레옹의 침략주의에 반대되는 국가적 관념이 고조되었기 때문이다.

④ 피히테(J. G. Fichte, 1762~1814)
- ㉠ **교육목적**: 자기활동을 촉진하여 진리를 위한 진리를, 선을 위한 선을 사랑하도록 하는 것, 즉 자유를 획득하는 것이다.
- ㉡ **교육내용**: 덕육(德育)을 중시하고 지육(知育)은 덕육의 수단이며, 덕육 중에서도 도덕률과 타인에 대한 존경의 감정을 중시하였다.
- ㉢ **교육방법**: 직관주의, 자기활동을 통한 아동의 자발적 학습을 중시하였다.

(4) 과학적 실리주의 교육

① **개념** … 자연과학의 발전으로 과학적 지식을 통한 실생활 준비를 위한 교육사상이다.

② 스펜서(H. Spencer, 1820~1903)
- ㉠ **교육목적**: 개인의 완전한 생활의 실현
  - 지육론: 페스탈로치의 실물교수, 계발교수에 의한 감각적이고 경험적이며 흥미있는 방법 등을 중시했다.
  - 덕육론: 가정교육과 도덕교육을 강조하였으며 엄격한 간섭이나 지배보다는 자연주의·자유주의적 방법으로 자치적 인간을 양성할 것을 주장하였다.
  - 체육론: 건강제일주의로 야외에서의 운동, 체조, 유희 등을 주장하였다.
- ㉡ **교육내용**: 완전생활을 위한 5대 활동영역
  - 직접적인 자기보존: 건강(생리학)
  - 간접적인 자기보존: 수학, 물리학, 화학, 생물학, 사회학
  - 자녀의 양육과 훈육: 심리학
  - 정치적·사회적 관계 유지: 역사학(단편적인 사실이 아니라 자연적인 사회사, 기술적 사회사, 비교사회학), 공민학
  - 취미생활: 자연적인 미, 문학, 예술
- ㉢ **교육방법**: 감각적·경험적 방법을 중시하였다.

section 8 20세기의 교육

(1) 신교육운동

① 개념 … 형식적이고 권위주의적인 학교교육의 내용과 방법을 민주적 시민사회에 맞게 실생활 중심적·아동 중심적인 것으로 개혁하려 한 교육운동이다.

② 특성
  ㉠ 새로운 학습방법의 발달 : 몬테소리법, 위네트카시스템, 달톤플랜, 문제해결법과 구안법 등이 발달하였다.
  ㉡ 학습지도에 다양한 보조물이 사용되었다.
  ㉢ 측정·평가기술의 발달 : 갈톤의 개인차연구, 비네와 시몽의 지능검사, 터만의 I.Q공식, 손다이크의 양측정운동 등이 발달하였다.
  ㉣ 아동의 연구 : 교육과정과 교육방법 개선의 기초 제공, 생활지도와 교육의 국제적 이해 등을 촉진시켰다.

③ 신학교의 종류
  ㉠ 프랑스 로슈의 신학교 : 다모랭(J. E. Domolin)이 설립한 신교육운동의 최초 학교로 생활을 위하여 충분히 무장된 인간 육성을 목적으로 하였다.
  ㉡ 독일의 전원학교 : 리츠(Lietz)가 환경론에 입각하여 실과적 교육과정을 중심으로 자기활동, 향토의 원리 등을 살려 체험을 통한 교육을 실시했다.
  ㉢ 독일의 노작학교 : 케르센슈타이너(Kerschensteiner)가 주창한 수공적 노작활동을 통해 교육한 학교였다.
  ㉣ 미국의 실험학교 : 듀이(Dewey)가 1896년 시카고 대학에 세운 실험학교로 아동 중심 교육과정이 처음으로 성립되었다.
  ㉤ 인도 평화의 집 : 타고르(R. Tagore)가 설립한 것으로 아동은 자연을 벗삼는 숲 속에서 자유스러운 생활과 학습을 하게 된다.
  ㉥ 이탈리아의 아동의 집 : 몬테소리(M. Montessori)가 로마의 빈민 자제를 모아 창설한 학교이다.
  ㉦ 미국의 지역사회학교 : 올센(E. Olsen)에 의해 제창된 지역사회의 일부로서 학교의 기능을 강조하는 학교이다. 올센의 지역사회학교는 향토사회의 생활개선이 궁극 목적이다. 그것은 학교의 교육계획에 지역사회의 인적·물적 자원을 활용하지만, 학교 정책에 주민을 참여시키지는 않는다.

기출문제

기출문제

(2) 몬테소리(M. Montessori, 1870~1952)

① 기본신념
  ㉠ 아동의 심신발달의 기초는 각자의 내부요구에 달려 있다고 생각한다.
  ㉡ 교육의 비결은 아동으로 하여금 그 내적 발달에 주의를 갖게 하는 데 있으며, 어른이 공연히 간섭할 필요가 없다고 하였다.
  ㉢ 몬테소리는 루소처럼 아동의 천성을 선하다고 보지 않았기 때문에 아동의 내적 발달을 관심을 갖고 지켜봐야 한다고 주장하였다.

② 교육이념·목표 … 정상화로 다음 단계 교육의 기초 또는 전제이기도 하다.

③ 교육내용 … 일상생활교육, 감각교육, 수교육, 언어교육 등을 내용으로 한다.

④ 교육방법
  ㉠ 몬테소리교구
    • 목적 : 아동의 창조적 사고력의 발달 촉진
    • 유아의 성장과 발달에 근거하여 만들어진 반응적인 교구
    • 특징(Lillard)
    - 문제의 고립화
    - 단순한 것 → 복잡한 단계까지 조작하도록 제작
    - 장래의 학습준비를 위해 간접적으로 제작, 구체적인 것 → 추상적 개념을 형성할 수 있게 제작
  ㉡ 노작이론 : 작업을 통해 어린이의 인성을 형성하고 자신을 완성한다는 이론이다.
  ㉢ 정상화 이론 : 어린이가 전인적 성장을 하도록 도왔고, 자신이 주변 환경에 적응할 수 있게 하며, 인간적인 관계에서 사회적 요구를 받아들이고 정상화 되도록 도와주는 것이다.

⑤ 몬테소리 교사의 교수법의 원칙
  ㉠ 준비(preparedness) : 미리 계획·구상하는 것, 어린이의 마음을 열게 한다.
  ㉡ 간결(brevity) : 짧고 핵심을 잘 지적하고 교수가 명확해야 한다.
  ㉢ 단순(simplicity) : 단어는 단순하며 절대적 진리를 전하는 것이어야 한다.
  ㉣ 목적(objectivity) : 교사가 제기하려고 하는 목적만을 교수의 핵심으로 하여야 한다.

⑥ 몬테소리 교사의 역할
  ㉠ 관찰 : 가장 중요한 역할과 임무
  ㉡ '준비된 환경'의 제공자로서의 역할
  ㉢ 유아와 환경을 연결하는 해설자, 촉진자로서의 역할
  ㉣ 자유의 보장을 위한 학습권 옹호자로서의 역할
  ㉤ 부모와 지역사회에 대하여 조력자로서의 역할

(3) 듀이의 실용주의 교육(J. Dewey, 1859~1952)

① 교육목적
  ㉠ 지식을 가지고 규율을 지킬 수 있는 사람을 키우는 것이다.
  ㉡ 사회제도를 개혁하고 수정하여 사회를 발전시키는 것이다.
  ㉢ 교육을 통하여 올바른 민주주의를 실현하는 것이다.

② 교육내용 … 생활경험에 필요한 가치적인 교과를 강조하며 작업과 유희, 지리와 역사, 수학과 자연과학을 가치적 순서로 강조한다.

③ 교육방법
  ㉠ 탐구학습과 반성적 사고에 의한 문제해결학습을 강조한다.
  ㉡ 실험적·과학적 태도를 중시한다.
  ㉢ learning by doing(행함으로써 배운다).
  ㉣ 아동의 흥미중심교육을 강조한다.

④ 교육의 본질
  ㉠ 교육은 생활 그 자체이다.
  ㉡ 교육은 성장이다.
  ㉢ 교육은 계속적인 경험의 재구성 과정이다.
  ㉣ 교육은 사회적 과정이다.
  ㉤ 교육은 학생들의 자발적인 활동과 능동적인 참여의 과정이다.
  ㉥ 교육은 전인적 성장의 과정이다.

기출문제

문 다음을 주장한 교육사상가는?
▶ 2010. 5. 8. 서울특별시교육청

- 탐구학습과 반성적 사고에 의한 문제해결학습을 강조한다.
- 실험적·과학적 태도를 중시한다.
- Learning by doing

① 몬테소리(M. Montessori)
② 피히테(J. G. Fichte)
③ 듀이(J. Dewey)
④ 헤르바르트(Herbart)
⑤ 뒤르켐(E. Durkheim)

정답 ③

 **서양교육사**

1 듀이(Dewey) 교육관의 특징에 해당하지 않는 것은?

① 사회적 가치보다는 아동의 흥미를 더 중시하는 아동 중심적 교육관이다.
② 이론 중심의 전통적 교육관에 대해 비판적이다.
③ 학습자 경험의 재구성과 성장을 중시하는 교육관이다.
④ 전통주의와 진보주의 교육 사이에서 극단적인 입장을 취하기보다는 절충적인 입장을 취한다.

> **Point**
> ① 아동의 흥미와 사회적 가치를 모두 중시한 교육관이다.
> ※ 듀이의 교육의 본질
> ㉠ 교육은 생활 그 자체이다.
> ㉡ 교육은 성장이다.
> ㉢ 교육은 계속적인 경험의 재구성 과정이다.
> ㉣ 교육은 사회적 과정이다.
> ㉤ 교육은 학생들의 자발적인 활동과 능동적인 참여의 과정이다.
> ㉥ 교육은 전인적 성장의 과정이다.

2 다음 글은 유아기 교육에 관한 어느 교육 사상가의 교육지침이다. 누구의 어떤 사상을 설명한 것인가?

- 아이가 울 때 배가 고파서 우는 것이 아니라면 내버려 두어라.
- 아이를 지나치게 보호하여 우상처럼 떠받들지 말고 강하게 키워라.
- 아이로 하여금 다양한 감각 경험을 하도록 하여라.

① 루소(Rousseau)의 자연주의
② 코메니우스(Comenius)의 실학주의
③ 프뢰벨(Fröbel)의 신비주의
④ 페스탈로치(Pestalozzi)의 계발주의

> **Point**
> 루소(Rousseau)의 자연주의에 관한 설명이다. 자연주의에서 이야기하는 교육은 아동의 내적 가능성의 외적 실현을 지향하는 교육이다. 이를 위해 루소는 직관주의적 실물교육을 강조하였다.

3 유럽 근세 교육에 관한 설명으로 옳지 않은 것은?

① 신분과 남녀에 따른 교육기회의 제한이 철폐되고 초등교육이 보편화되었다.
② 신 중심의 교육에서 벗어나 인간의 이성과 경험을 중시하는 교육으로 바뀌었다.
③ 비교적 체계 있는 초등·중등·고등교육기관이 형성되었다.
④ 중세적 몽매성을 제거하여 자유롭고 평등한 시민사회를 건설하는 데 교육의 목적을 두었다.

③ 중세시대 교육의 특징이다.

4 18세기 서양 계몽주의 교육사상에 관한 설명으로 옳은 것은?

① 실물관찰주의와 경험 및 실험을 강조하였다.
② 감정이나 종교적 계시보다 합리성을 기르는 데 초점을 두었다.
③ 생활경험에 필요한 가치적인 교과를 강조하였다.
④ 아동이 갖고 태어나는 신성(神性)의 발현을 강조하였다.

① 17세기 ③ 20세기 ④ 19세기

5 고대 그리스시대 소피스트가 가장 중요시한 교육내용은?

① 시와 음악   ② 사변철학
③ 자연과학   ④ 수사학과 웅변술

④ 소피스트는 아테네의 직업적인 교사를 지칭하고, 기원전 5세기 후반에는 웅변과 수사학을 가르치는 교수·철학자들의 총칭이다.

Answer 1.① 2.① 3.③ 4.② 5.④

단원평가

6 중세의 7자유학과에 대한 설명으로 옳은 것은?

① 학생중심의 선택교과
② 이성의 도야를 위한 주지교과
③ 사회적응을 위한 실용성 강조
④ 성직자 양성을 위한 교리의 주입

② 7자유학과는 로마시대부터 중세에 걸쳐 교수(敎授)되어 오던 과목으로 인간으로서 자신의 수양과 완성을 위한 자유교육을 숭상하였다.

7 고전학문을 연구하여 이를 과학적, 사회적, 실제적 의미를 밝히는 데 관심을 기울인 교육사조는?

① 인문적 실학주의
② 감각적 실학주의
③ 스콜라주의
④ 사회적 실학주의

② 교육목적은 자연의 상태 및 법칙 발견, 자연법칙에 순응하는 인간 양성이다.
③ 교육목적을 이성과 신앙의 조화에 두었다.
④ 교육목적은 세상에 눈이 밝은 사회인과 신사 양성에 있다.

8 다음 중 백지설과 관계가 없는 것은?

① 로크의 교육론의 출발점이다.
② 유아기부터의 교육이 중요시된다.
③ 경험을 중시한다.
④ 인간은 환경에 대해 능동적으로 적응하는 존재이다.

④ 백지설이란 인간은 경험에 의해 선한 인간 혹은 악한 인간이 된다는 것이다.

9 사회진화론자인 H. Spencer가 주장하는 교육의 목적은?

① 사회정의와 협동의 달성 ② 사회개혁과 변혁
③ 완전한 생활의 준비 ④ 기독교적 경건한 생활

③ 스펜서는 자연과학의 발전으로 과학적 지식을 통한 실생활 준비를 위한 교육사상인 과학적 실리주의 교육을 주장했으며, 교육목적을 개인의 완전한 생활의 실현에 두었다.

10 올센(E. G. Olsen)의 지역사회학교의 성격에 대한 설명으로 부적절한 것은?

① 학교정책과 교육계획에 주민을 참여시킨다.
② 학교의 시설을 지역사회의 센터로 사용한다.
③ 학교의 교육계획에 지역사회의 인적·물적 자원을 활용한다.
④ 학습의 가치는 현재 생활뿐만 아니라 장래 생활에서도 중시된다.

① 올센의 지역사회학교는 향토사회의 생활개선이 궁극적인 목적이며, 학교 정책에 주민을 참여시키지는 않는다.

11 아동교육에 대한 이론가이며 실천가로서, 아동은 무한한 잠재능력을 스스로 개발하며 경험을 통해 환경을 배우기 때문에 아동을 독립적 인격체로 다루고 개인차에 따른 개별교육이 바람직하다고 주장한 사람은?

① 듀이 ② 헤르바르트
③ 페스탈로치 ④ 몬테소리

② 도덕적 품성의 도야에 중점을 두었다.
③ 인간성의 교화를 통하여 이상사회를 실현하는 것에 중점을 두었다.

Answer 6.② 7.① 8.④ 9.③ 10.① 11.④

12 다음 중 스파르타 교육에 대한 설명으로 옳은 것끼리 바르게 짝지어진 것은?

> ㉠ 상무주의적 교육 ㉡ 자유주의적 교육
> ㉢ 군사교육 ㉣ 군대교육

① ㉠㉡ ② ㉠㉢
③ ㉡㉢ ④ ㉠㉣

㉡㉣은 아테네 교육에 관한 설명이다.

13 다음의 교육사상을 주장한 교육학자는?

> • 자유교육은 기계적인 것이 아니라 인간의 선한 삶을 영위하는 데 필수적인 고등 능력의 사용을 요구한다.
> • 자유교육의 가치는 내재적이어야 하며, 자유교과는 인간의 마음을 억제하는 전문성의 폭이 좁아야 한다.
> • 자유교과를 공부하는 목적은 생계의 수단을 위한 것이 아니어야 한다.

① 아리스토텔레스
② 소크라테스
③ 플라톤
④ 퀸틸리아누스

아리스토텔레스는 자유교육 사상을 제시하였다. 아리스토텔레스의 자유교육 특징은 고등 능력의 사용, 내재적 가치, 전문성의 폭이 좁아야 함, 생계의 수단을 위한 것이 아니어야 한다는 것이다.

14 아테네와 스파르타 교육의 비교 중 옳지 않은 것은?

	비교기준	아테네 교육	스파르타 교육
①	교육내용	체육, 군대훈련과 3R's	지식, 3R's와 선·미의 교육
②	교육방법	개성 중심의 진보적(자유주의적) 교육	국가 중심·통제적인 군사교육
③	교육목적	심신이 조화된 자유시민 양성	국가에 충성하는 군인 양성
④	특징	인문주의적·자유주의적 교육	군국주의적 국가주의 교육

① 아테네 교육의 교육내용은 지식, 3R's와 선·미의 교육, 스파르타 교육의 교육내용은 체육, 군대훈련과 3R's이다.

15 다음 중 소크라테스의 교육방법이 아닌 것은?

① 반어법　　　　　　　　　　② 산파법
③ 암기법　　　　　　　　　　④ 대화법

① 반어법은 대화법의 일종으로 반어적 파괴의 단계로서 질문과 심문을 통해 학습자로 하여금 지식의 그릇됨, 즉 스스로의 무지를 깨우쳐 학습자를 무의식적 무지에서 의식화된 무지로 끌어올리는 단계이다.
② 산파법은 대화법의 일종으로 개인의 마음속에 있는 막연한 생각을 문답에 의해 끌어내어 이를 명확히 인식시키는 단계이다.
④ 소크라테스의 교육목적은 무지(無知)의 세계에서 애지(愛知)의 세계로 개설하여 진리를 보급하는 것이다. 이러한 진리를 발견하는 방법론이 대화법이다.

16 다음 중 소크라테스의 교육사상이 아닌 것은?

① 지식의 습득과정을 객관적으로는 대화, 주관적으로는 자기 경험에 대한 반성임을 강조하였다.
② 이데아 세계 실현을 위한 '유능한 시민의 육성'을 교육목적으로 삼았다.
③ 교육은 지식의 주입이 아니라 사고력의 계발이라고 주장하였다.
④ "지식은 덕이고 덕은 지식이다."라고 하여 지덕복합일설을 주장하였다.

② 플라톤이 그리스의 교육사상가로 이데아 실현을 위한 '유능한 시민의 육성'을 교육목적으로 삼았다.

Answer　12.④　13.①　14.①　15.③　16.②

17 다음 중 플라톤의 「국가론」에 제시된 교육체제의 특징이 아닌 것은?

① 세 가지의 덕과 세 계급의 조화적 협조가 이상국가를 실현하는 것이라고 보았다.
② 통치자에게는 지혜의 덕이 필요하다고 하였다.
③ 모든 계층의 사람에게 교육을 실시해야 한다.
④ 세 계급 중에서 통치 및 군인계급에만 교육이 필요하다고 하였다.

③ 모든 계층의 사람이 아닌 통치 및 군인계급에만 교육이 필요하다고 하였다. 단, 여성교육을 허용하였으므로 남녀를 동등하게 교육하였다.

18 행복을 인생의 최고의 목적으로 삼고, 개인의 완성, 교양을 갖춘 자유인의 양성에 교육목적을 둔 사상가는?

① 소크라테스
② 아리스토텔레스
③ 플라톤
④ 소피스트

아리스토텔레스는 플라톤의 이상주의의 개념을 배격하고 존재의 기반을 현실의 사물세계로 끌어 내렸다. 행복을 인생의 최고의 목적으로 삼고, 개인의 완성, 교양을 갖춘 자유인의 양성에 교육목적을 두었다.

19 다음 중 소크라테스와 관련된 것은?

① 수사학 및 웅변술 중심의 교육
② 물적 보수를 받는 직업적 수단으로서의 교사관
③ 조화롭고 균형 있는 인간주의 교육
④ 주관주의 인생관을 지닌 개인주의 교육

①②④는 소피스트와 관련한 내용이다.

20 다음의 특징을 나타내는 교육사조는?

- 실용인·실천인·웅변인의 양성을 목적으로 하였다.
- 실용제일주의의 문화로 공학·법률·정부 등의 영역에 영향을 미쳤다.
- 그리스의 모방교육이었다.

① 아테네 교육
② 로마 교육
③ 중세의 교육
④ 문예부흥기의 교육

제시된 내용은 로마 교육의 특징이다.
※ 로마 교육의 시대별 특징
  ㉠ 왕정시대: 학교교육 없이 가정과 일반 사회가 교육의 장이었다.
  ㉡ 공화정시대: 실용인·실천인·웅변인의 양성과 같은 로마 고유의 교육적 성격이 나타난 시대이다.
  ㉢ 제정시대: 그리스 문화가 수입된 후 그리스 교육이 성행하던 시대이다.

21 다음에서 중세후기(12세기 ~ 르네상스 직전)의 교육으로 묶여진 것은?

㉠ 종교교육
㉡ 대학교육
㉢ 기사도 교육
㉣ 일반 시민교육
㉤ 인문주의 교육
㉥ 스콜라 철학

① ㉠㉡㉢
② ㉠㉡㉤
③ ㉡㉢㉣
④ ㉢㉣㉤

중세교육의 시대구분
  ㉠ 전기(5 ~ 11세기): 종교교육, 수도원의 금욕주의, 스콜라 철학
  ㉡ 후기(12 ~ 15세기): 비종교적 교육(세속교육), 기사도교육, 시민교육, 대학교육

Answer 17.③ 18.② 19.③ 20.② 21.③

단원평가

22 다음 중 로마시대의 교육기관이 아닌 것은?

① 문자학교(Ludus)
② 문법학교(Grammatius)
③ 수사학교(Rhetor)
④ 사원학교(Chathedral School)

제정로마시대의 교육기관 … 문자학교(루두스)는 초등교육기관, 문법학교는 중등교육기관, 수사학교는 고등교육기관이다. 또한 법률학교, 철학학교가 있었다.
④ 사원학교는 성직자의 양성을 위한 중세시대의 교육기관이다.

23 다음 중 로마의 교육의 특징을 바르게 설명한 것은?

① 로마 교육은 7자유학과를 위주로 교육을 실시하였다.
② 중세 대학의 발달에 많은 영향을 미쳤다.
③ 공교육제도를 확립시켰다.
④ 그리스의 교육에 비하여 과학성과 수학을 중시하였다.

② 중세 대학의 발달에 많은 영향을 미친 것은 스콜라 철학이다.
③ 공교육제도는 16세기 종교개혁 시기에 확립되었다.
④ 로마교육은 그리스 교육을 모방한 것으로, 공학, 법률, 정부 등에 영향을 미치기는 했으나 그리스 교육에 비해 과학성과 수학을 중시하였다고 할 수는 없다.

24 다음 중 7자유학과에 포함되지 않는 것은?

① 문법
② 수사학
③ 체육
④ 천문학

7자유학과는 3학과 4예의 과목을 의미한다. 3학은 문법, 수사학, 변증법이며 4예는 산수, 기하학, 천문학, 음악이다.

25 다음 중 퀸틸리아누스(Quintilianus)의 교육방법이 아닌 것은?

① 체벌을 금지한다.
② 개성을 존중한다.
③ 흥미와 유희를 중시한다.
④ 교사 중심의 교육사상을 강조하였다.

퀸틸리아누스의 교육방법 … 조기교육 강조, 개성존중교육, 심리적 교육방법 강조, 체벌금지, 아동중심교육 강조, 아동의 자연성 중시, 경쟁의식 존중, 흥미와 유희 중시, 교사선택의 중요성 강조

26 다음 중 로마시대 교육의 특징은?

① 종교적 정서를 도야하는 주정주의가 지배적이었다.
② 실용인 · 실천인 · 웅변인의 양성을 목적으로 하였다.
③ 교육적 도야와 직업 준비로서의 교육을 구분하였다.
④ 지 · 덕 · 체의 수양과 고대문화의 부흥 및 인간성을 존중하는 사상이다.

① 중세교육   ③ 그리스시대의 교육   ④ 문예부흥기의 인문주의 교육

27 중세시대의 문답학교 교사를 양성하기 위한 학교는?

① 교구교회
② 예비문답학교
③ 고급문답학교
④ 사원학교

① 교구교회는 읽기, 쓰기, 음악 등을 공부하며 가난한 집 자제도 공부할 수 있었다.
② 예비문답학교는 초등단계 수준의 교육이다.
④ 사원학교는 성직자의 양성을 위한 고등교회학교이다.

Answer 22.④ 23.① 24.③ 25.④ 26.② 27.③

28 다음 중 스콜라 철학의 역사적 의의가 아닌 것은?

① 교육의 실제가 지적 교육, 지적 도야로 전환되어 문예부흥의 동기를 형성하였다.
② 중세 대학의 발달에 많은 영향을 미쳤다.
③ 항존주의 사상에 영향을 주었다.
④ 교육의 대상을 서민계급에까지 확대시켰다.

④ 교육의 대상을 서민계급에까지 확대시키는 것은 시민교육의 역사적 의의이다.

29 다음 중 기사도 교육과 관련이 없는 것은?

① 지적인 것보다 활동을 중시하였다.
② 학교에 의하지 않은 생활교육이다.
③ 지·덕·체의 수양과 고대문화의 부흥을 강조하였다.
④ 신라의 화랑도 교육과 유사하다.

③ 인문주의 교육에서는 지·덕·체의 수양과 고대문화의 부흥을 강조하고 인간성을 존중하였다.

30 다음에서 설명하는 교육령은?

- 세계 최초의 교육령이다.
- "국민으로서 모든 아동은 교육받지 않으면 안 된다."라는 내용을 담고 있다.
- 기독교의 포교와 일반 서민의 교육을 장려해서 독·서·산의 기초교육을 보급하였다.

① 고타 교육령　　　　　　　　　② 카알대제 교육령
③ 매사추세츠 교육령　　　　　　④ 의무취학령

① 고타 교육령은 세계 최초의 의무교육령으로 취학의 의무제, 학교관리, 교과과정, 교수법 등을 체계적으로 규정하고 있다.
③ 현대적인 공교육제도로서 지방분권적이고 민주적인 교육령이다.
④ 의무취학령은 프리드리히 빌헬름 1세가 발표한 것으로 겨울에는 매일, 여름에는 한 주간에 한 번 또는 두 번씩 등교할 것을 규정하고 있다.

31 다음 중 최초로 설립된 대학은?

① 이탈리아의 볼로냐(Bologna) 대학
② 이탈리아의 살레르노(Salerno) 대학
③ 영국의 옥스퍼드(Oxford) 대학
④ 프랑스의 파리(Paris) 대학

중세의 3대 대학은 파리 대학(신학), 살레르노 대학(의학), 볼로냐 대학(법학)이며, 가장 오래된 대학은 볼로냐 대학이다.

32 다음 중 중세 대학의 특권이 아닌 것은?

① 교수와 학생의 면세·면역특권
② 학위수여권
③ 교수와 학생의 신분보장
④ 시장선출권

중세 대학의 특권은 교사와 학생의 면세·면역특권, 대학 관계자의 범죄에 대한 대학 내의 자치재판권, 학위수여권, 교수와 학생의 신분보장 및 자치권이다.

33 개인적 인문주의 교육과 사회적 인문주의 교육에 대한 설명으로 옳은 것은?

① 개인적 인문주의 교육은 도덕과 종교를 경시하고 미적·문학적 교육을 중시하였으나, 사회적 인문주의 교육은 종교와 도덕을 존중하였다.
② 개인적 인문주의 교육은 민주적 경향을 가졌으며, 사회적 인문주의 교육은 귀족적 경향을 가졌다.
③ 개인적 인문주의 교육은 스파르타 교육을 부활하였으나, 사회적 인문주의 교육은 아테네 교육을 부활하였다.
④ 개인적 인문주의 교육의 대표적인 사상가는 에라스무스이며, 사회적 인문주의의 대표적인 사상가는 비토리노이다.

② 개인적 인문주의 교육은 귀족적 경향을 가졌지만, 사회적 인문주의 교육은 민주적 경향을 가졌다.
③ 개인적 인문주의 교육은 개인주의, 자연주의를 부활하였으나, 사회적 인문주의 교육은 사회적·도덕적·대중적 개혁과 진보에 더욱 노력하였다.
④ 개인적 인문주의 교육의 대표적인 사상가는 비토리노(Vittorino)·베지오(Vegio)·실비우스(Syloius)이며, 사회적 인문주의의 대표적인 사상가는 에라스무스(Erasmus)·아스캄(Ascham)이다.

Answer   28.④ 29.③ 30.② 31.① 32.④ 33.①

34 다음에서 설명하는 교육사상가는?

- 사회적 인문주의의 대표자로서 아동중심주의의 교육사상가이다.
- 교육의 기회균등을 주장하였다.
- 인간애를 기본원리로 하는 자유교육의 실시를 주장하였다.

① 비토리노 ② 에라스무스
③ 퀸틸리아누스 ④ 페스탈로치

에라스무스(D. Erasmus)의 인문주의 교육사상
㉠ 교육목적: 인간을 지식(진리의 지식, 말의 지식)이나 정직이나 독립적 판단을 향해서 이끄는 일
㉡ 교육내용: 고전, 성서문학, 라틴어 중심
㉢ 교육방법: 심리주의, 계발주의, 흥미주의, 아동중심주의 교육
㉣ 교육사상
 • 태아교육과 조기교육의 중요성 강조
 • 학교교육의 개혁주장(즐거운 장소, 발달단계 고려, 유희 사용)
 • 도덕교육 강조, 남·녀 평등교육 주장

35 다음 중 문예부흥기의 인문주의 교육의 특색은?

① 실생활 교육 ② 고전의 탐구
③ 종교적 훈련 ④ 교육의 기회균등

인문주의 교육의 특색
㉠ 개인주의: 보편적·중세적 정신으로부터의 해방은 개인을 중심으로 하는 비판정신의 싹을 트게 했는데, 이는 개인의 자각이 완성된 개인주의를 발전시켰다.
㉡ 귀족주의: 소수교육에 한정하여 초등교육이 아닌 중등교육 이상의 교육의 선구가 되었다.
㉢ 자연주의: 중세의 초자연적인 교육사상에 반대되는 자연적인 인간생활을 기초로 하고 있다.
㉣ 언어주의: 고전어의 부활을 주로 하였기 때문에 언어의 수양, 특히 라틴어의 심미적 수양에 중점을 두었다.

36 다음 중 에라스무스의 교육방법이 아닌 것은?

① 태아교육과 조기교육의 교육적 가치를 주장하였다.
② 학습의 흥미를 갖기 위해 즐거운 놀이방법을 사용할 것을 강조하였다.
③ 훈육과 학습을 중시하였다.
④ 직관과 귀납법을 중요하게 여겼다.

④ 직관과 귀납의 교육방법을 주장한 학자는 비베스이다. 비베스는 개성존중, 흥미유발, 연습과 반복 등의 방법을 제시하였다.

37 다음 중 매사추세츠 교육령에 대한 설명으로 옳은 것은?

① 세계 최초의 의무교육령으로 주장하는 학자들이 많다.
② 중앙집권적이고 전제적인 성격이다.
③ 취학의무제, 학교관리, 교과과정, 교수법 등을 체계적으로 규정하였다.
④ 현대적인 공교육제도의 원리를 내용에 담고 있다.

보통교육의 성립(신교의 교육령)

구분	고타 교육령(1642)	매사추세츠 교육령(1642)
사상	루터의 종교개혁 정신	칼뱅주의
성격	• 중앙집권적, 전제적 • 시행령적 법령 • 지도요령적 성격 • 세계 최초의 근대적 의미의 의무 교육령	• 현대적인 공교육제도 • 지방분권적 • 민주적인 교육령 • 헌법적 법령
주요 내용	• 전문 16장 45조 • 취학의 의무제, 교수법, 학교관리, 교과과정 등에 관한 규정 • 학교설치 · 유지에 관한 내용 없음	• 공교육제도 • 부모 · 고용주의 교육의무 규정 • 전 주민에 의한 교육세 또는 일반 세금에 의한 무상교육제도 • 지방자치단체의 학교설치의 의무와 의무교육감독권 인정
공통점	취학의 의무교정	

Answer 34.② 35.② 36.④ 37.④

38 다음 중 종교개혁운동과 관련이 없는 것은?

① 공교육제도를 확립시켰다.
② 인문학에 관심을 집중시켰지만 과학에는 관심이 적었다.
③ 여교사가 출현하였다.
④ 대학발전이 가속화되었다.

종교개혁운동은 초등교육의 의무화를 선언하였고 공교육제도를 확립시켰다. 시민생활에 필요한 성경, 모국어, 3R's, 음악, 체육, 공예, 가사 등이 포함된 초등교육을 의무교육으로 할 것을 주장하였다. 종교개혁운동으로 인해 대학발전이 가속화되었다. 종교개혁 주창자인 루터는 초등학교 교사의 채용을 주장하여 여교사의 출현을 가능하게 하였다.

39 다음 중 코메니우스의 교육방법이 아닌 것은?

① 합자연의 원리
② 직관의 원리
③ 훈련주의 원리
④ 자발성의 원리

① 합자연의 원리는 자연의 질서에 따라 학습할 것을 주장하는 원리이다.
② 직관의 원리는 직접적 사물을 통한 교육을 강조한다.
③ 훈련주의 원리는 사랑과 온정으로 아동을 대하되 때로는 충고와 질책이 필요하다는 원리이다.
④ 자발성의 원리는 페스탈로치의 교육방법이다.

40 다음 중 코메니우스의 교육사적 의의가 아닌 것은?

① 교육학의 고전인 「대교수학」과 세계 최초의 그림이 든 시청각 교과서인 「세계도회」를 저술했다.
② 아동의 발달단계에 따른 치밀한 학년 구분을 제시하였다.
③ 공교육제도를 주장하여 교육의 국가책임론을 제시하였다.
④ 아동의 자연성을 활용한 합자연의 방법을 제시하였다.

③ 마틴 루터는 공교육제도를 주장하여 교육의 국가책임론을 강조하였다.

41 다음 중 감각적 실학주의 교육에 대한 설명으로 옳은 것은?

① '고전을 통해 현실 생활을 이해하는 것'을 교육의 기본원리로 삼았다.
② 오늘날 교육방법의 원리인 직관교육, 시청각 교육의 모체가 되었다.
③ 서적에 의한 교육보다는 사회생활을 통한 교육을 강조하였다.
④ 유능한 사회인, 신사의 육성을 교육목적으로 삼았다.

감각적 실학주의…감각적 직관을 가지고 교육의 기초를 삼으려는 것으로 실체, 표본, 그림 등의 언어가 아닌 구체적 사물을 교재로 하여 교육하려는 교육사조이다.
㉠ 교육목적: 자연 질서에 따라 교육을 하고 자연에 관한 지식을 통하여 인간생활의 복지를 증진시키는 것이다.
㉡ 교육내용: 다양한 백과전서적인 교육내용을 제시했는데 특히 모국어, 자연과학, 사회과학의 실제적인 면을 중요시하였다.
㉢ 교육방법
 • 시청각교육(직관교육) 중시: 심리학적·과학적인 토대 위에 감각을 통한 학습을 제창
 • 귀납법의 활용: 실험과 귀납법을 통한 학습을 강조

42 다음에서 설명하는 교육사상가는?

• 능력심리학에 기초하여 수동적 백지설을 주장하였다.
• 체육·덕육·지육의 삼육론을 주장하였다.

① 코메니우스　　　　　　② 베이컨
③ 칸트　　　　　　　　　④ 로크

존 로크(J. Locke)의 교육사상
㉠ 교육목적: 체·덕·지를 갖춘 교양 있는 신사양성
㉡ 교육내용 및 방법
 • 체육론: 단련주의 교육주장(체 > 덕 > 지)
 • 덕윤론: 의지의 도야
 • 지육론: 지식은 덕을 높일 수 있는 수단
㉢ 능력심리학에 근거하여 백지설 주장
㉣ 형식도야설 주장

Answer　38.② 39.④ 40.③ 41.② 42.④

43 다음 중 루소의 교육사상에 대한 설명으로 옳지 않은 것은?

① 교육사상으로 주정, 자율, 개성을 강조하였다.
② 이성의 계발을 가장 중요하게 생각하였다.
③ 평등사상과 신념하에 국가 관리에 이루어지는 교육을 이상적 교육으로 간주하였다.
④ 자연에 일치하는 교육을 주장하였다.

루소는 교육사상으로 주정, 자율, 개성을 강조하였다. 식물은 재배에 의하여 생육되고 사람은 교육에 의하여 인간이 되며 교육이란 아동의 생득적 특징과 능력이 최대한 발휘될 수 있도록 돕는 과정이다.
② 칸트의 교육사상에서는 이성의 계발을 가장 중요하게 생각하였다.

44 다음 중 루소의 자연주의 교육에 대한 설명으로 옳은 것은?

① 인간의 발달이 자연의 법칙에 일치하도록 교육하는 것을 의미한다.
② 종교나 국가의 차이 없이 전 인류를 사랑하여 그의 행복을 촉진시키는 교육을 의미한다.
③ 개인의 발전과 함께 국가의 존속과 발전을 교육목적으로 삼는 교육론이다.
④ "행함으로써 학습한다."는 원리에 입각한 실천인의 양성을 목적으로 한다.

② 범애주의 교육
③ 국가주의 교육
④ 과학적 실리주의

45 다음에서 설명하는 루소의 저서는?

> • 루소의 대표적인 교육 저서로 루소의 교육사상이 집대성되었다.
> • 총 5편으로 구성되어 있다.
> • 5편에서는 여성교육을 주장하였다.

① 에밀
② 초등교수서
③ 세계도회
④ 민주주의와 교육

Point

② 바제도우의 저서 ③ 코메니우스의 저서 ④ 듀이의 저서

※「에밀」
　㉠ 근본사상 : 성선설
　㉡ 교육단계
　　• 유아기교육(신체적 단련기) : 모친에 의한 교육, 인간발달의 자연적 법칙에 따른 교육
　　• 아동기교육(감각적 교육기) : 언어의 습득과 5관 연습이 주목적 도덕적 훈련은 자연적 변화에 맡겨야 함
　　• 소년기교육(지적 교육기) : 학행일치의 교육 주장
　　• 청년기교육(도덕 및 종교교육기) : 공동생활에 필요한 교육
　　• 여성교육(소피교육) : 소극적 여성교육으로 현모양처 여성교육
　㉢ 의의 : 교사중심의 교육을 아동 중심 교육으로 전환할 수 있는 계기 마련

Answer 43.② 44.① 45.①

교육철학

01 학문적 성격
02 전통적 교육철학
03 현대의 교육철학
04 20세기 후반의 교육철학
05 동양의 교육철학

04 교육철학

기출문제

문 다음은 교육철학과 교육과학을 비교한 표이다. ㉠~㉢에 들어갈 말로 적절한 것은?
▶ 2010. 10. 23. 법무부 보호직

구분	교육철학	교육과학
교육목적 의 진술	㉠	㉡
교육의 내용과 목적	논리적 관계의 평가	㉢

① ㉠ 논리적 가능성 검토
  ㉡ 인과적 관계 판단
  ㉢ 이론적 원리 판단
② ㉠ 이론적 원리 검토
  ㉡ 논리적 가능성 판단
  ㉢ 인과적 관계 판단
③ ㉠ 논리적 가능성 검토
  ㉡ 사실적 가능성 판단
  ㉢ 인과적 관계 판단
④ ㉠ 사실적 가능성 판단
  ㉡ 이론적 원리 검토
  ㉢ 논리적 가능성 판단

|정답 ③

section 1 학문적 성격

(1) 교육철학의 개념

① 교육의 철학과 교육적 철학
  ㉠ 교육의 철학(Philosophy of education)
   • 전통적인 관점, 철학적 지식을 교육의 분야에 응용
   • 존재론·가치론·인식론·논리학 등을 교육의 분야에 응용하여 교육의 가능성, 교육과 지식, 교육학의 개념과 논리적 근거 등을 연구
  ㉡ 교육적 철학(Education philosophy)
   • 교육현상을 철학적으로 탐구하여 기존 철학과는 구별되는 독자적인 교육철학을 제시한 것
   • 교육과학과 구분되며 교육학의 인식론과 교육개념의 형이상학을 포함

② 교육철학의 성격
  ㉠ 교육관과 같은 의미로 사용하여 교육의 전반적인 과정에 대한 포괄적인 이해와 견해를 말한다.
  ㉡ 교육목적과 같은 의미로 교육목적의 결정과 진술은 가치판단의 과제이므로 철학적 행위라고 할 수 있다.
  ㉢ 학문의 의미로 사용되며 이는 교육철학의 일반적 성격이라고 할 수 있다.
   • 철학적 지식의 교육학적 응용
   • 철학적 탐구방법으로서의 교육철학
   • 지식체계로서의 교육철학
  ㉣ 철학적 방법을 적용하여 교육적인 현상의 여러 가지 문제를 철학적 수준에서 체계적으로 분석·연구하는 학문이다.

(2) 교육철학과 교육과학

구분	교육철학	교육과학
일차적 기능	• 교육의 언어와 논리의 명료화 • 교육의 이론과 원리의 평가 • 교육적 판단기준 제시	• 교육현상의 법칙 발견 • 교육사실의 과학적 연구
교육의 목적과 방법론	교육목적에 대한 철학적 탐구능력 강조	교육방법론에 대한 과학적 노력 강조
교육목적의 진술	논리적 가능성 검토	사실적 가능성 판단

교육의 내용과 목적	논리적 관계의 평가	인과적 관계 판단

> **Point 팁**: 교육철학과 교육과학의 구분은 대상의 문제가 아니라 탐구방식과 탐구과제의 차이이다.

(3) 교육철학의 기능

① 분석적 기능
  ㉠ 의미: 이론적 또는 일상적 언어의 의미와 이에 포함된 논리적 관계를 명백히 하여 가치기준을 밝히는 것이다. 따라서 개념 또는 술어가 갖는 애매성과 모호성을 감소시켜 의미를 명백히 하고 진술들의 동의어 반복이나 모순을 피하게 한다.
  ㉡ 교육에서 분석적 기능
    • 교육의 이론이나 실천에서 쓰이는 좌표나 원리를 명확히 한다.
    • 교육의 실천이나 이론에 사용된 언어의 의미가 불분명할 경우 명확한 판단기준을 제공할 수 없다.

② 평가적 기능(규범적 기능)
  ㉠ 의미: 어떤 준거에 입각하여 이론의 타당성과 사실의 확실성 및 가치의 합리성을 밝히는 기능이다.
    • 교육의 가치판단에 관한 것으로서, '어떤 기준이나 준거에 비추어 실천·이론·주장·원리의 만족도를 밝히는 행위'를 의미한다.
    • 평가적 기능은 분석적 기능을 토대로 진행된다.
  ㉡ 교육에서 평가적 기능: 좌표나 원리대로 교육을 이루고자 하는 노력으로, 교육이론과 실천원리의 당위성을 규명하려는 역할을 한다.

③ 사변적 기능
  ㉠ 의미: 교육이론이나 실천에서 문제해결의 새로운 방향을 모색하고 가치를 제언하는 사고과정을 의미한다.
    • 교육이론이나 교육문제에 대하여 제언을 하는 정신적 기능을 의미한다.
    • 분석적 기능과 평가적 기능을 토대로 얻어진 자료들을 다시 종합하고 정리하여 새로운 대안이나 가설을 얻으려는 활동이다.
  ㉡ 교육에서의 사변적 기능
    • 교육에 대한 새로운 이론이나 설명체계를 구안하여 제시하고 교육이 추구하여야 할 새로운 목표를 설정하는 기능이다.
    • 개별이론이나 실천을 전체적·통합적으로 묶어주는 역할을 한다.

기출문제

❓ 개념의 모호성을 제거하고 개념들의 논리적 모순성을 규명하여 일상적 언어와 이론적 언어에 포함된 논리적 관계를 가치 기준에 규명하는 철학적 탐구방법은?
▶ 2009. 5. 23. 경기도교육청
① 통합적 방법
② 분석적 방법
③ 사변적 방법
④ 평가적 방법

| 정답 ②

PART 4 교육철학

기출문제

④ 종합적 기능
  ㉠ 의미 : 교육에 관한 현상이나 과정을 전체로 파악하고 여러 부분과 차원을 종합적으로 이해하려는 기능으로 교육에 관한 여러 이론·주장·의견을 포괄적 안목으로 파악한다.
  ㉡ 교육에서 종합적 기능의 역할 : 교육의 일관성을 유지하게 한다.

section 2 전통적 교육철학

(1) 자연주의 교육철학

① 교육원리
  ㉠ 교육사상 : 합자연의 원리이다.
  ㉡ 교육목적 : 개인의 선천적인 덕성과 선의 보존을 목적으로 한다.
  ㉢ 교육방법 : 자연적 발달과 흥미에 의한 자유학습이다.

② 유형
  ㉠ 주관적 자연주의 : 루소의 현재 중심의 자발적인 교육을 강조하였다.
  ㉡ 객관적 자연주의 : 코메니우스의 사상(교육은 아동의 자연적 발달을 자극하며 최소한의 지도로서 아동의 본성, 능력, 성향의 자유로운 발달을 지향할 때 참다운 교육이 이루어진다.)

③ 영향 … 범애학교 운동, 인본주의 교육심리학 발달에 영향을 미쳤다.

(2) 이상주의 교육철학

① 교육원리
  ㉠ 교육목적 : 인격의 도야, 자아의 실현, 자아의 잠재적 능력의 계발 등에 그 목적이 있다.
  ㉡ 교육관 : 교육은 자연적 필요에 의해서만 아니라 정신적 필요에 의해서 존재하는 인간사회의 능력이다.

② 교육적 가치
  ㉠ 현실을 초월한 가치를 중심적으로 지향함으로써 자연주의의 한계를 극복하였다.
  ㉡ 유일의 궁극적인 가치를 지향하는 점에서 회의주의와 상대주의를 극복하였다.
  ㉢ 인간의 자력에 의한 노력을 중시하였다.
  ㉣ 범신론적 결정론, 신비주의, 공리주의, 유물론을 극복하였다.

③ 한계
  ㉠ 너무 유토피아적이어서 현실 세계를 긍정적으로 수용하는 태도가 부족하다.
  ㉡ 지나친 정보적 가치추구로 직업적·기술적 교육에 소홀할 우려가 있다.

(3) 실재주의 교육철학

① 교육원리
  ㉠ **교육목적**: 사물에 대한 감각능력을 기르고 사물에 내재하는 자연의 법칙을 탐구하는 지적 능력을 성숙시키는 것을 교육목적으로 여겼다.
  ㉡ **교육내용**: 고전보다는 현대어를 중시하고, 언어주의에서 탈피하여 사물중심을 강조했다. 교과목으로는 수학, 자연과학, 사회과학, 인간학 등을 중요시했다.
  ㉢ **교육방법**: 과학적 방법, 즉 관찰과 실험을 중시했으며 교사가 주도권을 갖되 아동의 흥미와 지적 호기심을 만족시킬 수 있는 방법을 사용해야 한다고 주장했다.
  ㉣ **교육과정**: 교육과정이 전문가에 의해 구성되는 것과, 과목간의 통합을 강조했다.
  ㉤ **지적 교육 중시**: 합리적 사고의 기본적인 규범, 도구, 원리에 익숙해질 것을 강조하여 지적 교육을 중시했다.

② 한계 … 보수적·전통적 지식을 전달, 개인차의 무시, 변화의 불수용, 교사 중심의 교육, 주입식 교육의 강조 등의 한계가 있다.

(4) 실용주의(Pragmatism) 교육철학

① 개요
  ㉠ 경험과 변화가 실재의 본질이라고 믿기 때문에 교육의 목적과 수단도 항상 변화한다.
  ㉡ 목적과 수단은 상호작용하기에 문제를 해결하는 방법도 바뀐다고 전제한다.
  ㉢ 학교에서 가르치는 가치는 인간의 복리를 증진시키는 데 우선을 두어야 한다.
  ㉣ 교육적 환경은 민주적이어야 하며, 아동의 흥미와 욕구를 존중한다.

② 교육원리
  ㉠ **교육목적**: 성장 자체가 교육의 목적이다.
   • 듀이에 따르면 교육의 목적은 성장과 경험의 재구성이며, 성장은 삶의 특징으로 개인이 상호관계를 맺고 있는 여러 경험들 간에 상호 관계성을 이해하는 능력을 획득하는 것이다.
   • 성장 자체를 넘어선 어떤 교육목적도 있을 수 없다.
   • 교육은 생활의 준비가 아니고 생활 그 자체이다.
   • 학교는 공동사회의 형식을 갖춘 사회의 축소판이어야 한다.

기출문제

문 다음 프래그머티즘(Pragmatism)에 대한 내용 중 잘못된 것은?
  ▶ 2004. 3. 28. 서울특별시교육청

① 소크라테스나 합리론을 철학적 토대로 한다.
② 사변적 절대주의에 반대하고 경험적 상대주의에 기초한 철학체계이다.
③ 지식은 감각과 경험을 통하여 인식하는 것이며, 과학적 실험에 의해서 증명되어야 한다.
④ 교육은 생활을 위한 준비가 아닌 그 자체가 되어야 한다.

정답 ①

기출문제

문 진보주의 교육철학에 대한 설명으로 옳지 않은 것은?
▶ 2025. 6. 21. 제1회 지방직

① 교육은 현재의 생활 그 자체이다.
② 학습은 아동의 흥미와 관련되어야 한다.
③ 학교는 협동을 장려하는 곳이어야 한다.
④ 위대한 고전 읽기 교육을 강조한다.

|정답 ④

  © 교육내용 : 경험의 재구성이어야 한다.
- 특수한 분야의 단편적 지식보다 전 분야에 걸친 폭넓은 경험으로 구성한다.
- 교육의 과정은 경험으로부터 유리된 단편적이고 구획된 전통적 교육과정을 배격한다.
- 교육은 계속적인 경험의 재구성 과정이 되어야 한다.

  © 교육방법
- 실용주의자들은 내용보다 방법을 더 중요시했으며 교육의 방법은 융통성이 있어야 한다.
- 미래의 상황은 예측할 수 없기에 스스로 문제해결의 방법을 터득하게 해야 한다.
- 학습은 행위에 의해서 이루어져야 한다(learning by doing). 이는 문자에 의한 학습이 아니라 실제로 실천함으로 배운다는 것을 의미한다.
- 학습방법으로써 실험을 중시한다.
- 학습자들의 흥미와 욕구를 중시한다.
- 교육 = 성장 = 사회와의 연속적·진화적 방법이 되어야 한다.

③ **한계** … 가장 기본적인 가치와 지식을 소홀히 하고, 영원불변의 것을 무시했으며, 사회의 진보만을 너무 강조하여 사회가 퇴보할 가능성을 생각하지 않았다.

> **Point 팁** 실용주의 교육철학의 교육원리
>   ☉ 교육의 사회성
>   ☉ 교육의 성장성
>   ☉ 교육목적의 유연성
>   ☉ 교육의 경험조정성
>   ☉ 행동에 의한 학습
>   ☉ 아동의 흥미

section 3 현대의 교육철학

(1) 진보주의 교육철학(J. Dewey)

① 교육이론
  ㄱ 교육목적 : 경험의 개조를 통한 성장이며 생활 그 자체가 목적이라고 본다.
  ㄴ 교육내용 : 교육내용의 가치를 실용성에 둔다. 따라서 생활 그 자체를 내용으로 하는데 이러한 생활경험에 필요한 가치적인 순서로 작업과 유희, 지리와 역사, 수학과 자연과학 등을 다루었다.
  ㄷ 교육방법 : 아동중심교육을 강조하여 흥미와 생활 중심의 교육방법을 주장하였으며 철저한 경험적인 학습을 강조했다.

② 특징
  ㉠ 교육은 경험개조를 통한 성장과정으로, 교육이란 장래생활의 준비라기보다는 오히려 생활 그 자체이다.
  ㉡ 생활 속의 문제를 교육내용으로 하여 '행동에 의한 학습'을 할 수 있도록 하는 생활중심교육을 강조했다. 이러한 것은 W. H. Kilpatrick의 구안학습법으로 발전했다.
  ㉢ 경험을 통한 교육은 학습주체인 아동의 자발적 참여가 중요하므로, 아동의 흥미와 관심을 중요시하는 아동중심교육이다.
  ㉣ 아동 개개인의 흥미와 관심이 존중되기 위해서는 민주적인 교육환경이 요구된다. 왜냐하면 민주주의만이 사상과 인격의 자유로운 상호작용을 가능하게 하기 때문이다.

③ 비판
  ㉠ 지나친 개인주의로 사회 공통의 복지 향상을 위한 희생적 정신이 희박해지게 만들었으며, 사회복지이론 정립에 실패했다.
  ㉡ 아동의 자유와 개인적 욕구만을 존중하는 방임주의로 흘러 아동으로 하여금 이기적이고 자기중심적인 인간이 되게 하였다.
  ㉢ 아동의 자유에 대한 지나친 존중으로 아동들이 쉬운 과목만 선택하게 만들었으며, 실생활을 중시하는 반면 보다 높은 수준의 지식 전달을 소홀히 해 교육의 질적 하락을 초래했다.

(2) **본질주의 교육철학**

① **기본개념** … 모든 사람에게 공유되고 조직적으로 가르쳐야 할 문화의 불가결하고 공통적인 핵(지식·기능·태도 등)이 존재하고, 교육을 통해 이 문화의 핵을 일정한 수준까지 엄정하게 계승시켜야 한다고 주장한다.

② **특징**
  ㉠ **교사 중심의 교육**: 아동의 흥미와 자발성을 존중하되 아동은 미성숙자이므로 교사의 지도가 필요하며 교육은 전문적인 자격을 갖춘 교사에 의해 통제되고 주도되어야 한다고 주장했다.
  ㉡ **교육내용**: 본질적이고 기초적인 것을 중심으로 미리 계획되고 조직되어야 하며 논리적으로 구성되어야 한다는 전통적인 교과 중심의 입장을 취했다.
  ㉢ **교육방법**: 강의식·주입식 교육이 주가 된다.

③ **교육원리**
  ㉠ **교육목적**: 서양의 정신적·도덕적 전통과 문화유산 속에 깃들어 있는 가장 존귀한 본질적인 것을 골라 다음 세대에 전수하는 것이다.

기출문제

문 진보주의 교육원리에 대한 설명으로 옳지 않은 것은?
▶ 2022. 6. 18. 교육행정직
① 미래의 생활을 위한 준비가 아니라 현재의 생활 자체를 의미 있게 만들어야 한다.
② 학습자의 관심과 흥미를 강조한다.
③ 고대 그리스의 자유교양교육을 교육적 이상으로 삼는다.
④ 경험에 의한 학습과 학습자의 참여를 중시한다.

문 현대 교육철학 사조 중 본질주의에 대한 설명으로 옳은 것은?
▶ 2014. 4. 19. 안전행정부
① 인류의 전통과 문화유산을 소중히 여기며 교육을 통해 문화의 주요 요소들을 다음 세대에 전달할 것을 강조한다.
② 진리를 인간의 경험에서 나오는 실험적 혹은 가설적인 것으로 간주한다.
③ 교육에서 전통과 고전의 원리를 강조하고 불변의 진리를 인정한다.
④ 교육이 문화의 기본적인 가치를 실현시키는 새로운 사회질서를 창조하는 일에 전념할 것을 강조한다.

정답 ③, ①

PART 4 교육철학

기출문제

문 교육사상가들에 대한 설명으로 옳지 않은 것은?
▶ 2017. 4. 8. 인사혁신처

① 파크허스트(H. Parkhurst)는 달톤플랜(Dalton plan)에서 학생과 교사가 계약을 맺는 계약학습을 제시하였다.
② 아들러(M. J. Adler)는 파이데이아 제안서(Paideia proposal)에서 학생들이 동일한 교육목표를 가지는 교육과정을 주장하였다.
③ 허친스(R. M. Hutchins)는 듀이(J. Dewey)와 함께 진보주의 교육협회를 설립하고 진보주의 교육운동을 전개하였다.
④ 킬패트릭(W. H. Kilpatrick)은 학생이 자신의 학습을 계획하고 활동을 수행하는 프로젝트 학습법(project method)을 제시하였다.

문 항존주의 교육철학에 대한 설명으로 옳은 것은?
▶ 2023. 4. 8. 인사혁신처

① 아동 존중의 원리를 채택한다.
② 교육을 통한 사회 개조를 중시한다.
③ 지식이나 진리의 영원성을 강조한다.
④ 실제적인 삶의 문제를 해결하는 데 초점을 둔다.

ⓒ 사회공동생활에 필요한 훈련 강조: 교육은 사회적 욕구와 사회적 관심을 중심으로 행해져야 하며 민주시민이 자유를 향유하여야 하지만 그와 동시에 사회공동생활을 위한 필요한 훈련을 해야 한다는 점을 강조했다.

④ 비판
  ㉠ 항상 변화하는 문화에 너무 정적인 관점을 취하고 있다.
  ㉡ 문화유산의 근본적인 것을 보존하여야 한다고 주장하지만 관습과 전통, 전통과 본질적인 것을 구분하기가 쉽지 않다.
  ㉢ 전통을 중시한다는 점에서 보수성을 내포하고 있으므로 지적인 진보성과 창의성을 저해할 우려가 있다.
  ㉣ 학생들의 자발적인 참여의식과 학습동기를 경시하고, 결과적으로 민주사회의 필수요건인 독립심, 비판력, 협동정신을 기르는데 소홀하게 되었다.
  ㉤ 본질주의자들은 인문과학을 중시한 반면, 사회과학을 경시하였다.
  ㉥ 본질주의는 기본적인 지식과 기술의 전수에만 급급하여 시간과 공간을 초월한 영원한 진리와 가치에 대한 종교적 수준의 교육을 소홀히 하였다.

Point 팁 진보주의와 본질주의 주요 개념

진보주의	본질주의
흥미	노력
자유	훈련
아동의 자발성	교사의 주도성
개인적 경험	민족적 경험
아동의 활동(경험)	교과의 모든 교재(원리)
교재의 심리적 조직	교재의 논리적 조직
직접적 목적	장래의 목적

(3) 항존주의 교육철학

① 교육이론
  ㉠ **교육목적**: 참다운 인간성의 회복이며, 이는 인간의 자유로운 지성의 계발과 도야에 의해서 가능하다.
  ㉡ **교육내용**: 교육은 생활을 그대로 복사하는 것이 아니라 미래의 생활을 위해서 준비하는 것으로, 교양교육을 중시하고 고전이나 대저서의 정독을 강조했다.
  ㉢ **교육방법**: 엄격한 훈련을 중시하고 고전 중심의 교육과정을 주장하였으며 교육내용의 논리적 배열법과 상대평가를 중시하였다.

정답 ③, ③

② 교육적 의의
　㉠ 학문의 방향성을 제시했다.
　㉡ 정신주의 교육을 중시하여 실용주의의 물질주의 교육을 배격하고 정신의 도야를 중시했다.
　㉢ 실존주의 교육철학의 선구가 되었다.
　㉣ 상대적인 것의 지나친 강조로 방향을 잃고 있는 현대교육을 비판하고, 신앙·진리·가치에로 복귀하게 함으로써 정신적 확실성을 추구했다.

③ 비판
　㉠ 절대성과 항구성을 지나치게 강조하여 현대 사회에 필요한 비판정신과 비판적 사고 신장에 저해를 가져왔다.
　㉡ 절대적 원리의 강조는 민주주의의 상대적 원리에 상반되어 탐구하는 과학정신, 자유시민 육성에 위배된 교육이다.
　㉢ 지적 훈련을 강조하고 있어 엘리트 교육·귀족적 교육이 될 가능성이 있다는 비판을 받게 된다.
　㉣ 지나치게 지적 계발만을 강조하고 있어 지·덕·체·기의 전인교육에 위배된다.

Point 팁 허친스(R. M. Hutchins)
　㉠ 실험주의와 진보주의 교육에 정면으로 도전적인 이론을 전개하였다.
　㉡ '반지식 중심주의'에 대하여 비판하였다.
　㉢ 교육학의 고전이라고 인정되는 100여권을 '대저서(The Great Books)'라고 부르고, 이를 통해 지성교육을 실시하는 교육고전운동 전개하였다.

(4) 재건주의 교육철학

① 역사적 배경
　㉠ 재건주의 교육사상은 T. Brameld가 진보주의·본질주의·항존주의 교육사상의 장·단점을 종합하여 제시한 교육사상이다.
　㉡ 재건주의 교육의 핵심사상은 현 사회를 개혁하고 새로운 사회질서를 수립하는 데 교육이 선도적 역할을 해야 한다는 것이다.
　㉢ 재건주의 교육철학은 1957년 소련의 인공위성 발사사건으로 미국 교육의 근본적인 재검토와 비판과정에서 새로운 교육철학으로 각광을 받기 시작했다.

② 교육원리
　㉠ 교육의 가장 중요한 목적은 사회를 재구성하는 데 필요한 프로그램 제작에 있다.
　㉡ 새로운 사회 질서는 완전히 민주적인 것이어야 한다.

기출문제

문 다음 설명에 해당하는 교육사조는?
▶ 2025. 4. 5. 국가직

- 인간의 본성은 변하지 않는다.
- 교육의 목적은 이성의 계발이다.
- 시간과 공간을 초월하는 영원한 진리를 학습해야 한다.
- 오랜 세월에 걸쳐 축적된 고전을 읽어야 한다.

① 진보주의
② 본질주의
③ 항존주의
④ 재건주의

문 다음과 같은 특성을 가진 교육사조는?
▶ 2009. 5. 23. 경기도교육청

- 현 사회를 개혁하고 새로운 사회질서를 수립하는 데 교육이 선도적 역할을 해야 한다.
- 행동과학을 지나치게 맹신하는 데서 오는 인간 개성의 무시라는 한계가 있다.

① 재건주의
② 항존주의
③ 진보주의
④ 본질주의

|정답 ③, ①

기출문제

ⓒ 교사는 민주적 방법으로 학생을 설득시켜야 하고, 교육자들은 열심히 맡은 바 과업을 수행해야 한다.
② 학생·교육·학교는 사회적·문화적 힘에 의해 재구성되어야 한다.
⑩ 교육은 사회적 자아의 실현이다.
⑭ 교육의 수단과 목적은 행동과학에 의해 발견된 결과에 따라 재구성되어야 한다.

③ 비판
  ㉠ 미래 사회를 어떤 가치관에 의하여 세울 것인가에 대해 논증이 결여되어 있다.
  ㉡ 행동과학을 지나치게 맹신하는 데서 오는 인간 개성의 무시라는 한계가 있다.
  ㉢ 민주방식에 대한 지나친 기대를 걸고 있다.

section 4 20세기 후반의 교육철학

(1) 실존주의 교육철학

① 실존주의 교육
  ㉠ 교육원리
    • 개인의 중요성 강조 : 교육과정에서 개인적 학습자가 중심이 된다.
    • 전인교육 강조 : 진정한 의미의 인간존재에는 전인이 포함된다.
    • 인격교육 강조 : 도덕교육을 강조하며, 참교육은 인격교육이다.
    • 자아인지를 위한 교육과정 중시 : 학생의 마음을 개방시키고 자유스러운 정신을 불러일으키며 자신의 존재에 대한 이해를 촉진시켜야 한다.
    • 사회적 적합성 반대 : 독립적·창조적으로 자신의 생활을 만들어 가는 인간상을 추구한다.
    • 교육자의 정신적 자세를 중시 : 교사와 학생의 관계는 만남의 관계이며 참다운 만남을 위해 교사는 솔직·진실해야 한다.
    • 대화에 의한 교수-학습을 강조한다.
  ㉡ 교육목적 : 개인의 자유의사에 의한 선택과 판단에 의하여 자신의 생활과 운명을 결정짓고 책임을 지는 '자아실현적 인간의 형성'을 도모하는 것이다.
  ㉢ 교육과정 : 인문, 과학, 예술 등을 강조하나 불합리한 측면을 볼 수 있는 내용(종교·죽음·출생) 등도 다룸으로써 인간 실존의 문제를 탐구해야 된다고 보았다.
  ㉣ 교육방법 : 훈육적이거나 권고적이 아닌 촉진적 교육방법을 주장했다.

문 실존주의 교육철학에 대한 설명으로 옳지 않은 것은?
▶ 2022. 6. 18. 교육행정직
① '나 – 너'의 진정한 만남을 통해 인간의 본래 모습을 회복한다.
② 불안, 초조, 위기, 각성, 모험 등의 개념에 주목한다.
③ 부버(Buber), 볼르노(Bollnow) 등이 대표적인 학자이다.
④ 의도적인 사전 계획과 지속적인 훈련을 강조한다.

|정답 ④

⑩ 실존주의 교육철학 비판
- 인간의 사회적 존재양상의 측면을 객관적으로 분석하지 못했다.
- 모험이 도야를 위해 필요하다고 주장하지만 모험 그 자체의 문제와 한계점을 지니고 있다.
- 비연속적 교육행위는 한계가 있다.

② 볼노브(Bollnow)의 교육사상
㉠ 위기의 원리 : 모든 유기체의 성장에는 비연속적인 도약이 있는데, 도약을 위한 마디마디에 위기가 내포되어 있다.
㉡ 각성의 원리 : 원래 자신이 가지고 있으나 이를 인식하지 못함으로써 남으로부터 일깨움을 받는 작용이다.

Point 팁
각성의 교육적 의의
㉠ 잠재가능성을 현실화하는 일
㉡ 외부로부터 심한 자극을 가하는 일
㉢ 고통을 수반하게 하는 일
㉣ 돌발적으로 온 힘을 발동시키는 일
㉤ 마음의 전환을 일으키는 일

㉢ 만남의 원리
- '만남은 교육에 선행한다' : 진정한 교육은 너와 내가 마음과 마음으로 호흡할 때 가능하다.
- 진정한 교육의 터전은 인격적 상호작용이 이루어질 때 가능하다.
- 만남을 통해서 형성되는 것은 인식이나 지식이 아니라 신념·믿음이다.
- 만남에 의해서 자아실현이 가능하다.

③ 부버(Buber)의 교육이론
㉠ 교육사상 : 하시디즘(Hasidism)과 만남의 철학에 있다.
㉡ 교육목적 : 인간의 독자적이고 자유로운 인격의 형성과 성장을 돕는 것을 목적으로 한다.
㉢ 교육방법 : 교육은 상대방의 입장에서 생각하는 우정 형식의 대화, 즉 만남을 통해서 이루어져야 한다고 주장함으로써 교사는 학생들의 입장에서 그들의 독립성을 존중하면서 교육해야 한다.
㉣ 만남과 교육 : 만남은 참인격적 관계인 '나 – 너'의 관계로 직접적·상호적이며 근원적인 관계인데 교육현장에서의 관계도 이러해야 한다고 주장했다. 따라서 교사는 학생이 자발적으로 접근해 오도록 격려하고 학생 스스로의 생활방식을 통하여 개성을 표현하게 해야 한다고 하였다.

기출문제

문 다음과 같이 주장한 교육사상가는?
▶ 2024. 3. 23. 인사혁신처

- 인간이 세계에 대하여 갖는 두 가지 관계는 나-너의 관계와 나-그것의 관계이다.
- 나-그것의 관계에서 세계는 경험과 인식과 이용의 대상이다.
- 나-너의 관계는 직접적이고 인격적 관계이다.
- 나-너의 관계를 통해서 만남이 이루어진다.

① 부버(Buber)
② 프뢰벨(Fröbel)
③ 피터스(Peters)
④ 헤르바르트(Herbart)

정답 ①

PART 4 교육철학

기출문제

문 분석적 교육철학에 대한 설명으로 옳지 않은 것은?
▶ 2022. 4. 2. 인사혁신처

① 위대한 사상가의 교육사상이나 교육적 주장에서 교육의 목적과 방향을 찾으려 하였다.
② 전통적 교육철학에서 애매하거나 모호하게 사용되고 있는 개념의 의미를 명료화하는 데 치중하였다.
③ 교육을 과학적·논리적 방법으로 탐구함으로써 교육철학을 객관적인 체계를 갖춘 독립 학문으로 발전시키려 하였다.
④ 이차적 또는 반성적이라는 철학적 방법의 성격상 교육의 가치나 실천의 문제에 소홀한 한계를 지닌다.

|정답 ①

(2) 분석적 교육철학

① 특징
   ㉠ 교육 현상에 대한 참된 이해를 추구하였다.
   ㉡ 개념, 의미, 명제의 명석화를 추구하였다.
   ㉢ 교육이론을 객관적으로 통일시키는 데 공헌하였다.

② 교육에의 영향
   ㉠ 사고의 명확성
   ㉡ 지식의 객관성
   ㉢ 추리의 일관성과 결정성
   ㉣ 도덕적 합리성
   ㉤ 지식의 사실적 타당성과 확실성

③ 분석철학의 의의
   ㉠ 실존철학을 극복하였다.
   ㉡ 과학언어와 일상 언어의 의미를 명료화하였으며, 철학을 과학화하는 데 공헌하였다.
   ㉢ 학문의 이론적 체계와 일상적 언어를 검토함으로써 인간 및 세계에 대한 이해를 명료화하였다.

④ 한계
   ㉠ 교육의 중요한 문제인 사회철학과 가치분야의 문제를 철학적 문제로부터 제외시켰다.
   ㉡ 분석철학이 추구하는 비판이 단순히 추리력과 논리만 가지고 이루어질 수 없다는 점이다.

(3) 인간주의 교육철학

① 교육이론
   ㉠ 노작교육론(G. Kerschensteiner)
   • 페스탈로치의 "일하면서 배우고, 배우면서 일한다."는 교육방법론에 기초하여 노작교육론을 발전시켰다.
   • 노작교육이란 수공적 활동(노작)을 통해 자주적·창의적·정신적 자기활동을 환기시켜 인간교육의 터전을 마련하는 교육이다.
   • 지적 교과와 실기교과의 장벽을 무너뜨렸다.
   ㉡ 자유방임론(A. S. Neil)
   • 어린이를 구속과 억압에서 자유롭게 하자는 사상에 기초한 서머힐 학교교육이론이다.

- 어린이들의 적개심과 증오심의 원천은 구속인 바, 교육에서 자유를 최대한 존중하자는 주장이다.
- 자유를 존중한 교육으로 병든 사회, 병든 교육의 악순환의 고리를 단절시키자는 교육이론이다.

ⓒ 교육기능복권론
- 교육기능복권론은 교육의 본래 기능인 교육기능과 사회화 기능을 복원시키자는 주장이다.
- 현대 산업사회의 압력으로 인해 교육과 사회화의 조화적 기능은 후퇴하고 기능 인력을 양산하는 사회화의 기능만 부각한다.
- 인간주의 교육을 위해서 사회화에 밀려난 교육기능이 복권되어야 한다.

ⓔ 인간주의 교육이론의 공통점
- 기능적 교육관에 반대한다.
- 비인간화 현상의 극복을 주장한다.
- 자율적 인격체로서 인간을 존중한다.

② 인간주의 교육이론의 의의
 ⊙ 문명의 위기를 교육으로 대처하려는 자세를 정립하였다.
 ⓒ 현대의 학교교육에서 독주하고 있는 사회화 교육의 비리를 고발하고 있다.

③ 인간주의 교육이론의 비판점
 ⊙ 체계화하기 어렵다.
 ⓒ 적용하는 데에는 한계가 있다.

(4) 비판적 교육철학

① 배경
 ⊙ 비판적 교육철학은 기존의 모순된 자본주의 체제에서의 교육을 비판하는 데서 시작되었다.
 ⓒ 자본주의는 결국 지배 계층에 유리한 구조로 질서를 재생산하여 지식이 지배 계층의 정당성을 확보하기 위한 수단으로 작용하므로, 지배 계층에 의해 만들어진 교육과 문화는 피지배 계층에 철저히 주입되어 자유로운 사고를 억압한다.

② 교육원리
 ⊙ 모든 인간이 개개인의 삶의 주체가 되어 개성을 실현할 수 있도록 자율적이고 의식적인 인간을 육성하는 것에 목적을 두고 이상사회를 건설하는 것을 사회적 목표로 둔다.
 ⓒ 교육은 대화를 통해 사회의 문제에 대해 인식하고 비판적인 인식을 일깨워 주어야 하며 문제제기식, 토론식 수업을 통해 학습자 스스로 관심 있는 주제를 설정하여 주체적으로 사고하고 성찰할 수 있도록 하여야 한다.

기출문제

문 비판적 교육철학 또는 비판교육학(critical pedagogy)에 대한 설명으로 옳지 않은 것은?
▶ 2020. 7. 11. 인사혁신처

① 인간의 자유로운 의식의 형성을 억압하고 왜곡하는 사회적, 경제적, 정치적 제약요인들을 분석하고 비판한다.
② 하버마스(J. Habermas), 지루(H. Giroux), 프레이리(P. Freire) 등이 대표적인 학자이다.
③ 지식 획득을 포함한 인간의 모든 인식행위는 가치중립적인 것으로 간주한다.
④ 교육문제에 대해 좀 더 실제적이고 정치사회적인 관점을 취한다.

│정답 ③

PART 4 교육철학

기출문제

문 다음 내용과 관련이 있는 교육철학은?
▶ 2017. 6. 17. 교육행정직

- 프랑크푸르트 학파의 이론적 성과를 수용하였다.
- 교육 현상에 대해 규범적, 평가적, 실천적으로 접근하였다.
- 자본주의 사회의 불평등 문제와 교육의 관련성에 주목하였다.
- 인간의 의식과 지식이 사회, 정치, 경제에 의해 결정되는 것으로 보았다.

① 비판적 교육철학
② 분석적 교육철학
③ 홀리스틱 교육철학
④ 프래그머티즘 교육철학

문 포스트모더니즘 교육론의 특징으로 옳지 않은 것은?
▶ 2024. 6. 22. 교육행정직

① 획일적 교육방식에서 벗어나 교육내용과 방법의 다원화를 추구한다.
② 국가주도의 공교육 체제보다는 유연하고 다양한 교육체제를 요구한다.
③ 교육에서 다루는 지식의 가치를 절대적이고 보편적인 것으로 인식하고 있다.
④ 교육과정은 지식의 논리적 특성보다 지식의 사회문화적 특성에 근거해야 한다고 본다.

│정답 ①, ③

③ 특징
  ㉠ 교육이 처해 있는 사회 구조나 제도에 대해 의문을 제기한다.
  ㉡ 의사소통적 합리성이라는 개념을 통해 교육에서 조작이나 기만, 부당한 권력 남용 등을 극복할 수 있는 발판을 마련하였다.
  ㉢ 교육을 교육의 논리가 아니라 정치·경제·사회의 논리에 의해 해석하는 경향이 있다.

Point 팁 하버마스(Jurgen Habermas)의 의사소통적 합리성(communicative rationality)
  ㉠ 진리성(truthfulness) : 언명의 내용이 참된 것이고 조작된 정보가 아니어야 한다.
  ㉡ 정당성(legitimacy) : 화자가 기존의 규범과 가치의 관점에서 올바르고 적절한 태도로 언명을 표현해야 하며, 피화자는 이를 통해 화자의 언어행위에 정당성을 부여한다.
  ㉢ 성실성(sincerity) : 피화자가 화자를 신뢰할 수 있도록 언어를 조작하거나 속임수를 쓰고 오도하는 일이 없이 진실한 태도로 담화에 응해야 한다.
  ㉣ 이해성(comprehensibility) : 다른 참여자가 이해할 수 있는 언어로 말해야 한다.

(5) 포스트모더니즘(Postmodernism)과 교육

① 일반적 특징(목영해)
  ㉠ 주체적 자아가 해체되는 문화
  ㉡ 대중들이 유희적 행복감을 향유하는 문화
  ㉢ 탈정형화·탈정전화를 추구하는 다원론적 문화
  ㉣ 기타 : 반합리주의, 상대적 인식론

② 포스트모더니즘과 교육
  ㉠ 포스트모던 상황은 공교육의 재개념화를 요청한다.
  ㉡ 과학적 지식에 의해 소외되었던 일상생활 속에서 터득한 지식을 학교교육에 충실하게 반영해야 한다.
  ㉢ 포스트모던한 태도는 풍부한 상상력을 학습시키는 방법이 동원되어야 한다.
  ㉣ 타자성 전략을 통해 기존의 획일적 교육지배를 위한 체제와 제도를 정비해야 한다.
  ㉤ 포스트모던한 교육학은 미성숙자로서 학생들의 목소리에 주의를 기울여야 한다.

③ 포스트모더니즘 교육적 의의 … 교육에 대한 고정적이고 획일적인 사고의 틀을 벗어나라는 점을 시사한다.

④ 포스트모더니즘 비판
  ㉠ 교육의 전통적 관점과 견해를 강력히 비판하지만 대체이론을 제시하고 있지 않다.

ⓒ 문화논리 자체가 지나치게 자기파괴적·허무주의적·냉소주의적이다.
ⓒ 교육에 접목시킬 체계적·논리적 연구와 논의가 아직은 없다.
⑤ 포스트모더니즘의 교육방법
  ㉠ 열린교육방법 : 열린 지식의 습득 및 열린 자아의 다원적 전개
  ㉡ 해석적 읽기 중심의 방법에서 해체적 쓰기 중심의 방법으로 전환
  ㉢ 교사와 학생, 학생과 학생의 적극적인 대화프로그램 추진
⑥ J. A. 뱅크스의 다문화교육 … 다문화교육은 개념 혹은 아이디어, 교육개혁운동, 그리고 교육과정이라는 최소한 세 가지 내용을 포함하며, 모든 학생들이 그들의 성별이나 계급, 인종, 종족, 문화적 특징과 무관하게 학습에 있어 평등한 기회를 갖도록 하는 이념을 실천하는 교육을 말한다.

section 5 동양의 교육철학

(1) 유학

① 유학교육의 목적
  ㉠ 개인적으로는 수기(修己), 사회적으로는 치인(治人)이다.
  ㉡ 수기(修己)와 치인(治人)을 통한 수신(修身)·제가(齊家)·치국(治國)·평천하(平天下)를 이루는 것이다(仁의 실현).
  ㉢ 인(仁)을 실현하여 성인(聖人)에 이르는 것이다. 그러나 성인은 현실적으로 불가능하기에 군자(君子)를 목적으로 한다.

② 유교사상의 교육사적 의의
  ㉠ 도덕을 중심으로 한 이상국가의 실현은 현대 산업사회의 비인간화현상을 극복할 수 있는 방안을 제시하였다.
  ㉡ 입시 위주의 단편적인 교육으로 인한 개인주의, 비인간화현상을 극복할 수 있는 방안을 제시하였다.

(2) 동양의 교육사상가

① 노자(老子)
  ㉠ 교육사상의 특징은 도(道)와 무위자연(無爲自然)이다.
  ㉡ 사람이 버리고 돌아보지 않는 것, 부정하고 있는 것에 대하여 가치를 찾고 그 의의와 효용을 강조하였다.
  ㉢ 교육이 강조한 점은 자연이었으며, 일체의 허식이나 작위를 내던진 소박 그 자체였다.
  ㉣ 인격교육의 첫 번째 목표로 수양인을 항상 영아(嬰兒)로 비유하였다.

기출문제

뱅크스(Banks)의 다문화교육을 위한 교육과정 접근법에 해당하지 않는 것은?
▶ 2024. 6. 22. 교육행정직
① 기여적 접근
② 변혁적 접근
③ 동화주의적 접근
④ 의사 결정 및 사회적 행동 접근

| 정답 ③

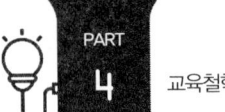

기출문제

② 공자(孔子)
  ㉠ 공자의 인간관과 교육 : 배우기를 싫어하고 가르치기를 게을리 하지 않는 일관성 있는 스승이었다.
  ㉡ 학습의 결과로 현우(賢愚)의 차이가 생기는 것으로 보았다.
  ㉢ 공자의 심성론 : 성(性)은 서로 가깝지만 버릇은 서로 멀다.
  ㉣ 교육사상 : 교육의 기회균등, 중용 중시, 온고이지신(溫故而知新), 도덕적 실천을 기초로 한 이론 강조, 조기교육, 전인교육, 인격감화의 방법, 점진적 교육, 귀납과 연역의 방법 중시
  ㉤ 교육내용
    • 시서예악(詩書禮樂) 등을 교재로 하여, 덕행, 언어, 정사, 문학으로 나누어 가르쳤다.
    • 4교를 가르쳤으니 이것은, 문(학문), 행(도덕), 충(충실), 신(믿음)이다.
    • 육예(六藝)[예(禮), 악(樂), 사(射), 어(御), 서(書), 수(數)]를 중요시하였다.
    • 육예를 통한 지덕(知德)이 겸비한 인간을 기르려고 하였다.
    • 예는 사회질서, 악은 인간정서의 순화와 관련이 있으며, 공자는 결국 전인적 인간을 양성하는 데 힘을 다했다.

③ 맹자(孟子)
  ㉠ 수위론(修爲論)을 주장하여 인간의 물욕을 누르고 선성으로 돌아갈 것을 주장하였다.
  ㉡ 수위의 적극적인 방법으로 사단(四端)의 확충을 강조하였다.
  ㉢ 교육사업을 존중하여 천하의 영재를 교육하는 것이 인생에 있어 비길 바 없는 낙(樂)이라고 하였다.
  ㉣ 덕육 중심의 인격주의에 입각하고 있다.

④ 주희(朱熹)
  ㉠ 당대로부터 내려오는 과거제의 폐단을 비판한 문교개혁론자이다.
  ㉡ 누구든지 정욕을 바르게 이끌기만 하면 도심은 반드시 발휘될 수 있다는 기질변화설을 주장하였으며, 이는 교육가능설, 교육만능설과 일치한다.
  ㉢ 수위의 2대 강령으로 거경(居敬)과 궁리(窮理)를 주장하였으며, 특히 궁리를 중요시하였다. 궁리란 널리 사물의 이(理)를 추구하여 지식을 넓히는 것으로 지식 교수를 중시한 것이다.

단원평가 교육철학

1 진보주의 교육사상에 대한 설명으로 옳지 않은 것은?

① 학교와 교사는 민주적이어야 한다.
② 교육은 학습자의 흥미와 필요를 기초로 이루어져야 한다.
③ 교육내용으로서 지식보다는 학습자의 경험이 보다 중요하다.
④ 지식은 실생활의 문제를 해결하는 데 필요하기보다는 그 자체로서 중요하다.

④ 교육은 경험개조를 통한 성장과정으로, 교육은 오히려 생활 그 자체이다. 생활 속의 문제를 교육내용으로 하여 생활중심교육을 강조했다.

2 다음 내용에 공통적으로 영향을 끼친 현대철학 사조는?

- 특정 사회의 정치·경제 구조가 교육에 미치는 영향에 관한 분석
- 교육에서 발생하는 억압 관계와 인간 소외 문제를 개선하는 방안 마련
- 교육의 과정에서 왜곡된 의사소통을 합리적인 의사소통으로 전환시키려는 시도
- 교육이념의 사회적 발생 조건을 학문적으로 밝히고 그 잘못된 영향을 드러내려는 시도

① 생태주의 ② 분석철학
③ 비판이론 ④ 현상학

② 비판이론은 프랑크푸르트(Frankfurt) 학파의 학자들이 중심이 되어 전개한 사회적 변혁과 해방에 관한 이론이다.

Answer 1.④ 2.③

3 '위대한 저서 읽기 프로그램(The great books program)'을 주창하여 자유로운 교양인이 되기 위해서는 인류의 위대한 성취인 양서를 많이 읽어야 한다는 것을 사회운동화 시킨 교육학자는?

① 듀이
② 허친스
③ 루소
④ 아리스토텔레스

② 반지식 중심주의에 대해 비판하였으며, 'The Great Books'를 통해 지성교육을 실시하는 교육고전운동을 전개하였다. 실천함으로써 이루어져야 한다.

4 교육사상가 중 아리스토텔레스, 헤르바르트, 코메니우스, 로크 등이 공통점을 보이는 교육철학은?

① 관념론
② 실재주의
③ 본질주의
④ 실용주의

실재주의 교육철학은 Aristoteies → Aquinas, Comenius, Locke, Herbart → Thorndike, Judd, Spranger, Krieck, Kerschensteiner로 이어졌다.

※ 실재주의 교육철학
㉠ 교육원리
- 교육목적 : 사물에 대한 감각능력을 기르고 사물에 내재하는 자연의 법칙을 탐구하는 지적 능력을 성숙시키는 것을 교육목적으로 여겼다.
- 교육내용 : 고전보다는 현대어를 중시하고, 언어주의에서 탈피하여 사물중심을 강조했다. 교과목으로는 수학, 자연과학, 사회과학, 인간학 등을 중요시하였다.
- 교육방법 : 과학적 방법, 즉 관찰과 실험을 중시하였으며 교사가 주도권을 갖되 아동의 흥미와 지적 호기심을 만족시킬 수 있는 방법을 사용하여야 한다고 주장하였다.
- 교육과정 : 교육과정이 전문가에 의해 구성되는 것과, 과목 간의 통합을 강조하였다.
- 지적 교육 중시 : 합리적 사고의 기본적인 규범, 도구, 원리에 익숙해질 것을 강조하여 지적 교육을 중시하였다.
㉡ 한계 : 보수적·전통적 지식을 전달, 개인차의 무시, 변화의 불수용, 교사중심의 교육, 주입식 교육의 강조 등의 한계가 있다.

5 다음 중 실용주의 교육철학에 대한 내용으로 옳지 않은 것은?

① 경험과 변화가 실재의 본질이라고 믿기 때문에 교육의 목적과 수단도 항상 변화한다.
② 학교에서 가르치는 가치는 인간의 복리를 증진시키는 데 우선을 두어야 하며, 학교의 교재는 아동이 당면하고 사회가 해결해야 할 문제와 직접적인 관련이 있어야 한다.
③ 교육과정은 아동에 의해서가 아니라 전문가에 의해서 짜여야 한다.
④ 학습은 문자에 의한 학습이 아니라 실제로 실천함으로써 이루어져야 한다.

③ 실재주의 교육철학에 대한 내용이다.

6 다음은 교육철학의 어떤 기능에 대한 설명인가?

- 이론적, 일상적 언어의 의미와 논리적 근거를 명백히 하는 기능이다.
- 교육에 관한 논의에 사용되는 개념들을 명료화한다.

① 분석적 기능
② 사변적 기능
③ 평가적 기능
④ 종합적 기능

분석적 기능
㉠ 개념이나 술어 또는 명제의 애매성을 제거하고 모호성을 감소시켜 그 의미를 명백히 하며, 진술에 있어 동어의 반복이나 모순을 밝혀 이들의 관계가 인과적 관계인가 논리적 관계인가를 명백히 밝히는 것이다.
㉡ 교육이론이나 교육적 사고 또는 교육의 실천 장면에서 사용되는 제반 개념이나 술어 또는 명제들의 애매모호성을 감소·제거시켜 그 의미를 명료하게 하고 기계적인 동의어의 반복이나 논리적 모순을 가려내어 언어의 명료성을 높이는 것이다.

7 다음 중 항존주의 교육이론과 관련된 도서는?

① 민주주의와 교육
② 위대한 저서 100선
③ 세계도회
④ 에밀

항존주의 교육이론에서는 지성의 계발은 영원한 불변의 진리를 통해서 가능하고,「위대한 저서100선」을 권장한다.

Answer 3.② 4.② 5.③ 6.① 7.②

단원평가

8 자연주의 교육철학에 대한 내용으로 옳지 않은 것은?

① 교육목적은 인간의 내적 가능성을 믿고 이를 조장·계발시키는 것이다.
② 교사는 안내자로서의 역할을 해야 한다.
③ 아동의 자연적 성장유형이 교육의 내용과 방법을 결정해야 한다는 준비성의 개념이 도입되었다.
④ 교수방법은 학생에게 의문이 생길 때 그것을 스스로 풀려는 마음이 생기도록 해야 한다.

④ 이상주의(관념론) 교육철학에 대한 내용이다.

9 다음 중 교육철학의 사변적 기능에 대한 설명은?

① 어떤 기준이나 준거에 비추어 만족도를 밝히는 기능이다.
② 교육에 관한 현상이나 과정을 전체로 파악하고 여러 부분과 차원을 종합적으로 이해하는 기능이다.
③ 문제해결을 위해 사고하는 정신적인 기능이다.
④ 이론적, 일상적 언어의 의미와 논리적 근거를 명백히 하는 기능이다.

① 평가적 기능 ② 통합적 기능 ④ 분석적 기능
※ 교육철학의 사변적 기능
 ㉠ 교육의 이론적·실천적 문제해결을 위한 새로운 아이디어와 대안을 제공하는 기능
 ㉡ 교육의 과정에서 추구해야 할 새로운 가치를 제안하고 문제해결에 대한 새로운 방향을 모색하는 일을 통해 교육발전을 가능하게 함

10 실재주의 교육철학에 대한 설명으로 옳은 것은?

① 교사의 주도권을 중시하되 아동의 흥미와 지적 호기심을 만족시키는 방법을 사용하였다.
② 교육과정은 책과 교과 이상의 직접적 체험을 포함하도록 해야 한다.
③ 초보적인 학문의 과정(3R's)과 자연과학적·실용적 지식, 국어교육을 중시하였다.
④ 아동의 발달단계에 따른 교육이 이루어졌다.

② 이상주의 교육철학에 대한 내용이며, 실재주의 교육철학에서는 교과서 중심의 교육보다 사물 그 자체에 대한 관찰과 실험 중심의 실험실교육을 강조한다.
③ 자연주의 교육철학에 대한 내용이며, 실재주의 교육철학에서는 현대어·자연과학 등에 눈을 돌리는 실학주의 교육을 중시하였다.
④ 자연주의 교육철학에 대한 내용이며, 실재주의 교육철학에서는 교사 중심의 교육으로 주입식 교육이 이루어졌다.

11 다음과 같은 비판을 받고 있는 교육관과 관계가 깊은 학자들로 구성된 것은?

- 가장 기본적인 가치와 지식을 철저히 가르쳐야 했는데 소홀히 했다.
- 가치와 지식 중에는 영원불변한 것도 있는데 이를 무시했다.
- 사회는 자신이 지닌 모순으로 퇴보·전락할 수 있는데 지나치게 낙관적으로 보았으며, 이로 인해 급격하게 변화하는 사회에 능동적으로 대처할 수 없었다.

① Peirce, James, Dewey
② Kant, Hegel, Horne
③ Spencer, Pestalozzi, Dewey
④ Moore, Russel, Whitehead

제시된 내용은 실용주의 교육철학에 대한 비판으로, 퍼스(C. H. Peirce)에 의해 논리학 사상과 제임스(W. James)의 심리학연구에 의해 개척되었으며, 듀이(J. Dewey)에 의해 철학사상으로 집대성 되었다.

12 다음에서 설명하는 교육철학은?

- 20세기 초에 미국에서 형성되기 시작하여 1930년대에 절정을 이루었으며 1950년대 말에 쇠퇴하기 시작하였다.
- 서적 중심·교사중심의 교육에서 경험중심·아동중심의 교육으로 전환하였다.
- 대표적 학자는 존 듀이(J. Dewey)이다.

① 진보주의 교육철학 ② 항존주의 교육철학
③ 본질주의 교육철학 ④ 재건주의 교육철학

진보주의 교육철학은 20세기 초 전통적 교육의 권위에 도전하여 등장한 것으로 실용주의 철학에 근거를 둔 교육철학이다.

Answer 8.④ 9.③ 10.① 11.① 12.①

13 실용주의 교육철학의 교육원리에 해당하지 않는 것은?

① 교육의 사회성
② 교육의 불변성
③ 교육의 성장성
④ 아동의 흥미

실용주의 교육철학의 교육원리
㉠ 교육의 사회성
  • 교육은 생명을 사회적으로 지속시키는 일이다.
  • 학교가 지역사회와 생활의 중심이 되어야 한다.
  • 생활은 곧 사회적 생활이 되어야 한다.
㉡ 교육의 성장성
  • 아동은 수용력과 잠재적 능력을 가진 발전적 성장체이다.
  • 교육은 아동의 수용력과 잠재적 능력이 발현될 수 있도록 활동무대를 그들의 생활 속에 마련해 주어야 한다.
㉢ 교육목적의 유연성
  • 교육의 목적은 고정되어서는 안 되고 밖으로부터 주어져서도 안 된다.
  • 교육의 목적은 내재적 능력을 토대로 아동들과 협동적으로 수립되어야 한다.
㉣ 교육의 경험조성성 : 교육과정(process)은 계속적인 경험의 재구성과정이다.
㉤ 행동에 의한 학습
  • 교육은 행동을 통한 학습을 전제로 해야 한다.
  • 학습은 행동에 의해(learning by doing) 이루어져야 한다.
㉥ 아동의 흥미
  • 모든 경험과 활동은 아동의 흥미를 중심으로 이루어져야 한다.
  • 흥미와 노력은 서로 상용되는 것으로, 흥미가 있으면 노력하게 된다.

14 다음 중 본질주의 교육철학을 주장한 교육사상가는?

① 존 듀이(J. Dewey)
② 베글리(W. C. Bagley)
③ 허친스(R. M. Hutchins)
④ 브라멜드(Brameld)

본질주의 교육철학은 진보주의 한계를 보완·극복하기 위해 1930년대에 시작된 교육운동이다. 문화를 구성하는 가장 본질적인 것들을 교육을 통해 계승하며 역사를 진전시키는 원동력을 길러내자는 교육철학으로 대표자인 베글리, 모리슨, 호온, 브리그스 등은 진보주의 교육이 지나치게 아동중심주의를 강조한 나머지 사회적 전통을 경시하는 경향을 비판하고 이를 시정하고자 하였다.
① 진보주의 교육철학 ③ 항존주의 교육철학 ④ 재건주의 교육철학

15 다음 중 진보주의 교육이론에 포함되지 않는 것은?

① 교사는 권위의 표상으로서가 아니라 인내자·자극자·충고자로서의 역할을 해야 한다.
② 교육은 활동적이어야 하며, 학생의 흥미와 관련되어 있어야 한다.
③ 교육은 장래의 생활 준비이므로 교양교육을 강화해야 한다.
④ 아동의 발달은 인간 전체적 발달에 목적을 둔다.

진보주의 교육이론(G. H. Keneller)
㉠ 교육은 활동적이어야 하며, 학생의 흥미와 관련되어 있어야 한다.
㉡ 아동의 경험은 특정한 문제상황하에서 얻어졌을 때 가장 효율적으로 사용할 수 있다.
㉢ 교육은 장래의 생활준비가 아니라 생활 그 자체이어야 한다.
㉣ 교사는 권위의 표상으로서가 아니라 안내자·자극자·충고자로서의 역할을 해야 한다.
㉤ 교사는 경쟁보다 협동을 장려해야 한다.
㉥ 민주주의만이 사상과 인격의 자유로운 상호작용을 허용해주는 체제이다.

16 다음 중 진보주의 교육철학에 대한 내용으로 옳지 않은 것은?

① 교육의 방법상의 원리로서 아동의 흥미 존중, 행함에 의한 학습, 아동의 개인차 고려를 강조하고 있다.
② 사회적 적응만을 중요시한 결과 사회의 문화적 전통을 경시하였다.
③ 교육을 생활이며 성장이고, 경험의 개조이자 사회적 과정이라고 보았다.
④ 교육의 목적이나 수단은 행동과학의 발견결과와 일치하여야 되며, 현재의 문화적 위기에서 오는 요구에 부합되도록 재조직되어야 한다.

④ 재건주의 교육철학에 대한 내용이다.

Answer 13.② 14.② 15.③ 16.④

17 다음 중 본질주의 교육이론에 대한 설명으로 옳지 않은 것은?

① 교육에서의 주도권은 아동·학생에게 있다.
② 교사의 역할은 성인세계와 아동세계 사이의 중개자이다.
③ 교육과정은 인류의 문화재 가운데서 현재 생활에 필요한 내용으로 구성해야 한다.
④ 학습은 강한 훈련을 수반해야 한다.

> ① 본질주의 교육이론에서는 교육에서의 주도권은 아동·학생에게 있는 것이 아니고 교사에게 있다고 한다.

18 진보주의와 본질주의를 바르게 비교한 것은?

	진보주의	본질주의
①	교사의 자발성	아동의 자발성
②	아동의 활동(경험)	교과의 모든 교재(원리)
③	훈련	자유
④	장래의 목적	직접적 목적

> 진보주의 교육사상과 본질주의 교육사상

구분	진보주의 교육사상	본질주의 교육사상
교육목적	• 전인의 양성 • 직접적 목적(현재생활에의 충실)	• 문화유산의 보존과 전달 • 장래생활의 준비
교육내용	• 개인적 경험 • 학생의 활동(경험)	• 민족적 경험(문화유산) • 교과 또는 교재
교육내용의 조직방법	심리적 조직방법	논리적 조직방법
교육방법	• 학생의 흥미 강조 • 학생의 자유 강조 • 학생의 자발성 강조 • 학생의 협동 강조	• 학생의 노력 강조 • 학생의 훈련 강조 • 교사의 주도성 강조 • 학생의 경쟁 강조

19 다음 중 항존주의 교육철학의 목적이 아닌 것은?

① 참다운 인간성의 회복
② 미래생활의 준비
③ 사회적 자아실현
④ 자유로운 지성 계발·도야

③ 재건주의 교육철학 사상가인 브라멜드는 교육목적으로 사회적 자아실현을 제시하였다. 이것은 정약용의 수기위천하인(修己爲天下人)과 유사하다.
※ 항존주의 교육철학의 목적 … 진리에 인간을 적응시키는 것이다. 참다운 인간성의 회복이며, 이는 인간의 자유로운 지성의 계발과 도야에 의해서 가능하다. 교육이란 생활을 그대로 복사하는 것이 아니라 미래의 생활을 위해서 준비하는 것이다.

20 진보주의·본질주의·항존주의 교육철학의 장점과 단점을 종합하여 제시한 교육철학은?

① 실용주의
② 실존주의
③ 재건주의
④ 포스트모더니즘

재건주의는 현 사회를 개혁하고 새로운 사회질서를 수립하는 데 교육이 선도적 역할을 해야 함을 주장한다. 이것은 진보주의·본질주의·항존주의 교육사상의 장점과 단점을 종합하여 제시한 교육사상이다.

21 다음 중 항존주의에 대한 비판은?

① 지나치게 지적 계발만을 강조하고 있어 지·덕·체·기의 전인교육에 위배된다.
② 자연과학을 중시하고 사회과학을 경시하였다.
③ 자유를 지나치게 강조하여 방종하는 불량아를 많이 배출했다.
④ 일차적인 중요 지식을 충분히 학습하지 못했다.

항존주의 철학의 비판점
㉠ 절대성과 항구성을 지나치게 강조하여 현대 사회에 필요한 비판정신과 비판적 사고 신장에 저해를 가져왔다.
㉡ 지적 훈련을 강조하고 있어 엘리트 교육, 귀족적 교육이 될 수 있다.
㉢ 절대적 원리를 강조함으로써 민주주의의 다원주의에 상반되어 탐구하는 과학정신, 자유시민 육성에 위배된 교육이다.
㉣ 지나치게 지적 계발시간을 강조하고 있어 지·덕·체·기의 전인교육에 위배된다.

Answer 17.① 18.② 19.③ 20.③ 21.①

단원평가

22 다음 중 인간주의 교육이론의 공통점이 아닌 것은?

① 기능적 교육관에 반대한다.
② 비인간화 현상의 극복을 주장한다.
③ 언어를 인간 행위의 가장 핵심적인 것으로 강조한다.
④ 자율적 인격체로서 인간을 존중한다.

언어를 인간행위의 가장 핵심적인 것으로 강조하는 것은 포스트모더니즘이다. 포스트모더니즘은 또한 추상적 체계성과 총체성을 거부하고 인간의 주체나 개별적 자아에 대해 회의를 가진다. 각 집단의 사회문화적 배경과 전통을 중시한다.

23 다음 중 실존주의 교육사상에 대한 설명으로 옳은 것은?

① 주체적 자각과 결단, 그리고 실천하는 전인적 인간 육성의 교육을 강조한다.
② 현 사회를 개혁하고 새로운 사회질서를 수립하는 데 교육의 역할을 강조한다.
③ 보편적이고 불변하는 진리를 배우며 미래의 생활을 준비하는 교육을 강조한다.
④ "일하면서 배우고 배우면서 일한다."는 교육방법론에 기초한다.

② 재건주의 교육철학 ③ 항존주의 교육철학 ④ 노작교육론
※ 실존주의 교육사상
  ㉠ 교육에 있어 개인의 중요성을 강조한다.
  ㉡ 개인의 개성을 존중하여 사회적 규범·규칙에 적합하여 만드는 일체의 교육을 부정한다.
  ㉢ 주체적 자각과 결단, 그리고 실천하는 전인적 인간육성의 교육을 강조한다(사회화 교육 부정).
  ㉣ 인격교육을 강조한다.
  ㉤ 자아인지를 위한 교육과정을 강조한다.

24 다음의 내용과 관계되는 실존주의 철학의 요소는?

> • 진정한 교육은 인격적 상호작용의 터전 위에 이루어진다.
> • 이것을 통해서 형성되는 것은 인식이나 지식이 아니라 신념·믿음이다.
> • 인간과의 관계가 없는 세계는 의미가 없다.

① 위기　　　　　　　　　　② 각성
③ 만남　　　　　　　　　　④ 세계관

볼노브(O. F. Bollnow)는 "만남은 교육에 선행한다."고 하였다. 진정한 교육의 터전은 인격적 상호작용이 이루어질 때 가능하다. 만남을 통해서 형성되는 것은 신념이며 믿음이다. 따라서 만남에 의해 자아실현이 가능하므로 교사는 교육을 통해서 학생에게 만남이 일어날 수 있는 준비를 시켜 주어야 한다.

25 다음 중 인간주의 교육철학의 유형이 아닌 것은?

① Hutchins의 고전독서교육론　　　② Neil의 자유방임교육론
③ Freire의 의식화 교육론　　　　　④ Harbermas의 비판이론교육론

인간주의 교육의 유형
㉠ G. Kerschensteiner의 노작교육론 : 정신적 활동과 육체적 활동의 통일을 강조한 이론이다.
㉡ R. M. Hutchins의 고전독서교육론 : 고전 읽기를 통해 내면적 세계의 풍요를 강조한 이론이다.
㉢ A. S. Neil의 자유방임교육론 : 구속과 억압에서 벗어나 자유로운 교육을 강조한 이론이다.
㉣ K. Lietz의 전원학사교육론 : 농촌의 자연스럽고 아름다운 환경에서 일하면서 배우게 하자는 사상이다.
㉤ P. Freire의 의식화 교육론 : 억압된 사회를 역사의식의 계발로 개혁해 나갈 주인의식을 함양하자는 사상이다.
㉥ H. Obara의 전인학사교육론 : 노작·신앙·협동생활을 통한 문화인격을 계발하자는 이론이다.

Answer　22.③　23.①　24.③　25.④

교육과정

01 교육과정의 개념
02 교육과정의 구성요소
03 교육과정의 구성절차
04 교육과정의 유형
05 타일러(Tyler) 합리적 모형
06 우리나라의 교육과정

05 교육과정

section 1 교육과정의 개념

(1) 정의

교육과정은 교육의 내용을 의미하는 것으로, 교육목적을 달성하기 위하여 선택한 문화재 또는 생활경험을 교육적인 관심에서 편성하고 이들 학습이 언제, 어디서, 어떻게 행하여질 것인가를 종합적으로 묶는 교육의 전체 계획이라 할 수 있다.

(2) 교육과정 유형에 따른 정의

① 교수요목으로서의 교육과정
  ㉠ 형식적인 학교교육이 시작된 중세에서부터 1920년대 이전까지의 전통적 교과중심 교육과정이다.
  ㉡ 교육과정은 교수요목을 의미하였다. 즉, 학생의 입장에서는 '학습해 나갈 과정'이고, 교사의 입장에서는 '교수내용'의 체계로 간주한다.

② 학교의 지도하에 갖게 되는 경험으로서의 교육과정
  ㉠ 1930년대 이후 진보주의 교육사상에 기초한 경험중심 교육과정이다.
  ㉡ 교육과정이란 학교의 계획과 지도하에서 학생들이 가지게 되는 모든 경험이다.

③ 학습의 결과로서의 교육과정
  ㉠ 1960~1970년대까지의 학문중심 교육과정이다.
  ㉡ 교육과정이란 일련의 의도적으로 구조화된 학습의 결과이며, 구체화되고 조직화된 지식구조의 탐구과정이다.

④ 전인교육의 실천계획으로서의 교육과정
  ㉠ 1980년대의 인간중심 교육과정이다.
  ㉡ 교육과정이란 학생들이 학교생활을 하는 동안에 가지게 되는 경험의 총체로 간주한다.
  ㉢ 인간중심 교육과정에서는 표면적 교육과정 못지않게 학교가 의도하지 않았지만 학생들에게 질적인 영향을 미치는 잠재적 교육과정을 강조한다.

⑤ 초·중등교육법에 명시된 교육과정의 정의 … 학교교육에 있어서 학생들에게 어떤 교육목표를 어떠한 내용과 방법을 통하여 성취시킬 것인가를 국가수준에서 정해놓은 공통적 기준을 말한다.

(3) 내용중심의 교육과정과 과정중심의 교육과정

① **내용중심의 교육과정** … 교육과정에 조합된 내용에 관심을 가지며, 교과중심, 교육과정, 학문중심 교육과정이 해당한다.

② **과정중심의 교육과정** … 전반적인 과정과 교육과정 전개의 합리적 절차 개발에 관심을 가지며 경험중심 교육과정이 해당한다.

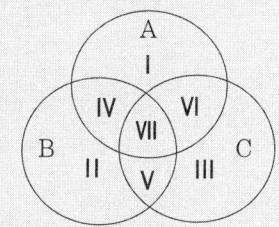

세 수준 교육과정의 관련성(김종서)

A : 국가 및 사회적 수준 B : 교사 수준 C : 학생 수준

① **영역 I** … 국가 및 사회적 수준에서 학생들에게 가르치기 원하나 교사가 가르친 바 없고 학생도 배우지 않은 상태이다.
② **영역 II** … 국가에서 가르치려고 의도한 바 없으나 교사가 중요하게 여겨 가르쳤고 학생들은 학습하지 않았다(영 교육과정 중 선택성).
③ **영역 III** … 국가나 교사가 가르치려고 하지 않았는데, 학생들이 학교생활을 하는 중에 학습한 경험으로 잠재적 교육과정이다.
④ **영역 IV** … 국가나 교사가 가르치려고 의도하고 가르쳤지만 학생은 학습하지 않았다.
⑤ **영역 V** … 국가에서는 의도한 바 없으나 교사가 중요하게 여겨 가르쳤고 학생들도 학습하였다.
⑥ **영역 VI** … 국가에서는 의도하였으나 교사들은 이를 가르치지 않았다. 그러나 학생들이 교사의 가르침 없이 배웠다.
⑦ **영역 VII** … 국가에서 의도한 것을 교사가 가르쳤고 학생들도 학습한 가장 이상적인 상태이다.

section 2 교육과정의 구성요소

(1) 교육과정의 구성요소

① **모형**
  ㉠ **타일러(R. W. Tyler)의 합리적 모형** : 교육목표의 설정, 학습경험의 선정, 학습경험의 조직, 평가 등의 구성요소로 들고 있다.
  ㉡ **타바(Taba)의 모형** : 교육목적 및 목표, 교육내용의 선정과 조직, 학습과 교수의 형태, 평가를 구성요소로 보고 있다.

기출문제

문 타일러(R. Tyler)의 교육과정모형을 잘못 설명한 것은?
▶ 2010. 4. 24. 경상북도교육청

① 교육과정 요소 중 목표를 가장 강조한다는 점에서 목표우위모형이다.
② 단원개발에서 출발하여 교과구성으로 진행된다는 점에서 귀납적 모형이다.
③ 목표에서 평가로 진행하는 일정한 방향을 가진다는 점에서 직선적 모형이다.
④ 교육과정 개발자들이 당위적으로 따라야 할 절차를 제시한다는 점에서 처방적 모형이다.
⑤ 교육문제에 관심을 가지는 모든 사람들이 타당하게 활용할 수 있다는 점에서 합리적 모형이다.

정답 ②

기출문제

② 교육과정의 일반적 구성요소
　㉠ 교육목표 : 교육을 통해 달성하고자 하는 행동상의 변화이다.
　㉡ 학습경험의 선정과 조직 : 교육목표 달성에 필요한 학습경험의 선택과 조직의 과정이다.
　㉢ 학습경험의 과정 : 교육과정의 정점으로서 실제 학생들이 갖게 되는 학습 및 행동과정이다.
　㉣ 평가 : 교육목표의 성취도를 검증하는 과정이다.

(2) 교육과정 구성요소의 상호관계

① 순환적 일관성의 관계 … 교육목표에 근거해서 교육내용이 결정되며, 내용에 따라 학습경험이 이루어지고 학습결과는 교육목표에 근거하여 평가되며, 평가는 다시 목표설정에 영향을 미치게 된다.

② 상호작용적 관계
　㉠ 교육목표와 타 요소 : 교육내용은 교육목표 설정을 위한 중요한 기초자원의 역할을 하며 교수-학습과정은 교육목표의 타당성을 검증해 줄 준거의 역할을 하고, 평가에서 얻어진 정보는 목표설정의 자료가 된다.
　㉡ 내용과 타 요소 : 학습경험과정을 지배하는 법칙과 조건을 충분히 고려해야 효과적인 내용결정이 가능해진다.

section 3 교육과정의 구성절차

(1) 교육목표의 설정

① 교육목표의 기능
　㉠ 교육목표는 바람직한 성장이 이루어져갈 방향을 규명한다.
　㉡ 학습경험 선정과 학습지도방법을 채택하기 위한 근거를 제시한다.
　㉢ 학생들의 학습을 촉진시키는 기능을 한다(동기유발).
　㉣ 학습성취도 평가를 위한 근거를 마련한다.
　㉤ 교육활동의 통제기능을 한다.

② 교육목표 진술의 일반적 원칙
　㉠ 구체성 : 구체적이고 명확한 행동적 용어로 진술해야 한다.
　㉡ 포괄성 : 보다 폭넓은 행동 특성의 변화를 충분하게 포함할 수 있도록 포괄적이어야 한다.
　㉢ 일관성 : 진술된 목표는 철학적 통일성·일관성이 있어야 한다.

ⓔ 주체에의 내면화 : 모든 교직원들의 교육행위 속에 내면화되어야 한다.
ⓜ 가변성 : 교육목표의 타당성이 항상 비판되고 필요에 따라 변경될 수 있어야 한다.
ⓗ 실현가능성 : 교육활동을 통하여 실현이 가능해야 한다.

(2) 교육내용의 선정

① 교육내용 선정의 일반 원칙
- ㉠ 기회의 원칙 : 교육내용은 교육목표 달성에 직결되는 학습경험을 학생들에게 실제적인 기회를 제공해야 한다(교육목표와의 일관성).
- ㉡ 만족의 원칙 : 학습경험의 과정에서 학생들이 만족감을 얻을 수 있는 경험이어야 한다.
- ㉢ 동기유발의 원칙(흥미의 원칙) : 학습자에게 흥미와 동기 그리고 자극을 유발할 수 있는 것이어야 한다는 원칙으로 학습자의 내부적 욕구와 목적의식에 합당한 것으로 선정해야 한다.
- ㉣ 가능성의 원칙(지도가능성) : 학교의 시설·설비 및 학생들의 능력을 검토하여 실천 가능한 경험을 설정하도록 해야 한다.
- ㉤ 동경험 다성과의 원칙 : 한 가지 학습경험으로 여러 가지 교육목적을 동시에 달성할 수 있는 경험이어야 한다.
- ㉥ 동목표 다경험의 원칙 : 같은 목표를 가지고 여러 가지 학습경험을 할 수 있는 경험이어야 한다.
- ㉦ 기본개념의 중시(전이가능성의 원칙) : 폭발적 지식 증가에 대처하기 위한 전이가 높은 지식의 구조, 기본 개념, 일반 원리를 고려해야 한다.
- ㉧ 지역성에 대한 고려 : 교사들에게 융통성을 부여하여 그 지역사회에 알맞은 교육과정을 계획하도록 해야 한다.

② 교육내용의 선택기준
- ㉠ 목표의 달성 가능 : 설정된 교육목표를 달성시킬 수 있는 것이어야 한다.
- ㉡ 사회성과 시대성(객관적 기준) : 사회성과 시대성에 맞는, 가치 있고 역동적인 것이어야 한다.
- ㉢ 학생의 발달단계(주관적 기준) : 아동의 흥미·필요·능력 등의 발달단계에 맞아야 한다.
- ㉣ 최저요구기준 : 학습경험의 양은 최저 요구수준이어야 한다.

기출문제

PART 5 교육과정

기출문제

문 다음에서 설명하는 교육내용의 조직 원리는?
▶ 2022. 6. 18. 교육행정직

- 학습내용과 경험의 여러 요소는 그 깊이와 너비가 점진적으로 증가되도록 조직된다.
- 예를 들어 단순한 내용에서 복잡한 내용으로, 친숙한 내용에서 친숙하지 않은 내용으로, 선수학습에 기초해서 다음 내용으로, 사건의 역사적 발생의 순서대로, 구체적인 개념에서 추상적인 개념으로 내용을 조직할 수 있다.

① 적절성
② 스코프
③ 통합성
④ 계열성

│정답 ④

---

③ 교육내용 설계모형

㉠ 학문·교과중심 교육내용 설계모형
- 학문이 교과를 구성하는 요인이 되는 설계모형이다.
- 학문들 속의 지식, 가치, 기능들을 습득하는 데 효과적이다.

㉡ 사회중심 교육내용 설계모형 : 사회의 유지와 개선을 목적으로 사회적 요구를 분석하여 교육과정을 설계하는 모형이다.

㉢ 학습자중심 교육내용 설계모형 : 학습자의 흥미, 관심을 중심으로 교육내용을 설계하는 모형이다.

(3) 교육내용의 조직

① 의의 … 선정된 내용을 어떻게 종적·횡적으로 관련시켜 체계를 잡느냐의 문제이다.

② 교육내용 조직의 원리

㉠ 계속성의 원리
- 선정된 내용 및 학습경험의 조직에 있어 종적 관계를 표시해야 한다.
- 일정기간 동안 교육내용 및 학습경험이 계속 반복되도록 조직한다.

㉡ 계열성의 원리
- 의미
  - 교육내용의 종적 조직과 관계된 것으로 교육내용을 나선형이 되도록 조직한다.
  - 선행학습내용에 기초하여 다음의 교육내용이 전개되어 점차적으로 깊이와 넓이를 더해 가도록 조직하라는 원리이다.
  - 교육내용의 전후관계와 관련이 있다.

Point 팁 계속성은 동일내용의 반복적 학습을 의미하고, 계열성은 수준을 높인 동일내용의 반복 학습이다.

- 교육내용의 계열화 방법
  - 연대순의 방법 : 교육내용의 시간의 흐름에 따라 배열하는 것을 말한다.
  - 주제별 방법 : 단원들이 상호독립적일 때 사용한다.
  - 단순에서 복잡하게 배열하는 방법이 있다.
  - 전체에서 부분으로 배열하는 방법이 있다.
  - 논리적 선행요건의 방법이 있다.
  - 추상성 증가의 방법이 있다.

㉢ 통합성의 원리
- 교육내용의 횡적 조직에 관계된 것으로 학습경험의 강화와 반복을 의미한다.
- 여러 영역에서 학습하는 내용들이 학습과정에서 서로 연결되고 통합되어 의미 있는 학습이 되도록 조직한다.

- 수학에서 배운 비율의 개념을 사회과의 축척과 관련지어 조직하는 것이 있다.
ⓒ 균형성의 원리
- 여러 학습경험들 사이에 균형이 유지되어야 한다.
- 교육내용 조직에 있어 일반교양교육과 전문·특수·직업교육이 각 급 학교의 기능과 목적에 따라 균형을 이루어야 한다.
- 학습경험의 횡적 조직의 기본원리 중의 하나이다.
ⓓ 다양성의 원리 : 학생의 특수한 요구·흥미·능력이 충분히 반영될 수 있도록 다양하고 융통성 있는 경험을 할 수 있도록 조직하는 것을 말한다.
ⓔ 건전성의 원리(보편성의 원리) : 건전한 민주시민으로 갖추어야 할 공통의 가치관, 이해, 태도, 기능을 함양시킬 수 있도록 조직해야 한다.

(4) 교수-학습의 과정(단원과 구성의 전개)

① 단원계획의 구성절차
㉠ 단원의 목표설정 : 교과목표를 세분화하여 세운다.
㉡ 학습과제분석 : 교수하여야 할 최소의 기본학습단위를 찾아내고 기본단위의 상호관련성과 위계적 관계를 밝힌다.
㉢ 전개계획 : 교사 및 학생활동, 집단조직, 학습매체의 활용, 시간계획, 잠재적 교육과정에 대한 고려가 필요하다.
㉣ 평가계획 : 단원전개 전·중·후에 따라 평가가 이루어질 수 있도록 면밀한 계획을 세워야 한다.

② 단원의 전개(수업자동과정)
㉠ 도입 : 학생이 주체적·자발적으로 참여하도록 흥미를 유발시키고 학습의욕을 고무시키는 단계로 교육목표의 명확한 인지를 시켜야 한다.
㉡ 계획 : 문제해결 계획을 세우는 단계로 단원의 목표를 확인하고 문제해결을 위한 학습계획을 세워야 한다.
㉢ 전개 : 학생과 교사의 학습활동이 전개되는 단계이다.
㉣ 정리(완결) : 학습 성과의 정리와 개관의 단계로 개개학습을 결합하고 조직하여 전체로서 정리하고 확인학습을 실시한다.
㉤ 평가 : 학습결과에 대한 평가를 하는 단계로 학습목표의 발전도를 알아보아 교사자신의 평가도 하며 여기에서 얻어진 자료를 다시 환원해서 개선하고 보완한다.

기출문제

문 교육과정의 내용조직 원리에 대한 설명으로 옳은 것은?
▶ 2014. 4. 19. 안전행정부
① 범위성(scope)은 교과목이나 단원의 폭과 영역을 결정하는 것이다.
② 통합성(integration)은 교육내용을 결정할 때 생길 수 있는 여러 결절부를 중복, 비약, 후퇴, 누락 등이 없도록 부드럽게 조절하는 것이다.
③ 계열성(sequence)은 같은 내용이 반복되도록 조직하는 것이다.
④ 연속성(continuity)은 교육내용이 위계적·논리적 순서에 따라 심화 및 확대되도록 조직하는 것이다.

|정답 ①

PART 5 교육과정

기출문제

문 교육과정에 대한 설명 중 옳지 않은 것을 모두 고르면?
▶ 2011. 5. 28. 서울특별시교육청

㉠ 교과중심 교육과정은 체계적이고 조직적인 지식전달이 용이하지만, 학생들의 능력·흥미·필요가 무시당할 우려가 있다.
㉡ 경험중심 교육과정은 능동적인 학습태도를 함양할 수 있고 문제해결력을 신장시킬 수 있어 행정적 통제가 쉽다.
㉢ 인간중심 교육과정은 교육의 수단적 기능에 반대하고 교육의 본질을 인간 삶의 충실과 자기 충족감이 넘치는 인간 육성에 두었다.
㉣ 잠재적 교육과정은 학교에서 교육시킬 의도 없이 물리적 조건, 제도 및 행정조직, 사회·심리적 상황을 통하여 학생들이 은연중에 가지게 되는 경험의 총체이다.
㉤ 영 교육과정은 언어적·논리적 사고영역을 중시하며, 경제학, 법률학, 예술 등의 학문을 주지적으로 가르친다.

① ㉠㉡   ② ㉠㉣
③ ㉡㉤   ④ ㉢㉣
⑤ ㉣㉤

정답 ③

(5) 교육과정의 평가

① 의의 … 교육과정의 각 구성요소 간의 관계와 각 구성요소 자체에 관한 투입, 절차, 산출변인의 가치를 판단하는 활동이다.

② 필요성
  ㉠ 교육과정 개발자와 경영자에게 프로그램 정보를 제공할 수 있다.
  ㉡ 프로그램의 결과를 다른 유사 프로그램의 결과와 비교할 수 있다.
  ㉢ 가장 효과적인 결정을 하기 위해서 다양한 대안이나 의견 또는 프로그램들을 분석할 수 있다.
  ㉣ 프로그램들에 투자 또는 재투자가 필요한지에 대한 정보를 제공할 수 있다.
  ㉤ 프로그램들의 활동이 계획된 대로 실행되었는지를 확인할 수 있다.

section 4 교육과정의 유형

(1) 교과중심 교육과정

① 개념
  ㉠ 가장 전통적이고 보편적인 교육과정으로서, 동양의 4서 3경이나 로마시대의 7자유학과에서 유래된 것으로 지식의 체계를 존중한다.
  ㉡ 교육과정은 교수요목으로 정의되며, 교육과정은 '학교의 지도하에 학생이 배우는 모든 교과와 교재'를 의미한다.
  ㉢ 고전적 인문주의 전통으로 본질주의와 항존주의 철학에 기초하고 있다.

② 특징
  ㉠ 문화유산 전달이 주된 교육의 내용이다.
  ㉡ 한정된 교과영역 안에서만 학습활동이 이루어진다.
  ㉢ 교사 중심의 설명 위주 교수법이 주로 사용된다.
  ㉣ 교사는 절대적 권위를 갖는다.
  ㉤ 각 교과는 자체의 논리와 체계가 있으며, 학습을 체계적으로 전개시킨다.

③ 장점
  ㉠ 문화유산의 전달에 가장 알맞다.
  ㉡ 학습결과의 평가 및 측정이 용이하다.
  ㉢ 체계적이고 조직적인 지식전달이 용이하다.
  ㉣ 교과과정에 대한 통제가 용이하다.

④ 단점
  ㉠ 학생들의 능력·흥미·필요가 무시당할 우려가 있다.
  ㉡ 단편적 지식만을 주입할 수 있다.
  ㉢ 수동적인 학습태도를 형성할 우려가 있고 인지발달, 창조적 표현력, 사고력 등 고등정신능력 함양이 어렵다.
  ㉣ 실제 생활문제와 유리되기 쉽고 경쟁적이며 비실용적 지식을 전달할 수 있다.
  ㉤ 학습내용이나 학습경험의 조직 및 배열이 비능률적이다.

⑤ 유형
  ㉠ **광역(교과)형 교육과정**: 동일한 교과영역에 속하는 각 과목들을 하나의 교과영역 속에 포괄적으로 조직하려는 형태이다. 음악, 미술, 체육을 예체능으로 포함하는 형태이다.
  ㉡ **분과교육과정**: 교과나 과목간의 연관이 전혀 없이 학문의 체계를 최저 단위로 세분하여 구성한다. 물리, 화학, 생물을 각각 독립적으로 가르치는 경우이다.
  ㉢ **상관(관련)교육과정**: 두 개 이상의 과목이 각각의 교과선을 유지하며 비슷한 교과목 간에 상호 관련지어져 있는 교육과정이다. 역사와 지리, 역사와 국어 등이다.
  ㉣ **융합(통합)교육과정**: 각 과목의 성질을 유지하면서 과목간의 공통요소를 추출하여 재조직되는 것을 말한다. 식물학, 동물학, 생리학을 생물학으로 재조직하는 것이다.

(2) **경험중심 교육과정**

① 개념
  ㉠ 경험중심 교육과정은 1920년대의 전통적인 교과중심 교육과정을 비판하면서 대두되었다.
  ㉡ 교육과정이란 '학교의 지도하에 학생들이 가지게 되는 모든 경험과 활동'이다.
  ㉢ 루소의 아동중심교육→19세기 말 신교육운동→20세기 초 듀이의 시카고 대학교 실험학교를 통해서 형성되었다.

② 특징
  ㉠ **생활중심 교육과정**: 인간관계, 시민으로서의 책임, 경제적 능률, 자아의 실현과 같은 생활인의 육성을 목표로 한다.
  ㉡ **문제해결중심 교육과정**: 현재의 생활을 사는 지혜와 태도를 터득하게 하는데 이를 위해 문제해결능력의 함양을 강조한다.
  ㉢ **적응중심 교육과정**: 사회의 급격한 변화에 적응하는 인간을 육성하고자 한다.

기출문제

문 교육과정 유형에 대한 설명으로 옳지 않은 것은?
▶ 2022. 6. 18. 교육행정직

① 경험중심 교육과정은 아동의 성장과 발달에 목적을 둔다.
② 교과중심 교육과정은 교사 중심의 설명식 교수법을 요구하는 경우가 많다.
③ 학문중심 교육과정은 전통적으로 내려오는 가치와 문화의 전수를 교육과정의 핵심으로 본다.
④ 인간중심 교육과정은 개인적 의미의 중요성을 강조하고 전인적 발달을 추구함으로써 학습자의 자아실현을 돕는다.

문 다음에 해당하는 교육과정 관점은?
▶ 2016. 4. 9. 인사혁신처

• 교사가 아니라 학생 중심의 수업을 강조한다.
• 교육내용을 학생과 환경 간의 상호작용이라는 측면에서 이해한다.
• 교육과정은 사전에 계획되는 것이 아니라 교육의 과정에서 생성되는 것으로 본다.

① 경험중심 교육과정
② 교과중심 교육과정
③ 학문중심 교육과정
④ 행동주의 교육과정

정답 ③, ①

ㄹ. 활동중심 교육과정 : 교실 외 생활경험이 실제 생활문제를 해결해 줄 수 있는 능력과 안목을 준다고 보아 교과활동 못지않게 과외활동을 중시한다.
ㅁ. 아동중심 교육과정 : 아동의 자발적 행동이 경험의 전제가 되며, 아동의 필요·흥미·능력에 바탕을 두는 아동중심교육을 강조한다.
ㅂ. 전인교육중심 교육과정 : 지·덕·체의 조화로운 발달을 이룬 사람만이 생활을 올바르게 영위할 수 있기 때문에 전인교육을 중시한다.

③ 장점
ㄱ. 생활인·실천인을 육성할 수 있다.
ㄴ. 학생의 필요와 흥미가 중시되므로 자발적인 활동이 촉진된다.
ㄷ. 능동적인 학습대도를 함양할 수 있고 문제해결력을 신장시킬 수 있다.
ㄹ. 민주적 태도와 생활방식이 길러진다.
ㅁ. 고등정신기능(탐구력, 판단력, 창의력)을 신장시킬 수 있다.
ㅂ. 개인차를 고려한 학습이 가능하다.
ㅅ. 사회적·물리적·인적 환경과 자원을 많이 이용할 수 있다.

④ 단점
ㄱ. 체계적인 지식과 기능을 등한시하기 쉽다.
ㄴ. 교육과정 조직의 계열성이 문제가 된다.
ㄷ. 행정적 통제가 어렵다.
ㄹ. 초심교사나 지도방법이 미숙한 교사는 실패할 확률이 높다.
ㅁ. 학력의 질적 저하를 초래할 수 있다는 비판을 받기도 한다.

⑤ 유형
ㄱ. 생활영역 교육과정
• 생활 자체를 교육과정의 기초로 삼는다.
• 사회조사와 아동조사를 통해 생활영역에 의미 있는 경험을 가르친다.
• 사회적 요구를 중시한 사회중심 교육과정이다.
ㄴ. 생성교육과정 : 활동교육과정이라고도 부르며, 교육현장에서 학생의 욕구를 중심으로 교사와 학생이 서로 협력하여 교육과정을 구성한다.
ㄷ. 경험형 광역교육과정
• 생활, 흥미, 경험과 같은 넓은 생활활동을 중심으로 묶어서 학습한다.
• 슬기로운 생활, 바른 생활 등이 있다.
ㄹ. 중핵교육과정
• 종합적인 중심과정과 주변과정이 동심원적으로 결합되어 전체 구조를 갖는 교육과정이다.
• 교과의 선을 없애고 사회문제를 중심으로 교육과정을 조직한다.

(3) 학문중심 교육과정

① 개념
  ㉠ 학문중심 교육과정에서는 학문을 곧 교과의 내용으로 본다.
  ㉡ 학문중심 교육과정은 '구조화된 일련의 의도된 학습결과로서 각 학문에 내재해 있는 지식의 탐구과정의 조직'을 의미한다.
  ㉢ 학문중심 교육과정의 핵심과제는 지식과 기술의 폭발적인 증가에 대처하기 위하여 전이가 높은 지식을 선정하여 가르쳐야 한다는 요구이다.

② 특징
  ㉠ 교과의 내용은 지식의 구조
    • 지식의 구조란 학문에 내재된 기본적 아이디어, 지식의 기본개념, 지식의 핵심개념, 일반적 아이디어, 지식의 탐구과정과 동의어이다.
    • 지식의 구조는 학습의 전이를 용이하게 하기에 중요시된다.
    • 지식의 구조 표현방식에는 작동적·영상적·상징적 방법이 있다.
  ㉡ 교육의 목적은 장래 생활을 위한 준비이다.
  ㉢ 교육과정은 계열성과 계속성을 중요시하는 나선형 교육과정으로, 이는 가르치는 내용은 동일하며 다만 발달단계가 높아짐에 따라 그 내용이 점점 폭넓고 깊이 있게 되풀이되는 것을 의미한다.
  ㉣ 탐구과정을 중시한다.

③ 장점
  ㉠ 체계화된 지식을 교육하므로 교육의 질적 향상을 가능하게 한다.
  ㉡ 기본개념 학습으로 새로운 지식을 생산할 수 있다.
  ㉢ 학습방법의 학습으로 학습의 전이력을 높일 수 있다.
  ㉣ 내적 동기유발에 의한 학습효과의 상승이 가능하다.

④ 단점
  ㉠ 도덕 및 예능교과 등의 지식의 구조를 찾아내기 어렵다.
  ㉡ 지식의 구조에 대한 중시는 정의적 교육을 소홀히 할 우려가 있다.
  ㉢ 지식의 구조만으로 복잡한 사회의 적응력 함양이 어렵다.
  ㉣ 개인의 요구와 흥미, 사회적 요구가 무시되기 쉽다.
  ㉤ 교육내용의 선택과 학습가능성의 기준설정이 미흡하다.

(4) 인간중심 교육과정

① 개념
  ㉠ 학생들이 학교생활을 하는 동안에 가지게 되는 경험의 총체이다.
  ㉡ 교육의 근본목적은 자아실현이다.

기출문제

문 학문중심 교육과정에 대한 설명으로 옳지 않은 것은?
▶ 2023. 6. 10. 교육행정직
① 경험을 통한 생활적응학습을 강조한다.
② 지식의 구조를 중요시한다.
③ 나선형 교육과정으로 내용을 조직한다.
④ 발견학습을 강조한다.

|정답 ①

PART 5 교육과정

기출문제

교육과정 이론에 대한 설명으로 옳지 않은 것은?
▶ 2019. 6. 15. 교육행정직

① 학문중심 교육과정은 나선형 교육과정의 원리를 채택한다.
② 인간중심 교육과정은 정의적 특성의 발달보다는 지적 능력의 성취를 강조한다.
③ 경험중심 교육과정은 학습자의 삶과 관련이 있는 다양한 경험을 주된 교육내용으로 삼는다.
④ 교과중심 교육과정은 문화유산의 전달을 목적으로 하는 내용을 논리적으로 체계화하여 교과로 분류한다.

|정답 ②

ⓒ 현대 고도의 산업사회에 따른 비인간화 문제를 극복하고자 대두되었다.
ⓓ 교육의 수단적 기능에 반대하고 교육의 본질을 인간 삶의 충실과 자기 충족감이 넘치는 인간의 육성에 두었다.

② 특징
  ㉠ 잠재적 교육과정을 표면적 교육과정과 동일하게 중요시한다.
  ㉡ 학교환경의 인간화를 위하여 노력한다.
  ㉢ 인간주의적 교사를 가장 필요로 한다.
  ㉣ 교과중심·경험중심·학문중심 교육과정의 개념을 모두 포함하는 포괄적 개념이다.

> **Point 팁** 내용조직의 준거
> ㉠ **균형합류성**: 지덕체의 균형이 갖추어진 전인육성을 위해 교육내용을 통합하여 조직한다.
> ㉡ **필요충족성**: 인간의 필요가 충족되는 내용으로 조직한다.
> ㉢ **다면충족성**: 횡적으로 다양하게, 다층으로 조직하여 선택범위를 넓게 한다.

③ 문제점
  ㉠ 개념이 모호하고 운영의 체계화가 미흡하다.
  ㉡ 개인의 성장 자체를 지나치게 강조하고 교육과 사회와의 관계를 경시하고 있다.
  ㉢ 인간중심 교육과정을 주장하는 학자들 간에 견해의 불일치를 나타내고 있다.

[교과·경험·학문·인간중심 교육과정]

구분	교과중심	경험중심	학문중심	인간중심
목적	• 이성의 계발 • 과거 지향적	• 생활인의 육성 • 현재 지향	• 탐구심 배양 • 미래 지향	• 전인적 인간 형성 • 현재와 미래 지향
내용	문화유산	생활경험	구조화 된 지식	포괄적인 내용 (지·덕·체)
조직	분과형 (논리적 배열)	통합형 (심리적 배열)	나선형 (절충적 배열)	균형성, 필요충족성, 다면충족성
정의	교수요목	지도된 경험	지식탐구과정의 조직	경험의 총체

(5) 잠재적 교육과정

① 개념
  ㉠ 학교에서 교육시킬 의도(계획) 없이 학교의 물리적 조건, 제도 및 행정조직, 사회·심리적 상황을 통하여 학생들이 은연중에 가지게 되는 경험의 총체이다.
  ㉡ 학교교육을 통하여 학생들이 가지게 되는 경험 중에서 표면적인 교육과정을 제외한 학교의 전 경험과 관련이 있으며 학교의 전 사태와 관련이 있다.

Point 팁 잠재적 교육과정의 장(場)
  ㉠ 물리적 조건: 학교의 규모, 교실의 공간, 책상과 의자의 크기, 조명 기타 설비 등의 조건이 학생의 경험에 영향을 미친다.
  ㉡ 제도 및 행정조직: 학년조직, 담임조직, 교내장학을 위한 여러 가지 행정절차가 학생의 경험에 영향을 미치는 것이다.
  ㉢ 사회·심리적 상황: 교사와 학생의 상호작용이 학생의 경험에 영향을 미치는 것이다.

② 특징
  ㉠ 교사와 학생 간의 인간관계에 의해 학습이 이루어진다.
  ㉡ 학생들의 태도, 가치관, 신념의 형성과 관련된 교육과정이다.
  ㉢ 환경의 영향으로 은연중에 가지게 된 경험이다.
  ㉣ 교사의 정의적 행동, 인격적 감화, 도의적·인격적 품위가 큰 영향을 준다.
  ㉤ 사회적·정의적 발달에 영향을 미친다.

③ 잠재적 교육과정과 표면적 교육과정
  ㉠ 개념: 표면적 교육과정은 의도적으로 조직되고 가르쳐지지만, 잠재적 교육과정은 학교에 의하여 의도되지 않았지만 학교생활을 하는 동안에 은연중에 배우게 된다.
  ㉡ 영역: 표면적 교육과정이 주로 지적인 것과 관련이 있다면, 잠재적 교육과정은 비지적인 정의적 영역과 관련이 있다.
  ㉢ 강조: 표면적 교육과정이 교과와 관련이 있다면, 잠재적 교육과정은 주로 학교의 문화풍토와 관련이 있다.
  ㉣ 영향력: 표면적 교육과정은 단기적으로 배우며 어느 정도 일시적인 경향이 있는 데 반해, 잠재적 교육과정은 장기적·반복적으로 배우며 보다 항구성을 지니고 있다.
  ㉤ 교사의 영향: 표면적 교육과정은 주로 교사의 지적·기능적인 영향을 받으나, 잠재적 교육과정은 주로 교사의 인격적 감화를 받는다.
  ㉥ 내용의 성격: 표면적 교육과정이 주로 바람직한 내용인 데 반하여, 잠재적 교육과정은 바람직한 것뿐만 아니라 바람직하지 못한 것도 포함한다.

기출문제

다음과 관련된 교육과정은?
▶ 2025. 4. 5. 국가직

- 잭슨(P. Jackson, 1968)의 저서 『교실에서의 생활(Life in Classrooms)』에서 처음 사용되었으며, 군집·상찬·평가 등의 학교 특성이 학생의 삶에 미치는 영향력과 관련된다.
- 교육과정 운영 단계에서 의도되지는 않았지만, 학생이 은연중에 배우는 가치·태도·행동 양식과 같은 경험된 교육과정이다.

① 공식적 교육과정
② 실제적 교육과정
③ 영 교육과정
④ 잠재적 교육과정

다음과 관련된 교육과정은?
▶ 2020. 6. 13. 교육행정직

- 교실풍토의 영향
- 잭슨(Jackson)
- 군집, 상찬, 평가 등이 학생의 삶에 미치는 영향
- 학생에게 무(無)의도적으로 전달되는 교육과정

① 공식적 교육과정
② 영 교육과정
③ 잠재적 교육과정
④ 실제적 교육과정

정답 ④, ③

기출문제

문 아이즈너(Eisner)의 교육과정 이론에 대한 설명으로 옳은 것만을 모두 고르면?
▶ 2023. 6. 10. 교육행정직

㉠ 행동목표 중심으로 교육과정을 개발해야 한다.
㉡ 내용선정 과정에서 영 교육과정에 대해서 신중히 고려해야 한다.
㉢ 학습기회의 유형을 개발할 때 교육적 상상력을 동원해야 한다.
㉣ 교육과정 개발 과정은 목표설정부터 평가방법 개발에 이르는 직선적 과정이다.

① ㉠, ㉡ ② ㉠, ㉣
③ ㉡, ㉢ ④ ㉢, ㉣

문 다음에 해당하는 교육과정 개념은?
▶ 2021. 4. 17. 인사혁신처

만약 우리가 학교의 프로그램이 가져오는 결과나, 그런 결과를 초래하는 측면에서 교육과정의 역할에 대하여 관심을 갖는다면, … (중략) … 학교가 가르치지 않는 것에 대하여도 고려할 필요가 있다.

① 공식적 교육과정
② 잠재적 교육과정
③ 영 교육과정
④ 의도된 교육과정

(6) 아이즈너(F. W. Eisner)의 영(零) 교육과정

① **개념**
   ㉠ 겉으로 확인할 수 없는 무형의 형태로 존재하는 교육과정으로, 가르치는 교사의 마음속에 계획되어 있는 교육과정을 의미한다.
   ㉡ 학교에서 소홀히 하거나 공식적으로 가르쳐지지 않는 교과나 지식, 사고양식을 일컫는다.
   ㉢ 학생들이 공식적 교육과정을 배우는 동안에 놓치게 되는 기회학습내용이라고 할 수 있다.
   ㉣ 교육과정이 선택과 배제, 포함과 제외의 산물이므로 공식적·필연적 산물이다.

② **특징**
   ㉠ 비언어적·비논리적 사고영역을 중시한다.
   ㉡ 감정가 혹은 비평가가 갖는 예술적 이미지와 교육적 사고에서 심미적 측면을 중시한다.
   ㉢ 시각적·청각적·은유적·오감을 통한 개념과 표현의 형태를 중시한다.
   ㉣ 과거로부터 전통적으로 가르쳐 왔기 때문에 전통적인 영역을 중시한다.
   ㉤ 중요함에도 불구하고 소홀히 간주되는 영역인 경제학, 법률학, 예술 등의 학문을 주지적으로 가르친다.

③ **교육적 적용**
   ㉠ 산업혁명 직후 산업노동력이 필요할 때 학교에서는 읽기와 쓰기는 가르쳤으나 셈하기는 학생들이 육체노동을 꺼렸기 때문에 셈하기는 한 때 영 교육과정이었다.
   ㉡ 학교의 과학에서는 진화론은 과학적으로 가르치나 성경의 창조론은 영 교육과정으로 묻혀 있다.
   ㉢ 남한의 사회·경제적 수준이 월등히 앞설 때 북한에서는 남한의 실정을 가르치지 않았다.

④ **비판** … 교육과정 구성 자체가 교육의 본질에서 이탈하여 가르쳐지기 쉽고, 예로부터 가르쳐 온 내용만을 가르치기 쉬우며, 소수의 이익집단의 압력에 의하여 특정한 교과가 선택될 수 있다.

|정답 ③, ③

section 5 타일러(Tyler) 합리적 모형

[교육목표 설정] → [학습경험 선정] → [학습경험 조직] → [학습성과 평가]

(1) 특징

① 합리적 교육과정 개발 모형은 논리적이면서 체계적으로 교육과정 개발을 유도키 위해 교육기관에서 교육과정과 수업프로그램을 해석, 분석하기 위한 이론적 근거로 제시한 것이다.

② 교육과정과 수업은 하나의 과정이며, 그의 교육과정 개발 모형은 합리적 모형, 목표중심모형, 평가중심모형 등으로 불린다.

③ 목표달성에 가장 도움이 될 만한 활동과 조직의 종류를 선택하고, 선정·조직된 학습경험이 어떤 결과를 낳는가 평가함으로써 효과적인 학습이 이뤄지기 위한 단계를 제시하였다.

④ 전체 교과에서 단원의 개발로 진행되는 연역적 모형이다.

기출문제

문 타일러(R. W. Tyler)의 교육과정이론에 대한 설명으로 옳지 않은 것은?

▶ 2019. 4. 6. 인사혁신처

① 교육목표를 설정할 때 학습자, 사회, 교과를 균형 있게 고려한다.
② 교육과정을 교육목적, 교육내용, 교육방법, 학습활동까지 포함하는 경험으로 파악한다.
③ 학습목표를 행위동사로 진술할 것을 주장한다.
④ 기존 교육과정에 대해 기계적이고 절차적인 모형이라는 비판을 가하였다.

정답 ④

기출문제

문 타일러(Tyler)가 제시한 교육과정 개발에서 고려할 네 가지 질문에 해당하지 않는 것은?
▶ 2024. 6. 22. 교육행정직

① 학교는 어떤 교육목표 달성을 위해 노력해야 하는가
② 교육목표 달성을 위하여 어떤 교육경험을 제공해야 하는가
③ 교육경험을 효과적으로 조직할 때 필요한 교육매체는 무엇인가
④ 교육목표 달성여부를 어떻게 판단할 것인가

정답 ③

(2) 개발절차

① **교육목표의 설정** … 학교는 어떤 교육목표를 달성하고자 노력해야 하는가에 관한 것이다.

㉠ 목표추출의 원천
- 학습자, 현대사회, 교과에서 목표추출을 한다.
- 학습자는 학습자의 보편적인 필요와 흥미에 기초한다.
- 현대사회는 사회적 요구를 교육목표에 반영한다.
- 교과는 각 교과가 갖고 있는 교육적 기능을 반영한다.

㉡ 목표선택의 준거
- 교육철학과 학습심리의 원리를 활용한다.
- 교육철학에 의하여 논리적으로 타당하고 일관성 있는 중요한 목표들을 선택한다.
- 학습심리의 지식과 원리를 사용한다.

㉢ 교육목표의 진술
- 교육목표는 내용과 학습자의 행동을 포함하여 명확하게 진술되어야 한다.
- 내용과 행동의 두 차원으로 이루어진 교육목표 2원 분류표를 작성한다.

② **학습경험의 선정** … 교육목표를 달성하기 위해 어떤 학습경험(교육내용, 학습내용)을 선정해야 하는가에 관한 것이다.

㉠ 학습경험의 정의 : 학습자와 그를 둘러싸고 있는 환경속의 여러 외적 조건들 사이에서 벌어지는 상호작용이다.

㉡ 경험선정의 일반원칙
- 기회의 원칙 : 학생들에게 목표 달성에 필요한 경험을 할 수 있는 기회를 제공한다.
- 만족의 원칙 : 학생들이 목표와 관련된 학습을 하는 데 있어서 만족을 느끼는 경험이 되어야 한다.
- 가능성의 원칙 : 학생들의 수준에서 경험이 가능한 것이어야 한다.
- 다(多) 경험의 원칙 : 하나의 교육 목표를 달성하는 데 여러 가지 다른 학습경험이 활용될 수 있다.
- 다(多) 성과의 원칙 : 교육목표의 달성에 도움이 되고 다른 영역으로 전이가 가능하고 활용성이 높은 학습경험을 선택해야 한다.

㉢ 학습경험의 예
- 지식과 관련된 학습경험 : 지식에 한해서는 어떤 문제의 해결을 위해서 또는 다른 새로운 지식의 습득에 도움을 주는 등에 학습경험이어야 한다.
- 사고력과 관련된 학습경험 : 사고력은 사고를 자극해야 한다. 만일 수업시간에 경험하게 되는 것이라면 이는 일상생활에서도 겪을 수 있는 것이어야 한다.

③ 학습경험의 조직 … 선정한 학습경험을 어떻게 효과적으로 조직해야 하는가에 관한 것이다. 학습경험들이 밀접하게 관계되어 학습경험이 누적되면 효과를 기대할 수 있다.
  ㉠ 조직의 원리
    • 계속성: 중요한 경험요소가 어느 정도 계속해서 반복되도록 조직
    • 계열성: 점차 경험의 수준을 높여서 더욱 깊이 있고 폭넓은 학습경험을 할 수 있도록 조직
    • 통합성: 학습경험을 횡적으로 상호 조화롭게 연결지어 조직
  ㉡ 조직의 요소: 학습경험을 연결시켜 주는 어떤 공통적인 요인, 기본적인 요인 예를 들면 개념, 원리, 기능, 태도 등이 있다.
④ 학습성과의 평가 … 교육목표에 어느 정도 도달하였는지에 관한 것이다.
  ㉠ 평가의 정의
    • 평가는 교육과정의 장점과 개선될 점을 판별하는 데 있어 필요성이 있다.
    • 평가의 기준은 교육목표이며, 평가를 통해서 교육목표의 달성정도를 밝힌다.
  ㉡ 평가의 절차
    • 교육목표를 확인한다.
    • 평가장면의 선정은 교육목적에 나타난 행동을 제대로 확인할 수 있는지를 선정하는 것이다.
    • 평가도구를 제작한다.
  ㉢ 평가 결과의 활용평가
    • 결과 정보는 학생들의 변화 정도나 교육의 성과를 확인하는 데 활용한다.
    • 평가 결과의 원인을 알아내고 평가한다.
    • 평가의 결과는 교육과정과 학습지도 개선을 위한 자료로 활용된다.
    • 교육과정 모형을 이용하며 목표-내용-방법-평가의 지속적인 순환과정을 통하여 교육의 질을 개선한다.

기출문제

문 타일러(Tyler)가 제시한 학습경험을 효과적으로 조직하기 위해 고려할 준거에 해당하지 않는 것은?
▶ 2024. 3. 23. 인사혁신처
① 범위(scope)
② 계속성(continuity)
③ 계열성(sequence)
④ 통합성(integration)

정답 ①

(3) 타일러의 교육과정 모형의 장단점

① 장점
  ㉠ 어떤 교과나 어떤 수업에서도 적용될 수 있다.
  ㉡ 논리적이고 합리적인 절차를 제시하고 있어서 교육과정 개발자나 수업 계획자가 적용하기 용이하다.
  ㉢ 학습자의 행동과 학습경험을 강조함으로써 평가를 위한 지침을 제공하여 준다.
  ㉣ 교육과정과 수업을 구분하지 않고 통합적으로 '교육목표 – 학습경험 선정 – 학습경험 조직 – 평가'를 포괄하는 종합성을 제공한다.
  ㉤ 경험적·실증적으로 교육성과를 연구하는 경향을 촉발시켰다.

② 단점
  ㉠ 교육목표의 원천은 제시하고 있으나 무엇이 목표인지, 다른 목표를 제치고 왜 그 목표가 선정되었는지를 밝혀 주지 못한다.
  ㉡ 교육목표의 사전에 미리 설정함으로써 수업 진행과정 중에 새롭게 나타나는 부수적·확산적 목표의 중요성을 간과하였다.
  ㉢ 교육목표를 교육내용보다 우위에 두어 교육내용을 교육목표 달성의 수단으로 전락시켰다.
  ㉣ 절차만을 지나치게 강조함으로써 무엇을 가르쳐야 할 것인가에 대한 대답을 회피한다.
  ㉤ 겉으로 평가할 수 있는 행동만을 지나치게 강조함으로써 잠재적 측면이나 내면적 변화, 가치와 태도 감정 등의 변화를 확인하기가 곤란하다.

section 6 우리나라의 교육과정

(1) 우리나라 교육과정의 변천

구분	특징
교수요목시기 (1946~1955)	• 미군정하의 교육 - 교육과정의 기초가 됨 - 사회생활과 편성 - 홍익인간 이념 제시 - 새교육운동 제시 - 각 교과 교수내용의 주제 또는 제목 열거
제1차 교육과정 (1955~1963)	• 교과중심 교육과정 - 각 학교의 교과목, 기타 교육활동의 편제 - 지적 체계 중심, 생활중심 교육과정 개념의 침투 - 도의교육 강조, 교과활동 + 특별활동
제2차 교육과정 (1963~1973)	• 생활중심 교육과정 - 학생들이 학교의 지도하에 경험하는 모든 학습활동의 총화 - 학습활동의 경험성·자주성·생산성·유용성을 강조 - 교과활동 + 반공·도덕생활 + 특별활동 - 한문과 교련과목 신설
제3차 교육과정 (1973~1981)	• 학문중심 교육과정 - 지식의 구조, 기본개념과 원리 중시 - 자발적 탐구를 통한 지식의 이해 - 국민교육헌장 이념 구현 - 도덕과 신설, 교과활동 + 특별활동
제4차 교육과정 (1981~1987)	• 인간중심 교육과정 - 교과·경험·학문을 인간중심으로 조화 - 개인적·사회적·학문적 적합성의 조화 - 국민정신교육, 전인교육, 과학기술교육 강조 - 통합교과서에 의한 교과의 통합적 운영(초등학교 1, 2학년) - 교과활동 + 특별활동
제5차 교육과정 (1987~1992)	• 통합적 교육과정 - 교과·경험·학문·인간중심 교육과정의 조화, 단일 사조 지양 - 초등학교 1, 2학년의 통합적 교육과정 탄생 - 기초교육, 미래사회의 대비교육, 운영의 효율성 강조 - 컴퓨터 교육(초등학교 4학년 실과교육), 경제교육 등 다양한 교육자료 개발 및 보급 - 교과활동 + 특별활동

기출문제

기출문제

제6차 교육과정 (초 : 1992~1999) (중 : 1992~2000) (고 : 1992~2001)	• 통합적 교육과정 - 21세기 대비교육 - 중학교 : 도덕성, 창조성 강조, 컴퓨터·환경시설, 편성 및 운영 체제 개선 - 고등학교 : 편성, 운영의 역할, 체제 분담, 필수과목 축소, 선택과목 확대, 다양한 수준별 특성별 과목 설정, 전문교과 편제·운영개선, 외국어 전문교과 신설
제7차 교육과정 (2000~2004)	• 국민공통 기본교육과정 - 학교급별 교육과정체제에서 벗어나 전 학교급에 걸친 교과별 교육과정체제 채택 - 21세기 세계화·정보화시대를 주도할 자율적이고 창의적인 한국인 육성 - 국민공통 기본교육과정과 고등학교 선택중심 교육과정으로 구성
2007 개정 교육과정	• 시행 - 2009년 : 초 1, 2 - 2010 : 초 3, 4, 중 1 - 2011 : 초 5, 6, 중 2, 고 1 - 2012 : 중 3, 고 2 - 2013 : 고 3 - 단, 수학과 영어의 경우 2009년 초1, 2/중1, 고1, 2010년 초3, 4/중2/고2, 2011년 초5, 6/중3/고3이 시행된다. • 특징 - 제7차 교육과정의 기본 철학 및 체제 유지 - 단위학교별 교육과정 편성운영의 자율권 확대 - 국가사회적 요구사항의 반영 - 고등학교 선택중심 교육과정 개선 - 교과별 교육내용의 적정화 추진
2009 개정 교육과정	• 시행 - 2011년 3월 1일 : 초 1, 2, 중 1, 고 1 - 2012년 3월 1일 : 초 3, 4, 중 2, 고 2 - 2013년 3월 1일 : 초 5, 6, 중 3, 고 3 - 초등학교 통합교과와 고교 선택 과목의 일부를 제외하고는, 2007년 개정 초·중등학교 교과 교육과정과 교과서를 적용 - 초등학교 1, 2학년 통합 교과와 과학, 체육은 2013학년도부터 적용 - 이미 개발된 2007 개정 고등학교 교육과정에서의 1학년 '국민공통기본' 교과와 2, 3학년 선택 과목의 교육과정은 2011년 이후에도 적용. 단, 국어, 사회(도덕), 과학과의 선택 과목은 현재 연구·개발 중에 있는 2009 개정 교육과정을 적용 • 특징 - 폭넓은 인성교육을 통한 창의적 체험활동 강화 - 교과학습의 적정화를 통한 학습 효율성 제고 - 국민공통기본교육과정 조정 및 고교 교육과정의 혁신

2015 개정 교육과정	• 시행 - 2017년 초 1, 2 - 2018년 초 3, 4, 중 1, 고 1 - 2019년 초 5, 6, 중 2, 고 2 - 2020년 중 3, 고 3 • 특징 - 문·이과 칸막이 없는 인문·사회·과학기술에 관한 기본 소양을 토대로 미래 사회가 요구하는 인문학적 상상력과 과학기술 창조력을 두루 갖춘 창의융합형 인재를 양성하는 교육과정 - 초등학교: 1~2학년(군)에 한글교육을 강조하는 등 유아 교육과정과 연계를 강화하고, 주당 1시간씩 수업시간을 늘려 체험 중심의 '안전한 생활'을 운영 - 중학교: 자유학기 관련 지침을 제시하여 경쟁 중심의 학교교육에서 벗어나 함께 문제를 해결하고 자신의 꿈과 끼를 살린 다양한 교육활동의 기틀을 마련 - 고등학교: 공통과목 이수 후 자신의 진로와 적성에 따라 다양한 과목을 선택하여 이수, 단순히 문과와 이과로 구분되어 수업을 듣는 것이 아니라 자신의 진로에 따라 과목을 선택할 수 있게 됨
2022 개정 교육과정	• 시행 - 2024년 초 1, 2 - 2025년 초 3, 4, 중 1, 고 1 - 2026년 초 5, 6, 중 2, 고 2 - 2027년 중 3, 고 3 • 특징 - 미래 변화를 능동적으로 준비할 수 있도록 역량 및 기초소양 함양 교육 강화 - 학생의 자기주도성, 창의력과 인성을 키워주는 개별 맞춤형 교육 강화 - 학교 현장의 자율적인 혁신 지원 및 유연한 교육과정으로 개선 - 학생의 삶과 연계한 깊이 있는 학습을 위한 교과 교육과정 개발

(2) 우리나라 국가수준 교육과정 개정과 개발과정의 특징

① 교육과정을 주기적·전면적으로 개정해 왔다.

② 교육과정 시행에 따른 경험 축적과 평가에 기초한 계속적인 수정 보완의 순환적 적용 경험이 거의 없었다.

③ 학생의 발달적 특성에 기초한 교육과정 연구개발경험이 거의 없었다.

④ 교과 중심의 교육과정 개정이었다.

⑤ 중앙집권화된 교육과정이 학교교육과 교사의 교육실천에 심각한 영향을 미쳤다.

기출문제

(3) 제7차 교육과정

① **기본방향** … 21세기의 세계화·정보화시대를 주도할 자율적이고 창의적인 한국인 육성이다.

② **구성방침**
   ㉠ **목표면**: 건전한 인성과 창의성을 함양하는 기초·기본 교육의 충실
   ㉡ **내용면**: 세계화, 정보화에 적응할 수 있는 자기주도적 능력의 신장
   ㉢ **운영면**: 학생의 능력, 적성, 진로에 적합한 학습자 중심의 교육 실천
   ㉣ **제도면**: 지역 및 학교 교육과정 편성 및 운영의 자율성 확대

③ **개정 중점**
   ㉠ **국민공통 기본교육과정의 편성**
     • 국민공통 기본교육기간 설정: 초등학교 1학년 ~ 고등학교 1학년(10년간)
     • 학년제 개념에 기초하여 일관성 있는 교육과정을 구성하였다.
   ㉡ **교육과정 편제에 교과군 개념의 도입**
     • 재량시간의 특정교과 집중배정 예방 및 과정 안내 역할을 한다.
     • 교과간의 통합교육 및 열린교육체제를 확립하기 위한 것이다.
   ㉢ **수준별 교육과정 도입**
     • 학생의 능력, 개인차에 따른 다양한 교육기회를 제공하기 위해서이다.
     • 단계형, 심화·보충형, 과목선택형의 수준별 교육과정을 편성·운영한다.
   ㉣ **재량시간 신설 및 확대**
     • 학생의 자기주도적 학습능력을 신장하기 위해서이다.
     • 학교교육과정 편성·운영의 자율성 및 학생의 선택권을 부여하였다.
   ㉤ **교과별 학습량의 최적화와 수준 조정**
     • 최저 필수 학습요소를 중심으로 교과별 학습내용을 정선하였다.
     • 이수 교과목 수의 축소와 범위·수준의 적정화를 도모하였다.
   ㉥ **고교 2, 3학년의 학생선택 중심교육과정 도입**
     • 일반선택과 심화선택으로 구분하여 다양한 선택과목을 개설하였다.
     • 과정이나 계열의 구분 없이 운영, 학생의 선택의 폭을 확대하였다.
   ㉦ **질 관리 중심의 교육과정 평가체제의 확립**
     • 교과별 교육목표 성취기준을 설정하였다.
     • 주기적인 학력평가 및 학교교육과정의 운영평가를 실시한다.
   ㉧ **정보화 사회에 대비한 창의성, 정보능력 배양**
     • 컴퓨터 교육내용을 모든 교육활동에서 강화하였다.
     • 중·고교 선택과목에 컴퓨터 관련과목을 개설하였다.

(4) 2007 개정 교육과정

① 교육과정 구성의 방향

㉠ 추구하는 인간상
- 전인적 성장의 기반 위에 개성을 추구하는 사람
- 기초 능력을 토대로 창의적인 능력을 발휘하는 사람
- 폭넓은 교양을 바탕으로 진로를 개척하는 사람
- 우리 문화에 대한 이해의 토대 위에 새로운 가치를 창조하는 사람
- 민주 시민 의식을 기초로 공동체의 발전에 공헌하는 사람

㉡ 교육과정의 구성 방침
- 사회적 변화의 흐름을 주도할 수 있는 기본 능력을 길러줄 수 있도록 교육과정을 구성한다.
- 국민 공통 기본 교육과정과 선택 중심 교육과정 체제를 도입한다.
- 교육 내용의 양과 수준을 적정화하고, 심도 있는 학습이 이루어지도록 한다.
- 학생의 능력, 적성, 진로를 고려하여 교육 내용과 방법을 다양화한다.
- 교육과정 편성과 운영에 있어서 현장의 자율성을 확대한다.
- 교육과정 평가 체제를 확립하여 교육에 대한 질 관리를 강화한다.

② 학교급별 교육 목표

㉠ 초등학교 교육 목표
- 몸과 마음이 균형 있게 자랄 수 있는 다양한 경험을 가진다.
- 일상생활의 문제를 인식하고 해결하는 기초 능력을 기르고, 자신의 생각과 느낌을 다양하게 표현하는 경험을 가진다.
- 다양한 일의 세계를 이해할 수 있는 폭넓은 학습경험을 가진다.
- 우리의 전통과 문화를 이해하고 애호하는 태도를 가진다.
- 일상생활에 필요한 기본 생활 습관을 기르고, 이웃과 나라를 사랑하는 마음씨를 가진다.

㉡ 중학교 교육 목표
- 심신의 조화로운 발달을 추구하고, 자기 발견의 기회를 가진다.
- 학습과 생활에 필요한 기본 능력과 문제 해결력을 기르고, 자신의 생각과 느낌을 창의적으로 표현하는 경험을 가진다.
- 다양한 분야의 지식과 기능을 익혀 적극적으로 진로를 탐색하는 경험을 가진다.
- 우리의 전통과 문화에 대한 자긍심을 지니고, 이에 발전시키려는 태도를 가진다.
- 자유 민주주의의 기본적 가치와 원리를 이해하고, 민주적인 생활 방식을 익힌다.

㉢ 고등학교 교육 목표
- 심신이 건강한 조화로운 인격을 형성하고, 성숙한 자아의식을 가진다.
- 학문과 생활에 필요한 논리적, 비판적, 창의적 사고력과 태도를 익힌다.
- 우리의 전통과 문화를 세계 속에서 발전시키려는 태도를 가진다.

기출문제

기출문제

- 일상생활에 필요한 기본 생활 습관을 기르고, 이웃과 나라를 사랑하는 마음씨를 가진다.

③ 편제
  ㉠ 교육과정은 국민 공통 기본 교육과정과 고등학교 선택 중심 교육과정으로 구성한다.
  ㉡ 국민 공통 기본 교육과정은 교과, 재량 활동, 특별 활동으로 편성한다.
    - 교과는 국어, 도덕, 사회, 수학, 과학, 실과(기술가정), 체육, 음악, 미술, 외국어(영어)로 한다. 다만, 초등학교 1, 2학년의 교과는 국어, 수학, 바른 생활, 슬기로운 생활, 즐거운 생활 및 우리들은 1학년으로 한다.
    - 재량 활동은 교과 재량 활동과 창의적 재량 활동으로 한다.
    - 특별 활동은 자치 활동, 적응 활동, 계발 활동, 봉사 활동, 행사 활동으로 한다.
  ㉢ 고등학교 선택 중심 교육과정은 교과와 특별 활동으로 편성한다.
    - 보통 교과: 국어, 도덕, 사회, 수학, 과학, 기술·가정, 체육, 음악, 미술, 외국어와 한문, 교양 선택 과목
    - 전문 교과: 농생명 산업, 공업, 상업 정보, 수산·해운, 가사·실업, 과학, 체육, 예술, 외국어, 국제에 관한 교과
  ㉣ 특별 활동은 자치 활동, 적응 활동, 계발 활동, 봉사 활동, 행사 활동으로 한다.

④ 교육과정 편성운영 지침
  ㉠ 국민 공통 기본 교육과정
    - 국민 공통 기본 교육과정의 시간 배당 기준에 배당된 각 학년별 교과, 재량 활동, 특별 활동의 수업 시간 수는 이 기간 동안에 모든 학생들이 필수적으로 이수해야 할 연간 기준 수업 시간 수이다.
    - 국민 공통 기본 교육과정에서는 학생의 능력과 적성, 진로를 고려하여 교육내용과 방법을 다양화 한다. 특히 국어, 사회, 수학, 과학, 영어 교과에서는 수준별 수업을 권장한다.
    - 재량 활동에서 교과 재량 활동은 중등학교의 선택 과목 학습과 국민 공통 기본 교과의 심화보충 학습을 위한 것이며, 창의적 재량 활동은 학교의 독특한 교육적 필요, 학생의 요구 등에 다른 범교과 학습과 자기 주도적 학습을 위한 것이다. 재량활동의 영역별 이수 시간(단위) 수는 학교가 시도 교육청의 지침에 따라 편성한다.
    - 특별 활동의 영역별 시간(단위) 수는 학생의 요구와 지역 및 학교의 특성을 고려하여 학교 재량으로 배정하되, 봉사 활동과 행사 활동은 학교의 설정에 따라 별도의 시간을 확보하여 운영할 수 있다.
  ㉡ 고등학교 선택 중심 교육과정
    - 11, 12학년의 2년 동안에는 선택 중심 교육과정을 편성, 운영한다.
    - 전문 교육을 주로 하는 고등학교의 교과 편성·운영

- 국민 공통 기본 교과에 배당된 60단위는 필수적으로 이수하도록 하고, 이를 포함하여 보통 교과를 80단위 이상 이수하도록 한다.
- 교원 및 시설 여건과 학생들의 요구를 반영하여 11학년에서도 국민 공통 기본 교과의 일부를 편성할 수 있다.
- 보통 교과의 선택 과목은 기준 단위를 2~4단위까지 증감 운영할 수 있다.
- 내용이 유사하거나 관련되는 보통 교과의 선택 과목과 전문 교과는 교체하여 편성, 운영할 수 있다.

(5) 2009 개정 교육과정

① 교육과정 구성의 방향

㉠ 개정방향 … 미래사회가 요구하는 창의적인 인재 양성

㉡ 구성방침
- 학기당 이수과목을 줄여 학습의 효율성 제고
- 창의 체험활동 도입으로 배려와 나눔을 실천하는 인성교육 추구
- 고등학교 학생의 기초교육 강화로 진로·적성에 적합한 핵심역량 강화
- 학교별 교육과목의 시기와 시간수의 자율화·다양화 유도

② 공통 개정 내용

㉠ 용어: 공통 교육과정, 선택 교육과정, 영어, 창의적 체험활동

㉡ 신설사항
- 학년군, 교과군 개념
- 교육과정 자율권 확대[교과(군)별 기준시수의 20% 증감 운영 등]
- 교과 교실제 운영 활성화 유도
- 학습부진아, 다문화 가정 자녀 등에 대한 특별한 배려와 지원
- 학교 교육과정 편성·운영 지원을 위한 국가 및 시·도교육청 지원 사항 신설

③ 학교급별 개정 내용

㉠ 초등학교
- 보건교육, 정보통신활용교육, 한자교육 등을 창의적 체험활동을 활용하여 지도
- '우리들은 1학년' 폐지, 창의적 체험활동 내용으로 반영
- 초등 '돌봄활동' 지원 사항 신설(교육청 지원)

㉡ 중학교
- 학기당 이수과목을 8개 이하로 편성
- 선택과목은 한문, 정보, 환경, 생활 외국어, 보건, 진로와 직업 등

㉢ 고등학교
- 고교 모든 교과 선택
- 총 이수단위는 204단위
- 학기당 이수과목을 8개 이하로 편성
- 대학과목 선이수제의 과목 개설 가능, 국제적으로 공인받은 교육과정 과목을 선택과목으로 인정

- 영어, 과학, 예술 등 영역별 중점학교 운영 가능, 학교자율과정의 50% 이상을 관련 교과목으로 편성
- 외국어 계열 고등학교는 전문교과 이수단위의 60%를 전공외국어로 하고, 전공외국어 포함 2개의 외국어 교육

② **공통**: 녹색교육, 한자교육, 한국문화사교육 추가

(6) 2015 개정 교육과정

① **기본방향**
  ㉠ 새로운 교육과정의 출발은 「문·이과 통합형 교육과정」이었으며 이후 정책연구와 다각적인 논의를 거쳐 「2015 개정 교육과정」으로 발표하였다.
  ㉡ 「2015 개정 교육과정」은 모든 학생들이 인문·사회·과학기술에 대한 기초 소양을 함양하여 인문학적 상상력과 과학기술 창조력을 갖춘 창의융합형 인재로 성장할 수 있도록 우리 교육의 근본적인 패러다임을 전환하고자 하는 교육과정이다.
  ㉢ 미래 사회가 요구하는 핵심역량을 기를 수 있는 교과 교육과정을 개발하고자 하였다.
    - 각 교과는 단편 지식보다 핵심 개념과 원리를 제시하고, 학습량을 적정화하여 토의·토론 수업, 실험·실습 활동 등 학생들이 수업에 직접 참여하면서 역량을 함양할 수 있도록 하였다.
    - 과정 중심의 평가가 확대되도록 구성하였다.
  ㉣ 대학입시 중심으로 운영되어 온 고등학교 문·이과 이분화와 수능 과목 중심의 지식 편식 현상을 개선하고자 하였다.
    - 어느 영역으로 진로진학을 결정하든 문·이과 구분 없이 인문·사회·과학기술에 관한 기초 소양을 갖출 수 있으며, 진로와 적성에 따라 다양한 선택 과목을 이수할 수 있도록 하였다.
  ㉤ 새로운 교육과정이 학교 현장에 안착될 수 있도록 교과서, 대입제도, 교원 양성 및 연수 체제 등 교육제도 전반에 걸친 제도 개선을 병행 추진하고 있다.

② **핵심역량 제시**
  ㉠ 미래 사회를 살아가는 데 필요한 능력 습득이 강조되면서 「2015 개정 교육과정」에서는 학생의 삶 속에서 무언가를 할 줄 아는 실질적인 능력을 기를 수 있도록 하기 위해 핵심역량을 제시하였다.
  ㉡ 핵심역량은 교과와 창의적 체험활동, 그리고 학교생활 전반에 걸쳐 길러야 할 능력이며, 특히 교과에는 총론의 역량과 연계하여 교과에 맞는 역량을 제시하고, 교과의 특성에 맞는 교육과정을 운영하도록 하고 있다.

「2015 개정 교육과정」에서 제시된 핵심역량 6가지

① 자기관리 역량
자아정체성과 자신감을 가지고 자신의 삶과 진로에 필요한 기초 능력과 자질을 갖추어 자기주도적으로 살아갈 수 있는 능력
② 지식정보처리 역량
문제를 합리적으로 해결하기 위하여 다양한 영역의 지식과 정보를 처리하고 활용할 수 있는 능력
③ 창의적 사고 역량
폭넓은 기초 지식을 바탕으로 다양한 전문 분야의 지식, 기술, 경험을 융합적으로 활용하여 새로운 것을 창출하는 능력
④ 심미적 감성 역량
인간에 대한 공감적 이해와 문화적 감수성을 바탕으로 삶의 의미와 가치를 발견하고 향유할 수 있는 능력
⑤ 의사소통 역량
다양한 상황에서 자신의 생각과 감정을 효과적으로 표현하고 다른 사람의 의견을 경청하며 존중하는 능력
⑥ 공동체 역량
지역·국가·세계 공동체의 구성원에게 요구되는 가치와 태도를 가지고 공동체 발전에 적극적으로 참여하는 능력

③ 학습량 감축
  ㉠ 많은 선진국의 교과 교육과정은 '적은 양을 깊이 있게(less is more)' 가르쳐 학습의 전이를 높이고 심층적인 학습이 이루어지도록 하여 학습의 '양'보다는 '질'을 중시하고 있다.
  ㉡ 중복되는 학습 내용이나 단편 지식 등을 핵심 개념과 원리 중심으로 정선하여 감축하고, 학생의 발달 단계와 국제적 기준(Global standards)을 고려하여 성취기준 이수시기 이동, 학습내용 삭제·신설·통합 등을 통해 적절한 학습 수준을 제시하였다.

④ 교과평어 시 활용하는 요소
  ㉠ 성취기준: 교과를 통해 학생들이 배워야 할 지식과 기능, 수업 후 학생들이 할 수 있어야 할, 또는 할 수 있기를 기대하는 능력을 나타내는 결과 중심의 도달점, 교과의 내용(지식)을 적용하고 문제해결을 하는 수행능력을 말한다.
  ㉡ 평가기준: 교육과정 성취기준에 도달한 정도를 상, 중, 하로 나누어 진술하는 것으로, 평가활동에서 학생들이 어느 정도의 수준에 도달했는지를 판단하기 위한 실질적인 기준 역할을 할 수 있도록 각 성취기준에 도달한 정도를 상, 중, 하로 구분하고 각 도달 정도에 속한 학생들이 무엇을 알고 있고, 할 수 있는지를 기술한 것을 말한다.

기출문제

ⓒ 성취수준 : 각 단원 또는 영역에 해당하는 교수-학습이 끝났을 때 학생이 성취하기를 기대하는 지식, 기능, 태도에 도달한 정도를 기술한 것이다.

⑤ 안전교육
  ㉠ 교과 및 창의적 체험활동을 통해 체계적인 안전교육을 실시하여 안전의식이 내면화될 수 있도록 하였다.
  • 초 1~2학년의 수업 시수를 주당 1시간 늘려 창의적 체험활동 시간으로 확보하고, 증가된 시간은 '안전한 생활'로 편성·운영한다.
  • 초 3학년~고등학교까지 관련 교과에 '안전' 단원을 신설하여 이론과 실천·체험을 체계적으로 다루며, 이를 통해 궁극적으로 안전을 생활화하도록 구성하였다.

Point 팁 초·중·고등학교에 심폐소생술(CPR) 교육을 강화하고, 체육, 기술·가정(실과), 과학, 보건 등 관련 교과(목)에 안전 단원을 신설하며, 창의적 체험활동 시간에 체험중심의 안전교육이 실시될 수 있도록 교육기반 마련

⑥ 소프트웨어(SW) 교육
  ㉠ 초·중학교는 소프트웨어(SW)의 제작원리를 이해하고, 놀이 중심의 알고리즘 체험과 교육용 도구를 활용한 프로그래밍 체험 등을 통해 쉽고 재미있게 학습할 수 있도록 구성하였다.
  • 문제해결을 위한 일련의 절차와 과정을 의미하며, 프로그래밍의 기초 단계이다.
  • 초등학교는 실과 교과의 ICT 활용 중심의 대단원을 소프트웨어(SW) 기초 소양 교육중심으로 개편하여 5~6학년군에서 17시간 내외로 학습하게 된다.
  • 중학교에서는 선택교과였던 '정보' 과목을 「과학/기술·가정/정보」 교과군에 필수 과목으로 포함시키고, 교과 내용을 소프트웨어(SW) 중심으로 개편하였다.
  ㉡ 고등학교는 자신의 진로와 연계하여 보다 심화된 내용을 학습할 수 있도록 구성하였다.
  • 심화 선택 과목은 '정보'를 일반 선택 과목으로 전환하고, 그 내용을 소프트웨어(SW) 중심으로 개편하였다.

⑦ 「2015 개정 교육과정」을 통한 학교 현장의 변화
  ㉠ 그 동안에는 학생들이 습득해야 할 학습량이 과도하여 배움을 즐기는 교육이 이루어지지 않았다. 새로운 교육과정에서는 각 교과의 핵심 개념과 핵심 원리를 중심으로 학습량을 적정화하여, 학습경험의 질을 개선하여 미래 사회를 대비하는 교육을 제시하였다.
  • 새로운 교육과정이 적용되면 학교 현장에서는 토론학습, 협력학습, 탐구활동, 프로젝트 학습 등 교과 특성에 따라 다양한 교수·학습이 이루어지면서 학생들의 활발한 수업 참여가 이루어질 것으로 기대된다.

ⓒ 초등학교에서 1~2학년(군)에 한글교육을 강조하는 등 유아 교육과정(누리과정)과 연계를 강화하였다.
- 초 1~2학년의 수업시수를 주당 1시간 늘리되, 학생들의 추가적인 학습 부담이 생기지 않도록 창의적 체험활동 시간을 활용해 체험 중심의 '안전한 생활'을 편성·운영하도록 하였다.

ⓒ 중학교에서는 학교 교육과정 운영의 자율성과 유연성이 확대되었다.
- 자유학기의 관련 지침 제시로 경쟁 중심의 학교교육에서 벗어나 함께 문제를 해결하고 자신의 꿈과 끼를 살린 다양한 교육활동의 기틀이 마련되었다.

ⓔ 고등학교에서는 학생들이 공통 과목 이수 후 자신의 진로와 적성에 따라 다양한 과목을 선택하여 이수할 수 있다.
- 학생들은 단순히 문과와 이과로 구분되어 수업을 듣는 것이 아니라 자신의 진로에 따라 과목을 선택할 수 있게 되며, 이를 위해 진로에 따른 과목 편성 안내서를 개발하였다.

1. 중학교 교육과정의 큰 변화
① 2016년부터 모든 중학교에 자유학기가 시행… 중학교 과정 중 한 학기는 학생들이 지필평가에 대한 부담에서 벗어나 체험 중심의 교과 활동과 장래 진로에 대한 탐색·설계를 집중적으로 할 수 있도록 '자유학기 편성·운영 지침'을 제시하였다.
② 소프트웨어(SW) 교육 강화를 위해 '정보' 과목을 필수화… 기존 선택 과목이던 '정보' 과목을 「과학/기술·가정/정보」 교과군으로 조정하고, 필수 과목으로 편성하였다. 이를 통해 정보화 사회의 기초 소양을 체계적으로 갖출 수 있는 기반을 마련하였으며, 보다 재미있고 흥미로운 소프트웨어(SW)교육이 가능 하도록 교과서 및 보조 교재 등을 개발하여 보급하였다.

2. 고등학교 교육과정의 큰 변화
모든 고등학생들은 인문·사회·과학기술에 대한 기초소양 및 미래사회가 요구하는 역량 함양을 위해 공통과목을 이수하고 개인의 진로 희망과 적성에 따라 다양한 과목을 선택하여 이수
① 공통과목은 문·이과 구분 없이 모든 고등학생이 배워야 할 필수적인 내용으로 구성하여 기초 소양을 함양하고 기초 학력을 보장할 수 있도록 구성
② 국어, 수학, 영어, 사회, 과학, 한국사, 과학탐구실험 7개 과목
③ 통합사회는 행복, 자연환경, 생활공간, 인권, 시장, 정의, 인구, 문화, 세계화 등 9개 대주제로 구성
④ 통합과학(과학탐구실험 포함)은 물질과 규칙성, 시스템과 상호작용, 변화와 다양성, 환경과 에너지 등 4개 대주제로 구성

기출문제

기출문제

⑧ 2009 개정 교육과정과의 비교

내용			2009 개정	2015 개정
총론	공통사항	인간상	자주인, 창의인 문화인, 세계인	자주적인 사람, 창의적인 사람 교양 있는 사람, 더불어 사는 사람
		핵심역량	〈신설〉	핵심역량 6개 제시 자기관리, 지식정보처리, 창의적 사고 심미적 감성, 의사소통, 공동체
		인문학적 고양 함양	개선 및 〈신설〉	• 초등학교 국어에 체험 중심의 연극 단원 구성 • 고등학교 일반선택과목에 '연극' 신설
		범교과학습 주제	39개	39개 주제를 10개로 재구조화
		NCS 직업교육 과정 연계	〈신설〉	「교육과정 구성의 중점」 등에 관련 내용 반영
총론	초	누리과정 연계	〈신설〉	초등학교 교육과정과 누리과정의 연계 강화 (한글교육 강화)
		창의적 체험활동	〈신설〉	학년(군)별로 4개 영역을 선택적으로 편성·운영하는 지침 마련
	중	자유학기	〈신설〉	중학교 '교육과정 편성·운영의 중점'에 자유학기제 교육과정 운영 지침 제시
	고	기초교과 비중	기초교과가 총 이수단위의 50%를 넘지 않도록 함	현행 지침을 유지하면서 기초교과에 한국사를 포함하여 모든 고등학교 국/수/영 수업 비중을 90→84단위로 감축
		특성화고 교육과정	특성화고 전문 교과로 제시	총론(보통교과)과 NCS 교과의 연계
교과교육과정 개정 방향			개선	총론과 교과교육과정의 유기적 연계 강화
			개선	교과교육과정 개정의 기본 방향 제시 • 핵심원리 중심의 학습량 적정화 • 핵심역량을 반영
지원 체계		교과서	개선	흥미롭고 재미있는 질 높은 교과서 개발
		수능 및 대입 제도 교원	개선	• 교육과정에 부합하는 수능 및 대입 제도 도입 검토 • 교원 양성 기관 질 제고, 교원 연수 확대

(7) 2015 개정 교육과정에서 고시하고 있는 학교 교육과정 지원

① 국가 수준의 지원
  ㉠ 시·도 교육청의 교육과정 지원 활동과 단위 학교의 교육과정 편성·운영 활동이 상호 유기적으로 이루어질 수 있도록 행·재정적 지원을 한다.
  ㉡ 이 교육과정의 질 관리를 위하여 주기적으로 학업 성취도 평가, 학교와 교육 기관 평가, 교육과정 편성·운영에 관한 평가를 실시하고 그 결과를 교육과정 개선에 활용한다.
  • 교과별, 학년(군)별 학업 성취도 평가를 실시하고, 평가 결과는 학력의 질 관리와 교육과정의 적절성 확보 및 개선에 활용한다. 특성화 고등학교와 산업수요 맞춤형 고등학교에서는 교육과정의 특성을 고려하여 기초 학력과 평생 학습 역량의 강화를 위한 학업 성취도를 평가할 수 있으며, 평가 결과는 기초 학력과 직업 기초 능력의 향상, 취업 역량 강화 등을 위해 활용할 수 있다.
  • 학교의 교육과정 편성·운영과 교육청의 교육과정 지원 상황을 파악하기 위하여 학교와 교육청에 대한 평가를 주기적으로 실시한다.
  • 교육과정 편성·운영과 지원 체제의 적절성 및 실효성을 평가하기 위한 연구를 수행한다.
  ㉢ 학교에서 평가 활동이 원활히 이루어질 수 있도록 다양한 방안을 개발하여 학교에 제공한다.
  • 교과별로 성취기준에 따른 평가 기준을 개발·보급하여 학교가 교과 교육과정의 목표에 부합되는 평가를 실시할 수 있도록 한다.
  • 교과별 평가 활동에 활용할 수 있는 다양한 평가 방법, 절차, 도구 등을 개발하여 학교에 제공한다.
  ㉣ 특성화 고등학교와 산업수요 맞춤형 고등학교가 기준 학과별 국가직무능력표준이나 직무분석 결과에 기초하여 교육과정을 편성·운영할 수 있도록 지원한다.
  ㉤ 특수교육 대상 학생의 교육과정 편성·운영을 위해 관련 교과용 도서와 교수·학습 자료 개발, 평가 등에 필요한 제반 사항을 지원한다.
  ㉥ 이 교육과정이 교육 현장에 정착될 수 있도록 교육청 수준의 교원 연수와 전국 단위의 교과 연구회 활동을 적극적으로 지원한다.
  ㉦ 학교 교육과정이 원활히 운영될 수 있도록 학교 시설 및 교원 수급 계획을 마련하여 제시한다.

② 교육청 수준의 지원
  ㉠ 시·도의 특성과 교육적 요구를 구현하기 위하여 시·도 교육청 교육과정 위원회를 조직하여 운영한다.
  • 이 위원회는 교육과정 편성·운영에 관한 조사 연구와 자문 기능을 담당한다.

기출문제

- 이 위원회는 교원, 교육 행정가, 교육학 전문가, 교과 교육 전문가, 학부모, 지역사회 인사, 산업체 인사 등이 참여할 수 있다.
- ㉡ 지역의 특수성, 교육의 실태, 학생·교원·주민의 요구와 필요 등을 반영하여 교육청 단위의 교육 중점을 설정하고, 학교 교육과정 개발을 위한 시·도 교육청 수준 교육과정 편성·운영지침을 마련하여 안내한다.
- ㉢ 학교가 새 학년도 시작에 앞서 교육과정 편성·운영에 관한 계획을 수립할 수 있도록 교육과정 편성·운영 자료를 개발·보급하고, 교원의 전보를 적기에 시행한다.
- ㉣ 교과와 창의적 체험활동에 필요한 교과용 도서의 인정, 개발, 보급을 위해 노력한다.
- ㉤ 중학교 자유학기 운영을 지원하기 위해 각종 자료의 개발·보급, 교원의 연수, 지역사회와의 연계가 포함된 자유학기 지원계획을 수립하여 추진한다.
- ㉥ 학교가 국가 교육과정에 제시되지 않은 교과목을 설치, 운영할 수 있도록 관련 지침을 학교에 제공하고 학교로 하여금 필요한 사전 절차를 밟도록 지원한다.
- ㉦ 학교가 지역사회의 유관 기관과 적극적으로 연계·협력해서 교과, 창의적 체험활동을 내실있게 운영할 수 있도록 지원하며, 관내 학교가 활용할 수 있는 '지역 자원 목록'을 작성하여 제공하는 등 구체적인 지원 방안을 마련한다.
- ㉧ 학교 교육과정의 효과적 운영을 위하여 학생의 배정, 교원의 수급 및 순회, 학교 간 시설과 설비의 공동 활용, 자료의 공동 개발과 활용에 관하여 학교 간 및 교육지원청 간의 협조 체제를 구축한다.
- ㉨ 전·입학, 귀국 등에 따라 공통 교육과정의 교과와 고등학교 공통 과목을 이수하지 못한 학생들이 해당 교과를 이수할 수 있도록 다양한 기회를 마련해 주고, 학생들이 지역사회의 공공성 있는 사회 교육 시설을 통해 이수한 과정을 인정해 주는 방안을 마련한다.
- ㉩ 귀국자 및 다문화 가정 학생의 교육 경험의 특성과 배경을 고려하여 이 교육과정을 이수하는 데 어려움이 없도록 지원한다.
- ㉪ 특정 분야에서 탁월한 재능을 보이는 학생, 학습 부진 학생, 장애를 가진 학생들을 위한 교육 기회를 마련하고 지원한다.
- ㉫ 단위 학교의 교육과정 편성·운영을 지원할 수 있도록 교원 연수, 교육과정 컨설팅, 연구학교 운영 및 연구회 활동 지원 등에 대한 계획을 수립하여 시행한다.
- 교원의 학교 교육과정 편성·운영 능력과 교과 및 창의적 체험활동에 대한 지도 능력을 제고하기 위하여 교원에 대한 연수 계획을 수립하여 시행한다.

- 학교 교육과정의 효율적인 편성·운영을 지원하기 위해 교육과정 컨설팅 지원단 등 지원 기구를 운영하며 교육과정 편성·운영을 위한 각종 자료를 개발하여 보급한다.
- 학교 교육과정 편성·운영의 개선과 수업 개선을 위해 연구학교를 운영하고 연구 교사제 및 교과별 연구회 활동 등을 적극적으로 지원한다.

㉣ 학교가 이 교육과정에 근거하여 학교 교육과정을 편성·운영할 수 있도록 다음의 사항을 지원한다.
- 학교 교육과정 편성·운영을 위해서 교육 시설, 설비, 자료 등을 정비하고 확충하는 데 필요한 행·재정적인 지원을 한다.
- 고등학교에서 학생의 과목 선택권을 보장하기 위해 교원 수급, 시설 확보, 프로그램 개발 등 필요한 행·재정적인 지원을 한다.
- 복식 학급 운영 등 소규모 학교의 정상적인 교육과정 운영을 지원하기 위해 교원의 배치, 학생의 교육받을기회 확충 등에 필요한 행·재정적인 지원을 한다.
- 수준별 수업을 효율적으로 운영하도록 지원하며, 기초학력 향상과 학습 결손 보충이 가능하도록 '특별 보충 수업'을 운영한 데 필요한 행·재정적인 지원을 한다.
- 지역사회와 학교의 여건에 따라 초등학교 저학년 학생을 학교에서 돌볼 수 있는 기능을 강화하고, 이에 대한 충분한 행·재정적 지원을 한다.
- 개별 학교의 희망과 여건을 반영하여 지역 내 학교 간 개설할 집중 과정을 조정하고, 그 편성·운영을 지원한다. 특히 소수 학생이 지망하는 집중 과정을 개설할 학교를 지정하고, 원활한 교육과정 편성·운영을 위한 행·재정적인 지원을 한다.
- 인문학적 소양 및 통합적 읽기 능력 함양을 위해 독서 활동을 활성화하도록 다양한 지원을 한다.
- 특성화 고등학교와 산업수요 맞춤형 고등학교가 산업체와 협력하여 특성화된 교육과정과 실습 과목을 편성·운영할 경우, 학생의 현장 실습이 내실 있게 운영될 수 있도록 행·재정적 지원을 한다.
- 안정적인 원격수업을 지원하기 위해 학교의 원격수업 인프라 구축, 교원의 원격수업 역량 강화 등에 필요한 행·재정적인 지원을 한다.

㉤ 학교 교육과정의 질 관리를 위하여 다음의 사항을 실시한다.
- 학교에 대한 교육과정 운영 지원 실태와 각급 학교의 교육과정 편성·운영 실태를 정기적으로 파악하고, 효과적인 교육과정의 운영과 개선 및 질 관리에 필요한 지원을 한다.
- 학교의 교육과정 편성·운영에 대한 질 관리와 교육과정 편성·운영 체제의 적절성 및 실효성을 높이기 위하여 학업 성취도 평가, 학교 교육과정 평가 등을 실시하고 그 결과를 교육과정 개선에 활용한다.
- 교육청 수준의 학교 교육과정 지원에 대한 자체 평가와 교육과정 운영 지원 실태에 대한 점검을 자율적으로 실시하고 개선 방안을 마련한다.

기출문제

PART 5 교육과정

기출문제

문 다음은 2022 개정교육과정에서 교육과정 구성의 중점 중 일부이다. (가), (나), (다)에 들어갈 말을 바르게 연결한 것은?

▶ 2024. 3. 23. 인사혁신처

- 학생 개개인의 [(가)] 성장을 지원하고, 사회 구성원 모두의 행복을 위해 서로 존중하고 배려하며 협력하는 공동체 의식을 함양한다.
- 모든 학생이 학습의 기초인 언어·수리·[(나)] 기초소양을 갖출 수 있도록 하여 학교 교육과 평생 학습에서 학습을 지속할 수 있게 한다.
- 다양한 [(다)] 수업을 활성화하고, 문제 해결 및 사고의 과정을 중시하는 평가를 통해 학습의 질을 개선한다.

	(가)	(나)	(다)
①	인격적	디지털	학생 참여형
②	인격적	외국어	학생 주도형
③	통합적	디지털	학생 주도형
④	통합적	외국어	학생 참여형

|정답 ①

(8) 2022 개정 교육과정

① 주요 개정 내용

㉠ 미래 변화를 능동적으로 준비할 수 있도록 역량 및 기초소양 함양 교육 강화
- 모든 교과 학습과 평생학습의 기반이 되는 언어·수리·디지털 기초소양 강화
- 지속 가능한 미래를 위한 공동체 역량 강화 및 환경·생태교육 확대, 디지털 기초소양 강화 및 정보교육 확대

㉡ 학생의 자기주도성, 창의력과 인성을 키워주는 개별 맞춤형 교육 강화
- 학교급 전환 시기에 필요한 학습과 학교생활 적응을 위한 진로 연계교육 도입
- 학생 맞춤형 과목 선택권 확대, 학습에 대한 성찰과 책임 강화 등

㉢ 학교 현장의 자율적인 혁신 지원 및 유연한 교육과정으로 개선
- 학교자율시간으로 지역 연계 교육 및 학교와 학생의 필요에 따른 다양한 선택과목 개설 활성화
- 학점 기반의 유연한 교육과정, 진로 선택 및 융합 선택과목 재구조화를 통한 학생 과목 선택권 확대

㉣ 학생의 삶과 연계한 깊이 있는 학습을 위한 교과 교육과정 개발
- 단순 암기 위주의 교육방식에서 탐구와 개념 기반의 깊이 있는 학습으로 전환
- 디지털·인공지능을 기반으로 학생 참여형·주도형 수업 및 학습의 과정을 중시하는 평가로 개선

② 추진 배경 및 방향

㉠ 추진배경
- 미래 사회 변화에 대응할 수 있는 힘을 기를 수 있도록 함
- 학습자 주도성, 창의력 등 역량을 체계화
- 지역·학교의 유연한 교육과정 운영
- 학생 맞춤형 교육
- 디지털·인공지능 기반의 교실 수업 개선 등

㉡ 추진 방향
- 개별성·다양성
  - 학생 개별 성장 및 진로 연계 교육 지원
  - 삶과 연계한 역량 함양 교육과정 개선
- 분권화·자율화
  - 지역 분권화 및 학교 교사 자율성에 기반한 교육과정 강화
  - 국민과 함께 하는 교육과정 개발
- 공공성·책무성
  - 기초 학력 및 배려 대상(특수교육, 다문화 등) 교육 체계화
  - 지속 가능한 미래 및 불확실성에 대비한 교육 강화(디지털 및 생태전환 교육, 민주시민교육 등)

- 디지털 기반 교육
  - 온·오프라인 연계 등 미래지향적 교수·학습 및 평가 재설계
  - 디지털 기반 삶 학습과 연계한 공간 구성 및 재구조화

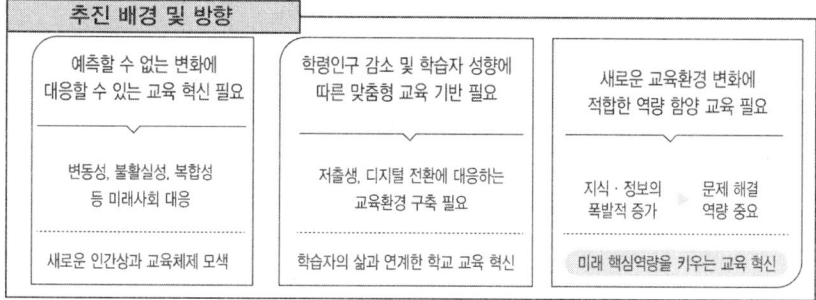

③ 총론의 주요 개정 방향
  ㉠ 비전의 제시
    - 미래 사회가 요구하는 핵심역량을 갖춘 '포용성과 창의성을 갖춘 주도적인 사람으로 성장 지원'을 비전으로 제시하였다.

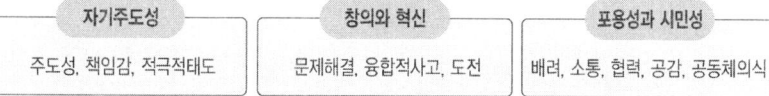

  - 추구하는 인간상에서는 학생의 주도성, 책임감, 적극적 태도 등을 강조하기 위해 현행 교육과정의 '자주적인 사람'을 '자기주도적인 사람'으로 개선한다.
  - 우리 교육이 지향해야 할 가치와 교과교육 방향 및 성격을 기초로 미래사회변화에 대응할 수 있는 역량으로 '협력적 소통 역량'을 강조하여 제시하였다.

  ㉡ 총론의 주요 개정 방향
    - 미래 사회에 대응할 수 있는 능력과 기초 소양 및 자신의 학습과 삶에 대한 주도성을 강화한다.
      - 여러 교과를 학습하는 데 기반이 되는 언어, 수리, 디지털 소양 등을 기초소양으로 하여 교육 전반에서 강조한다.
      - 디지털 문해력(리터러시) 및 논리력, 절차적 문제해결력 등 함양을 위해 다양한 교과 특성에 맞게 디지털 기초소양 반영 및 선택 과목을 신설했다.
    - 학생들의 개개인의 인격적 성장을 지원하고 구성원 모두의 행복을 위해 공동체의식을 강화한다.
      - 기후·생태환경 변화 등에 대한 대응 능력 및 지속가능성 등 공동체적 가치를 함양하는 교육을 강조한다.
      - 다양한 특성을 가진 학생이 차별받지 않도록 지원하고, 지역·학교 간 교육 격차를 완화할 수 있는 지원 체제를 마련하였다.
    - 학생들이 자신의 진로와 학습을 주도적으로 설계하고, 적절한 시기에 학습할 수 있도록 학습자 맞춤형 교육과정을 마련한다.

- 지역 연계 및 학생의 필요를 고려한 선택 과목을 개발·운영할 수 있도록 학교자율시간을 도입한다.
- 학교급 간 교과 교육과정 연계, 진로 설계 및 탐색 기회 제공, 학교 생활 적응을 지원하는 진로연계교육의 운영 근거를 마련하였다.
- 학생이 주도성을 기초로 역량을 기를 수 있도록 교과 교육과정을 마련한다.
  - 교과별로 꼭 배워야 할 핵심 아이디어 중심으로 학습량을 적정화한다.
  - 학생들이 경험해야 할 사고, 탐구, 문제해결 등의 과정을 학습 내용으로 명료화하여 교수·학습 및 평가 방법을 개선하였다.

ⓒ 학교급별 주요 개정 사항

- 초등학교 : 1~2학년(군)에 입학 초기 적응활동을 개선하고, 한글 해득 교육과 실외 놀이 및 신체활동 내용을 강화하였다.
  - 초등학교 1학년 입학 초기 적응활동을 통합교과(바른 생활, 슬기로운 생활, 즐거운 생활)와 창의적 체험활동 시간으로 내용을 체계화하고, 기초 문해력 강화 및 한글 해득 교육을 위한 국어 34시간을 증배하였다.
  - 초등학교 1~2학년의 안전교육은 64시간을 유지하되, 통합교과와 연계하여 재구조화하고, 교과와 창의적 체험활동을 통해 학생 발달 수준에 맞는 체험·실습형 안전교육이 이루어지도록 개선하였다.
    ※ 초 3 이후에는 안전 관련 교과에 다중 밀집 환경의 안전 수칙 내용 포함 및 위기 상황 대처 능력 함양 사항을 포함하여 체험 위주의 안전교육이 활성화되도록 개선하였다.
  - 초등학생들의 발달 특성에 적합한 실질적 움직임 기회 제공을 위해 '즐거운 생활' 교과에 실내외 놀이 및 신체활동을 강화하였다.
    ※ 표현, 놀이 및 활동 중심으로 즐거운 생활 교과를 재구조화하되, 충분한 신체활동을 제공할 수 있도록 성취기준 및 성취기준 해설에 반영하였다.
- 중학교 : 자유학기(1학년) 편성 영역 및 운영 시간을 적정화(기존 : 4개 영역〈주제 선택, 진로 탐색, 예술·체육, 동아리 활동〉170시간 → 개선 : 2개 영역으로 통합〈주제 선택, 진로 탐색〉102시간)하고, 학교 스포츠클럽 활동의 의무 편성 시간을 적정화(기존 : 3년간 총 136시간, 연간 34~68시간 → 개선 : 3년간 총 102시간, 연간 34시간)하여 학교 교육과정 편성·운영의 어려움을 해소하였다.
  - 고등학교로 진학하기 전 중학교 3학년 2학기를 중심으로, 고등학교에서 교과별로 배울 학습 내용과 진로 및 이수 경로 등을 학습할 수 있도록 진로연계교육을 도입하고 자유학기와 연계하여 운영한다.
- 고등학교 : 학점 기반 선택 교육과정으로 명시하고, 한 학기에 과목 이수와 학점 취득을 완결할 수 있도록 재구조화하였다.
  - 학기 단위 과목 운영에 따라 과목의 기본 학점을 4학점(체육, 예술, 교양은 3학점)으로 조정하고, 증감 범위도 ±1로 개선하여 학생이 진로에 적합한 과목을 이수할 수 있도록 개선하였다.
    ※ 자율적 과목 선택·이수, 자기주도적 공강 활용 등 학습자 주도성과 학습의 책임을 강조하였다.

-학습자의 진로와 적성을 중심으로 비판적 질문, 실생활 문제해결, 주요 문제 탐구 등을 위한 글쓰기, 주제 융합 수업 등 실제적 역량을 기를 수 있도록 다양한 진로선택과 융합선택과목을 신설하고 재구조화하였다.

[고등학교 교과 구조 개선안]

공통과목	일반 선택과목	진로 선택과목	융합 선택과목
기초소양 및 기본학력 함양, 학문의 기본이해 내용 과목	교과별 학문 영역 내의 주요 학습 내용 이해 및 탐구를 위한 과목	교과별 심화 학습 및 진로 관련 과목	교과 내·교과간 주제 융합 과목, 실생활 체험 및 응용을 위한 과목

- 특수목적고에서 개설되었던 전문교과Ⅰ은 일반고 학생들도 진로와 적성에 따라 선택할 수 있도록 보통교과로 통합하였다.
  ※ 향후 고교체제개편에 따라 특수 목적 고등학교 선택과목은 변경될 수 있다.
- 특성화고 교육과정은 미래 직업세계 변화에 요구되는 기초소양 및 핵심역량을 갖출 수 있도록 전문 공통과목(현행 : 성공적인 직업 생활 → 개선 : 성공적인 직업 생활, 노동인권과 산업안전보건, 디지털과 직업 생활)을 확대하고 전공 일반, 전공 실무 과목으로 재구조화하였다.

④ 교과 교육과정 주요 개정내용
  ㉠ 깊이 있는 학습, 교과 간 연계와 통합, 삶과 연계한 학습, 학습 과정에 대한 성찰을 중심으로 역량 함양 교과 교육과정을 개발하였다.
  • 핵심 아이디어를 중심으로 학습 내용을 적정화하고 교과 내 영역 간 내용 연계성을 강화하며, 학생의 삶과 연계한 실생활 맥락 속에서 깊이 있는 학습을 지원한다.
  ㉡ 다양한 문제해결 상황에 대해 스스로 문제를 인식하고 해결 방법을 탐구하여 자신만의 방식으로 과정을 실천하는 학습자 주도성을 강조하였다.
  • 비판적 질문, 토의·토론수업, 협업 수업 등 자기 능력과 속도에 맞춘 학습 역량을 기를 수 있도록 다양한 학생 주도형 수업으로 개선하고,
  • 학습 내용뿐 아니라 준비와 태도, 학생 간의 상호작용, 사고 및 행동의 변화 등을 지속해서 평가하는 등 학습 과정을 중시하는 평가와 개별 맞춤형 피드백 등을 강화한다.

⑤ 주요 교과별 개정 사항
  ㉠ 국어 : 초등 저학년(1~2학년)의 국어 34시간 증배를 통해 한글 해득 및 기초 문해력 교육을 강화한다.
  • 누적적 학습 경험이 요구되는 국어과 특성을 고려하여 기본적인 지식과 기능을 심화, 확장하는 방식으로 내용 체계를 구성하였다.
  • 초·중학교에서 '매체' 영역을, 고등학교 선택 교육과정에서 '문학과 영상', '매체 의사소통' 등의 선택 과목을 신설하여, 매체 관련 교육내용을 초등학교 단계부터 체계적으로 구성하였다.

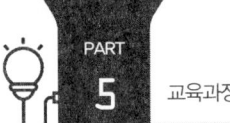

기출문제

- 고등학교에서는 비판적 사고 역량과 서술·논술 능력을 갖출 수 있도록 '주제 탐구 독서', '독서 토론과 글쓰기' 등 독서·작문 연계 활동을 강화하는 과목을 신설하였다.
ⓒ 수학 : 디지털 대전환 시대에 대응한 수학적 역량 함양을 위해 학교급(학년별) 학습량 적정성을 고려하여 관련한 필수 내용 요소와 과목체계를 재구조화하였다.
- 초·중학교에서는 교과 영역을 통합('수와 연산', '변화와 관계', '도형과 측정', '자료와 가능성' 4개 영역으로 통합·제시)하여 학교급 간 연계를 강화하고, 고등학교는 학생의 적성과 진로 등에 따른 '실용 통계', '수학과 문화', '직무 수학' 등 다양한 선택 과목을 신설하였다.
- 수학에 대한 흥미와 자신감을 높일 수 있도록 수학적 모델링, 놀이 및 게임학습 등에 대한 교수·학습과 평가 모형을 구체화하고, 디지털 기반 학습을 통한 공학도구의 활용을 강조하였다.
ⓒ 영어 : 현행의 '듣기', '말하기', '읽기', '쓰기' 언어 기능별 영역 분류 방식을 탈피하고, 영어 지식정보의 '이해', '표현' 2개 영역으로 개선하였다.
- 학생 발달 수준과 학교급 간 연계 등을 고려하여 성취기준을 설계하고, 학생의 삶과 연계된 실생활 중심의 영어 의사소통 역량 교육을 강화하였다.
- 고등학교의 경우 '공통 영어'를 통해 영어의 기초적인 소양을 함양한 후, 학생의 진로를 고려한 '직무 영어', '영어 발표와 토론' 등 진로 선택 과목과 실생활에서 영어를 응용할 수 있는 '실생활 영어 회화', '미디어 영어', '세계문화와 영어'의 융합 선택 과목을 신설하였다.
ⓜ 사회 : 역량 함양 탐구형 수업이 가능하도록 초·중·고의 계열성을 고려하여 핵심아이디어 중심으로 학습량을 적정화하였고,
- 현행 '이해한다, 탐구한다' 등으로 편중된 성취기준 술어를 다양한 탐구 기능·실천 중심의 수행 동사로 개선하여 하나의 정답을 찾기보다는 '다양한 답을 찾아가는 수업'을 할 수 있도록 구성하였다.
- 고등학교에서는 학생의 진로와 적성에 따른 교육이 가능하도록 '정치와 법'을 '정치', '법과 사회'로 분리하고, '세계시민과 지리', '도시의 미래 탐구', '금융과 경제생활', '기후변화와 지속가능한 세계' 등의 선택 과목을 다양하게 배울 수 있도록 신설하였다.
ⓗ 과학 : 미래 융복합적 문제에 유연하게 대응할 수 있는 과학적 소양과 창의성 함양을 위해 일상의 자연현상과 삶의 경험을 토대로 탐구 및 추론, 통합적 사고, 문제해결력 등 과학적 역량을 강조하였다.
- 초·중학교에서는 물리학, 화학, 생명과학, 지구과학 분야별 분절적 학습을 지양하며, 학생의 발달 단계에 따라 핵심 아이디어를 중심으로 학교급별 내용 요소(3·4학년군 : 감염병과 건강한 생활, 기후변화와 우리 생활, 5·6학년군 : 자원과 에너지, 과학과 나의 진로)를 기후변화, 감염병, 진로 등과 연계하여 재구성하고, 학년군별 통합단원을 확대(1→2개)하였다.

- 고등학교에서는 '통합과학'에서 과학적 기초역량과 통합적 이해를 강조하고, 과학 분야 및 진로·융합영역에서의 다양한 과목 개설을 통해 과학적 역량 함양을 강화하였다.
  ※ 일반선택→4종, 진로 선택→8종, 융합 선택→3종, 과학 계열 선택 과목→9종
- ⓢ **정보교육**: 현행의 소프트웨어 교육을 바탕으로 인공지능·빅데이터 등 첨단 디지털 혁신 기술을 이해하고 활용할 수 있도록 초중학교 정보수업 시수를 확대하는 등 정보 교과 교육과정(초등학교 실과: 17시간→34시간 이상, 중학교 정보: 34시간→68시간 이상)을 재구조화하였다.
- 놀이·체험 활동(초) 및 실생활 문제해결 과정(중)을 간단한 컴퓨터 프로그램으로 구현하면서, 학습 부담 없이 쉽고 재미있게 정보 기초소양을 학습할 수 있도록 학습 내용을 재구성하였다.
  ※ 초등학교: 카드놀이 등 언플러그드 활동으로 문제해결 절차를 이해하고 블록 코딩 등으로 구현
  ※ 중학교: 일련의 컴퓨팅 사고 과정 이해와 실생활 중심의 인공지능 윤리 등 가치·태도 인식
- 학생의 진로·적성에 따른 맞춤형 정보 역량을 함양할 수 있도록 다양한 선택 과목 개설(일반선택: 정보, 진로선택: 인공지능 기초, 데이터과학, 융합선택: 소프트웨어와 생활)을 통해 진로 연계를 강화하였다.
- ⓞ **특성화 고등학교 전문교과**: 미래 산업의 변화 및 기술의 융·복합화에 따른 기준학과를 신설(소프트웨어, 화학(바이오), 에너지, 소방, 지능형도시(스마트시티), 지능형 공장(스마트 공장) 등)하고, 현장성을 고려하여 교과(군) 재구조화하였다.

⑥ 특수교육 교육과정
  ㉠ 2022 개정 특수교육 교육과정
  - 기본 교육과정의 성격 확립하였다.
  - 장애 정도가 심한 학생을 위한 '일상생활 활동' 신설하였다.
  - 통합교육을 위한 교육과정 지원 확대 등을 제시하여, 학생의 장애 특성 및 교육적 요구 등을 고려한 맞춤형 교육과정을 마련하였다.
  ㉡ **총론의 주요 개정내용**
  - 학생의 장애 특성 및 교육적 요구 등을 고려하여 기본 교육과정의 성격을 대안형 교육과정에서 학생 맞춤형 교육과정으로 확립하였다.
  - 현행 교과(군)별 30% 범위 시수 증감 가능 범위를 교과(군)별, 창의적 체험활동, 일상생활 활동 간 50% 범위에서 시수 증감이 가능하게 하였다.
  - 실생활 중심의 내용(의사소통, 자립생활, 신체활동, 여가 활동, 생활적응 등)으로 구성된 일상생활 활동을 신설하여, 장애가 심한 학생을 위한 교육을 강화하였다.

기출문제

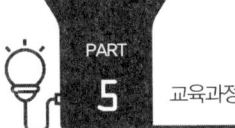

- 배치환경에 따른 교육적 지원을 강화하였다.
  - 일반학교: 초·중등학교 교육과정 재구성, 특수교육 교과용 도서를 활용할 수 있는 지침 마련 등으로 특수교육 대상 학생의 공통 교육과정 접근을 확대하였다.
  - 특수학교: 공통 및 선택 중심 교육과정과 기본 교육과정 병행할 수 있도록 하여 감각장애 또는 장애가 심한 학생의 교육적 요구를 반영했다.
  - 순회교육: 시·도교육청 차원의 교육과정 편성·운영 지침 마련 시 순회교육 대상 학생의 교육적 요구를 고려할 수 있도록 하였다.
- 학생의 장애 특성 및 교육적 요구, 고등학교 졸업 후 가정생활 및 지역사회 적응 준비 등을 위한 과목을 신설하거나 전환하였다.
  ※ '사회적응' 과목 신설, 고등학교 '시각장애인 자립생활' 및 '농인의 생활과 문화' 과목을 창의적 체험활동에서 직업·생활 교과(군) 선택 과목으로 전환

ⓒ 각론의 주요 개정내용: 총론의 개정 취지와 각론(교과) 간 연계성을 강화하였다.
- 국가 교육과정으로서의 문서 체제 및 내용체계의 일관성은 유지하면서 학생의 장애 특성 및 교육적 요구 등을 반영하였다.
  ※ 장애 정도가 심한 학생을 위한 영역 성취기준 적용 시 고려 사항 제시, 교수·학습 및 평가 시 장애 유형 및 교육적 요구 고려 등
- 현행 교육과정 대비 성취기준 수를 약 20% 감축하고, 실생활 중심 교육내용 구성으로 학습량과 수준을 적정화하여 장애 정도가 심한 학생의 학습 부담을 경감하였다.

(9) 2015 개정 교육과정과의 비교

구분	주요 내용	
	2015 개정	2022 개정
교육과정 개정 방향	• 창의융합형 인재 양성 • 모든 학생이 인문·사회·과학기술에 대한 기초 소양 함양 • 학습량 적정화, 교수·학습 및 평가 방법 개선을 통한 핵심역량 함양 교육 • 교육과정과 수능·대입제도 연계, 교원 연수 등 교육 전반 개선	• 포용성과 창의성을 갖춘 주도적인 사람 • 모든 학생이 언어·수리·디지털소양에 대한 기초 소양 함양 • 학습량 적정화, 교수·학습 및 평가 방법 개선을 통한 역량 함양 교육 • 교육과정과 수능·대입제도 연계, 교원 연수 등 교육 전반 개선

총론	공통사항	핵심역량 반영	• 총론 '추구하는 인간상' 부문에 6개 핵심역량 제시 • 교과별 교과 역량을 제시하고 역량 함양을 위한 성취기준 개발 ※ 일반화된 지식, 핵심개념, 내용요소, 기능	• 총론 6개 핵심역량 개선: 의사소통역량 → 협력적 소통 역량 • 교과 역량을 목표로 구체화하고 역량 함양을 위한 내용체계 개선, 핵심 아이디어 중심으로 적정화 ※ (개선) 지식·이해, 과정·기능, 가치·태도
		역량함양 강화	• 연극교육 활성화 -(초·중) 국어 연극 단원 신설 -(고) '연극'과목 일반선택으로 개설 • 독서교육 활성화	• 디지털 기초소양, 자기주도성, 지속가능성, 포용성과 시민성, 창의와 혁신 등 미래사회 요구 역량 지향
		소프트 웨어 교육 강화	• (초) 교과(실과) 내용을 SW 기초 소양교육으로 개편 • (중) 과학/기술·가정/정보 교과 신설 • (고) '정보' 과목을 심화선택에서 일반선택 전환, SW 중심 개편	▶ 모든 교과교육을 통한 디지털 기초소양 함양 • (초) 실과 + 학교 자율시간 등을 활용하여 34시간 이상 편성 • (중) 정보과 + 학교 자율시간 등을 활용하여 68시간 이상 편성 • (고) 교과 신설, 다양한 진로 및 융합선택과목 신설(데이터과학, 소프트웨어와 생활 등)
		안전교육 강화	• 안전 교과 또는 단원 신설 -(초1~2)「안전한 생활」신설 (64시간) -(초3~고3) 관련 교과에 단원 신설	• 체험·실습형 안전교육으로 개선 -(초1~2) 통합교과 주제와 연계(64시간) -(초3~고3) 다중밀집도 안전을 포함하여 체험·실습형 교육요소 강화
		범교과 학습주제 개선	• 10개 범교과 학습 주제로 재구조화	• 10개 범교과 학습 주제로 유지 ※ (초·중등교육법 개정) 교육과정 영향 사전협의하도록 관련 법 개정
		창의적 체험활동		

PART 5 교육과정

기출문제

총론	고등학교	공통과목 신설 및 이수단위	• 공통과목 및 선택과목으로 구성 • (선택과목) 일반선택과 진로선택 - 진로선택 및 전문교과를 통한 맞춤형 교육, 수월성 교육 실시	• 공통과목 및 선택과목으로 구성 • 선택과목은 일반선택과 진로선택, 융합선택으로 구분 - 다양한 진로선택 및 융합선택 과목재구조화를 통한 맞춤형 교육
		특목고 과목	• 보통교과에서 분리하여 전문교과로 제시	• 전문교과I 보통교과로 통합(학생 선택권 확대), 진로선택과 융합선택으로 구분, 수월성 교육 실시
		편성운영 기준	• 필수이수단위 94단위, 자율편성단위 86단위, 총 204단위 • 선택과목의 기본단위 5단위 (일반선택 2단위증감, 진로선택 3단위 증감가능)	• 필수이수학점 84학점, 자율이수학점 90학점, 총 192학점 • 선택과목의 기본학점 4학점(1학점 내 증감가능)
		특성화고 교육과정	• 총론(보통교과)과 NCS 교과의 연계	• 국가직무능력표준 기반 교육과정 분류체계 유지 • 신산업 및 융합기술 분야 인력양성 수요 반영
	중학교		• 중학교 '교육과정 편성·운영의 중점'에 자유학기제 교육과정 운영 지침 제시	• 자유학기제 영역, 시수 적정화 ※ (시수) 170시간→ 102시간 ※ (영역) 4개→ 2개(주제선택, 진로탐색) • 학교스포츠클럽활동 시수적정화 ※ (시수)136시간→ 102시간
	초등학교		• 주당 1시간 증배, '안전한 생활' 신설 - 창의적 체험활동에서 체험중심 교육으로 실시 • 초등학교 교육과정과 누리과정의 연계 강화(한글교육 강화)	• 입학초기적응활동 개선 - 창의적 체험활동 중심으로 실시 • 기초문해력강화, 한글해득 강화를 위한 국어 34시간 증배 • 누리과정의 연계 강화(즐거운 생활 내 신체활동 강화)
	교과교육과정 개정 방향		• 총론과 교과교육과정의 유기적 연계 강화 • 교과교육과정 개정 기본방향 제시 - 핵심개념 중심의 학습량 적정화 - 핵심역량을 반영 - 학생참여중심 교수·학습방법 개선 - 과정중심 평가 확대	• 총론과 교과교육과정의 유기적 연계 강화 • 교과교육과정 개정 기본방향 제시 - 핵심아이디어 중심의 학습량 적정화 - 교과역량 교과 목표로 구체화 - 학생참여중심, 학생주도형 교수·학습방법 개선(비판적 질문, 글쓰기 등) - 학습의 과정을 중시하는 평가, 개별 맞춤형 피드백 강화

지원체제	교과서	• 흥미롭고 재미있는 질 높은 교과서 개발	• 실생활 맥락에서 학습자의 자기주도성과 소통협력을 이끄는 교과서 개발
	대입제도 및 교원	• 교육과정에 부합하는 수능 및 대입 제도 도입 검토 -수능 3년 예고제에 따라 '17년까지 '21학년도 수능 제도 확정 • 교원양성기관 질 제고, 연수 확대	• 교육과정에 부합하는 대입 제도 도입 검토 -'24년까지' 28학년도 대입제도 개편안 확정·발표 • 교원양성기관 질 제고, 연수 확대

기출문제

단원평가 교육과정

1 다음 중 교육과정의 구성절차는?

① 교육평가 → 교육목적 달성 → 경험의 선정·조직 → 경험의 전개
② 교육목적 설정 → 경험의 선정·조직 → 경험의 전개 → 교육평가
③ 교육목적 설정 → 경험의 전개 → 경험의 선정·조직 → 교육평가
④ 교육목적 설정 → 교육평가 → 경험의 선정·조직 → 경험의 전개

② 교육과정은 '교육목표의 설정, 교육내용의 선정, 교육내용의 조직, 교수-학습과정(단원과 구성의 전개), 교육과정의 평가'로 구성된다.

2 교육과정의 마지막 단계는?

① 교육목표의 설정　　　　　　　② 학습경험의 선정
③ 학습지도　　　　　　　　　　④ 교육평가

④ 교육과정의 마지막은 교육평가로서 교육과정의 각 구성요소 간의 관계와 자체에 관한 투입, 절차, 산출변인의 가치를 판단하는 활동이다.

3 학습경험의 통합성이 가장 약한 교육과정구조는?

① 상관교육과정　　　　　　　　② 중핵교육과정
③ 교과교육과정　　　　　　　　④ 경험교육과정

① 두 개 이상의 과목이 각각의 교과선을 유지하며 비슷한 교과목 간에 상호 관련지어져 있는 교육과정이다.
② 종합적인 중심과정과 주변과정이 동심원적으로 결합되어 전체 구조를 갖는 교육과정이다.
④ 학교의 지도하에 학생들이 가지게 되는 모든 경험과 활동이 교육과정이다.

4 다음 중 2022 개정교육과정 내용에 해당하지 않는 것은?

① 학생의 자기주도성과 창의력과 인성을 키워주는 개별 맞춤형 교육을 강화하였다.
② 학교 현장의 유연한 교육과정과 자율적인 혁신 지원으로 개선하였다.
③ 학생의 삶과 연계한 깊이 있는 학습을 위한 교과 교육과정을 개발하였다.
④ 미래 사회가 요구하는 핵심역량을 기를 수 있는 교과 교육과정을 개발하고자 하였다.

2022 개정교육과정 주요 개정내용
㉠ 미래 변화를 능동적으로 준비할 수 있도록 역량 및 기초소양 함양 교육 강화
㉡ 학생의 자기주도성, 창의력과 인성을 키워주는 개별 맞춤형 교육 강화
㉢ 학교 현장의 자율적인 혁신 지원 및 유연한 교육과정으로 개선
㉣ 학생의 삶과 연계한 깊이 있는 학습을 위한 교과 교육과정 개발
④는 2015 개정교육과정의 기본방향이다.

5 다음 내용 중 옳은 것을 모두 묶으면?

㉠ 학문중심 교육과정은 지식의 구조를 교육과정의 핵심 개념으로 보았다.
㉡ 잠재력 교육과정은 학교가 교육목표를 달성하는 과정에서 발생하는 모든 경험을 말한다.
㉢ 나선형 교육과정은 학문의 공통된 내용을 수준을 달리하여 반복적으로 학습하는 것과 관련 있다.
㉣ 경험중심 교육과정은 교과중심 교육과정을 비판하는 가운데 나온 것이다.
㉤ 학습 경험을 조직하기 위해 계속성, 계열성, 통합성의 원리를 고려해야 한다.

① ㉠㉡㉢㉣㉤
② ㉠㉢㉣㉤
③ ㉠㉡㉣
④ ㉡㉢㉤

㉡ 학교교육을 통하여 학생들이 가지게 되는 경험 중에서 표면적인 교육과정을 제외한 학교의 전 경험과 관련이 있다.

Answer 1.② 2.④ 3.③ 4.④ 5.②

단원평가

6 다음은 우리나라의 교육과정에 대한 내용이다. ㉠, ㉡에 적절한 것은?

구분	교육과정	특징
제1차 교육과정 (1955~1963)	교과중심	• 각 학교의 교과목, 기타 교육활동의 편제 • 지적 체계 중심, 생활중심 교육과정 개념의 침투
제2차 교육과정 (1963~1973)	생활중심	• 학교의 지도하에 경험하는 모든 학습활동의 총화 • 학습활동의 경험성·자주성·생산성·유용성 강조
제3차 교육과정 (1973~1981)	㉠	• 지식의 구조, 기본개념과 원리 중시 • 자발적 탐구를 통한 지식의 이해
제4차 교육과정 (1981~1987)	인간중심	• 교과·경험·학문을 인간중심으로 조화 • 개인적·사회적·학문적 적합성의 조화
제5차 교육과정 (1987~1992)	㉡	• 교과·경험·학문·인간중심 교육과정의 조화 • 단일 사조의 지양

　　㉠　　　　㉡
① 경험중심　　잠재적
② 학문중심　　국민공통 기본
③ 통합적　　　국민공통 기본
④ 학문중심　　통합적

④ 학문중심 교육과정은 '구조화된 일련의 의도된 학습결과로서 각 학문에 내재해 있는 지식의 탐구과정의 조작을 의미한다. 통합적 교육과정은 제5~6차에 걸쳐 적용된 교육과정으로 단일사조를 지양하고 교과·경험·학문·인간중심 교육과정의 조화를 꾀하였다.

7 다음 중 제7차 교육과정에 대한 설명으로 옳지 않은 것은?

① 재량활동의 신설 및 확대
② 특별활동의 5대 영역 구분
③ 국민공통 기본교육과정 도입
④ 학교급별 교육과정체제 중심

④ 학교급별 교육과정체제에서 벗어난 전 학교급에 걸친 교과별 교육과정체제를 채택했다.

8 계열성과 관계되는 것은?

① 나선형적 조직과 관련된다.　　② 동일수준의 교육내용을 반복 학습한다.
③ 학습경험의 강화와 반복을 의미한다.　　④ 장기간에 걸쳐 학습된다.

② 계속성　③ 통합성

9 다음 중 잠재적 교육과정의 특징으로 옳은 것은?

① 단기적으로 배우며 일시적인 영향이 있다.　　② 교사의 지적·기능적인 영향을 받는다.
③ 학교의 문화 풍토와 관련이 있다.　　④ 바람직한 내용만이 포함된다.

잠재적 교육과정의 특징
㉠ 교사와 학생간의 인간관계에 의해 학습이 이루어진다.
㉡ 학생들의 태도, 가치관, 신념의 형성과 관련된 교육과정이다.
㉢ 환경의 영향으로 은연중에 가지게 된 경험이다.
㉣ 교사의 행동과 인격이 큰 영향을 준다.
㉤ 사회적·정의적 발달에 영향을 미친다.

10 교과, 경험, 학문, 인간중심 교육과정의 비교한 내용 중 옳지 않은 것은?

	구분	교과중심	경험중심	학문중심	인간중심
①	목적	이성의 계발	생활인의 육성	탐구심 배양	전인적 인간형성
②	내용	문화유산	구조화된 지식	포괄적 내용(지, 덕, 체)	생활경험
③	연대	1920년대 이전까지	1930 ~ 1950	1960 ~ 1970	1970 ~ 1980
④	정의	교수요목	지도된 경험	지식탐구과정의 조직	경험의 총체

② 경험중심 교육과정의 내용은 생활경험, 학문중심 교육과정의 내용은 구조화된 지식을, 인간중심 교육과정의 내용은 지, 덕, 체를 포함하는 내용이다.

Answer　6.④　7.④　8.①　9.③　10.②

11 다음의 교육과정 관점에 대한 설명으로 옳지 않은 것은?

> 인간의 정신은 몇 개의 능력들(faculties)로 이루어져 있고, 이 능력들을 단련하는 데에는 거기에 적합한 교과가 있다. 교과교육에서 무엇을 기억하고 추리하느냐가 중요한 것이 아니고, 기억되고 추리되는 내용이 무엇이든지 간에 그것을 기억하고 추리한다는 점이 중요하다. 따라서 교과는 인간의 정신을 도야하는 가치에 따라 그 중요성이 결정되며, 정신능력들을 도야하는 데 적합한 교과들을 학교에서 가르쳐야 한다.

① 교과 학습에서 흥미가 없는 교과라도 학습자의 노력이 중시된다.
② 교과 내용의 가치를 개인 생활의 의미와 사회적 유용성에서 찾는다.
③ 교과의 중요성은 구체적인 내용에 있기보다는 내용을 담는 형식에 있다.
④ 능력심리학에 근거하여 심근(心筋) 단련을 위한 수단으로 교과를 강조한다.

제시문은 능력심리학과 형식도야설의 특징에 관한 내용이다.
　㉠ 능력심리학: 인간의 정신이 기억력, 주의력, 추리력, 의지력, 상상력과 같은 기초능력(심근)으로 구성되어 있다. 신체훈련으로 근육을 단련시킬 수 있듯이 정신능력도 훈련으로 연마할 수 있으며, 정신능력이 연마되면 새로운 장면에 광범위하고 자동적으로 전이된다고 주장한다.
　㉡ 형식도야설: 정신능력이 훈련으로 도야될 수 있고, 도야된 정신능력이 광범위한 영역으로 전이가 된다는 것으로 20세기 초반 성립된 능력심리학의 전이이론이다.

12 다음 중 잠재적 교육과정의 특성으로 적절한 것은?

① 계획적이고 의도적인 교육과정이다.
② 정의적 측면이 주로 학습된다.
③ 바람직한 내용만을 포함한다.
④ 교과지식에 대한 이해가 주된 목적이다.

① 환경의 영향으로 은연중에 가지게 된 경험이다.
③ 바람직한 것과 바람직하지 못한 것 모두 포함된다.
④ 비지적인 정의적 영역과 관련이 있다.

13 다음에서 설명하는 것은 무엇인가?

- 교육을 보는 관점에 따라 다양하다.
- 학습자의 교육적 성취를 위한 모든 수준의 계획으로 정의된다.
- 유형·무형의 형태를 지니며, 다양한 자료를 통해 표현될 수 있다.

① 교육과정 ② 교육목적
③ 교육시설 ④ 교육평가

가장 일반적인 의미로 교육과정이란 학교에서 가르치는 교육내용을 의미하며, 교육내용을 무엇으로 간주하느냐에 따라 여러 가지 유형으로 분류된다. 표면적 교육과정인 경우의 유형의 형태를 지니나, 잠재적 교육과정이나 영 교육과정은 공식적인 문서에 나타나 있지 않은 무형의 형태를 띤다.

14 다음 중 교육내용 선정의 일반원칙 중 기회의 원칙에 대한 설명으로 옳은 것은?

① 학생들이 교육목표 달성에 필요한 학습경험을 할 수 있는 기회를 제공해야 한다.
② 학생들이 학습함에 있어서 만족을 느끼는 경험이어야 한다.
③ 학습경험은 학생들이 현재 수준에서 경험이 가능한 것이어야 한다.
④ 하나의 목표를 달성하기 위해서는 여러 가지 학습경험이 필요하다.

② 만족의 원칙 ③ 학습가능성의 원칙 ④ 일목표 다경험의 원칙

Answer 11.② 12.② 13.① 14.①

단원평가

15 Tyler의 합리적 모형의 수업과정을 바르게 나열한 것은?

> ㉠ 교육목표의 수립　　㉡ 학습경험의 평가
> ㉢ 학습경험의 선정　　㉣ 학습경험의 조직

① ㉠-㉡-㉢-㉣
② ㉠-㉢-㉣-㉡
③ ㉠-㉣-㉢-㉡
④ ㉣-㉢-㉡-㉠

Tyler의 교육과정 기본모형은 목표모형의 대표적 이론이다. 합리적 모형에 따른 수업은 교육목표의 수립→학습경험의 선정→학습경험의 조직→학습경험의 평가의 과정으로 이루어지게 된다.

16 다음의 내용을 주장한 교육학자는?

> • 영(零) 교육과정이라는 개념을 최초로 주장하였다.
> • 학교에는 공식적인 교육과정에 속하지 않은 많은 교육목표나 교육내용들이 있는데, 만일 학교가 이것들을 공식적인 교육과정에 포함하지 않는다면 학교의 교육적인 영향력은 그만큼 위축되거나 왜곡될 수 있다고 경고하였다.

① 워커(Walker)
② 아이즈너(Eisner)
③ 타일러(Tyler)
④ 스펜서(Spencer)

영(零) 교육과정 … 1970년대 기존의 교육과정연구가 행동과학에 기초한 양적인 문제에만 중점을 두었다는 비판에서 출발하여 교육과정을 인본주의적·심미적 관점에서 접근하려는 시도 중의 하나이다.

17 학습경험이 교육적 효과를 낳으려면 경험이 축적되어서 상승효과를 가져올 수 있도록 조직되어야 한다. 다음 중 교육내용 조직의 기준이 아닌 것은?

① 계속성 ② 계열성
③ 통합성 ④ 타당성

교육내용 조직의 원리
㉠ 계속성의 원리 : 어떤 교육목표가 학습자의 행동 속에 실현되기 위해서는 그 목표가 지시하는 학습내용과 경험이 어느 기간 동안 계속되어야 한다는 원리
㉡ 계열성의 원리 : 수준을 달리한 학습경험의 반복적 조직으로 선행경험에 기초하여 다음의 학습경험이 전개되어 점차적으로 깊이와 넓이에 있어서 심화·확대해 가도록 조직하자는 원리
㉢ 통합성의 원리 : 여러 학습경험 사이에 깊은 관련이 이루어질 수 있는 통합성이 유지되어야 한다는 원리
㉣ 균형성의 원리 : 여러 학습경험들 간에 균형이 유지되어야 한다는 원리. 횡적원리
㉤ 다양성의 원리 : 학생마다 가지고 있는 특수한 흥미와 요구를 찾아내어 이를 발달시킬 수 있도록 학습내용과 경험의 조직이 다양성을 가져야 한다는 원리
㉥ 건전성(보편타당성)의 원리 : 건전한 민주시민으로서의 가져야 할 공통적인 가치관, 이해, 태도, 기능 등을 기를 수 있는 학습경험이 조직되어야 한다는 원리

18 다음에서 설명하는 교육내용 조직의 원리는?

- 선정된 내용 및 학습경험의 조직에 있어 종적 관계를 표시하는 원칙이다.
- 일정기간 동안 교육내용 및 학습경험이 계속 반복되도록 조직해야 한다.

① 계속성 ② 계열성
③ 통합성 ④ 다양성

계속성의 원리
㉠ 어떤 교육목표가 학습자의 행동 속에 실현되기 위해서는 그 목표가 지시하는 학습내용과 경험이 어느 기간 동안 계속되어야 한다는 원리이다.
㉡ 동일 수준의 학습경험을 계속적으로 반복할 수 있도록 조직해야 한다.
㉢ 종적 조직, 정의적 학습이 더욱 필요하다.
㉣ 타바(H. Taba)의 누적학습, 브루너(J. Bruner)의 나선형 교육과정

Answer 15.② 16.② 17.④ 18.①

19 다음 중 교육목표의 기능이 아닌 것은?

① 교육목표는 바람직한 성장이 이루어져 나아갈 방향을 규명한다.
② 학습경험 선정과 학습지도방법을 채택하기 위한 근거를 제시한다.
③ 학습성취도 평가를 위한 근거를 마련한다.
④ 교육목적 설정을 위한 사회의 가치적·철학적·이론적인 목적의식을 제시한다.

④ 교육목적 설정을 위한 사회의 가치적·철학적·이론적인 목적의식을 수립하는 기능을 하는 것은 교육이념이다.

20 교육내용 선정의 일반원칙에 대한 설명으로 옳지 않은 것은?

① 교육내용은 교육목표 달성에 직결되는 학습경험을 제공해야 한다.
② 하나의 교육목표를 달성하는 데에는 하나의 학습경험을 제공해야 한다.
③ 학교의 시설·설비 및 학생들의 능력을 검토하여 실천 가능한 경험을 설정하도록 해야 한다.
④ 한 가지 경험으로 여러 가지 교육목적을 동시에 달성할 수 있는 경험이어야 한다.

① 기회의 원칙
② 하나의 교육목표를 달성하는 데에는 여러 가지 학습경험을 제공해야 한다(동목표 다경험의 원칙).
③ 가능성의 원칙
④ 동경험 다성과의 원칙

21 다음 중 계열성의 원리에 대한 설명으로 옳은 것은?

① 교육내용을 선행학습에 기초하여 점차적으로 깊이와 넓이를 더하도록 나선형으로 조직하는 원리
② 학습과정에서 서로 연결되고 통합되어 의미 있는 학습이 되도록 조직하는 원리
③ 학생의 특수한 요구·흥미·능력이 충분히 반영될 수 있도록 조직하는 원리
④ 교육내용 조직에 있어 일반교양교육과 전문·특수·직업교육이 각급 학교의 기능과 목적에 따라 균형을 이루는 원리

② 통합성의 원리 ③ 다양성의 원리 ④ 균형성의 원리

22 다음 중 교육내용의 계열화 방법으로 옳지 않은 것은?

① 교육내용의 시간의 흐름에 따라 배열한다.
② 복잡한 것에서 단순한 것으로 배열한다.
③ 전체에서 부분으로 배열한다.
④ 학생들의 발달에 따라 배열한다.

교육내용의 계열성
㉠ 연대순의 방법 : 교육내용의 시간의 흐름에 따라 배열하는 것
㉡ 주제별 방법 : 단원들이 상호 독립적일 때 사용
㉢ 단순에서 복잡하게 배열하는 방법
㉣ 추상성 증가의 방법
㉤ 논리적 선행요건의 방법
㉥ 학생들의 발달에 의한 방법
㉦ 전체에서 부분으로 배열하는 방법

23 다음 중 교과중심 교육과정의 유형이 아닌 것은?

① 광역(교과)형 교육과정
② 분과교육과정
③ 상관교육과정
④ 중핵교육과정

① 광역(교과)형 교육과정은 동일한 교과영역에 속하는 각 과목들을 하나의 교과영역 속에 포괄적으로 조직하려는 형태이다.
② 분과교육과정은 학문의 체계를 최저 단위로 세분하여 구성한 것이다.
③ 상관교육과정은 두 개 이상의 과목이 상호 관련지어져 있는 교육과정이다.
④ 중핵교육과정은 종합적인 중심과정과 주변과정이 동심원적으로 결합된 전체 구조를 갖는 교육과정으로 경험중심 교육과정에 포함된다.

24 2022 개정 교육과정에 대한 내용으로 옳지 않은 것은?

① 역량함양 강화를 위해 독서교육을 활성화 하였다.
② 중학교 3학년 2학기를 중심으로 진로연계교육을 도입하였다.
③ 초등학교는 실내외 놀이 및 신체활동을 강화하였다.
④ 초·중학교 정보수업 시수를 확대하였다.

① 독서교육을 활성화한 것은 2015 개정 교육과정의 내용이며, 2022 개정 교육과정에서는 역량함양 강화를 위해 디지털 기초소양 등 미래사회 요구 역량을 지향하였다.

Answer 19.④ 20.② 21.① 22.② 23.④ 24.①

단원평가

25 다음 중 교과중심 교육과정의 단점이 아닌 것은?

① 체계적인 지식과 기능을 전달하기가 어렵다.
② 학생들의 능력·흥미·필요가 무시당할 우려가 있다.
③ 실제 생활문제와 유리되기 쉽고 경쟁적이며 비실용적 지식을 전달할 수 있다.
④ 학습내용이나 학습경험의 조직 및 배열이 비능률적이다.

① 교과중심 교육과정은 지식의 체계를 중시하고 학교의 지도하에 배우는 모든 교과의 교재를 의미하므로 체계적이고 조직적인 지식전달이 용이하다. 반면, 경험중심 교육과정은 체계적인 지식과 기능을 전달하기가 어렵다.

26 다음 중 경험중심 교육과정의 특징이 아닌 것은?

① 교육의 수단과 목적이 하나의 과정, 즉 경험과 분리될 수 없다는 입장에서 출발한다.
② 생활경험을 교육내용으로 보며, 교육과정의 중심을 학생에게 둔다.
③ 교재는 미리 선택하지 않고 학습의 장에서 결정된다.
④ 아동의 욕구, 필요, 흥미가 무시당할 우려가 있다.

경험중심 교육과정 … 학교의 지도하에 학생들이 가지게 되는 모든 경험을 교육과정으로 보았다. 1896년 시카고 대학에 실험학교를 세우고 여기에서 처음으로 경험중심 교육과정을 적용하였다. 교재는 미리 선택하지 않고 학습의 장에서 결정되었고, 생활경험을 교육내용으로 보며, 교육과정의 중심을 학생에게 두었다. 따라서 교육과정은 전적으로 아동의 욕구, 필요, 흥미에 의해 결정되고 자발적인 활동이 촉진된다.

27 다음 중 학문중심 교육과정에 대한 설명으로 옳은 것은?

① 교육은 학생 경험의 계속적인 성장을 추구해야 한다.
② 교육은 학습자 자신의 이해에 입각하여 핵심개념이나 원리 등을 파악하도록 해야 한다.
③ 교육의 근본목적은 자아실현이다.
④ 본질주의와 항존주의 철학에 기초하고 있다.

① 경험중심 교육과정에 대한 내용이다.
② 학문중심 교육과정에서 강조하는 교과의 내용은 지식의 구조이다. 지식의 구조는 학문에 내재된 기본적 아이디어, 기본개념을 의미하며, 학습자는 발견학습을 통해 지식의 구조를 깨달아야 한다.
③ 자아실현은 인간중심 교육과정 근본목적이다.
④ 본질주의와 항존주의 철학에 기초한 교육과정은 교과중심 교육과정이다.

28 2015 개정 교육과정과 2022 개정 교육과정을 비교한 내용으로 옳지 않은 것은?

구분		2015 개정 교육과정	2022 개정 교육과정
①	인간상	자주적인 사람, 창의적인 사람, 교양 있는 사람, 더불어 사는 사람	주자기주도적인 사람, 창의적인 사람, 교양 있는 사람, 더불어 사는 사람
②	초등학교	「안전한 생활」 신설	국어 시간 증배
③	중학교	자유학기에 지필식 총괄평가 폐지	자유학기제 영역을 4개 영역으로 구분
④	고등학교	통합사회, 통합과학 신설	학점 기반 교육과정

③ 2022 개정 교육과정에서 중학교는 자유학기제 영역을 2개 영역(주제 선택, 진로 탐색)으로 통합하였다.

29 2022 개정 교육과정 총론에서 제시하고 있는 핵심역량에 해당하지 않는 것은?

① 지식정보처리 역량 ② 자기관리 역량
③ 의시소통 역량 ④ 창의적 사고 역량

2022 개정 교육과정 핵심역량
㉠ 자기관리 역량 : 자아정체성과 자신감을 가지고 자신의 삶과 진로에 필요한 기초 능력과 자질을 갖추어 자기주도적으로 살아갈 수 있는 능력
㉡ 지식정보처리 역량 : 문제를 합리적으로 해결하기 위하여 다양한 영역의 지식과 정보를 처리하고 활용할 수 있는 능력
㉢ 창의적 사고 역량 : 폭넓은 기초 지식을 바탕으로 다양한 전문 분야의 지식, 기술, 경험을 융합적으로 활용하여 새로운 것을 창출하는 능력
㉣ 심미적 감성 역량 : 인간에 대한 공감적 이해와 문화적 감수성을 바탕으로 삶의 의미와 가치를 발견하고 향유할 수 있는 능력
㉤ 협력적 소통 역량 : 다른 사람의 관점을 존중하고 경청하는 가운데 자신의 생각과 감정을 효과적으로 표현하며 상호협력적인 관계에서 공동의 목적을 구현할 수 있는 능력
㉥ 공동체 역량 : 지역·국가·세계 공동체의 구성원에게 요구되는 가치와 태도를 가지고 공동체 발전에 적극적으로 참여하는 능력
③은 2015 개정교육과정 핵심역량이었으나 2022 개정교육개정에서 협력적 소통 역량으로 바뀌었다.

Answer 25.① 26.④ 27.② 28.③ 29.③

교육공학 및 교육방법

01 교육공학의 기초
02 시청각교육
03 교수매체
04 컴퓨터와 교육
05 교육과 뉴미디어

06 교육공학 및 교육방법

기출문제

문 다음 설명에 해당하는 것은?
▶ 2024. 3. 23. 인사혁신처

- 슐만(Shulman)의 교수내용지식에 테크놀로지 지식을 추가한 개념이다.
- 교수지식, 내용지식, 테크놀로지 지식 간의 상호작용을 이해하고 이를 바탕으로 수업환경에 적합한 테크놀로지를 통합하는 지식을 의미한다.

① ASSURE
② STAD
③ TPACK
④ WHERETO

정답 ③

section 1 교육공학의 기초

(1) 교육공학의 개요

① 교육공학의 개념
  ㉠ 과학적이고 잘 조직된 지식을 교육의 전 영역에 걸쳐서 발생할 수 있는 교육적인 문제의 해결을 위해 통합적이고 체계적인 과정이다.
  ㉡ 교육목적을 달성하기 위해 교수-학습의 전 과정을 계획하고 실행·평가하는 데 있어서 학습과 의사소통분야에서 이루어진 연구결과에 기초하여 인간적·비인간적 자원을 체계적이고 과학적으로 활용하는 과정이다.

② 교육공학의 대두원인
  ㉠ 지식의 팽창과 인구의 폭발적 증가
  ㉡ 시대에 맞는 사회철학을 재정리할 필요성
  ㉢ 사회 전반에 걸친 테크놀로지의 도입과 교수과정으로의 확장 당위성 대두
  ㉣ 테크놀로지 사회를 이끌어 갈 과학자들을 양성할 필요성
  ㉤ 테크놀로지에 관한 일반교육과 인력의 재훈련 필요성

③ 교육공학의 의의
  ㉠ 교육의 생산성·효율성을 제고시킨다.
  ㉡ 교육의 개별화를 증진한다.
  ㉢ 교육의 과학적 기초를 제공한다.
  ㉣ 교육력을 증진시킨다.
  ㉤ 학습의 즉시성을 제고시킨다.
  ㉥ 교육의 기회균등을 제공한다.
  ㉦ 교육의 질을 저하시키지 않은 채 교육비를 줄인다.
  ㉧ 교육의 지원기능을 평준화시킨다.

(2) 교육공학의 변천

구분	교육공학시기	관련 중요이론 및 매체	학자 및 학회
제1기	시각교육 (1920~1930)	• 추상적 개념의 구체화 • 시각자료와 교과과정의 통합을 통한 교수-학습의 효율성 • 사진, 무성영화	호반
	시청각교육 (1940~1950, 60)	• 효율적인 교수매체의 활용과 비언어적 경험의 중요성 강조 • 이론적 체계 성립 • 녹음기와 축음기, 유성영화	호반, 올센, 데일, 킨더, 벌로
제1기	시청각 교육통신 (1950~1960)	• 통신이론 : 통신모형, 교수-학습과정의 통신화 • 초기 체제개념 : 집단학습과 개별학습을 교수체제 속에 편입시킴, 검은 상자 개념 • 시청각 교육통신 : 교육통신과정과 시청각 통신과정의 통합시도, 엘리의 '시청각 교육통신 과정과의 관계'	• 핀, 쉐논과 슈람, 엘리 • DIV→DAVI
제2기	초기교수공학 (1960~1970)	• 행동주의 심리학 : 프로그램 학습, 행동목표, 과제분석, 준거지향평가 개념 등을 교수-학습과정에 적용 • 교육공학을 기술적 '방법' 수준에서 '과학' 수준으로 끌어올림 • 체제적 접근 : 인간, 기계체제, 체제공학, 관리체제 교수개발, 교수체제 개발모형 • 초기교수공학 : 교수-학습의 과정 개념 강조, 행동과학의 학습원리 통합, 복합적이고 통합적 조직으로서의 체제 지향 • 이론적 체제의 결함 : 완전한 체제가 되지 못함	• 핀, 스키너, 메이거, 가네, 글레이져 하이니히, 위틱과 슐러 • DAVI
제3기	교육공학 (1970~1990)	• 교육공학개념 체제 확립(AECT, 1977) : 교육공학의 학문영역 규정, 교육관리기능·교육개발기능·학습자원·학습자의 네 가지 영역 확립, 교육공학에 대한 16가지 정의 • 교육공학과 교수공학의 상위·하위 개념 체제 확립	• 실버, 캐리, 딕, 하이니히, 엘리 • AECT

> **기출문제**
>
> 교육공학의 기본영역별 하위영역에 대한 설명으로 옳지 않은 것은?
> ▶ 2015. 4. 18. 인사혁신처
> ① 평가영역에는 문제분석, 준거지향 측정, 형성평가, 총괄평가가 있다.
> ② 활용영역에는 프로젝트 관리, 자원관리, 전달체제 관리, 정보관리가 있다.
> ③ 설계영역에는 교수체제 설계, 메시지 디자인, 교수전략, 학습자 특성이 있다.
> ④ 개발영역에는 인쇄 테크놀로지, 시청각 테크놀로지, 컴퓨터 기반 테크놀로지, 통합 테크놀로지가 있다.
>
> **정답** ②

기출문제

문 교수설계이론에 대한 설명으로 옳은 것은?
▶ 2020. 6. 13. 교육행정직

① 개발단계 – 학습을 위해 개발된 자원과 과정을 실제로 사용하는 것을 말한다.
② 실행단계 – 설계에서 구체화된 내용을 물리적으로 완성하는 단계로 실제 수업에서 사용할 자료를 만든다.
③ 평가단계 – 앞으로의 효과 및 결과를 예견하고 평가하는 과정으로 학습과 관련된 요인과 학습자 요구를 면밀히 분석한다.
④ 설계단계 – 설정된 목표를 달성하기 위해 어떤 내용을 어떻게 조직하고 제시해야 효과적인 결과를 얻을 것인가를 핵심질문으로 하는 수업의 청사진이다.

문 ADDIE모형에 대한 설명으로 옳지 않은 것은?
▶ 2023. 6. 10. 교육행정직

① 분석 – 요구 분석, 학습자 분석, 환경 분석, 과제 분석 등이 실시된다.
② 설계 – 수행 목표 명세화, 교수전략 및 매체 선정 등이 실시된다.
③ 개발 – 설계명세서를 토대로 교수학습자료를 개발한다.
④ 평가 – 평가도구를 제작하고 평가를 실시한다.

제4기	교수공학 (1990 ~ 현재)	• 교수공학과 교육공학을 동의어로 간주 • 새로운 매체유형과 학습유형에 근거를 둠 • 교수공학의 영역을 설계, 개발, 활용, 관리 및 평가 등 5개로 규명 • 교육공학의 전문적 측면과 테크놀로지 측면의 급격한 변화에 부응	• 쉴즈, 리키 • AECT

(3) 체제적 교수설계

① 체제적 교수설계의 필요성

㉠ **교수–학습 효과의 극대화**: 교수목표를 구체화함으로써 교수–학습 상황과 관련된 변인을 효과적으로 통제하여 교수–학습 효과를 극대화 할 수 있다.

㉡ **수업진행의 효율성 증대**: 교수목표 및 학습내용 분석을 통해 효과적인 교수–학습전략 수립이 가능하고, 수업진행의 효율성을 증대할 수 있다.

㉢ **교수–학습 관련 변인의 수정·보완 가능**: 교수설계는 검증이 가능하고 평가를 통한 피드백을 제공할 수 있어 교수–학습 관련 변인의 수정·보안이 가능하다.

㉣ **교수–학습의 매력성 향상**: 교수–학습 효율에 도움을 주는 변인을 개선함으로써 교수–학습의 매력성을 향상시킨다.

㉤ **교수목적, 교수방법, 교수평가의 일관성 유지**: 최적의 교수–학습 과정이 이루어지도록 교수목적, 교수방법, 교수평가가 유기적으로 일관성을 유지할 수 있도록 한다.

② **쉴즈와 리츠(Seels & Richy)의 ADDIE** … 일반적인 교수체제개발의 주요 단계는 분석(analysis), 설계(design), 개발(development), 실행(implementation), 평가(evaluation)으로 구성된다.

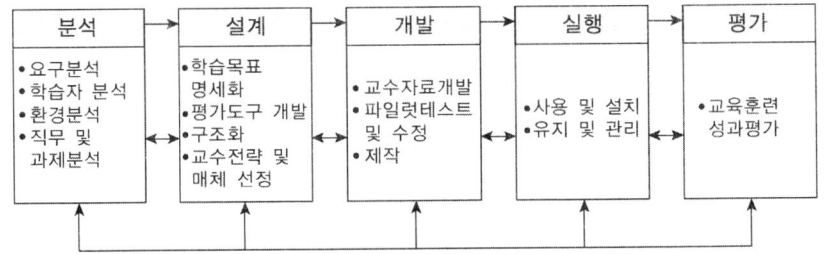

정답 ④, ④

③ 딕앤 캐리(Dick & Carey)의 체계적 교수설계 … 학습자 및 환경분석, 교수목표 설정, 성취목표 진술, 교수분석, 평가도구개발, 수업전략 수립, 수업자료개발, 형성평가, 총괄평가, 프로그램 수정의 단계들로 이루어져 있다.

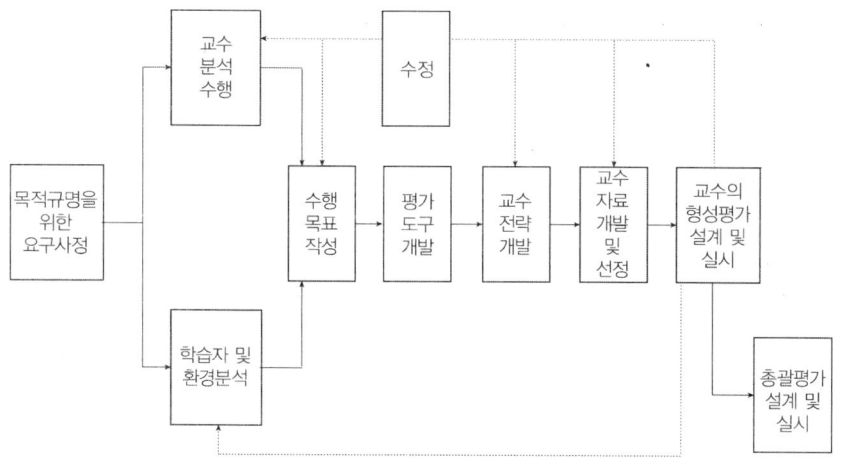

㉠ **학습자 및 환경분석**: 학습자의 특성과 학습자가 학습할 환경에 대해 분석한다.
㉡ **교수목표 설정**: 학습자가 학습을 마친 후 무엇을 숙달하게 되는지를 결정한다.
㉢ **교수분석**: 교수목표 설정 후, 학습자가 학습해야 할 내용들을 학습유형과 하위기능에 따라 분석한다.
㉣ **성취목표 진술**: 학습자들이 학습의 결과로 달성하게 되는 행동들을 구체적으로 기술한다.
㉤ **평가도구 개발**: 학습자의 학습목표달성 여부를 판단할 수 있는 평가도구와 문항을 개발한다.
㉥ **수업전략 수립**: 최종 학습목표를 달성하기 위한 학습방법을 결정한다.
㉦ **수업자료 개발**: 수업과정에서 필요한 각종 자료들을 개발한다.
㉧ **형성평가**: 일대일평가, 소집단평가, 현장평가와 같은 평가방법을 통해 프로그램개선을 위한 정보를 수집한다.
㉨ **총괄평가**: 프로그램의 최종적인 실행 여부를 결정한다.
㉩ **교수프로그램 수정**: 형성평가를 통해 파악된 내용을 토대로 프로그램을 지속적으로 수정한다.

기출문제

문 다음 설명에 해당하는 모형은?
▶ 2024. 6. 22. 교육행정직

체제적 교수모형으로, 요구사정, 교수분석, 학습자 및 상황 분석, 수행목표 진술, 평가도구 개발, 교수전략 개발, 교수자료 개발 및 선정, 형성평가 개발 및 시행, 교수 수정, 총괄평가 설계 및 시행의 10단계로 구성된다.

① ADDIE 모형
② 글레이저(Glaser) 모형
③ 켈러(Keller) 동기설계 모형
④ 딕과 캐리(Dick & Carey) 모형

문 딕과 캐리(Dick & Carey) 교수설계 모형에 대한 설명으로 옳지 않은 것은?
▶ 2025. 4. 5. 국가직

① 교수 분석 단계에서는 학습자가 학습해야 하는 하위 기능들을 분석한다.
② 평가도구 개발 단계에서는 문항에서 측정하고 있는 것과 목표에서의 성취 행동을 일치시켜야 한다.
③ 교수전략 개발 단계에서 새로운 자료의 개발 여부는 목표별 학습유형, 기존의 관련 자료의 이용 가능성에 따라 결정된다.
④ 형성평가 설계 및 실행 단계에서는 교수 프로그램 초안이 완성된 후, 질 개선을 위해 필요한 자료를 수집한다.

정답 ④, ③

PART 6 교육공학 및 교육방법

기출문제

문 다음 중 시청각교육 시 활용하는 시청각자료의 특징으로 옳지 않은 것은?
▶ 2003. 4. 13. 대전광역시
① 산 경험을 제공할 수 있다.
② 동기유발을 도와 학습활동을 원활히 해준다.
③ 학습성취도 평가가 용이하다.
④ 복잡한 내용을 체계적으로 정리해 준다.
⑤ 지리적·공간적 제한을 극복해 준다.

section 2 시청각교육

(1) 시청각교육(Audio-Visual education)의 개요

① 정의
  ㉠ 시청각 자료를 교육과정에 통합시켜 적절하게 활용함으로써 학습과정을 효과 있게 해주는 교육방법이다.
  ㉡ 시청각적 자료는 구체성과 추상성을 겸한 경험을 줄 수 있는 수단이 되는 것들을 말한다.

② 특성
  ㉠ 학습에의 도입을 효과적으로 한다.
  ㉡ 인간의 감성적 인식의 한계를 극복하게 한다.
  ㉢ 올바른 개념 형성을 돕는다.
  ㉣ 태도의 형성에 도움이 된다.
  ㉤ 동기유발과 흥미의 자극으로 영속적 학습을 돕는다.

③ 기능
  ㉠ 경험영역을 확대한다.
  ㉡ 의미 있는 정보를 전달할 수 있다.
  ㉢ 흥미와 동기유발, 적극적 수업 참여를 유도할 수 있다.
  ㉣ 교사의 육체적 제한점과 문제해결능력을 보완한다.
  ㉤ 학습의 진단과 처방을 내려준다.

④ 한계점
  ㉠ 경험의 구체성을 너무 강조한다.
  ㉡ 추상적 개념의 구체화가 곤란하다.
  ㉢ 인격적 접촉이 간접적으로 이루어진다.
  ㉣ 시청각 기술이 자동적으로 교육효과를 가져다주는 것은 아니다.
  ㉤ 구체적 경험만으로는 개념화가 불가능하다.

(2) 시청각 교육이론

① 호반(C. F. Hoban)의 교육과정 시각화(1930년대)
  ㉠ 교육목적: 인간경험의 일반화에 있고 이 과정에서 학습경험을 시각화하여야 한다고 주장하였다.
  ㉡ 시각교재의 체계화를 시도하였다.

|정답 ③

② 올센(E. G. Olsen)의 대리적 학습경험(1940년대)
  ㉠ 시청각 자료에 의한 학습을 대리적 학습이라고 정의하였다.
  ㉡ 학습유형: 직접적 학습→시청각 자료를 통한 대리적 학습→언어를 통한 대리학습

③ 데일(E. Dale)의 경험의 원추(1950년대) … 구체적 경험에서 추상적 경험에 이르는 '경험의 원추'를 소개하였고 학습경험을 행동적 경험, 시청각적 경험, 상징적 경험으로 구분하였다.
  ㉠ 이론의 개요
    • 데일은 진보주의 교육이론에 기초하여 시청각 교육을 체계화했다.
    • 시청각 교육: 세계를 교실 안으로 끌어들이는 방법이다.
    • 경험의 원추모형 제시: 시청각 자료의 역할과 성격을 규명한 모형이다.

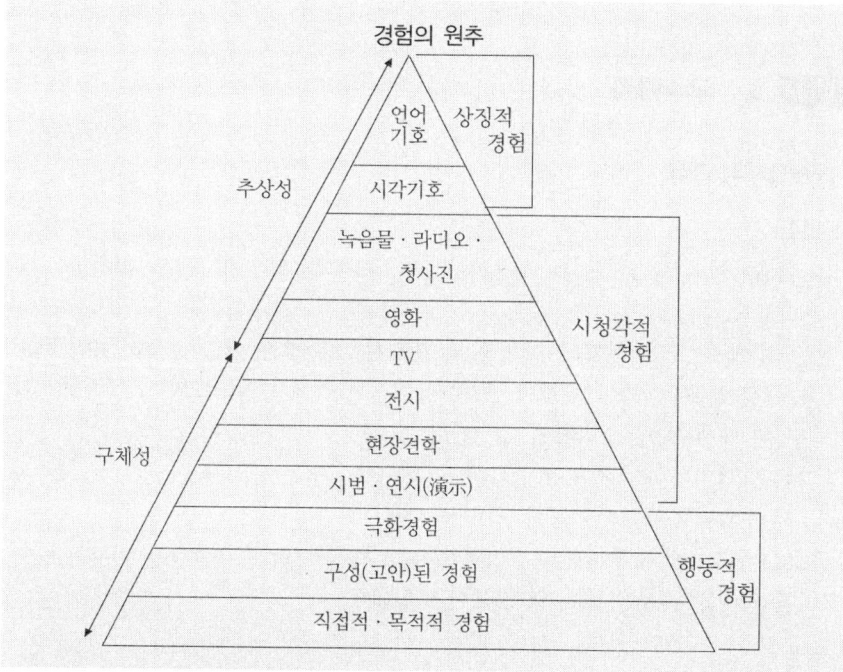

  ㉡ 경험의 원추와 학교교육
    • 경험의 원추는 학습자의 발달단계와 관계가 있다.
    • 발달단계가 낮은 학습자일수록 직접적 경험에 가까운 방법으로 학습한다.
    • 발달단계가 높은 학습자는 상징적 언어에 의한 학습이 효과적이다.
    • 학습시간의 단축을 위해서는 원추 상단의 매체를 이용하는 것이 좋다.
    • 연령이나 지식의 정도가 중간 정도인 학습자의 확실한 학습보장을 위해서는 원추 하단의 매체를 사용하는 것이 좋다.

기출문제

데일의 경험의 원추와 학교교육에 대한 설명으로 옳은 것은?
▶ 2010. 10. 23. 법무부 보호직

① 발달단계가 높은 학습자일수록 직접적 경험에 가까운 방법으로 학습한다.
② 발달단계가 낮은 학습자는 상징적 언어에 의한 학습이 효과적이다.
③ 학습시간의 단축을 위해서 원추 하단의 매체를 이용하는 것이 좋다.
④ 연령이나 시식의 정도가 중간 정도인 학습자의 확실한 학습보장을 위해서는 원추 하단의 매체를 사용하는 것이 좋다.

| 정답 ④

© 경험원추의 문제점
- 직접경험의 효과성을 강조하는 실용주의적 전제에 입각하여 매체의 교육적 기능을 간과하고 있다.
- 메시지의 내용과 방식에 따라 학습자에게 주는 의미가 달라질 수 있는데, 경험의 원추는 이를 무시한 교사중심적 분류방식이다.

④ 킨더(J. S. Kinder)의 지적과정이론
㉠ 지식획득의 단계 : 아동의 심리적 발달단계를 중심으로 제시하였다.
㉡ 시청각 자료는 학생들의 한정된 경험의 한계와 교실의 시간적·공간적 제한을 극복해 주는데 가치가 있다고 주장하였다.
㉢ 지적 활동이 감각·지각·기억·상상·비교·개념·추리의 순으로 형성된다는 이론이다.

section 3 교수매체

(1) 교수매체의 개요

① 개념
㉠ 학습자들이 학습하는 데 사용되는 모든 자극의 조건 및 수단·환경들을 총칭한다.
㉡ 교수매체는 교육목표를 달성할 수 있도록 교수자와 학습자, 학습자와 학습자 사이에서 학습에 필요한 커뮤니케이션이 발생하도록 도와주는 다양한 형태의 매개수단과 시스템을 의미한다.
㉢ 좁은 의미의 교수매체로 슬라이드, 비디오, 사진, CAI 등이 있으며 교수자의 수업활동을 도와주는 것들이 포함된다.
㉣ 넓은 의미의 교수매체는 수업전략으로부터 학교의 교육환경을 비롯하여 교육을 지원하는 정보통신의 산물이 포함된다.

② 특성
㉠ 본질적 특성 : 교사와 학습자 사이에 정보를 전달하여 상호 간의 의사소통을 가능하게 하는 것이다.
㉡ 수업적 특성
- 교수의 전 과정에서 교수활동을 전적으로 수행하는 교사의 대리자적 특성이 있다.
- 교사는 학생의 수업활동을 통괄하고, 매체는 수업의 보조물로서 교사의 교수활동을 돕는 특성이 있다.
㉢ 기능적 특성
- 고정성 : 어떤 사람이나 상황을 포착하여 보존하고 재구성하는 성질이다.

기출문제

문 다음에서 설명하는 개념은?
▶ 2017. 4. 8. 인사혁신처

- 학습자에게 교수학습 내용을 전달하는 모든 수단이나 방법을 총칭한다.
- 교수학습을 위해 사용하는 시청각 기자재와 수업자료를 총칭한다.

① 교수매체
② 시청각매체
③ 실물매체
④ 디지털매체

정답 ①

- 조작성 : 사물이나 사건·상황들을 여러 가지 방법으로 시간적 상황을 고려하여 변형시키는 성질이다.
- 확충성 : 공간적인 확대로서, 하나의 사건에 대하여 거의 동일한 경험을 다수인에게 제공하는 성질이다.

③ 분류
  ㉠ 데일(Dale)의 분류(가장 구체적인 것→추상적인 것) : 직접적·목적적 경험, 고안된 경험, 극화경험, 연시, 견학, 전시, 텔레비전과 영화, 녹음물, 라디오, 청사진, 시각기호, 언어기호
  ㉡ 슈람(W. V. Schramm)의 분류
    - 제1세대 매체 : 인간의 직접적인 접촉을 통해 교육이 이루어진 세대의 매체(차트, 지도, 그래프, 칠판, 극화물 등)
    - 제2세대 매체 : 인쇄매체의 출현으로 사용하게 된 매체(인쇄된 교과서, 수련장, 검사물 등)
    - 제3세대 매체 : 대중매체의 발달에 의해 대량으로 전달이 가능하던 시기에 사용하던 매체(사진, 슬라이드, 각종 환등기, 영화, 라디오, TV 등)
    - 제4세대 매체 : 교육의 자동화에 의해 사용된 매체(언어실습실, 프로그램화된 학습자료, 컴퓨터 등)
  ㉢ 브레츠(R. Bretz)의 분류 : 말하는 매체, 기록 또는 녹음하는 매체
  ㉣ 맥루한(M. Mcluhan)의 분류 : 뜨거운 매체, 차가운 매체

④ 수업자료 선정시의 고려사항
  ㉠ 교육목표와의 일치성
  ㉡ 학습자의 능력의 적합성
  ㉢ 정보의 확실성과 참신성
  ㉣ 흥미와 집중의 가능성
  ㉤ 참여의 가능성
  ㉥ 기술의 질
  ㉦ 효율성
  ㉧ 공정성

⑤ ASSURE 모델 … 수업매체와 자료를 효과적이고 체계적으로 활용하기 위한 지침의 모형의 일종이다.
  ㉠ 학습자분석(Analyze learners)
  ㉡ 목표의 기술(State objective)
  ㉢ 방법·매체의 선정(Select method & materials)
  ㉣ 매체와 자료의 활용(Utilize media & materials)
  ㉤ 학습자의 수행요구(Require learners participation)
  ㉥ 평가와 수정(Evaluate & revise)

기출문제

문 교수매체의 효과적인 선정과 활용을 위한 ASSURE 모형에서 R 단계는?
▶ 2025. 6. 21. 제1회 지방직
① 학습자 분석
② 학습목표 진술
③ 평가와 수정
④ 학습자 참여 유도

문 다음의 내용들은 ASSURE 모형에서 어느 단계에 해당하는가?
▶ 2009. 4. 11. 행정안전부
- 제1단계 : 자료 미리 보기
- 제2단계 : 제시 순서 결정
- 제3단계 : 환경 정비
- 제4단계 : 학습자의 사전 준비
- 제5단계 : 학습 경험 제공하기

① 학습자 분석
② 학습자 참여
③ 매체와 자료 활용
④ 방법, 매체 및 자료 선정

정답 ④, ③

PART 6 교육공학 및 교육방법

기출문제

(2) 교수매체의 선택과 유형

① 선택기준
- ㉠ 적절성
- ㉡ 난도
- ㉢ 경제성
- ㉣ 이용가능도
- ㉤ 질적 양호성

② 유형
- ㉠ 비투시적 매체 : 실물, 모형, 표본, 실물정화, 시뮬레이션 등
- ㉡ 투시적 매체 : 슬라이드, 실물화상기, OHP 등
- ㉢ 녹음자료
- ㉣ 방송매체

section 4 컴퓨터와 교육

(1) 교수–학습을 위한 컴퓨터의 활용

① 컴퓨터의 보조수업(CAI : Computer Assisted Instruction)
- ㉠ 개념 : 실제 수업과 유사한 과정을 컴퓨터를 활용하여 컴퓨터가 직접 교사의 수업기능을 하도록 되어 있는 체제이다.
- ㉡ 유형 : 개별교수형, 반복연습, 게임형, 모의실험형, 발견학습형, 문제해결형, 자료제시형 등이 있다.
- ㉢ 특징
  - 학습자 개개인에게 맞는 수준과 속도로 학습을 진행시킨다.
  - 학습자–프로그램 간의 상호작용의 기회를 충분히 제공한다.
  - 학습자의 진행 정도와 성취수준을 기록·분석함으로써 학습진단과 처방에 도움을 준다.
  - 학습자에게 실수를 두려워하지 않고 독립된 문제 상황에서 적절한 학습전략을 구사할 수 있는 환경을 제공한다.

② 컴퓨터의 관리수업(CMI : Computer Management Instruction)
- ㉠ 개념 : 컴퓨터시스템을 학습자의 학업성취와 학습지원 가능성에 관한 정보관리에 활용하여 개별화 수업을 처방하고 관리하려는 체제이다.
- ㉡ CAI와의 차이 : 컴퓨터가 직접적으로 수업기능을 담당하지 않는다.

문 다음 중 CAI의 특징으로 옳지 않은 것은?

▶ 2003. 5. 18. 전라북도

① 개인차에 적합하고 교육의 효과가 높다.
② 교사와 컴퓨터 간 수업역할을 분담할 수 없다.
③ 수업원리를 활용하는 언어가 개발되어 융통성이 있다.
④ 신속·정확하고 정보처리능력이 뛰어나며 복잡한 정보저장이 가능하다.
⑤ 학습자 특성에 맞게 다양한 자료제시방법, 경로, 수준 등을 활용할 수 있다.

정답 ②

ⓒ 특징
- 개별화된 교육체제 구축에 도움을 제공한다.
- 학습자 개개인의 반응과 프로그램의 적절한 피드백 사이의 다양한 관계에 포함된 관리문제를 해결해 준다.
- 개별화된 수업체제의 구성을 지원한다.

③ **컴퓨터의 보조교육훈련(CBT)** … 기업의 연수나 훈련을 효과적으로 실시하면서 시간과 비용을 절감하기 위하여 기업교육훈련에 도입되었다.

④ **컴퓨터 매개수업(CMC)**
ⓐ 개념 : 컴퓨터 매개 통신체제는 컴퓨터를 전화선과 모뎀, 또는 통신망과 연결하여 사용자간의 정보공유와 교환, 의사소통이 되도록 한 체제이다.
ⓑ 특징
- 시공을 초월한 비동시적 상호작용을 가능하게 한다.
- 사용자가 편리한 시간과 장소에서 자유로운 학습환경을 조성한다.
- 최신 정보의 교환수단으로 활용할 수 있다.
- 여러 가지 방식으로 정보교환, 토론을 통한 협동학습이 가능하다.
- 학교교육의 보조매체 활용 및 원격교육방식을 발전시키는 핵심 매체이다.

⑤ **컴퓨터 리터러시(Computer Literacy)**
ⓐ 정보산업사회에서의 생활과 업무수행을 위해서 필요한 지식과 기술로서의 컴퓨터에 관한 이해와 활동능력을 갖추는 것을 의미한다.
ⓑ DOS와 Window 등의 기본운영체제, 워드프로세서, 데이터베이스 운영 방법과 활용, 최근의 인터넷과 전자우편이 교육내용에 포함된다.

⑥ **통합학습시스템(ILS : Integrated Learning System)** … 1990년대 중반부터 미국에서는 컴퓨터 리터러시, CAI, CMI의 세 가지 기능을 포함한 시스템이 개발되고 있다.

⑦ **컴퓨터 적응평가(CAT : Computerized Adaptive Testing)** … 빠른 시간 내에 적은 수의 문제를 가지고 학습자의 능력을 정확하게 측정하기 위해서 개발된 평가용 프로그램의 일종이다.

(2) 컴퓨터 활용수업의 장점 및 단점

① 장점
ⓐ 개별화 수업을 가능하게 한다.
ⓑ 학습자의 반응에 대하여 빠른 속도로 개별적 반응을 하게 한다.
ⓒ 컴퓨터를 이용하기 위한 인내와 개인적 태도 등의 정의적인 면에서 긍정적인 분위기를 만들어 준다.

기출문제

문 다음은 컴퓨터 교육에 대한 내용이다. 잘못된 것은?
▶ 2006. 4. 22. 부산광역시교육청
① CAI는 컴퓨터를 직접 교수매체로 활용하여 지식·태도·기능 등의 교과내용을 학습자에게 가르치는 방법이다.
② CMI는 컴퓨터를 활용해서 교수-학습활동을 기록·분석하여 교사가 수업을 효율적으로 할 수 있도록 지원하는 체제이다.
③ CMC는 컴퓨터의 기능과 다른 통신기능을 결합·통합시킨 새로운 형태의 교수-학습의 수단이다.
④ 시뮬레이션 양식은 시간적·공간적·경제적 제약으로 인하여 실제 경험해 볼 수 없는 상황을 학생들이 현실세계와 닮은 경험을 해 보도록 현실의 어떤 측면을 모방하거나 축소시켜 가르치는 형태이다.
⑤ CMI의 유형으로는 반복연습형, 게임형, 발견학습형 등이 있다.

정답 ⑤

PART 6 교육공학 및 교육방법

기출문제

문 다음 중 인터넷교육의 장점으로 옳지 않은 것은?
▶ 2005. 8. 14. 경상북도교육청
① 창의성과 종합적인 사고를 길러준다.
② 학습자의 사회적 관계가 확대된다.
③ 다양한 전문가들의 조언을 얻을 수 있다.
④ 수업준비에 소요되는 시간을 줄일 수 있다.
⑤ 자기에게 필요한 정보를 찾아가는 과정을 배울 수 있다.

문 다음은 컴퓨터 활용수업에 대한 설명이다. 잘못된 것은?
▶ 2007. 2. 11. 경상북도교육청
① 개별화 수업이 가능하다.
② 수업내용이 표준화에 기여한다.
③ 학습의 흥미를 높여 준다.
④ 효과와 효율성을 높여 준다.
⑤ 정의적 특성을 평가하는 데 용이하다.

ⓔ 수업내용의 표준화에 기여한다. 가르치는 사람, 시간, 장소에 따라 달라질 수 있는 수업내용을 어느 학습자에게나 유사한 내용으로 전달할 수 있게 한다.
ⓜ 다양한 색깔이나 음악 그리고 만화화된 영상 등은 학습자의 흥미를 끌고 수업내용의 현실성을 높여준다.
ⓗ 효과와 효율성을 높인다. 효과성이란 학습자의 성취도를 높인다는 의미이며, 효율성이란 시간이나 경비를 절약할 수 있다는 의미이다.
ⓢ 학습자는 논리적인 방법으로 의사소통을 하도록 자극받게 된다.

② 단점
㉠ 도입비용과 효과에 대한 면밀한 검토가 선행되어야 한다.
㉡ 호환성이 문제가 되기도 한다.
㉢ 노력을 하지 않아도 컴퓨터가 모든 것을 해결해 주는 것으로 비현실적인 기대를 할 수 있다.
㉣ 컴퓨터로 가르칠 수 있는 교육내용이나 이용목적에는 한계가 있다. 정의적인 측면과 심동적인 측면, 대인관계의 기술로 가르치기에 적합하지 않다.
㉤ 컴퓨터 보조수업에서는 창의성이 무시되기 쉽다.
㉥ 학습자의 사회적 관계가 결여되기 쉽다.
㉦ 초기 단계의 컴퓨터 보조수업이 가졌던 매력을 최근에 상실하고 있다.
㉧ 질 높은 컴퓨터 보조수업을 하려면 비용이 많이 든다.

section 5 교육과 뉴미디어

(1) 인터넷과 교육

① 인터넷의 교육적 활용
㉠ 시공을 초월하여 융통성 있는 교육을 허용한다.
㉡ 수업보다는 학습 위주의 교수-학습 환경을 제공한다.
㉢ 창의성과 종합적인 사고를 길러준다.
㉣ 인터넷의 활용을 통해 글쓰기와 의사소통능력을 기를 수 있다.
㉤ 인터넷은 교실과 세계를 잇는 가교역할을 하기 때문에 학생들은 이를 통해 실생활에서의 문제해결방법을 배울 수 있다.
㉥ 인터넷을 이용해 끊임없이 정보를 찾고 활용하는 과정에서 질문하는 방법과 논쟁하는 방법을 습득할 수 있다.

|정답 ②, ⑤

② 인터넷을 이용한 수업
  ㉠ **정보검색**: 다양한 정보의 바다에서 학습자가 우선하는 정보를 찾으려고 노력하는 과정 자체가 학습활동이 될 수 있다.
  ㉡ **정보교환**: 전자우편(e-mail)과 파일전송(FTP)의 방법으로, 정보를 교환하는 방식으로 수업이 진행될 수 있다.
  ㉢ **온라인 강좌**: 인터넷을 통해 강좌를 개설하여 비용절감효과를 기대하는 수업이 이루어질 수 있다.
  ㉣ **개별학습**: 인터넷에는 학습자의 능력과 선호에 적합하게 학습자 주도능력을 배양할 수 있는 사이트가 많이 개설되어 있다.
  ㉤ 수업단계별로 인터넷이 이용될 수 있다. 즉, 계획, 진단, 지도, 발전, 평가의 각 단계에서 인터넷이 활용될 수 있다.

> **Point 팁** 에듀넷(EDUNET)
> ㉠ 에듀넷은 교사·학부모·학생들이 컴퓨터통신망을 통해 국내외의 학습 및 학술자료와 교육행정 등 교육에 관련된 정보의 고속도로를 의미한다.
> ㉡ 에듀넷 운영은 한국교육학술정보원(KERIS)에 위탁 운영한다.

(2) 멀티미디어와 교육

① 교육적 활용
  ㉠ 멀티미디어는 다양한 형태의 정보를 통합하여 제시하기 때문에 풍부한 학습환경을 조성할 수 있다.
  ㉡ 사전에 정해진 학습계열에 따라 학습이 진행되는 전통적인 CAI와는 달리 학습자는 자유롭게 학습내용을 통제할 수 있다.

② 장점
  ㉠ 다양한 형태의 정보를 통합하여 한 화면에 제시한다.
  ㉡ 상호작용을 가능하게 하여 학습경험을 확장시켜 준다.
  ㉢ 현실과 유사한 풍부한 환경을 제공한다.
  ㉣ 많은 양의 정보를 수록할 수 있다.
  ㉤ 시·공간적인 제한을 극복할 수 있다.
  ㉥ 학생들의 흥미를 끌어 깊이 몰입하게 한다.
  ㉦ 문자에 소리와 영상을 결합시킴으로써 다양한 감각에 호소한다.
  ㉧ 연결버튼(hot button)을 사용하여 다른 미디어에 접속할 수 있다.
  ㉨ 사용자는 자신이 원하는 곳으로 항해하면서 지식을 쌓을 수 있다.
  ㉩ 교사와 학생은 자신이 창조하고 싶은 자료를 간편하게 만들 수 있다.

기출문제

❓ 다음 중 멀티미디어의 특성으로 옳지 않은 것은?
▶ 2002. 6. 16. 울산광역시
① 정보를 통합하여 한 화면에 제시한다.
② 매체 간 상호작용이 가능하다.
③ 자기가 원하는 대로 항해하면서 지식을 추구할 수 있다.
④ 선형적 정보를 제공해주며 시간을 절약할 수 있다.
⑤ 시간이 절약되고 다양한 정보를 접할 수 있다.

| 정답 ④

기출문제

문 서책형 교과서와 비교하여 디지털 교과서의 장점으로 보기 어려운 것은?
▶ 2014. 4. 19. 안전행정부
① 사용에 있어 시공간의 제약이 적다.
② 학습자의 능력 및 수준에 따른 맞춤형 학습이 용이하다.
③ 다양한 멀티미디어 콘텐츠의 활용을 통해 학습동기를 높일 수 있다.
④ 특정한 장비와 프로그램이 없어도 접근이 가능하여 시간과 비용을 절약할 수 있다.

문 원격교육에 대한 설명으로 옳지 않은 것은?
▶ 2020. 6. 13. 교육행정직
① 원격교육은 컴퓨터 통신망을 기반으로 등장하였다.
② 각종 교재개발과 학생지원 서비스 등을 위한 물리적·인적 조직이 필요하다.
③ 교수자와 학습자가 물리적으로 떨어져 있으나 교수·학습매체를 통해 의사소통을 한다.
④ 다수를 대상으로 하면서도 공학적인 기재를 사용하여 사전에 계획, 준비, 조직된 교재로 개별학습이 이루어진다.

|정답 ④, ①

③ 단점
㉠ 멀티미디어 도구를 효과적으로 사용하기 위해서는 많은 시간과 헌신이 요구된다.
㉡ 프로그램 제작비가 비싸다.
㉢ 프로그램 개발을 위해 다수의 전문 인력 자원이 필요하다.
㉣ 구조화된 안내를 선호하는 학생들은 당황할 우려가 있다.
㉤ 구체적인 피드백이 없으면 일방적인 정보제시로 끝날 수 있다.
㉥ 고급 저작 도구일수록 사용하기가 어렵다.
㉦ 제공되는 정보가 비선형적이고 탐험을 요구하므로, 수업목표에 도달하기 위해서는 시간이 많이 소요된다.

(3) 원격교육

① **개념** … 교수자와 학습자가 직접 대면하지 않고, 방송교재, 오디오나 비디오교재, 컴퓨터 통신망 등을 매개로 하여 교수-학습활동을 하는 교수전략이다.

② **개념적 속성**
㉠ 교수자와 학습자 간의 교육적 통신이 지리적 거리에 의해 분산된다.
㉡ 교수자와 학습자는 쌍방향적인 상호작용이 이루어져야 한다.
㉢ 학습과정을 촉진하기 위해서 일종의 교수매체가 사용되어야 한다.

③ **특성**
㉠ 교수자와 학습자는 지리적 거리에 의해서 분리되어 있으며, 교수매체를 통하여 의사소통을 한다.
㉡ 기초가 되는 것은 학습자가 개별적으로 사용하는 교수매체이다.
㉢ 학습자가 교수자의 도움 없이 자습용 교재로 학습을 하지만 각종 피드백, 면대면 출석강의, 전화·팩스상담, 컴퓨터통신을 통한 토론, 음성 또는 화상회의시스템을 통한 쌍방향 의사소통이 필수적이다.
㉣ 다수를 대상으로 하면서도 공학적인 기재를 사용하여 사전에 계획되고, 준비되고 조직된 교재를 통하여 개별학습이 이루어진다.
㉤ 학습자는 언제, 어디서, 어떻게 학습을 할지 스스로 결정해야 하기 때문에 자신의 학습에 대해 보다 책임을 갖는다.
㉥ 교재개발과 학생자원서비스 등을 제공할 물리적·인적 조직이 필요하다.

④ **장점**
㉠ 학습자들은 원하는 시간과 장소에서 교육받을 수 있다.
㉡ 다수의 학습자를 동시에 교육할 수 있다.

ⓒ 가격효과 면에서 경제적이다.
ⓔ 학습자들은 최신 정보를 필요할 때 입수할 수 있으며, 원거리에 있는 교사나 전문가와의 접촉이 가능하다.
ⓜ 네트워크로 연결된 여러 지역의 학습자들이 생동감 있고 상호작용적인 학습환경에서 협력학습을 할 수 있다.
ⓗ 흩어져 있는 학습자원을 공유할 수 있다.

⑤ 단점
㉠ 원격교육이 경제적이나 시스템 구축을 위한 초기 비용이 많이 든다.
㉡ 계속적인 지원조직이 필요하기 때문에 계속적인 투자가 필요하다.
㉢ 학습의 질을 관리하고 평가하기가 어렵다.
㉣ 의사소통 채널의 변경으로 교수자와 학습자 간 의사소통에 문제가 발생할 수 있다.

Point 팁 IT기술을 기반으로 한 학습 형태

㉠ 모바일 러닝(m-learning) : 스마트폰, PDA, 태블릿 PC 등을 활용하여 무선 네트워크에 접속하여 학습한다.
㉡ 플립드 러닝(flipped learning) : 온라인 등을 통한 선행학습 후 오프라인 강의를 통해 교수자와 학습자 간 토론식 강의를 진행한다.
㉢ 마이크로 러닝(micro learning) : 5~7분 정도 분량의 한 가지 개념만으로 구성된 콘텐츠를 이용하여 짧게 집중학습을 유도한다.
㉣ 블렌디드 러닝(blended learning) : 오프라인 정규 교육 중 일부를 온라인을 통해 수행하는 것으로 온·오프라인 교육의 장점을 혼합하여 효율적인 학습을 유도한다.
㉤ 유러닝(u-Learning : 첨단 정보통신기술을 이용하여 언제, 어디서나, 누구나 맞춤형 학습을 할 수 있다.
㉥ 이러닝(e-learning) : 인터넷, 유선망, 웹 기술을 활용하여 학습자가 가정이나 학교 등 인터넷에 접속할 수 있는 장소에 있으면서 사이버공간을 통해 학습한다.

기출문제

문 다음에 해당하는 학습 형태는?
▶ 2022. 4. 2. 인사혁신처

• 학습자가 언제 어디에서나 어떤 내용이건, 어떤 단말기로도 학습 가능한 지능화된 학습 형태
• 획일적이거나 강제적이지 않으며, 창의적이고 학습자 중심적인 교육과정 실현 가능
• 원하는 정보를 찾기 위해 학습자가 특정 시간에 특정장소를 찾아가는 것이 아니라, 학습정보가 학습자를 찾아다니는 방식

① e-러닝(electronic learning)
② m-러닝(mobile learning)
③ u-러닝(ubiquitous learning)
④ 기계학습(machine learning)

정답 ③

교육공학 및 교육방법

1 다음 중 컴퓨터 활용수업의 장점이 아닌 것은?

① 컴퓨터를 이용한 수업은 개별화 수업을 가능하게 한다.
② 컴퓨터는 학습자의 반응에 대하여 빠른 속도로 개별적 반응을 하게 한다.
③ 학습자의 흥미를 끌고 수업내용의 현실성을 높여준다.
④ 창의성을 다양하게 계발하도록 한다.

컴퓨터 활용수업은 컴퓨터로 가르칠 수 있는 교육내용이나 이용목적에 한계가 있다. 정의적인 측면과 심동적인 측면, 대인관계의 기술로 가르치기에는 적합하지 않으며, 컴퓨터 보조수업에서는 창의성이 무시되기 쉽다.

2 다음 중 교육공학의 의미로 옳지 않은 것은?

① 교육공학이란 교육의 목적을 달성하기 위하여 교수-학습의 전 과정에서 자원을 체계적으로 활용하는 과정이다.
② 교육공학이란 과학적이고 잘 조직된 지식을 교육의 전 영역에 걸쳐서 발생할 수 있는 교육적인 문제의 해결을 위해 활용하는 통합적이고 체계적인 과정이다.
③ 교육공학과 유사용어로는 시각교육, 청각교육, 시청각교육 등이 있다.
④ 교수목적에 적용될 기구나 기계를 제공하기 위한 물리학과 공학을 적용하는 영역이다.

교육공학의 개념
㉠ 과학적이고 잘 조직된 지식을 교육 전 영역의 교육적인 문제의 해결을 위해 활용하는 통합적·체계적 과정이다.
㉡ 효과적인 교수-학습을 위해 과정과 자원을 이용하여 설계·개발·활용·관리·평가의 기능을 체계적으로 수행하는 학문분야이다.

3 다음에서 설명하는 교육공학의 시기는?

- 추상적 개념의 구체화
- 시각자료와 교과과정의 통합을 통한 교수-학습의 효율성
- 사진, 무성영화 사용

① 시각교육 ② 시청각교육
③ 시청각 교육통신 ④ 초기교수공학

시각교육시기(1920~1930년대)의 교육공학은 추상적 개념의 구체화를 중요시하여, 시각자료의 교과과정의 통합을 통한 교수-학습의 효율성을 제고하고자 하였고 그에 따라 사진, 무성영화 등을 활용하였다.

4 E. Dale의 경험의 원추에 대한 내용으로 옳지 않은 것은?

① 경험의 원추는 학습자의 발달단계와 관계가 있다.
② 발달단계가 높은 고등학생이나 대학생은 상징적 언어에 의한 학습이 효과적이다.
③ 직접경험이 간접경험에 비해 항상 효과적이라는 실용주의적 전제에 입각하여 매체의 교육적 기능을 약화시키고 있다.
④ 매체에 담겨지는 메시지의 내용과 방식에 따라 학습자에게 주는 의미가 달라질 수 있는데, 경험의 원추는 이를 무시한 학문중심적 분류방식이다.

경험의 원추
㉠ 특징
- 학습자의 발달단계와 관계가 있다.
- 발달단계가 낮은 학습자일수록 직접적 경험에 가까운 방법으로 학습한다.
- 발달단계가 높은 학습자는 상징적 언어에 의한 학습이 효과적이다.
- 학습시간의 단축을 위해서는 원추상단의 매체를 이용하는 것이 좋다.
- 연령·지식의 정도가 중간정도인 학습자의 확실한 학습보장을 위해서는 원추하단의 매체를 사용하는 것이 좋다.
㉡ 문제점
- 직접경험의 효과성을 강조하는 실용주의적 전제에 입각하여 매체의 교육적 기능을 간과하고 있다.
- 학습자가 받아들이는 내용과 방식의 차이를 무시하고 교사중심적 분류방식을 사용했다.

Answer 1.④ 2.④ 3.① 4.④

단원평가

5 이러닝(e-learning)의 교육공학적 방법이 교육 분야에 공헌한 것으로 보기 가장 어려운 것은?

① 학습자의 학습효과를 극대화시킨다.
② 학습자 수준에 맞는 교육활동의 개별화를 촉진시킨다.
③ 교육의 경제성을 확보하여 교육의 대중화를 촉진시킨다.
④ 교사와 학생 간 인격적 접촉의 활성화를 통해 학습효율을 상승시킨다.

④ 이러닝은 컴퓨터 통신망을 매개로 등장한 원격교육의 한 형태이다. 원격교육은 교사와 학생 간 인격적 접촉이 감소한다.
※ E-Learning의 장점
  ㉠ 학습자들은 원하는 시간과 장소에서 교육받을 수 있다.
  ㉡ 다수의 학습자를 동시에 교육할 수 있다.
  ㉢ 가격 효과면에서 경제적이다.
  ㉣ 학습자들은 최신 정보를 필요할 때 입수할 수 있으며, 원거리에 있는 교사나 전문가와의 접촉이 가능하다.
  ㉤ 네트워크로 연결된 여러 지역의 학습자들이 생동감 있고 상호작용적인 학습 환경에서 협력학습을 할 수 있다.
  ㉥ 흩어져 있는 학습자원을 공유할 수 있다.

6 ASSURE 모델의 수업매체 선정절차를 순서대로 나열한 것은?

① 학습자분석 – 목표의 기술 – 방법·매체의 선정 – 매체와 자료의 활용 – 학습자의 수행요구 – 평가와 수정
② 목표의 기술 – 학습자분석 – 방법·매체의 선정 – 학습자의 수행요구 – 매체와 자료의 활용 – 평가와 수정
③ 학습자분석 – 목표의 기술 – 방법·매체의 선정 – 학습자의 수행요구 – 매체와 자료의 활용 – 평가와 수정
④ 목표의 기술 – 학습자분석 – 방법·매체의 선정 – 매체와 자료의 활용 – 학습자의 수행요구 – 평가와 수정

ASSURE 모델은 수업매체와 자료를 효과적이고 체계적으로 활용하기 위한 지침의 모형이다.

7 컴퓨터의 교육활용 유형에 대한 설명으로 옳지 않은 것은?

① 컴퓨터 보조수업(CAI)은 컴퓨터를 직접 교수매체로 활용하여 지식, 태도, 기능 등의 교과내용을 학습자에게 가르치는 방법이다.
② 컴퓨터 리터러시(Computer literacy)는 빠른 시간 내에 적은 문제를 가지고 학습자의 능력을 정확하게 측정하는 프로그램이다.
③ 컴퓨터 관리수업(CMI)은 컴퓨터를 활용해서 교수−학습활동을 기록·분석하여 교사가 수업을 효율적으로 할 수 있도록 지원하는 체제이다.
④ CMC는 컴퓨터의 기능과 다른 통신기능을 결합·통합시킨 새로운 형태의 교수−학습 수단을 말한다.

② 컴퓨터 적응평가(CAT)에 관한 내용이다. 컴퓨터 리터러시는 정보산업사회에서 생활을 영위하고 업무를 수행하기 위해서 필요한 지식과 기술로써 컴퓨터에 관한 이해와 활용능력을 갖추는 것이다.

8 다음에서 설명하는 컴퓨터를 활용한 수업의 형태는?

> • 컴퓨터가 직접 교사의 수업기능을 하도록 되어 있는 체제이다.
> • 학습자 개개인에게 맞는 수준과 속도로 학습을 진행시킨다.
> • 학습자−프로그램간의 상호작용의 기회를 충분히 제공한다.

① 컴퓨터의 보조수업(CAI)
② 컴퓨터의 관리수업(CMI)
③ 컴퓨터의 보조교육훈련(CBT)
④ 컴퓨터 매개수업(CMC)

컴퓨터의 보조수업(CAI)은 실제 수업과 유사한 과정을 컴퓨터를 활용하여 컴퓨터가 직접 교사의 수업기능을 하도록 되어 있는 체계이다. CAI는 학습자 개개인에게 맞는 수준과 속도로 학습을 진행시키며 학습자−프로그램 간의 상호작용의 기회를 충분히 제공하는 특징을 갖는다.

Answer   5.④ 6.① 7.② 8.①

단원평가

9 다음과 같은 학습상황에 가장 적절한 교육방식은?

- 집에서 학교까지 1시간 이상이 소요된다.
- 인터넷, 팩시밀리, 위성TV 등의 통신수단이 잘 보급되어 있다.
- 학습주체가 교사와 학습자 간의 상호작용을 필요로 한다.

① 원격교육
② 집단교육
③ 개별교육
④ 멀티미디어교육

원격교육은 교수자와 학습자가 직접 대면하지 않고, 방송교재, 오디오나 비디오교재 등을 매개로 하여 교수-학습활동을 하는 교육방식이다. 교수자와 학습자 간의 교육적 통신이 지리적 거리에 의해 분산되며 쌍방향적인 상호작용이 이루어져야 한다. 학습과정을 촉진하기 위해서 일종의 교수매체가 사용되어야 하며 다양한 교수매체의 활용과 '면대면수업'을 병행함으로써 거리를 최소한으로 좁히려는 교육활동이다.

10 다음 중 인터넷교육의 장점으로 옳지 않은 것은?

① 인터넷은 시공을 초월하여 융통성 있는 교육을 허용한다.
② 인터넷은 창의성과 종합적인 사고를 길러준다.
③ 실생활에서의 문제해결방법을 배울 수 있다.
④ 교사 위주의 교수-학습환경을 제공한다.

④ 인터넷은 수업보다는 학습 위주의 교수-학습환경을 제공한다. 학습자 스스로 필요한 정보를 얻고 창출할 수 있는 교육적 환경을 제공하기 때문이다.

Answer 9.① 10.④

교육심리학

01 교육심리학의 기초
02 학습자의 발달과 교육
03 발달이론
04 인지적 특성과 발달
05 정의적 특성과 교육
06 학습이론
07 적응·부적응·정신위생
08 발달의 개인차

07 교육심리학

기출문제

section 1 교육심리학의 기초

(1) 교육심리학의 학문적 기초

① 교육심리학의 정의
  ㉠ 교육심리학은 교육현상을 대상으로 하는 교육학과 인간행동을 과학적으로 이해하려는 심리학의 이론을 접목시킴으로써 형성된 경계적 학문의 성격(interdiscipline)을 지니고 있다.
  ㉡ 교육심리학이란 가르치고 배우는 과정과 관계된 인간의 생각과 행동을 과학적으로 연구하는 학문이다. 즉, 교수-학습과정에 대한 과학적인 이해를 통해 인간을 만들어가는 교육에 대한 연구를 하는 학문이다.

② 교육심리학의 연구영역
  ㉠ 학습자에 대한 이해(발달심리학)
   • 효과적인 교육이 수행되기 위해서는 우선적으로 학습자에 대한 이해가 선행되어야 한다.
   • 학습자의 인지적·정의적 발달과 지능·창의성·성별 등의 개인차 변인연구를 통해 보다 정확하게 학습자를 이해하려는 노력을 기울여 왔다.
  ㉡ 학습에 대한 이해(학습심리학)
   • 학습자에 대한 충분한 이해뿐 아니라 실제적으로 학습이 발생하는 기제를 이해하여야 효과적인 교육을 기대할 수 있다.
   • 교육심리학에서는 학습의 본질을 탐구하기 위하여 행동주의와 인지이론에 바탕을 둔 다양한 학습이론들에 대한 연구가 꾸준히 진행되어 왔다.
  ㉢ 교수에 대한 이해(교육방법, 교육공학)
   • 효과적으로 가르치는 방법에 대한 이해는 학습자의 특성에 대한 이해와 학습과정의 본질에 대한 이해 못지않게 중요하다.
   • 교육심리학에서는 다양한 교수모형을 연구하고 개발해 왔으며, 효과적인 교수모형을 적용하기 위한 노력을 계속하고 있다.
  ㉣ 생활지도 및 상담에 대한 이해 : 교육현상이란 교과서적인 이론이나 원리를 단순히 적용하는 것 이상을 필요로 하는, 다양하고 역동적인 경우가 대부분이다. 따라서 학습자가 경험하는 인지적·정의적인 측면의 문제들을 적절하게 해결하지 못한다면 효과적인 교육을 기대할 수 없다.

◎ 평가에 대한 이해(교과과정, 평가론) : 학습자의 성취수단에 대한 정보는 교수내용과 방법의 효과를 점검할 수 있을 뿐만 아니라, 학습자의 다음 학습에도 영향을 미친다는 점에서 중요한 영역으로 이해되고 있다.

(2) 교육심리학의 기초이론

① 행동주의 심리학
  ㉠ 연구의 초점 : 객관적 방법과 관찰 가능한 연구
  ㉡ 기본가정
   - 인간의 행동 중 관찰과 측정이 가능한 외현적 활동에 초점을 맞춘다.
   - 인간의 의식적인 경험을 고려하지 않고 자극과 반응의 결합관계에서 인간행동을 설명하려 한다.
   - 보상과 벌의 양상을 변화시켜 원하는 수정에 대해 연구한다.
  ㉢ 특징 : 경험론적 인식론과 관련되었고, 외적·지적 과정을 중시하며 요소주의를 주장하고, 인간의 의식을 고려하지 않는다.
  ㉣ 영향 : 행동수정이나 행동요법 등의 발전에 강력한 영향력을 미치고 교육개혁 방안이나 수업모형에 영향을 미쳤다.
  ㉤ 대표적 이론 : 손다이크(E. L. Thorndike)의 시행착오설, 파블로프(J. Pavlov)의 조건반사설, 스키너(B. F. Skinner)의 작동적 조건화설

② 인지심리학
  ㉠ 연구의 초점 : 인지(지각)과정
  ㉡ 기본가정
   - 인간의 외적 행동보다는 내적 정신과정에 대한 객관적·과학적 연구에 기초하여 인간행동을 이해하려고 한다.
   - 인지란 외부에서 들어오는 감각자극을 여러 가지 방법으로 변형·부호화하고 이를 기억 속에 저장한 후 필요시에 인출하는 과정이다.
   - 행동의 변화란 이해를 통하여 학습자의 인지구조 변화로 학습자가 조각조각의 정보를 서로 연결시켜 그의 인지구조 속에서 그 관계를 파악하는 과정으로 본다.
  ㉢ 특징 : 합리론적 인식론과 관련되었고, 내적 지각과정을 중시하였으며, 전체주의를 주장하였다.
  ㉣ 영향 : 유아들의 지적 발달을 도모하는 프로그램 개발에 영향을 미쳤다.
  ㉤ 대표적 이론 : 쾰러(W. Köhler)의 통찰설, 레빈(L. Lewin)의 장(場)이론, 톨만(E. C. Tolman)의 기호형태설

기출문제

③ 정신분석학(심층심리학)
  ㉠ 연구의 초점 : 무의식
  ㉡ 기본가정
    • 인간행동을 무의식에 두고 이를 심층 분석하는 데 초점을 맞춘다.
    • 개인의 미래의식과 자유의지를 무시하는 점에서 행동주의 이론과 유사하다.
  ㉢ 교육적 시사점 : 아동의 초기 경험, 아동의 욕구 충족, 교사–학습자 간의 전이를 중요시하였다.
  ㉣ 대표적 이론 : 프로이드(S. Freud)의 성격발달이론, 에릭슨(E. H. Erikson)의 사회심리이론, 융(E. G. Jung)의 성격이론

④ 인본주의
  ㉠ 연구의 초점 : 자아실현, 인간존재의 본질
  ㉡ 기본가정
    • 인간의 본질을 선택, 창의성, 가치, 자아실현으로 이해하려 한다.
    • 인간의 존엄성과 가치, 잠재능력 개발에 주된 관심을 가진다.
  ㉢ 대표적 이론 : 로저스(C. Rogers)의 비지시적 상담, 매슬로우(A. Maslow)의 욕구위계이론

section 2 학습자의 발달과 교육

(1) 발달의 기초

① 발달의 기제
  ㉠ 적기성 : 모든 발달은 각 단계에 맞는 과업이 있다.
  ㉡ 기초성 : 유아경험의 기초성이 중요하므로 지적 · 정의적 · 사회적 · 도덕적 발달을 위한 문화적 자극의 부족은 어릴 때 받은 것일수록 장애와 후유증이 크다.
  ㉢ 누적성 : 단계의 발달이 잘못되면 다음 단계에서 더욱 잘못되고, 전 단계에서 잘되면 다음 단계에서 더 잘된다.
  ㉣ 불가소성 : 후단계의 잘잘못이 전단계의 잘잘못에 영향을 주거나 교정 · 보충하는 데에는 한계가 있다.

② 발달의 일반원리
  ㉠ 발달의 상관성 : 발달은 성숙과 학습의 상호작용의 결과이다.
  ㉡ 발달의 분화통합성 : 발달은 미분화에서 분화의 방향으로, 그리고 분화된 것이 다시 통합되는 방향으로 이어지는 과정이다.
  ㉢ 발달의 예언곤란성 : 발달의 경향과 행동의 예언은 점차 어려워진다.

기출문제

❓ 다음 중 발달의 일반적 원리가 아닌 것은?
▶ 2003. 10. 5. 경상북도
① 발달은 분화와 통일성을 갖고 있다.
② 발달은 계속 점진적으로 이루어진다.
③ 발달은 일반 주기가 있고 결정적 시기가 있다.
④ 발달은 유전환경과 상호 작용한다.
⑤ 연령증가에 따라 성장과 발달 경향의 예측은 쉬워진다.

| 정답 ⑤

② 발달의 순서성: 발달에는 일정한 순서가 있다. 두→미의 방향, 중심→주변의 방향, 전체운동→부분운동의 방향, 가까운 곳에서 먼 곳, 중추에서 말초, 머리에서 가슴과 다리 순으로 발달한다.
③ 발달의 주기성: 발달은 계속적인 과정이나 발달속도는 일정하지 않은 발달속도의 불규칙성으로 발달의 동요성, 율동성이라고도 한다.
④ 발달의 연속성: 발달은 비약적인 것이 아니라 연속적이고 점차적인 것으로, 이전 단계의 발달은 이후의 발달을 위한 기초를 제공하며 인간은 반드시 과거와의 연결을 가지고 발달한다.
⑤ 발달의 개별성: 발달에는 개인차가 존재하고, 개인 간 차이뿐만 아니라 개인 내적 차이도 있다.

(2) 발달의 단계와 특징

① **신생아기** … 의학적으로는 생후 약 2주, 발달심리학적으로는 생후 약 1개월에 해당하는 시기로, 스스로 독립된 호흡을 최초로 시작한다.

② **유아기(乳兒期)** … 출생 후 2주에서 2세까지의 시기이며, 신체발달의 속도가 일생 중에서 가장 빠르다. 직립보행과 말을 하기 시작하며, 타인과 사회적 접촉이 활발해지고, 독립하여 영양을 섭취하기 시작한다.

③ **유아기(幼兒期)** … 3세에서 학령 전인 6세까지의 시기로 신체운동 및 의식에 있어서 가장 현저한 발달을 한다. 기본적인 인간 행동의 형성시기이며 의학적으로나 심리학적으로 중요한 시기이다.

④ **아동기**
  ㉠ 6세에서 12세까지로 신체발달이 비교적 일률적으로 진행된다.
  ㉡ 기본적 인간특성이 많이 나타나며 지적 호기심이 왕성하고 활발하고 민첩한 행동을 한다.
  ㉢ 자기중심성으로부터 서서히 벗어나고 사회성이 발달하여 또래집단과 어울리는 것을 좋아한다.

⑤ **청년기**
  ㉠ 청년전기(12 ~ 15세), 청년중기(15 ~ 18세), 청년후기(18 ~ 22세)로 세 분하기도 한다.
  ㉡ 과도기적 현상인 모순과 혼란, 반항성 · 비판성 · 내면적 생활의 발견, 자아의식의 고양, 정신적 독립 등은 인간성숙화의 과정이라 할 수 있다.

기출문제

⑥ **성년기(약 23~60세)** … 전기 단계인 청년기 이후 갱년기 이전의 45세경까지 재적응과 성취가 이루어져 발전하는 시기와, 후기 단계인 전기 이후부터 60세경까지로서 안정된 성취로 결실을 거두는 시기인 장년기를 포함한다.

⑦ **노년기(60세 이후)** … 신체적으로 노쇠하는 시기부터 죽음에 이르는 인생을 정리하는 시기이다.

(3) 발달과업(해비거스트)

① **유아기와 유아기의 발달과업(1~5세)** … 걸음걸이 배우기, 고형(固形) 음식물 먹기, 말 배우기, 배설물 통제의 습득, 성차(性差)와 성적 성숙 학습, 생리적 안정 유지, 사회적·물리적 환경에 대한 간단한 개념 형성, 자신을 부모, 동기 및 타인과 정서적으로 관련 맺기, 선악(善惡)의 구별과 양심(良心)의 발달

② **아동기의 발달과업(6~12세)** … 일반적인 놀이에 필요한 신체적 기능 학습, 성장하는 유기체로서 자신에 대한 건전한 태도 형성, 친구와 사귀기를 배움, 남성과 여성으로서의 사회적 역할 학습, 읽기·쓰기·셈하기의 기초기능의 발달, 일상생활에 필요한 개념의 발달, 양심·도덕성·가치관 발달, 인격적 독립의 성취, 사회집단·제도에 대한 태도의 발달

③ **청년기의 발달과업(13~18세)** … 남녀 간의 보다 새롭고 성숙한 관계 형성, 남성 또는 여성으로서의 역할 학습, 자신의 체격을 인정하고 효과적으로 구사, 부모와 다른 성인으로부터 정서적 독립, 결혼과 가정생활 준비, 직장에 대한 대비, 경제적 독립의 확신, 시민적 자질로서 지적 기능과 개념의 발달, 행동의 지표로서 가치관과 윤리체계 습득, 사회적으로 책임 있는 행동을 원하고 수행

④ **성년 초기의 발달과업(19~29세)** … 배우자 선택, 결혼 후 배우자와의 동거생활, 가정생활의 시작, 자녀의 양육, 가정의 관리, 직업의 선택, 시민적 책임을 감당, 마음에 드는 사회집단의 모색

⑤ **중년기의 발달과업(30~55세)** … 성인으로서 시민적·사회적 책임 수행, 생활의 경제적 표준 설정 및 유지, 10대 청소년들이 책임감 있고 행복한 성인이 되도록 도와줌, 성인에 필요한 여가활동, 배우자와 인격적인 관계 맺기, 중년기의 생리적 변화를 인정하고 이에 적응하는 일, 연로한 부모에 대한 적응

⑥ **노년기의 발달과업(55세 이후)** … 체력감소와 건강에 적응하는 일, 은퇴와 수입감소에 적응하는 일, 배우자의 사망에 적응하는 일, 동년배와 친밀한 관계 맺기, 사회적·공민적 책임의 이행, 만족스런 생활조건의 구비

문 다음 내용은 무엇과 관련 되는가?
▶ 2006. 4. 16. 강원도교육청

- 유기체의 발달에 있어서 기관이나 기능이 급격히 발달하는 짧은 기간의 일정한 시기를 지칭한다.
- 유기체에서 각인이 일어나도록 하기 위하여 어떤 적절한 자극이 반드시 제시되어야 하는 시기이다.
- 특정한 심리적 특성이 학습되는 시기로 이 시기를 놓치면 학습이 제대로 이루어지지 못한다.

① 발달과업
② 결정적 시기
③ 성취동기
④ 포부수준
⑤ 자아개념

정답 ②

(4) 인간발달과 교육

인간발달단계상의 특징은 학교교육에 있어서 교육과정 구성을 위한 기초자료가 된다. 무엇을 언제 학습하도록 할 것인가를 결정함에 있어서 인간 발달에 관한 지식은 매우 중요하다.

① 준비성 … 특정한 교육을 하는 데 필요한 조건의 성숙 상태로, 교육은 아무 시기에나 가능한 것이 아니라 학습 가능한 신체적·정신적 조건이 성숙되어 지식이나 기능을 습득할 수 있는 최적시기가 있다고 보는 것이다.

② 결정적 시기 … 특정한 심리적 특성이 학습되는 시기가 있어서, 만일 그 시기에 학습이 이루어지지 못하면 후에는 학습이 제대로 되지 못한다는 개념이다.

③ 문화적 결손 … 발달과정의 초기에 문화적으로 결손된 환경에서 성장한 아동은 발달상의 결손을 가져오게 된다는 것이다. 환경의 영향이 초기 경험을 하게 되는 시기에 크게 작용한다는 점을 지적한다.

section 3 발달이론

(1) 피아제(J. Piaget)의 인지발달이론

① 개념

  ㉠ 지적 구조발달이론: 피아제는 지적 기능과 지적 구조를 구별하고 지적 기능을 일반적 특성을 뜻하고 지적 구조는 연령에 따라 변화하는 지능의 조직된 국면이라 하였다.

  ㉡ 지적 구조의 변화: 피아제의 발달단계는 질적인 기준에 의한 구분으로 각 단계는 그 전후 단계와는 질적으로 구별되는 구조상의 특징을 갖는데, 선행단계를 규정하는 지적 구조는 다음 단계의 지적 구조 속에 통합되어 들어간다. 그에 의하면 변하는 것은 지적 구조이고, 지적 기능은 항상성을 지닌다고 한다.

② 기본적 지적 구조와 지적 기능

  ㉠ 인간의 인지구조: 스키마(schema), 즉 유기체가 가지고 있는 외부환경에 대한 이해의 틀을 말하는 것으로 개인이 가지고 있는 행동의 유형이다. 스키마(도식)는 성장함에 따라 환경에의 적응과정 등을 통합하여 조금씩 확대되고 일반화되며 더욱 분화된다.

  ㉡ 인지기능: 인지적 기능개체가 환경에 적응하려는 기본적인 경향성으로, 모든 생물체에게서 불변으로 작용한다.

기출문제

문 아동의 인지발달과정에 대한 피아제(Piaget)와 비고츠키(Vygotsky) 이론의 차이점으로 옳지 않은 것은?
▶ 2020. 6. 13. 교육행정직

① 피아제는 학습이 발달을 주도한다고 보는 반면 비고츠키는 발달에 기초하여 학습이 이루어진다고 본다.

② 피아제는 아동은 스스로 세계를 구조화하고 이해하는 존재라고 생각한 반면 비고츠키는 아동이 타인과의 관계에서 영향받아 성장하는 사회적 존재임을 강조한다.

③ 피아제는 혼잣말을 미성숙하고 자기중심적 언어로 보지만 비고츠키는 혼잣말이 자신의 사고를 위한 수단, 문제해결을 위한 사고의 도구라고 생각한다.

④ 피아제는 개인 내적 지식이 사회적 지식으로 확대 또는 외면화된다고 보는 반면 비고츠키는 사회적 지식이 개인 내적 지식으로 내면화된다고 본다.

|정답 ①

- 순응기능 : 아동이 환경과의 상호작용하는 생득적 경향성을 의미하는 것으로, 환경 속에 살아남으려는 동기를 가진 하나의 과정이다.
- 조직화기능 : 분리된 구조나 체계를 고차원의 체계나 구조로 통합시키는 선천적 경향성으로, 지각정보와 인지정보를 의미 있는 틀(인지적 구조) 속에 체계화하는 활동을 말한다.
- 조직화기능과 순응기능은 한 체제 내에서의 상호보완적 과정으로, 조직화기능이 내적 측면에 관계한다면, 순응기능은 외적 측면에 관계한다. 조직화기능은 사고 그 자체의 조화에 작용하는데 사상에의 순응기능을 통해서만 사고 그 자체의 조직화기능이 가능해지고 조직화기능에 의해서만 사고가 사상을 구조화할 수 있는 것이다.

③ 인지구조의 구성
 ㉠ **동화** : 새로운 환경자극을 자신의 기존 이해의 틀에 맞도록 변형하여 흡수하는 현상을 말한다. 새로운 지각물이나 자극 사건을 이미 자신이 가지고 있는 도식이나 구조에 통합시키는 인지과정을 말한다.
 ㉡ **조절** : 새로운 경험 등을 의미 있게 해석하기 위하여 자신의 기존의 이해의 틀을 새로운 경험에 알맞게 바꾸는 현상이다.
 ㉢ **평형** : 동화와 조절 중 어느 한 쪽에 치우치지 않게 평형 혹은 균형을 유지하는 것을 의미하나 실제로 이 두 기능은 불균형 상태에 있게 된다. 이 때 유기체는 동화하여 평형상태를 유지하나 이러한 균형 상태는 순간적이며, 새로운 문제를 해결하기 위해서 기존의 도식을 바꾸도록 요구하여 조절에 의하여 다시 평형상태가 이루어진다. 즉, 동화와 조절에 의하여 누적된 조정과 통합에 따라 인지구조가 성장·발달한다.

④ 인지발달단계
 ㉠ **감각운동기**(출생 ~ 2세)
 - 실제 대상물을 감각과 운동을 통해 조작하는 단계이다.
 - 대표적 행동으로 대상영속성 개념이 발달하는데, 이것은 어떤 대상이 시야에서 사라져도 그 대상은 계속 존재한다는 것을 아는 것이다.
 - 18개월 이후부터는 행동하기 전에 그 행동에 대해 사고한다.
 - 물체를 다른 각도에서 보아도 동일하다는 사물의 실재성을 인식하지 못한다.
 ㉡ **전조작기**(2 ~ 7세) : 논리적 능력을 획득하지 못한 단계로 언어의 발달과 직관적 행동에 초점을 맞춘다. 아동의 지각은 중심화 경향을 가지며 사고는 자기중심적이다. 보존문제를 해결할 수 없고 본 그대로의 직접적인 것과 지각적인 것에 지배된다. 그리고 언어의 발달이 현저하지만 지극히 주관적이고 자기중심적이다.
 - 가역적 사고 : 분류기준이 계속 변하여 실제로 분류가 되지 않는다.

기출문제

문 피아제(J. Piaget)의 인지발달단계를 순서대로 바르게 나열한 것은?
▶ 2019. 6. 15. 교육행정직청

㉠ 전조작기
㉡ 형식적 조작기
㉢ 감각운동기
㉣ 구체적 조작기

① ㉠→㉡→㉢→㉣
② ㉠→㉢→㉡→㉣
③ ㉢→㉠→㉣→㉡
④ ㉢→㉡→㉠→㉣

| 정답 ③

- 전개념 : 완전한 개념적 조작능력이 발달되지 못했기 때문에 어른과 다른 방식으로 똑같은 종에 속하는 다른 개체 사이의 구별을 한다.
- 직관적 사고(4~7세) : 신중하고 합리적인 사고과정을 거치지 않고 직접적이고 즉시적 생각에 의해 사고한다.
- 자기중심적 사고 : 다른 사람들도 자기와 같은 생각을 한다고 가정하는 것을 말한다.
- 물활론적 사고 : 모든 사물은 살아 있고 각자의 의지에 따라 움직인다고 믿는다.

ⓒ 구체적 조작기(7~11세) : 구체적 조작이 가능한 시기로 구체적 사물에 대하여 논리적 조작이 가능한 시기이다. 자기중심적에서 벗어나 탈중심화하며 보존문제, 가역성, 배(계)열개념, 분류능력 등이 발달된다.
- 탈중심화 : 어떤 상황을 여러 관점에서 고려할 수 있다.
- 보존개념의 발달 : 물체가 공간적 배열을 달리하거나 모양을 다르게 해도 그 속성은 변하지 않는다는 개념이다.
- 동일성 : 모든 조작에는 결과가 변하지 않는 조작이 있다.
- 가역성 : 모든 조작은 처음 조작과 반대로 하면 원래의 결과가 된다는 것을 의미한다.
- 결합 : 여러가지 조작이 새로운 사물을 만들기 위해 결합하거나 똑같은 결과를 산출하기 위해 다른 방법으로 결합할 수 있다는 논리적 방법이다.
- 배열개념 : 사물, 사건을 특수한 차원에 따라서 계열화하거나 서열화하는 능력을 의미한다.

ⓔ 형식적 조작기(11세 이후) : 아동은 성인의 추상적 사고력을 습득할 수 있게 된다. 가설적 명제만으로 조작할 수 있는 능력을 갖추며, 가능한 변인을 가려낼 수 있고, 후에 실험을 통해서 증명될 수 있는 가능한 관계를 연역할 수 있게 된다.

⑤ 적용
  ㉠ 주어진 정보를 암기하도록 하는 전통적 교수방법에서 탈피하여 아동의 인지 수준에 따라 교사는 정보의 구체성과 추상성을 고려하여 제공하는 교수방법을 채택하였다.
  ㉡ 피아제의 인지발달이론이 암시하는 수업전략은 아동들의 지식체계에 대립되는 정보를 줌으로써 불균형을 만들어 주는 대립전략이다.
  ㉢ 교육목표는 지식의 양을 증가시키는 것이 아니라 아동들이 실험하고 발명할 수 있는 가능성을 조성해 주는 것이다.
  ㉣ 교육은 어린이의 현재 지적 발달단계에 알맞도록 조정되어야 한다.
  ㉤ 교육은 어린이의 자발성에 의존해야 한다. 학습은 어린이의 능동적 발견과정이기 때문이다.

기출문제

문 피아제(J. Piaget)의 인지발달 이론에 대한 설명으로 옳은 것만을 모두 고르면?
▶ 2025. 4. 5. 국가직

㉠ 조절은 기존의 도식을 수정하는 인지과정이다.
㉡ 언어는 인지발달에 중요한 역할을 하며, 학습이 발달에 선행한다.
㉢ 구체적 조작기에서는 하나의 기준에 따라 대상을 순서대로 배열할 수 있는 서열화가 가능하다.
㉣ 형식적 조작기에서는 추상적 사고와 가설 연역적 추리가 불가능하다.

① ㉠, ㉡
② ㉠, ㉢
③ ㉡, ㉣
④ ㉢, ㉣

문 아동의 혼잣말(private speech)에 대한 비고츠키(L. Vygotsky)의 견해로 옳지 않은 것은?
▶ 2017. 6. 17. 교육행정직

① 자기중심적 언어로서 미성숙한 사고를 보여준다.
② 자신의 사고과정과 행동을 스스로 조절하고 주도한다.
③ 연령이 증가함에 따라 점차 줄어들면서 내적 언어로 바뀐다.
④ 쉬운 과제보다 어려운 과제를 해결할 때 더 많이 사용한다.

정답 ②, ①

PART 7 교육심리학

기출문제

문 다음에서 설명하는 개념은?
▶ 2017. 4. 8. 인사혁신처

- 학생의 인지발달을 위해서 교사가 찾아야 하는 것
- 학습자가 주위의 도움을 받아서 문제를 해결할 수 있는 범위
- 학습자의 실제적 발달 수준과 잠재적 발달 수준 간의 차이

① 비계(scaffolding)
② 근접발달영역(ZPD)
③ 내면화(internalization)
④ 메타인지(metacognition)

문 비고츠키(Vygotsky)의 사회문화이론에 근거할 때, ㈎에 들어갈 말은?
▶ 2023. 4. 8. 인사혁신처

타인의 도움을 받아서 수행할 수 있는 수준과 자기 혼자서 독립적으로 수행할 수 있는 수준 사이에 ㈎ 이 있다.

① 집단 무의식
② 근접발달영역
③ 학습된 무기력
④ 잠재적 발달영역

| 정답 ②, ②

피아제의 도덕성 발달단계

① 1단계(도덕적 실재론의 단계)
  ㉠ 타율적 도덕성의 단계로 아동은 이유를 찾거나 판단함이 없이 규칙에 무조건 복종한다.
  ㉡ 아동은 어떤 행동 뒤에 있는 동기를 고려하기보다는 그것으로 인해 생긴 결과에 따라서 그 행동을 옳고 그른 것으로 판단한다.
② 2단계(협동과 호혜에 의한 도덕성의 단계)
  ㉠ 자율적 도덕성의 단계로 행동의 이면에 놓여 있는 행위자의 의도를 고려하여 행동의 선악을 판단한다.
  ㉡ 아동은 도덕적 위반사태가 발생했을 때, 그 당시의 구체적 상황을 고려하기 시작한다.
  ㉢ 보통 7~8세경에 나타나기 시작하여 이후로 계속된다.

(2) 비고츠키(L. S. Vygotsky)의 인지발달이론

비고츠키는 아동이 타인과의 관계에서 영향을 받으며 성장하는 사회적 존재임을 강조하여, 인간 이해에 있어서 사회·문화·역사적인 측면을 제시하였으며, 상호작용에 필수적 요소인 언어습득을 아동발달에 가장 중요한 변인으로 간주한다.

① 사고와 언어
  ㉠ 자기중심적 언어는 자기의사표현뿐 아니라 문제해결을 위한 사고의 도구이다. 피아제는 혼잣말을 미성숙하고 자기중심적 언어로 보지만 비고츠키는 혼잣말이 자신의 사고를 위한 수단, 문제해결을 위한 사고의 도구라고 생각한다.
  ㉡ 독립적으로 발생하기 시작한 사고와 언어는 일정시간이 지난 후에 서로 연합되며, 이러한 연합은 아동이 발달해 가는 과정에서 변화하고 성장한다.
  ㉢ 아동의 지적 발달은 내적 언어와 사회적 언어에 모두 영향을 받는다.

② 사고와 언어의 발달과정
  ㉠ 아동의 언어와 사고는 본래 별개의 독립적인 기능으로 출발한다. 아동이 2세 정도 되면 사고와 언어가 결합하기 시작하여 점차 지적이고 합리적이 되며, 이 시기에 아동은 언어의 상징적 기능을 발견하게 된다.
  ㉡ 4세가 되면 언어는 아동의 사고형성에 구체적 도움을 주게 된다.
  ㉢ 언어발달단계: 원시적 언어(출생~만 2세) → 순수심리적 언어(만 2세~) → 자기중심적 언어(만 4·5세~) → 내적 언어(만 7세~)
  ㉣ 인지발달단계: 조직화되지 않은 군집단계 가운데서의 사고 → 복합적 사고 → 개념적 사고

③ 근접발달영역(ZPD)
  ㉠ 개념: 아동이 혼자서는 해결할 수 없지만 성인이나 뛰어난 동료와 함께 학습하면 성공할 수 있는 영역을 의미한다.

ⓒ 근접영역발달에 위치한 아동에게는 구조화를 형성할 수 있는 단서제공과 세부사항과 단계를 기억할 수 있도록 하는 조력·격려·도움이 필요하다.
ⓓ 어른과 능력 있는 동료는 아동이 지적으로 성장하는 데 필요한 요소를 지원하는 안내자 혹은 교사의 역할을 할 수 있다.
ⓔ 의의: 인지발달이 사회적 상호작용의 결과로 발달된다는 사실을 강조하고 있으며, 아동의 인지발달에 교사나 성인이 적극적으로 도움을 줄 수 있는 이론적 근거를 마련했다는 점에서 중요한 의미를 갖는다.

(3) 프로이드(S. Freud)의 성격발달이론

① 성격의 구조
  ㉠ id(원초아, 본능)
    • 개인의 본능적 충동으로서 생물학적 충동과 욕구를 의미한다.
    • 쾌락원칙에 지배를 받아 쾌락만 추구하고 고통을 회피하며 자기의 욕구를 충족시켜 나아가는 과정이다.
    • 원초자아는 성격의 무의식적 부분으로 기본적 욕구들의 저장고이며 성격의 기초가 된다.
  ㉡ ego(자아)
    • 자아는 외부와 직접적으로 대처하면서 바람직하지 않은 결과를 초래하지 않고 동시에 원초아의 충동을 만족시키는 행동을 선택하는 역할을 한다.
    • 개인의 행동이 사회적으로 용납될 수 있도록 통제하는 기능을 갖고 있다.
    • 자아는 대부분 의식적인 성격의 기능이다.
    • 현실원칙에 지배를 받기 때문에 현실파악을 위해 인식과정이 발달되었다.
  ㉢ superego(초자아)
    • 개인의 행동을 이상에 따르도록 하는 역할을 하며, 쾌락이나 현실보다는 이상적이고 완전한 것을 지향한다.
    • 초자아는 양심과 자아이상으로 구성된다.
    − 양심: 자아로 하여금 본능의 직접적인 표현을 막고 id의 충동에 대해서 여러 가지 방어기제를 쓰게 한다.
    − 자아이상: 개인이 동일시하려는 사람과 비슷한 양상으로 행동하게 한다.

② 성격발달단계
  ㉠ 구강기(oral stage, 0~1세)
    • 어머니에게 의존하여 안정과 위협을 경험한다.
    • 즐거움의 근원은 빨기, 물기, 삼키기 등의 충동에 대한 즉각적인 만족이다.
    • 유아는 자신에게 만족과 쾌감을 주는 인물이나 대상에게 애착을 느끼며, 성적 쾌감은 자신이 아닌 타인, 주로 어머니에 의해서 얻는다.

기출문제

❓ 다음에 해당하는 프로이트(Freud)의 성격 구조 요소는?
▶ 2022. 4. 2. 인사혁신처

• 도덕적 원리를 추구한다.
• 부모나 양육자로부터 영향을 많이 받는다.
• 양심과 자아이상이라는 두 가지 하위체계로 구성된다.

① 무의식
② 원초아
③ 자아
④ 초자아

| 정답 ④

기출문제

문 다음은 프로이드(S. Freud)와 에릭슨(Erikson)의 성격발달이론에 대한 설명이다. 적절하지 않은 것은?
▶ 2010. 6. 12. 경기도교육청

① 프로이드는 개인의 성격을 원초아, 자아, 초자아로 구분하였다.
② 프로이드에 따르면 2~3세는 남근기로 남녀의 신체차이, 부모의 성 역할 등에 관심을 갖는다고 본다.
③ 에릭슨은 성격발달을 8단계로 제시하고 3단계에서 주도성을 형성할 수 있다고 보았다.
④ 프로이드의 성격발달이론은 행동의 무의식적 결정요인을 강조함으로써 성격 연구의 새로운 방향을 제시했다.

|정답 ②

ⓒ 항문기(anal stage, 2~3세)
  • 유아는 배변훈련을 통해서 항문근육의 자극을 경험하게 되고, 이 경험을 통해서 성적 쾌감을 얻게 된다.
  • 대소변 가리기 훈련이 시작되며, 처음으로 본능적 충동에 대한 외부적 통제를 경험하게 된다.

ⓒ 남근기(phallic stage, 3~5세)
  • 남녀의 신체차이, 부모의 성 역할 등에 관심을 갖는다.
  • 오이디푸스 콤플렉스, 엘렉트라 콤플렉스, 동일시현상이 나타난다.
  • 매우 복잡하고 자극적인 감정이 교차되는 특징을 보이며, 성격형성에 매우 중요한 단계이다.

ⓔ 잠복기(latent stage, 6~11세)
  • 성적인 욕구가 철저히 억압되고 심리적으로 평온한 시기로 성적 활동은 침체되지만 지적 호기심이 강해지고 동성의 또래관계가 긴밀하게 된다.
  • 성적인 부분을 제외하고는 새로운 학습, 사회적 지위역할, 운동능력의 신장 등 매우 활동적인 모습을 나타낸다.

ⓜ 생식기(genital stage, 11세 이후)
  • 사춘기에 접어들면서 성적 욕구가 다시 생기게 되며 급속한 성적 성숙에 의하여 이성에 대한 성애(性愛)의 욕구가 본격화된다.
  • 성적 쾌감은 진정한 이성적 사랑의 대상을 찾아 만족을 얻으려는 것이다.

③ 평가
  ㉠ 인생의 초기경험을 강조함으로써 유아교육의 중요성을 일깨워 주었다.
  ㉡ 행동의 무의식적 결정요인을 강조함으로써 성격 연구의 새로운 측면을 보여주었다.
  ㉢ 인간의 본능을 지나치게 강조하여 성격장애를 일으킨 사람들의 회복가능성에 지나치게 비판적 견해를 가지고 있다.
  ㉣ 이론에 과학적 정확성이 결여되어 있다.

(4) 에릭슨(Erikson)의 심리·사회적 성격발달이론

① 특징
  ㉠ 에릭슨은 사회적 관계에 따라 일생을 8단계로 나누고 각 발달단계는 상호관련성이 있다고 보았다.
  ㉡ 각 발달단계상에는 발달의 결정적 시기(critical period)가 있다.
  ㉢ 각 단계에서 인간이 겪을 수밖에 없는 위기를 적절히 해결할 수 있으면 건강한 성격을 발달시키는 기회를 가지게 되나 그렇지 않으면 성격발달상 퇴행을 경험하게 된다는 양극이론을 제창하였다.

② 성격발달단계
  ⊙ 기본적인 신뢰감 대 불신감(출생~1세) : 타인에게 의존하며 타인과의 관계에서 신뢰감과 불신감을 형성한다. 구체적인 양육행동이 내면화되면서 성격이 형성되는 시기로, 유아에게 일관성과 계속성 그리고 통일성 있는 경험이 주어지면 신뢰감이 형성되고, 부적절하고 일관성이 없고 부정적인 보살핌은 불신감을 불러일으킨다.
  ⊙ 자율성 대 수치심·회의감(1~3세) : 자발적 행동에 칭찬을 하거나 신뢰를 표현하고 용기를 주며, 자기 자신의 방법과 속도에 따르는 기능이 발휘될 수 있도록 할 때 자율성이 발달된다. 그러나 자율성을 존중해 주지 않으면 자신의 능력에 회의감을 갖게 되고 자기 자신과 환경을 통제하는 능력에 대해 의혹심이 생긴다.
  ⊙ 주도성 대 죄책감(3~6세) : 자율성이 증가하며 왕성한 지적 호기심을 보인다. 부모들의 일에 주도적으로 참여하려고 할 때 일에 참여시키고 인정을 해 줄 때 주도성이 형성된다. 아동의 주도적인 일을 비난하거나 질책을 하면 아이들은 위축되고 자기주도적 활동에 대해 죄책감을 느끼며 활동을 억압하면 죄악감이 형성된다.
  ⊙ 근면성 대 열등감(6~12세) : 자아개념 형성의 결정적 시기로 대부분의 시간을 학교에서 보내게 되며 학교에서 성공과 성취가 아동의 근면성을 발달시키게 된다. 이 시기에 실패로 끝나는 경험이 많아지면 아동은 열등감이나 자기부적당감에 빠진다.
  ⊙ 정체감 대 역할 혼미(12~18세) : 육체적·지적·감성적 변화를 경험하는 시기이다. 자신의 성격의 동일성과 계속성을 주위로부터 인정받으면 정체감이 형성되고, 성 역할과 직업선택에서 안정성을 확립할 수 없다면 혼미감을 느끼고 정체감의 위기에 빠지게 된다.

Marcia의 자아정체감 4가지 지위

James E. Marcia는 에릭슨의 자아정체감에 대한 개념을 보완하여 청소년기에 형성된 자아정체감이 변하지 않는 것이 아니라 성인기에도 변화될 수 있다고 보았다.
  ⊙ 정체감 성취(identity achievement) : 자신의 가치, 진로, 신념을 형성하기 위해 노력을 하여 정체감 위기를 극복한 상태가 된 것을 의미한다. 이는 심리적으로 건강하며 성취동기, 도덕적 추론, 친밀감 등에 있어서 높은 수준을 보이고 많은 문제에 대해 스스로 결정할 수 있는 능력이 있는 상태이다.
  ⊙ 정체감 유실(identity foreclosure) : 자신에게 중요한 문제에 대해 스스로 탐구하거나 고민하지 않고 타인의 결정이나 가치를 수용하는 것을 의미한다. 정체감 위기를 경험하지 않고도 정체감이 확립된 것처럼 행세하며 부모가 기대하거나 선택해 준 생애과업을 그대로 수용하는 상태이다.

기출문제

문 에릭슨(E. Erikson)의 심리사회적 발달 단계 중 다음에 해당하는 것은?
▶ 2025. 4. 5. 국가직

- 인지적·사회적 기술 습득
- 아동이 학교에 들어가면서 사회적 세계 확대
- 아동이 성취할 수 있는 기회 제공
- 교사와 친구들의 중요성이 커지면서 부모의 영향력은 감소

① 주도성 대 죄의식(initiative vs. guilt)
② 근면성 대 열등감(industry vs. inferiority)
③ 친밀성 대 고립감(intimacy vs. isolation)
④ 생산성 대 침체감(generativity vs. stagnation)

문 마샤(Marcia)의 정체성 지위 이론에서 다음의 특징에 해당하는 것은?
▶ 2024. 3. 23. 인사혁신처

- 정체성 위기의 상태에 있다.
- 구체적인 과업에 전념하지 못하고 있다.
- 자신의 정체성에 대해 적극적으로 탐색한다.

① 정체성 동요 (identity agitation)
② 정체성 상실 (identity foreclosure)
③ 정체성 유예 (identity moratorium)
④ 정체성 혼미 (identity diffusion)

정답 ②, ③

PART 7 교육심리학

기출문제

문 콜버그(L. Kohlberg)의 도덕성 발달이론에 비추어볼 때, 다음 상황에 대한 아동의 대답이 해당하는 발달단계는?
▶ 2019. 6. 15. 교육행정직

〈상황〉
한 남자의 아내가 죽어가고 있다. 아내를 살릴 수 있는 약이 있지만 너무 비싸고, 약사는 싼 가격에는 약을 팔려고 하지 않는다. 남자는 아내를 위해 하는 수 없이 약을 훔쳤다. 남자는 정당한 일을 하였는가?

〈아동의 대답〉
"나는 찬성한다. 좋은 남편은 아내를 잘 돌보아야 하기 때문에 사랑하는 아내를 살리기 위한 이러한 행위는 정당하다."

① 1단계 : 복종과 처벌 지향
② 2단계 : 개인적 쾌락주의
③ 3단계 : 착한 소년/소녀 지향
④ 4단계 : 사회질서와 권위 지향

정답 ③

ⓒ 정체감 유예(identity moratorium) : 자신의 정체감을 아직 형성하지 못했지만 이를 위해 많은 노력을 하고 있는 상태를 말한다.
ⓔ 정체감 혼미(identity diffusion) : 자신의 문제에 대해 탐구하거나 결정하지 않았으며 이러한 문제에 대해 아무런 관심이 없는 가장 부정적인 상태를 의미한다. 정체감 위기를 경험하지 못했으며 삶의 목표와 가치를 탐색하려는 시도조차 하지 않고 삶을 계획하려는 욕구도 부족한 상태이다.

ⓑ 친밀감 대 고립감(19 ~ 24세) : 사회에 참여하고 자유와 책임을 가지고 스스로의 삶을 영위하는 시기이다. 자기 자신의 문제에서 벗어나 직업 선택, 배우자 선택, 친구 선택 등 다양한 문제를 경험하고, 배우자인 상대방 속에서 공유된 정체감을 찾으려 한다. 친밀한 인간관계를 형성하지 못하면 개인과 사회에 건강하지 못한 사회 · 심리적 고립감을 경험하게 된다.
ⓐ 생산성 대 침체성(25 ~ 54세) : 창조성, 생산성, 다음 세대의 지도에 대한 관심과 헌신의 시기이다. 생산적 성인은 지금보다 더 나은 사회를 만드는 데 기여하려 하며, 생산성이 결여될 때에는 성격이 침체되고 불모화된다.
ⓞ 자아통정성 대 절망감(54세 이상) : 자신의 삶에 후회가 없으며 가치 있었다고 생각하는 통정성이 생기는 시기이다. 통정성을 지니지 못한 사람은 책임감도 없고 죽음도 받아들이지 못해 절망감에 빠진다.

(5) 콜버그(Kohlberg)의 도덕성 발달이론

① 특징
   ㉠ 콜버그는 'Heinz가 약을 훔치다'는 도덕적 딜레마를 설정하여 이에 대해 사람들이 어떻게 대답하는가의 사고체계를 바탕으로 도덕적 발달과정을 설명하였다.
   ㉡ 도덕성 발달 수준을 구분하기 위해 인습 혹은 관습을 기준으로 삼았다.
   ㉢ 도덕적 발달단계는 불변적인 순서로 발달된다고 주장하였다.

② 발달단계
   ㉠ 전인습수준의 도덕성(출생 ~ 6세)
   • 제1단계 : 벌과 복종에 의한 도덕성
   - 복종과 처벌지향적인 특성을 갖는 시기이다.
   - 단순한 신체적 · 물리적 힘이 복종이나 도덕 판단의 기준이 된다.
   - 신체적 벌을 피하기 위해 규칙에 복종한다.
   • 제2단계 : 자기중심의 욕구충족을 위한 수단으로서의 도덕성
   - 상대적 쾌락주의의 특성을 갖는 시기이다.
   - 자신의 욕구를 만족시키는지의 여부에 따라 도덕적 가치를 판단한다.

ⓒ 인습수준의 도덕성(6 ~ 12세)
- 제3단계: 대인관계에서의 조화를 위한 도덕성
  - 착한 아이 지향적인 특성을 갖는 시기이다.
  - 사회적 조화가 핵심이 된다.
  - 다른 사람의 인정을 중요시하고 관계를 판단의 기준으로 삼는다.
  - 도덕적 사고는 독특한 고정관념을 바탕으로 한다.
- 제4단계: 법과 질서를 준수하는 도덕성
  - 권위와 질서지향적인 특성을 갖는다.
  - 사회질서와 법률의 중요성을 강조하고 지키는 방향으로 행동한다.
  - 질서와 법률의 존재 이유 및 그 기능에 대한 개념을 갖고 있다는 점에서 3단계보다 더욱 발전되었다.
  - 여러 가지 법과 질서가 서로 상반될 경우에 해결책이 모호해진다.

ⓒ 후인습수준의 도덕성(12세 이후): 도덕적 가치나 원리가 그 자체로서 타당성을 가진다고 생각한다. 보편적 도덕적 원리가 행위의 도덕적 판단기준이 된다.
- 제5단계: 사회계약 및 법률복종으로서의 도덕성
  - 계약지향형의 특징이다.
  - 법의 절대성과 고정성을 벗어나 사회적 융통성을 인정하는 시기이다.
  - 법과 질서도 가변적임을 인식한다.
  - 개인의 권리존중, 가치나 관점의 상대성을 도덕적 판단의 근거로 삼는다.
  - 법률에 따라 의무수행, 타인의 의지와 권리에 위배되는 행동은 피하고 대다수의 의지와 복지에 따라 행동한다.
- 제6단계: 양심 및 도덕원리에 대한 확신으로서의 도덕성
  - 도덕원리 지향적인 특징을 지닌다.
  - 올바른 행위란 스스로 선택한 도덕원리에 따른 양심의 결단을 의미한다.

③ 교육적 시사점 및 비판
  ㉠ 학생들이 자신의 도덕적 사고를 시험해 보고 다른 학생과 비교해 보는 학급 토론을 경험함으로써 도덕성 발달이 함양될 수 있다.
  ㉡ 도덕적 사고에 대해 보다 고차적이고 복잡한 사고방식을 접하면서 학생들은 타인과의 관계 속에서 자신의 사고를 점검·평가할 수 있다.
  ㉢ 도덕성 발달이 불변적인 순서로 일어나며, 단계를 뛰어넘지 않으며, 단계·순서의 퇴행은 없다고 주장하였다. 그러나 개인의 도덕적 선택은 상황에 따라 다른 단계를 반영할 수 있다.
  ㉣ 문화적 보편성과 관련된 문제로서 5단계와 6단계는 서구적 개인주의적 남성 중심적 가치관을 반영하였다.
  ㉤ 콜버그의 이론은 도덕적 사고에 관한 것이지 행동에 관한 것은 아니다.
  ㉥ 콜버그의 도덕발달이론은 여성의 도덕적 추론과 여성의 도덕발달단계에는 적절하지 않다.

기출문제

문 콜버그(Kohlberg)의 도덕성 발달이론에 대한 설명으로 옳은 것은?
▶ 2023. 4. 8. 인사혁신처

① 아동 초기에 초점을 둔 이론으로 도덕성 발달은 동화와 조절의 과정을 거쳐 이루어진다.
② 전인습(preconventional) 수준에서 도덕성 발달의 시작은 처벌을 피하기 위한 행동에서 비롯된다.
③ 선악을 판단하는 초자아(superego)의 작동에 의해 도덕성이 발달한다.
④ 인습(conventional) 수준에서 도덕성은 정의, 평등, 생명과 같은 보편적인 원리를 지향한다.

정답 ②

(6) 해비거스트(R. J. Havighurst)의 발달과업이론

① 정의
- ㉠ 일생의 각 시기에 일어나는 개인의 과업으로 인간의 발달과정에서 인간이 환경에 적응하기 위하여 각 발달단계에서 반드시 성취해야 할 일이다.
- ㉡ 평생교육의 내용으로 발달과업의 중요성을 강조하였다.
- ㉢ 신체가 성숙하여 사회가 요구하고, 자신이 어떤 과업을 성취할 준비가 되었을 때 교육의 적정시기가 온다.

② 특징
- ㉠ 인생의 각 시기에 획득해야 할 행동 형태이다.
- ㉡ 질서와 계열성을 가지고 나타난다.
- ㉢ 각 발달단계에는 결정적 시기가 있다.
- ㉣ 다음 발달단계의 행동발달에 영향을 준다.

③ 교육적 시사점
- ㉠ 교육목표의 설정에 지표를 제시해 준다.
- ㉡ 학습준비도 결정에 도움을 준다.
  - 각 단계에 따른 과업을 성취하지 못했을 경우에 그 위의 과업을 가르칠 수 없다.
  - 각 단계에서 성취해야 할 과업은 교육과정계획에 있어서 어떤 학습과제를 잘 가르칠 수 있는 시기를 알려준다.

section 4 인지적 특성과 발달

(1) 인지적 특성의 주요영역

① 지각의 발달
- ㉠ 개념 : 감각기관을 통해 외부로부터 들어오는 정보를 받아서 의미 있는 지식으로 전환시키는 능력을 의미한다.
- ㉡ 지각의 체계화 과정
  - 소지 : 어떤 사물이든 소지(배경·바탕)와 분리되고 두드러지게 나타나야 지각될 수 있다.
  - 도형 : 소지와 분리된 사물을 도형(전경·무늬)이라 한다.
  - 구성 : 도형에 드러난 자극들은 형태를 갖추려는 역학적 경향이 있다.
  - 윤곽 : 사물이나 자극을 독립적으로 인지하는 것은 사물의 윤곽을 지각함을 의미한다.

② 사고의 발달
  ㉠ 개념 : 문제사태의 올바른 파악으로 해결의 수단과 도구를 발견하는 정신기능이다.
  ㉡ 사고의 형태
    • 지각적 사고 : 우연적 자극에 대한 반응으로 초보적인 사고과정이다. 먼저 사물을 지각하고 간단한 사고가 진행된다.
    • 연상적 사고 : 자극에 대한 반응으로 일어난 하나의 생각이 관련 있는 다른 생각으로 연결되는 사고의 과정이다.
    • 비판적 사고 : 문제해결을 위해 대상이 되는 자료를 분석하여 어떤 가치기준에 비추어 그것을 평가하는 사고활동을 의미한다.
    • 창조적 사고 : 새로 창안해 내거나, 이미 있었더라도 새롭게 개선하는 사고로서 생산적 사고라고도 한다.

③ 언어의 발달
  ㉠ 언어발달의 개요
    • 언어란 의식 속에 심상이나 관념을 대리하는 상징으로, 인간의 가장 가치 있는 적응기제 중의 하나이다.
    • 언어의 발달은 사회성 발달을 조장하고 사고발달을 견실하게 한다.
    • 언어는 인간관계를 깊게 하고 문제해결의 도구로써 어린이의 생활영역을 넓힌다.
    • 언어의 발달은 다른 영역의 성장발달에도 지대한 영향을 미친다.
  ㉡ 언어내용의 발달
    • 유아기 : 자기중심적이고 독자적인 표현을 담고 있는 혼자 중얼거리는 내용이 많다.
    • 3~4세 : 언어가 발전되고 풍부해진다. 언어로써 특수한 일에 주의를 돌리게 하고 행동을 중지시킬 수 있다.
    • 4~5세 : 언어의 조정기능이 더욱 발달되며 5세부터는 모든 학습이 언어를 포함하여 이루어진다.
    • 자기중심적 언어와 사회적 언어
    - 0~6세까지는 언어가 타인과의 의사교환에 사용되지 않는다는 점에서 자기중심적이다.
    - 7~8세가 되어야 사회적 언어로 발전되어 타인의 견해를 소화할 수 있다.
  ㉢ 언어발달의 요인
    • 자극적 환경조건은 언어발달을 촉진시키고, 비자극적 환경은 언어발달을 지연시킨다.
    • 언어발달에 있어 출생순위보다 형제들의 연령차, 출생 간격이 중요한 영향을 미친다.
    • 사회·경제적 조건이 언어발달에 지대한 영향을 미친다.

기출문제

기출문제

문 지능에 대한 학자의 설명으로 옳은 것은?
▶ 2016. 4. 9. 인사혁신처

① 길포드(J. P. Guilford)는 지능이 내용, 형식, 조작, 산출이라는 4개의 차원으로 구성된다고 가정하였다.
② 스턴버그(R. J. Sternberg)는 지능이 맥락적 요소, 정신적 요소, 시간적 요소로 구성된다는 삼위일체이론을 주장하였다.
③ 가드너(H. Gardner)는 지능이 사회문화적 맥락의 영향을 받지 않는, 서로 독립적이며 다양한 능력으로 구성되어 있다고 보았다.
④ 카텔(R. B. Cattell)은 지능을 유동적 지능과 결정적 지능으로 구분하고, 결정적 지능은 교육이나 훈련의 결과로 형성되는 것으로 보았다.

|정답| ④

---

④ 인지양식
  ㉠ 개념 : 정보를 처리하는 개개인의 전형적인 양식 또는 습관으로 외부 환경을 지각·조작하고 개념적으로 범주화하는 여러 가지 형태 중 개인이 선호하는 양식을 말한다.
  ㉡ 장의존형의 학습자의 특징
    • 사회적인 내용을 다룬 자료를 잘 학습한다.
    • 사회적인 정보를 더 잘 기억한다.
    • 외부에서 설정한 구조나 목표, 강화를 필요로 한다.
    • 외부의 비판에 많은 영향을 받는다.
    • 주어진 조직을 있는 그대로 받아들이고 재조직하지 못하는 경향이 있다.
    • 문제해결방법에 대한 보다 명료한 지시를 필요로 한다.
  ㉢ 장독립형 학습자의 특징
    • 사회적인 내용을 다룬 자료에 집중하는 데 외부의 도움을 필요로 한다.
    • 사회적인 정보를 이해할 때 맥락을 이용하는 방법을 학습해야 한다.
    • 자신이 설정한 목표나 강화를 갖는 경향이 있다.
    • 구조화되지 않은 상황을 자기 나름대로 구조화할 수 있다.
    • 상황을 분석하여 재조직할 수 있다.
    • 외부의 비판에 영향을 적게 받는다.
    • 명료한 지시나 안내 없이도 문제를 더 잘 해결할 수 있다.

(2) **지능의 발달**

① 지능의 구성요인
  ㉠ 스피어만(Spearman)의 양요인설
    • 일반요인 : 정신적 기능 전체를 수행하는 요인(언어, 수, 정신속도, 주의, 상상의 5가지 요인 공존)
    • 특수요인 : 상황에 따라 특수하게 요청되는 요인
  ㉡ 손다이크(E. L. Thorndike)의 다요인설 : 지능이란 고도로 특수화된 특수요인(S요인)으로 구성되었다는 것이다. 그러나 지능을 측정할 때는 문장완성력, 산수추리력, 어휘력, 지시를 따를 수 있는 능력을 위주로 한다.
  ㉢ 서스톤(L. L. Thurstone)의 군집요인설
    • 스피어만의 이론을 비판하면서 지능이 단일의 특질로 간주되기보다는 서로 독립적인 별개의 능력으로 구성되었음을 주장하였다.
    • 기본정신능력(PMA)이라고 불리는 7개의 군집요인으로 구성되었다는 것으로 공간요인, 수리요인, 언어요인, 기억요인, 지각요인, 추리요인, 언어유창성 요인이 있다.
  ㉣ 길포드(J. P. Guilford)의 **지능구조모형** : 인간의 정신과제가 지능의 세 가지 차원, 즉 인지활동, 내용, 그리고 결과와 관계된다고 주장하였다.

- 지능구성요인
  - 내용(자료)차원 : 시각, 청각, 상징, 의미, 행동(5개)으로 조작이 수행되는 대상을 말한다.
  - 인지활동차원(조작) : 평가, 수렴, 발산, 기억장치, 인지(6개)로 어떠한 인지과제에 대한 지적활동들이 수행되는 정신적 조작 또는 과정이다.
  - 결과의 차원(산출) : 단위, 유목, 관계, 체계, 변환, 함축(6개)으로 특정 유형에 대한 구체적인 조작의 수행에서 비롯되는 산출을 말한다.
- 3차원 상호작용 결과 180개의 복합요인을 제시하였으며 각 하위 범주들은 상호 독립적인 것으로 보았다.
- 지적 하위능력
  - 기억력 : 인지된 사실을 파지하는 능력이다.
  - 인지적 사고력 : 여러 가지 지식과 정보의 발견 및 인지와 관련된 사고력이다.
  - 수렴적 사고력 : 소장의 지식한도 내에서 주어진 자료를 결합하여 새로운 것을 사고하는 것이다.
  - 확산적 사고력 : 이미 알고 있거나 기억된 지식 외에 새로운 지식을 창출해 내는 능력으로, 주어진 문제에 대한 해결책을 가능한 한 다양하게 많이 찾아내는 사고를 의미하며 창의력과 밀접한 관련을 갖는다.
  - 평가적 사고력 : 기억되거나 인지되고 생산된 지식 정보의 정당성, 정확성, 양호성을 판단하는 능력이다.

ⓜ 카텔(R. Cattell)의 지능의 구조
- 유동적 지능 : 유전적·신경생리적 영향에 의해 발달, 연령증가에 따라 점차 감소되는 지능이다.
- 결정적 지능 : 환경적·문화적·경험적 영향에 의해 발달, 연령증가에 따라 점차 증가되는 지능이다.

ⓑ 가드너(Gardner)의 다중지능이론(Theory of Multiple Intelligence) : 가드너는 지능에 관한 광범위한 자료를 종합하여 7가지의 비교적 독립적인 지능이 있다는 이론을 제시하여 지능을 개념화하였다.
- 7가지 지능의 종류
  - 언어학적 지능 : 단어의 소리, 리듬, 의미에의 민감성에 대한 능력이다.
  - 음악적 지능 : 리듬, 음높이, 음색을 만들고 감상하는 능력이다.
  - 논리·수학적 지능 : 수에 대한 민감성, 추리능력 등 논리적이고 추상적인 사고를 하는 지능이며 과학적 사고에 이런 능력이 포함된다.
  - 공간지능 : 시공간을 정확하게 인식하는 능력으로 물리적 환경을 다루는 데 사용된다.
  - 신체적 근육운동 감각적 지능 : 신체운동을 통하여 목표를 기술할 수 있는, 신체를 숙련되게 사용하는 능력이다.
  - 개인 내적 지능 : 자기 지식과 자신의 신체적 기능에 대한 느낌과 제어 정도를 아는 특수능력으로 자신을 이해하는 능력이다.

기출문제

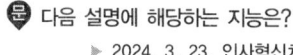 다음 설명에 해당하는 지능은?
▶ 2024. 3. 23. 인사혁신처

- 카텔(Cattell)과 혼(Horn)이 제시한 지능 개념이다.
- 유전적·신경생리적 영향을 받는 지능이다.
- 기계적 암기, 지각, 일반적 추리 능력과 관련된다.
- 청소년기까지 증가하다가 성인기 이후 점차 쇠퇴한다.

① 결정지능　② 다중지능
③ 성공지능　④ 유동지능

정답 ④

기출문제

문 지능에 대한 설명으로 옳지 않은 것은?
▶ 2020. 7. 11. 인사혁신처

① 서스톤(Thurstone) – 지능의 구성요인으로 7개의 기본정신능력이 존재한다.
② 길포드(Guilford) – 지능은 내용, 산출, 조작(operation)의 세 차원으로 구성되어 있다.
③ 가드너(Gardner) – 8개의 독립적인 지능이 존재하며, 각각의 지능의 가치는 문화나 시대에 따라 달라진다.
④ 스턴버그(Sternberg) – 지능은 유동적 지능과 결정적 지능으로 구성되며 결정적 지능은 경험에 따라 변할 수 있다.

문 지능 이론 및 검사에 대한 설명으로 옳은 것은?
▶ 2025. 6. 21. 제1회 지방직

① 가드너(H. Gardner)는 세계 최초로 표준화된 지능검사를 개발하였다.
② 카우프만(Kaufman) 아동용 지능검사(K-ABC)는 비언어적 척도를 포함한다.
③ 웩슬러(Wechsler) 지능검사는 언어, 논리·수학, 공간, 음악 지능으로 구성된다.
④ 스탠포드-비네(Stanford-Binet) 지능검사에서 IQ는 생활연령을 정신연령으로 나눈 값에 10을 곱해 계산한다.

|정답 ④, ②

- 대인 간 지능(사회지능): 복잡한 환경 속에서 미묘한 단서를 활용할 줄 아는 능력이며 다른 사람을 이해하고 그들을 대하는 능력이다.
- 자연관찰지능: 동식물이나 주변 사물을 자세히 관찰하여 차이점이나 공통점을 찾고 분석하는 능력이다.
- 실존지능: 철학적·종교적으로 사고할 수 있는 능력이다.

ⓢ 스턴버그(Sternberg)의 삼원지능이론: 지적 기능과 사고기능을 분리하기 어렵다고 전제하면서도 지능에 더 무게를 두고 지능에 대한 삼원이론을 제안하였다. 지능의 역할을 설명하는 세 가지 요소로서 성분적·경험적·맥락적 요소를 제시하였다.

- 성분적 요소: 개인의 내적 세계와 관련되며, 지능작용에서 중심적 역할을 한다.
- 상위성분(메타요인): 문제해결이나 과제완수 시에 정신적·신체적인 모든 행위를 조정하는 고등제어의 과정이다.
- 수행성분(수행요인): 과제를 수행할 때 사용하는 정신과정으로 메타요인의 지시를 실행하는 하위 수준의 과정이다.
- 지식습득성분(획득요인): 지식습득성분은 메타요인과 수행요인들이 하는 것을 어떻게 학습하는지와 관련된 것으로 새로운 것을 학습하는 정신과정이다.
- 경험적 요소: 새로운 문제에 당면했을 때 낡고 부적절한 사고방식을 버리고 새로운 개념체계를 필요로 하는 것은 통찰력이다.
- 맥락적 요소: 외부 세계에 대처하며 적응할 수 있는 기능으로 현실상황에의 적응력을 강조하였다.

② 지능의 측정
㉠ 지능지수(IQ): 개인의 지적 능력을 측정하는 검사결과가 환산되어 나온 수치이다.

$$IQ = \frac{정신연령(MA)}{생활연령(CA)} \times 100$$

㉡ 편차지능지수(deviation IQ): 개인의 지능을 동년배 사람들의 평균수행과 통계적으로 비교한 것에 기반을 둔 지능점수이다.

㉢ 지능검사의 유형
- 일반지능검사와 특수지능검사
- 일반지능검사: 현재 사용하고 있는 대부분의 지능검사로 여러 가지 정신능력을 측정하는 문항이 합승식으로 혼합되어 있는 검사이다.
- 특수지능검사: 각 정신능력을 독립적으로 측정하도록 구성되어 있는 검사를 지칭하며 후에 적성검사로 발전되었다.
- 언어검사와 비언어검사
- 언어검사: 검사문항이 주로 언어에 의존하고 있으며, 피험자가 주어진 언어자극을 통해 문제를 이해하고 문항에 대답하게 되어 있는 검사이다.

- 비언어검사 : 문항구성의 언어자극을 최대한 극소화시킨 검사이다.
- 비네(Binet) 지능검사 : 정신지체아, 학습부진아를 변별하고 측정하기 위한 교육적 필요에서 출발되었다. 1905년에 처음으로 아동의 지능을 측정할 수 있는 비네-사이먼 척도를 개발하였다.
- Stanford-Binet 지능검사 : 비네-사이먼 검사를 표준화한 것이다.

ⓔ 지능과 학업성취
- 연구결과에 따르면 지능의 학업성취 예언 정도는 약 50%이다.
- IQ가 높다고 반드시 학업성취도가 높은 것은 아니다.
- 지능과 학업성취 간에는 학년이 올라갈수록 상관관계가 높아지는 경향이 있다.

(3) 창의력의 발달

① 개념
  ㉠ 이미 알려져 있지 않은 참신한 아이디어나 그런 아이디어의 복합체를 생산해 내는 능력이다.
  ㉡ 새로운 관계를 지각하거나, 비범한 아이디어를 산출해 내거나, 전통적 사고의 유형에서 벗어나 전혀 새로운 유형으로 사고하는 능력이다.

② 창의력 구성요인
  ㉠ 유창성 : 주어진 자극에 대하여 제한된 시간 내에 얼마나 많은 양의 반응을 보일 수 있는가 하는 능력의 변인이다.
  ㉡ 융통성 : 한 가지 문제 사태에 대하여 접근하는 방법이 얼마나 다양한지에 관한 사고능력이다.
  ㉢ 독창성 : 사고의 결과로 나타나는 반응의 색다름을 의미한다.
  ㉣ 정교성 : 주어진 문제를 세분하여 전개시키거나 문제에 포함된 의미를 명확히 파악하고, 결함을 보완할 수 있는 능력을 의미한다.
  ㉤ 조직성 : 복잡한 문제 사태를 보다 간결하게 하며, 새로운 의미를 부여하고 사물·사상 간의 구조적·기능적 관련성을 고려하여 서로 관련시킬 수 있는 능력을 의미한다.
  ㉥ 지각의 개방성 : 관련성이 없는 자극에 대하여 장애를 받지 않고 독립적인 지각을 할 수 있는 능력을 말한다.
  ㉦ 성격적 요인 : 창의적 성격특성을 의미하는 것으로 비판에 대한 개방적 성격, 독립적 판단 태도, 전통과 인습에 얽매이지 않는 사고, 현대지식에 대한 회의적 태도 등이다.

③ 창의력 계발기법
  ㉠ 브레인스토밍(Brainstorming) : 여러 사람의 지혜와 아이디어로 문제해결을 하거나 의사결정을 내리려는 데서 비롯된 것으로 집단사고에 의한 아이디어 계발기법이다.

기출문제

문 Brain storming의 원리에 맞지 않는 것은?
▶ 2003. 4. 13. 대전광역시

① 성급하게 판단하거나 비판하지 않는다.
② 자유로운 분위기에서 많은 생각을 발표한다.
③ 두 개 이상의 아이디어를 결합시켜 새로운 아이디어를 창출한다.
④ 수많은 아이디어의 산출은 우수한 아이디어의 산출을 저해하는 단점이 있다.
⑤ 집단사고에 의한 아이디어 계발이다.

정답 ④

기출문제

- 비판의 금지 : 판단보류의 원리, 평가금지의 원리로 자신이나 타인의 의견을 성급하게 판단하거나 비판하지 않는다.
- 자유분방 : 어떤 생각이라도 자유롭게 하고 발표의 자유도 허용된다.
- 양산 : 다양성의 원리라고도 하며 아이디어를 많이 산출할수록 우수한 아이디어를 산출한 확률이 커진다는 것으로 질보다 양을 강조하고 있다.
- 결합과 개선 : 독창성의 원리로 자신의 것이든 남의 것이든 두 개 이상의 아이디어를 결합시켜 새로운 아이디어를 만들어낸다.

ⓒ 체크리스트법 : 타인의 창의적 사고를 유발시키는 검목표를 사용하는 방법이다.
ⓒ 고든법 : 주로 특수기계의 발명에 사용되는 것으로, 해당분야 전문가들의 조직적 창의력을 계발하는 데 목표가 있는 기법이다.
ⓔ 형태학적 분석법 : 잠정적인 아이디어를 손쉽게 대량 산출해서 그 중에서 질적으로 우수한 것과 가능성이 있는 것을 계발하는 기법이다.

④ 창의력 추론시의 유의사항
  ㉠ 관습적인 방법에 얽매이면 어려운 문제를 풀지 못한다.
  ㉡ 전통적인 의미에 집착하지 말고 새로운 의미를 찾아야 한다.
  ㉢ 문제의 곤란점이 무엇인지를 찾아야 한다.
  ㉣ 문제해결에 실패하였다면 이전의 방법을 완전히 버리고 새로운 방법을 찾아야 한다.
  ㉤ 문제해결과정에서 조급히 서두르지 말아야 한다.

section 5 정의적 특성과 교육

(1) 정의적 특성의 기초

① 개념 … 감정이나 정서를 나타내는 전형적인 인간의 속성으로 비지적인 것으로 개인의 태도와 흥미, 자아개념, 동기와 같은 것이다.

② 형성과정
  ㉠ 욕구충족의 과정
  ㉡ 조건화의 과정
  ㉢ 사회화의 과정
  ㉣ 내면화의 과정
  - 감수 : 자극대상에 주의를 기울이는 감정과 의식의 초기단계이다.
  - 반응 : 자극에 대해 내·외적 반응을 보이는 단계이다.
  - 가치화 : 감수와 반응에 어떤 의미를 부여하는 단계이다.
  - 조직화 : 다양한 특성을 서로 관련지어 조직화·체계화하는 단계이다.
  - 성격화 : 모든 특성들이 조직·통합·습관화하는 단계이다. 명확한 가치관이 확립되어 있는 단계이다.

문 블룸(Bloom)의 정의적 영역의 분류의 발달순서로 옳은 것은?
▶ 2003. 4. 13. 대전광역시
① 감수 – 반응 – 가치화 – 인격화 – 조직화
② 감수 – 가치화 – 반응 – 조직화 – 인격화
③ 반응 – 감수 – 조직화 – 인격화 – 가치화
④ 감수 – 조직화 – 반응 – 가치화 – 인격화
⑤ 감수 – 반응 – 가치화 – 조직화 – 인격화

정답 ⑤

(2) 정의적 특성의 종류

① 정서의 발달
- ㉠ 정서의 개념 : 어떠한 내·외적 자극이나 조건에 의해서 일어난 변화를 계기로 동요되고 흥분될 때에 경험하는 심리적 상태를 의미한다.
- ㉡ 정서발달과 성숙
  - 아동기 정서발달지도
  - ─유아기와 아동기의 정서적 특징은 일시적이고 강렬하며 변화가 심하고 빈도가 잦다.
  - ─아동의 정서는 장(場)의 역할에 의해 규정되기 때문에 좋은 정서를 조성하도록 환경조건을 구비해야 한다.
  - ─아동의 욕구수준과 자아의 구조를 아는 것은 아동의 정서적 행동을 이해하는 데 절대적으로 필요하다.
  - ─정서발달의 현저한 특징은 긴장을 이겨내는 능력이며 정서를 일으키는 자극에 대해서 태연하게 되는 것이다.
  - 청년기 정서발달지도
  - ─청년초기에 정서는 과격하여 질풍노도의 시기라고 한다.
  - ─청년후기에는 정서가 점차 완화되어 정서적 성숙이 이룩되는데, 정서적 성숙이란 정서활동이 정상 성인의 양상을 지니고 있는 것을 말한다.
  - 정서적 자극 상황에 자유선택의 여지가 없을 때, 즉 강요당한 것이라 인식할 때 정서통제가 가장 어렵다.

② 성격의 발달
- ㉠ 개념 : 한 개인의 가장 현저하고 지배적인 특징으로서, 성격은 인격의 도덕적·사회적 측면을 나타내는 개인행동의 객관적 특징이며, 모든 환경의 인적·물적 상호작용에서 일어나는 개체의 행동특성이다.
- ㉡ 성격이론
  - 유형론(L. G. Jung)
  - ─Jung은 Freud와는 달리 세계에 대하여 개인이 취하는 태도를 중심으로 성격을 내향성과 외향성으로 구분하였다.
  - ─Freud의 Libido의 개념을 확대시켜 심리적 에너지로 구분하면서 사고, 갈등, 정서, 통찰의 요소로 파악하였다.
  - ─외향성 : 쾌활하고 동적이고 적극적이며 능동적이다.
  - ─내향성 : 자기의 내적 기준에 의하여 행동하며 주관적으로 판단·결정한다.
  - 특성론(Allport)
  - ─성격을 구성하고 있는 요인들의 공통적인 특성을 찾아 분석하려는 이론이다.
  - ─공통 특성 : 모든 사람에게 공통된 성격 특성을 말한다.
  - ─개별 특성 : 누구나 갖고 있지만 정도의 차이가 있는 특성이다.

기출문제

문 다음 중 학습동기에 대해 옳게 설명한 것은?
▶ 2011. 7. 9. 경상북도교육청

① 동기의 높고 낮음은 학업성취와 거의 상관없다.
② 외적인 보상이 많거나 클수록 내재적 동기는 반드시 올라간다.
③ 학교 교육에서는 내재적 동기와 외재적 동기가 모두 필요하다.
④ 부모님을 위해서 열심히 공부하는 것은 내재적 동기에 해당된다.
⑤ 내재적 동기는 높은 성적을 받으려거나 보상을 받기 위해서 공부할 때 유발된다.

정답 ③

- 주 특성: 특이한 성격 소유자의 특성으로 그 사람의 모든 행위가 무엇에 의해 영향을 받았는지 그 근원을 추적해 낼 수 있다.
- 중심 특성: 한 개인을 특징짓고, 자주 나타나고, 추리하기 용이한 경향성(감수성·쾌활성·인도성·사교성)을 말한다.
- 이차적 특성: 특정한 자극에 대하여 독특하게 행동하게 하는 특성이다.
• Cattell의 이론
- 성격: 복잡하고 분화된 특성들로 이루어진다.
- 표면 특성: 모두 하나의 공동주제에 관련된 것처럼 보이는 행동이다.
- 근원 특성: 행동을 설명하는 기본요소이다.

③ 동기(motivation) … 개인의 행동을 결정하는 의식적·무의식적 원인으로 행동을 일으키는 원동력이며, 유기체 활동을 가능하게 하는 심리적 에너지를 말한다.

학습이론	동기의 근원	영향을 주는 요인	학자
행동주의	외재적 강화	강화물, 처벌물, 보상유인가	Skiner
인본주의	내재적 강화	자존심, 자기충족감, 자기결단	Maslow
인지주의	내재적 강화	성공과 실패에 대한 귀인, 신념, 기대	Weiner
사회학습	내·외재적 강화	목표의 가치, 목표도달에 대한 기대	Bandura

㉠ 동기의 기능
• 행동촉진 기능: 유기체의 행동을 촉진시킨다.
• 목표지향 기능: 유기체의 행동방향을 결정지어준다.
• 선택적 기능: 유기체의 행동을 선택하게 하는 기능을 한다.

㉡ 동기의 분류
• 외발적 동기: 과제와 관련 없이 어떤 외부적 보상을 얻으려는 것과 관련된 동기이다.
• 내발적 동기: 과제나 활동 그 자체가 보상이 되는 동기이다.

㉢ 동기유발: 행동의 근원이 되는 힘인 동기를 일으키는 힘으로 개체가 목표지향적인 행동을 일으키는 과정이다. 학습동기유발은 학습과 관련하여 학습하고자 하는 경향이 생기게 하고 적극적인 학습활동을 하도록 하는 것이다.

㉣ 동기유발방법
• 내적 동기유발의 방법
- 학습문제에 대해 호기심을 갖게 한다.
- 성취감을 갖게 한다.
- 실패의 경험을 줄인다.
• 외적 동기유발의 방법
- 학습목표를 분명히 알게 한다.
- 학습활동에 적극적으로 참여시킨다.
- 학습결과를 상세히 알려준다.
- 다양한 학습자료나 실증적인 예화를 들려준다.

ⓜ 성취동기 : 도전적이고 어려운 문제를 해결함으로써 만족을 얻으려는 의욕 또는 기대이다.
- 과업지향성 : 과업의 성취결과나 보상보다는 성취해 나가는 과정 그 자체와 그의 능력을 과시하고 평가하는 것에 관심을 가진다.
- 적절한 모험성 : 능력과 기술을 다해서 성취해 낼 수 있는 적절한 모험성과 곤란도를 내포하고 있는 과업을 선택하여 도전하기를 좋아한다.
- 자신감 : 성취 가능성에 대한 주관적 판단. 즉 자신감을 더 높게 갖는 경향이 있다.
- 자기책임감 : 과업에 성공했을 때나 실패했을 때나 그 결과에 대한 책임을 진다.
- 결과에 대한 지식이용성 : 결과로 얻어진 지식을 성취활동을 더욱 강화하는 데 이용하고 있다.
- 미래지향성 : 미래에 얻을 성취만족을 기대하면서 작업에 열중한다.

ⓑ Weiner의 귀인이론
- 개념 : 성공과 실패에 대한 설명이 동기와 행동정서에 어떤 영향을 미치는지에 대한 이론이다.
- 귀인모형 : 학생의 성공과 실패의 원인을 능력, 노력, 학습과제의 난도, 재수(운) 등 네 가지에서 설명하는데, 이 네 가지 원인을 원인의 소재, 안정성, 통제 가능성 등으로 분류한다.

구분	원인의 소재	안정성	통제가능성
운	외적	불안정적	통제불가능
능력	내적	안정적	통제불가능
노력	내적	불안정적	통제가능
과제난이도	외적	안정적	통제불가능

- 원인의 소재 차원 : 성패의 원인을 자신의 내부에서 찾느냐, 외부에서 찾느냐의 문제이다. 능력과 노력은 내적 요인이 될 수 있고, 학습과제의 난도와 재수는 외적 요인으로 분류될 수 있다.
- 원인의 안정성 : 찾아진 원인이 시간과 상황에 따라 어떻게 변하는가의 문제이다. 예를 들어 능력과 학습과제의 난도는 안정성 요인으로 분류될 수 있고, 노력과 재수는 불안정한 요인으로 분류될 수 있다.
- 통제 가능성 차원 : 찾아진 이유들이 학생의 의지에 의해 통제될 수 있는가, 통제될 수 없는가의 문제이다.

④ 인간의 행동과 욕구
㉠ 매슬로우(A. Maslow)의 욕구위계설
- 결핍욕구 : 욕구위계 중 우선 만족되어야 하는 욕구로 생리적 욕구, 안전의 욕구, 애정·소속의 욕구, 자존욕구이다.
- 성장욕구 : 욕구의 위계 중 상위의 세 가지 욕구로 자신의 잠재력을 발휘하려는 자아실현의 욕구, 심미적 욕구, 지적 욕구이다. 결코 만족되지 않는 욕구이다.

기출문제

문 와이너(Weiner)의 귀인 이론에 따르면 그 소재가 내부에 있고 불안정하며 통제 가능한 귀인은?
▶ 2024. 3. 23. 인사혁신처
① 과제난이도
② 교사의 편견
③ 일시적인 노력
④ 시험 당일의 기분

문 와이너(Weiner)의 귀인이론에 의하면 그 요소가 외적이며, 안정적이고, 통제불가능한 귀인은?
▶ 2021. 4. 17. 인사혁신처
① 운
② 능력
③ 노력
④ 과제난이도

정답 ③, ④

ⓒ 욕구좌절과 학습
- 기대한 성취수준에 이르지 못하면 욕구좌절을 경험하게 되고 교사나 부모에 대한 공격반응으로 나타난다.
- 계속되는 학업실패와 좌절은 학습된 무력감 현상을 나타낸다.

ⓓ 갈등: 동시에 두 개의 상반된 충동, 동인 및 내·외적 욕구가 발생했을 때, 거의 비슷한 힘으로 대립된 상태이다.
- 접근-접근형 갈등: 정적 유의성을 가진 욕구가 동시에 공존하여 충돌하는 경우이다.
- 회피-회피형 갈등: 부적 유의성을 가진 욕구들의 충돌사태이다.
- 접근-회피형 갈등: 정적 유의성과 부적 유의성이 공존하면서 충돌하는 갈등이다.

⑤ 불안과 학습

ⓐ 불안
- 개체가 심신의 위협에 처한다거나 자존심의 손상을 경험할 때 느끼는 불쾌한 감정을 말한다.
- 현실적으로 존재하는 대상이 없는데도 막연하게 주관적으로 느끼는 불쾌한 감정이다.

ⓑ 시험불안증
- 시험이나 시험과 유사한 사태에서 일반적으로 높은 불안감은 시험결과에 부정적 영향을 준다.
- 과제가 시험과 같은 성격을 띨수록 학생의 불안은 높아지고 결과도 나쁘다.
- 높은 시험불안을 가진 학생은 낮은 시험불안을 가진 학생에 비해 더 의존적이고 소극적이다.

ⓒ 불안과 학업성취의 관계
- 일반적으로 불안은 학업성취에 유해한 영향을 준다.
- 지능이 낮은 사람은 어려운 과제에 당면했거나 불안이 높은 상태에서는 학업성취가 낮다. 지능이 높은 사람은 불안이 학습을 촉진시킨다.

⑥ 자아개념 … 자기가 자기 자신에 대하여 갖고 있는 여러가지 측면의 모습에 대한 지각의 총체로 자신에 대한 생각과 감정, 태도의 복합물을 의미한다.

ⓐ 구조
- 일반적 자아개념: 위계구조의 최상층부에 비교적 변경시키기 어려운 일반적 자아개념이 자리 잡고 있다.
- 위계의 다음 수준: 학문적 자아개념, 사회적·정의적·신체적 자아개념들이 위치하고 있다.
- 최하층부에는 교과목이나 활동영역과 관련된 특수적 자아개념이 위치하고 있다.

ⓑ 자아개념의 발달
- 자아개념은 개인의 경험과 환경의 상호작용에서 개인 특유의 내용이 형성되고, 발달과정에서 개인이 지니는 욕구에 의해서 적절히 수정되고 변화된다.

- 자아개념은 생득적 구조를 가지고 있는 고정적인 것이 아니라 의미 있는 환경 속에서 계속적인 경험의 결과로 형성된다.
- 자아개념은 발달초기에 부모와의 상호작용에서 형성되고 발달되며, 형성된 자아개념은 인간관계를 통하여 계속적으로 수정되고 변화한다.
- 타인에 의한 평가의 경험이나 성공과 실패의 경험에 의해서 자아개념은 더욱 긍정적 혹은 부정적으로 변화한다.

ⓒ 로젠탈(Rosental) & 제이콥슨(Jacobson)의 연구
- 자기충족적 예언의 연구: 교사가 학생의 가능성을 어느 정도 미리 평가하느냐에 따라서 학생의 학업성취에 영향을 미친다.
- 피그말리온(pygmalion)효과: 교사가 학생을 어떻게 보느냐에 따라 학생들 학업성취도에 영향을 미쳤다는 오크학교 실험결과에서 확인할 수 있다.

⑦ 포부수준(기대수준) … 문제 상황과 관련된 동기로서 구체적 과제에서의 구체적 성취도 또는 목표수준을 의미한다.
㉠ 과거에 성공경험이 많은 학생들은 과제에 당면했을 대 포부수준을 현실적으로 높이려는 경향이 있다.
㉡ 여러 번 실패의 경험이 있는 학생들은 포부수준을 낮춤으로써 실패를 피하려는 경향이 있다.
㉢ 어떤 학생들은 기대를 비현실적으로 높게 가지기도 한다.

section 6 학습이론

(1) 행동주의 학습이론

① 행동주의 학습이론의 기본전제
㉠ 연구대상에 있어서 관찰·측정·비교가 가능해야 한다.
㉡ 학습현상을 과학적으로 연구하기 위해서는 자연과학에서 보편적으로 받아들이는 인과론, 결정론에 따라 학습을 연구해야 한다.
㉢ 전체와 부분 간의 관계에 있어서 전체란 그 전체를 구성하고 있는 부분들의 합과 같다.
㉣ 인간의 학습과 동물학습 간에는 양적인 차이가 있을 뿐 질적인 차이가 없다.
㉤ 자극-반응-보상-강화의 반복적·연속적 연절은 학습행동의 증가를 가져온다.

② 손다이크(E. L. Thorndike)의 시행착오설
㉠ 시행착오설의 개요
- 시도와 우연적 성공의 과정을 되풀이하면서 자극과 반응 간에 결합이 이루어져 문제해결 소요시간이 감소되고 방법이 개선되어 행동의 변화를 가져온다는 것이 시행착오에 의한 학습이다.

기출문제

문 학습이론에 대한 설명으로 옳지 않은 것은?
▶ 2021. 6. 5. 지방직 시·도교육청
① 형태주의 심리학에 따르면 학습은 계속적인 시행착오의 결과이다.
② 사회인지이론에 따르면 개인, 행동, 환경의 상호작용에 의해 학습이 이루어진다.
③ 행동주의 학습이론에 따르면 학습의 근본적인 원리는 자극과 반응 간의 연합이다.
④ 정보처리이론에 따르면 정보저장소는 감각기억, 작업기억, 장기기억의 세 가지로 구분된다.

|정답 ①

기출문제

문 행동주의 학습이론과 관련이 없는 것은?
▶ 2023. 6. 10. 교육행정직

① 강화
② 사회학습이론
③ 조작적 조건화
④ 통찰학습이론

문 다음과 가장 관계가 깊은 학습이론은?
▶ 2022. 4. 2. 인사혁신처

영수는 국어 성적이 좋지 않아서 시험 성적이 나올 때마다 여러 번 국어 선생님으로부터 꾸중을 들었고, 꾸중을 들을 때마다 기분이 상해서 얼굴이 붉어졌다. 어느 날 영수는 우연히 국어 선생님을 복도에서 마주쳤는데, 잘못한 일이 없음에도 불구하고 자신도 모르게 얼굴이 붉어졌다.

① 구성주의 이론
② 정보처리 이론
③ 고전적 조건형성 이론
④ 조작적 조건형성 이론

정답 ④, ③

- 행동의 변화는 자극과 반응 간의 연합에 의해 결정되며, 학습은 지식의 습득이 아니라 새로운 환경에 적응하는 것을 의미한다.

ⓒ 시행착오설의 학습법칙
- 효과의 법칙(결과의 법칙)
  - 학습의 과정이나 결과가 만족스런 상태가 되면 결합이 강화되어 학습이 견고하게 되고 학습의 과정과 결과가 불만족스러우면 결합이 약해진다.
  - 학습과정에서 동기의 중요성을 시사하였다.
- 연습의 법칙(빈도의 법칙)
  - 자극과 반응의 결합이 빈번히 되풀이되는 경우 그 결합이 강화된다.
  - 학습은 연습에 의해서 강화되고 연습에 의해서 효과가 높아진다.
- 준비성의 법칙
  - 새로운 지식과 사실을 습득하기 위해서는 준비를 충분히 갖추고 있을수록 결합이 용이하게 이루어진다.
  - 준비성이란 학습해 낼 준비가 얼마나 되어 있는가의 준비도의 문제이며, 학습자의 성숙도를 의미하는 것은 아니다.

③ 파블로프(I. Pavlov)의 고전적 조건형성이론

㉠ 고전적 조건형성설의 이론적 기초
- 새로운 행동의 성립을 조건화에 의해 설명한다.
- 조건화란 반응의 대상이 전혀 다르다 해도 어떤 일정한 훈련을 받으면 동일한 반응이나 새로운 행동변용을 가져올 수 있다는 주장이다.

ⓒ 조건형성의 주요 원리
- 조건반응의 형성: 일반적으로 조건자극을 무조건자극보다 0.5초 정도 먼저 제시했을 때, 조건자극과 조건반응이 가장 강하게 연결된다.
- 자극의 일반화: 특정한 자극에 조건화가 형성된 후 이 조건자극과 유사한 다른 자극에 대해서도 같은 반응을 나타내는 것을 말한다.
- 분화 또는 변별: 자극의 일반화 상태에서 강화를 계속하면 나중에 양자극을 분별해서 최초의 조건자극 이외의 다른 유사자극에는 반응이 일어나지 않는 현상이다. 완전히 학습되어 차이점을 변별하여 반응하게 된다.
- 소멸 또는 소거: 획득된 조건반응에 강화가 주어지지 않을 경우에 조건반응이 사라지는 현상이다.
- 자발적 회복: 조건반응에 대한 소멸이 일어난 후 얼마 동안의 휴식기간을 두었다가 다시 전에 학습한 조건자극을 주면 반응이 재생되는 현상이다.
- 제지 또는 금지: 일단 성립된 조건반응도 실험장면에서 조건자극과 무조건자극 등과 전혀 관계없는 다른 자극이 개입되면 조건화 과정이 간섭을 받아 약화되고 중단되는 현상이다.
- 재조건 형성: 자발적 회복이 생긴 이후에 조건자극과 무조건자극을 짝지어서 제시한다면 조건반응이 원래의 강도를 되찾는 것을 의미한다. 재조건 형성은 처음 조건형성 때보다 시간이 단축된다.

- 고차적 조건형성: 조건화가 형성된 후에 조건자극을 무조건자극으로, 조건반응을 무조건반응으로 하여 또 다른 조건반응을 형성하게 될 때, 이를 이차적 조건형성이라 하는데 이런 방식으로 제3, 제4의 조건자극을 만들어 내는 것을 고차적 조건형성이라 한다.

④ 스키너(B. F. Skinner)의 작동적(조작적) 조건형성이론
  ㉠ 개념: 유기체가 스스로 발산해서 보여주게 되는 능동적 반응이 간접적으로 자극의 역할을 하게 되어 강화를 가져 오는데, 이것은 법칙으로 행동이 획득됨을 의미한다.
  ㉡ 작동적 조건형성의 주요개념
    • 조작행동: 외부의 자극 없이 의식적으로 어떤 행동을 일으키게 조작함으로써 야기된 행동을 말한다.
    • 조작적 조건형성: 조작행동을 통하여 형성된 조건형성으로써 도구적 조건형성이라고도 불린다.
    • 반응적 행동: 파블로프의 고전적 조건하에서 무조건반사와 같이 외부자극에 대하여 자연적·직접적으로 발생하는 반응이다.
  ㉢ 작동적 조건형성의 특징: 선반응 후강화, 유기체의 능동적 반응이 강화를 가져온다.

⑤ 강화(reinforcement) … 행동반응을 일으킬 확률을 높이거나 증강시켜 주는 일체의 자극이나 사상들을 말한다. 즉, 어떤 반응이 일어난 직후에 보상되는 자극을 제시하여 그 반응의 강도를 높이는 것이다.
  ㉠ 강화의 종류
    • 정적 강화: 바람직한 반응을 나타냈을 때 반응자가 좋아하는 강화물을 제공하여 행동반응을 일으킬 확률을 높이는 것을 말한다.
    • 부적 강화: 바람직한 반응을 나타냈을 때 반응자가 싫어하는 것을 제거함으로써 행동반응률을 높이는 강화이다.
  ㉡ 강화와 벌의 차이점
    • 강화: 반응자의 행동반응을 높이는 것이다.
    • 벌: 바람직하지 못한 반응을 했을 때 불쾌자극을 제공하여 행동반응을 감소시키는 것이다.
    - 수여성 벌: 바람직하지 않은 행동을 감소시키기 위해 불유쾌한 자극을 제공하는 것을 의미한다.
    - 제거성 벌: 정적 강화를 받지 못하게 하거나 좋아하는 것을 제거함으로써 바람직하지 않은 행동을 약화시키거나 감소시키기 위한 것이다.

기출문제

문 강화에 대한 설명으로 옳은 것만을 모두 고르면?
▶ 2021. 6. 5. 지방직 시·도교육청

㉠ 행동의 강도와 빈도를 높이는 데 있어 강화보다 벌이 더 효과적이다.
㉡ 선호하지 않는 것을 제거함으로써 행동의 강도와 빈도를 높일 수 있다.
㉢ 선호하는 것을 제공함으로써 행동의 강도와 빈도를 높일 수 있다.

① ㉠, ㉡
② ㉠, ㉢
③ ㉡, ㉢
④ ㉠, ㉡, ㉢

문 다음에 해당하는 학습원리는?
▶ 2021. 4. 17. 인사혁신처

• 학습태도가 좋은 학생을 칭찬한다.
• 미술시간에 과제를 잘 수행한 학생의 작품을 전시한다.

① 정적 강화
② 부적 강화
③ 수여성 벌
④ 제거성 벌

정답 ③, ①

기출문제

문 다음 설명에 해당하는 강화계획은?
▶ 2025. 6. 21. 제1회 지방직

- 강화물은 일정한 시간 간격이 경과한 후 제공된다.
- 다음 강화물이 주어질 시간을 예측할 수 있다.
- 적용 사례로 기말고사에 대한 성적을 제공하는 것을 들 수 있다.

① 고정간격
② 변동간격
③ 고정비율
④ 변동비율

문 형태주의(Gestalt) 심리학의 관점으로 옳지 않은 것은?
▶ 2024. 6. 22. 교육행정직

① 학습의 과정에 통찰도 포함된다.
② 지각은 실제와 차이가 있을 수 있다.
③ 전체는 부분의 합이 아니라 그 이상이다.
④ 복잡한 현상을 단순한 요소로 나누어 설명한다.

|정답 ①, ④

ⓒ 강화계획 : 행동에 대한 강화 또는 중단을 지시하는 규칙 또는 절차이다.
- 계속강화 : 바람직한 행동을 할 때마다 강화해 주는 것이다.
- 간헐강화 : 바람직한 행동을 할 때마다 강화하지 않고 부분적으로 강화하는 것이다.

(2) 인지학습이론

① 인지학습이론의 개요

㉠ 기본입장
- 자극-반응이론에 대비되며 학습을 형태심리학의 입장에서 인간행동의 변화를 설명하고 있다.
- 인지이론에서는 학습이란 문제를 구성하는 구성요소들의 상호관계를 파악하여 그들 간의 관계를 재구성하는 것으로 본다.

㉡ 기본가정
- 인간의 내적 과정(인지과정)을 연구대상으로 한다.
- 학습단위를 요소들 간의 관계, 요소와 스키마타의 관계로 보아 이 관계는 통찰에 의해서 발견된다고 가정한다.
- 전체는 부분의 합 이상이라는 가정으로 인간 환경을 지각할 때 개별자극체로 지각하는 것이 아니라 요소들 간의 관계를 기초로 전체지각을 한다.
- 문제해결은 문제의 요점을 파악하고 전체적으로 통합하며, 목적과 수단의 관계에서 통찰이 성립되어 일어난다.
- 학습은 목표수단 간의 관계에서의 통찰, 장면의 재조직 또는 인지적 구조의 변화에 의존한다.

② 쾰러(W. Köhler)의 통찰설 … 1916년 쾰러가 Sultan이라는 침팬지를 대상으로 한 연구로부터 발전된 이론이다.

㉠ 통찰 : 상황을 구성하는 요소 간의 관계를 파악하는 것을 말한다.

㉡ 통찰학습 : 문제 사태를 전체적으로 이해하고 그것을 분석하여 인지함으로써 목표달성을 위한 행동과 결부시켜 재구성 또는 재구조화하는 것이다.

㉢ 통찰학습의 과정
- 문제 장면에 직면 : 문제 장면은 인지불균형 야기→학습동기 형성
- 문제 장면의 탐색 : 탐색은 시행착오적인 것이 아니라 목적과 수단, 요소와 요소 간의 관계, 부분과 전체 장면 간의 관계를 파악한다.
- 학습 : 관계의 이해 또는 파악의 형성, 통찰에 의해서 일어난다.

㉣ 통찰학습의 특징
- 문제해결이 갑자기 일어나며(A - Ha현상) 완전하다.
- 통찰에 의해서 얻어진 문제해결은 상당 기간 동안 유지될 수 있다.
- 통찰에 의해서 획득한 해결을 바탕으로 하는 수행에는 거의 오차가 없고 원활하다.
- 통찰에 의해서 터득한 원리는 쉽게 다른 상황에 전이·적용된다.

ⓜ 통찰학습 시 유의점
- 학습과제가 학습자의 이해도에 알맞은 것이라야 한다.
- 통찰은 관계의 지각이기 때문에 각 부분 간의 관계를 탐색하는 과정과 단계는 학습지도에 있어서 중요하다.
- 학습의 목표가 명확하게 정해지고 그 목표가 학습자에게 있어서 의미 있는 것이 될 때에 통찰은 더 용이하게 된다.

③ 레빈(K. Lewin)의 장이론
ⓘ 주요 개념
- 위상심리학: 어떤 순간에 처해 있는 생활공간의 구조에서 어떤 행동이 일어날 수 있고 없음을 연구하는 심리학이다.
- 벡터심리학: 현실에서 어떤 방향으로 얼마나 강한 행동이 일어나는가를 연구하는 심리학이다.
- 장: 유기체의 행동을 결정하는 모든 요인의 복합적인 상황을 말한다.
- 생활공간: 행동을 지배하는 그 순간의 시간적·공간적 조건으로 개인과 환경으로 구성되어 있다.
- 행동방정식: 인간의 행동은 개인과 환경의 상대적 위치의 변화 또는 환경의 인지적 과정에서 일어나는 재구성작용이다.

$$[B = f(P \cdot E) \quad (P: 자아구조, 인지구조, E: 환경, B: 행동)]$$

ⓛ 장학습이론
- 개인은 심리학적 생활공간에 둘러싸여 있으므로 개인의 행동을 지배하는 그 순간의 시간적·공간적 조건을 고려하여 심리학적 생활공간의 기술을 생각한다.
- 장은 개체를 둘러싸고 개체의 행동에 역동적인 힘을 가하는 객관적·외적인 힘으로서의 생활공간과, 개체자신도 장의 하나의 분자로 독자적인 의미를 가지는 통합체라고 할 수 있다.
- 학습이란 생활공간영역의 분화와 하위구조로써 분절되는 분절 상호간의 기능적 연결을 하는 목표 또는 방법에 대한 이해의 인지구조의 변화이다.

ⓒ 장이론의 특징
- 지각과 실재는 상대적 관계가 있음을 주장하여 인간은 자아의 관심을 추구하며 항상 전체로서 관련된 상황을 강조한다.
- 현시성의 원리를 중시하며, 학습이란 통찰 또는 인지구조의 변화이다.

④ 톨만(E. C. Tolman)의 기호형태설
ⓘ 이론의 개요
- 신행동주의(기호-형태-기대)에 속하면서도 인지적 측면을 강조하였으므로 인지이론으로 분류된다.

기출문제

문 다음 내용과 가장 관련이 깊은 학습 이론은?
▶ 2018. 5. 19. 교육행정직

굶주린 침팬지가 들어 있는 우리의 높은 곳에 바나나를 매달아 놓았다. 침팬지는 처음에는 이 바나나를 먹으려고 손을 위로 뻗거나 뛰어 오르는 등 시행착오 행동을 보였다. 몇 차례의 시도 후에 막대를 갖고 놀던 침팬지는 마치 무엇을 생각한 듯 행동을 멈추고 잠시 서 있다가 재빠르게 그 막대로 바나나를 쳐서 떨어뜨렸다. 쾰러(W. Köhler)는 이것이 통찰에 의해 전체적 관계를 파악함으로써 학습이 이루어지는 좋은 예라고 주장하였다.

① 구성주의 　② 인간주의
③ 행동주의 　④ 형태주의

문 인지 양식을 장독립적 양식과 장의존적 양식으로 구분할 때, 장독립적 양식을 지닌 학습자의 일반적인 특성으로 옳은 것은?
▶ 2015. 6. 27. 교육행정직

① 정보를 분석적으로 처리한다.
② 개별학습보다는 협동학습을 선호한다.
③ 비구조화된 과제의 수행에 어려움을 겪는다.
④ 교사 또는 동료 학생과의 대인관계를 중시한다.

정답 ④, ①

- 문제사태의 인지를 학습에 있어서 가장 필요한 조건이라고 생각하였고 학습의 목표를 의미체라 일컫고 그것을 달성하는 수단이 되는 대상을 기호(sign)라 하고 이 양자 간의 수단, 목적 관계를 기호-형태라고 하였다.

ⓒ 기호-형태학습설
- 모든 행동에는 기대, 각성, 인지가 수반되며 학습자 내부에서 일어나는 새로운 각성이나 기대를 중시한다.
- 학습이란 어떤 경험을 쌓음으로써 이 기호-형태-기대, 즉 무엇을 어떻게 하면 되는가 하는 형식으로서의 환경에 대한 인식이 획득되는 것으로 기대의 형성이라 생각하고 있다.
- 기호학습을 통하여 동물은 특수한 반응을 습득하는 것이 아니라 기호들과 그 의미로 구성되는 인지적 지도를 내면화하게 된다는 것이다.
- 쥐가 복잡한 미로실험에서 목표지점을 바르게 찾아가는 경우, 이러한 학습은 단순한 조건-반사적 반응이 아니라 목표를 예기하여 그 목표에 도달하는 데 단서가 되는 기호들의 관계를 인지하는 것이라고 주장하였다.

ⓒ 학습에의 적용
- 환경에 대한 인지도를 신경조직 속에 형성시키는 것이다.
- 학습은 자극과 자극 사이에 형성된 결속이다.
- 학습하는 행동은 목적지향적이다.
- 학습에 있어서 개인차를 인정했다.

(3) 정보처리이론

새로운 정보가 투입되고 저장되며, 기억으로부터 인출되는 방식을 연구하는 이론으로 학습자 내부에서 학습이 발생하는 기제를 설명하려는 이론이다.

① 정보저장소 … 투입된 정보가 머무르는 장소를 의미한다.
  ㉠ 감각등록기: 정보처리이론에서 인간기억모형 중의 하나로 정보를 최초로 저장하는 곳이다. 많은 양의 정보를 저장하지만 지속시간이 짧다.
  ㉡ 작동기억 혹은 단기기억: 감각기관을 통해 들어온 정보가 주의집중을 통해 잠시 동안 기억되는 저장소이다. 성인의 경우 보통 5~9개의 정보가 약 20초 동안 저장될 수 있는 곳이다.
  ㉢ 장기기억: 단기기억에서 적절히 처리된 정보는 장기기억으로 통합된다. 장기기억은 무한한 정보를 영구적으로 저장할 수 있는 곳으로 일상기억과 의미기억으로 구성된다.
    - 일상기억: 개인의 경험을 보유하는 장소로 기억되는 경험이 매우 의미 있는 경우가 아닐 때에는 종종 인출에서 실패하는 경향이 있다.
    - 의미기억: 장기기억 안에서 사실과 개념, 일반 사실, 여러 법칙들이 문제해결전략 및 사고기술들과 함께 저장되는 부분이다.

[기출문제]

문 인지주의 학습전략 중 기존에 가지고 있던 정보를 새로운 정보에 연결하여 정보를 유의미한 형태로 바꾸는 것은?
▶ 2019. 4. 6. 인사혁신처

① 정적 강화
② 부적 강화
③ 체계적 둔감화
④ 정교화

| 정답 ④

ⓔ 네트워크 : 장기기억 속에 존재하는 정보들이 따로따로 분리되어 존재하는 것이 아니라 관계성을 맺고 상호 연결되어 있다는 것을 강조하기 위한 표현이다.

② 인지처리과정 … 일정한 정보를 어떤 장소에서 다른 저장소로 옮기는 활동으로 주의집중, 지각, 시연, 인출, 망각 등의 처리과정이 포함된다.
- ㉠ 주의집중(감지) : 자극에 반응하는 것을 의미하며, 주의집중은 선택적으로 수용할 수 있다. 감각등록기에 들어온 수많은 자극들은 주의집중을 하지 않으면 곧 유실된다.
- ㉡ 지각(획득) : 경험에 의미와 해석을 부여하는 과정으로 일단 주의집중을 하면 자극에 대한 지각을 하게 된다. 지각이 일어난 자극은 그것이 '객관적 실재'로서의 자극이 아니라 개인마다 다르게 받아들여지는 '주관적 실재'로서의 자극이 된다.
- ㉢ 시연(저장) : 정보를 여러 가지 방법으로 반복하는 것을 의미한다.
- ㉣ 부호화(재처리) : 장기기억 속에 존재하고 있는 기존의 정보에 새로운 정보를 연결하거나 연합하는 것으로 작동기억에서 장기기억으로 정보를 이동시키는 과정을 의미한다. 유의미한 부호화 전략에는 정교화, 조직화, 심상화, 맥락화가 있다.
- ㉤ 인출 : 장기기억에서 정보를 찾는 탐색과정이며 부호화와 밀접한 관계가 있으며, 이는 부호화되지 않으면 효과적으로 인출될 수 없음을 의미한다.

(4) 벤두라(A. Bandura)의 사회학습이론

① 관찰학습의 하위과정 모형도
- ㉠ 주의 : 모방할 모델에 주의를 기울이는 것으로, 모델이 충분한 매력적 특성을 가지고 있으면 더 강력한 주의를 기울이게 된다.
- ㉡ 파지 : 모델을 관찰한 후 일정 기간 동안 모델의 행동을 상징적인 형태로 기억하는 것으로, 상징적 형태로 기억하기 위해서는 모델의 행동을 상징적으로 기호화해야 한다.
- ㉢ 운동재생 : 모델의 행동을 정확하게 재생하는 것으로 행동의 정확한 재생을 위해서는 운동기술과 신체적 능력이 있어야 하고 이를 위해 성장과 연습이 필요하다.
- ㉣ 동기화 : 모델의 행동을 모방하는 것은 강화에 따라 달라질 수 있다. 강화는 외적 강화, 대리강화, 자기강화로 구분된다.

② 관찰학습의 효과
- ㉠ 대리적 강화와 제거효과
  - 타인의 행동을 관찰함으로써 어떤 특수한 행위를 억제하거나 피하게 하는 경우가 있다.

기출문제

문 학습에 대한 관점 중 정보처리이론에 대한 설명으로 옳은 것은?
▶ 2022. 6. 18. 교육행정직

① 감각기억 – 인지과정에 대한 지각과 통제로 자신의 사고를 확인하고 점검하는 기능을 한다.
② 시연 – 관련 있는 내용을 공통 범주나 유형으로 묶는 과정이다.
③ 정교화 – 새로운 정보를 저장된 지식에 연결하고 의미를 부여하기 위해 정보를 재처리하는 과정이다.
④ 조직화 – 정보에 대한 시각적 이미지를 머릿속에 표상하는 과정이다.

문 다음은 사회학습 심리학자인 A. Bandura의 관찰학습의 4가지 과정이다. 관찰학습의 과정을 순서대로 바르게 나열한 것은?
▶ 2007. 5. 20. 서울특별시교육청

㉠ 주의과정
㉡ 동기적 과정
㉢ 운동재생과정
㉣ 파지과정

① ㉠㉡㉢㉣
② ㉠㉣㉢㉡
③ ㉡㉢㉣㉠
④ ㉡㉣㉢㉡
⑤ ㉢㉠㉡㉣

정답 ③, ②

기출문제

문 반두라(Bandura)의 관찰학습 단계 중 모델의 행동을 언어적·시각적으로 부호화하는 단계는?
▶ 2022. 4. 2. 인사혁신처

① 재생
② 파지
③ 동기화
④ 주의집중

정답 ②

- 어떤 사람의 행동의 결과가 나쁜 것을 관찰했을 때 제거효과가 크다.
- 교사의 일벌백계가 이에 해당한다.

ⓒ 자기통제의 과정: 모델의 행동이 관찰자의 행동을 통제하는 것이 아니라 관찰자 자신의 내적인 인지적 통제, 자기규제에 의해 학습이 이루어진다.

③ 관찰학습의 전형

㉠ 직접모방전형
- 관찰자는 모델이 한 행동을 그대로 시행함으로써 보상을 받는 것을 기본전제로 한다.
- 행동에 있어서 연습을 필요로 하지 않을 때 가장 효과적인 방법이다.

㉡ 동일시전형
- 관찰자가 모델의 비도구적인 독특한 행동유형을 습득하는 것을 뜻한다.
- 관찰자의 행동 중 어떤 특수한 반응보다는 모델의 일반적 행동 스타일을 모방하는 것이 동일시 학습의 행동이다.

㉢ 무시행 학습전형
- 행동을 예행해 볼 기회가 없거나 모방에 대한 강화가 없음에도 불구하고 관찰자가 학습하는 것이다.
- 동일시 학습과의 차이점은 모방된 행동이 도구적 반응이라는 것과 모델 자신이 보상을 받는다는 점이다.

㉣ 동시학습전형: 모델과 관찰자가 동시에 동일한 과제의 학습을 하는 사태에서 관찰자는 모델의 행동을 보고 그대로 행동하는 기회를 가지게 된다.

㉤ 고전적 대리조건형성전형: 타인이 정서적으로 경험하는 것을 관찰하고 그와 비슷한 정서적 반응을 학습하는 것이다.

(5) 인간주의 학습이론

① 개요

㉠ 인간주의 심리학에 기초하고 있으며, 제3의 심리학이라고도 한다.
㉡ 제1의 심리학인 정신분석학과 제2의 심리학인 행동주의 심리학에 대한 비판을 토대로 전개된 학습이론이다.

② 교육목표

㉠ 자유스러운 학습의 분위기를 조성함으로써 자아실현을 하는 인간을 길러내는 것, 즉 전인의 발달이다.
㉡ 인본주의 교육이 공통적으로 지향하고 있는 정의적인 목표
- 학습자의 자기주도성과 독립성을 증대시키는 것
- 학생들이 학습할 내용을 결정하는 데 있어서 많은 책임감을 가지는 것
- 학습자의 창의력과 호기심을 키우는 것
- 예능에 흥미를 유발하는 것

③ 공통점
  ㉠ 내적 인간에 대해 관심을 갖는다.
  ㉡ 인간성과 자아실현을 강조한다.
  ㉢ 교육의 적합성을 강조한다.
  ㉣ 학생중심의 교육관이라고 할 수 있다.
  ㉤ 촉진자로서 교사의 역할을 강조한다.

④ 수업원리
  ㉠ **자기결정의 원리**: 학생 스스로가 자신이 학습할 것을 결정해야 한다는 원리이다. 학생의 필요, 욕구, 호기심 등을 충족시켜 주는 것만이 진정한 의미에서 학습되며 그렇지 않은 것은 학습된다 해도 곧 망각된다.
  ㉡ **학습방법의 자발적 학습의 원리**: 학습하는 방법을 배워야 한다는 원리이다.
  ㉢ **자기평가의 원리**: 자기평가는 자발성 발달의 필수조건이기에 자기평가만이 진정한 평가라는 원리이다.
  ㉣ **지와 정의 통합원리**: 인지적 학습과 정의적 학습을 통합하려는 시도이다.
  ㉤ **위협으로부터 해방의 원리**: 학습은 위협이 없는 상태에서 가장 쉽고, 의미있고, 효과적으로 학습된다는 원리이다.

section 7 적응 · 부적응 · 정신위생

(1) 적응기제

① 개념
  ㉠ **의미**: 신체적 욕구나 성격적 욕구가 외적·내적 원인에 의해 저지되어 욕구불만의 상태에서 불쾌와 불만족이 높아져 긴장된 것을 해소하려는 기제이다.
  ㉡ **직접적·합리적 행동**
    • 목표달성 또는 문제해결의 회피가 아니라 적극적으로 문제를 해결하려는 행동이다.
    • 문제해결 방법이 이성적·객관적·사회적으로 구성되어 있다.
  ㉢ **방어적·비합리적 행동**
    • 문제해결의 근원적인 접근방법을 시도하지 않고 도피기제·방어기제·공격기제 등을 사용하여 적응함을 의미한다.
    • 이 기제들은 감정적 색채가 강하고 또한 무의식적·자동적 움직임이 많다.

기출문제

문 다음 설명에 해당하는 동기이론은?
▶ 2015. 4. 18. 인사혁신처

• 학생은 자기 자신의 행동과 운명을 자율적으로 선택할 수 있다.
• 학습에 대한 선택권을 제공함으로써 학생의 자율성을 신장시킬 수 있다.
• 학생이 스스로 과제를 선택할 때, 보다 오랫동안 과제에 참여하고 즐거운 학습경험을 하게 된다.

① 귀인 이론
② 기대-가치 이론
③ 자기결정성 이론
④ 자기효능감 이론

정답 ③

PART 7 교육심리학

기출문제

다음 설명에 해당하는 방어기제는?
▶ 2019. 4. 6. 인사혁신처

- 사회적으로 용인될 수 없는 충동을 정반대의 말이나 행동으로 표출하는 과정
- 친구를 좋아하면서도 표현하기가 힘든 아이가 긴장된 상황에서 '난 네가 싫어!'라고 말하는 것

① 억압(repression)
② 반동형성(reaction formation)
③ 치환(displacement)
④ 부인(denial)

② 유형
  ㉠ 방어기제 : 욕구충족이 어려운 현실에 당면하였을 때 문제의 직접적인 해결을 시도하지 않고 현실을 왜곡시켜 자기를 보호함으로써 심리적 평형을 유지하려는 기제이다.
    • 보상 : 자신의 결함이나 무능에 의하여 생긴 열등감이나 긴장을 없애기 위하여 장점 등으로 결함을 보충하려는 행동이다.
    • 합리화 : 자기의 실패나 약점을 남의 비난을 받지 않도록 하는 방어기제이다. 즉 적당한 변명으로 자기를 기만하는 작용이다.
    • 투사 : 자신의 불만이나 불안을 해소시키기 위해 자신의 욕구·감정·태도 등을 타인의 내부에서 발견하여 남에게 뒤집어씌우는 적응기제이다.
    • 동일시 : 자기에게 불가능한 적응을 타인이나 어떤 집단에서 발견하고 자신을 타인 또는 집단에 동일시하여 만족을 느끼는 행위이다.
    • 치환 : 어떤 감정이나 태도를 나타내려고 하는 대상을 다른 대상으로 바꾸어서 감정이나 태도를 나타내는 적응기제이다.
    • 반동형성 : 자신의 욕구가 너무 받아들일 수 없는 것이어서 자신의 욕구를 정반대의 행동으로 나타내는 적응기제이다.
    • 승화 : 사회적·문화적으로 가치 있는 목적을 향해 노력함으로써 억압당한 욕구를 충족하는 기제이다.
  ㉡ 도피기제 : 문제의 상황에 대해 적극적으로 해결을 구하지 않고 문제로부터 도피하려는 적응기제이다.
    • 고립 : 자신이 없을 때 현실에서 도피하여 곤란한 상황과의 접촉을 벗어나 자기 내부로 숨는 행동이다.
    • 퇴행 : 심한 욕구불만에 당면해서 반항도, 도피도 할 수 없을 때 어린이 같은 유치한 행동으로 되돌아가는 경우이다.
    • 억압 : 불쾌감이나 욕구불만, 갈등으로 생긴 욕구를 의식 밖으로 배제함으로써 적응하는 기제이다.
    • 백일몽 : 현실적으로 불가능한 희망이나 욕구에 대해 공상의 세계에서 충족시키려는 행동이다.
  ㉢ 공격기제 : 욕구불만을 초래한 사람이나 사물 또는 불필요한 대상에게까지 공격하고 정복함으로써 자기욕구를 충족시키려는 능동적 기제이다.
    • 직접적 공격기제 : 폭행, 싸움, 기물파괴 등
    • 간접적 공격기제 : 욕설, 비난, 조소행위 등

|정답 ②

(2) 부적응과 행동수정

① **부적응** … 자극이 너무 지나쳐 자신의 능력으로 처리하기 곤란한 경우에 강한 자극에 적절하게 반응하지 못하면 개인은 신체적으로나 육체적으로 바람직하지 못한 여러 상황에 놓이게 되는데 이를 부적응이라 한다.

② **행동수정기법**

  ㉠ 강화기법
  - 차별강화 : 여러 행동종목 중 어느 하나만을 선택적으로 강화하는 것을 말한다.
  - 간헐강화 : 어떤 행동의 부분적인 것을 강화하는 것이다.
  - 토큰강화 : 바람직한 행동을 했을 때 직접적 보상 대신에 상징적인 표나 점수를 주어 강화하는 강화체제이다.
  - 프리맥의 원리 : 빈도가 높은 행동은 빈도가 낮은 행동에 대해서 강화력을 갖는다.

  ㉡ 타임아웃(time out) : 벌의 일종으로서 부적응 행동을 했을 때 정적 강화의 기회를 차단하는 방법이다.

  ㉢ 상반행동의 강화 : 문제의 행동과 반대되는 행동을 강화함으로써 바람직한 행동으로 바꾸는 기법이다.

  ㉣ 상호제지법 : 불안을 일으키는 상황에서 그것과 양립될 수 없는 반응을 제시하고 불안반응을 감소시키거나 억압시키는 방법이다.

  ㉤ 혐오치료법 : 바람직하지 못한 행동에 혐오스러운 자극을 연합시켜 바람직하지 못한 방법을 수정하는 방법이다.

  ㉥ 부적연습법 : 바람직하지 못한 행동을 계속·반복하게 하여 연습시킴으로 바람직하지 못한 행동으로 인한 신체적 피로감 및 심리적 권태를 생기게 하여 행동을 수정하는 방법이다.

(3) 정신위생

① **개념** … 정상인으로 하여금 불안정한 상태의 생활에서 보다 건전하고 합리적으로 문제를 해결할 수 있도록 이끌어 주는 일이며, 불건전한 방향으로 발전할 위험성이 있는 사람을 조기에 발견하고 예방할 뿐만 아니라 부적응 행동을 하게 된 사람을 정상적인 생활로 돌아가도록 하는 일이다.

② **대상** … 모든 사람이 다 해당되나, 특히 성격이 형성되는 유아기와 아동기가 중요하다.

③ **방법**

  ㉠ 직접치료법(표현법) : 대화 중 적당한 충고와 암시를 주어 치료하는 방법이다.
  ㉡ 간접치료법(환경요법) : 환경의 역동적인 구조와 기능을 통하여 이상행동에서 정상행동으로 옮겨가게 하는 방법이다.

기출문제

문 다음의 내용에서 교사가 사용한 행동수정의 기법은 무엇인가?
▶ 2007. 5. 20. 서울특별시교육청

㉠ 교사는 행동수정의 시범으로 갑돌이를 선정했다.
㉡ 교사는 갑돌이의 여러 행동에 대한 목록과 빈도를 측정했다.
㉢ 교사는 갑돌이의 행동목록 중에서 가장 빈도가 높은 행동은 운동장에 나가서 놀기와 딱지치기, 빈도가 가장 낮은 행동은 수학 공부와 독서라는 것을 조사했다.
㉣ 교사는 갑돌이에게 "수학공부를 10분하고 독서를 10분하면 운동장에 나가 놀거나 딱지치기를 해도 좋다."라고 지시했다.
㉤ 교사는 갑돌이가 하기 싫어하는 수학과 독서시간을 조금씩 늘려가면서 그의 행동을 강화했다.

① 부적연습법
② 타임아웃
③ 간헐강화의 원리
④ 상반행동의 강화
⑤ 프리맥의 원리

정답 ⑤

PART 7 교육심리학

기출문제

section 8 발달의 개인차

(1) 기억과 망각

① 기억
  ㉠ 개념 : 일상에서 경험한 내용을 머릿속에 저장하고 보관했다가 필요한 시기에 회상해 인지해 내는 일련의 과정이다.
  ㉡ 과정 : 기명 → 파지 → 회상 → 재인
   • 기명 : 경험내용을 흔적으로 머릿속에 새기는 각인의 과정이다.
   • 파지 : 어떤 방법으로 경험한 내용을 정신적으로 재현하는 것이다.
   • 회상 : 파지된 것을 다시 의식화하는 과정이다.
   • 재인 : 기명된 내용과 재생된 내용이 일치되도록 하는 것이다.

② 망각
  ㉠ 개념
   • 시간이 경과함에 따라 학습한 것이 소멸되는 현상이다.
   • 장기 기억된 학습내용을 다시 의식화하지 못하는 현상이다.
  ㉡ 원인
   • 기억흔적쇠잔론(불사용설·소멸설) : 기억흔적으로 남아 있는 학습내용이나 정보를 사용하지 않으면 않을수록 점차 쇠잔하거나 퇴락하기 때문에 망각현상이 나타난다는 주장이다.
   • 간섭설 : 학습한 내용이나 정보는 다른 학습에 간섭받지 않는 한 그대로 잔존되고 재생될 수 있으나 파지기간 중에 파지를 방해하는 외부적 간섭의 영향으로 망각현상이 촉진된다고 보는 이론이다.
   - 선행간섭(순행제지) : 선행학습내용에 의해서 후행학습이 방해받는 경우
   - 후행간섭(역행제지) : 후행학습내용에 의해서 선행학습이 방해받는 경우
   • 재체제화설 : 학습내용 중 전체적인 윤곽이나 일반적인 의미만 기억에 남고 세부적 부분은 차차 희미해지는 경우이다.
   • 억압설 : 의도적으로 기억하려 하지 않기 때문에 생기는 망각으로 억압과 건망증이 여기에 속한다.

③ H. Ebbinghuas의 파지-망각곡선
  ㉠ 무의미 철자의 학습을 통해 시간의 경과에 따른 파지량 또는 망각량 변화를 연구하여 파지-망각곡선을 제시하였다.
  ㉡ 일반적으로 단시간 내에 망각률이 높고 그 후 일정한 파지량의 수준에 가까워지면서 안정된다.

(2) 학습의 전이

① 전이의 개념
  ㉠ 어떤 상황에서 학습한 내용을 새로운 장면에 적용하거나 사용하는 것이다.
  ㉡ 선행학습이 그 후의 새로운 학습에 미치는 영향 또는 효과이다.
  ㉢ 학습의 효과가 다음 학습이나 적응에 영향을 주는 학습효과이다.

② 전이의 종류
  ㉠ 긍정적·부정적 전이
    • 긍정적 전이 : 선행학습이나 경험이 후행학습이나 경험을 조장하거나 촉진시키는 경우이다.
    • 부정적 전이 : 선행학습이나 경험이 후행학습이나 경험을 방해하거나 억제시키는 경우로 기억의 선행간섭의 한 형태이다.
    • 영전이 : 선행학습이나 경험이 후행학습이나 경험에 전혀 영향을 주지 않는 경우이다.
  ㉡ 수평적·수직적 전이
    • 수평적 전이 : 선행학습이나 경험이 후행학습 경험과 내용이 다르지만 비슷한 수준의 것이어서 영향을 미치는 현상이다.
    • 수직적 전이 : 선행학습과 후행학습 간에 내용이나 특성면에서 어떤 위계관계가 있어서 영향을 미치는 현상이다.

③ 전이의 이론
  ㉠ 형식도야설(손다이크)
    • 인간의 정신은 기억력, 주의력, 의지력, 상상력, 추리력 등 몇 개의 기본능력을 구성되어 있는데, 사람들은 기본능력만 잘 훈련되면 그 효과는 여러 가지의 특수한 분야에 걸쳐서 일반적으로 전이된다는 설이다.
    • 헬라어, 라틴어, 수학 등을 가장 중요한 과목으로 간주하였으며 이 과목들이 마음의 단련과 추리능력의 증진에 가장 유용한 것으로 생각하였다.
  ㉡ 동일요소설
    • 고전적 전이이론의 형식도야설(손다이크)에 반론을 제기하였다.
    • 동일요소설은 선행학습과 후행학습 사이에 동일한 요소가 있을 때만 전이가 가능하다는 설이다.
    • 두 요소 사이의 유사성이 클수록 더 많은 전이가 일어난다고 하였다.
  ㉢ 일반화설
    • 사전학습에서 학습된 원리나 법칙이 후속학습에서 사용될 수 있느냐에 의해 좌우되는 것으로, 두 가지 학습 사이에 놓여 있는 일반적 원리가 유사할 때 전이가 가능하다고 한다.
    • 교사는 여러 교과목에 포함되어 있는 수많은 특수한 사실들을 가르치기 보다는 보다 의미 있는 개념이나 원리를 가르칠 수 있다.

기출문제

문 다음 사례에 해당하는 학습의 전이(transfer)가 아닌 것은?
▶ 2023. 6. 10. 교육행정직

수학 시간에 사칙연산을 배우는 것은 가게에서 물건 값을 지불하고 잔돈을 계산하는 데 도움을 준다.

① 긍정적(positive) 전이
② 특수(specific) 전이
③ 일반(general) 전이
④ 수평적(lateral) 전이

문 학습전이에 대한 설명으로 옳지 않은 것은?
▶ 2000. 5. 21. 행정자치부

① 학습과 관련된 원리가 유사할 때 전이가 잘된다.
② 학습방법에 대한 훈련을 받지 아니한 경우 전이가 잘된다.
③ 학습에 동일요소가 존재할 때 전이가 잘된다.
④ 학습과 학습 간에 공통관계가 있을 때 전이가 잘된다.

정답 ③, ②

PART 7 교육심리학

기출문제

문 다음은 전이의 촉진방법에 대한 설명이다. 관련이 없는 것은?
▶ 2007. 2. 11. 경상북도교육청
① 학습원리의 유사성
② 선수학습의 정도
③ 학습내용의 학습
④ 학습자의 태도
⑤ 학습 간의 시간적 간격

㉣ 형태이조설
- 어떤 장면이나 학습자료의 역학적 관계가 발견되거나 이해될 때 그것이 다른 장면이나 학습자료에 전이된다는 주장이다.
- 어떤 상황에서 완전한 형태의 수단·목적 관계를 이해하는 것이 원리를 이해하는 것보다 전이가 잘 일어난다.
- 장을 구성하고 있는 요소들 간의 관계를 파악하거나 주어진 문제의 구조적 성질을 이해했을 때 전이가 잘 일어난다.

④ 전이에 영향을 주는 요인
㉠ 학습의 정도: 선행학습의 정도가 후행학습의 전이도에 크게 영향을 미친다. 선행학습이 이루어질수록 그것에 뒤따르는 학습에 크게 선이가 된다.
㉡ 학습자의 지적 능력: 학습자의 지적 능력이 높을수록 적극적 전이가 잘 일어나고 지능이 낮을수록 전이되지 않거나 소극적 전이가 일어난다.
㉢ 학습자료의 유사도: 전학습과 신학습에서 다루는 학습자료 간의 유사도가 높을 때 전이가 크게 일어나며, 학습자료의 유사성이 약간 있을 때에는 오히려 부적 전이가 일어난다.
㉣ 반응의 유사성: 어떤 자극에 대한 반응이 같거나 유사할 때에는 다른 자극이라도 그 자극 간에는 정적 전이가 일어난다. 학습자료가 다르더라도 결과가 같으면 학습자료 사이에 정적 전이가 일어난다.
㉤ 학습의 방법: 학습방법의 전이도 학습자료의 전이에 못지않게 중요한 역할을 한다.
㉥ 학습간의 시간적 간격: 선행학습과 후행학습 사이에 시간 간격이 짧을수록 전이가 크게 일어난다.

|정답 ③

단원평가 교육심리학

1 인지학습이론(cognitive learning theories)에 기초한 수업방식으로 적절하지 않은 것은?

① 관련된 모든 내용을 학생들에게 제공하여 더 많은 정보를 얻게 한다.
② 주어진 내용을 분명하게 조직적으로 제시한다.
③ 학생들의 주의를 환기하고 유지하기 위해 다양성, 호기심, 놀라움을 강조한다.
④ 새로운 내용과 이미 알고 있는 내용을 연결할 수 있도록 도와준다.

> **Point**
> ① 많은 양의 정보를 제공하는 것은 자극-반응이론과 관련된다.
> ② 정보처리 이론의 조직화 전략
> ③ 정보처리 이론의 주의집중 전략
> ④ 정보처리 이론의 정교화 전략
> ※ 인지주의 학습이론 … 동물의 학습과 인간의 학습 간에는 질적인 차이가 있다고 가정하며, 학습의 기본단위는 요소와 요소들 간의 관계이고, 심리학적 탐구대상은 인간의 내적, 정신적 과정이어야 한다고 주장한다.

2 에릭슨(Erikson)의 심리사회적 발달단계에 따라 취학전 아동의 주도성(initiative)을 격려하기 위한 수업지침으로 가장 적절한 것은?

① 어린이들이 좋아하는 이야기에 어울리는 옷을 스스로 선택하고 등장인물이 되어 실연하면서 학습에 참여하게 한다.
② 짧고 간단한 숙제부터 시작해서 점차 양이 많은 과제를 내어주고, 향상 점검점(check point)을 설정하여 목표를 향해 열심히 학습하도록 격려한다.
③ 유명한 위인들의 생일을 표시한 달력을 만들어 각각의 생일마다 그 사람의 업적에 대해서 토론하고 자신의 미래 직업에 대해 탐색하게 한다.
④ 수학문제를 틀렸을 경우, 다른 어린이들의 모범답안을 보여주어 자신의 문제풀이 과정과 비교할 수 있게 한다.

> **Point**
> 주도성(initiative) … 에릭슨(E. Erikson)의 심리사회적 발달단계 중 제3단계(3~6세)에 해당하는 것으로, 자율성이 증가하며 왕성한 지적 호기심을 보이는 단계이다. 이 시기에는 아동의 주도적인 일을 비난하거나 질책하는 경우 아이들이 위축되고 자기주도적 활동에 대해 죄책감을 느끼기 때문에 활동을 억압하는 경우 죄악감이 형성된다.

Answer 1.① 2.①

단원평가

3 인간발달의 원리에 대한 설명으로 옳지 않은 것은?

① 성숙과 학습의 상호작용의 산물이다.
② 발달은 양적임과 동시에 질적이다.
③ 특수 반응에서 일반 반응으로 발달한다.
④ 발달속도에는 개인차가 있다.

③ 발달은 미분화에서 분화의 방향으로, 상부에서 하부로, 전체운동에서 특수운동으로 진행된다.

4 학습동기를 유발시키는 방법으로 볼 수 없는 것은?

① 추상적인 목표를 제시해 준다.
② 학습결과에 대한 정보를 제공해 준다.
③ 경쟁심을 적절히 불러일으킨다.
④ 학습목표와 개인적 요구를 결부시켜 준다.

① 학습동기유발은 학습과 관련하여 학습하고자 하는 경향이 생기게 하고 적극적인 학습활동을 하도록 하는 것으로 추상적인 목표 제시가 아닌 학습목표를 분명히 알게 한다.

5 행동주의 학습이론과 관계가 깊은 개념을 모두 고르면?

㉠ 일반화와 변별	㉡ 정보저장소
㉢ 신경망	㉣ 강화
㉤ 소거	㉥ 부호화와 인출

① ㉠㉢㉥
② ㉠㉣㉤
③ ㉡㉢㉥
④ ㉡㉣㉤

㉡㉥ 정보처리이론 ㉢ 신경망 학습이론

6 레빈(K. Lewin)의 B = f(P · E)의 설명으로 옳은 것은?

① 학습은 특정한 환경의 지배를 받는다.
② 경험과 환경은 인간의 성격을 결정한다.
③ 개인의 특이성은 개인이 겪는 경험이 의존한다.
④ 인간의 행동은 개체와 환경과의 상호작용에 의한 함수이다.

④ 지각과 실재는 상대적 관계가 있음을 주장하여 인간은 자아의 관심을 추구하며 항상 전체로서 관련된 상황을 강조한다.

7 프로이드(S. Freud)의 발달단계에서 남아의 오이디푸스 콤플렉스 등이 나타나는 시기는?

① 구강기　　　　　　　　② 항문기
③ 남근기　　　　　　　　④ 잠복기

③ 남근기는 남녀의 신체차이, 부모의 성 역할 등에 관심을 가지며 오이디푸스 콤플렉스, 일렉트라 콤플렉스, 동일시현상이 나타난다.

8 에릭슨(Erikson)의 심리 · 사회적 발달이론 중에서 고등학교에서 형성되는 인지발달단계로 옳은 것은?

① 자율성　　　　　　　　② 주도성
③ 근면성　　　　　　　　④ 자아정체감

④ 자신의 성격의 동일성과 계속성을 주위로부터 인정받으면 정체감이 형성되고, 성 역할과 직업선택에서 안정성을 확립할 수 없다면 혼미감을 느끼고 정체감의 위기에 빠지게 된다.

Answer　3.③　4.①　5.②　6.④　7.③　8.④

단원평가

9 콜버그(Köhlberg)의 도덕성 발달이론의 주장과 일치하는 것은?

① 도덕적 판단능력보다는 도덕적 행동에 기초하여 발달수준을 결정한다.
② 지적 능력과 도덕적 발달수준은 상관이 없다.
③ 일정한 발달단계에서 잘못하면 하위단계로 퇴보하기도 한다.
④ 발달수준에 개인차는 있지만 누구나 일정한 단계를 거쳐 발달한다.

① 인습 혹은 관습을 기준으로 도덕성 발달 수준을 구분했다.
② 도덕적 사고에 대해 보다 고차적이고 복잡한 사고방식을 접하면서 학생들은 타인과의 관계 속에서 자신의 사고를 점검·평가할 수 있다.
③ 도덕성 발달이 불변적인 순서로 일어나며, 단계를 뛰어넘지 않으며, 단계·순서의 퇴행은 없다고 주장하였다.

10 다음 중 인간의 발달에 대한 설명으로 옳지 않은 것은?

① 발달은 성숙과 학습의 상호작용의 결과이다.
② 발달의 경향과 행동의 예언은 점차 어려워진다.
③ 발달에는 순서가 있지만 그 순서는 개인에 따라 다르다.
④ 발달은 비약적인 것이 아니라 연속적이고 점차적이다.

발달의 순서성…발달에는 순서가 있으며, 그 순서는 일정하다. 두→미, 중심→주변, 전체운동→부분운동의 방향으로 발달하고, 가까운 곳에서 먼 곳, 중추에서 말초, 머리에서 가슴과 다리 순으로 발달한다.

11 다음 중 성장에 대한 정의로 옳은 것은?

① 신체적인 면의 변화이며 시간의 경과에 따른 자연적 변화이다.
② 외부조건 혹은 환경에 의한 비교적 지속적인 행동의 변화이다.
③ 외적 환경조건이나 연습과는 비교적 무관한 유기체 신체 내에서 일어나는 신경생리학적·생화학적 변화를 말한다.
④ 학습을 효과적으로 잘 할 수 있도록 준비하는 신체적 변화이다.

② 학습 ③ 성숙 ④ 준비도

12 다음에서 설명하는 인간 발달의 특성은?

> • 후단계의 잘잘못이 전단계의 잘잘못에 영향을 주거나 교정·보충하는 데에는 한계가 있다.
> • 초기의 영양실조·문화실조에 의한 발달의 결핍은 나중에 풍부한 영양과 문화를 공급해도 치유될 수 없다.

① 적기성
② 기초성
③ 누적성
④ 불가소성

① 모든 발달은 각 단계에 맞는 과업이 있다는 특성이다.
② 유아경험의 기초성이 중요하다는 특성이다.
③ 발달단계에 있어서 '빈익빈 부익부'의 현상이 일어나는 것을 말한다.

13 다음 중 유아기(幼兒期)에 나타나는 신체발달의 특징은?

① 젖찾기반사와 빨기반사가 나타난다.
② 신체발달의 속도가 일생 중에서 가장 빠르다.
③ 신체발달에 개인차가 큰 시기로 신장은 주로 유전에 크게 의존하고, 체중은 음식물 등 환경적 조건에 의존한다.
④ 생식기능의 발현으로 성기관의 발달이 현저한 시기이다.

유아기(幼兒期)는 3세에서 학령 전인 6세까지의 시기이다. 신체운동 및 의식에 있어서 가장 현저한 발달을 한다.
① 신생아기 ② 유아기(乳兒期) ④ 청년기

14 Allport의 특성이론에 대한 설명으로 옳지 않은 것은?

① 성격을 구성하고 있는 요인들의 공통적인 특성을 찾아 분석하려는 이론이다.
② 공통 특성은 모든 사람에게 공통된 성격 특성을 말한다.
③ 주 특성은 특이한 성격 소유자의 특성으로 그 사람의 모든 행위가 무엇에 의해 영향을 받았는지 그 근원을 추적해 낼 수 있다.
④ 중심 특성은 특정한 자극에 대하여 독특하게 행동하는 특성으로 개인의 독특성을 나타낸다.

④ 이차적 특성에 대한 설명이다. 중심 특성은 한 개인을 특징짓고, 자주 나타나며, 추리하기 용이한 경향성을 말한다. 즉, 중심 특성은 누구나 갖고 있지만 정도의 차이가 있는 특성이다.

Answer 9.④ 10.③ 11.① 12.④ 13.③ 14.④

단원평가

15 피아제(Piaget) 인지발달이론 중 동화에 대한 설명은?

① 아동이 환경과의 상호작용하는 생득적 경향성을 의미하는 것으로, 환경 속에 살아남으려는 동기를 가진 하나의 과정이다.
② 새로운 환경자극을 자신의 기존 이해의 틀에 맞도록 변형하여 흡수하는 현상을 말한다.
③ 기억하는 정보를 서로 정리하거나 관련지음으로써 하나의 체계를 만드는 과정이다.
④ 새로운 경험 등을 의미 있게 해석하기 위하여 자신의 기존의 이해의 틀을 새로운 경험에 알맞게 바꾸는 현상이다.

> **Point**
> ① 순응기능은 환경과의 상호작용을 통한 유기체 내의 도식형성과정이다.
> ③ 조직화기능은 분리된 구조나 체계를 고차원의 체계나 구조로 통합시키는 선천적 경향성이다.
> ④ 조절은 기존의 도식이나 구조가 환경 내의 새로운 자극을 받아들이는 데 적합하지 않으면 새로운 자극에 알맞게 기존의 도식이나 구조를 변형하는 인지과정으로 도식이나 구조의 질적 변화와 관련이 있다.

16 동화와 조절 중 어느 한 쪽에 치우치지 않게 두 과정의 평형 혹은 균형을 유지하는 것은?

① 평형화 ② 조직화
③ 체계화 ④ 스키마 형성

> **Point**
> 평형화는 동화와 조절 중 어느 한 쪽에 치우치지 않게 두 과정의 평형 혹은 균형을 유지하는 상태이다. 동화와 조절의 과정은 지적 발달의 어느 단계에서나 나타나는 기능적 불변성이다. 따라서 인지발달요인들의 기능을 통합하고 조정하는 과정이 필요하다.

17 피아제의 인지발달단계 중 전조작기(2~7세) 아동의 특성이 아닌 것은?

① 언어의 발달이 현저하지만 지극히 주관적이고 자기중심적이다.
② 모든 사물은 살아 있고 각자의 의지에 따라 움직인다고 믿는다.
③ 눈에 보이는 지각적 속성에 의해서만 사물을 판단한다.
④ 어떤 대상이 시야에서 사라져도 그 대상은 계속 존재한다는 대상영속성 개념이 발달한다.

> **Point**
> ④ 대상영속성 개념은 감각운동기(출생~2세) 아동에게 나타나는 특성이다.

18 피아제의 인지발달에서 가역적 사고가 가능하고 보존개념의 획득이 두드러지며 탈중심화가 일어나는 단계는?

① 감각운동기(출생 ~ 2세)   ② 전조작기(2 ~ 7세)
③ 구체적 조작기(7 ~ 11세)   ④ 형식적 조작기(11세 이후)

구체적 조작기(7 ~ 11세) 단계의 아동은 구체적 사항에 한해서 논리적 조작이 가능하다. 또한 가역적 사고, 보존개념, 탈중심화가 일어나며 서열화와 부분과 전체의 개념이 발달한다.

19 다음 중 형식적 조작기 아동에게 가장 적절한 수업은?

① 막대기, 돌 또는 색깔 있는 조각들을 가지고 더하기, 빼기를 하도록 한다.
② 6·25 전쟁에 대하여 논할 때, 그 전쟁 후 한국을 남북으로 나눈 쟁점들을 고려해 본다.
③ 종잇조각에 문장들을 써서 학생들에게 나누어 주고 문단으로 모아 보게 한다.
④ 요리의 계량이나 교실의 전시영역 나누기로 산수 계산문제를 풀도록 한다.

형식적 조작기 아동은 고차적인 추상적 능력이 발달하며 가설설정, 확률, 가능성에 관한 사고능력이 발달한다. 또한 논리적 사고표현을 위해 언어를 사용하며 과거·현재·미래를 연결하여 추론할 수 있는 논리적 사고를 할 수 있다. 따라서 학생에게 많은 가설적 질문을 탐구하고, 과학적으로 추론할 기회를 제공해야 한다.

20 다음의 내용에 가장 적합한 것은?

> • 아동이 혼자서는 해결할 수 없지만 성인이나 뛰어난 동료와 함께 학습하면 성공할 수 있는 영역을 의미한다.
> • 개인의 현 수준에 인접해 있는 바로 위의 발달수준이다.

① 근접발달영역   ② 잠재활동영역
③ 수행기능영역   ④ 실제기능영역

근접발달영역(ZPD : Zone of Proximal Development) … 아동이 혼자서는 해결할 수 없지만 성인·동료와 함께 학습하면 성공이 가능한 영역이다. 아동의 인지발달에 교사나 성인이 적극적으로 도움을 줄 수 있는 근거를 마련했다는 점에서 중요한 의미를 갖는다.

Answer 15.② 16.① 17.④ 18.③ 19.② 20.①

21 인간의 정신은 사회학습의 결과이며, 상호작용에 필수적 요소인 언어습득을 아동발달에 가장 중요한 변인으로 강조한 교육사상가는?

① 피아제(Piaget) ② 브루너(Bruner)
③ 비고츠키(Vygotsky) ④ 에릭슨(Erickson)

비고츠키는 아동이 타인과의 관계에서 영향을 받으며 성장하는 사회적 존재임을 강조하였다. 인간 이해에 있어서 사회·문화·역사적인 측면을 제시하였으며 상호작용에 필수적 요소인 언어습득을 아동발달에 가장 중요한 변인으로 간주하였다.

22 비고츠키(L. S. Vygotsky)가 제시한 언어발달단계를 순서대로 나열한 것은?

① 원시적 언어 – 순수심리적 언어 – 자기중심적 언어 – 내적 언어
② 내적 언어 – 원시적 언어 – 자기중심적 언어 – 순수심리적 언어
③ 원시적 언어 – 자기중심적 언어 – 순수심리적 언어 – 내적 언어
④ 내적 언어 – 자기중심적 언어 – 원시적 언어 – 순수심리적 언어

비고츠키의 언어발달단계
㉠ 원시적 언어(만 2세까지): 울음이나 울림과 같은 비지적 언어의 단계이다.
㉡ 순수심리적 단계(만 2세~): 언어와 사고가 결합하고 어휘가 증가한다.
㉢ 자기중심적 언어(만 4, 5세): 취학 전 유치원 아동이 외부에 관계없이 독백을 하는 언어의 형태이다.
㉣ 내적 언어(만 7세~): 자신의 머릿속에서 무성언어의 형태로 언어를 조작하는 것을 배우는 단계이다.

23 프로이드의 성격발달이론 중 ego(자아)에 대한 설명은?

① 원시적인 충동을 총칭하는 것으로 의식주, 생리적 본능, 자기보존, 종족보존의 욕구 등이다.
② 개인의 행동이 사회적으로 용납될 수 있도록 통제하는 기능을 갖고 있는 성격의 한 부분이다.
③ 자아로 하여금 본능의 직접적인 표현을 막고 id의 충동에 대해서 여러 가지 방어기제를 쓰도록 한다.
④ 개인의 행동을 이상에 따르도록 하는 성격의 한 부분이다.

ego(자아) … 외부와 직접적으로 대처하면서, 바람직하지 않은 결과를 초래하지 않음과 동시에 id의 충동을 만족시키는 행동을 선택하는 역할을 한다.
① id ③ 양심 ④ superego(초자아)

24 프로이드(Freud)와 기타 발달이론에 관한 설명으로 옳지 않은 것은?

① 프로이드는 발달단계를 5단계로, 에릭슨은 6단계로 나누었다.
② 프로이드의 남근기가 피아제의 자기중심적 물활론적 사고기에 해당한다.
③ 프로이드의 생식기가 브루너의 상징조작기에 해당한다.
④ 프로이드의 생식기, 피아제의 형식적 조작기는 그 연령이 11세 이후에 해당한다.

프로이드는 발달단계를 5단계(구강기, 항문기, 남근기, 잠복기, 생식기)로, 에릭슨은 8단계(신뢰감 대 불신감, 자율성 대 수치감, 주도성 대 죄책감, 근면성 대 열등감, 정체감 대 역할혼미, 친밀감 대 고립감, 생산성 대 침체성, 자아통일 대 절망감)로 나누었다.

25 프로이드의 성격발달단계 중 남근기에 나타나는 것으로 남자 아이들이 어머니에게 성적인 애정을 느끼고, 아버지를 어머니의 애정쟁탈의 경쟁자로 생각하며 적대감을 지니는 현상을 일컫는 말은?

① 오이디푸스 콤플렉스
② 엘렉트라 콤플렉스
③ 거세불안증
④ 남근선망

② 엘렉트라 콤플렉스 : 여아가 남근이 없는 책임을 어머니에게로 돌리고 이때부터 아버지를 더 좋아하는 현상이다.
③ 거세불안증 : 남아가 자신의 성기를 없앨까 염려하는 것을 일컫는 말이다.
④ 남근선망 : 여자 아이들이 남근이 없음을 알게 되고 이를 부러워하는 현상을 말한다.

26 학교에서 성공과 성취를 경험한 아동에게 나타나는 사회심리적 특성으로 가장 적절한 것은?

① 신뢰감
② 자율성
③ 생산성
④ 근면성

에릭슨은 6~12세에 해당하는 시기의 아동은 대부분의 시간을 학교에서 보내기 때문에 학교에서의 성공과 성취가 아동의 근면성을 발달시키게 된다고 하였다. 이 시기에 겪는 도전이 어려워서 실패로 끝나는 경험이 많아지면 아동은 열등감이나 자기부적당감에 빠지게 된다.

Answer 21.③ 22.① 23.② 24.① 25.① 26.④

27 에릭슨의 심리·사회적 성격발달단계 중 자아정체감을 확립하는 시기에 해당하는 피아제의 인지발달단계는?

① 감각적 동작기
② 전개념기
③ 직관적 사고기
④ 형식적 조작기

　에릭슨의 심리·사회적 성격발달이론에 따른 자아정체감을 확립하는 시기는 12~18세에 해당하는 청소년기로 피아제의 형식적 조작기에 해당한다. 이 시기의 자아정체감의 결여는 역할 혼란을 초래하며 이 위기를 극복하지 못하면 준비되지 않은 상태에서 성인의 역할을 수행해야 한다는 불행을 경험하게 된다.

28 콜버그의 도덕성 발달이론에 대한 설명으로 옳지 않은 것은?

① 콜버그는 도덕성 발달수준을 구분하기 위하여 인습 혹은 관습을 기준으로 삼았다.
② 콜버그의 도덕적 발달단계는 개인에 따른 개인차가 존재한다고 전제하고 있다.
③ 다른 사람의 인정을 중요시하고 관계를 판단의 기준으로 삼는 단계는 대인관계에서의 조화를 위한 도덕성에 해당한다.
④ 콜버그의 이론은 도덕적 딜레마를 설정하여 이에 대해 어떻게 답하는가의 사고체계를 바탕으로 도덕적 발달과정을 설명하였다.

　② 콜버그의 도덕적 발달단계는 피아제의 인지발달단계와 동일하게, 도덕적 발달단계는 불변적인 순서로 발달된다고 주장하였다.

29 다음 중 장의존형의 특징으로 옳지 않은 것은?

① 어떤 사물을 지각할 때 그 사물의 배경과 단서, 즉 주변의 장에 좌우되는 인지양식을 가진 사람이다.
② 자신에게 필요한 요소와 불필요한 요소를 구분하고 그들 간의 상호독립성을 유지시킬 수 있다.
③ 분화가 잘 되지 않고 포괄적이며, 논리성이 결여되기 쉽다.
④ 사회분야에 관심이 많으며 자신의 태도와 믿음을 정할 때 다른 사람들에게 의존한다.

　장의존형의 사람은 지각대상을 전체로서 지각하는 인지유형이다. 비교적 비분석적이고 직관적으로 자극을 지각하고 인지하며, 심리적 분화가 잘 이루어지지 않아 주어진 대상을 전체적으로 파악하려는 경향이 있다. 이와 반대로 장독립형은 주변의 장의 영향을 별로 받지 않거나 적게 받아 분화가 잘 이루어져 분석적이며, 논리적 사고를 잘 수행한다.

30 다음에서 설명하는 콜버그의 도덕성 발달단계는?

- 법의 절대성과 고정성을 벗어나 사회적 융통성을 인정하는 시기이다.
- 법과 질서도 가변적임을 인식한다.
- 개인의 권리존중, 가치나 관점의 상대성을 도덕적 판단의 근거로 삼는다.

① 벌과 복종에 의한 도덕성
② 법과 질서를 준수하는 도덕성
③ 사회계약 및 법률복종으로서의 도덕성
④ 양심 및 도덕원리에 대한 확신으로서의 도덕성

제시된 내용은 콜버그의 도덕성 발달단계 중 5단계인 사회계약 및 법률복종으로서의 도덕성으로, 법의 절대성과 고정성을 벗어나 사회적 융통성을 인정하는 시기이다. 법과 질서도 가변적임을 인식하며 개인의 권리 존중, 가치나 관점의 상대성을 도덕적 판단의 근거로 삼는다. 법률에 따라 의무수행, 타인의 의지와 권리에 위배되는 행동은 피하고 대다수의 의지와 복지에 따라 행동한다.

31 지각구성의 법칙에서 가까운 거리에 있는 자극들을 뭉치려는 경향성은?

① 친근성   ② 유사성
③ 연속성   ④ 완결성

지각구성의 법칙
㉠ 친근성: 가까운 거리에 있는 자극들을 뭉치려는 경향
㉡ 유사성: 색깔이 비슷한 자극끼리 구성되어지는 성질
㉢ 연속성: 연속적 형태로 될 수 있는 자극끼리 구성되는 성질
㉣ 완결성: 완결되지 않은 자극 자체를 완성시켜 구성하는 성질

Answer   27.④ 28.② 29.② 30.③ 31.①

단원평가

32 다음 중 장의존형 학습자의 특징은?

① 사회적인 내용을 다룬 자료에 집중하는 데 외부의 도움을 필요로 한다.
② 자신이 설정한 목표나 강화를 갖는 경향이 있다.
③ 구조화되지 않은 상황을 자기 나름대로 구조화할 수 있다.
④ 외부의 비판에 많은 영향을 받는다.

장의존형 학습자는 사회적인 내용을 다룬 자료를 잘 학습하며 사회적인 정보를 더 잘 기억하는 반면, 주어진 조직을 있는 그대로 받아들이고 재조직하지 못하는 경향이 있다. 외부에서 설정한 구조나 목표, 강화를 필요로 하며 외부의 비판에 많은 영향을 받는다.

33 문제에 대한 반응시간은 느리지만 오답수가 적은 인지양식의 유형은?

① 장독립형　　　　　　　　　② 장의존형
③ 숙고형　　　　　　　　　　④ 속응형

숙고형은 문제에 대한 반응시간은 느리지만 오답수가 적고, 속응형은 문제에 대한 반응시간은 빠르지만 오답수가 많다.

34 정보처리이론의 구조에 대한 설명으로 옳지 않은 것은?

① 감각등록기는 학습자가 환경으로부터 눈이나 귀와 같은 감각수용기관을 통해 정보를 최초로 저장하는 곳이다.
② 작동기억은 감각기관을 통해 들어온 정보가 주의집중을 통해 잠시 동안 기억되는 일시적인 저장소이다.
③ 장기기억은 분리되어 있는 항목들을 보다 큰 묶음으로 보다 의미 있는 단위로 조합하는 장소이다.
④ 일상기억은 개인의 경험을 보유하는 장소로 기억되는 경험이 매우 의미 있는 경우가 아닐 때에는 종종 인출에 실패하는 경향이 있다.

③ 장기기억은 단기기억에서 적절히 처리된 정보가 통합되는 장소로 장기기억은 무한한 정보를 영구적으로 저장할 수 있다. 장기기억은 일상기억과 의미기억으로 구분된다.

35 정보처리이론의 인지처리과정을 순서대로 나열한 것은?

① 주의집중 → 지각 → 시연 → 인출 → 부호화
② 지각 → 주의집중 → 시연 → 부호화 → 인출
③ 시연 → 인출 → 부호화 → 지각 → 주의집중
④ 주의집중 → 지각 → 시연 → 부호화 → 인출

  정보처리이론의 인지처리과정은 각각의 정보장소로부터 정보가 이동하는 것과 관계되는 처리과정이다. 주의집중 → 지각 → 시연 → 부호화 → 인출 과정의 순서대로 진행된다.

36 인간의 지능이 내용, 결과, 인지활동의 상호작용 결과 180개의 복합요인으로 구성되어 있다고 주장한 학자는?

① 스피어만(Spearman) ② 손다이크(Thorndike)
③ 길포드(Guilford) ④ 가드너(Gardner)

  ① 스피어만은 인간의 지능이 일반요인과 특수요인으로 구성되어 있다고 주장하였다.
  ② 손다이크는 스피어만이 주장한 일반요인을 인정할 수 없다고 하였다.
  ④ 가드너는 인간의 지능을 다중지능이론을 통해 7가지 지능 종류가 있음을 제시하였다.

37 다음에서 설명하는 인지처리과정은?

> • 장기기억 속에 존재하고 있는 기존의 정보에 새로운 정보를 연결하거나 연합하는 것이다.
> • 작동기억에서 장기기억으로 정보를 이동시키는 과정을 의미한다.
> • 정보처리 모델에서 가장 중요한 인지처리과정이다.

① 부호화 ② 지각
③ 시연 ④ 인출

  지각은 감각기관을 통해 들어온 정보를 조직하고 해석하는 과정이다. 시연은 정보가 제시된 이후에 계속해서 반복하는 것이며 인출은 장기기억에서 정보를 찾는 탐색과정이다.

Answer 32.④ 33.③ 34.③ 35.④ 36.③ 37.①

38 길포드의 지능이론에서 창의력과 밀접한 관련이 있는 지적 하위능력은?

① 기억력
② 인지적 사고력
③ 수렴적 사고력
④ 확산적 사고력

확산적 사고력은 이미 알고 있거나 기억된 지식 외에 전혀 새로운 지식을 창출해 내는 능력으로 주어진 문제에 대한 해결책을 가능한 한 다양한 것을 많이 찾아내는 사고를 의미한다.

39 가드너의 다중지능에 속하는 지능으로만 묶여진 것은?

① 언어학적 지능, 공간지능, 대인간 지능
② 논리·수학적 지능, 일반지능, 결정적 지능
③ 유동적 지능, 특수지능, 공간지능
④ 음악적 지능, 논리·수학적 지능, 결정적 지능

가드너는 지능에 관한 광범위한 자료를 종합하여 7가지의 비교적 독립적인 지능이 있다는 이론을 제시하였다. 7가지 지능의 종류는 언어학적 지능, 음악적 지능, 논리·수학적 지능, 공간지능, 신체적·감각적 지능, 개인내적 지능, 대인간 지능이다.

40 다음에서 설명하는 다중지능의 종류는?

- 사회지능이라고도 부른다.
- 복잡한 환경 속에서 미묘한 단서를 활용할 줄 아는 능력이다.
- 다른 사람을 이해하고 그들을 대하는 능력이다.

① 언어학적 지능
② 음악적 지능
③ 개인내적 지능
④ 대인간 지능

① 언어학적 지능은 시인이나 문학가가 사용하는 미묘한 뉘앙스에 나타나고 언어사용이 불가능한 실어증 환자에게서도 나타난다.
② 음악적 지능은 모차르트와 같은 천재나 어린이들에게서도 볼 수 있는 능력으로 악기를 연주하고 작곡과 지휘를 하는 것과 관련된다.
③ 개인내적 지능은 자기 지식과 자신의 신체적 기능에 대한 느낌과 제어 정도를 아는 특수능력으로 자신을 이해하는 능력이다.

41 스턴버그의 삼원지능에 포함되지 않는 것은?

① 상황적 지능 ② 공간적 지능
③ 경험적 지능 ④ 요소적 지능

스턴버그의 삼원지능
㉠ 상황적 지능: 변화하는 환경에 적응하고 기회를 최적화하는 능력이다.
㉡ 경험적 지능: 새로운 생각들을 형성하고 관련되어 있지 않은 사실들을 조합하는 능력이다.
㉢ 요소적 지능: 과정정보를 추상적으로 사고하고 무엇이 필요하게 될지를 결정하는 능력이다.

42 다음에서 설명하는 지능의 요소는?

• 외부에 대응하는 능력으로 현실상황에의 적응력을 강조하는 기능이다.
• 전통적 지능검사의 IQ나 학업성적과는 무관한 능력이다.
• 일상적 문제해결능력, 실제적인 적응능력, 사회적 유능성이 포함된다.

① 성분적 요소 ② 경험적 요소
③ 맥락적 요소 ④ 메타 요인

① 성분적 요소는 개인의 내적 세계와 관련되며 지능작용에서 가장 중심적인 기능을 하는 것이다.
② 경험적 요소는 새로운 문제에 당면했을 때 낡고 부적절한 사고방식을 버리고 새로운 개념체계를 필요로 하는 것이다.
④ 메타 요인은 성분적 요소의 상위성분으로, 문제해결이나 과제완수 시에 정신적·신체적인 모든 행위를 조정하는 고등제어의 과정이다.

43 다음 중 창의력의 구성요인이 아닌 것은?

① 유창성 ② 융통성
③ 합리성 ④ 조직성

창의력의 구성요인은 유창성, 융통성, 독창성, 정교성, 조직성, 지각의 개방성 등이 포함된다. 성격적 요인으로는 비판에 대한 개방적 성격, 독립적 판단태도, 전통과 인습에 얽매이지 않는 사고, 현대지식에 대한 회의적 태도 등이다.

Answer 38.④ 39.① 40.④ 41.② 42.③ 43.③

단원평가

44 지능검사에 대한 설명으로 옳지 않은 것은?

① 비언어검사는 취학 전 아동, 문맹자, 언어장애자, 노인에게 적절하다.
② 비네(Binet)지능검사는 정신지체아, 학습부진아를 변별하고 측정하기 위한 교육적 필요에서 출발되었다.
③ Stanford-Binet 지능검사는 정신연령과 생활연령 간의 비율로써 실제 연령에 대한 정신연령의 비율에 100을 곱한 것이다.
④ 편차지능지수는 비네(Binet)검사를 표준화한 것으로 각 연령단계를 같은 조건으로 비교한 것이다.

④ 편차지능지수는 개인의 지능을 동년배 사람들의 평균수행과 통계적으로 비교한 것에 기반한 지능지수이다.

45 창의력의 구성요소 중 주어진 자극에 대하여 제한된 시간 내에 많은 양의 반응을 하는 능력은?

① 정교성
② 조직성
③ 지각의 개방성
④ 유창성

① 정교성은 주어진 문제를 세분하여 전개시키거나 문제에 포함된 의미를 명확히 파악하고, 결함을 보완할 수 있는 능력을 의미한다.
② 조직성은 복잡한 문제 사태를 보다 간결하게 하며, 새로운 의미를 부여하고 사물·사상 간의 구조적·기능적 관련성을 고려하여 서로 관련시킬 수 있는 능력을 의미한다.
③ 지각의 개방성은 문제 사태에 대하여 민감하게 사실 그대로의 지각을 할 수 있는 능력을 말한다.

46 '뇌에 폭풍을 일으키는 방법'으로 문제해결을 위해 아이디어를 내놓되 평가하기 위해 멈추지 않는 기법은?

① 브레인 스토밍
② 체크리스트법
③ 여섯 가지 사고모
④ 고든법

② 체크리스트법은 창의적 사고를 유발시키는 질문형태로 검목표를 사용하는 방법이다.
③ 여섯 가지 사고모는 여섯 가지 색깔의 모자를 바꾸어 쓰면서 자신의 모자색깔이 표상하는 유형의 각각 다른 사고자의 역할을 해보는 것이다.
④ 고든법은 진행과정이 비조직적이어서 참여자의 적극적 참여가 요청되는 기법이다.

47 다음 중 동기유발방법으로 적절하지 않은 것은?

① 학습문제에 대해 호기심을 갖게 한다.
② 학습목표를 분명히 알게 한다.
③ 다양한 학습자료를 보여주거나 실증적인 예화를 들려준다.
④ 다양한 실패를 경험하게 한다.

동기를 유발하기 위해서는 학습문제에 대해 호기심, 성취감을 갖게 하고, 실패의 경험을 줄이는 방법을 사용할 수 있다. 또한 학습목표를 분명히 알게 하며 학습결과를 상세히 알려주는 것도 좋은 방법이다. 다양한 학습자료나 실증적인 예화를 들려줌으로써 학습자의 동기를 유발할 수 있다.

48 와이너(Weiner)의 귀인이론에 대한 설명 중 옳지 않은 것은?

① 귀인이론이란 학교에서 학생들이 그들의 성공과 실패를 어떻게 설명하는가에 대해 체계적으로 이해하고자 하는 이론이다.
② 능력이나 노력은 내부요인으로, 과제의 곤란도나 행운은 외부요인으로 작용한다.
③ 시험 당일에 아파서 시험을 못 본 것은 통제 가능한 일이므로 다음 시험에는 아프지 않도록 한다.
④ 학습결과에 대한 책임을 학생 자신의 내부에 존재하는 가변적이고 통제 가능한 요인에서 찾도록 한다.

③ 시험 당일에 아파서 시험을 못 본 것은 통제 불가능하고 불안정적인 사태이다. 학생의 의지에 따라 통제될 수 있는 문제가 아니다.

49 매슬로우의 욕구위계설에서 성장욕구에 해당하는 것은?

① 자존욕구　　　　　　　　② 안전의 욕구
③ 심미적 욕구　　　　　　　④ 생리적 욕구

매슬로우(A. Maslow)의 욕구위계설
㉠ 결핍욕구: 욕구위계 중 우선 만족되어야 하는 욕구로서, 생리적 욕구, 안전의 욕구, 애정·소속의 욕구, 자존욕구가 이에 속한다.
㉡ 성장욕구: 결핍욕구의 상위욕구로, 자아실현의 욕구, 심미적 욕구, 지적 욕구가 속하며 결코 만족되지 않는다.

Answer　44.④　45.④　46.①　47.④　48.③　49.③

단원평가

50 개인이 자신의 특성, 능력, 행동에 대하여 부여하는 가치이며 자기 자신을 얼마나 좋아하느냐 하는 개념으로 정의되는 것은?

① 자신감 ② 자아존중감
③ 자아개념 ④ 성취동기

① 자신감은 어떤 과제를 할 수 있다는 자기 능력에 대한 신념이다.
③ 자아개념은 자신에 대해 가지고 있는 일련의 신념들을 의미한다.
④ 성취동기는 도전적이고 어려운 문제를 해결함으로써 만족을 얻으려는 기대 또는 의욕이다.

51 다음에서 설명하는 갈등의 유형은?

- 부적 유의성을 가진 욕구들의 충동사태이다.
- 학교도 가기 싫고 야단도 맞기 싫은 경우이다.

① 회피-회피형 갈등 ② 접근-접근형 갈등
③ 접근-회피형 갈등 ④ 회피-접근형 갈등

갈등 … 동시에 두 개 이상의 상반된 충동 및 내·외적 욕구가 발생했을 때 비슷한 정도로 대립된 상태이다.
㉠ 접근-접근형 갈등: 정적 유의성을 가진 욕구가 동시에 공존함으로써 충돌하는 경우이다.
㉡ 회피-회피형 갈등: 부적 유의성을 가진 욕구들의 충동사태이다.
㉢ 접근-회피형 갈등: 정적 유의성과 부적 유의성이 공존하면서 충돌하는 갈등이다.

52 다음 중 포부수준에 대한 설명으로 옳은 것은?

① 포부수준은 퍼키(Purkey)가 도입한 개념으로 학교성적을 예언한다.
② 과거에 성공경험이 많은 학생들은 포부수준을 낮춤으로써 실패를 피하려는 경향이 있다.
③ 여러 번 실패의 경험이 있는 학생들은 과제에 당면했을 때 포부수준을 현실적으로 높이려는 경향이 있다.
④ 여러 번 실패의 경험이 있는 학생들은 그들의 기대를 비현실적으로 높게 가지기도 한다.

① 포부수준은 호프(Hoppe)가 도입한 개념으로 '구체적 과제에서의 구체적 성취도 또는 목표수준'을 의미한다.
② 과거에 성공경험이 많은 학생들은 과제에 당면했을 때 포부수준을 현실적으로 높이려는 경향이 있다.
③ 여러 번 실패의 경험이 있는 학생들은 포부수준을 낮춤으로써 실패를 피하려는 경향이 있다.

53 학습의 파지·전이를 높이는 방법이 아닌 것은?

① 단순한 암기나 공식에 의한 학습이 파지와 전이가 높다.
② 학습한 직후에 학습한 내용을 정리하면 파지와 전이가 높다.
③ 복습의 시기가 최초의 학습에 가까울수록 기명과 파지가 효과적이다.
④ 학습한 행동을 생활주변의 문제에 적용해 보는 경험이 많을수록 파지와 전이가 좋다.

> ① 단순한 암기나 공식에 의한 학습이 아닌 확실하게 이해된 학습을 했을 때 학습의 파지와 전이가 높다. 그러므로 수업자는 학습자들에게 학습과제에 내포된 기본적인 요소를 이해시켜야 하며 학습한 것을 비슷한 상황에 적용시켜 보거나 반복적으로 연습하게 하여 주지시켜야 한다.

54 다음에서 설명하는 전이의 이론은?

> • 손다이크가 주장한 고전적 전이이론으로 선행학습과 후행학습 사이에 동일한 요소가 있을 때만 전이가 가능하다는 설이다.
> • 두 요소 사이의 유사성이 크면 클수록 더 많은 전이가 일어난다.

① 형식도야설
② 동일요소설
③ 일반화설
④ 형태이조설

> ① 형식도야설은 기본능력만 잘 훈련되면 그 효과는 여러 가지의 특수한 분야에 걸쳐서 일반적으로 전이된다는 설이다.
> ③ 일반화설은 사전학습에서 학습된 원리나 법칙이 후속학습에서 사용될 수 있느냐에 의해 좌우된다는 것으로, 두 가지 학습 사이에 놓여 있는 일반적 원리가 유사할 때 전이가 가능하다.
> ④ 형태이조설은 장을 구성하고 있는 요소들 간의 관계를 파악하거나 주어진 문제의 구조적 성질을 이해했을 때 전이가 잘 일어난다는 설이다.

Answer 50.② 51.① 52.④ 53.① 54.②

단원평가

55 다음 중 전이에 대한 설명으로 옳지 않은 것은?

① 전이란 선행학습이 그 후의 새로운 학습에 미치는 영향 또는 효과이다.
② 긍정적 전이는 선행학습이나 경험이 후행학습이나 경험을 조장하거나 촉진시키는 경우이다.
③ 부정적 전이는 선행학습이나 경험이 후행학습이나 경험에 전혀 영향을 주지 않는 경우이다.
④ 수평적 전이는 선행학습이나 경험이 후행학습이나 경험과 내용이 다르지만 비슷한 수준의 것이어서 영향을 미치는 현상이다.

③ 부정적 전이는 선행학습이나 경험이 후행학습이나 경험을 방해하거나 억제시키는 경우로 기억의 선행간섭의 한 형태이다. 선행학습이나 경험이 후행학습이나 경험에 전혀 영향을 주지 않는 경우는 영전이이다.

56 다음에서 설명하는 손다이크의 시행착오설의 학습법칙은?

- 학습의 과정과 결과가 만족스런 상태가 되면 결합이 강화되어 학습이 견고하게 되고 학습의 과정과 결과가 불만족스러우면 결합이 약해진다.
- 학습과정에서 동기의 중요성을 시사하였다.

① 효과의 법칙 ② 연습의 법칙
③ 준비성의 법칙 ④ 변별의 원리

시행착오설의 학습법칙
㉠ 효과의 법칙(결과의 법칙): 학습의 과정·결과의 만족여부에 따라 결합이 강해지거나 약해진다. 학습과정의 동기를 중요시한다.
㉡ 연습의 법칙(빈도의 법칙): 자극과 반응의 빈도가 높을수록 결합이 강화되고 효과가 높아진다.
㉢ 준비성의 법칙: 새로운 지식과 사실습득을 위해 충분한 준비가 있을수록 결합이 용이하게 이루어진다.

57 다음 중 전이에 영향을 주는 요인이 아닌 것은?

① 학습의 정도 ② 학습자료의 유사도
③ 학습의 방법 ④ 교사의 지적 능력

전이에 영향을 주는 요인 … 학습의 정도, 학습자의 지적 능력, 학습자료의 유사도, 반응의 유사성, 학습의 방법, 반응의 유사도, 학습 간의 시간적 간격

58 다음 중 행동주의 학습이론은?

① 쾰러의 통찰설
② 벤두라의 관찰학습
③ 손다이크의 시행착오설
④ 레빈의 장이론

학습이론
㉠ 행동주의 학습이론 : 손다이크의 시행착오설, 파블로프의 고전적 조건형성이론, 스키너의 작동적 조건형성이론
㉡ 인지학습이론 : 쾰러의 통찰설, 레빈의 장이론, 톨만의 기호형태설
㉢ 사회학습이론 : 벤두라의 관찰학습

59 다음 중 행동주의 학습이론에 대한 설명으로 옳지 않은 것은?

① 연구대상에 있어서 관찰 가능하고 측정 가능, 비교 가능해야 한다고 가정한다.
② 자극 – 반응 – 보상 – 강화의 반복적·연속적 연결은 학습행동의 증가를 가져온다.
③ 강화의 중요성을 강조한다.
④ 인간의 학습과 동물의 학습은 질적인 차이가 존재한다고 본다.

④ 행동주의 학습이론에서는 인간의 학습과 동물의 학습 간에는 양적인 차이가 있을 뿐 질적인 차이가 없다고 가정한다.

60 파블로프의 고전적 조건형성에서 특정한 자극에 조건화가 형성된 후 이 조건자극과 유사한 다른 자극에 대해서 같은 반응을 나타내는 것은?

① 자극의 일반화
② 분화
③ 재조건 형성
④ 자발적 회복

② 자극의 일반화 상태에서 강화를 계속하면 나중에는 양자극을 분별해서 최초의 조건자극 이외의 다른 유사자극에는 반응이 일어나지 않는 현상이다.
③ 자발적 회복이 생긴 이후에 조건자극과 무조건자극을 짝지어서 제시하면 조건반응이 원래의 강도를 되찾는 것을 의미한다.
④ 조건반응에 대한 소멸이 일어난 후 얼마 동안의 휴식기간을 두었다가 다시 전에 학습한 조건자극을 주면 반응이 재생되는 현상이다.

Answer 55.③ 56.① 57.④ 58.③ 59.④ 60.①

교육평가

01 교육평가의 기초
02 교육평가의 유형
03 교육평가의 절차
04 교육평가의 모형

08 교육평가

기출문제

문 평가(Evaluation)의 개념으로 옳은 것은?
▶ 2010. 4. 24. 경상북도교육청
① 가치중립적이며 행동의 증거를 수집하는 도구이다.
② 가치지향적이며 시행의 효과를 기술하는 것을 목적으로 한다.
③ 주로 사람에게만 적용되고 정보를 수집하여 종합하는 과정을 말한다.
④ 개인들의 특성을 기술(記述)하고 비교하는 것을 목적으로 한다.
⑤ 어떤 행동, 사물 및 사건 등의 증거를 수집하는 것이며, 이러한 증거를 수량으로 표시하는 것이다.

| 정답 ②

section 1 교육평가의 기초

(1) 교육평가의 개념

① 교육평가의 정의
  ㉠ 일반적 정의 : 교육평가는 교육목적의 달성도를 평가하는 교육의 반성적·자각적 과정이다.
  ㉡ 타일러(R. W. Tyler)의 정의 : 교육평가는 본질적으로 교육과정 및 수업 프로그램에 의한 교육목표의 달성정도를 밝히는 과정이다.

② 교육평가의 개념적 특성
  ㉠ 교육목표 달성에 대한 평가이어야 한다.
  ㉡ 그 자체가 교육적이어야 한다.
  ㉢ 학습개선과 능률화에 이바지할 수 있어야 한다.
  ㉣ 인간을 이해하는 수단으로 사용되어야 한다.
  ㉤ 학생평가인 동시에 교사평가이다.

(2) 교육평가의 목적

① 학생들의 바람직한 행동의 변화량을 다룬다. 즉, 학생들의 교육목적 달성도를 파악한다.
② 교사들의 교육활동에 대한 효과를 파악하고, 교사들의 교육활동에 대한 자기반성적 자료를 획득한다.
③ 교육의 질 향상을 위한 교육 전반에 걸친 자료를 획득한다.
④ 학생들의 생활지도시 유용한 자료를 획득한다.
⑤ 교육평가의 궁극적 목적은 교육과정과 교육계획을 개선하기 위함이다.

(3) 교육평가의 기능

① 학생을 이해하고 진단하여 치료하는 기능을 한다.
② 결과는 생활지도 및 상담의 자료로 활용된다.
③ 교육정치(教育定置)의 기능을 한다.
④ 선발의 기능을 한다.

⑤ 학교교육의 수준을 유지한다.
⑥ 교육계획의 개선기능을 한다.
⑦ 개개 학생의 학업성취도를 평가하는 일을 한다.
⑧ 개개 학습자 또는 학급 전체가 직면하고 있는 학습곤란점을 진단하는 기능을 한다.
⑨ 교육과정, 수업자료, 수업절차, 학교조직 등 교육적 효과성을 평가하는 일을 한다.
⑩ 교육의 제 문제를 이해하고 건전한 교육정책 및 일반정책을 수립하는 데 도움을 줄 수 있도록 전 학생집단의 교육진보도를 사정하는 기능을 한다.

Point 팁 시험의 교육적 기능과 사회적 기능

교육적 기능	사회적 기능
• 자격부여	• 사회적 선발
• 경쟁촉진	• 지식의 공식화와 위계화
• 선발	• 사회 통제
• 목표와 유인	• 사회질서의 정당화와 재생산
• 교육과정 결정	• 문화의 형성과 변화
• 학습성취의 확인과 미래학습의 예언	

(4) 교육관과 평가관

① 선발적 교육관
  ㉠ 의미 : 교육목적이나 일정한 교육수준에 도달할 수 있는 사람은 교육방법에 관계없이 다수 중 소수에 지나지 않는다고 본다.
  ㉡ 강조점
    • 일정한 교육수준이나 교육목표에 달성 가능성이 있는 소수의 우수자를 사전에 선발하기 위한 평가에 초점을 맞춘다.
    • 일정한 학습 후에 개인차 변별에 관심을 갖는데, 이는 각 학습자가 갖고 있는 특성을 명확히 파악하는 것이 선발적 교육관 실현의 전제가 되기 때문이다.
    • 학업성취의 실패의 책임은 학생에게 있다.
    • 측정관의 입장이며 학업성취도는 상대평가에 의한 정상분포를 이룬다.

② 발달적 교육관
  ㉠ 의미 : 모든 학습자에게 적절한 교수-학습의 방법만 제시된다면, 누구든지 주어진 교육목표에 도달할 수 있다고 보는 교육관이다.
  ㉡ 대두배경
    • 교수방법과 선행학습의 중요성이 강조되었다.
    • 지능에 대한 정의와 인식이 새로워졌다.

기출문제

문 시험의 교육적 기능에 대비한 사회적 기능이 아닌 것은?
▶ 2014. 4. 19. 안전행정부
① 지식의 공식화와 위계화
② 교육과정 결정
③ 문화의 형성과 변화
④ 사회적 선발

문 밑줄 친 부분에서 설명하고 있는 시험의 기능으로 보기 어려운 것은?
▶ 2020. 7. 11. 인사혁신처

시험은 학문적으로 무엇이 가치가 있으며 교육제도가 선택적으로 가르치고자 하는 것이 무엇인가를 가장 극명하게 표출하지만, 시험의 의미는 그것만이 아니다. 지식의 사회적 의미규정과 그 표현방식을 학교의 시험을 통하여 학생들에게 강요함으로써, 지배문화와 지배문화의 가치관을 주입하는 가장 효과적인 도구로 시험이 이용되고 있는 것이다.

① 교육과정과 교수방법 개선
② 지식의 공식화와 위계화
③ 기존 사회질서의 정당화와 재생산
④ 규범과 가치관 통제

정답 ②, ①

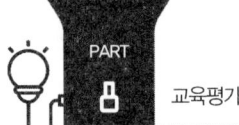

- 글레이저의 교수모형이나 블룸의 완전학습모형 등 수업이론이 체계화되었다.
    ⓒ 강조점
    - 모든 학생이 의도한 바의 수업목표를 달성할 수 있도록 모든 학습자에게 적절한 학습방법을 제시하기 위한 평가로 주어진 수업목표 달성도 평가에 중점을 둔다.
    - 교육평가는 계속적이고 종합적이어야 함을 강조한다.
    - 학업실패의 책임은 적절한 교수방법을 사용하지 못한 교사에게 있다.
    - 평가관의 입장으로 학업성취도는 절대평가에 의해 부적 편포를 이룬다.
③ 인본주의적 교육관
    ㉠ 교육을 인성적 성장, 통합, 자율성을 꾀하고 자아 및 타인 그리고 학습에 대한 건전한 태도를 형성해 가는 자아실현의 과정이라고 전제한다.
    ㉡ 모든 교육은 학습자가 원하고, 희망하고, 바라는 것에 의해 이루어져야 한다.
    ㉢ 학습자의 자율적이고 적극적인 학습에의 참여가 전제되어야 하므로, 타율적이고 수동적인 교육은 비인간적인 교육으로 간주한다.
    ㉣ 인간행동 특성을 부분적으로 보기보다는 전체적으로 이해하려는 총평관과 깊은 관련이 있다.

[교육관과 평가관의 비교]

구분	선발적 교육관	발달적 교육관	인본주의적 교육관
기본가정	특정능력이 있는 학습자만이 교육을 받을 수 있다.	누구나 교육을 받을 능력을 가지고 있다.	누구나 교육을 받을 능력을 가지고 있다.
관련된 검사관	측정관	평가관	총평관
교육에 대한 1차 책임	학습자	교사	학습자 및 교사
강조되는 평가관	학습자의 개별특성	교육방법	전인적 특성
연관된 평가유형	규준지향평가 (상대평가)	목표지향평가 (절대평가)	목표지향평가(절대평가 – 평가무용론)

section 2 교육평가의 유형

(1) 평가기준에 따른 교육평가의 모형

① 임의평가
  ㉠ 평가기준이 교사의 주관적 판단에 의해 좌우되는 평가이다.
  ㉡ 객관적·체계적인 평가기준이 설정되어 있지 않다.
  ㉢ 평가결과에 대한 판단이 일관성이 없다.

② 상대평가(규준지향평가)
  ㉠ 평가기준이 일정한 표준척도에 의하여 조작되는 평가형태이다.
  ㉡ 한 학생의 학업성취도를 속해 있는 집단의 결과에 비추어 상대적으로 나타내는 평가방법이다.
  ㉢ 상대평가의 목적은 집단 내에서 각 점수의 개인별 비교에 있으며, 선발상황에 적합하다.
  ㉣ 개인의 점수는 평균치와 표준편차에 비추어 결정되고 해석된다.
  ㉤ 검사점수의 분포는 정상분포곡선을 나타낸다.
  ㉥ 집단 내 개인별 비교와 선발상황에 적합한 평가방법이다.
  ㉦ 장점
   • 객관적 평가가 가능하여 교사의 주관적 편견을 배제할 수 있다.
   • 개인차 변별이 적합하다.
   • 경쟁을 통한 외형적 동기유발이 가능하다.
  ㉧ 단점
   • 교육목표 도달여부에 대한 기준적 판단을 할 수 없다.
   • 지적 계급의식을 가지게 할 우려가 있다.
   • 경쟁의식을 조장한다.
   • 학습이론에 맞지 않는다.
   • 교육의 질적 저하를 초래할 수 있다.
   • 완전학습이론에 부적합하며, 진정한 의미의 학습비교가 불가능하다.
   • 인간의 발전성 또는 교육의 힘에 대한 신념을 흐리게 할 우려가 있다.

③ 절대평가(목표지향평가 = 준거지향평가)
  ㉠ 의미
   • 평가는 인간의 행동에 대한 어떤 결론을 내리기 위해 유용한 정보나 자료를 체계적으로 수집·활용하는 절차로 정의한다.
   • 교수-학습과정의 개선과 학생의 능력구분과 관련된 의사결정에 도움을 주기 위한 평가이다.
   • 평가기준을 교육과정을 통해 달성하려는 수업목표 또는 도착점 행동에 두는 목표지향적 평가이다.

기출문제

문 (가)와 (나)에 해당하는 평가의 유형을 옳게 짝지은 것은?
▶ 2019. 4. 6. 인사혁신처

(가) 학습목표를 설정해 놓고 이 목표에 비추어 학습자 개개인의 학업성취 정도를 따지려는 것이다.
(나) 최종 성취수준 그 자체보다 사전 능력수준과 평가 시점에 측정된 능력수준 간의 차이에 관심을 두는 평가로 개별화 교육을 촉진할 수 있다.

	(가)	(나)
①	준거참조평가	성장참조평가
②	준거참조평가	능력참조평가
③	규준참조평가	성장참조평가
④	규준참조평가	능력참조평가

문 교육평가 유형에 대한 설명으로 옳지 않은 것은?
▶ 2025. 6. 21. 제1회 지방직

① 규준지향평가는 상대적인 서열과 관계없이 판단하는 평가이다.
② 준거지향평가는 학습자가 정해진 목표에 도달하였는지 판단하는 평가이다.
③ 형성평가는 교수·학습이 진행되는 동안 실시되며, 수업 방법의 개선을 위한 평가이다.
④ 총합평가는 학기말 또는 학년말에 교육목표의 달성 정도를 종합적으로 판정하는 평가이다.

정답 ①, ①

기출문제

문 성장참조평가에 대한 설명으로 옳은 것만을 모두 고르면?
▶ 2022. 4. 2. 인사혁신처

㉠ 교육과정을 통하여 학생이 얼마나 성장하였는지에 관심을 둔다.
㉡ 학업 증진의 기회를 부여하고 평가의 개별화를 강조한다.
㉢ 사전 측정치와 현재 측정치의 상관이 높을수록 타당한 결과를 얻을 수 있다.
㉣ 대학 진학이나 자격증 취득을 위한 행정적 기능이 강조되는 고부담검사에 적합하다.

① ㉠, ㉡
② ㉢, ㉣
③ ㉠, ㉡, ㉢
④ ㉡, ㉢, ㉣

|정답 ①

- 절대기준은 학습자 개개인에게 성취시키려는 수업목표의 형태로 설정되며, 부적편포를 나타낸다.
- 절대평가에서 얻어진 점수는 그 자체로 중요한 의미를 가진다.
- 학생들 사이의 경쟁적 학습을 제거하고 협동을 가능하게 해준다.
- 학생들에게 성취감·성공감을 갖게 한다.

ⓒ 절대평가가 적용되어야만 하는 영역
- 인간생명과 관계되는 자격증 수여를 위한 평가
- 학습의 위계성이 뚜렷한 과학이나 수학의 평가
- 모든 학습의 기초가 되는 초등학교 저학년의 평가

ⓒ 장점
- 지적 성취의 평등성과 가능성을 강조한다.
- 경쟁심을 배제하여 협동학습이 가능하다.
- 정신위생에 도움이 된다.
- 진정한 의미의 학습효과를 측정할 수 있다.
- 현재의 학습결손에 대한 정보를 준다.
- 학생에게 가장 적절한 수업환경을 제공하여 수업목표에 도달하는 것을 전제로 한다.
- 설정된 수업목표에 도달하는 것을 전제하기 때문에 학생이나 교사 모두에게 학습목표 달성에 대한 신념을 갖게 한다.
- 학생 상호 간에 협동이 가능하여 과다한 경쟁을 피할 수 있다.

ⓔ 단점
- 개인차 변별이 어렵다.
- 외형적 동기유발이 어렵다.
- 평가의 기준을 정하기가 어렵다.
- 평가결과에 대한 통계처리에 문제가 있다.
- 학생 모두가 수업목표에 도달하는 것을 전제하기 때문에 결과적으로 학생들이 할 수 있는 최저수준만 요구하게 된다.
- 절대기준을 선정함에 있어서 합리성과 타당성이 문제가 된다.
- 학생 개개인의 학업성취도를 절대기준에 비추어 평가하기 때문에 부진한 학생들에 대한 특별조치가 수반되어야 하나, 우리나라와 같은 다인수 학급에 적용될 수 있는 개별화 수업방법이 미흡하다.

능력참조평가와 성장참조평가
① **능력참조평가** … 능력에 비추어 성취 및 수행 수준을 평가하는 방식으로 개인의 최대한의 능력 발휘를 강조하며 고정된 능력을 기준으로 삼는 고정적 관점에 근거한 평가 방식이다. 보통 학업 성취도 검사에 적용된다.
② **성장참조평가** … 과거 성취도와 현재 성취도의 차이에 근거하는 평가 방식으로, 능력이 변화하여 점차 학습이 향상되는 것을 목표로 한다. 학생들에게 학업 증진의 기회를 부여하고 개인화를 강조한다.

(2) 수행평가

① 개요
- ㉠ 개념: 학생 스스로가 자신의 지식이나 기능을 활용할 수 있는 능력이 어느 정도인지를 평가하기 위해 산출물을 만들거나, 행동으로 나타내거나, 답을 작성하도록 하는 평가이다.
- ㉡ 기능: 학생 개개인이 능동적으로 자신에게 의미 있는 지식이나 정보를 적극적으로 학습할 수 있도록 유도하는 역할을 한다.
- ㉢ 평가에서의 강조점
  - 인지도 중요하지만 실제로 적용할 수 있는 실제적 기능을 지속적으로 평가하는가를 중시한다.
  - 창의성, 고등사고기능을 평가한다.

② 필요성
- ㉠ 다양화·분산화·개별화로 특징지어지는 새로운 시대 조류에 따라 단편적이고 사실적인 지식의 암기, 이해능력 보다는 정보의 탐색, 수집, 분석, 비판, 종합, 창출능력과 자기주도적인 학습능력, 효율적인 의사소통능력이 요구된다.
- ㉡ 간접적인 평가를 직접적 평가로 전환하는 것이 바로 수행평가를 강조하는 것이며 교육의 본질에 접근하는 것이다.
- ㉢ 암기해서는 될 수 없는 평가, 교육의 목적과 직접 연결된 상황에서의 평가는 수행평가를 통해서 가능하다.
- ㉣ 학생이 인지적으로 아는 것보다 그들이 아는 것을 실제로 적용할 수 있는지의 여부를 파악하는 것이 중요하다.

③ 일반적 특징
- ㉠ 정답이 있는 것이 아니라, 자기 스스로 정답을 작성하거나 행동으로 나타낸다.
- ㉡ 추구하고자 하는 교육목표의 달성 여부를 가능한 한 실제 상황하에서 파악하고자 한다.
- ㉢ 교수-학습의 결과뿐만 아니라 교수-학습과정도 중시한다.
- ㉣ 단편적인 영역에 대한 일회적 평가보다는 학생 개개인의 변화·발달과정을 종합적으로 평가하기 위해 전체적이면서도 지속적으로 이루어지는 것을 강조한다.
- ㉤ 개개인에 대한 평가도 중시하지만, 집단에 대한 평가도 중시한다.
- ㉥ 학생의 학습과정을 진단하고 개별학습을 촉진하려는 노력을 중시한다.
- ㉦ 학생 개개인의 행동발달상황이나 흥미·태도 등 정의적인 영역, 그리고 체격이나 체력 등 심동적인 영역에 대한 종합적이고 전인적인 평가를 중시한다.

기출문제

문 수행평가에 대한 설명으로 옳지 않은 것은?
▶ 2025. 6. 21. 제1회 지방직

① 실험·실습은 자연과학 분야에서 많이 사용된다.
② 면접에서는 평가자가 학생과의 대화를 통해 정보를 수집한다.
③ 토론법은 특정 주제에 대한 학생들의 토론을 보고 평가하는 방법이다.
④ 실기시험은 자연스러운 상황이 아니라 잘 통제된 상황에서 실시한다.

문 다음은 수행평가에 대한 설명이다. 옳은 것을 모두 고르면?
▶ 2010. 7. 10. 전라북도교육청

㉠ 학생 개개인이 능동적으로 자신에게 의미 있는 지식이나 정보를 적극적으로 학습할 수 있도록 유도하는 역할을 한다.
㉡ 학습내용에 대해 학생이 인지적으로 얼마나 알고 있는지에 대해 파악하는 것이 중요하다.
㉢ 정답이 있는 것이 아니라, 학생 스스로 정답을 작성하거나 행동으로 나타낸다.
㉣ 기억, 이해와 같은 낮은 사고력보다는 창의, 비판, 종합과 같은 고등사고능력의 측정을 주시한다.
㉤ 실기시험, 연구보고서법, 포트폴리오법 등이 해당한다.

① ㉠㉡㉢
② ㉠㉢㉣
③ ㉡㉢㉣㉤
④ ㉠㉢㉣㉤

|정답 ④, ④

PART 8 교육평가

기출문제

문 (가), (나)에 들어갈 말을 바르게 연결한 것은?
▶ 2024. 6. 22. 교육행정직

학습동기에 대한 목표지향성 이론에 따르면, 학습자가 ┌(가)┐ 목표를 갖고 있으면, 자신의 능력을 높이기 위한 목표를 성취하기 위해 도전적인 새로운 과제를 선택하는 경향이 높지만, 학습자가 ┌(나)┐ 목표를 갖고 있으면, 자신의 능력이 부족해 보이는 것을 피하기 위해 새롭고 도전적인 과제보다 이미 충분히 학습된 쉬운 과제를 선택하려는 경향이 높다.

	(가)	(나)
①	수행	숙달
②	숙달	수행
③	사회적	숙달
④	수행접근	과제회피

| 정답 ②

ⓞ 기억, 이해와 같은 낮은 사고능력보다는 창의, 비판, 종합과 같은 고등사고 능력의 측정을 중시한다.

Point 팁 목표지향이론
  ㉠ 숙달목표지향: 과제 자체를 숙달하는 것과 자기계발에 목적이 있으며 학습과정과 학습활동 자체에 초점을 둔다.
  ㉡ 수행목표지향: 다른 사람에게 자신의 능력을 과시하는 것에 목적이 있으며, 학습결과를 다른 사람과 비교하는 것에 초점을 둔다.

④ 종류
  ㉠ **서술형 및 논술형 검사**: 서술형 검사란 학생들이 직접 구성하는 단편적인 지식을 묻는 것이 아니라 창의성 등 고등사고기능을 묻는 것이다. 논술형 검사도 일종의 서술형 검사로서, 개인의 생각과 주장을 창의적이고 논리적으로 조직하는 것에 더 강조점을 두고 있으며, 서술형에 비해 구성된 내용이 깊고 넓으며 구성·조직능력을 동시에 평가한다는 데 차이가 있다.
  ㉡ **구술시험**: 학생으로 하여금 특정 교과내용이나 주제에 대해서 자신의 의견이나 생각을 발표하도록 하여 학생의 준비도, 이해력, 표현력, 판단력 의사소통능력 등을 직접 평가하기 위한 방법이다.
  ㉢ **토론법**: 교수-학습활동과 평가활동을 통합적으로 수행하는 대표적인 방법으로, 특정 주제에 대해 학생들이 서로 토론하는 것을 보고 평가하는 것이다.
  ㉣ **실기시험**: 수행평가를 위한 실기시험에서는 교수-학습 활동과 평가활동을 상호 통합적으로 진행하는 것이 바람직하다. 예를 들어, 별도의 시험 시간을 정하지 않고 교사가 알코올램프에 불을 켜고 불꽃의 크기를 학생들에게 가르치는 수업 중에 개별 학생들을 관찰하면서 지도·조언해 주는 과정이 곧 평가활동이 된다.
  ㉤ **실험·실습법**: 자연과학분야에서 많이 사용한다.
  ㉥ **면접법**: 평가자와 학생이 서로 대화를 통해서 얻고자 하는 자료나 정보를 수집하여 평가하는 방법으로 주로 정의적인 영역을 평가하기 위한 방법이다.
  ㉦ **관찰법**: 학생을 이해하고 평가하기 위한 가장 보편적인 방법 중의 하나이다.
  ㉧ **자기평가(self-evaluation) 및 동료평가 보고서법**: 특정 주제나 교수-학습영역에 대하여 자기 스스로 학습과정이나 학습결과에 대한 자세한 평가보고서를 작성·제출하도록 하여 평가하거나, 동료들이 상대방을 서로 평가하도록 하는 동료평가를 이용하여 학생들을 평가하는 것이다.
  ㉨ **연구보고서법**: 각 교과별 또는 통합교과적으로 여러 가지 연구주제 중에서 학생의 능력이나 흥미에 적합한 주제를 선택하여 그 주제에 대해서 자기 나름대로 자료를 수집하고 분석·종합하여 연구보고서를 작성·제출하는 것을 말한다.

ⓒ 개념지도작성법 : 학생들의 관념 이해력과 관계성 파악능력을 확인하기 위한 방법으로 중앙에 핵심개념을 적어 놓고 그 개념과 관련 있다고 생각되는 선이나 단어로써 연결하여 하나의 관념망을 그린다.
㉠ 포트폴리오법 : 자신이 쓰거나 만든 작품을 지속적이면서도 체계적으로 모아 둔 개인별 작품집 혹은 서류철을 이용한 평가방법이라 할 수 있다.
  • 아동의 단순 지적 영역에 국한하지 않고 전 영역을 평가한다.
  • 아동성장의 단계적 발달을 알아보는 데 효과적이다.
  • 자신의 성과를 지속적으로 모아 둔 작품집을 이용한 평가방식이다.
  • 자기 자신의 변화·발전 과정을 스스로 파악하는 데 효과적이다.
  • 장점, 약점, 성실성 여부, 잠재 가능성을 파악하는 데 효과적이다.
  • 교사는 학생들의 과거와 현재 상태를 쉽게 파악할 수 있다.
  • 일회적으로 평가하지 않고 학생들의 개개인의 변화·발달을 종합적으로 평가하기 위해서 전체적·지속적 평가를 한다.
  • 학생들의 수행과정의 추이를 교사나 학생 자신이 알 수 있게 하는 비교적 새롭게 제안되고 있는 평점방법이다.
  • 학생의 주체적 학습력을 질적으로 이해하는 것을 기본목적으로 한다.
  • 학생의 발달을 일차적 목적으로 하는, 개별화된 수업과 평가를 할 수 있도록 하는 것이다.
  • 작품활동, 작문활동, 실험보고 또는 관찰기록 등의 수행과제가 일정 기간 동안 여러 번 수행되어야 할 때 특히 유용하다.

(3) 평가시기에 따른 교육평가의 유형

① 진단평가
  ㉠ 개념
    • 교수활동이 시작되는 초기상태에서 실시하는 평가로 학생의 기초능력 전반을 진단하는 평가이다.
    • 교수전략을 위한 기초자료를 얻고 어떠한 교수방법, 학습방법이 적절한 것인가를 결정하기 위한 평가이다.
    • 진단평가는 출발점 행동이 적절하게 준비되어 있고 수업전략이 출발점 행동에 적응되어 있다면 누구나 기대하는 성취수준에 도달할 가능성이 있다고 전제한다.
  ㉡ 기능
    • 진단평가의 기능은 가공적 영 이하에 있는 학생, 영 상태에 있는 학생, 영 이상에 있는 학생을 확인·진단하는 것이다.
    • 교수가 진행 중일 때 실시하는 평가는 학생이 학습에서 나타내는 계속적인 결함, 고질적인 결함의 원인 및 정보를 수집하여 적절한 판단을 하는 것이다.
    • 시발점행동의 진단에 따라 교수전략이 가장 극대화될 수 있도록 학생을 정치하는 기능을 한다.

기출문제

문 교육평가에 관한 설명으로 옳은 것은?
▶ 2023. 4. 8. 인사혁신처

① 속도검사 : 모든 학생이 모든 문항을 풀어볼 수 있도록 충분한 시간을 준 다음 측정한다.
② 준거지향평가 : 학생의 점수를 다른 학생들의 점수와 비교하여 상대적 서열 또는 순위를 매긴다.
③ 형성평가 : 학기 중 학습의 진척 상황을 점검하여 학습속도 조절이나 학습자 강화에 활용한다.
④ 표준화검사 : 교사가 제작하여 수업 진행 중 학생들의 학업성취도나 행동 특성을 측정한다.

문 다음 설명에 해당하는 교육평가의 유형은?
▶ 2023. 6. 10. 교육행정직

• 평가의 교수적 기능을 중시한다.
• 최종 성취수준에 대한 관심보다는 사전 능력 수준과 현재 능력 수준의 차이에 관심을 둔다.
• 고부담시험보다는 영향력이 낮은 평가에서 사용하는 것이 바람직하다.

① 규준참조평가
② 준거참조평가
③ 능력참조평가
④ 성장참조평가

정답 ③, ④

PART 8 교육평가

기출문제

문 다음 설명에 해당하는 교육평가 유형은?
▶ 2015. 4. 18. 인사혁신처

- 학습보조의 개별화를 위한 자료를 제공한다.
- 학습진전의 효율화를 확인하기 위한 자료를 제공한다.
- 교수-학습 방법의 개선을 위한 자료를 제공한다.

① 형성평가 ② 진단평가
③ 절대평가 ④ 총괄평가

문 다음 내용에 가장 부합하는 교육평가 유형은?
▶ 2017. 6. 17. 교육행정직

- 교과내용 및 평가 전문가각 제작한 검사를 주로 사용한다.
- 서열화, 자격증 부여, 프로그램 시행 여부 결정의 목적을 위해 시행한다.
- 교수·학습이 완료된 시점에서 교육목표의 달성 정도를 종합적으로 판정한다.

① 총괄평가(summative evaluation)
② 형성평가(formative evaluation)
③ 능력참조평가(ability-referenced evaluation)
④ 성장참조평가(growth-referenced evaluation)

|정답 ①, ①

② 형성평가
  ㉠ 개념 : 학습 및 교수가 진행되는 유동적인 상태에 있는 도중에 학생에게 학습곤란을 교정하고 송환 효과를 주며, 교과과정을 개선하고, 수업방법을 개선하기 위하여 실시하는 평가이다.
  ㉡ 형성평가의 목적
    - 교정 및 보충학습을 통해 조정한다.
    - 학생의 학습활동에 송환 효과를 통한 보상을 제공한다.
    - 학습곤란의 진단과 교정을 한다.
    - 학습지도방법을 개선하고, 학습방향을 명시한다.
    - 학생의 학습 진행속도를 조절한다.
  ㉢ 특징
    - 학생과 교사에게 어떤 오류가 발생했을 때 송환 작용과 적절한 교정을 제공해 줌으로써 학급의 교수체제를 수정체제로 만드는 데 중점을 둔다.
    - 교수-학습이 유동적인 시기에 교과내용과 교수-학습의 개선을 위해 실시하는 평가다.
    - 형성평가는 지금 진행 중인 수업 프로그램에 관해 정보를 얻는 것이기 때문에 평가문항은 일차적으로 교사가 제작하는 것이 원칙이다.
    - 평가문항은 교수목표를 기초로 제작되어야 한다.

③ 총괄평가
  ㉠ 의미
    - 학습과제 종료 시에 실시한다.
    - 일정한 양의 학습과제나 교과가 끝난 다음 기말이나 연말에 실시한다.
    - 학생의 학업성취의 수준을 총합적으로 판정하고 평점을 주기 위해 실시한다.
  ㉡ 기능
    - 학생들의 성적을 매긴다.
    - 평가의 결과는 학생들의 장래성적 예측에 도움을 준다.
    - 집단성과를 비교할 수 있는 정보를 제공해 준다.
    - 학습지도의 장기적 질 관리를 하는 데 도움을 준다.
  ㉢ 특징
    - 교수효과를 판단하고, 결과에 의해 성적을 평점하며, 서열을 결정한다.
    - 평가의 빈도가 낮은 대신 단위평가 시간은 형성평가에 비해 길다.
    - 평가목표는 포괄적이고 가시적인 목표를 가진다.
    - 평가문항의 난도는 30~70%, 평균난도는 50% 정도이다.
    - 학생성적의 판정, 자격 부여, 학생 분류를 목적으로 한 평가다.
    - 교육목표 이원분류표를 작성하여 실시한다.

> **Point 팁** 형성평가와의 차이점
> ㉠ 형성평가는 교육목표와 관련해서 교수방법 및 교재 자체의 개선을 증진하기 위한 평가이다.
> ㉡ 진단평가는 수업 중에 형성평가의 개선만으로는 개선되지 않는 교육 외적 결함을 진단하기 위한 평가이다.

section 3 교육평가의 절차

(1) 교육목표의 설정

① 교육목표는 평가의 기준이 되므로 우선적으로 교육목표를 확인하고 성취해야 할 수준을 결정해야 한다.

② 교육목표는 지적 영역의 목표, 정의적 영역의 목표, 신체적 영역의 목표가 있다.

③ 교육평가는 내용과 행동의 이원적 요소로 나누는 이원분류표를 만들어 사용하는데, 이원분류표는 교사가 무엇을 평가할 것인가에 대한 명확한 기준이 된다.
　㉠ 내용: 행동발현의 원천으로 학습경험 속에 포함된다.
　㉡ 행동: 내용을 통하여 얻게 된 결과로 교육의 궁극적 목표가 된다.

(2) 평가장면의 설정

① 개념 … 무엇을 측정하기 위해 어떤 형식이나 어떤 방법으로 교육목표를 측정할 것인가를 결정하는 단계이다.

② 종류 … 지필검사, 질문지법, 관찰법, 평정법 등

(3) 평가도구의 제작

① 의의
　㉠ 평가도구의 제작이란 실제 행동증거를 수집할 수 있는 측정도구의 제작을 말한다.
　㉡ 제작단계에서 중요한 점은 평가도구의 내용이 교육목표를 제대로 측정할 수 있느냐의 합목적성이다.
　㉢ 최적의 평가도구가 제작되기 위해서는 타당도, 신뢰도, 객관도, 실용도 등이 잘 갖추어져야 한다.

② 평가도구의 기준
　㉠ 타당도: 검사 또는 평가도구가 측정하려고 목적한 바를 얼마나 충실하게 측정하였는가의 정도에 관한 것이다.

기출문제

문 평가도구의 신뢰도 및 타당도에 대한 설명으로 옳지 않은 것은?
▶ 2022. 4. 2. 인사혁신처

① 신뢰도는 얼마나 정확하게 오차 없이 측정하는가와 관련된다.
② 평가도구가 높은 타당도를 갖기 위해서는 평가도구의 신뢰도가 높아야 한다.
③ 공인타당도는 새로운 평가도구의 타당도를 기존의 타당성을 인정받고 있는 도구와의 유사성 혹은 연관성에 의해 검증한다.
④ 동형검사신뢰도는 동일한 피험자 집단에게 동일한 평가도구를 일정 간격을 두고 반복 실시한 결과로 파악한다.

문 검사도구의 내용타당도를 높이기 위해 사용할 수 있는 가장 좋은 방법은?
▶ 2010. 4. 10. 행정안전부

① 문항이 이원목적분류표에 의거하여 제작되었는지 전문가들을 통해 확인하였다.
② 구인들에 관한 논리적 가설을 뒷받침해 주는 경험적 자료들을 수집하였다.
③ 검사를 반복적으로 시행하여 검사점수를 비교하였다.
④ 요인분석을 통하여 정의되지 않은 변수들 간의 관계를 분석하였다.

| 정답 ④, ①

기출문제

문 특정 교사가 개발한 시험에 대한 전문가들의 평가가 다음과 같은 경우, 이 시험의 양호도에 대한 설명으로 옳은 것은?
▶ 2024. 3. 23. 인사혁신처

반복 측정에서의 결과가 일관성은 있으나 측정하고자 하는 것을 충실히 측정하지 못하고 있다.

① 신뢰도는 높지만 실용도는 낮은 시험
② 신뢰도는 높지만 타당도는 낮은 시험
③ 타당도는 높지만 난이도는 낮은 시험
④ 타당도는 높지만 신뢰도는 낮은 시험

- 내용타당도(논리적 타당도) : 평가도구가 평가하려는 내용을 어느 정도 충실하게 측정하고 있는가를 논리적으로 분석하고 측정하려는 타당도이다.

Point 팁 내용타당도를 높이는 방법
㉠ 측정하려는 학습결과와 교육내용을 확인한다.
㉡ 검사문항이 어떤 것인가를 구체적으로 명시하는 이원목표분류표를 작성한다.
㉢ 이원목표분류표에 의한 검사문항을 제작한다.

- 예언타당도 : 한 검사가 목적하는 준거를 얼마나 정확하게 예언하는 능력을 가지고 있는가를 알아보는 방법으로, 검사결과가 피험자의 미래 행동이나 특성을 어느 정도 정확하게 예언하느냐와 관련된 타당도이다.
- 공인타당도 : 평가도구에 의해 밝혀진 행동특성을 제3의 어떤 행동준거와 비교함으로써 타당도의 정도를 밝히려는 것이다.

Point 팁 예언타당도와 공인타당도는 기준이 현재냐 미래냐의 차이일 뿐 어떤 기준에 대한 관계를 밝히는 점에서 동일하다. 예언타당도와 공인타당도를 합쳐서 준거타당도라 한다.

- 구인타당도 : 한 검사가 조작적으로 정의되지 않고 어떤 특성이나 성질을 측정했을 때, 그것을 과학적 개념으로 분석하고 의미를 부여하는 과정을 의미한다.

ⓒ 신뢰도
- 한 검사가 측정하려는 대상을 얼마나 정확하게 측정하고 있느냐의 정도를 말한다.
- 신뢰도는 '어떻게' 재고 있느냐의 문제로 측정의 오차가 얼마나 적으냐에 관심이 있다.
- 측정하고 있는 정도에 일관성이 있는가, 즉 측정의 오차가 얼마나 적은가의 문제로 신뢰도는 항상성과 신뢰성이라는 말과 같다.
- 신뢰도의 검증방법에는 재검사신뢰도, 동형검사신뢰도, 반분검사신뢰도, 문항내적 합치도 등이 있다.
- 신뢰도를 높이는 방법
- 시험문항이 많으면 많을수록 신뢰도는 높다.
- 문항은 잘하는 학생과 못하는 학생을 구분할 수 있는 변별력이 높아야 한다.
- 시험시간이 충분히 주어져야 한다.
- 시험실시 상황이 적합해야 한다. 즉 부정행위 방지, 시험환경의 부적절성으로 인한 오답 가능성을 배제하여야 한다.
- 객관적인 채점방법을 사용하여야 한다.
- 문항의 난도가 적합해야 한다.
- 평가하려는 내용을 전체 범위 내에서 골고루 표집해서 문항을 작성해야 한다.

정답 ②

Point 팁 　신뢰도와 타당도의 관계
　㉠ 타당도는 측정하려는 것을 얼마나 정확하게 측정하고 있는가와 관계가 있다.
　㉡ 신뢰도는 무엇을 측정하든 측정의 정확성과 관계가 있다.
　㉢ 신뢰도는 타당도의 필요조건이지만 충분조건은 아니다.
　㉣ 검사의 신뢰도를 높이려 할 때 타당도는 오히려 내려갈 수도 있다.

　㉢ 객관도
　　• 측정의 결과에 대하여 여러 채점자가 어느 정도 일치된 평가를 내리느냐의 정도이다.
　　• 객관도를 올리기 위한 조건
　　　- 평가도구를 객관화시켜야 한다.
　　　- 평가자의 소양을 높여야 한다.
　　　- 명확한 평가기준이 있어야 한다.
　　　- 여러 사람이 공동으로 평가해서 그 결과를 종합하는 것이 효과적이다.
　　　- 반응내용에만 충실한 채점을 해야 한다.
　㉣ 실용도 : 검사도구가 경비·시간·노력을 적게 들이고 소기의 목적을 얼마나 달성할 수 있느냐의 정도를 말한다.

(4) 평가의 실시와 결과의 처리

① 평가의 실시
　㉠ 검사의 종류에 따라 검사의 실시 횟수 및 시기를 결정한다.
　㉡ 평가실시 시에 검사장의 물리적 조건을 통제해야 한다.
　㉢ 간결하고 명확한 검사를 지시하고, 피검사자의 동기를 유도하는 등 제반 문제가 검토되어야 한다.

② 평가결과의 정의
　㉠ 검사결과를 채점하고 점수를 기록하여 평가의 기초자료를 만들어 내는 단계이다.
　㉡ 결과정리 시 고정적 오차와 변산적 오차 등 측정의 오차를 줄여 검사의 객관성과 신뢰성을 높일 수 있는 채점방안이 강구되어야 한다.

③ **결과의 기록 및 보존** … 검사결과는 장기적 또는 반영구적으로 활용할 수 있는 자료이기에 활용하기에 편리하도록 기록·관리해야 한다.

기출문제

문 검사도구의 양호도에 대한 설명으로 옳은 것은?
▶ 2020. 6. 13. 교육행정직

① 실용도는 시간, 비용, 노력 측면에서 검사가 얼마나 경제적인지를 나타낸다.
② Cronbach's 계수는 재검사 신뢰도의 일종이다.
③ 객관도는 신뢰도보다는 타당도에 가까운 개념이다.
④ 높은 신뢰도는 높은 타당도가 되기 위한 충분조건이다.

문 좋은 검사도구가 갖추어야 할 다음의 조건은?
▶ 2021. 4. 17. 인사혁신처

• 여러 검사자(채점자)가 어느 정도로 일치된 평가를 하느냐를 의미한다.
• 검사자의 신뢰도를 의미하기도 한다.

① 타당도　② 객관도
③ 실용도　④ 변별도

정답 ①, ②

(5) 결과의 해석 및 활용

① 결과의 해석을 위한 기본소양
  ㉠ 바람직한 행동에 대한 가치관적·철학적 견해가 있어야 한다.
  ㉡ 행동의 발달과 학습 원리에 대한 심리학적 소양이 있어야 한다.
  ㉢ 기초통계적 소양과 측정이론에 대한 전문적 소양이 있어야 한다.
  ㉣ 교육과정의 내용에 대한 소양 등이 필요하다.

② 교육평가 결과의 활용
  ㉠ 교육적 정치를 위한 자료로 활용한다.
  ㉡ 학습결손집단의 교정지도 계획수립자료로 활용한다.
  ㉢ 수업과정에서 학습곤란 극복과 학습지도방법 개선에 활용한다.
  ㉣ 생활지도자료로 활용한다.
  ㉤ 학생 개개인의 성적평정의 자료로 활용한다.

(6) 평정의 오류

① 집중경향의 오류
  ㉠ 평정의 결과 중간부분에 모이는 경향을 말한다.
  ㉡ 훈련이 부족한 평정자가 범하기 쉬운 오류이다.
  ㉢ 중간 평정의 간격을 넓게 잡으면 집중경향의 오류를 줄일 수 있다.

② 인상의 오류
  ㉠ 한 개인의 특성을 긍정적으로 보면 다른 특성도 긍정적으로 보는 경향에서 오는 오류를 말한다.
  ㉡ 모든 피험자를 한 번에 한 가지 특성만 평정하게 하고, 한 페이지에 한 가지 특성만을 평정하게 하여, 강제선택법을 사용함으로써 이러한 오류를 제거할 수 있다.

③ 논리적 오류
  ㉠ 전혀 다른 두 가지 행동특성을 비슷한 것으로 판단하여 평정하는 오류이다.
  ㉡ 협동성과 준법성은 별개의 것이나, 협동성이 낮으면 준법성도 낮다고 평가하는 오류이다.
  ㉢ 객관적인 자료 및 관찰을 통하거나 특성의 의미론적 변별을 정확히 함으로써 제거할 수 있다.

④ 대비의 오류
  ㉠ 평정자가 가지고 있는 특성이 평정에 영향을 미치는데서 기인된다.

ⓒ 평정자가 가지고 있는 특성이 피평정자에게 있으면 신통치 않게 평가하고, 평정자에게 없는 특성이 피평정자에 있으면 좋게 보는 현상을 의미한다.
ⓒ 정신분석학의 반동형성이나 투사현상과 비슷하다.

⑤ 근접의 오류
㉠ 시간적으로나 공간적으로 가깝게 평정하는 특성 사이에 상관이 높아지는 현상을 말한다.
㉡ 누가적 관찰기록에 의존하지 않고 학기말에 급하게 평정하는 경우에 나타난다.
㉢ 근접의 오류를 제거하기 위해서는 비슷한 성질을 띤 측정은 시간적으로나 공간적으로 멀리 떨어지게 하는 것이 좋다.

⑥ 무관심의 오류
㉠ 평정자가 피평정자의 행동을 면밀하게 관찰하지 못한 경우에 발생된다.
㉡ 다인수 학급에서 교사가 학생의 행동에 무관심한 경우에 나타난다.

⑦ 의도적 오류 … 특정 학생에게 특정한 상을 주기 위해 관찰 결과와 다르게 과장하여 평정하는 오류이다.

⑧ 표준의 오류
㉠ 평정자가 표준을 어디에 두느냐에 따라 생기는 오류이다.
㉡ 척도에 관한 개념을 서로 정립시키고 평정항목에 관한 오차를 줄임으로써 제거할 수 있다.

section 4 교육평가의 모형

(1) 타일러(Tyler)의 목표성취 모형

목표중심 평가모형은 목표를 미리 설정한 뒤 그 목표가 어느 정도 달성되었는지 판단하는 것에 초점을 두는 입장이다. 평가를 통해 얻은 정보를 바탕으로 교육목표와 교육내용 및 평가절차와 평가도구 등을 개선한다.

① 장점
㉠ 합리적이고 명확한 평가 절차를 제시하여 어떤 상황이든 쉽게 적용할 수 있다.
㉡ 구체적인 교육목표를 제시하도록 강조하여 평가기준을 분명히 한다.
㉢ 계열성 있는 절차로 교육과정과 평가 간의 논리적 일관성을 유지할 수 있다.
㉣ 프로그램 개발자나 교사로 하여금 평가결과를 통해 자신의 교수활동에 대한 책임감을 가지도록 자극한다.

기출문제

문 교육평가에 대한 입장이 다음 내용과 가장 관계 깊은 학자는?
▶ 2011. 7. 9. 경상북도교육청

• 평가의 과정이란 본질적으로 교육과정 및 수업 프로그램에 의하여 교육목표가 실제로 어느 정도 달성되었는지를 밝히는 과정이다.
• 이 평가모형은 목표달성모형의 선구로 지금까지도 커다란 영향을 미치고 있다.

① 스터플빔(D. Stufflebeam)
② 스크리븐(M. Scriven)
③ 타일러(R. Tyler)
④ 월프(R. Wolf)

정답 ③

기출문제

문 다음 중 교육평가모형에 대한 설명으로 옳지 않은 것은?
▶ 2010. 4. 10. 행정안전부

① 타일러는 행동적 용어로 진술된 목표와 학생의 성취도와의 일치 정도를 알아보는 데 평가의 초점을 맞추고 있다.
② 아이즈너는 교육평가가 예술작품을 비평하는 것과 같은 방식으로 이루어져야 한다고 주장하였다.
③ 스크리븐은 프로그램이 의도했던 효과만을 평가하고 부수적인 효과는 배제하였다.
④ 스터플빔은 의사결정에 유용한 정보를 획득·기술·제공하는 과정으로 평가를 정의하였다.

┃정답┃ ③

---

② 단점
  ㉠ 학습목표를 미리 설정해 두어 수업 중 발생하는 부수적 결과에 대한 평가가 어렵다.
  ㉡ 겉으로 나타나는 행동평가만을 강조하여, 행동 용어로 진술하기 어려운 잠재적 교육과정이나 학생들의 내면적 인지구조의 변화, 가치와 태도 및 감정의 변화 등을 평가하는 데 한계가 있다.
  ㉢ 목표에 근거한 평가를 강조함으로 인해 수업이 평가에 지나치게 종속되는 경향이 발생한다.
  ㉣ 결과에 대한 평가만을 강조하여 교수학습 과정 자체에 대한 평가를 간과하기 쉽다.
  ㉤ 기술적 합리성에 치우쳐 실제 교육현장에서의 복합적인 측면을 평가하기가 어렵다.

(2) 스크리븐(M. Scriven)의 판단모형

① 스크리븐의 가치판단모형은 타일러의 목표달성모형을 보완 개선하려는 모형으로 평가는 프로그램의 가치를 판단하는 것으로 이루어지며 따라서 평가자는 목표의 질도 고려해야 한다고 주장하는 입장이다.

② **목표의 타당성** … 평가자는 목표가 가치 없다고 판단되면 문제를 제기하여야 한다.

③ 판단의 준거
  ㉠ 내재적 준거 : 미리 제시되어 있던 목표에 따라 교육내용을 평가
  ㉡ 외재적 준거 : 미리 제시되지 않은, 의도하지 않은 목표 이외의 기준으로 평가

④ 평가의 유형
  ㉠ 형성평가와 총괄평가
  ㉡ 비교평가와 비(非) 비교평가
  ㉢ 목표중심 평가와 탈목표(goal-free) 평가

⑤ 의의
  ㉠ 판단의 준거에서 내재적 준거와 외재적 준거를 구분하여 가치판단의 범위를 확대하였다.
  ㉡ 형성평가의 개념을 도입하여 평가의 결과뿐 아니라 교수학습 과정의 개선에도 초점을 맞추었다.
  ㉢ 목표에 대한 정보가 없는 상황에서도 평가를 수행할 수 있다는 것을 입증하였다.
  ㉣ 목표 달성뿐만 아니라 프로그램의 부수적인 효과를 탐색하는데도 관심을 두었다.

(3) 스터플빔(D. L. Stufflebeam)의 CIPP모형

평가는 의사결정의 대안을 판단하는데 필요한 적절한 정보를 획득하고 기술을 제공하는 과정으로, 평가자는 의사결정자에게 그에 필요한 정보와 자료를 제공하는 정보관리자의 역할을 하는 것뿐이다.

① 계획 의사결정
 ㉠ 목표를 확인하고 선정하기 위한 의사결정과 관계있다.
 ㉡ 상황평가(맥락평가) : 교육프로그램의 계획단계에서 목표를 설정하고 조정하는 데 필요한 합리적인 기초를 제공한다.

② 구조 의사결정
 ㉠ 선정된 목표를 달성하는데 적합한 절차와 전략을 설계한다.
 ㉡ 투입평가 : 설정된 목표의 성취를 위해 교육활동에서 필요한 수단과 절차에 관한 정보를 제공해 준다.

③ 실행 의사결정
 ㉠ 수립된 설계와 전략을 행동으로 옮기는 데 필요하다.
 ㉡ 과정평가 : 계획된 교육프로그램이 실제 교육현장에 투입되었을 때 원래의 설계의도대로 전개되고 있는지 파악하여 정보를 제공하는 평가형식이다.

④ 순환 의사결정
 ㉠ 목표가 달성된 정도를 판단하고 그에 대한 의견을 제시한다.
 ㉡ 산출평가 : 교육프로그램의 종료 단계에서 그 성취 결과를 측정하기 위해 이루어지는 평가이다.

기출문제

단원평가 - 교육평가

1 상대평가와 절대평가의 특성에 대한 설명으로 옳지 않은 것은?

	상대평가	절대평가
①	신뢰도 강조	타당도 강조
②	규준 지향	목표 지향
③	편포 곡선 기대	정상분포 곡선 기대
④	선발적 교육관 강조	발달적 교육관 강조

상대평가는 학습자의 평가 결과가 그가 속한 집단에 비추어 상대적인 위치를 판단해보는 평가방법으로 검사 점수가 높은 점수나 낮은 점수 쪽에 편포되기보다 정상분포곡선을 따르기를 기대한다. 반면 절대평가는 학습자의 선발이나 개인차에 관심을 두는 것이 아니라 모든 학습자가 설정된 교육목표를 달성해주기를 바라므로 정상분포에서 벗어난 부적 편포곡선을 기대한다.

2 수행평가에 대한 설명으로 옳지 않은 것은?

① 실기 중심의 평가에 기원을 두고 있는 수행평가는 인지적 영역 중심의 교과에서는 적절하지 않다.
② 수행평가는 아는 것과 수행능력이 일치하지 않을 수 있다는 자각에서 대두되었다.
③ 수행평가는 결과에만 초점을 두는 것이 아니라 수행의 과정과 결과를 다양한 방법에 의해 종합적으로 평가하는 것이다.
④ 수행평가는 학생 개인의 활동뿐만 아니라 여러 사람이 수행한 공동 활동에 대해서도 평가한다.

① 수행평가는 학생의 인지적 영역, 정의적 영역, 운동 기능 영역에 대한 종합적이고 전인적인 평가를 하므로 인지적 영역 중심의 교과에서도 적합하다고 볼 수 있다.

3 형성평가와 총괄평가에 대한 설명으로 옳지 않은 것은?

① 형성평가는 학생 성적의 판정 및 진급 자격을 부여하거나 당락을 결정짓기 위해 시행된다.
② 형성평가는 교사의 학습지도 방법 개선에 큰 도움을 준다.
③ 총괄평가는 교수·학습이 완료된 시점에서 교육 목표의 달성 여부나 정도를 종합적으로 판정할 때 활용한다.
④ 형성평가는 학생의 학습에 대한 강화 역할을 한다.

① 총괄평가에 대한 설명으로 형성평가는 학생의 학습곤란을 교정하고 송환효과를 주며, 교과과정을 개선하고 수업방법을 개선하기 위하여 시행된다.

4 목표지향 또는 절대기준 평가이론에 근거를 둔 평가방식과 가장 가까운 것은?

① 100명의 지원 중 30명을 선발하고자 실시하는 검사
② 학생들의 능력수준에 따라 학습 집단을 편성하고자 실시하는 검사
③ 교과영역에 대한 학습자의 태도를 알아보고자 실시하는 검사
④ 필수학습요소의 숙달수준을 알아보기 위한 검사

절대평가 또는 목표지향 평가는 평가기준을 교육과정을 통해 달성하려는 수업목표 또는 도착점 행동에 둔다.

5 수행평가에 대한 설명으로 옳은 것은?

① 아는 것과 행하는 것의 차이를 강조한다.
② 주로 지필검사와 객관식 검사를 사용한다.
③ 타당도와 신뢰도가 높다.
④ 학습의 과정보다 결과에 관심이 있다.

② 서술형 및 논술형 검사나 구술, 토론, 실기시험 등 다양한 방법을 사용한다.
③ 정답이 정해져 있는 것이 아니라 타당도나 신뢰도는 떨어진다.
④ 학습의 결과보다 과정을 중시한다.

Answer 1.③ 2.① 3.① 4.④ 5.①

단원평가

6 검사도구의 신뢰도와 타당도에 대한 설명으로 옳지 않은 것은?

① 검사도구의 신뢰도가 높으면 항상 타당도는 높다.
② 신뢰도는 검사 도구의 일관성 또는 정확성을 의미한다.
③ 검사도구의 내용이 구체적이고 좁은 범위이면 신뢰도가 높다.
④ 검사 문항이 많은 검사도구가 문항수가 적은 검사도구보다 신뢰도가 높다.

① 신뢰도는 타당도의 필요조건이지만 충분조건은 아니다.

7 타일러(Tyler)의 목표성취 모형에 대한 설명으로 옳지 않은 것은?

① 수업 중 발생하는 부수적인 결과에 대한 평가가 수월하다.
② 구체적인 목표를 제시하여 평가기준을 분명히 한다.
③ 잠재적 교육과정이나 내면적 인지구조의 변화 등을 평가하기 어렵다.
④ 기술적 합리성에 치우쳐 실제 교육현장의 복합적인 측면을 간과하기 쉽다.

타일러(Tyler)의 목표성취 모형 … 목표를 미리 설정한 뒤 그 목표가 어느 정도 달성되었는지 판단하는 것에 초점을 두는 입장이다. 평가를 통해 얻은 정보를 바탕으로 교육목표와 교육내용 및 평가절차와 평가도구 등을 개선한다.
① 목표성취 모형은 학습목표를 미리 설정해 두어 수업 중 발생하는 부수적 결과에 대한 평가가 어렵다.

8 다음 중 교육평가의 목적으로 옳지 않은 것은?

① 학생들의 교육목적 달성도를 파악한다.
② 교사들의 교육활동에 대한 효과를 파악한다.
③ 교육의 질 향상을 위한 교육 전반에 걸친 자료를 획득한다.
④ 교육평가의 궁극적 목적은 학습결함의 진단에 있다.

④ 교육평가의 궁극적 목적은 교육과정과 교육계획을 개선하기 위함이다.

9 다음 중 수행평가 방법과 그에 대한 설명이 바르게 짝지어 진 것을 모두 고르면?

> ㉠ 토론법 – 교수학습활동과 평가활동을 통합적으로 수행하는 대표적인 방법이다.
> ㉡ 면접법 – 주로 정의적인 영역을 평가하기 위한 방법이다.
> ㉢ 연구보고서법 – 학생들의 관념 이해력과 관계성 파악능력을 확인하기 위한 방법이다.
> ㉣ 구술시험 – 학생의 준비도, 이해력, 표현력, 판단력, 의사소통능력 등을 직접 평가할 수 있다.
> ㉤ 포트폴리오법 – 학생의 능력이나 흥미에 적합한 주제를 선택하여 그 주제에 대해 분석·종합하고 보고서를 작성한다.

① ㉠㉡㉢
② ㉠㉡㉣
③ ㉡㉢㉤
④ ㉢㉣㉤

② ㉢은 개념지도작성법, ㉤은 연구보고서법에 대한 설명이다.

10 다음 중 교육평가의 특성으로 옳지 않은 것은?

① 교육목표의 달성 정도의 종합적 검토 및 가치유무를 판단한다.
② 교육의 질적 개선에 사용된다.
③ 주관적·객관적 의미와 타당도를 중시한다.
④ 순수과학적·가치중립적이다.

④ 교육평가는 목적적·가치지향적이다. 순수과학적이고 가치중립적인 것은 교육측정이다.

Answer   6.① 7.① 8.④ 9.② 10.④

단원평가

11 다음 중 특정능력이 있는 학습자만이 교육을 받을 수 있다고 보는 교육관은?

① 선발적 교육관 ② 발달적 교육관
③ 전인적 교육관 ④ 총체적 교육관

선발적 교육관…어떤 교육방법을 사용해도 소수만이 교육목적을 달성할 수 있다고 보는 교육관이다. 소수의 우수자를 선발하기 위해 평가에 초점을 맞추고 개인차 변별을 중시한다. 이 입장에서 학업성취의 실패의 책임은 학생에게 있다.

12 발달적 교육관에 대한 설명으로 옳지 않은 것은?

① 모든 학습자에게 적절한 교수-학습의 방법만 제시된다면, 누구든지 주어진 교육목표에 도달할 수 있다고 보는 교육관이다.
② 학업실패의 책임은 교사에게 있다.
③ 학업성취도는 상대평가에 의해 정상분포를 이룬다.
④ 수업목표 달성도 평가에 중점을 두고 적절한 학습방법을 제시하기 위해 평가한다.

③ 발달적 교육관은 평가관의 입장으로 학업성취도는 절대평가에 의한 부적 편포를 이룬다.

13 한 학생의 학업성취도를 속해 있는 집단의 결과에 비추어 결정되는 평가방법은?

① 상대평가 ② 절대평가
③ 진단평가 ④ 형성평가

상대평가는 평가결과에 대한 해석의 기준을 집단 내의 상대적 위치에서 구하는 평가방법이다.

14 다음 중 상대평가의 장점으로 옳지 않은 것은?

① 객관적 평가가 가능하여 교사의 주관적 편견을 배제할 수 있다.
② 개인차 변별이 가능하다.
③ 학생 상호 간에 협동이 가능하여 정신위생에 도움이 된다.
④ 경쟁을 통한 외형적 동기유발이 가능하다.

상대평가의 장단점
㉠ 장점
  • 객관적 평가 가능 및 개인차 변별 적합
  • 경쟁을 통한 외형적 동기유발 가능
㉡ 단점
  • 교육목표 도달 여부의 판단 부정확
  • 지적 계급의식 조장 및 경쟁의식 조장
  • 학습이론에 부적합
  • 진정한 의미의 학습비교 불가능
  • 인간발전성과 교육효과에 대한 신념을 흐리게 할 우려

15 절대평가의 적용에 대한 설명이 옳지 않은 것은?

① 인간생명과 관계되는 자격증을 수여할 때 적용되어야 한다.
② 학습과제의 위계적 관계가 분명한 과학이나 수학과목에서 우선 적용되어야 한다.
③ 모든 학습의 기초가 되는 초등학교 저학년의 평가에 적용되어야 한다.
④ 개인의 소질과 적성을 중시하는 대학입학시험에 적용되어야 한다.

④ 절대평가는 절대기준에 대한 합리성과 타당성이 문제가 된다. 따라서 대학입학시험과 같은 중요한 시험에서 신뢰성과 객관성이 떨어지는 절대평가를 적용할 수 없다.

Answer 11.① 12.③ 13.① 14.③ 15.④

16 다음 중 절대평가에 대한 설명으로 옳은 것은?

① 평가기준을 교육과정을 통해 달성하려는 수업목표 또는 도착점 행동에 두는 목표지향적 평가이다.
② 개인의 점수는 평균치와 표준편차에 비추어 결정되고 해석된다.
③ 검사점수의 분포는 정상분포곡선을 나타낸다.
④ 지적 계급의식과 경쟁심을 조장한다는 단점이 있다.

절대평가 … 평가기준을 목표지향적 평가로 교육과정을 통해 달성하려는 수업목표 또는 도착점 행동에 두었다. 교수-학습의 개선과 학생의 능력구분과 관련된 의사결정에 도움을 주기 위한 평가이다.

17 상대평가와 절대평가를 비교한 내용으로 옳지 않은 것은?

	기준	상대평가	절대평가
①	평가기준	상대적 순위(규준지향적)	교육목표(목표지향적)
②	교육관	발달적 교육관	선발적 교육관
③	지향분포	정상분포	부적 편포
④	강조되는 평가도구	신뢰도	타당도

② 상대평가는 개인별 비교와 선발 상황에 적합한 평가방법이므로 선발적 교육관이고, 절대평가는 인간의 무한한 가능성과 교육효과에 대한 신념을 기초로 하므로 발달적 교육관에 해당한다.

18 다음 중 학생 스스로가 자신의 지식이나 기능을 산출물로 만들거나, 행동으로 나타내거나, 답을 작성하도록 하는 평가는?

① 상대평가　　　　　　　　　　　② 진단평가
③ 수행평가　　　　　　　　　　　④ 형성평가

③ 수행평가는 학생 개개인이 능동적으로 자신에게 의미 있는 지식이나 정보를 적극적으로 학습할 수 있도록 조장하는 역할을 한다.

19 다음 중 수행평가의 필요성으로 옳지 않은 것은?

① 21세기 지식·정보화 사회가 요구하는 고등정신능력을 강조함에 따라 수행평가의 필요성이 대두되었다.
② 간접적 평가를 직접적 평가로 전환하는 것이 바로 수행평가를 강조하는 것이며 교육의 본질에 접근하는 것이다.
③ 학생이 아는 것을 실제로 적용할 수 있는지의 여부를 파악하는 것도 중요하기 때문에 수행평가가 등장하게 되었다.
④ 학문의 핵심내용을 암기할 수 있는 능력을 배양하기 위해 수행평가가 필요하게 되었다.

수행평가의 필요성
㉠ 정보탐색·수집·분석·비판·종합·창출능력과 효율적인 의사소통능력에 대한 사회적 필요성 대두
㉡ 교육의 목적과 직접 연결된 상황에서의 평가 필요
㉢ 실제 적용가능 여부 파악 중요

20 다음에서 설명하는 수행평가의 방법은?

- 하나 혹은 그 이상의 영역에서 학생의 노력, 진보, 성취를 보여주는 학생과제 수집물이다.
- 수집물은 내용 선택에서 학생의 참여, 상에 대한 판단의 준거, 학생의 자기반성 증거를 포함해야 한다.
- 서면작업이나 예술적 작품 이외에 가르치고 평가된 영역에서 학생의 학습을 보여주는 것은 무엇이든 포함시킬 수 있다.

① 포트폴리오   ② 체크리스트
③ 참학급 검사   ④ 단답형 수행평가과제

③ 참학급 검사는 실제생활에 적용되는 기술과 능력을 검사하는 평가이다.
④ 단답형 수행평가과제는 특정한 교과내용 영역에 속하는 기본개념, 절차, 관련성 및 사고기능 등에 관한 학생의 학습 정도를 확인하기 위해서 사용하는 수행과제이다.

Answer 16.① 17.② 18.③ 19.④ 20.①

단원평가

21 교수활동이 시작되는 초기상태에서 실시하기는 것이 가장 적합한 교육평가는?

① 형성평가 ② 진단평가
③ 총괄평가 ④ 수행평가

② 교수활동이 시작되는 초기상태에서 실시하는 평가로 학생의 기초능력 전반을 진단하며 교수전략을 위한 기초자료를 얻고 어떠한 교수방법, 학습방법이 적절한 것인가를 결정하기 위한 평가이다.

22 다음에서 설명하는 교육평가는?

- 학습목표의 달성도에 따라 성적을 결정한다.
- 다음 학습의 성공 여부를 예언한다.
- 평가의 빈도는 낮지만 단위평가의 시간은 가장 길다.

① 진단평가 ② 형성평가
③ 총괄평가 ④ 수행평가

총괄평가는 수업과 학습 성과에 대한 최종적 판단을 내리는 평가이다. 일정한 양의 학습과제나 교과가 끝난 다음 기말이나 연말에 실시하는 평가로 학생의 학업성취의 수준을 총합적으로 판정하고 평점을 주기 위해 실시한다.

23 다음 중 진단평가의 목적으로 옳지 않은 것은?

① 수업이 시작되기 전의 예진적 활동으로 학생을 적절히 이해하고 그에 적응된 수업을 투입하려는 것이다.
② 학생들의 기본적인 학습능력, 학습동기, 선수학습 정도를 파악한다.
③ 학습지도 방법을 개선하며 학생의 학습 진행속도를 조절한다.
④ 학습곤란에 대한 사전대책을 수립한다.

③ 형성평가에 대한 설명이다. 형성평가는 학습활동의 조정·교정 및 보충학습을 통해 조정하기 위해 투입되며, 학습곤란의 진단과 교정을 하며 학습지도 방법을 개선하는 것이 목적이다.

24 다음 중 내용타당도에 대한 설명으로 옳지 않은 것은?

① 평가도구가 평가하려는 내용을 어느 정도 충실하게 측정하고 있는가를 논리적으로 측정하려는 타당도이다.
② 내용타당도의 준거는 교육목표, 교과과정, 교재내용을 얼마나 충실하게 재고 있는가이다.
③ 내용타당도를 높이기 위해서는 이원목표분류표를 작성하는 것이 좋다.
④ 수학시험을 1주일 간격으로 두 번 치르고 두 시험성적의 일치 정도를 따지는 것은 내용타당도이다.

④ 재검사신뢰도에 관한 설명이다.

25 교수-학습상황에서 평정 시에 범할 수 있는 오류에 대한 설명으로 옳지 않은 것은?

① 평정의 결과 중간부분에 모이는 경향을 집중경향의 오류라 한다.
② 하나의 특성이 관련 없는 다른 특성에 영향을 미치는 것을 인상의 오류라 한다.
③ 전혀 다른 두 가지 행동특성을 비슷한 것으로 판단하여 평정하는 것을 논리적 오류라 한다.
④ 누가적 관찰기록에 의존하지 않고 학기말에 급하게 평정하는 경우에 나타나는 오류는 의도적 오류이다.

평정의 오류
  ⊙ 집중경향의 오류 : 평정의 결과 중간부분에 모이는 경향
  ⓒ 인상의 오류 : 한 개인의 특성을 긍정적으로 보면 다른 특성도 긍정적으로 보는 오류
  ⓒ 논리적 오류 : 전혀 다른 두 가지 행동특성을 비슷한 것으로 판단하여 평정하는 오류
  ⓔ 대비의 오류 : 평정자의 특성이 평정에 영향을 미치는 오류
  ⓜ 근접의 오류 : 시간적·공간적으로 가까운 특성 사이에 상관이 높아지는 오류
  ⓑ 무관심의 오류 : 평정자의 무관심에서 오는 오류
  ⓐ 의도적 오류 : 특정 학생에게 높은 점수를 주기 위해 관찰결과와 다르게 과장하여 평정하는 오류
  ⓞ 표준의 오류 : 평정자의 표준에 따른 오류
④ 근접의 오류에 대한 설명이다.

Answer 21.② 22.③ 23.③ 24.④ 25.④

단원평가

26 '대입수학능력시험 점수가 높은 학생이 입학 후에도 성적이 우수하면 이 시험의 (　　)가 높다.'에서 빈칸에 들어갈 타당도의 종류는?

① 내용타당도　　　　　　　　　　② 예언타당도
③ 공인타당도　　　　　　　　　　④ 구인타당도

> **Point**
> 예언타당도는 검사결과가 피험자의 미래 행동이나 특성을 어느 정도 정확하게 예언하느냐와 관련된 타당도이다. 예언타당도의 준거는 미래의 행동특성으로 학업에서의 성공, 직업에서의 성공, 사회적 적응력 등이다.
> ① 평가도구가 평가하려는 내용을 얼마나 충실하게 측정하는가와 관련된 타당도이다.
> ③ 평가도구에 의해 밝혀진 행동특성을 제3의 어떤 행동준거와 비교하여 밝히는 타당도이다.
> ④ 조작적으로 정의되지 않은 검사의 결과를 분석하고 의미를 부여하는 것이다.

27 다음 중 신뢰도와 타당도의 관계에 대한 설명으로 옳은 것은?

① 신뢰도는 측정하려는 것을 얼마나 정확하게 측정하고 있는가와 관계가 있다.
② 타당도는 무엇을 측정하든 측정의 정확성과 관계가 있다.
③ 신뢰도는 타당도의 필요조건이지만 충분조건은 아니다.
④ 검사의 신뢰도를 높이려 할 때 타당도는 항상 올라간다.

> **Point**
> 신뢰도와 타당도와의 관계
> ㉠ 타당도는 측정하려는 것을 얼마나 정확하게 측정하고 있는가와 관계가 있다.
> ㉡ 신뢰도는 무엇을 측정하든 측정의 정확성과 관계가 있다.
> ㉢ 신뢰도는 타당도의 필요조건이지만 충분조건은 아니다.
> ㉣ 검사의 신뢰도를 높이려 할 때 오히려 타당도는 내려갈 수도 있다.

28 다음 중 신뢰도를 높이는 방법이 아닌 것은?

① 시험문항이 적으면 신뢰도는 높다.
② 잘하는 학생과 못하는 학생을 구분할 수 있는 변별력이 높으면 신뢰도는 높다.
③ 객관적인 채점방법을 사용하면 신뢰도는 높다.
④ 평가하려는 내용을 전체 범위 내에서 골고루 표집해서 문항을 작성하면 신뢰도는 높다.

> **Point**
> ① 시험문항이 많을수록 신뢰도는 높다.

29 다음 중 수행평가의 일반적 특징에 대한 설명으로 옳지 않은 것은?

① 고정된 정답이 있는 것이 아니라, 자기 스스로 정답을 작성하거나 행동으로 나타낸다.
② 교수-학습의 결과뿐만 아니라 교수-학습과정도 중시한다.
③ 학생의 학습과정을 진단하고, 개별학습을 촉진하려는 노력을 중시한다.
④ 집단의 평가보다는 개개인의 평가를 중시한다.

④ 개개인에 대한 평가도 중시하지만, 집단에 대한 평가도 중시한다.

30 다음에 설명하고 있는 평정의 오류는?

- 전혀 다른 두 가지 행동특성을 비슷한 것으로 판단하여 평정하는 오류이다.
- 객관적인 자료 및 관찰을 통해 제거할 수 있다.

① 집중경향의 오류
② 인상의 오류
③ 논리적 오류
④ 대비의 오류

평정의 오류 중 논리적 오류와 관련된 설명이다.

Answer 26.② 27.③ 28.① 29.④ 30.③

교육사회학

01 교육사회학의 기초
02 교육사회학의 제 이론
03 사회화와 교육
04 문화와 교육
05 교육의 기회균등
06 학력상승이론
07 발전교육론

09 교육사회학

기출문제

문 다음 내용과 가장 관계 깊은 교육적 관점은?
▶ 2010. 4. 24. 경상북도교육청

- 사회의 질서 유지적 측면을 강조하고, 질서는 구성원의 합의된 가치, 관점에 의해 유지된다.
- 세습적 지위나 권위보다도 개인의 능력과 업적 및 노력의 정도가 가장 중요하게 취급된다.

① 학교는 불평등한 사회 구조를 유지하고 심화시킨다.
② 학교에서 가르치는 것은 지배집단이 선호하는 가치, 태도, 규범 등이다.
③ 학교는 재능 있는 사람들을 합리적으로 분류, 선발하여 사회에 제공해 준다.
④ 학교는 객관적이고 중립적인 기관이 아니며 지배 집단의 이익과 관련을 맺고 있다.
⑤ 학교에서 배운 지식과 기술은 직업신분이나 직무수행 능력과는 크게 관계가 없다고 본다.

| 정답 ③

section 1 교육사회학의 기초

(1) 교육사회학

① 개념 … 교육의 사회적 성격에 주목하여 교육과 사회, 교육체제 내부에서 발생하는 모든 교육현상을 사회학적 관점에서 이해하려는 학문이다.

② 성격
  ㉠ 교육은 교육자와 학습자가 있어야 성립되며 둘 사이의 상호작용은 역사적·사회적 맥락 속에서 이루어지므로, 본질상 사회적 성격을 내포하고 있다.
  ㉡ 교육은 교사와 학생, 교육내용이 있어야 성립되며, 교육내용은 사회적으로 형성되고 축적된 문화이다.
  ㉢ 교육은 본래 사회성을 전제로 성립되었고, 사회적 맥락 속에서 이루어지기 때문에 교육사회학의 영역이 탄생하게 되었다.
  ㉣ 교육은 사회적 현상으로 사회구조나 집단으로부터 많은 영향을 받는다.
  ㉤ 교육사회학은 사회학적 지식 및 연구방법을 교육현상에 응용하려는 학문영역으로 교육학의 하위영역 또는 사회학의 하위영역에 속한다.
  ㉥ 교육이 사회성을 띠고 있고, 사회적 맥락 속에서 교육이 이루어지기 때문에 사회학적 탐구대상이 되어 왔다.

(2) 교육사회학의 연구동향

① 교육적 사회학 … 사회학적 지식을 교육실천에 응용하려는 경향으로, 교육학자들이 주도한 실천지향적인 연구이다.

② 교육의 사회학 … 교육현상에 대한 탐구를 통하여 사회학의 지식과 이론을 넓혀가려는, 사회학자들이 주도한 사회지향적 연구동향을 말한다.

③ 신교육사회학 … 교육사회학의 독자적인 영역을 구축하려는 연구동향으로 유럽중심의 교육학자들이 주도한 학문의 경향을 말한다.

(3) 교육사회학의 주요이론

① 기능주의적 관점(거시적 접근)
  ㉠ 초기 합의론적 기능주의
    • 사회화 기능론을 주장하였다.
    • E. Durkheim, T. Parsons, S. Dreeben 등
  ㉡ 인간자본론

- 교육을 통한 사회·경제발전에 필요한 인적 자본 생산을 주장하였다.
- T. Shultz, L. Barton, S. Walker 등

ⓒ 근대화 이론
- 사회심리학적 측면에서 교육을 통한 근대적 가치관 형성을 중시하였다.
- D. Mclelland, A. Inkeles, D. Smith 등

ⓔ 강조점
- 1950년대까지 주류를 이루었던 교육사회학이론이다.
- 사회의 속성을 기능사회인 동시에 전문가 지배사회로 이해하였다.
- 사회를 안정지향적, 각 제도는 구성원의 합의에 기초하는 것으로 보고 각 제도는 상호연관성을 가지는 것으로 파악하였다.
- 능력에 따른 사회적 신분지위의 분배를 강조
- 사회 속에서 학교의 기능을 낙관함으로써 교육의 양적 팽창을 정당화한 이론적 배경이 되었다.

② 갈등주의적 관점(거시적 접근)

ⓐ 사회재생산이론
- 마르크스주의적 경제결정론적 입장에서 교육을 이해하였다.
- 신베버주의적 지위집단이론이다.
- S. Bowles, H. Gintis, L. Althusser, R. Collins 등
- 강조점
  - 1960년대의 시대적·사회적 상황이 반영된 이론으로 각광을 받은 이론
  - 기능주의 이론의 기본전제인 사회의 안전성, 상호의존성, 합리성을 부인하고 사회의 속성을 변화, 불일치, 긴장, 갈등이 존재하는 것으로 이해

ⓑ 종속이론
- 제국주의적 관점에서 교육을 이해하였다.
- M. Carnoy, M. W. Apple, C. B. Paulston 등

ⓒ 급진적 저항이론
- 교육을 통한 의식화 및 인간성 해방 등을 강조하였다.
- I. Illich, E. Rimer, R. Williams, P. Freier, H. A. Giroux 등

일리치(I. Illich)의 학습망(학습네트워크)

① **개념**: 사람들이 학습을 하기 위해서는 현재의 획일적인 학교중심의 교육에서 벗어나 학습의 네트워크를 통한 다양한 학습방법을 제공하자는 것이다.

② **학습망의 특징**
  ㄱ 교육자료 및 교육자에 대한 참고자료망: 학습자가 학습에 필요한 자료에 쉽게 접근할 수 있도록 하고 학습자가 원하는 전문가, 준전문가, 프리랜스 등 교육자들의 인명록을 갖추어 놓는 것이다.
  ㄴ 동료연결망: 함께 학습하기를 원하는 동료를 쉽게 찾을 수 있도록 지원하는 것이다.
  ㄹ 기술교환망: 기능을 가지고 있는 사람들의 인명록을 비치하여 기능 교환이 이루어질 수 있도록 하는 것이다.

기출문제

🔖 의무교육의 대안으로 '학습망(learning web)'이라는 개념을 제시한 학자는?
▶ 2023. 6. 10. 교육행정직

① 영(Young)
② 일리치(Illich)
③ 지루(Giroux)
④ 프레이리(Freire)

정답 ②

PART 9 교육사회학

기출문제

문 교육사회학 연구에서 해석적 접근에 대한 설명으로 옳지 않은 것은?
▶ 2025. 6. 21. 제1회 지방직

① 질적연구방법을 선호한다.
② 연역적 접근과 사고를 강조한다.
③ 교육의 내적과정에 대한 미시적 분석을 강조한다.
④ 기능론과 갈등론적 접근을 비판하면서 등장한 대안적 접근이다.

문 다음 설명에 해당하는 이론은?
▶ 2023. 6. 10. 교육행정직

• 사회질서는 상징적 폭력을 매개로 하여 재생산된다.
• 체화된 상태의 자본(취향, 태도 등), 객관화된 상태의 자본(책, 예술작품 등), 제도화된 상태의 자본(졸업장, 학위 등)을 강조한다.

① 경제재생산이론
② 문화재생산이론
③ 저항이론
④ 지위경쟁이론

ㄹ 종속이론과 급진적 저항이론의 강조점
• 사회의 모든 요소는 분열과 변화에 이바지하며, 모든 사회는 강압에 의해서 유지되는 것으로 이해하였다.
• 이견, 변화, 불평등 등과 같은 개념을 교육현상과 관련시켜 논의하였다.
• 학교교육의 목표를 궁극적으로 인간성 회복에 두었다.
• 학교는 자본주의 사회의 불평등한 계급구조를 재생산하는 결과를 낳는다고 비판하였다.

③ 해석학적 관점(미시적 접근)
ㄱ 상호작용이론
• 학교 및 교실에서 교사, 학생, 학부모, 또래집단 간 상호작용연구를 강조하였다.
• 민속방법론적·사회현상학적·사회언어학적 접근으로 이해하였다.
• C. H. Cooley, M. Mead, P. W. Jackson, Rosenbaum, A. V. Cicourel, J. I. Kitsuse, R. C. Rist, H. Mehan, L. A. Coser 등
• 강조점
- 교육사회의 현상을 설명함에 있어서 교수-학생의 상호관계 및 그 작용 등에 대한 연구와 참여를 강조하였다.
- 관찰을 통해서 교육의 내적 과정을 설명하였다.
- 교육환경으로 학교문화 등에 대한 미시적 분석을 시도하였다.
- 사회심리학적·문화인류학적·민속학적 연구방법과 이론을 바탕으로 하였다.

ㄴ 신교육사회학
• 교육의 내적 과정에 대한 분석을 중시하였다.
• B. Bernstein, P. Bourdieu, F. D. Young, P. Wexler, P. Willis 등
• 강조점
- 해석학적 관점에서 교육의 내적 과정에 대한 이론적 체계화를 시도하였다.
- 거시적 관점의 교육사회학이론이 학교교육의 내적 과정에 대한 설명을 블랙박스로 처리하고 있음을 비판하였다.
- 지식사회학적 관점에서 지식의 사회적 제도화에 비판을 가할 뿐만 아니라 학교교육에 반영되고 있는 지식과 헤게모니를 분석을 통하여, 교육이 특권지배집단의 이데올로기를 문화적으로 재생산하고 있음을 지적하였다(문화재생산이론).

정답 ②, ②

section 2 교육사회학의 제 이론

(1) 기능주의이론

① 이론적 배경
  ㉠ 기본전제
    - 사회는 유기체와 마찬가지로 여러 부분으로 구성되어 있다.
    - 사회의 각 부분은 사회 전체의 존속을 위하여 고유한 기능을 수행한다.
    - 사회구성원들은 사회 전체의 존속을 위해 안정과 질서유지라는 합의된 목표 아래 상호 의존적으로 살아간다.
  ㉡ 기본가정
    - 구조와 기능 : 사회는 인체의 각 기관처럼 여러 부분들로 전체를 이루고 있으며, 각 부분들은 특이한 기능으로 전체의 존속과 유지에 기여한다.
    - 통합 : 사회의 각 부분들은 통합되어 있고, 한 부분에서의 변화는 다른 부분에 영향을 미치고, 각 부분들은 동등하며 상호 보완적 관계에 있다.
    - 안정 : 얼마간의 사회변동은 필연적임을 인정하지만 사회는 급진적 변동의 힘보다는 사회의 질서를 유지하고 안정을 꾀하는 힘에 더 지배를 받는다.
    - 합의 : 어떤 사회든 지각·감정·가치·신념에 대한 일반적인 합의는 존재하여 왔으며, 합의는 기본적으로 가정이나 학교의 사회화 과정을 통해 형성된다.

② 기능이론의 교육적 관점
  ㉠ 교육의 기능
    - 사회화 : 교육이란 현존사회의 문화와 가치를 유지·전달하기 위하여 사회구성원의 사회화에 공헌하는 것으로, 사회 전체의 존속에 필요한 안정과 통합유지의 기능이다.
    - 선발·배치의 기능 : 구성원의 사회적 역할수행을 원활하게 하기 위해 개개인을 적재적소에 배치하는 선발기능을 수행하는 기능으로 공정한 경쟁을 통한 사회계층이 합리적 분류 및 배치하는 것을 말한다.
  ㉡ 기능이론의 교육적 기본가정
    - 교육을 사회와 연관시키는 등 거시적 관점을 취한다.
    - 교육과 사회의 관계를 긍정적·낙관적으로 본다.
    - 학교란 한 사회를 유지·발전시키기 위하여 존재하는 합리적 기관이다.
    - 교육과정이란 그 사회와 문화의 핵심을 뽑아 조직한 것이므로 학생들에게 필수적이다.
    - 학교는 학생을 가르치는 곳이며, 학생들은 미성숙한 존재로 성숙한 교사들로부터 가르침을 받아야만 된다.
    - 사회화와 사회적 선발을 통한 사회질서·통합·안정·발전을 교육목적으로 삼는다.

기출문제

문 기능론적 교육관에 대한 설명으로 옳지 않은 것은?
▶ 2025. 4. 5. 국가직

① 교육은 국민이 기존의 정치적 질서에 적절히 참여하도록 함으로써 사회통합을 추구한다.
② 학교는 재능 있는 사람을 선발하여 훈련시킨 뒤, 적재적소에 배치·충원하는 합리적 기제이다.
③ 학교는 아동에게 필요한 가치, 규범 등을 내면화시켜 사회에 원만하게 적응하도록 도와주는 사회화 기능을 한다.
④ 학교는 지배계급의 이익을 보존·재생산하기 위한 제도이다.

문 (개), (내)에 들어갈 단어를 바르게 나열한 것은?
▶ 2021. 6. 5. 지방직 시·도교육청

(개) 은/는 사회화를 보편적 사회화와 특수 사회화로 구분하면서 도덕교육을 강조하였다. 그리고 사회의 동질성을 유지하기 위해 한 사회의 공통적인 감성과 신념, 집단의식을 새로운 세대에 내면화시키는 (내) 가 필요하다고 주장하였다.

① (개) 뒤르켐(Durkheim)
   (내) 특수 사회화
② (개) 뒤르켐(Durkheim)
   (내) 보편적 사회화
③ (개) 파슨스(Parsons)
   (내) 특수 사회화
④ (개) 파슨스(Parsons)
   (내) 보편적 사회화

| 정답 ④, ②

PART 9 교육사회학

기출문제

문 파슨스(Parsons)의 관점으로 옳은 것만을 모두 고르면?
▶ 2020. 6. 13. 교육행정직

㉠ 사회화는 장차 성인이 되어 담당하게 될 역할수행에 필요한 정신적 자세와 자질을 기르는 것이다.
㉡ 학교교육은 지배와 종속의 관계를 유지시켜 주는 역할을 한다.
㉢ 역할을 담당할 인재를 선발하여 적재적소에 배치하는 것이 교육의 중요한 기능이다.

① ㉠, ㉡
② ㉠, ㉢
③ ㉡, ㉢
④ ㉠, ㉡, ㉢

|정답 ②

③ 뒤르켐(E. Durkheim)의 교육관
  ㉠ 도덕교육은 사회중심가치와 신념을 내면화시키는 작용이며, 내면화가 사회가치 규범의 보편화를 도모하여 사회통합을 가능하게 한다.
  ㉡ 교육은 천성이 비사회적 존재를 사회적 존재로 만드는 과정이며, 학교교육의 핵심은 사회의 보편적 가치를 가르치는 도덕교육이다.
  ㉢ **교육의 본질**: 교육을 사회의 한 하위체제로 간주하여 학교는 사회의 구성원을 사회의 적합한 존재로 만드는 기능을 한다고 보았다. 뒤르켐은 그의 저서에서 "교육의 목적은 전체 사회로서의 정치 사회와 그가 종사해야 할 특수 환경의 양편에서 요구하는 지적, 도덕적, 신체적 제 특성을 아동에게 육성 계발하게 하는 데 있다."라고 하였다.
  • 보편적 사회화
  - 한 사회가 지니고 있는 특성을 유지하면서, 사회구성원들의 동질성 확보를 위한 사회화이다.
  - 한 사회의 집합의식·사회의 공통적 감성과 신념을 새로운 세대에 내면화시키는 사회화를 말한다.
  • 특수 사회화
  - 개인이 속하게 되는 특수한 환경 또는 직업집단에서 요구하는 특수성의 함양을 위한 사회화를 말한다.
  - 사회가 분화·발전함에 따라 요구되는 기술교육·직업교육을 의미한다.

④ 파슨스(T. Parsons)의 교육관
  ㉠ 파슨스는 기능론을 체계화한 사회체제이론을 주장하였다.
  ㉡ 사회 균형 유지를 위한 4가지 요소(AGIL)
    • A(Adapt) : 적응
    • G(Goal-attainment) : 목표달성
    • I(Integration) : 통합
    • L(Latency) : 잠재
  ㉢ 파슨스는 사회에 대해 안정성, 상호의존성, 합의성을 가졌다고 보았으며, 학교는 이러한 사회의 형태를 유지·존속시키기 위한 역할사회화와 사회적 선발 기능을 담당한다고 하였다.
  ㉣ 이때, 사회화는 장차 성인이 되어 담당하게 될 역할수행에 필요한 정신적 자세와 자질을 기르는 것이다.

⑤ 기능이론의 비판점
  ㉠ 인간을 수동적이며, 사회의 종속적인 존재로 치부한다.
  ㉡ 기존의 교육양식과 전통을 지키고 이를 전수하는 데에만 관심을 기울이는 등 지나치게 보수적 입장을 취한다.

ⓒ 사회의 개혁보다는 안정성에만 안주한다.
ⓔ 학생들의 개별성보다는 공통성과 유사성을 중요시하여 엄격한 지도와 훈련을 강조한다.
ⓜ 학력경쟁을 가열시켜 고학력화현상을 초래하고 인간성을 메마르게 하고 있다.
ⓑ 학생들의 인지적 측면을 강조하는 반면, 인성교육 또는 전인교육을 소홀히 하는 면이 있다.
ⓢ 권력투쟁, 갈등, 일탈행동 등을 설명하지 못하며, 병리현상이나 범법행위로 간주한다.

(2) 갈등이론

① 기본전제
  ㉠ 사회의 본질을 갈등과 변동, 강압의 과정으로 이해하고 있다.
  ㉡ 사회는 계속적인 사회구성원 간의 세력 다툼, 이해의 상충, 지배자의 압제와 피지배자의 저항, 끊임없는 불안정과 변동을 일으키고 있다.

② 기본가정
  ㉠ 사회는 모든 면에서 변화의 과정과 이견과 갈등을 겪는다.
  ㉡ 사회의 모든 요소는 사회의 와해와 변동에 기여한다.
  ㉢ 일정 기간 사회가 안정을 유지하는 것은 사회구성원 일부에 의해 다른 일부의 강제에 토대를 둔다.

③ 핵심요소
  ㉠ 갈등
    • 자원과 지위는 유한하고 인간의 욕망은 무한한 데서 비롯된다.
    • 사회집단간의 목적과 계획은 상호간에 일치하지 않는다.
    • 지배집단의 이해와 피지배집단의 이해가 양립될 수 없기에 이들의 투쟁과정에서 갈등은 확산된다.
  ㉡ 변동
    • 집단 간의 계속적 투쟁과 갈등으로 사회는 항상 유동적 상태이다.
    • 사회에서의 조용한 시기는 상대세력이 다음 재투쟁을 위하여 세력을 규합할 때 뿐이며, 곧 깨어진다.
  ㉢ 강제
    • 투쟁으로 특정 집단이 권력을 잡으면 권력집단이 피지배집단에게 강제적으로 협조하게 하여 일시적 안정과 사회질서를 유지한다.
    • 압제의 정당성 확보를 위해 피지배집단에게 선전과 교화의 수단을 쓰기도 한다.

> **기출문제**

> **갈등이론에 대한 설명으로 옳지 않은 것은?**
> ▶ 2008. 4. 12. 행정안전부
> ① 사회제도와 각 집단은 서로 다른 목적과 이해관계를 추구한다.
> ② 사회관계는 지배와 피지배관계로 설명된다.
> ③ 학교는 사회적 불평등을 재생산하는 제도적 장치에 불과하다.
> ④ 사회는 유기체와 마찬가지로 각 부분이 전체의 존속을 위해 각기 기능을 수행한다.

> **학교교육의 기능을 보는 관점이 다른 것은?**
> ▶ 2019. 4. 6. 인사혁신처
> ① 학교는 불평등한 경제적 구조를 재생산한다.
> ② 학교의 문화전달과 사회통합적 기능을 높이 평가한다.
> ③ 학교는 능력에 맞게 인재를 사회의 적재적소에 배치하는 데 기여한다.
> ④ 학교교육의 사회화 기능을 긍정적으로 평가한다.

> **정답** ④, ①

기출문제

④ 특징
  ㉠ 기능이론과 마찬가지로 거시적 관심을 취하나 학교와 사회를 비관적·부정적으로 본다.
  ㉡ 갈등이론의 주 관심사는 사회적 불평등이 학교교육을 통하여 어떻게 강화·유지되는가이다.

⑤ 교육적 관점
  ㉠ 교육의 기능
    • 지배집단의 권익을 정당화하고 주입하여 기존 지배계층의 구조를 영속화하고 재생산하는 도구적 기능을 수행한다.
    • 학교교육은 지배집단의 가치체계인 이데올로기를 학생들에게 강제적으로 사회화시키는 역할을 한다.
    • 교육과정은 지배집단의 이데올로기를 수용하여 사회에 실재하는 불평등, 빈곤, 부정 등을 교묘하게 위장하여 지배집단의 가치를 맹목적으로 받아들이게 한다.
    • 학교란 지배계층의 이익을 영속화하거나 재생산하는 지적 무기이다.
  ㉡ 교육적 기본가정
    • 교육을 사회와 거시적 관점으로 연관시킨다.
    • 교육과 사회의 관계를 비교적 부정적·비판적으로 본다.
    • 경제적 사회계급, 정치적 권력, 사회적 지위를 사회계층의 결정요인으로 보고 중요시한다.
    • 학교는 특정 집단의 사고방식을 가르치는 곳이다.
    • 학교교육이란 특정 집단의 문화와 권익을 옹호하고 정당화시켜 주는 과정이다.
    • 학교의 교육과정은 특정 집단의 문화 재생산에 기여한다.
    • 교육체제는 사회의 구조적 불평등을 유지하는 기능을 한다.
  ㉢ 마르크스의 교육관
    • 학습이 이루어지는 모든 상황을 교육으로 간주한다.
    • 교육을 사회개혁의 핵심적 수단으로 보고 있다.
    • 교육을 정치활동과 동일시하고 교육의 목적을 사회주의적 인간현성이라고 밝히고 있다.
    • 완성된 교육 : 생산적 노동을 지육 및 체육과 결합시킨 교육은 생산의 능률성을 향상시키는 방법일 뿐만 아니라 완성된 인간을 기르는 유일한 방법이다.
  ㉣ 자본주의 하에서의 학교교육의 모순점(Bowles & Gintis)
    • 학교교육은 사회적 불평등을 정당화하는 데 기여하고 있다.
    • 교사나 교육행정가들이 양심적으로 그들의 교육적 의도를 실천에 옮길 수 없다.
    • 학교사회는 효과적으로 이익사회와 정치적 안정에 봉사한다.
    • 교육조직은 직업의 구조 또는 노동시장의 구조에 대응하고 있다. 따라서 사회의 불평등 구조를 재생산하고 있다.

⑥ 비판점과 공헌점
  ㉠ 공헌점
    • 학교와 사회의 모순과 기본적 문제를 명확하게 지적하였다.
    • 학교교육을 통한 사회적 불평등의 재생산, 지배문화와 정당화의 주입기능의 비판은 자본주의 사회의 학교교육에 대한 비판적 인식을 높여 주었다.
    • 학교제도의 문제점을 학교 내에서 찾기보다는 학교와 사회와의 관련 속에서 찾으려 했다.
  ㉡ 비판점
    • 갈등과 세력경쟁을 지나치게 강조하여 교육이 사회적 결속력을 높이고 공동체 의식을 결속시키는 기능을 과소평가하고 있다.
    • 기존 교육에 대한 강력한 비판에 비해 그에 대한 대안의 제시가 없다.
    • 자본주의 사회의 학교교육의 비판은 있으나 사회주의 사회의 교육에 대한 비판은 없었다.
    • 교육이 경제적 구조에 의해 일방적으로 결정된다고 주장하여 경제적 결정론에 빠져 있다는 비판을 받고 있다.
    • 개인의 의지를 무시하고 사회적 조건만 지나치게 강조하였다.

기능이론과 갈등이론

① 공통점
  ㉠ 교육을 정치·경제적 구조의 종속변수로만 인식하고 있다.
  ㉡ 교육은 기존 사회구조와 문화를 그대로 반영하고 있다고 주장한다.
  ㉢ 교육의 기능을 설명함에 있어서 교육의 내적 요인이 아닌 외적 요인에 기초하고 있다.
  ㉣ 교육을 거시적 관점에서 취급하여 학교의 교육과정을 암흑상자(Black-Box)로 취급하고 있다.
② 차이점
  ㉠ 기능이론은 통합과 합의를 전제로 삼고 있기 때문에 현상유지 또는 체제유지 지향적인 연구에 초점을 두고 있다.
  ㉡ 기능이론은 한 사회의 기본이념, 기본질서 및 제도는 주어진 것으로 보고 부분적이고 점진적인 문제해결에 관심을 기울인다.
  ㉢ 갈등이론은 기본적인 이념, 제도, 질서 등의 비판적 분석에 중점을 둔다.
  ㉣ 기능이론과 갈등이론의 차이는 안정지향 대 변화지향의 대립이다.
③ 한계점
  ㉠ 기능·갈등이론은 교육을 정치·경제적 구조의 종속변수로 인식하고 있다.
  ㉡ 사회학의 기본전제인 인간과 인간 사이의 상호작용 관계에 대한 분석을 소홀히 하였다.
  ㉢ 사회를 지나치게 거시적으로 분석하는 데 초점을 맞추어 인간관계나 집단 내 상호작용에 대한 분석을 하지 못했다.
  ㉣ 연구의 방법상에서도 사회현상을 자연현상과 마찬가지로 보고 자연법칙과 유사한 법칙을 발견하는 데 연구의 초점을 맞추었다.
  ㉤ 학교의 교육과정을 암흑상자(Black-Box)로 간주하고 투입과 산출에 의한 외형적 측면의 연구에만 관심을 두었다.

기출문제

문 다음은 기능론과 갈등론에 대한 설명이다. 성격이 다른 하나는?
▶ 2007. 11. 24. 부산광역시교육청

① 토대를 마련한 사람은 콩트(Comte)와 스펜서(Spencer)이다.
② 사회는 안정지향적이며 각 부분 요소들이 잘 통합된 구조이다.
③ 교육은 전체 사회의 한 하위체제로서 사회의 존속을 위한 나름의 기능을 수행한다.
④ 업적주의적 사회이동을 부정한다.
⑤ 인지적 측면을 강조하기 때문에 전인교육에 소홀하다.

| 정답 ④

기출문제

문 다음 내용에서 신교육사학에 대해 옳게 설명한 것을 모두 고른 것은?
▶ 2011. 7. 9. 경상북도교육청

(가) 현상학이나 해석학 등을 이론적 배경으로 한다.
(나) 학교에서 다루는 지식은 특정 집단의 관점이 반영된 사회적 구성물이다.
(다) 학교 내에서 이루어지는 교육과정, 교수방법, 교사와 학생의 상호작용 등을 중시하였다.
(라) 대표적인 학자로는 영(M. Young), 뒤르껨(E. Durkheim), 파슨스(T. Parsons) 등이다.

① (가)(나)   ② (다)(라)
③ (가)(나)(다)   ④ (나)(다)(라)
⑤ (가)(나)(다)(라)

문 다음 설명에 해당하는 것은?
▶ 2024. 3. 23. 인사혁신처

• 몸에 각인된 행동거지, 말하고 생각하고 행동하는 방식으로 계급적 배경을 반영한다.
• 문화자본의 일종이다.

① 아비투스
② 패러다임
③ 헤게모니
④ 이데올로기

정답 ③, ①

---

(3) 신교육사회학

① 특징

㉠ 이론적 특징
- 종래의 거시적 관점에서 벗어나 미시적 접근을 시도하려는 특징을 지닌다.
- 대체로 마르크스주의로부터 많은 영향을 받았다.
- 교육사회학의 가치중심적이며 주관적 이해와 이데올로기 같은 내부적 요인을 강조한다.
- 학교지식의 사회적 조직에 관심을 가지며 실체로서의 인간이 처한 상황에 따른 통제와 조작 등의 존재구속성을 강조한다.
- 인간을 능동적으로 간주하여 방법론에 있어서 양적 연구보다 질적 방법을 사용한다.

㉡ 민속방법론이 양적인 통계적 연구방법과 구분되는 특징
- 장기적·집중적인 참여관찰법을 사용한다.
- 복합적인 탐구방법이나 복합과제 기술을 활용한다. 즉, 참여관찰과 심층면접법을 사용한다.

② 주요 이론

㉠ 경제적 재생산이론(Economic Reproduction Theory)
- 개요: 학교란 지배계급의 이념과 이 이념에 근거하여 구성된 지식을 재생산하며 노동의 사회적 분업을 재생산하는 데 필요한 기술을 분배하는 곳으로 규정한다.
- 특징: 사회의 경제적 불평등은 학교교육을 통해서 재생산되고 재분배된다고 주장하였다.
- 공헌점: 자본주의 사회에서 학교교육의 역할이 불평등한 구조를 정당화·합법화·강화하는 재생산적 도구라는 새로운 해석을 하였다는 점에서 의의가 있다.
- 비판점: 학교 외부구조인 경제구조가 학교 내부구조의 모습을 결정함으로써 교수-학습 장면에서 일어나는 복잡한 관계를 단순화시키거나 간과하였다.

㉡ 문화적 재생산이론
- 개요: 교육이 계층 간의 문화적·사회적 간격을 강화함으로써 사회계급구조를 재생산하는 데 공헌하고 있다고 보는 입장이다. 즉, 지배계급이 선호하는 문화를 학교교육에 투입시켜 불평등한 사회적 관계를 정당화하고 있다고 본다.
- 주요 개념
  - 아비투스: 특정 계급적 환경에서 내면화된 지속적 성향이나 태도를 의미하며, 내면화된 문화자본으로서 계급적 행동유형과 가치체계를 반영한다.
  - 문화자본
    ⓐ 아비투스적 문화자본: 교육이나 가정환경의 영향으로 개인에게 내면화되고 체화된 문화적 취향이나 문화능력
    ⓑ 제도화된 문화자본: 성적, 졸업, 자격증, 학위증서 등과 같은 교육제도를 통해 공식적 가치를 인정받는 문화자본

ⓒ 객관화된 문화자본 : 고서, 예술품, 골동품 등과 같은 법적 소유권의 형태로 존재하는 문화자본
- 상징적 폭력 : 특정 계급의 의미체계나 문화체계를 다른 계급에게 강제적으로 주입하는 것을 의미한다. 학교교육에서는 지배계층의 문화를 모든 학생들에게 주입하는 상징적 폭력을 통해 자본주의 사회의 구조적 모순과 불평등을 정당화하고 재생산한다.
- 특징 : 학교교육을 계급관계의 문화적 재생산으로 파악하여 학교는 지배집단의 문화자본을 재창조하고 정당화하는 역할을 수행하고 있다고 주장한다.
- 공헌점과 비판점
 - 학교교육에서 문화의 역할을 강조함으로써 학교교육에 대한 학문적 이해의 폭을 넓혔다.
 - 역사적 분석과 경험적 자료가 부족하여 체계적이지 못하고 신뢰성이 떨어진다는 비판을 받고 있다.
 - 사회구조의 변화는 문화 외에도 정치·경제적 측면이 많이 작용하고 있다는 점을 도외시하고 있다.

ⓒ 문화적 헤게모니이론
- 개요 : 한 사회의 지배적인 이데올로기적 헤게모니와 교육내용의 선정과의 관계를 분석하려는 입장이다.
- 특징 : 학교는 자본축적의 과정을 정당화하는 국가의 무기로 규정한다.

ⓔ 저항이론
- 개요 : 학생들의 저항적 반학교문화는 노동계급의 학생들로 하여금 학교공부를 거부하며 모든 사회적 관계에 저항하게 만드는 교육이라고 본다.
- 특징 : 학생들의 주체적 의지와 판단을 강조하며, 자유의지에 입각해서 학교에서 가르치는 것을 선택적으로 받아들이거나 거부, 비판, 저항할 수 있는 능동적 주체로 보아야 함을 주장하고 있다.

ⓜ 상징적 상호작용론
- 개요 : 사회적 인간행위는 자연과학처럼 객관적으로 설명될 수 없다고 전제한다. 즉 사회학은 사회적 행위를 해석적으로 이해함으로써 과정과 결과를 인과적으로 설명하는 과학임을 주장하고 있다.
- 기본원리 : 인간의 사고능력은 사회적 상호작용에 의해 형성된다.
- 특징 : 상징적 상호작용론의 기본가정은 모든 사람은 반성적 또는 자기작용적 자아를 가졌다는 것이다.

ⓑ 번스타인(Bernstein)의 자율이론 : 교육제도를 통하여 경제적 재생산과 문화적 재생산이 어떻게 상호간에 영향을 주고 갈등을 일으키면서 진행되는가를 밝히는 데 초점을 맞추었다.

ⓢ 문화제국주의 이론 : 제3세계의 학교는 교육제도와 내용에 있어 서구 중심으로 편성되어 신식민주의를 강화하게 된다는 논리로서 교육과정에서 드러나는 외래문화와 토착문화 간의 갈등이 교육내용에 나타난 것을 연구의 대상으로 삼는다.

PART 9 교육사회학

기출문제

문 '교육은 문화유산을 다음 세대로 전달하고 계승·유지한다.'라는 말과 일맥상통하는 것은?
▶ 2010. 6. 12. 경기도교육청
① 교육의 비결은 교육하지 않는 데 있다.
② 교육은 이기적 존재의 도덕적 시민화이다.
③ 인간은 자연의 학생이고 지구는 인류의 학교이다.
④ 교육은 생활이다.

| 정답 ③

section 3 사회화와 교육

(1) 사회화(Socialization)
① 정의
　㉠ 뒤르켐(E. Durkheim) : 교육을 사회화의 과정과 동일시하였고 사회화의 개념을 최초로 사용하였는데, 사회화를 문화적 동질성을 증식시키고 확대하는 작용으로 보았다.
　㉡ 헌트(C. L. Hunt) : 사회화는 개인이 자기가 소속에 있는 사회집단의 행동양식, 가치관, 규범과 같은 문화를 학습하여 내면화하고 자기 자신의 독특한 개성과 자아를 형성하는 과정이다.
② 사회화의 개념적 속성
　㉠ 사회적 측면 : 자신이 소속된 사회적·문화적 상황 속에서 사회성원들과 상호작용하면서 사회질서 유지와 존속에 필요한 지식, 기술, 가치, 규범, 태도 등을 배워가는 과정이다.
　㉡ 개인적 측면 : 개인이 자신이 속한 사회 속에서 독특한 자기개성을 형성시켜 나가는 자아형성의 과정이다.
③ 사회화와 교육
　㉠ 교육 : 의도적·계획적·가치적 성격의 활동만을 대상으로 한다.
　㉡ 사회화 : 무의도적·비계획적·무가치적 성격의 활동까지 교육 작용에 포함시킨다.
　㉢ 사회화는 교육보다 폭넓은 활동으로 볼 수 있으며, 시간과 공간을 초월하여 계속되는 평생교육의 과정으로 이해될 수 있다.
④ 특징
　㉠ 최초의 사회화는 부모와의 관계에서 비롯된다.
　㉡ 사회화는 한 평생 계속되는 교육적 성장이다.
　㉢ 사회화의 양상은 개인과 사회에 따라 다르게 나타난다.
　㉣ 개인이 그 사회의 지배적인 신념이나 가치관을 획득하는 과정이다.
　㉤ 사회화 과정에서는 행동성향의 변화과정을 중시한다.
　㉥ 개인의 사회적 적응은 전통에의 동화과정이다.

(2) 교육의 사회적 기능
① 문화유산의 전달 기능
　㉠ 개념 : 인간이 출생하여 가정, 학교, 사회교육을 통하여 평생 영향을 받는 사회문화의 습득과정(교육의 사회화 기능)이다.

ⓒ 뒤르켐(Durkheim)의 사회화 분류
- 보편적 사회화(집합표면상의 내면화, 중핵적 사회화)
  - 사회가 요구하는 보편적 특성을 사회적 배경에 관계없이 모든 학생들에게 가르치는 것(국어, 바른생활)이다.
  - 사회의 통일성을 유지하면서 존속·발전하기 위해서는 사회구성원 간에 일정한 공통된 가치관이나 행동양식이 존재해야 한다.
- 특수사회화
  - 산업사회에서의 전문화에 따른 능력에 맞는 직업교육과 다양한 집단의 형성에 따른 규범과 가치체계의 함양이다.
  - 민주주의 사회는 다양성이 요구되기 때문에 많은 사람들이 학교교육을 통하여 독자성과 개성 있는 인간으로 육성되어야 한다는 것이다.

② 사회통합의 기능
  ㉠ 개념: 점차 전문화되고 특수화되어 분화되는 모든 사회기관들의 관계를 조정하고, 부문문화와 특수문화 간의 모순과 갈등을 해소하여, 조화를 이룰 수 있게 하는 기능이다.
  ㉡ 학교교육을 통한 사회통합기능: 학교수업을 중심으로 한 정치적 사회화 등을 통해서 심층적인 의식구조의 변화를 유도한다.
  ㉢ 강제성을 띠는 사회적 통제 또는 사회적 규제의 기능을 수반하는 의미에서 문화전승의 기능과 구분된다.

③ 사회충원의 기능
  ㉠ 개념: 인력의 선발, 분류, 배치의 기능이다.
  ㉡ 학교교육의 사회충원에 대한 견해
    - 기능주의적 관점: 고학력자가 높은 사회적 지위를 배분받는 것이 정당하다고 보는 견해이다.
    - 갈등론적 관점: 학교교육이 업적주의적 사회정의 실현보다는 계층의 재생산도구로 전락되었다고 보는 견해이다(사회적 선발과 배분이 개인의 귀속적 요인의 영향을 받고 있다는 견해이다).
  ㉢ 교육의 기회균등, 학생의 선발 및 분류, 인력수급, 산업구조와 고용문제 등 많은 연구와 개선이 수반되어야 한다.

④ 사회적 지위이동의 기능
  ㉠ 학교의 역할
    - 학생의 능력과 소질에 따라 학생을 선발·분류한다.
    - 장래의 직업 획득, 사회적 지위, 경제적 분배를 예언해 주거나 보장해 준다.
  ㉡ 교육은 사회계층의 수직적 이동에 공헌, 수직적 이동 중에서도 상승이동에 영향을 준다.

기출문제

문 갈등론적 관점에서 학교교육을 바라본 학자에 해당하지 않는 사람은?
▶ 2025. 6. 21. 제1회 지방직
① 뒤르켐(E. Durkheim)
② 보울즈(S. Bowles)와 진티스(H. Gintis)
③ 부르디외(P. Bourdieu)
④ 애플(M. Apple)

문 다음에 해당하는 교육의 사회적 기능은?
▶ 2022. 4. 2. 인사혁신처

- 산업구조와 사회구조의 급격한 변화에 대응하는 인력 수급의 기능을 담당한다.
- 사회의 존속을 위해 필요한 다양한 기능에 적합한 학생을 교육하여 적재적소에 배치한다.

① 문화전승의 기능
② 사회이동의 기능
③ 사회통합의 기능
④ 사회충원의 기능

정답 ①, ④

PART 9 교육사회학

기출문제

문 다음 내용과 관계있는 교육의 사회적 기능은?
▶ 2009. 5. 23. 경기도교육청

- 학교 교육은 사회의 영향을 받기도 하지만 반대로 학교 교육이 사회에 직극적으로 영향을 미치기도 한다.
- 급변하는 현대사회에서 사회 변화는 의도적으로 바람직한 방향으로 이루어지되, 학교 교육의 적극적 역할을 통해 이루어진다.

① 문화전승 기능
② 사회혁신 기능
③ 사회통합 기능
④ 사회충원 기능

Point 팁 사회적 지위이동의 형태
⊙ 수직적 이동 : 사회계층이 상하로 변동한다.
ⓒ 수평적 이동 : 직종이나 지역적으로 이동한다.

⑤ 사회개혁의 기능
   ⊙ 개념 : 교육의 사회변화를 유도하고, 어떤 방향으로 변화를 촉진하고, 보다 적극적이고 능동적인 역할을 한다.
   ⓒ 과제 : 문화를 어떤 방향으로, 어느 영역의 문화를 중심으로 창조할 것인지, 어떤 방법으로 수행할 것인지 등의 계획에 관한 것이다.

(3) 사회화의 기관

① 가정의 사회화
   ⊙ 가정은 가장 일차적이고 원초적인 사회화의 장이며 1차적 사회화의 대행기관이다.
   ⓒ 가정에서 가장 일반적인 사회화의 형태는 모방이므로 모방대상이 되는 가족 성원들은 자신들의 행동에 각별한 주의를 기울여야 한다.
   ⓒ 부모의 양육방식에 따라 억압적 사회화와 참여적 사회화가 있다.
   ⓔ 가정의 구조와 형태, 가족구성원의 관계, 가족구성원 간의 역할관계 역시 어린이의 사회화 행동특성에 큰 영향을 미친다.

② 또래집단(동료집단, 동류집단)
   ⊙ 연령, 신분, 흥미, 성 등이 비슷하며 같이 느끼고 행동하는 모임이다.
   ⓒ 새로운 언어, 의사전달방법, 인지기술, 사회적 기술, 성 역할, 사회성을 기르는 데 있어서 중요한 의미를 갖는다.
   ⓒ 가족은 종적·수직적 사회화라면, 또래집단은 횡적·수평적 사회화이다.
   ⓔ 또래집단으로부터 영향은 유아기보다 청소년기에 더욱 커진다. 청소년기에는 권위 중심적 가족보다는 평등적 상호 이해와 의리·협동을 중시하는 또래집단을 통한 사회화를 더 선호하는 경향이 있다.

③ 학교의 사회화
   ⊙ 가정이나 또래집단에서 제1차적 사회화가 이루어진 이질적 아동들을 집단적으로 수용하여 새로운 사회화를 시도하는 제2차적 사회화의 대행기관이며, 사회 속의 작은 사회이다.
   ⓒ 학교사회화는 공교육과정을 통하여 일반적 지식·생활태도·기술 등을 습득하고, 잠재적 교육과정을 통하여 교사와 학생, 학생 상호간의 상호작용 방법에 의한 새로운 사회적 역할을 습득한다.

|정답 ②

ⓒ 교사와 학교문화가 사회화에 미치는 영향
- 교사는 사회화 모델의 교사로, 가정의 부모와 같은 역할을 한다.
- 교사는 행동수정자로 상이나 벌, 칭찬이나 질책 또는 학생평가를 통하여 학생의 행동을 수정한다.
- 학교문화는 학생들의 사회화에 많은 영향을 미친다. 학교문화란 그 학교의 전통, 역사, 교육풍토, 지리적 위치, 시설, 교직원 구성, 학부모 기대 등이 어우러져 만든 그 학교의 독특한 행동양식을 말한다.

ⓔ 학교와 사회화 기능의 총합
- 문화유산을 가르쳐 이를 계승·발전시키는 기능을 수행한다.
- 사회의 유지와 존속에 필요한 규범, 행동양식을 가르치는 기능을 수행한다.
- 장차 직업생활에 필요한 직업에 대한 가치관 및 기본기능을 습득하게 하는 기능을 수행하고 있다.

④ 대중매체에 의한 사회화
㉠ 매스미디어는 광의의 교육 작용의 주체인 동시에 형식적·의도적·계획적인 교육기능을 수행하고 있다.
㉡ 대중매체의 긍정적 사회화
- 사회구성원에게 공동의식을 갖게 한다.
- 경험의 세계의 확장, 사회규범·관습·협동심·관용 등을 효과적으로 전달한다.
- 지능과 사회성을 발달하고 흥미의 다양성을 촉진한다.
㉢ 대중매체의 부정적 사회화
- 상업주의적·관능적·오락중심적인 대중매체의 내용들은 학생들의 정서적 불안감, 공포심, 공격적 성격을 유발한다.
- 각종 범죄행위의 모방대상이 된다.

(4) 사회화의 방법

① 고전적 조건화의 방법
㉠ 자극과 반응의 결합으로 인간의 행동을 설명하려는 행동주의 학습이론에 기초한 방법이다.
㉡ 시험불안증, 공포증 등은 조건화에 의해 학습된다.

② 작동적 조건화의 방법(강화)
㉠ 스키너의 이론에 기초한 방법으로, 유기체가 환경에 스스로 작용하여 어떤 결과를 일으켜 낸다는 관점에서 인간행동을 이해하려고 한다.
㉡ 작동적 조건화 방법에서 가장 중요한 요소는 강화이다.
㉢ 강화란 반응의 빈도를 높이기 위하여 유쾌한 자극을 제시하거나 불쾌한 자극을 제거해 주는 것이다.

기출문제

기출문제

다음에서 설명하고 있는 것은?
▶ 2010. 4. 24. 경상북도교육청

문화를 이루는 여러 하위 요인들은 같은 속도로 변화해 나가는 것이 아니라 변화 속도나 변화율에 있어 차이가 나는데, 이로 인해 한 요인의 변화가 다른 요인의 변화에 비해 뒤처지게 되는 현상을 말한다.

① 문화계승
② 문화지체
③ 문화접변
④ 문화전파
⑤ 문화실조

|정답 ②

---

③ 모방의 방법
  ㉠ 모방학습
    • 모방학습은 타인의 행동을 보고 그것을 따라함으로써 지루하고 복잡한 시행착오를 생략하고 사회적 행동을 학습하는 방법이다.
    • 가정에서는 부모가 중요한 모델이 되고, 부모는 중요한 타인이다.
    • 모방에 의한 사회화는 준거집단이 중요한 의미를 갖는데, 준거집단이란 사회화 과정에서 판단과 행동의 기준이 되는 집단을 의미한다.
  ㉡ 모방학습의 종류
    • 직접모방 : 모델의 특수한 행동을 그대로 따라서 하는 것을 말한다.
    • 모형학습 : 모델의 일반적 행동스타일을 모방하는 방법으로 동일시의 방법이라고도 한다.

④ 역할학습방법
  ㉠ 어떤 지위를 획득한 사람은 그 지위에 요구되는 행동을 학습하게 되고 수행한다.
  ㉡ 역할 : 집단 내의 지위에 따른 행위의 계열을 말한다.
  ㉢ 역할행동 : 행위의 계열에서의 개개의 행동이다.
  ㉣ 역할기대 : 지위에 부여된 권한, 의무, 책임에 대한 타인의 기대를 말한다.
  ㉤ 역할인지 : 타인의 역할기대에 대한 자신의 인지이다.

⑤ 자아형성의 방법
  ㉠ 사회화의 과정 속에서 개인의 외적인 행동규범이나 행동기준을 자의적인 가치판단과 확인을 통해서 스스로 자신의 내적 행동으로 수용한다.
  ㉡ 자아형성에 의한 사회화이며, 자아정체감, 자아동일체감이 형성되는 과정이다.

section 4 문화와 교육

(1) 문화의 교육적 기능

① 인간의 사회적 행동의 방향과 방법을 제시한다.
② 사회에의 소속감, 결속성, 동질성 등을 갖게 하여 공동체의식과 정체감을 높인다.
③ 구성원의 욕구를 충족시키고 그 성격과 능력을 향상시키는 구실을 한다.
④ 인간을 자유롭게 함과 동시에 구속 · 통제하기도 한다.

(2) 문화변화의 유형

① 문화접변(문화이식) … 한 문화가 다른 문화와 장기간 접촉하여 문화가 변하는 현상을 말한다.

② 문화전파(문화전개)
  ㉠ 문화접변보다 광의의 개념으로 개인적 접촉에서 발생한다. 즉, 특정문화가 그 문화를 담당한 세대로부터 다음 세대로 전달되고 계승되는 것을 말한다.
  ㉡ 문화모방, 문화차용, 문화전이 등을 포함하는 개념이다.
  ㉢ 직접적인 접촉방법이 아닌 상태에서 발생하는 자극전파도 포함된다.
③ 문화지체(Ogburn) … 문화의 구성부분 간의 변동차로 인하여 생기는 문화격차를 말한다. 예를 들어 자동차는 급격히 증가하는데, 시민들의 교통문화 수준은 그만큼 높아지지 않으므로 생기는 문제점이 그 예이다.
④ 문화실조 … 문화적 요소의 과잉 및 시기의 부적절성에서 생기는 발달의 부분적 지연, 왜곡, 상실을 의미한다.

(3) 사회변동과 문화

① 문화전파론 … 린톤(Linton) 등이 주장하는 문화전파론은 사회변동은 문화의 전파에 의해 일어난다고 보는 입장이다.
② 문화이식론 … 무어(Moore) 등의 문화이식론자들은 한 사회의 사람들과 다른 사회의 사람들이 직접적인 접촉을 통해서 다른 사회의 문화를 배우게 됨으로 인해 사회변동이 일어난다고 본다.

section 5 교육의 기회균등

(1) 개요

① 교육기회균등의 일반적 정의
  ㉠ 성별·인종·신앙·정치성·경제적 조건 등에 의해 차별을 받지 않고 누구나 능력에 따라서 교육을 받을 수 있는 기회를 갖는 것을 의미한다.
  ㉡ 헌법 제31조 제1항 : 모든 국민은 능력에 따라 균등하게 교육받을 권리를 가진다.
  ㉢ 교육기본법 제4조, 1948년의 세계인권선언에 언급되어 있다.
② 교육기회균등의 개념적 속성
  ㉠ 접근기회의 균등 : 지역·성·계층·인종 간에 불평등하게 분배되어 있는 교육의 기회를 동등하게 만드는 것이다.
  ㉡ 교육과정에서의 균등 : 학교간의 시설·교육비·교육과정·교사의 질 등의 투입요인을 균등하게 하여 학교간의 격차를 최대로 줄이는 것이다.
  ㉢ 결과의 균등 : 출발점의 불평등을 적극적으로 보상하여 결과적으로 학업성취나 사회적 지위획득을 균등하게 하는 것이다.

기출문제

문 다음의 빈칸에 들어갈 용어로 알맞은 것은?
▶ 2006. 9. 23. 경기도교육청

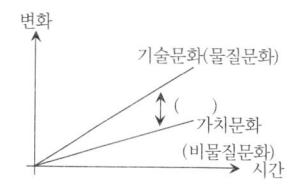

① 문화지체 ② 문화실조
③ 문화접변 ④ 문화전계

문 저소득층이나 장애인 등 사회적 소외계층을 위해 보상교육을 실시해야 한다는 주장은 교육의 평등을 어떤 관점에서 보는 것인가?
▶ 2009. 4. 11. 행정안전부
① 교육기회의 허용적 평등
② 교육기회의 보장적 평등
③ 교육조건의 평등
④ 교육결과의 평등

정답 ①, ④

PART 9 교육사회학

기출문제

문 다음 설명에 해당하는 교육평등의 관점은?
▶ 2022. 6. 18. 교육행정직

- 단지 취학의 평등만으로는 충분하지 않다.
- 고교평준화 정책이 지향한 목적이다.
- 시설, 교사의 자질, 교육과정 등에서 학교 간에 차이가 없어야 교육평등이 실현된다.

① 교육기회의 허용적 평등
② 교육기회의 보장적 평등
③ 교육조건의 평등
④ 교육결과의 평등

정답 ③

---

(2) 유형

① 기회의 평등

　㉠ 허용적 평등
　　• 모든 사람에게 교육받을 동등한 기회가 주어져야 한다는 관점이다.
　　• 주어진 기회를 누릴 수 있느냐의 여부는 개인의 역량과 능력에 기초한다.
　　• 법이나 제도상으로 교육받을 접근기회를 균등하게 하는 것으로 평등의 개념을 설명한다.

　㉡ 보장적 평등
　　• 교육평등을 실현하기 위하여 취학을 가로막는 경제적·지리적·사회적 제반 장치를 제거함으로써 누구나 중등교육까지는 받을 수 있도록 보장해 주어야 한다.
　　• 교육기회의 확대는 가져왔지만 계층 간의 분배구조를 변화시키지는 못했다.

② 내용의 평등

　㉠ 교육조건의 평등
　　• 진정한 의미의 평등 실현은 취학의 보장만이 아니라 평등하고 효과적으로 학교교육을 받을 수 있도록 학교 간의 조건의 차이를 없애야 한다.
　　• 학교의 시설, 교사의 자질, 교육과정 등에 있어서 학교 간의 차이가 없어야 진정한 평등이다.

　㉡ 교육결과의 평등(보상적 평등주의)
　　• 진정한 평등은 학교에서 배울 것을 제대로 배워야 한다는 주장이 대두되었다.
　　• 교육의 결과가 같지 않으면 결코 평등이 이루어진 것이 아니라는 주장이다.

Point 팁 J. 롤스의 정의의 원칙

　㉠ 제1원칙: 평등한 자유의 원칙
　　• 모든 사람이 평등하게 기본권과 자유를 누려야 한다.
　㉡ 제2원칙: 차등의 원칙과 기회균등의 원칙
　　• 차등의 원칙: 사회의 가장 약자에게 이익이 돌아갈 경우에만 사회·경제적 불평등을 인정한다. → 교육결과의 평등
　　• 기회균등의 원칙: 사회·경제적 가치를 획득할 기회는 균등하게 분배돼야 한다. → 교육기회의 평등

(3) 교육격차에 관한 이론

① 교육기회의 점유수준지표

　㉠ 취학률: 한 학교급 또는 학년의 취학 해당인구 가운데 실제로 취학하고 있는 학생 수의 비율을 말한다.
　㉡ 진급률: 입학 당시의 학생 수를 기준으로 하여 각 학년마다 진급한 학생 수의 비율을 고려하는 것으로 집단별로 계산한다.

ⓒ 탈락률 : 기준 연도의 학생 수에 대한 각 학년별 낙제자와 퇴학자를 합한 수의 비율이다.
② 교육선발지수 : 전체 학생에 대한 집단별 학생 구성비의 전체 인구에 대한 해당 집단인구 구성비의 비율로, 인구비례 점유율을 말한다.
⑨ 지니(Gini)계수 : 각 집단이 차지하고 있는 교육기회의 양과 인구비례로 차지했을 때의 양 사이의 차이를 수치로 표시한 것이다.

② 교육격차인과론
  ㉠ 지능결핍론 : 성적격차는 학생의 능력(지능) 차이에서 연유하며, 지능격차의 원인은 유전·환경·유전과 환경의 상호작용 등이다.
  ㉡ 문화환경결핍론
    • 기본가정 : 교육격차는 부모의 사회·경제적 배경에서 기인되며, 가정의 문화환경·언어모형·지각·태도의 차이나 상대적 결핍이 개인차를 가져와 학업성취의 차를 낳는다.
    • 콜먼(Coleman) 보고서
      – 미국 내의 주요 인종 및 소수민족 집단·학교·지역 간의 교육기회와 효과의 불균등 현상 및 원인을 밝히는 데 목적이 있다.
      – 학교가 학생들의 학업성취에 공헌을 하지 못하고 있으며, 사회적 평등을 위한 기능을 제대로 수행하고 있지 못하다고 결론지었다.
      – 학생의 가정배경은 학업성취에 미치는 가장 중요한 요인이며, 이것은 학생이 학교에 다니는 동안 계속하여 영향을 미친다.
    • 번스타인의 사회적 학습이론 : 번스타인(Bernstein)은 노동계층이 가지는 구어형식(대중어)과 중상류계층이 가지는 구어형식(공식어)이 다른데, 학교교육이 중류계층의 가치관을 지향하여 중류계층의 구어인 공식어를 사용하기 때문에 노동계층의 아동은 수업의 언어에서 인지적 의미와 논리적 구조를 파악할 수 없어 학업성취에 영향을 미친다고 주장한다.
  ㉢ 교사결핍론
    • 기본가정 : 교육의 격차는 학교 자체의 사회적 특성이나 교사·학생의 대인지각의 차이에서 비롯된다.
    • 블룸(B. S. Bloom) : 완전학습에서 교수–학습방법만 적절하게 제시한다면 학급 안의 95%의 학생이 90%의 학습효과를 달성할 수 있다고 주장하였다. 따라서 학습 격차는 교사의 교수방법상에서 기인한 것이다.
    • 로젠탈(R. Rosental)과 제이콥슨(L. Jacoboson) : 교사의 학업성취에 대한 기대수준 정도가 학생의 성적에 강력한 예언력을 갖는다.

기출문제

번스타인(Bernstein)의 계층과 언어사용에 대한 설명으로 옳지 않은 것은?
▶ 2024. 3. 23. 인사혁신처

① 학교교육에서는 제한된(restricted) 언어코드가 많이 사용된다.
② 학생의 출신 배경에 따라 사용하는 언어방식이 다르다.
③ 중류층 가정의 학생들은 정교한(elaborated) 언어코드를 많이 사용한다.
④ 노동자 계층 가정의 학생들은 제한된(restricted) 언어코드를 많이 사용한다.

정답 ①

PART 9 교육사회학

기출문제

문 문화실조론에 대한 설명으로 옳은 것만을 모두 고르면?
▶ 2024. 3. 23. 인사혁신처

㉠ 미국 헤드스타트(Head Start) 프로그램의 배경이 되었다.
㉡ 학생의 학업성취 격차의 원인은 학교요인에 있다고 주장한다.
㉢ 문화상대주의자들은 문화실조라는 개념이 성립할 수 없다고 비판한다.

① ㉠
② ㉠, ㉢
③ ㉡, ㉢
④ ㉠, ㉡, ㉢

㉣ 문화실조론
- 기본가정: 학생의 지적 능력은 유전적으로 타고 나는 것이 아니라 가정의 문화적 환경이 지적 능력에 영향을 미친다고 보았다.
- 학교에서의 교육내용을 소화하고 학업성취를 이루려면 언어능력, 인지양식, 학습동기, 사회규범 등의 문화적 능력이 필요하다.
- 가정의 문화적 환경으로 인해 학업성취에 필요한 문화적 능력이 결핍되면 학업결손을 초래한다.
- 학업성취에 영향을 미치는 요인: 부모의 높은 기대수준, 미래지향적 가치관, 분석적·논리적 언어능력, 분석적·반성적 인지양식, 학습동기 등
- 해결방안: 문화적 환경이 결핍된 학생들에게 취학 전 이를 보충할 수 있는 교육적 환경, 즉 보상교육을 제공하여 학습장애를 제거한다.
- 학업성취의 영향은 학교가 아니라 가정의 문화적 환경임을 강조하여 교육평등정책이 결과적 평등정책으로 발전하는 데 기여하였다.

평등화론

① **능력주의 평등화론**
  ㉠ 교육을 많이 받은 사람이 높은 계층지위를, 교육을 적게 받은 사람이 낮은 계층 지위를 획득하도록 함으로써 능력주의 평등을 실현할 수 있다고 보는 관점이다.
  ㉡ 개인의 지위 획득 또는 선발 배치의 기준을 교육수준에 둔다.
  ㉢ 한정된 재화 및 직업 지위에 따른 선발이 불가피한 상황에서 학교 교육은 선발 및 배치기능을 수행한다.
  ㉣ 학교교육의 선발 및 배치 기능은 유능한 인재를 적재적소에 배치함으로써 사회적 효율성을 도모하고, 능력주의 원리를 실현함으로써 사회평등을 촉진시킨다고 본다.
  ㉤ 현대 서구 교육평등관의 바탕이 되었다.

② **평등주의 평등화론**
  ㉠ 교육이 계층구조 자체를 보다 평등하게 하는 데 기여한다는 관점이다.
  ㉡ 사회계층 구조의 변화에 초점을 둔다. 이를 통해 교육이 사회의 계층구조를 변화시키는 데 기여할 수 있다고 본다.
  ㉢ 교육수준이 낮은 계층의 교육기회를 확대하면 이들의 생산성이 높아져 소득이 증가하고, 저소득층과 고소득층 간 소득격차를 줄임으로써 불평등을 완화할 수 있다고 본다.
  ㉣ 교육에 대한 투자가 개인의 생산성을 높임으로써 개인적으로는 소득의 증가를, 사회적으로는 경제 성장을 촉진함으로써 직업위계를 축소시키거나 소득격차를 줄일 수 있다고 본다.

| 정답 ②

section 6 학력상승이론

(1) 학습욕구이론

① **기본가정** … 인간은 학습욕구를 가지고 있으며, 학교는 그 욕구를 충족시켜 주는 기관이다. 학교의 팽창을 가져오는 요인은 인구의 증가와 경제발전으로 인한 경제적 여유의 증대이다.

② 학자들의 주장
  ㉠ **매슬로우(A. Maslow)의 동기이론** : 학습욕구는 기본적인 것이기 때문에 사람들은 누구나 기회만 주어지면 교육을 받으려 하고, 학교가 그러한 욕구를 충족시켜 줄 수 있는 교육기관이기 때문에 누구나 학교에 다니기를 열망한다는 것이다.
  ㉡ **클라크(J. Clark)** : 인간은 학습욕구를 가지고 있으며 학교는 그 욕구를 충족시켜 주는 기관으로 전제하고 인구증가와 경제발전으로 인한 경제적 여유의 증대가 학교팽창의 요인이 된다.
  ㉢ **포스터(E. Forster)** : 문화권에 따라 학력이 상승되기도 하는데, 한국과 일본은 유교적 가치의 영향으로 다른 나라에 비해 교육열이 높다.

(2) 기술기능이론

① **기본가정** … 과학기술의 부단한 향상 때문에 직업기술의 수준이 계속 높아지며, 이에 따라 사람들의 학력수준이 높아질 수밖에 없다.

② 기술기능이론의 전제
  ㉠ 학교는 산업사회를 지탱하는 핵심장치이어서 직종수준에 적절하게 학교제도가 발달하였다.
  ㉡ 산업사회에서는 직업의 기술요건이 과학기술의 변화에 따라 끊임없이 높아진다.
  ㉢ 고학력사회는 고도산업사회의 당연한 결과이다.

③ 비판점
  ㉠ 기술기능이론의 약점은 과잉학력상승의 현상을 효과적으로 설명하고 있지 못하다는 점이다.
  ㉡ 한 사회의 직업기술수준과 학력수준은 반드시 일치하지 않는다.
  ㉢ 인도와 필리핀 등은 고등실업자의 누적 때문에 사회의 불안요소가 되고 있다.

> 기출문제

PART 9 교육사회학

기출문제

문 다음 주장을 한 학자는?
▶ 2020. 6. 13. 교육행정직

- 학교는 자본주의적 사회관계의 유지에 필수적인 통합기능을 수행하는 기관이라고 보았다.
- 경제적 재생산이라는 개념을 사용하여 학교교육이 자본주의 경제체제를 재생산하는 데 어떻게 기여하는지 그 메커니즘을 설명하고자 하였다.
- 학교 교육체제에서 학생이 미래에 차지할 경제적 위치를 반영하여 차별적 사회화가 이루어진다고 주장하였다.

① 해비거스트(Havighurst)
② 보울스와 진티스 (Bowles & Gintis)
③ 콜만(Coleman)
④ 번스타인과 영 (Bernstein & Young)

| 정답 ②

(3) 신마르크스 이론

① **기본가정**
  ㉠ 학교제도의 발전은 교육자체를 위한 것도 아니고, 전체 국민을 위한 것도 아니다.
  ㉡ 교육제도는 자본주의 사회에서 자본가 계급의 이익을 위하여 자본가 계급에 의하여 발전된 것이다.

② **보울스와 진티스(Bowless & Gintis)의 주장**
  ㉠ 미국의 학교제도는 처음부터 자본주의 경제체제를 유지하기 위하여 고용주의 구미에 맞는 기술인력을 공급하고 동시에 자본주의에 적합한 사회규범을 주입시키는 핵심적 장치로 출발하였다고 본다.
  ㉡ 미국의 초기 의무교육제도는 상류층이나 중류층의 자녀들을 위한 교육을 위해서가 아니라 공장 노동 청소년들의 노동의 질을 높일 목적으로 실시되었다고 본다.

(4) 지위경쟁이론

① **기본가정** … 학력이 지위획득의 수단이기 때문에 사람들이 경쟁적으로 높은 학력을 취득함으로 학력은 계속 상승된다.

② **콜린스(Collins)의 주장**
  ㉠ 콜린스는 학교의 주된 활동은 교실의 안이나 밖에서 모두 특정 지위문화를 가르치는 것이라고 보았다. 학교는 기술적 지식을 전달하는 것이 아니라 어휘·억양·의상·심미적 취향·가치와 예술 등의 지위문화를 중요시한다는 것이다.
  ㉡ 콜린스는 학교가 지배문화를 전수한다는 관점에서 학교교육의 팽창을 지배문화 또는 엘리트 문화의 요청에 대한 일반대중의 반응으로 해석할 수 있다고 보았다.

③ **도어(R. Dore)의 주장**
  ㉠ 지위획득의 수단으로 학력이 작용하면 진학률이 상승을 유발하여 졸업생이 증가하고, 졸업생의 증가는 학력의 가치를 떨어뜨려 새로운 학력상승의 요인이 된다.
  ㉡ 따라서 보다 높은 학력을 취득하기 위한 경쟁은 한없이 진행되는데, 이를 졸업장병이라고 한다.
  ㉢ 학력의 평가절하현상, 즉 교육인플레 현상이 일어난다.

(5) 국민통합론

① 개념 … 정치적 요인에 의해 설명한 이론으로 국가의 형성과 이에 따른 국민통합의 필요성 때문에 교육이 팽창되었다고 보는 논리이다.

② 주장
  ㉠ 국가의 형성과 이에 따른 국민통합의 필요성 때문에 교육이 팽창되었다고 주장한다.
  ㉡ 교육은 다양하고 이질적인 문화적, 지역적 집단과 계급으로 구성된 국민들에게 일체성을 형성하는 제도로 오늘날의 교육은 모든 나라에서 점점 더 팽창하고 있다.

section 7 발전교육론

(1) 발전교육론(인간자본론)의 개요

① 개념
  ㉠ 발전교육이란 국가발전에 이바지하기 위한 교육을 의미한다.
  ㉡ 국가의 정치·경제·사회의 각 부분의 발전을 자극하고 촉진시키기 위하여 교육의 양과 질을 계획적으로 조절하는 것을 말한다.

② 발전교육론자들의 기본가정
  ㉠ 어떤 물질적 자원이나 제도보다도 자원과 제도를 다루는 인적 요소를 중시하여 교육을 국가발전의 중요한 요소로 간주한다.
  ㉡ 인간요인은 발전의 수단인 동시에 발전의 목표이기도 하다. 즉, 한 사회가 근대화되기 위해서는 사람들이 근대적 의식을 가져야 한다.
  ㉢ 근대적 의식은 교육을 통해서 길러져야만 한다.
  ㉣ 인간자본에 대한 투자의 개념적·분석적 틀은 슐츠(T. W. Schultz), 베커(G. S. Becker) 등의 인간자본론에서 체계화되었다.
  ㉤ 기본적인 전제는 교육수준이 높아질수록 개인의 생산성은 증대하고 결과적으로 소득능력이 향상되어 경제적 이익을 얻게 된다는 것이다.
  ㉥ 인간자본론에서는 교육을 개인과 사회 모두에게 높은 소득을 가져다주는 투자의 한 형태로 설명한다.

기출문제

📖 학교교육에 대한 인간자본론(human capitalism)의 관점은?
▶ 2025. 4. 5. 국가직

① 학교교육은 자본주의 사회의 불평등 체제를 유지하는 도구적 수단이다.
② 학교교육은 은연중에 자본주의 사회의 지배층의 문화를 강조한다.
③ 학교교육에서 학생은 수동적인 존재가 아니라 불평등한 사회구조를 비판하는 능동적인 존재이다.
④ 학교교육은 개인과 사회의 수익률을 높이는 중요한 요인이다.

| 정답 ④

(2) 발전교육론의 비판이론

① 개요
- ㉠ 발전교육론이 경험적으로 맞지 않는다는 점이다. 즉, 학교교육이 경제·정치·사회 발전에 이바지한다는 사실을 입증할 수 없다는 점이다.
- ㉡ 발전교육은 교육을 수단으로 보기 때문에 결과적으로는 인간을 수단시하고 도구시하는 결과를 낳게 되어 교육의 본질을 왜곡하고 있다.

② 선발가설이론
- ㉠ 교육은 근로자의 생산성에 아무런 직접적인 영향을 미치지 않으며 단지 사용자들이 근로자의 고용과정에서 좀 더 능력있는 사람을 선택할 수 있는 선발장치로서만 작용할 뿐이라고 주장한다.
- ㉡ 소득격차는 고학력자들에 대한 고용주들의 선호도를 반영한 것뿐이다.

③ 이중노동시장이론
- ㉠ 노동시장을 제1차 시장구조와 제2차 시장구조로 분할되어 있다고 주장한다.
- ㉡ 제1차 시장구조는 교육과 연수를 받고 고용되어 능력에 따라 상위이동이 가능한 노동자로 구성되어 있으며, 제2차 시장구조는 교육과 연수에 상관없이 승진의 기회가 전혀 주어지지 않은 노동자들로 구성되어 있다.
- ㉢ 개인의 소득결정은 개인의 생산성과 관계없이 노동시장의 분할 구조에 의해 결정된다고 본다.

④ 급진적 접근
- ㉠ 공교육은 교육기회균등의 차원보다는 자본가들의 이익을 위해 존재하는 대중교화의 도구라고 주장한다.
- ㉡ 학교는 비판적 사고와 창의성을 지닌 학생을 길러내기 보다는 규율과 시간엄수, 매너리즘을 가르치는 장소이며, 공교육이 사회적·경제적 변화를 위한 매개체로 간주될 수 없다는 것이다.

단원평가 — 교육사회학

1 또래집단 중 동인집단에 대한 설명으로 옳은 것은?

① 4, 5세에서 12세의 아동이 5~6명씩 유희를 위해서 형성되는 자발적 집단이다.
② 13세 이후의 아동이 2~20명씩 취미를 중심으로 형성되는 비형식적 집단이다.
③ 14, 15세에 가정·사회·성인의 눈을 피하여 새롭고 흥미 있는 경험을 하기 위하여 모인 집단이다.
④ 구성원 간의 의리가 강조되며, 조직적이고 조직에 대한 충성심이 매우 강하다.

또래집단의 종류
㉠ 유희집단: 4, 5세에서 12세의 아동이 5~6명씩 유희를 위해서 형성되는 자발적 집단이며 유희가 목적이기 때문에 지도성이나 성별의 구분이 뚜렷하지 않다.
㉡ 동인집단: 13세 이후의 아동이 취미를 중심으로 형성되는 비형식적 집단으로 신뢰성과 친밀성이 강해 폐쇄적 성격을 지닌다.
㉢ 도당집단: 14, 15세에 가정·사회·성인의 눈을 피하여 새롭고 흥미 있는 경험을 하기 위하여 모인 집단이다.

2 학교교육이 팽창하는 추세를 설명하는 각 이론과 그 이론에서 강조하는 주요 요인이 바르게 짝지어진 것은?

① 학습욕구이론 – 직업기술 수준의 향상
② 기술기능이론 – 민족국가의 형성
③ 국민통합이론 – 지적욕구 충족
④ 지위경쟁이론 – 지위획득의 수단

① 학습욕구이론은 인간이 가진 학습욕구를 충족시켜 주는 것은 학교이고, 학교 팽창요인은 인구증가·경제적 여유의 증대라고 본다.
② 기술기능이론은 과학기술의 발전 때문에 직업기술의 수준이 높아지고 따라서 사람들의 학력수준이 높아질 수밖에 없다고 본다.
③ 국민통합이론은 국가형성과 이에 따른 국민통합의 필요성 때문에 교육이 팽창되었다고 본다.

Answer 1.② 2.④

3 갈등론적 관점에서의 학교교육에 대한 설명으로 옳지 않은 것은?

① 학교교육의 기능을 부정적, 비판적으로 본다.
② 학교교육은 기존의 사회구조를 재생산한다.
③ 학교교육은 사회의 안정과 질서에 기여하는 제도이다.
④ 학교교육은 계급구조와 불평등을 정당화한다.

③ 기능론적 관점에 해당하며 갈등론은 학교교육을 부정적이고 비판적인 시선으로 보고 있다.
※ 기능론과 갈등론
　㉠ 기능론적 입장 : 학교에서 다루어지는 내용 및 방법은 사회에 순기능적이고 모든 사회구성원에게 필수적이며 유익한 것이라고 규정한다. 즉, 가정의 사회경제적 지위는 학교교육을 통해 개인의 능력을 인정받음으로서 얼마든지 사회적 지위이동이 가능하며, 사회적 평등 및 사회정의를 실현할 수 있다고 보는 입장이다.
　㉡ 갈등론적 입장 : 사회는 문화, 가치, 이념 등을 달리하는 집단으로 구성되어 있으며 각 집단들은 자신들의 이익을 확대하기 위하여 다른 집단과 불가피하게 경쟁하거나 투쟁해야 하는데 그들은 바로 학교라는 사회적 기관을 통해 자신들의 이익 확대하려 한다고 주장한다. 학교에서 가르치고자 하는 것은 사회구성원 모두에게 유익한 내용이 아니며 특정한 사회집단에게만 유리하게 작용되므로 가르치는 것과 배우는 것의 괴리로 인해 학교는 오히려 사회적 불평등을 유지, 강화한다는 주장이다.

4 '교육결과의 평등'을 위한 조치로 옳은 것은?

① 교육을 받을 수 있는 신분적, 법적 제약을 철폐한다.
② 교육을 위한 경제적, 지리적, 사회적 장애를 제거한다.
③ 모든 학생들이 평등한 조건에서 학습을 받을 수 있도록 교육조건을 정비한다.
④ 저소득층 아동들의 기초학습 능력을 길러주기 위해 보상교육을 제공한다.

교육받은 결과가 같아야 진정한 교육의 평등이 실현된다는 입장이므로 교육의 결과를 평등하기 위해 열등한 학생들에게 보상교육을 제공하는 것이 이에 가장 부합한다.
① 교육기회의 허용적 평등
② 교육기회의 보상적 평등
③ 교육조건의 평등

5 다음 중 기능주의 교육이론에 대한 설명으로 옳지 않은 것은?

① 사회 각 부분들은 상호 의존적으로 통합한다.
② 사회도 생물유기체와 마찬가지로 각각 다른 요소로 구성되어 각각 제 기능을 수행하고 있다.
③ 학교교육의 목적은 기존 사회의 유지와 변화하는 환경에 잘 적응하기 위한 사회화에 둔다.
④ 학교는 업적주의 이념으로 공정성을 위장하고 있으며, 실패의 원인을 사회구조적인 측면보다 개인의 능력이나 노력부족으로 돌린다.

④ 갈등이론에 대한 설명이다.

6 다음의 ( ) 안에 들어갈 말을 옳게 짝지은 것은?

> 기능주의 사회학자인 Durkheim과 Parsons는 학교의 주된 기능을 ( )과(와) ( )(으)로 보았다.

① 통합화, 개성화
② 사회화, 선발
③ 문화전수, 자아실현
④ 사회비판, 현실개혁

교육의 기능
㉠ 사회화 : 교육이란 현존사회의 문화와 가치를 유지·전달하기 위하여 사회구성원의 사회화에 공헌하는 것으로, 사회 전체의 존속에 필요한 안정과 통합유지의 기능이다.
㉡ 선발·배치의 기능 : 구성원의 사회적 역할수행을 원활하게 하기 위해 개개인을 적재적소에 배치하는 선발기능을 수행하는 기능으로 공정한 경쟁을 통한 사회계층이 합리적 분류 및 배치하는 것을 말한다.

Answer 3.③ 4.④ 5.④ 6.②

단원평가

7 다음의 내용과 관계 깊은 사회화과정의 학습은?

- 중요한 타자(他者)
- 자신에게 보장을 주는 사람
- 높은 사회적 지위와 권력을 갖는 사람
- 자신의 삶의 과정과 비슷하거나 일치하고, 가장 영향을 주는 사람

① 발견학습　　　　　　　　② 모방학습
③ 모형학습　　　　　　　　④ 탐구학습

③ 모형학습의 한 종류로 모델의 일반적 행동스타일을 모방하는 방법으로 동일시의 방법이라고도 한다.

8 다음 내용은 교육의 어떤 특성과 관련된 것인가?

- 미국의 Head Start Project, Middle start Project는 사회·문화적으로 불우한 가정출신의 학력증진을 통해 사회·경제적 지위향상을 위한 기회를 넓히고자 하였다.
- 영국의 EPA 등은 대표적인 정책으로 교육우선지구를 선정하여 불우층 어린이들을 대상으로 보상교육을 실시하였다.

① 기회의 평등 – 보장적 평등
② 기회의 평등 – 허용적 평등
③ 내용의 평등 – 교육조건의 평등
④ 내용의 평등 – 교육결과의 평등

내용의 평등
㉠ 교육의 평등 : 진정한 의미의 평등 실현은 취학의 보장만이 아니라 평등하고 효과적으로 학교교육을 받을 수 있도록 학교 간의 조건의 차이를 없애야 한다.
㉡ 교육결과의 평등 : 교육의 결과가 같지 않으면 결코 평등이 이루어진 것이 아니라는 주장이다.

9 교육사회학에서 갈등론이 주장하는 내용으로 볼 수 없는 것은?

① 교육과정은 지배계급의 이익을 반영한다.
② 사회의 구성요소들은 그들의 업무를 효율적으로 수행한다.
③ 교육의 선발기능은 지배계급의 선발을 정당화하는 장치이다.
④ 사회의 구성요소들은 서로 갈등과 대립의 상태에 놓여있다.

> Point
> ② 갈등론은 사회의 본질을 갈등과 변도, 강압의 과정으로 이해하며 구성원간의 계속적인 세력 다툼, 이해 상충, 압제와 저항 등이 일어난다고 본다.

10 다음에서 설명하는 것은?

• 우리 사회의 학벌지상주의가 학부모의 사교육비 지출을 부추긴다.
• 졸업장병으로 국민 모두가 몸살을 앓고 있다.
• 학력팽창이 가속화 되어 학력평가절하현상이 나타난다.

① 기술기능이론   ② 학습욕구이론
③ 지위경쟁이론   ④ 국민통합론

> Point
> ③ 학력이 지위획득의 수단이기 때문에 사람들이 경쟁적으로 높은 학력을 취득함으로 학력은 계속 상승된다.

11 다음 중 교육사회학의 개념적 특성에 관한 설명으로 옳은 것은?

① 교육은 본래 사회성을 전제로 성립되었고, 사회적 맥락 속에서 이루어지기 때문에 교육사회학의 영역이 탄생되게 되었다.
② 사회현상에 대한 가치를 연구하는 학문이다.
③ 인간의 사회적 공동생활을 연구하는 사회과학의 한 분야이다.
④ 실증과학적 성격을 띠며 인간의 상호관계 및 집단을 연구하는 과학이다.

> Point
> 교육은 본질상 사회적 성격을 내포하고 있다. 교육 그 자체가 하나의 사회적 현상으로 사회구조나 집단으로부터 많은 영향을 받는다. 학교 역시 두 사람 이상의 상호작용을 통해서만 제기능을 발휘할 수 있으므로 사회학적 연구의 대상이 된다.

Answer 7.③ 8.④ 9.② 10.③ 11.①

12 다음에서 설명하는 교육사회학의 연구동향은?

> • 사회학적 지식을 교육실천에 응용하려는 경향으로, 교육학자들이 주도한 실천지향적인 연구이다.
> • 사회학의 제 이론과 연구방법을 교육실천에 응용하려는 실천지향적 · 응용사회학적 성격이 강하다.

① 교육적 사회학
② 교육의 사회학
③ 신교육사회학
④ 사회화 기능론

교육사회학의 연구동향
㉠ 교육적 사회학 : 사회학적 지식을 교육실천에 응용하려는, 교육학자 주도의 실천지향적 연구이다.
㉡ 교육의 사회학 : 교육현상에 대한 탐구를 통하여 사회학의 지식과 이론을 넓혀가려는, 사회학자 주도의 사회지향적 연구이다.
㉢ 신교육사회학 : 교육사회학의 독자적인 영역을 구축하려는, 유럽중심 교육학자 주도의 학문경향이다.

13 교육사회학 이론 중 기능이론의 성격으로 옳지 않은 것은?

① 사회의 각 부분은 사회 전체의 존속을 위하여 고유한 기능을 수행한다.
② 사회의 본질을 갈등과 변동, 강압의 과정으로 이해하고 있다.
③ 사회의 각 부분들은 통합되어 있고, 한 부분에서의 변화는 다른 부분에 영향을 미치는 상호보완적 관계에 있다.
④ 사회는 급진적 변동의 힘보다는 사회의 질서를 유지하고 안정을 꾀하는 힘에 더 지배를 받는다.

기능이론은 사회를 유기체에 비유하여 사회의 각 부분은 상호의존적으로 전체의 존속을 위해 필요한 기능을 수행하며, 사회는 항상 안정하려는 속성이 있다고 보는 견해이다. 기능이론의 기본가정에는 구조와 기능, 통합, 안정, 합의가 있다.
② 갈등이론의 핵심요소이다.

14 다음 중 교육사회학의 기능주의적 관점을 주장한 학자는?

① 일리히(Illich)
② 쿨리(Cooley)
③ 긴티스(Gintis)
④ 뒤르켐(Durkheim)

뒤르켐은 초기 합의론적 기능주의를 주장하여 사회는 안전지향적이고, 각 제도는 구성원의 합의에 기초하는 것으로 보고 각 제도는 각각의 기능을 수행하며, 상호연관성을 가지는 것으로 파악하였다.
①③ 갈등주의적 관점 ② 해석학적 관점

15 다음의 내용을 주장한 교육학자는?

> - 교육은 천성이 비사회적 존재를 사회적 존재로 만드는 과정이며, 학교교육의 핵심은 사회의 보편적 가치를 가르치는 도덕교육이다.
> - 교육을 사회화와 동일시하였다.
> - 사회화를 위한 교육의 기능은 보편적 사회화, 특수 사회화 두 가지 내용으로 분류한다.

① 파슨스(Parsons) ② 뒤르켐(Durkheim)
③ 드리븐(Dreeben) ④ 슐츠(Schultz)

뒤르켐은 사회가 해체되지 않고 지속·통합되는 원인은 사회질서에 있다고 보고 질서의 문제를 다룸에 있어 항상 도덕·규범과 관련지어 설명하였다. 도덕교육은 사회중심가치와 신념을 내면화시키는 작용이며, 내면화가 사회가치 규범의 보편화를 도모하여 사회통합을 가능하게 한다.

16 다음 중 기능이론에 대한 비판으로 옳은 것은?

① 학력경쟁을 가열화시켜 고학력화를 부채질하는 한편 인간성을 메마르게 하고 있다.
② 갈등과 세력 경쟁을 지나치게 강조하여 교육이 사회적 결속력을 높이고 공동체 의식을 결속시키는 기능을 과소평가하고 있다.
③ 개인의 의지를 무시하고 사회적 조건만 지나치게 강조하였다.
④ 사회주의 사회의 학교교육에 대한 비판은 없었다.

기능이론의 비판점
  ㉠ 인간을 수동적 존재, 사회의 종속적 존재로 치부한다.
  ㉡ 기존의 교육양식과 전통을 지키고 이를 신세대에게 전수하는 데에만 관심을 기울이는 등 지나치게 보수적 입장을 취한다.
  ㉢ 인지적 측면만을 강조하여 인성교육 또는 전인교육을 소홀히 하는 면이 있다.
  ㉣ 사회의 개혁보다는 기존 질서 범위 내의 안정성에만 안주한다.
  ㉤ 학생들의 개별성보다는 공통성 내지 유사성을 중요시하여 엄격한 지도와 훈련을 강조한다.

Answer 12.① 13.② 14.④ 15.② 16.①

17 다음 중 갈등이론의 핵심요소에 포함되지 않는 것은?

① 갈등
② 변동
③ 구조
④ 강제

갈등이론의 핵심요소는 갈등, 변동, 강제이다. 갈등이론은 교육의 기능을 밝히려는 것이 아니라 사회적 불평등이 학교교육을 통하여 어떻게 강화·유지되는가에 초점을 두고 있다.

18 갈등이론에서 정의하는 학교의 모습으로 옳지 않은 것은?

① 학교교육은 지배집단의 가치체계인 이데올로기를 학생들에게 강제적으로 사회화시키는 역할을 한다.
② 학교는 특정 집단의 사고방식을 가르치는 곳이다.
③ 학교의 교육과정은 특정 집단의 문화를 재생산하는 데 기여한다.
④ 학교란 한 사회를 유지·발전시키기 위하여 존재하는 합리적 기관이다.

갈등이론에서는 교육은 지배집단의 권익을 정당화하고 주입하여 기존 지배계층의 구조를 영속화하고 재생산하는 도구적 기능을 수행한다고 본다. 학교란 지배계층의 지적 무기이다.
④ 기능이론에서 보는 학교의 관점이다.

19 학교지식이나 교사-학생 간의 상호작용, 인간의 주체적 인식과 해석을 중요시하는 학문동향은?

① 교육적 사회학
② 교육의 사회학
③ 신교육사회학
④ 인본주의적 사회학

③ 신교육사회학은 교육과정과 교사-학생의 상호작용을 중시한 패러다임이다. 교육사회학의 새로운 동향은 상징적 상호작용론, 해석학, 민속방법론, 참여관찰법을 사용하여 교육의 사회적 현상을 이해·연구하려고 시도하였다.

20 다음 중 신교육사회학의 특징으로 옳지 않은 것은?

① 학교교육의 내적 과정에 대한 현상학적 관점과 해석학적 관점을 수용하고 있다.
② 교육사회학의 가치중심적이며 주관적 이해와 이데올로기 같은 내부적 요인을 강조한다.
③ 장기적이고 집중적인 참여관찰법을 사용한다.
④ 교육과 사회의 관계를 거시적 관점에서 논의하고 있다.

④ 거시적 이론에 대한 비판을 토대로 학교지식이나 교사-학생 간의 상호작용, 인간의 주체적 인식과 해석을 중요시하는 미시적·해석학적 패러다임이 신교육사회학이다.

21 학교가 특정 문화자본에 가치를 부여함으로써 불평등한 사회구조를 재생산에 기여한다는 이론은?

① 경제적 재생산이론
② 문화적 재생산이론
③ 문화적 헤게모니이론
④ 저항이론

① 학교교육은 사회의 불평등구조, 즉 자본주의 경제구조를 재생산하고 정당화한다고 보는 이론이다.
② 고등교육과 사회계층구조간의 관계를 분석하여 교육이 계층 간의 문화적·사회적 간격을 강화함으로써 사회 계급구조를 재생산하는 데 공헌하고 있다고 보는 입장이다.
③ 학교가 헤게모니와 같은 상부구조의 통제에 놓여 있다는 논리이다.
④ 피지배집단의 일상적인 삶의 경험 속에 지배이데올로기를 거부하고 극복할 수 있는 잠재적 힘이 있다고 보는 이론이다.

22 학교교육에 관한 문화적 재생산이론에 관한 설명으로 옳지 않은 것은?

① 학교교육을 계급관계의 문화적 재생산으로 파악하며 학교는 지배집단의 문화자본을 재창조하고 정당화하는 역할을 수행한다.
② 사회구조나 정치구조 또는 사회의 신념 체계는 교사-학생 간의 상호작용을 통해 영향을 미친다는 이론이다.
③ 문화적 재생산이론의 핵심은 문화자본과 습성이다.
④ 교육제도는 권력과 특권의 세습이 부정되고 있는 사회에서 계급관계의 구조를 재생산해 내는 교묘하고 편리한 제도이다.

② 상징적 상호작용론에 대한 설명이다. 상징적 상호작용론의 지적 뿌리는 미국의 실용주의 철학과 행동주의 심리학에 있다. 교실에서의 교사-학생 간의 상호관계는 결합행동으로 일상적인 주고받기로 이해하는데, 이 과정은 하나의 교실의 상황에 연속되는 과정이다.

Answer 17.③ 18.④ 19.③ 20.④ 21.② 22.②

23 다음에서 설명하는 교육사회학의 이론은?

> • 피지배집단의 일상적인 삶의 경험 속에 지배 이데올로기를 거부하고 극복할 수 있는 잠재력 힘이 있다고 보는 이론이다.
> • 이 이론에서 인간은 사회의 불평등한 구조에 저항·도전·비판하는 능동적인 존재이다.
> • 지룩스(Giroux), 애플(Apple)에 의해 체계적으로 연구되었다.

① 경제적 재생산이론
② 저항이론
③ 상징적 상호작용론
④ 문화제국주의 이론

저항이론 … 학교교육이 사회계급구조의 불평등을 그대로 보존하거나 이행하는 단순한 반영물이 아니라 오히려 학교교육을 통해 사회모순과 불평등에 도전할 수 있다는 점을 강조한다. 저항이론은 학생들을 언젠가 산업사회에 투입될 성원이 아니라 비판적으로 생각할 줄 아는 능동적 존재로 간주하였다.

24 번스타인(Bernstein)의 자율이론 중 교육과 생산 간의 구분이 분명하여 교육의 자율성이 보장된 시기는?

① 집합형 구조
② 통합형 구조
③ 교육과정의 공식적 재맥락화 단계
④ 교수를 위한 재맥락화 단계

번스타인(Bernstein)의 자율이론 … 학교체제가 사회·경제적인 힘으로부터 어느 정도 자율성을 갖고 있다는 이론이다.
② 통합형 구조는 교육과 생산관계가 밀착되어 교육이 자율성을 상실하게 되는 시기이다.
③ 교육과정의 공식적 재맥락화 단계는 학문영역에서 생산된 지식을 지배적인 원칙에 맞추어 교육과정화하는 단계이다.
④ 교수를 위한 재맥락화 단계는 공식적 재맥락화 단계를 거친 교육과정이 다시 실제 교육현장에 들어가서 그 현장의 틀에 맞도록 재구조화되는 시기이다.

25 교육보다 폭넓은 활동으로 시간과 공간을 초월하여 계속되는 평생교육의 과정은?

① 사회화　　　　　　　　　　② 조직화
③ 가치화　　　　　　　　　　④ 인격화

사회화는 무의도적·비계획적·무가치적 성격의 활동까지도 교육 작용에 포함시킨다. 사회화는 교육보다 폭넓은 활동으로 볼 수 있으며, 시간과 공간을 초월하여 계속되는 평생교육의 과정이다.

26 교육의 사회적 기능 중 인력의 선발, 분류, 배치의 기능을 강조한 것은?

① 문화유산의 전달기능　　　　② 사회통합의 기능
③ 사회충원의 기능　　　　　　④ 사회적 지위이동의 기능

교육의 사회적 기능
㉠ 문화유산의 전달기능 : 인간이 출생하여 가정, 학교, 사회교육을 통하여 평생 영향을 받는 사회문화의 습득과정이다.
㉡ 사회통합의 기능 : 사회기관들의 관계를 조정하고, 부문문화와 특수문화 간의 모순과 갈등을 해소하여 조화를 이룰 수 있게 하는 기능이다.
㉢ 사회적 지위이동의 기능 : 사회계층의 수직적 이동에 공헌, 수직적 이동 중에서도 상승이동에 영향을 준다.

27 가난한 수재나 산골의 어린이들도 학교에 다닐 수 있도록 경제적·지리적·사회적 제반 장애를 제거하여 중등교육까지 받을 수 있도록 보장해 주는 교육기회균등관의 유형은?

① 허용적 평등　　　　　　　　② 보장적 평등
③ 교육조건의 평등　　　　　　④ 교육결과의 평등

보장적 평등은 교육을 가로막는 제반 장애를 제거함으로써 교육받을 기회를 보장해 주어야 한다는 입장이다. 교육기회의 확대는 가져왔지만 계층 간의 분배구조를 변화시키지는 못했다.

Answer　23.②　24.①　25.①　26.③　27.②

28 다음의 대화에 드러나 있는 교사들의 생각을 가장 잘 나타내고 있는 것은?

> - 교사1 : "산골 아이들은 가르치기가 힘들어요. 그 아이들은 문화적 경험이 부족해서 가르치면서 못 알아듣는 경우가 대부분이에요."
> - 교사2 : "맞아요. 서울 아이들은 외국 얘기를 해도 잘 알아듣고, 영어로 수업을 할 수도 있는데 산골 아이들에게는 그럴 수가 없어요."

① 산골 아이들과 서울 아이들의 문화접변현상이 일어나야 한다.
② 산골 아이들에게서 문화적 과잉현상이 나타난다.
③ 산골 아이들이 수업내용을 잘 이해하지 못한 것은 문화실조 때문이다.
④ 사회적 배경이 다르면 수업내용도 달라야 한다는 것은 문화지체현상이다.

문화실조는 문화적 요소의 과잉 및 시기의 부적절성에서 생기는 발달의 부분적 지연, 왜곡, 상실을 의미한다.

29 다음에서 설명하는 교육기회균등관의 유형은?

> - 모든 사람에게 교육받을 동등한 기회가 주어져야 한다는 관점이다.
> - 법이나 제도상으로 교육받을 접근기회를 균등하게 하는 것으로 평등의 개념을 설명한다.
> - 인재군(人才郡), 재능예비군을 선발하였다.

① 허용적 평등
② 보장적 평등
③ 교육조건의 평등
④ 교육결과의 평등

허용적 평등 … 모든 사람은 개인의 능력에 따라 교육받을 기회가 주어져야 한다는 관점이다. 일체의 제도적 차별을 철폐함으로써 모든 사람에게 교육받을 기회를 열어주었다.

30 다음 중 교육기회의 점유수준을 말해주는 지표가 아닌 것은?

① 기회비용
② 진급률
③ 지니계수
④ 교육선발지수

교육기회의 점유수준을 말해주는 지표는 취학률, 진급률, 탈락률, 교육선발지수, 지니계수 등이 있다.

PART 10
교수-학습이론

01 교수-학습이론의 기초
02 수업설계
03 교수-학습방법
04 수업의 실제
05 교수-학습이론

10 교수 - 학습이론

기출문제

section 1 교수-학습이론의 기초

(1) 수업

① 개념
  ㉠ 특정한 조건하에서 특정한 행동을 하는 것을 배울 수 있도록 학습자의 환경을 의도적·계획적으로 조정하는 과정이다.
  ㉡ 목표달성을 위하여 학습자의 내·외적 조건을 의도적·계획적으로 조정하는 과정이다.

② 좋은 수업의 특징
  ㉠ 수업목표를 명확히 하고 이를 학습자에게 확인시키도록 해야 한다.
  ㉡ 학습자는 통합된 전인격적인 존재로서의 유기체이다. 따라서 수업에 있어서도 지적 발달, 정서적 발달, 사회적 발달, 신체적 발달이 조화적으로 이루어질 수 있도록 해야 한다.
  ㉢ 학습자는 활동적이고 탐구적인 존재이므로, 수업에 있어서는 학습자의 탐구심을 충족시켜서 창의성이 신장되도록 해야 한다.
  ㉣ 학습자는 성인의 표준으로 보면 미숙하지만 그들의 동료집단 내에서는 성숙되어 있다. 따라서 수업에 있어서도 학습자를 중심으로 그들의 필요·흥미·능력에 기초해야 한다.
  ㉤ 학습자는 개인으로서 특유한 자세, 지적 능력, 성격을 지니고 있으므로 수업에 있어서는 개인차에 알맞은 방안이 모색되어야 한다.
  ㉥ 학습자는 사회적 관계를 맺으며 성장하므로 수업에 있어서 협동적인 경험이 중시되어야 한다.

(2) 학습

① 개념
  ㉠ 경험이나 연습의 결과로 발생되는 비교적 영속적·지속적인 행동의 변화이다.
  ㉡ 학습의 개념에는 변화, 연습, 자기조절, 지속성 등 개념적 특성이다.

② 특징
  ㉠ 좋은 방향이건 나쁜 방향이건 지속적인 행동의 변화로 나타난다.
  ㉡ 행동의 변화가 경험이나 연습 또는 훈련에 의해서 나타난다.
  ㉢ 생득적 반응, 일시적 반응, 성숙에 의한 반응은 학습에서 제외된다.

③ 학습의 4대 요소
  ㉠ 동기 : 학습하려고 하는 의욕을 말한다.
  ㉡ 감지 : 밖으로부터 주어지는 자극을 학습자가 받아들여 지각하는 것이다.
  ㉢ 반응 : 학습과정에서 학습자가 행동으로 나타내는 반응으로 가시적 반응과 비가시적 반응을 포함한다.
  ㉣ 강화 : 학습자의 행동변화에 대한 보상이다.

(3) 교수와 학습

구분	교수	학습
방법론	인간을 '가르친다, 만든다'	인간을 '기른다'
학생	피동적	능동적
변수	독립변인	종속변인
목표	일정한 목표가 반드시 있다.	목표가 있을 수도 있고 없을 수도 있다.
연구대상	교실사태	동물실험
행동변용방법	처방적·규범적	기술적
의의	일의적	다의적
주체	교사	학생

(4) 교수-학습지도의 원리

① **자발성의 원리**(자기활동의 원리, 흥미의 원리, 창조성의 원리) … 학습자 스스로가 능동적으로 학습에 참여하는 데 중점을 둔 학생 위주의 교육을 강조하는 원리이다. 구안법, 문제해결학습, 발견학습, 프로그램학습에 잘 나타나 있다.

② **개별화의 원리** … 학습자가 지니고 있는 각자의 요구와 능력에 알맞은 학습활동의 기회를 마련해 주어야 한다는 원리이다.

③ **사회화의 원리** … 학교와 사회 속에서의 협동적 경험이 중시되어야 한다는 원리이다.

④ **직관의 원리** … 구체적인 사물을 제시하거나 경험시킴으로써 큰 효과를 볼 수 있다는 원리이다.

⑤ **통합의 원리** … 학습을 부분적·분과적이 아닌 종합적인 전체로 지도해야 한다는 원리이다. 지식내용의 지적 과정의 통합, 지식과 정의적 특성의 통합, 교과의 통합 등으로 전인교육을 지향한다.

⑥ **목적의 원리** … 교육목표가 명확하게 제시되고 학습자에게 확인시켜 주어야 한다는 원리이다. 교육목표의 명확한 제시 및 인식은 학습효과를 높여준다.

기출문제

다음 중 추상적인 것보다 구체적인 경험이 학습능률을 높일 수 있다는 원리에 해당되는 것은?
▶ 2007. 5. 12. 광주광역시교육청
① 직관의 원리
② 조화의 원리
③ 사회의 원리
④ 방법의 원리 효과적으로 설명하고 있다.

| 정답 ①

기출문제

(5) 수업의 변인

① 교사의 변인
  ㉠ 지적 변인: 교사의 지능의 정도, 교원연수, 학과에 대한 실력, 언어구사력, 학생에 관한 정보 및 지식, 인지양식
  ㉡ 정의적 변인: 성격특성, 교사의 지도성, 가치관
  ㉢ 지도유형

② 학생변인
  ㉠ 지적 변인: 학습적성, 일반 지능, 학습결손의 유무, 학습양식, 개인차
  ㉡ 정의적 변인: 흥미, 태도, 가치관, 자아개념, 성격, 사회성, 도덕성, 불안, 학습동기, 학습흥미
  ㉢ 신체적 변인: 신체적 장애, 피로 등
  ㉣ 출발점 행동

③ 환경변인 … 지역사회환경, 가정환경, 학교환경

④ 수업과정변인 … 수업의 절차, 수업활동의 유형, 수업매체의 사용, 수업조직의 유형

(6) 자기충족예언

① 개념 … 교사가 학생의 가능성을 어느 정도로 미리 평가(예언)하고 있느냐에 따라서 학생의 학업성취가 달라진다는 가설이다.

② 특징
  ㉠ 교사가 학생을 어떤 가능성의 소지자로 보고 그에게 어떠한 기대를 거느냐 하는 것이 실질적으로 학생의 성장과 학업성취에 영향을 준다.
  ㉡ 상급학년은 높은 기대표시에 쉽게 영향을 받지 않으나 한 번 영향을 받으면 그 효과가 비교적 오래 지속된다.
  ㉢ 하급학년은 높은 기대표시로 쉽게 영향을 미치며 기대를 없애면 쉽게 기대특전현상이 사라진다.
  ㉣ 사회계층이 낮은 가정의 어린이일수록, 성적수준은 중간일수록, 지능은 낮을수록 교사의 높은 기대가 효과적으로 작용한다.

③ 로젠탈(Rosental) & 제이콥슨(Jacobson)의 연구
  ㉠ 기본전제: 교사가 학생을 보는 관점에 따라 학업성취도가 달라진다.
  ㉡ 오크(Oak)학교 실험: 한 학급집단 속에서 높은 성취를 할 것이라고 교사가 기대하는 학생들은 높은 지적 성취를 이룬다는 가설을 입증한 실험이다.

ⓒ 피그말리온 효과에 대한 교육적 영향
- 교사의 편애나 편견에 대한 교육적·사회적 설명에 해당되는 이론이다.
- 교사가 학생을 능력 있는 것으로 기대하고 대하면 능력이 신장된다.

Point 팁 자기충족예언과의 공통적인 교육효과 … 교사가 공부를 잘할 것이라고 기대하는 학생들이 실제로 공부를 잘하는 경향이 있다는 것이다.

section 2 수업설계

(1) 수업목표의 진술

① 필요성
　㉠ 수업방향을 제시해 주고, 수업내용의 선정과 조직, 그리고 수업결과에 대한 평가의 기준을 제공한다.
　㉡ 학습자가 인식할 경우 학습효과를 높일 수 있다.
　㉢ 평가 상의 타당도와 신뢰도를 높일 수 있다.
　㉣ 수업매체 선정의 기준이 된다.

② 수업목표 진술의 일반적 방법
　㉠ 구체적이고 행동적 용어로 진술해야 한다.
　㉡ 학습의 결과로 진술되어야 한다.
　㉢ 관찰될 수 있는 행위동사로 진술해야 한다.
　㉣ 명사적 동사로 표현해야 한다.
　㉤ 두 사람 이상이 동일한 해석을 내릴 수 있어야 한다.

(2) 출발점 행동의 진단

① 개요
　㉠ 출발점 행동이란 선수학습의 수준 또는 학습을 시작하는 단계에서 학생들이 이미 습득한 지식·기능·태도·학습방법·분석능력 등을 의미한다.
　㉡ 블룸(B. S. Bloom)은 학업성취에 있어서의 개인차의 원인이 선수학습의 결핍, 즉 출발점 행동의 결핍 때문이라고 보았다.
　㉢ 선수학습능력, 사전학습능력, 적성·흥미·성격·학력의 세 가지 요소가 포함된다.

기출문제

문 교수-학습 과정 중 출발점 행동 진단에 대한 설명으로 옳지 않은 것은?
▶ 2023. 4. 8. 인사혁신처
① 학습내용과 매체를 선정하고 수업절차를 확인한다.
② 학습자가 해당 학습과제를 학습할 만한 발달수준에 도달했는지를 확인한다.
③ 학습자의 선수학습 요소를 확인한다.
④ 해당 학습과제에 대한 학습자의 흥미나 적성을 확인한다.

정답 ①

기출문제

교사 중심의 교수·학습 방법은?
▶ 2018. 5. 19. 교육행정직

① 학생들에게 정해진 교과 지식을 제시하고 설명한 후 형성평가를 실시하여 학습결과를 확인하였다.
② 학생들이 현실 생활에서 당면할 수 있는 문제를 소집단 협동학습을 통해 해결하도록 안내하였다.
③ 학생들의 사고력과 창의력을 향상시키기 위해 신문에 나온 기사와 칼럼을 활용하여 토론하게 하였다.
④ 학생들에게 학습 팀을 구성하여 자신들이 실제로 겪고 있는 문제를 확인하고 자료를 수집하여 해결방안을 모색하게 하였다.

|정답 ①

---

② 출발점 행동의 진단요소 및 기능
  ㉠ 선수학습능력 : 어떤 단원이나 학습과제를 무난히 성취하기 위해서 수업이 이루어지기 전에 반드시 갖추고 있어야 할 지적 능력이나 기능을 말하는 것으로 선수학습능력의 결핍여부를 판정한다.
  ㉡ 사전학습능력 : 어떤 학습과제에서 가르치려고 하는 수업목표들 중에서 수업이 시작되기 전에 학습자 개인이 이미 알고 있거나 가지고 있는 것을 말하는 것으로 사전학습의 성취수준을 판정한다.
  ㉢ 학습곤란의 심층적 원인을 판명한다.
  ㉣ 수업방법과 관련하여 특성에 따른 교수-학습집단의 조직을 진단한다.

> **Point 팁** 사전학습능력 진단결과의 활용
> ㉠ 목표의 선별을 도와준다.
> ㉡ 단원 시작 전에 보충학습이 필요한 학생들을 선별해 준다.
> ㉢ 수업활동방법의 선택을 도와준다.

③ 학습의 준비성과 출발점 행동
  ㉠ 학습준비성의 개념
   • 교육장면에서 제시된 새로운 학습과제로부터 많은 것을 배울 수 있는 현재의 인지구조의 적합성이다.
   • 학습에 요구되는 노력과 연습을 할 만큼 학습효과를 얻을 수 있는 사전지식의 상태이다.
  ㉡ 준비성과 출발점 행동의 관계
   • 준비성의 주요인을 교육방법의 적정성과 학습결과로 보면 준비성과 출발점 행동의 관계는 유사하다.
   • 준비성을 촉진할 수 있는 것으로 본다면, 준비성보다는 출발점 행동의 개념이 교수활동의 구성에 더 실질적 공헌도가 높다.

section 3 교수-학습방법

(1) 교수-학습방법

① 강의법
  ㉠ 개요
   • 교사가 언어를 통한 설명·해설 위주로 이끌어가는 수업의 형태이다.
   • 학생들의 흥미보다는 기존의 지식체계를 전달하는 방법이다.

ⓒ 장점
- 다량의 사실을 체계적으로 전달이 가능하다.
- 많은 학생에게 동시에 짧은 시간에 교수가 가능하여 경제적이고 교사가 실제 앞에서 행하므로 생동감이 있다.
- 학습보조자료를 적절히 제시하면 학생들의 동기유발이 가능하다.
- 난해한 문제를 평이하게 설명할 수 있다.
- 수업자의 의지대로 학습환경을 변경할 수 있어 형편에 따라 융통성이나 적응력을 발휘할 수 있다.
- 수업시간, 수업량 등을 수업자의 의지대로 조정할 수 있다.

ⓒ 문제점
- 학습자의 활동기회를 제약한다.
- 학생의 고차적인 사고력 등 고등정신의 지능을 기르거나 학습태도, 동기 등을 형성하는 데는 미흡하다.
- 개인차를 고려한 학습이 곤란하다.
- 지식 위주에 빠지기 쉽고 교과서 읽기에 치우칠 우려가 있다.
- 학습자의 개성과 능력이 무시되기 쉽다.
- 학습자의 개별화·사회화가 어렵다.

② 문답법

㉠ 개요
- 교사와 학생 사이의 질문과 대답에 의해서 학습활동이 전개되는 형태로 질문법이라고도 한다.
- 교사와 학생 상호 질의에 의한 수업으로 사고력, 비판적 태도, 표현력 신장에 도움이 된다.
- 학생들의 참여도를 높일 수 있다.

ⓒ 장점
- 목표가 분명한 학습활동을 조성할 수 있다.
- 학습에 자극을 주어 활기차고 적극적인 학습을 할 수 있다.
- 학생의 주체적 학습이 가능하다.
- 교사와 학생의 의사소통이 원활하다.

ⓒ 단점
- 사고의 통일성과 연속성에 방해가 되며 학습속도가 지연된다.
- 교사중심이 되기 쉽다.
- 사고영역이 한정되기 쉽다.
- 우수아동중심의 수업으로 흘러 학습부진아들에게 좌절감을 주기 쉽다.

기출문제

PART 10 교수-학습이론

기출문제

문 다음에서 설명하는 교수학습 방법은?
▶ 2009. 5. 20. 서울특별시교육청

- 듀이의 반성적 사고에 기초한다.
- 학생이 당면하는 여러 가지 문제들을 해결하는 과정에서 지식·기능·태도·기술 등을 종합적으로 획득하게 하는 학습방법이다.

① 구안법
② 탐구법
③ 역할놀이법
④ 문제해결법

┃정답 ④

③ 토의법
  ㉠ 개요
  - 공동학습의 한 형태로 비형식적인 토의집단으로 구성된다.
  - 자유로운 토론을 통해 문제해결에 협력하고, 집단사고를 통한 집단적 결론을 이끌어 내는 방법으로 소집단 학습을 지도하기에 적당하다.
  - 상호 간의 의견존중과 의견의 종합을 통해 결론을 도출하므로 자주적 학습의욕이 생긴다는 교육적 의의가 있다.
  ㉡ 목적
  - 학습자의 언어를 유도한다.
  - 문제의 비판적 분석능력을 신장한다.
  - 창의적인 능력과 협동적 기술을 개발시킨다.
  ㉢ 장점
  - 타인의 의견 존중 및 협력하는 태도와 실천력을 함양할 수 있다.
  - 스스로 사고하는 능력을 함양하고 문제해결력을 기를 수 있다.
  - 민주시민의 기초능력을 길러준다.
  - 복잡한 교육목표의 달성에 효과적이다.
  - 합의점이 낮은 분야의 학습에 적절한 방법이다.
  ㉣ 단점
  - 토의 전에 충분한 사전준비가 필요하다.
  - 시간의 비경제성과 인원의 제한성을 갖고 있다.
  - 알려지지 않았거나 어느 정도 완전하게 이해하지 못한 사실과 개념을 다루기가 힘들다.
  - 교사의 인내심이 요구된다.
  - 수학·자연과학·공학 등과 같이 비교적 합의점이 높은 분야에는 적절하지 않다.

④ 문제해결법
  ㉠ 개요: 학생이 당면하는 여러 가지 문제들을 해결하는 과정에서 지식·기능·태도·기술 등을 종합적으로 획득하게 하는 학습방법이다.
  ㉡ 장점
  - 학습자의 자발적 학습이 가능하다.
  - 실생활과 직결된 문제를 통하여 구체적인 행동과 경험을 가능하게 한다.
  - 사고력과 창의력 등의 고등정신기능을 함양할 수 있다.
  - 협동적 학습활동을 통해 민주적인 생활태도를 배양할 수 있다.
  - 생활중심의 광범위한 영역에서 종합적인 능력을 기를 수 있다.
  ㉢ 단점
  - 기초학력을 등한시할 우려가 있다.
  - 체계적인 교과학습이 불가능하다.

- 교육현장을 혼란시켜 학습의 방향에 일관성이 없다.
- 지적 성장에 비능률적이다.

⑤ 구안법
  ㉠ 개요 : 학생이 마음속에 생각하고 있는 것을 구체적으로 실천하고 형성화하기 위하여 학습자 스스로 계획을 세워서 수행하는 학습활동이다.
  ㉡ 특징
    - 문제를 구체적이고 실질적으로 해결한다.
    - 문제는 학습자 자신이 목적을 가지고 계획에 의하여 선택하고 수행한다.
    - 문제해결을 위하여 물질적 자료가 사용된다.
    - 개인차에 따른 활동이 가능하다.
  ㉢ 장점
    - 동기유발이 가능하고 주도성과 책임감을 함양할 수 있다.
    - 창조적 태도와 구성적 태도를 신장할 수 있다.
    - 학교생활과 실제생활을 결부한다.
    - 자발적·능동적인 학습활동을 촉구한다.
  ㉣ 단점
    - 능력이 부족한 학습자는 시간을 낭비할 수 있다.
    - 우수학습자가 학습을 독점할 가능성이 있다.
    - 교재의 논리적 체계가 무너지기 쉽다.

⑥ 버즈학습
  ㉠ 개요 : 학급 내의 인간관계를 강화하고, 학생의 기초학력을 향상시키는 것을 목적으로 고안된 집단토의 학습방법의 일종이다.
  ㉡ 특징 : 자아관여·사회적 협동심·자기의사표시기술을 높인다.

⑦ 탐구법
  ㉠ 성격 : 어떤 문제의 해결이나 주제의 학습을 위해서 교사가 학생들의 능동적인 탐구행위를 촉진시키는 교수행위이다.
  ㉡ 장점
    - 실제 현상, 사례를 심층적으로 탐구하여 지식의 구조를 파악한다.
    - 기본원리를 자발적으로 깨우친다.
    - 주어진 사실에서 새로운 법칙을 파악해 내는 추론과정을 길러준다.
  ㉢ 문제점
    - 학습자의 기본학습 이해도가 요구된다.
    - 탐구방법의 사전훈련이 필요하다.
    - 자율적인 학습능력이 결여된 학습자들은 무관심하게 된다.

기출문제

기출문제

⑧ 역할놀이법
　㉠ 성격 : 사회성과 민주적 태도와 기능을 기르고 타인의 행동, 감정 등에 대한 올바른 이해와 도덕적 심성을 기르기 위한 수업방법이다.
　㉡ 장점
　　• 학습자의 감정, 태도, 가치, 지각에 대해 탐색할 수 있다.
　　• 문제해결 지능과 태도의 개발이 가능하다.
　　• 교과내용을 여러 가지로 탐색할 수 있다.
　㉢ 문제점 : 역할놀이 구성 준비에 어려움이 많고, 전체 학급구성원의 참여가 불가능하며, 역할의 고정이 새로운 사고를 방해한다.

⑨ 실연법
　㉠ 정의 : 지식이나 기능을 교사의 지휘·감독 하에 직접적으로 연습하거나 적용하게 하는 방법이다.
　㉡ 특성
　　• 수업의 중간이나 마지막 단계에서 사용한다.
　　• 학습한 것을 실제의 사태에 적용하는 것이 허용되는 경우에 사용한다.
　　• 실제와 유사한 사태에서 연습해야 할 경우에 사용한다.
　　• 언어학습·문제해결학습·원리학습이 가능하다.

⑩ 자율학습법
　㉠ 정의 : 교사의 구체적인 안내나 지도 없이 학생 스스로 읽고·탐구하는 방법이다.
　㉡ 특징
　　• 수업의 최종단계에서 주로 사용한다.
　　• 모든 형태의 교과목에 적용이 가능하다.
　　• 학습자 개개인이 가지고 있는 독특한 흥미를 추구하는 경우에 적합하다.

⑪ 학생상호학습법
　㉠ 정의 : 수업목표를 먼저 학습한 학생이 자신이 학습한 것을 동료학생들에게 가르치거나 학습을 돕게 하는 방법이다.
　㉡ 특징
　　• 학교수업·직업훈련의 경우에 좋다.
　　• 수업의 목표나 내용이 1대 1의 방법을 사용하는 것이 효과적인 경우에 좋은 방법이다.

⑫ 모의법
　㉠ 정의 : 실제의 장면이나 상황과 유사한 사태를 인위적으로 만들어 학습하게 하는 방법이다.

ⓒ 특징
- 수업의 모든 단계에서 사용할 수 있다.
- 실제사태에 위험성이 있는 경우에 사용하도록 한다.
- 직접조작을 중시하는 경우나 태도 또는 기능의 학습에 사용하면 효과적이다.

⑬ 프로그램학습법
ⓐ 정의 : 학습자가 이미 만들어진 프로그램 자료를 가지고 단독으로 학습하게 하는 방법이다.
ⓑ 특징
- 수업의 모든 단계에서 사용할 수 있고 특히 보충학습의 경우에 효과적이다.
- 학생들의 개인차가 최대한 조절되어야 할 경우에 사용하면 효과적이다.

(2) 구성주의적 교수모형

① 학습·수업원리
ⓐ 지식의 상황성을 강조한다.
ⓑ 현실 속 당면문제를 제시한다.
ⓒ 학습환경의 조성 : 학습자의 자율성과 권위를 부여한다.

② 학습에 대한 구성주의적 관점
ⓐ **지식에 대한 구성주의적 관점(유용성)**
- 학습자가 주변세계와의 상호작용을 통해 지식을 구성한다는 것을 강조한다.
- 학습에서 타인의 역할이 중요할 수는 있지만 필수적인 것은 아니라고 보는 입장이다.
- 구성주의 입장에서 지식은 선행지식 뿐만 아니라 문화적 및 사회적 맥락에 따라 구성된다고 제안한다.
ⓑ **학습에 대한 구성주의적 관점(사회)**
- 학습이 본질적으로 사회적인 것이며 특정 문화적 배경 내에서 일어난다는 비고츠키(Vygotsky)의 견해에 동의한다.
- 실제세계에서의 학습은 학교에서의 공부와는 달리 초보자가 독립적으로 일할 수 있게 될 때까지 전문가의 지도 아래 점차 더 많은 책임을 맡아 가는 도제제도와 비슷하다고 본다.

③ 인지적 도제이론
ⓐ 인지적 도제 : 전문가의 사고과정을 학습자가 실제로 내면화시키는 것이다.
ⓑ 도제학습의 절차
- 시연단계(modeling) : 특정 사회집단에서 필요한 실제과제의 문제해결 전과정을 전문가가 시범해 보이는 단계이다.

기출문제

다음 설명에 해당하는 교수-학습 이론은?
▶ 2021. 6. 5. 지방직 시·도교육청

전문가와 초심자 간의 특정한 관계 속에서 실제적 과제를 해결해 나가는 과정을 통하여 새로운 지식을 구성함으로써 개념을 발전시켜 나간다. 전문가는 초심자의 지식 구성과정을 도와주는 역할을 하며, 초심자는 전문가와의 토론이나 초심자 간의 토론을 통하여 사회적 학습행동을 습득하고 자신의 인지적 활동을 통제하면서 인지능력을 개발한다.

① 상황학습 이론
② 문제기반학습 이론
③ 인지적 융통성 이론
④ 인지적 도제학습 이론

정답 ④

PART 10 교수-학습이론

기출문제

문 다음 설명에 해당하는 교육방법은?

2025. 4. 5. 국가직

학생은 교실 수업 전에 온라인 자료를 통해 학습하고, 교실 수업에서는 교실 전 수업에서 해결하지 못한 과제나 문제를 교사와의 심화학습 활동, 동료 학생과의 상호작용 등을 통해 해결하는 교육방법이다.

① 플립러닝(flipped learning)
② 정착수업(anchored instruction)
③ 문제중심학습(problem-based learning)
④ 인지적 도제학습(cognitive apprenticeship)

- 교수적 도움의 단계(scaffolding) : 문제해결을 위한 인지적 틀을 제시하는 단계이다.
- 교수적 도움의 중지단계(fading) : 학습자 스스로가 문제를 해결할 수 있도록 하는 단계이다.

④ 상황적 학습모델(학생 주도의 문제형성 및 해결학습)
  ㉠ 한 상황 혹은 일련의 사건들에 대한 학생들의 각기 다양한 해석과 접근방법을 협동적 노력을 통해 접하게 되면서 그들의 개인적 견해와 사고의 틀을 넓히는 결과를 가져오도록 하는 전략으로 본다.
  ㉡ 실제적 성격의 과제에 대해 스스로 그 의미를 찾아가는 학생 주도적 성격을 강조한다.

⑤ 인지적 유연성 모델(구성주의 학습모델)
  ㉠ 인지적 유연성은 여러 지식의 범주들을 연결 지으면서, 다양한 방법으로, 급격하게 변화해가는 상황적 요구에 탄력성 있게 대처하는 능력이다.
  ㉡ 실제로 사회의 중요한 문제들은 비정형화되고 매우 독특한 상황에서 독특한 해결책을 기다리는 것들이다.

⑥ 문제중심학습(PBL : Problem Based Learning)
  ㉠ 개요
    - PBL은 구성주의의 상대론적 인식론을 이론적 근거로 하는 구성주의 학습원칙을 충실히 반영하고 있는 학습모형이다.
    - 문제중심학습은 학습자로 하여금 어떤 문제나 과제에 대한 해결안 혹은 자신의 견해나 입장을 전개하여, 제시하고, 설명하며, 나아가 옹호할 수 있도록 함을 목표로 한다.
  ㉡ 문제중심학습의 학습환경의 특징
    - 관련 분야에 실재하는 복잡하고 비구조적인 문제들을 풀어 나간다.
    - 기존의 교육방식에 비해 교사의 역할이 상당히 축소되고 그들의 권위는 학습자에게 위임된다. 교수에서 학습으로 무게중심이 옮겨간다.

⑦ 플립러닝(Flipped Learning, 거꾸로학습)
  ㉠ 의미 : 블렌디드 러닝(blended learning)의 한 형태로서, 수업시간 전에 교수자가 제공한 온라인 영상 등의 각종 자료들을 학생이 미리 학습하고 강의실에서는 과제풀이나 토론 등이 이루어지는 학습을 의미한다.
  ㉡ 수업방식
    - 수업에 앞서 제공되는 온라인 영상이나 자료 등을 이용해 학생이 미리 수업내용을 학습하고 수업시간에는 실천과제 연습이나 토론, 프로젝트 등이 수행됨으로써 단순한 지식 전달이 아닌 교수자와 학생, 학생과 학생간의 상호작용이 강조된다.

| 정답 ①

- 플립러닝에서는 교수자에게 학생들을 수업에 참여시키고 지적 자극을 주기 위한 보다 정교한 수업설계가 요구된다.
- 학습자는 일방적으로 수업을 듣거나 학습자료를 읽는 데 그치지 않고 학습과 관련된 새로운 아이디어를 생성하는 등의 고차원적인 학습활동에 참여하게 된다.

ⓒ 장점과 단점
- 장점 : 학습자가 진도를 조절하면서 스스로 학습할 수 있고 학습자 중심의 보다 심화된 배움 활동이 이루어질 수 있다
- 단점 : 교수자와 학습자 모두에게 수업준비가 부담으로 작용할 수 있으며 인터넷이 잘 구축되지 않은 환경에서는 활용이 어렵다.

(3) 협동학습

① 협동학습

㉠ 개념 : 학생들이 그들 집단의 학업수행에 근거해서 보상이나 인정을 받는 협동적인 유인구조와 공동목표를 향해 소집단에서 함께 공부하는 협동적 과제 구조를 활용하는 학습방법이다.

㉡ 특징
- 전통적 소집단 학습에서 나타나는 부익부현상, 집단 간 편파, 학업성적이 낮은 학습자의 자아존중감의 부정적인 측면을 해소하기 위한 방법이다.
- 서로 협동하여 과제를 수행하므로 동료에게서 배우는 학습효과 뿐만 아니라 사회응집성과 협동기술을 촉진시킬 수 있다.
- 구성원 사이의 긍정적 상호의존성을 강조하면서도 분명한 개별적인 책무성이 존재한다.

② 협동학습과 전통적인 소집단학습 비교

협동학습	전통적 소집단학습
• 긍정적인 상호의존성과 개별책무성	• 상호의존성 및 개별책무성이 없음
• 구성원의 이질성	• 구성원의 동질성
• 서로에 대한 책임을 공유	• 자신에 대해서만 책임을 짐
• 공유하는 지도력	• 한 사람이 지도자가 됨
• 과제와 구성원과의 관계지속성	• 과제만 강조
• 사회적 기능을 직접 배움	• 사회적 기능을 배우지 않음
• 교사의 관찰과 개입	• 교사는 집단의 기능을 무시함
• 집단과정의 구조화	• 집단과정이 없음

③ 직소(협동학습의 형태)

㉠ 직소(Jigsaw) I 모형 : 5~6명의 한 팀이 학습할 단원을 집단의 수로 나눈 후, 학습할 부분을 나누어준다. 각 집단에서 같은 부분의 내용을 학습한 사람끼리 함께 모여서 자신들이 학습한 내용을 학습한 후에 다시 돌아가 자신의 팀 구성원들에게 가르친다.

기출문제

문 협동학습의 일반적인 원리로 옳지 않은 것은?
▶ 2022. 4. 2. 인사혁신처

① 개별 책무성
② 동질적 집단구성
③ 긍정적 상호의존성
④ 공동의 목표 달성 노력

문 다음 사례에 가장 잘 부합하는 협동학습 모형은?
▶ 2016. 6. 18. 교육행정직

박 교사는 한국사 수업을 다음과 같이 진행하였다.
(1) 고려 시대의 학습내용을 사회, 경제, 정치, 문화의 4개 주제로 구분하였다.
(2) 학급 인원수를 고려하여 모둠을 구성하고, 모둠에서 각 주제를 담당할 학생을 지정하였다.
(3) 주제별 담당 학생을 따로 모아 전문가 집단에서 학습하도록 하였다.
(4) 전문가 집단에서 학습한 학생들을 원래의 모둠으로 돌려보내 각자 학습한 내용을 서로 가르쳐 주도록 하였다.
(5) 모둠학습이 끝난 후, 쪽지 시험을 실시하여 우수학생에게 개별 보상을 하고 수업을 종료하였다.

① 팀경쟁학습(TGT) 모형
② 팀보조개별학습(TAI) 모형
③ 과제분담학습Ⅰ(JigsawⅠ) 모형
④ 학습자팀성취분담(STAD) 모형

정답 ②, ③

기출문제

      ⓒ 직소(Jigsaw) Ⅱ 모형 : Jigsaw Ⅰ 모형을 수정하여 개념중심적인 수업에 이용되는 모형으로 모든 학생들이 전체 학습자료와 과제 전체를 읽되 특별히 관심 있는 주제를 선택한 다음, 그것을 전문가 집단에 가져가서 배운 후 자기 팀으로 돌아와 가르치는 것이다.
      ⓒ STAD(성취과제분담학습) : 다양한 수준의 학습자들이 4~5명씩 팀이 되어 이미 배운 내용들을 다시 학습하며, 서로 도와가며 각자 최선의 성취까지 도달하도록 하는 방법이다. 집단보상과 개별적인 책무성 및 성취결과의 균등한 배분을 통하여 팀의 경쟁 및 개인의 노력, 책무성을 강조하는 협동학습의 모형이다.
      ⓔ TGT 협동학습모형(팀 경쟁학습)
- 탐구성, 수업방법, 연습문제지 등을 이용한 협동학습으로 기본적 기능의 습득과 이해력·적응력의 신장을 목적으로 한다.
- 시험을 실시하지 않고 게임을 이용하여 각 팀 간의 경쟁을 유도한다.
- 공동작업구조이고 보상구조는 집단 내 협동 – 집단 외 경쟁구조이다.

section 4 수업의 실제

(1) 발문

① 정의
    ㉠ 발문 : 학습자의 사고를 자극하고 유발하여 새로운 추구나 발견 또는 상상을 확대하기 위해 문제를 제기하는 것이다.
    ㉡ 질문 : 의문되는 점을 바로잡아 밝히려는 기억재생을 위한 물음의 평가적 성격을 지닌다.

② 목적
    ㉠ 학생들이 알고 있는 지식과 알지 못하는 지식을 파악하기 위해
    ㉡ 학습자의 사고력을 계발하기 위해
    ㉢ 수업내용을 숙달하고 연습의 기회를 제공하기 위해
    ㉣ 학습자들이 학습자료를 조직하고 해석하는 것을 돕기 위해
    ㉤ 수업내용의 중요한 요점을 강조하기 위해
    ㉥ 사건의 원인과 결과관계를 알게 하기 위해

③ 기능
    ㉠ 학습방법이나 작업방법에 대한 암시를 주어 문제해결절차에 따라 학습자 스스로가 답을 구하게 된다.

⊙ 교사와 학습자 간의 인간관계를 인격적으로 결부시켜 민주적 수업분위기를 조성하게 한다.
ⓒ 학습자의 사고활동을 촉진시켜 주체적 자기학습을 가능하게 한다.
② 발문은 새로운 문제의 제기이며 학습활동의 추진력이다.

Point 팁 교사발문의 구비요건
㉠ 명확성과 간결성: 발문의 의미가 명확하고 간결하여 학생이 무엇을 대답해야 할지 알 수 있어야 한다.
㉡ 반성적 사고과정의 자극: 발문은 학생의 사고력에 의해 해결되는 문제의 방향으로 나아가야 한다.
㉢ 학생의 능력·지식·경험에의 적용: 발문은 학생의 능력·지식·경험에 비추어 적당해야 하며 학생이 도전해 볼만해야 한다.
㉣ 바른 언어의 사용: 교사의 언어는 바른 언어를 사용하여 언어표현의 기회로 삼아야 한다.
㉤ 발문 내용의 일의성: 하나의 발문에는 하나의 대답을 요구하는 것이 복잡성을 피할 수 있다.

④ 처리
㉠ 성공적인 대답에 대해서는 칭찬과 격려로 성공감을 갖게 하여 다음 문제해결에 자신감을 주도록 한다.
㉡ 구체적으로 틀린 곳을 지적하고 격려와 함께 칭찬을 해줌으로써 자기의 결점을 찾게 하고 계획적인 학습활동이 되게 한다.
㉢ 학력이 낮고 발표력이 없거나 내성적인 학생에게 더 주의를 기울여야 한다.
㉣ 옳지 않은 답이나 제의가 나오더라도 집단사고로 돌려서 각자 다시 생각할 기회를 갖게 한다.

(2) 판서

① 의미
㉠ 수업의 능률을 올릴 수 있는 중요한 수업기술이며, 학습자의 사고활동을 촉진하는 동기요인이다.
㉡ 수업내용을 구조화할 계획으로 수업내용의 특성과 학습자의 발달단계를 고려하여 이루어지는 수업과정이다.

② 내용
㉠ 학습의 방향을 제시하거나 목표 또는 문제를 제시할 때 활용한다.
㉡ 이해가 곤란하다고 생각되는 추상적인 내용의 해설을 판서한다.
㉢ 구조적인 내용의 해설을 판서한다.
㉣ 전체를 요약·정의·확인하는 내용을 판서한다.
㉤ 용어·인명의 표기도 판서한다.

기출문제

PART 10 교수-학습이론

기출문제

문 글레이저(Glaser)의 수업과정모형에 대한 설명으로 옳지 않은 것은?
▶ 2005. 4. 24. 중앙인사위원회
① 수업목표를 세분된 행동적 용어로 진술하였다.
② 교수의 한 단계는 다음 단계의 활동과 별개이다.
③ 수업과정과 평가가 밀접하게 관련을 맺는다.
④ 출발점행동의 개념을 도입하였다.

│정답│ ②

(3) 동기유발

① 기능
  ㉠ 활성적 기능 : 행동을 유발시키고 지속시켜 주며 유발시킨 행동을 성공적으로 추진하는 힘을 준다.
  ㉡ 지향적 기능 : 동기에 따라 행동의 방향이 결정되기 때문에 이를 지향적 기능이라 한다.
  ㉢ 조절적 기능 : 선택된 목표행동에 도달하기 위해서는 필요한 다양한 동작이 선택되고 이를 수행하는 과정을 겪는데 이러한 과정에서 동기는 조절적 기능을 한다.
  ㉣ 강화적 기능 : 동기에 따라 그 행동이 일어날 확률이 증가하기도 하고 감소하기도 한다. 즉 행동의 결과로 어떠한 보상이 주어지느냐에 따라 동기유발의 수준이 달라지는 것이다.

② 방법
  ㉠ 내적 동기유발의 방법 : 행동의 전개 자체가 목표인 동기를 말한다.
    • 학습자가 학습문제에 대하여 호기심을 갖도록 한다.
    • 성취감을 갖게 한다.
    • 실패의 경험을 줄인다.
    • 지식, 기능 또는 인격의 모델을 상정하고 동일시하도록 한다.
  ㉡ 외적 동기유발의 방법 : 행동의 목표가 행동 이외의 것이어서 행동이 수단의 역할을 하는 동기이다.
    • 학습목표를 분명히 알게 한다.
    • 학습과정을 충분히 알게 함으로써 흥미를 갖고 학습활동에 적극적으로 참여하게 한다.
    • 학습결과를 상세히 알려준다.
    • 집단 소속원으로서의 소속감을 갖게 해준다.
    • 다양한 학습자료나 실증적인 예화를 준다.
    • 학습자 개개인의 장점을 찾아 칭찬을 해준다.

section 5 교수-학습이론

(1) 글레이저(Glaser)의 수업과정모형

① 특징
  ㉠ 수업목표를 세분된 행동적 용어로 진술하였다.
  ㉡ 출발점 행동의 개념을 도입하였다.
  ㉢ 교수의 한 단계는 후속되는 다음 단계의 활동을 계속적으로 결정하고 수정한다.
  ㉣ 각 단계가 피드백 선에 의해 유기적으로 상호 관련되어 있다.
  ㉤ 수업과정과 평가가 밀접한 관련을 맺는다.
  ㉥ 학생의 개인차에 대한 고려가 있어 개인차를 교수에 반영할 수 있다.

② 단계상 특징
  ㉠ **수업목표**: 학습의 지침과 평가의 준거가 되는 것으로 수업과정이 도달해야 할 도착점 행동과 같다.

> **Point 팁** 도착점 행동 … 특정 단위수업의 종료 시 학생들이 보여줄 수 있는 성취를 의미한다.

  ㉡ **출발점 행동**
  • 교수활동이 시작되기 전 학생이 지니고 있는 지적·정의적 상태를 의미하는 것으로 투입행동과 동의어라고 할 수 있다.
  • 선수학습능력을 알아보는 단계로 적절한 교수전략과 계획을 수립하고 실천하는 데 필요한 기초를 제공해 주는 것이다.
  • 출발점 행동의 분석을 위해 진단평가를 실시하여 학습결함이 발견되면 보충학습을 실시한다.

  ㉢ **수업절차**
  • 일련의 수업과정의 중심단계로 학습지도의 장면을 의미하는 것으로 교사가 학습자에게 직접 가르치는 과정이다.
  • 교수목표에 따라 교수방법과 매체를 선정하고 적절한 교수법을 처방하여 수업을 진행시킨다.
  • 형성평가를 통해 교수목표의 달성 여부를 확인하며, 결과를 교사와 학생에게 피드백 하는 교정학습이 중요시된다.

  ㉣ **성취도 평가**: 수업 종료 시 수업목표에 비추어 학습성취도를 평가하는 단계로 교수목표에 기준을 두고 목표가 얼마나 달성되었는가를 평가한다.

기출문제

❓ Glaser의 수업과정모형 중 형성평가의 단계는?
▶ 2005. 8. 19. 경기도교육청
① 수업목표
② 출발점행동
③ 수업절차
④ 성취도평가

| 정답 ③

기출문제

문 다음 중 발달과정에 있어서 사전에 선행준비가 필요하다는 것은?
▶ 2005. 8. 19. 경기도교육청

① 비고츠키 – 비계설정
② 캐롤 – 적성
③ 브루너 – 학습경향성
④ 글레이저 – 출발점행동

Tip 글레이저의 출발점 행동은 선수학습능력을 알아보는 단계이다.

문 캐롤의 학교학습모형에서 학업성취도 결정의 가장 중요한 변인은?
▶ 2008. 10. 25. 경상남도교육청

① 적성   ② 동기
③ 흥미   ④ 학습기회
⑤ 지능지수

문 다음 설명에 해당하는 것은?
▶ 2023. 4. 8. 인사혁신처

• 학습 정도를 시간의 함수로 본다.
• 적성은 최적의 학습 조건에서 학습 과제를 일정한 수준으로 성취하는 데 필요한 시간으로 표현된다.
• 수업 이해력은 학습자가 수업내용, 교사의 설명, 제시된 과제를 이해하는 정도를 의미한다.

① 글래이저(Glaser)의 교수과정
② 캐롤(Carroll)의 학교학습모형
③ 브루너(Bruner)의 발견학습
④ 가네(Gagné)의 학습위계

|정답 ④, ④, ②

(2) 한국교육개발원(KEDI) 수업과정모형

① KEDI 수업절차모형

1. 계획단계	2. 진단단계	3. 지도단계	4. 발전단계	5. 평가단계
• 학습과제 분석 • 수업계획 • 실천계획	• 진단평가 실시 • 분류 • 심화·교정 학습	• 도입 • 전개 • 정착	• 형성평가 실시 • 평가결과 토의 • 심화·보충 학습	• 총괄평가 실시 • 결과검토 • 결과활용

② 특징
  ㉠ 초·중등학교 전 교과에 걸쳐 사용될 수 있는 수업절차 전개방식을 제시하고 있다.
  ㉡ 각 교과의 특징에 따라 지도단계를 다양하게 변경시킬 수 있다.
  ㉢ 수업과정을 일련의 계속적인 과정으로 보고 이에 따른 수업운영상의 융통성을 부여한다.
  ㉣ 과밀학습상황에서 교사에게 부담을 주지 않으면서 가능한 개인차를 고려한 수업과정을 진행할 수 있다.

(3) 캐롤(J. B. Carroll)의 학교학습모형

① 개요
  ㉠ 전체교육의 과정에 관심을 둔 완전학습을 위한 학교학습모형이다.
  ㉡ 인지적·기술적 학습을 위한 것으로 정의적 학습에 영향을 미치지 못한다.
  ㉢ 학업성취를 위한 학습의 경제성에 많은 관심을 두고 있다.

② 기본개념… 학습의 정도는 도달되어야 할 수업목표의 기준선에 비추어 본 실제 학습의 성취정도이다. 즉 어떤 학습자가 어떤 과제의 학습을 위해서 필요로 하는 시간량에 비추어 실제로 사용한 시간의 비율에 의해서 결정된다.

Point 팁
  ㉠ 학습에 필요한 시간: 주어진 학습과제를 완전학습의 기준선까지 학습하는 데 소요되는 총 시간량이다.
  ㉡ 학습에 사용한 시간: 학습자가 능동적으로 학습과제에 주의를 집중시키며 학습에 열중하는 시간량이다.

③ Carroll 모형의 5변인
  ㉠ 변인의 종류
    • 적성 : 최적의 학습조건하에서 주어진 학습과제를 일정한 수준으로 성취하는 데 필요한, 학생 각자가 학습성취에 필요로 하는 시간량이다.
    • 지구력 : 학습자가 일정수준의 성취를 할 때까지 계속해서 정력을 쏟는 시간이다.
    • 학습기회 : 학습자에게 주어진 학습과제를 위해 실제로 허용되는 총 시간량이다.
    • 교수의 질 : 학습과제 제시방법이 적절한 정도이다.
    • 교수이해력 : 학생들의 교수내용이나 교사의 설명을 이해하는 학습자의 일반적인 능력이다.
  ㉡ 변인분류
    • 개인차 변인 : 적성, 수업이해력, 학습지속력
    • 수업 변인 : 수업의 질, 학습기회

(4) 블룸(Bloom)의 완전학습모형

① 완전학습
  ㉠ 교수의 과정을 적절히 조작했을 때, 학급의 95% 이상의 학생들이 주어진 학습과제의 90% 이상을 완전히 학습해 내는 학습을 의미한다.
  ㉡ 학습자료가 적절하게 계열화되고 각 개인의 학습속도에 맞게 충분한 학습기회가 제공되면 완전학습이 가능하다고 본다.
  ㉢ Glaser의 수업절차모형, Carroll의 학교학습모형, Skinner의 프로그램학습은 모두 완전학습을 지향하는 학습모형이다.

② 수업전개의 절차
  ㉠ 기초학습 결함진단(제1단계) : 진단평가에 의해 기초학력을 진단한다.
  ㉡ 기초학력 보충과정(제2단계) : 결손의 보충이 이루어진다.
  ㉢ 수업목적의 명시(제3단계) : 수업목표를 명확히 하고 구체적으로 인식시킨다.
  ㉣ 수업(제4단계) : 교수-학습활동이 진행된다(학습밀도의 향상).
  ㉤ 수업보조활동(제5단계) : 연습·실험·실습·관찰을 통해 흥미·동기유발 및 다양한 자료가 제시된다.
  ㉥ 형성적 평가(제6단계) : 위계목표에 대해 계속적인 확인이 시행된다.
  ㉦ 보충과정(제7단계) : 형성평가의 결과에 따라 학습부진아의 집중적 보충지도가 이루어진다.
  ㉧ 심화과정(제8단계) : 정상적 진전을 보인 학생에 대해 심화학습을 실시한다.
  ㉨ 제2차 학습기회(제9단계) : 자율적 협력학습의 기회를 제공한다.
  ㉩ 종합적 평가(제10단계) : 수업 종료 시 학습진전도를 평가한다.

기출문제

🔍 다음 설명에 해당하는 블룸(Bloom)의 교육목표 분류 범주는?
▶ 2023. 4. 8. 인사혁신처

• 복잡한 사상이나 아이디어의 구조를 파악하는 수준의 행동으로, 그 구성요소나 관계의 확인을 포함한다.
• 이 범주에 속하는 목표 진술의 예로는 사실과 추론을 구분하기, 원인과 결과를 찾아내기 등이 있다.

① 적용   ② 평가
③ 종합   ④ 분석

| 정답 ④

PART 10 교수-학습이론

기출문제

문 지식의 구조와 나선형 교육과정의 개념을 주장한 학자는?
▶ 2025. 6. 21. 제1회 지방직
① 파이나(W. Pinar)
② 아이즈너(E. Eisner)
③ 브루너(J. Bruner)
④ 보빗(F. Bobbitt)

문 브루너(Bruner)의 교수이론에 대한 설명으로 옳지 않은 것은?
▶ 2020. 6. 13. 교육행정직
① 어떤 교과든지 지적으로 올바른 형식으로 표현하면 어떤 발달 단계에 있는 아동에게도 효과적으로 가르칠 수 있다.
② 학습자의 발달 단계에 맞게 학습내용을 구조화하고 조직함으로써 학습자가 교과내용을 잘 이해할 수 있다.
③ 지식의 표상 양식은 영상적 표상으로부터 작동(행동)적 표상을 거쳐 상징적 표상의 순서로 발달해 나간다.
④ 지식의 구조를 이해하게 되면 학습자 스스로가 사고를 진행할 수 있으며, 최소한의 지식으로 많은 것을 알 수 있다.

| 정답 ③, ③

Point 팁 학습효과와 변인과의 관계
㉠ 지적 출발점 행동은 전체 변인의 50%의 효과를 갖고 있다.
㉡ 정의적 출발점 행동은 25%의 효과가 있다.
㉢ 지적·정의적 출발점 행동은 공통요소의 10%이다.

(5) 브루너(J. S. Bruner)의 수업이론과 발견학습

① **Bruner이론의 개요**
  ㉠ Bruner 수업이론은 규범적이고 처방적 성격을 띠고 있다.
  ㉡ 교사의 지시를 최소화하고 학습자들의 학습하려는 경향성에 기초한 방법으로, 학습과제의 최종적인 형태를 학습자 스스로 찾아내는 방법이다.

② **구성요소**
  ㉠ 학습경향성: 학습하고자 하는 경향 또는 의욕을 의미하며 준비성과 출발점 행동과 유사개념이다.
  ㉡ 지식의 구조: 학문 내지 교과의 기저를 이루는 핵심적 아이디어 내지 개념이나 원리를 뜻한다.
  ㉢ 학습계열: 학습과제를 순서대로 조직하고 제시하는 원칙을 의미한다.

③ **특징**
  ㉠ 수업목표의 설정면
    • 지식의 구조는 교육의 내용적 측면이 목표이다.
    • 학교교육의 궁극적 목적은 학습자의 지력의 성장이다.
    • 수업목표의 진술방법에 있어 구체적 진술을 원하지 않았다.
  ㉡ 학습자의 개인차면
    • 학습자의 개인차는 인지적 발달수준의 차이와 같은 의미이다.
    • 수업의 개별화는 지적 능력의 발달수준에 따라 조절될 때 최상의 효과를 얻을 수 있다.
    • 어떤 연령의 어떤 아동에게도 어떤 학습과제든지 가르칠 수 있다.
  ㉢ 학습자의 학습동기면
    • 학습자에게는 누구나 알려는 욕구와 탐구하려는 자세를 지니고 있다.
    • 교수-학습과정에서 학습의욕을 자극해야 한다.
    • 학습의욕자극을 위해서 학습과제가 지적 호기심을 자극하도록 적절한 수준의 불완전성과 애매성을 가져야 한다.

④ **발견학습** … 교사의 지시를 최소화하고 학생의 자발적 학습을 통해서 학습목표를 달성하게 하는 방법이다. 학습자를 지식의 발전과정에 따라 학습시켜 이를 재발견하게 하는 학습지도의 방법이다.

㉠ 과정 : 문제의 발견(문제의식을 가지고 제시된 구체적인 사실이나 경험을 조사하는 단계로 문제에 대한 적극적인 관심과 관계파악이 이루어진다) → 가설의 설정(예상이나 가설을 세우는 단계로 사실 간의 관계 지음이 심화되어 정선된 예상을 착상하게 된다) → 가설의 검증(객관적 개념으로 확인하는 단계로 전 단계에서 착상된 예상은 주관적 성격을 가지고 있으므로 이에 객관성을 부여하기 위해 분석·종합 등을 통해 객관화한다) → 적용

㉡ 특징
- 교재의 기본구조에 대해 철저히 학습한다.
- 학습효과의 전이를 중시한다.
- 학습의 결과보다 과정과 방법을 중시한다.
- 학습자의 자율적 발견을 위한 최대한의 기회를 보장한다.

(6) 가네(R. M. Gagnè)의 수업이론

① 개요

㉠ Gagné의 수업이론은 목표에 따라 학습조건이 다름을 주장하여 Gagné의 이론을 목표별 수업이론 또는 학습조건적 수업이론이라고 부른다.

㉡ 학교학습에는 학습의 성과, 학습의 사태, 그리고 학습의 조건의 세 가지 요소가 관여한다.

㉢ 학습의 성과는 학습의 결과 얻어지는 대상 또는 목표로 다섯 가지(지적 기능, 인지전략, 언어정보, 운동기능, 태도)가 있다.

구분		내용
인지적 영역	언어정보	사물의 명칭이나 사실들을 아는 능력
	지적기능	어떤 과제를 수행하는 데 필요한 다양한 과정을 수행하는 능력
	인지전략	학습방법, 사고방법을 독자적으로 개발하는 사고전략
정의적 영역	태도	정신적 상태
심동적 영역	운동기능	인간의 심리운동기능

② 학습의 독립변인

㉠ 학습의 외적 조건 : 교사가 하는 수업절차를 말한다.
- 강화의 원리 : 새로운 행동의 학습은 그 행동이 일어났을 때 만족한 결과, 즉 보상이 있으면 강화된다.
- 접근의 원리 : 학습자가 반응해야 할 자극사태와 반응이 시간적으로 접근되어 있을 때 학습효과가 높다.
- 연습의 원리 : 학습과제를 되풀이하여 연습하면 학습효과가 높다.

기출문제

문 가네(R. Gagné)의 수업 사태에서 (가)~(다)에 들어갈 단계를 A~C와 바르게 연결한 것은?
▶ 2025. 6. 21. 제1회 지방직

[(가)] − 학습목표 제시 − 선수학습 재생 자극 − 자극자료 제시 − [(나)] − 수행 유도 − 피드백 제공 − 수행 평가 − [(다)]

A. 학습안내 제공
B. 파지 및 전이 촉진
C. 주의집중 획득

	(가)	(나)	(다)
①	A	B	C
②	A	C	B
③	C	A	B
④	C	B	A

문 가네(Gagné)가 제시한 학습의 결과에 해당하지 않는 것은?
▶ 2020. 7. 11. 인사혁신처
① 태도 ② 언어정보
③ 탐구기능 ④ 운동기능

문 가네(R. Gagné)의 교수이론에 대한 설명으로 옳은 것은?
▶ 2025. 4. 5. 국가직
① 학습성과는 언어 정보, 인지 전략, 태도, 운동 기능의 네 영역으로 분류된다.
② 학습의 조건에는 내적 조건과 외적 조건이 있다.
③ 교수 활동은 7단계로 구성된다.
④ 모든 수업은 학습목표 제시로부터 시작된다.

정답 ③, ③, ②

PART 10 교수-학습이론

기출문제

❓ 다음 내용에 해당하는 교수학습이론은?
▶ 2022. 6. 18. 교육행정직

- 새로운 지식·정보와 선행 학습 내용의 통합을 강조한다.
- 학습자의 인지구조에 알맞게 포섭 및 동화되도록 학습과제를 제시한다.
- 일반적이고 포괄적인 지식을 먼저 제시하고, 그다음에 세부적이고 상세한 지식을 제시한다.

① 블룸(Bloom)의 완전학습이론
② 오수벨(Ausubel)의 유의미학습이론
③ 스키너(Skinner)의 행동주의 학습이론
④ 콜린스(Collins)의 인지적 도제 학습이론

| 정답 ②

ⓒ 학습의 내적 조건: 학습의 성과 또는 목표를 달성하기 위해서 학습자 내부에서 일어나는 일련의 정보처리과정을 학습의 사태 또는 학습의 내적 조건이라 한다.
- 선행학습: 학습이 이루어지기 위해서는 이전에 학습한 여러 가지 내적 상태가 필요하다.
- 학습동기: 성공적인 학습을 위해 학습하려는 능동적 자세를 가져야 효과적 학습을 할 수 있다.
- 자아개념: 학습에 대한 자신감을 갖고 있을 때 학습효과가 높다.
- 주의력: 학습과제에 대한 집중력이 있으면 학습효과가 높다.

(7) 오수벨(D. P. Ausubel)의 유의미 학습이론

① 유의미 학습이론의 개요
  ㉠ Ausubel의 이론은 유의미 언어학습으로 설명적 학습원리이다.
  ㉡ 설명학습의 근거는 그가 도입한 선행조직자 개념에서 찾을 수 있다.
  ㉢ 선행조직자란 새로운 과제를 학습할 때 인지구조의 기능을 확대하기 위해 미리 제공하는 것이다.

② 구성
  ㉠ 1단계(선행조직자 제시)
    - 수업목표를 분명히 한다.
    - 조직자를 제시한다.
    - 학습자가 자신의 지식과 경험을 의식하도록 자극한다.
  ㉡ 2단계(학습과제 또는 자료의 제시)
    - 조직을 분명히 한다.
    - 학습자료의 논리적 조직을 명백히 한다.
    - 자료를 제시한다.
  ㉢ 3단계(인지조직의 강화)
    - 통합적 조화의 원칙을 이용한다.
    - 적극적 수용학습을 조정한다.
    - 교과목에 대하여 비판적 접근을 하도록 한다.
    - 명료화한다.

③ 교수원리
  ㉠ 선행조직자(설명조직자 + 비교조직자)의 원리
    - 새 학습과제의 학습에 있어 점진적 증진효과를 최대화하고 점진적 금지현상을 최소화할 수 있도록 인지구조를 조정하는 방법이다.

- 새로운 학습과제 이전에 제시되는 개론적 내용으로 학습과제보다 추상적이고 포괄적·일반적 특징을 갖는다.
- 설명조직자는 관련정착의미와 학습과제가 유사하지 않을 때 학습자료와 관련하여 미리 제시되는 추상적·포괄적 내용이다.
- 비교조직자는 관련정착의미와 학습과제가 유사할 때 그 차이를 분명히 하여 상호 간의 변별력을 증가시키는 내용이다.

  ⓒ **점진적 분화의 원리**: 가장 포괄적이고 일반적 의미를 먼저 제시하고 점차 세분되고 특수한 의미로 분화하도록 제시하여야 한다는 원리이다.

  ⓒ **통합적 조정의 원리**: 새로운 개념이나 의미는 이미 학습된 내용과 일치되고 통합되어야 한다는 원리이다.

  ⓔ **선행조직자 요약·정리의 원리**: 새로운 학습을 시작할 때 지금까지 학습해온 내용을 요약·정리해 주면 학습이 촉진된다는 원리이다.

  ⓜ **내용의 체계적 조직의 원리**: 학문의 내용을 계열적·체계적으로 조직하여 학습을 극대화하자는 원리이다. 교육내용 조직에 있어서 계열성과 같은 의미이다.

  ⓗ **학습준비도의 원리**: 학습자의 기존인지구조뿐만 아니라 학습자의 발달수준을 고려해야 한다는 원리이다.

④ **교육적 시사점**

  ㉠ 학습과제의 제시에 앞서 포괄적인 수준의 자료(선행조직자)를 제시하는 것이 효과적이라고 본다.

  ㉡ 하나의 학습과제가 주어졌을 때 선행조직자는 이 과제와 직접적으로 관련된 정착의미들을 집합시켜 포섭자를 만들고, 이 포섭자는 주어진 과제들을 보다 친숙하게 해주며 새로운 과제의 개념적 근거지를 제공해 줌으로써 학습과 파지를 촉진한다.

  ㉢ 선행학습의 중요성에 대한 이론적 근거를 제공하였다.

(8) 켈러(Keller)의 학습동기 유발(ARCS)이론

① **ARCS의 개요**

  ㉠ 교수설계의 미시적 이론으로서 수업의 세 가지 결과변인인 효과성, 효율성, 매력성 중 특히 매력성과 관련하여 학습자의 동기를 유발하고, 유지시키는 각종 전략들을 제공한다.

  ㉡ 동기 유발과 계속적 유지에 초점을 맞추고 있다.

  ㉢ 컴퓨터 보조수업, 이러닝 설계에도 활용이 가능하다.

기출문제

문 다음의 내용과 관계가 깊은 학습이론은?
▶ 2007. 5. 20. 서울특별시교육청

- 학습자가 지니고 있는 사전 지식과 경험을 현재의 수업내용과 연결 지을 수 있도록 자극한다.
- 새로운 학습과제를 학습하기 이전에 학습과제보다 추상적이고 포괄적인 내용을 개론적으로 제시한다.
- 학습자의 인지과정을 포섭과 동화의 과정으로 설명한다.

① Bruner의 인지발달이론
② Dewey의 문제해결법
③ Ausubel의 유의미 학습이론
④ Skinner의 조작적 조건형성이론
⑤ Kilpatrick의 구안법

문 켈러(Keller)가 제시한 학습자의 동기유발을 위한 4요소에 해당하지 않는 것은?
▶ 2024. 3. 23. 인사혁신처

① 관련성   ② 만족감
③ 자신감   ④ 자율성

정답 ③, ④

기출문제

문 다음의 교수설계 전략에 해당하는 ARCS 모형의 요소는?
▶ 2021. 4. 17. 인사혁신처

- 학습에서 성공기회를 제시한다.
- 학습의 필요조건을 제시한다.
- 개인적 조절감 증대 기회를 제시한다.

① 주의집중
② 관련성
③ 자신감
④ 만족감

| 정답 ③

② 구성
  ㉠ 주의(attention)
    - 호기심과 관심을 유발하고 유지한다.
    - 학습 자극을 적절히 변화시키고, 호기심을 자극한다.
    - 주요 요소 : 지각적 주의 환기, 탐구적 주의 환기, 다양성 전략
  ㉡ 관련성(relevance)
    - 수업을 학습자의 중요한 필요와 가치에 관련시킨다.
    - 학습자에게 지금 배우는 내용이 의미와 가치가 있다는 것을 인식시킨다.
    - 주요 요소 : 친밀성 전략, 목표지향성 전략, 필요 또는 동기와 부합성 강조 전략
  ㉢ 자신감(confidence)
    - 성공에 대한 자신감과 긍정적 기대를 가지게 한다.
    - 학생이 자기 자신의 능력에 대해 지각한다.
    - 주요 요소 : 학습의 필요요건, 성공기회 제시, 개인적 조절감의 증대
  ㉣ 만족감(satisfaction)
    - 결과의 공정성을 강조한다.
    - 성공적 학습행위에 대해 긍정적인 피드백을 제공한다.
    - 주요 요소 : 외적 강화, 내적 강화, 공정성 자각

 단원평가 교수 - 학습이론

1 수업모형의 하나인 '협동학습'에 대한 설명으로 옳지 않은 것은?

① 모든 구성원이 함께 참여하여 성취할 수 있는 명확한 공동의 목표가 있어야 효과적이다.
② 효과적인 협동학습이 되기 위해서는 기본적으로 동질집단으로 구성되어야 한다.
③ 자신의 역할을 완수하지 않으면 구성원이 불이익을 받게 된다.
④ 협동학습이 잘 이루어지기 위해서는 신뢰에 바탕을 둔 구성원 간의 상호의존관계가 필요하다.

 Point
협동학습과 전통적 소집단 학습

협동학습	전통적 소집단 학습
• 긍정적인 상호의존성과 개별책무성	• 상호의존성 및 개별책무성이 없음
• 구성원의 이질성	• 구성원의 동질성
• 서로에 대한 책임 공유	• 자신에 대해서만 책임을 짐
• 과제와 구성원과의 관계지속성 강조	• 과제만을 강조
• 집단과정의 구조화	• 집단과정이 없음

2 다음 내용이 의미하고 있는 것은?

> 교사가 학생의 가능성을 놓고 그를 능력이 있는 학생으로 기대하고 그것에 따라 대해주면 학생의 능력은 더욱 신장되지만, 그와 반대로 능력이 없는 학생으로 기대하면 그의 능력은 신장되지 않는다.

① 언더독(underdog)효과
② 스펙트럼(spectrum)효과
③ 평가(evaluation)효과
④ 피그말리온(pygmalion)효과

 Point
④ 교사의 편애나 편견에 대한 교육적·사회적 설명에 해당되는 이론으로, 교사가 학생을 능력 있는 것으로 기대하고 대하면 능력이 신장된다.

Answer 1.② 2.④

3 다음 중 구성주의적 교수원리의 특징은?

① 교과내용을 직선적·선형적으로 구조화하여 정보 제시
② 행동적 용어로 진술된 학습목표의 제시
③ 교사가 의미 있게 구성한 학습정보의 제시
④ 학습자가 주도적으로 학습과정을 구조화할 수 있는 학습 환경 제시

구성주의적 교수원리
㉠ 지식의 상황성을 강조한다.
㉡ 현실 속 당면문제를 제시한다.
㉢ 학습환경의 조성 : 학습자의 자율성과 권위를 부여한다.

4 학습의 구성주의적 관점을 바르게 설명한 것은?

① 정보의 처리활동을 촉진시킬 수 있는 학습자의 정신적 활동을 강조한 것이다.
② 외부의 절대적인 진리가 학습자의 내부세계로 전이되어 나타난다.
③ 개인의 경험적 사실에 근거하여 의미를 개발시키는 능동적인 과정을 나타낸다.
④ 사실의 기억, 개념의 획득, 개념의 일반화 등의 적용이 매우 효과적이다.

③ 구성주의는 학습자가 사회와 상호작용을 통해 지식을 구성한다고 강조한다.

5 교수이론에 관한 설명 중 옳지 않은 것은?

① Bruner의 교수이론은 선행경향성의 자극, 지식의 구조화, 학습의 계열화 등을 강조하였다.
② Gagne의 교수이론은 인간의 학습에 위계를 강조하였다.
③ Ausubel은 설명적 교수이론에 기초하여 유의미학습이 아닌 기계적 학습을 강조하였다.
④ Glaser는 학습내용을 정보로 간주하여 수업과정을 컴퓨터의 구조와 기능에 비교하였다.

③ 오수벨의 이론은 유의미 언어학습으로 설명적 학습 원리이다.

6 다음 내용 중 협동학습과 관련되는 것은?

> ㉠ 인간관계는 긴밀히 한다.
> ㉡ 인간의 잠재력을 극대화한다.
> ㉢ 구성원이 동질성이 있어야 한다.
> ㉣ 둘 이상의 개인이 모여 한 과제를 협력하여 해결하도록 격려한다.
> ㉤ 지도자는 한 사람이 되어야 한다.

① ㉠, ㉡, ㉣
② ㉠, ㉡, ㉢
③ ㉡, ㉢, ㉣
④ ㉡, ㉢, ㉤

㉢ 협동학습은 구성원이 이질적일수록 효과적이다.
㉤ 협동학습은 지도력이 구성원 간에 공유된다.

7 Ausubel은 학습에서 '선행조직자'의 중요성을 강조하고 있다. 설명식 교수법의 초기단계에서 '선행조직자'를 제시하는 목적은?

① 학습과제를 탐색하기 위해서이다.
② 학습내용의 조직화를 촉진하기 위해서이다.
③ 수업목표를 명료화하기 위해서이다.
④ 학습동기를 증진하기 위해서이다.

② 선행조직자란 새로운 과제를 학습할 때 학습자의 인지구조의 기능을 확대시켜 학습내용의 조직화를 촉진하기 위해 미리 제공하는 것이다.

Answer 3.④ 4.③ 5.③ 6.① 7.②

단원평가

8 다음에서 설명하는 학습의 유형은?

- 교사의 지시를 최소화하고 학생의 자발적 학습을 통해서 학습목표를 달성하게 하는 교수-학습의 방법이다.
- 문제의 발견 - 가설의 설정 - 가설의 검증 - 적용의 과정으로 학습된다.
- 학습자를 지식의 발견과정에 따라 학습시켜 학습자가 이를 재발견하게 하는 학습지도의 방법이다.

① 발견학습 ② 문제해결학습
③ 완전학습 ④ 유의미학습

　발견학습은 교사의 지시를 최소화하고 학생의 자발적 학습을 통해서 학습목표를 달성하게 하는 교수-학습방법으로, 학문중심 교육과정에서 강조된 학습이론이다.
② 문제해결학습은 일상생활의 경험이나 문제를 다루며 반성적 사고를 배양하는 학습이다. 문제해결학습 또한 학습자의 주체적이고 능동적인 활동을 강조한다.
③ 완전학습은 적절한 교수환경 하에서 학급의 95% 이상이 과제의 90% 이상 완전히 해내는 학습이다. 학습자료가 적절하게 계열화되고 충분한 학습기회가 제공이 되면 가능하다.
④ 유의미학습은 학습과제 제시에 앞서 선행조직자를 제시하는 것이 효과적이라고 본다.

9 다음 중 좋은 수업의 특징으로 옳지 않은 것은?

① 수업에 있어서 목표를 명확히 하고 이를 학습자에게 확인시키도록 해야 한다.
② 수업에서 학습자의 탐구심을 충족시켜서 창의성이 신장되도록 해야 한다.
③ 학습자를 성인의 표준으로 보고 미숙한 점을 보완시키도록 해야 한다.
④ 수업에서 협동적인 경험이 중시되어야 한다.

　③ 학습자를 성인의 표준으로 보는 것은 위험하다. 학습자는 성인의 축소가 아니기 때문에 그들 동료집단 안에서 이해해야 한다. 따라서 수업에 있어서도 학습자를 중심으로 그들의 필요·흥미·능력에 기초해야 한다.

10 블룸의 교육목표분류의 내용 중 무엇을 설명하는 것인가?

- 어떤 자료를 원래와 다른 용어 및 다른 형태의 자료로 바꾸어 놓을 수 있는 능력이다.
- 자료에 포함된 내용에 대한 중요부분을 파악하고 그 하위의 관계를 재조직함으로써 자료에 포함된 내용에 대해 전체적인 견해를 가질 수 있는 능력을 말한다.
- 자료에 담겨진 경향, 추세, 조건들을 이해하고 이에 입각하여 미래를 부정, 예언하는 능력을 말한다.

① 지식
② 이해력
③ 적용력
④ 평가력

Bloom의 교육목표분류(인지적 영역)
㉠ 지식: 사실, 개념, 원리 등 학습한 내용을 기억해 내는 행동을 말한다.
㉡ 이해력(해석, 번역, 추리): 정보를 이해하고 있음을 표현하는 것으로 정보를 변형하거나 재조직 또는 해석하는 것을 의미한다.
㉢ 적용력: 개념, 방법, 원리를 새로운 문제에 적응하는 능력을 말한다.
㉣ 분석력: 이유 및 원인을 확인할 수 있는 비판적인 사고, 즉 구체적인 자료에 의거하여 추론하는 것으로 증거에 의해 지지되는 유무를 파악하기 위해 결론을 분석하는 능력을 말한다.
㉤ 종합력: 창의적 능력을 내포하는 행위로 독창적인 제안과 설계를 할 수 있는 능력을 말한다.
㉥ 평가력: 특정 아이디어의 장점을 판단하거나 의견을 제시하고 기준을 적용시켜 가치 등을 판단하는 능력을 말한다.

11 다음에서 설명하는 수업의 유형은?

- 학습과제 관련정보를 제시하고 이에 기초하여 사고하도록 하는 수업방식이다.
- 학생중심적 수업방식이다.
- 대표적인 학자로는 브루너(Bruner), 마시알라스(Massialas)가 있다.

① 설명식 수업
② 발견식 수업
③ 발문식 수업
④ 역할놀이 수업

발견식 수업 … 학생중심 수업으로 학습과제를 제시하고 학습자 스스로 사고하도록 하는 수업방식이다. 사실이나 보기를 제시하고 일반 법칙·원리의 발견과정을 거치는 귀납적 계열성을 나타낸다. Bruner의 발견학습, Massials의 탐구학습 등이 해당한다.

Answer 8.① 9.③ 10.② 11.②

12 학습개념의 도식으로 알맞은 것은?

> L = 학습
> B = 생득적 변화
> D = 일시적 변화
> A = 개인에게 일어나는 모든 변화
> C = 성숙에 의한 변화

① L = A + B + C + D
② L = A − (B + C + D)
③ L = A + (B − C − D)
④ L = (A + B + C) − D

② 학습은 개인에게 일어나는 모든 변화에서 생득적·성숙에 의한 일시적 변화를 제외한 것이다.

13 다음 중 학습이 일어난 것이라고 볼 수 없는 사례는?

① 읽지 못하던 책을 읽게 되었다.
② 하지 않던 거짓말을 하게 되었다.
③ 밥을 스스로 할 수 있게 되었다.
④ 체육시간 후에 주의집중력이 떨어졌다.

④ 체육시간 후에 주의집중력이 떨어진 것은 일시적 변화이므로 학습이라고 볼 수 없다. 생득적 반응, 일시적 반응, 성숙에 의한 반응은 학습에서 제외된다. 변화된 행동이 학습되려면 그 효과가 지속적이어야 한다.

14 학교학습에 영향을 주는 요인에 대한 설명으로 옳은 것은?

① 교사의 지능과 학업성취와는 높은 상관이 있다.
② 자유방임형의 교사가 학습에 가장 효과적이다.
③ 학생의 선수학습 정도는 학습성취도와 관련이 없다.
④ 가정의 과정변인과 학업성취도는 높은 상관이 있다.

① 교사의 지능과 학업성취와는 별다른 상관이 없지만 교사표현의 유창성과 명확성은 학생들의 학업성취에 큰 영향을 미친다.
② 교사의 지도유형에서는 민주형의 교사가 학습에 가장 효과적이다.
③ 학생의 선수학습 정도와 수업목표에서의 선수학습의 일치도가 학습성취도에 영향을 준다.

15 다음 중 자기충족예언에 대한 설명으로 옳지 않은 것은?

① 플라시보(Placebo) 효과 – 약의 성분이 병을 낫게 하는 것보다 약을 먹었으니까 나을 것이라는 기대와 안심이 병을 낫게 한 것이다.
② 피그말리온(Pygmalion) 현상 – 공부를 잘하는 사람이라고 표지를 달아 놓은 학생은 그 교실 내의 다른 학생들보다 지능이 향상되는 것이다.
③ 자기충족예언은 보통의 경우 지속적인 효과를 초래하고 누적적인 결과로 이어진다.
④ 자기충족예언은 행동의 변화를 위해 부정적인 측면에서 평가하는 것이 낫다.

④ 자기충족예언과 관련해서 볼 때 학생들을 판단할 때에는 부정적인 측면에서보다는 긍정적인 측면에서 평가하는 것이 학생의 학업성취 면에서 효과적이다.

16 다음 중 수업설계의 과정이 순서대로 나열된 것은?

① 최종 수업목표 규정 – 학습과제의 분석 – 출발점 행동의 진단 – 수업전략의 결정 – 수업매체의 선정 – 수업설계의 평가
② 최종 수업목표 규정 – 출발점 행동의 진단 – 학습과제의 분석 – 수업전략의 결정 – 수업매체의 선정 – 수업설계의 평가
③ 출발점 행동의 진단 – 학습과제의 분석 – 수업전략의 결정 – 수업매체의 선정 – 수업설계의 평가 – 최종 수업목표 규정
④ 출발점 행동의 진단 – 최종 수업목표 규정 – 학습과제의 분석 – 수업전략의 결정 – 수업매체의 선정 – 수업설계의 평가

수업설계의 과정 … 최종 수업목표 규정 – 학습과제의 분석 – 출발점 행동의 진단 – 수업전략의 결정 – 수업매체의 선정 – 수업설계의 평가이다.

Answer 12.② 13.④ 14.④ 15.④ 16.①

17 다음 중 수업의 도입단계에서 해야 할 활동으로 옳지 않은 것은?

① 교사는 학생들의 주의력을 포착하고 유지하며 수업의 필요성과 중요성을 인식시킨다.
② 선수학습의 기억을 살리기 위해 전 단계의 학습을 설명하거나 질문한다.
③ 학습과제의 내용을 학생들에게 제시하고 수업목표 달성을 위한 교수학습활동을 전개한다.
④ 도달해야 할 학습목표를 제시한다.

수업의 도입단계에서는 교사와 학생이 공통된 기반을 조성하는 단계이다. 교사는 도입단계에서 학생들의 흥미를 유발하고 선수학습을 확인시켜야 한다. 또한 학습활동을 통해 도달해야 할 학습목표를 제시한다.
③ 본격적으로 교수학습활동을 전개하는 단계는 발전단계에 해당한다.

18 다음에서 설명하는 개념은?

- 특정 단위의 학습활동을 시작하는 데 필요한 이미 학습된 성취수준을 의미한다.
- 어떤 학습을 시작하는 단계에서 학생들이 이미 습득한 지식·기능·태도·학습방법·분석능력 등을 의미한다.

① 출발점 행동
② 도착점 행위
③ 수락기준
④ 사전학습능력

출발점 행동은 어떤 학습활동에 필요한, 이미 학습된 성취수준으로 학습성취와의 상관도는 0.50이다. 출발점 행동과 유사개념으로는 Carroll의 적성, Bruner의 학습의 경향성, 준비성이 있다. 사전학습능력은 어떤 단원이나 학습과제를 성취하기 위해 반드시 갖추고 있어야 할 지적 능력이나 기능을 말하는 것으로 선수학습능력의 결핍 여부를 판정한다.

19 다음 중 수업목표에 대한 설명으로 옳지 않은 것은?

① 수업목표는 구체적이고 학습의 결과로 진술되어야 한다.
② 수업목표는 교사들의 평가계획을 세우는 데 구체적인 목표가 활용된다.
③ 학습자들이 수업목표를 명확히 인식하면 학습동기유발, 학습의 파지효과, 전이효과, 일반화 효과가 높아진다.
④ 수업목표를 진술할 때 반드시 포함시켜야 할 것은 내용과 방법이다.

④ 수업목표를 진술할 때 반드시 포함시켜야 할 것은 내용과 행동이다.

20 교수기법의 종류와 특성이 바르게 연결된 것은?

① 시범 – 지식이나 기능을 교사의 지휘·감독 하에 직접적으로 연습하거나 적용하게 하는 방법이다.
② 반복법 – 기능이나 직업과정을 학습시키기 위해 작업의 요령과 동작을 시범보이는 형식의 교수방법이다.
③ 실연법 – 학습한 내용이나 기능을 반복 학습할 수 있도록 여러 번 실연하게 하는 방법이다.
④ 학생상호학습법 – 수업목표를 먼저 학습한 학생이 자신이 학습한 것을 동료학생들에게 가르치거나 학습을 돕게 하는 방법이다.

① 시범은 기능이나 직업과정을 학습시키기 위해 작업의 요령과 동작을 시범보이는 형식의 교수방법이다.
② 반복법은 학습한 내용이나 기능을 반복 학습할 수 있도록 여러 번 실연하게 하는 방법이다.
③ 실연법은 지식이나 기능을 교사의 지휘·감독 하에 직접 연습하거나 적용하게 하는 방법이다.

21 다음에서 설명하는 교수-학습방법은?

- 그리스시대의 Socrates가 체계화하여 사용한 전통적 교수방법이다.
- 교사의 일방적 수업전개가 아니고, 학생들의 참여도를 높일 수 있다.
- 교사와 학생의 상호질의에 의한 수업이기에 사고력, 비판적 태도, 표현력 신장에 도움이 된다.

① 강의법
② 문답법
③ 토의법
④ 문제해결법

① 강의법은 교사가 언어를 통한 설명과 해설을 위주로 수업을 이끌어가는 방법이다.
③ 토의법은 자유로운 토론을 통해 문제해결에 협력하고 집단사고를 통해 결론을 이끌어 내는 방법이다.
④ 문제해결법은 학생들의 삶에 장에서 당면하는 문제들을 해결하는 과정에서 지식·기술·태도·기능들을 획득하는 방법이다.

Answer 17.③ 18.① 19.④ 20.④ 21.②

22 다음 중 문답법의 4단계에 포함되지 않는 것은?

① 구조화 ② 계획
③ 질의 ④ 반응

문답법은 구조화 – 질의 – 반응 – 대응의 과정을 거친다.
① 구조화는 교사가 수업에서 논의될 문제에 대해 간단히 정리해 주는 것이며 질의란 학생의 반응을 유도하기 위한 교사의 질문을 의미한다.
④ 반응이란 교사의 질문에 대한 학생의 응답 또는 대답을 의미하며 대응은 학생의 반응에 대해 교사가 평을 해주거나 수정해 주는 것을 의미한다.

23 다음 중 토의법의 장점이 아닌 것은?

① 스스로 사고하는 능력을 함양하고 문제해결력을 기를 수 있다.
② 민주시민의 기초능력을 길러준다.
③ 합의점이 높은 분야의 학습에 적절한 방법이다.
④ 논쟁이 심한 분야의 태도변용을 목표로 삼는 수업에 유리하다.

토의법은 자유로운 토론을 통해 문제해결에 협력하고 집단사고를 통해 결론을 이끌어내는 방법이다. 따라서 합의점이 높은 분야의 학습보다는 합의점이 낮은 분야의 학습에 유리하다. 쉽게 정답이 발견되지 않을 때, 토론을 거쳐서 찾아지는 경향이 많기 때문이다.

24 다음 중 문제해결법에 대한 설명으로 옳지 않은 것은?

① 학생이 생활의 장에서 당면하는 여러 가지 문제들을 해결하는 과정에서 지식·기능·태도·기술 등을 종합적으로 획득하게 하는 학습방법이다.
② 듀이(J. Dewey)의 반성적 사고의 단계에 기초하여 확립되었다.
③ 협동적 학습활동을 통해 민주적인 생활태도를 배양할 수 있다.
④ 교사중심이 되기 쉽고 학습속도가 지연된다.

문제해결법은 여러 가지 문제들을 학습자 스스로 해결할 수 있도록 하는 교수–학습방법이다. 기초학력을 등한시할 우려가 있고 체계적인 교과학습이 불가능하다. 또한 교육현장을 혼란시켜 학습의 방향에 일관성이 없으며 지적 성장에 비능률적이다. 따라서 교사중심이 된다는 것은 적절하지 않다.

25 학생이 마음속에 생각하고 있는 것을 외부에 구체적으로 실천하고 형성화하기 위하여 학습자 스스로 계획을 세워서 수행하는 학습활동은?

① 구안법
② 토의법
③ 역할놀이법
④ 탐구법

구안법 … 1918년 킬패트릭(Kilpatrick)이 구안법이란 논문을 발표함으로써 보급되었다. 구인법의 학습과정은 목적 – 계획 – 실행 – 평가의 단계를 거치게 된다. 문제를 구체적이고 실질적으로 해결하며 문제는 학습자가 선택하고 수행한다.

26 학습에 대한 구성주의적 관점에 대한 설명으로 옳지 않은 것은?

① 학습자의 능동적인 역할을 강조하는 관점이다.
② 지식은 선행지식뿐만 아니라 문화적 및 사회적 맥락에 따라 구성된다고 제안한다.
③ 학습자의 경험보다 객관적·절대적 지식을 강조한다.
④ 구성주의 학습모델에는 인지적 도제이론, 상황적 학습모델, 인지적 유연성이론을 들 수 있다.

③ 구성주의에서는 객관적·절대적 지식보다는 역사적·문화적·사회적 상황을 바탕으로 지식을 구성해 나간다고 본다.

27 협동학습의 종류와 특성을 설명한 것 중 옳지 않은 것은?

① Jigsaw Ⅰ 모형은 집단 내의 동료들로부터 배우고 동료를 가르치는 모형이다.
② Jigsaw Ⅱ 모형은 Jigsaw Ⅰ 모형을 보완하여 집단보상이 보다 강조된 형태이다.
③ 성취과제분담모형은 학습능력이 높은 학습자, 중간인 학습자, 낮은 학습자들로 구성되며 배경, 능력, 성이 혼합된 약 5명의 구성원이 학습내용을 완전히 이해할 때까지 학습이 계속되는 것이다.
④ 팀경쟁학습은 시험을 실시하지 않고 게임을 이용하여 각 팀 간의 경쟁을 유도한다.

② Jigsaw Ⅱ 모형은 Jigsaw Ⅰ 모형을 보완하여 개별보상에 집단보상이 추가된 형태이다. Jigsaw Ⅱ 모형은 모든 학생들이 전체 학습자료와 과제 전체를 읽되 특별히 관심 있는 주제를 선택한 다음, 그것을 전문가 집단에 가져가서 배운 후 자기 팀으로 돌아와 가르치는 것이다.

Answer 22.② 23.③ 24.④ 25.① 26.③ 27.②

단원평가

28 다음에서 설명하는 구성주의적 교수-학습방법은?

> • 미술, 의학, 법률분야에서 예로부터 사용되어 오던 고전적 의미의 도제형태의 기본원칙을 활용한 형태이다.
> • 시연단계 – 교수적 도움의 단계 – 교수적 도움의 중지단계의 과정을 거쳐 학습된다.

① 인지적 도제이론
② 상황적 학습모델
③ 인지적 유연성 모델
④ 문제중심학습

Point
② 상황적 학습모델은 협의적 성격에서 어떤 특정한 상황을 전제로 한 문제해결을 위해 그 특정한 상황을 둘러싼 모든 자료와 물체 등을 가능한 자세하고 사실성 있게 포함하고 있는 것이라고 본다.
③ 인지적 유연성 모델은 여러 지식의 범주를 통괄하여, 다양한 방법으로, 변해가는 상황적 요구에 탄력성 있게 대처하는 능력에 대한 것이다.
④ 문제중심학습은 구성주의의 가장 두드러진 수업방식으로, 학습자로 하여금 어떤 문제에 대해 해결안을 전개·제시·설명을 할 수 있도록 하는 것이 목표이다.

29 다음 중 동기유발의 방법으로 옳지 않은 것은?

① 학습자가 학습문제에 대하여 호기심을 갖도록 한다.
② 다양한 학습자료나 실증적인 예화를 준다.
③ 실패를 가능한 한 많이 경험하도록 한다.
④ 학습자 개개인의 장점을 찾아 칭찬을 해준다.

Point
동기유발의 방법
㉠ 내적 동기유발의 방법
• 학습문제에 대하여 호기심을 갖도록 한다.
• 성취감을 갖게 하고 실패의 경험을 줄인다.
• 지식·기능 또는 인격의 모델을 상정하고 동일시하도록 한다.
㉡ 외적 동기유발의 방법
• 학습목표를 분명히 알게 한다.
• 학습과정을 알고 흥미를 갖고 활동에 적극 참여하게 한다.
• 학습결과를 상세히 알려 준다.
• 소속감을 갖게 해준다.
• 다양한 학습자료나 실증적인 예화를 제시한다.
• 개개인의 장점을 칭찬한다.

30 학습능력이 높은 학습자가 자기의 노력이 다른 학습자에게 돌아가기 때문에 학습참여에 소극적이 되는 현상은?

① 무임승차효과
② 봉효과
③ 부익부현상
④ 집단보상

① 무임승차효과는 학습능력이 낮은 학습자가 학습에 참여하지 않고도 학습성과를 공유하는 것이다.
③ 부익부현상은 학습능력이 높은 학습자가 더 많은 반응을 보임으로써 학업성취가 향상될 뿐만 아니라 소집단을 장악하는 현상을 말한다.
④ 집단보상은 전통적 소집단 학습의 부정적 측면을 해소하기 위한 하나의 방법이다.

31 교수-학습 진행시의 교사의 발문에 관한 설명으로 옳은 것은?

① 교사의 발문은 여러 가지 대답을 유도할 수 있는 다양성을 포함해야 한다.
② 옳지 않은 답이나 제의가 나오더라도 집단사고를 돌려서 각자 다시 생각할 기회를 갖게 한다.
③ 발문은 학습자의 경험과 지식준보다 한 단계 위의 범위에서 이루어져야 한다.
④ '공해가 인체에 어떠한 영향을 미치는가'는 정보 재생적 발문의 형태이다.

① 교사의 발문은 하나의 대답을 요구하도록 하는 것이 복잡성을 피할 수 있다.
③ 교사의 발문은 학습자의 경험과 지식수준의 범위 안에서 이루어져야 한다.
④ 공해가 인체에 어떠한 영향을 미치는가는 적용적 발문의 형태이다.

32 캐롤(Carroll)모형의 변인에 대한 설명 중 옳지 않은 것은?

① 적성은 최적의 학습조건하에서 주어진 학습과제를 일정한 수준으로 성취하는 데 필요한 시간이다.
② 지구력은 학습자가 일정수준의 성취를 위해 노력하는 시간이다.
③ 학습기회는 학습과제 제시방법이 적절한 정도이다.
④ 교수이해력은 학생들이 교수내용이나 교사의 설명을 이해하는 일반적인 능력이다.

③ 학습기회는 학습자가 주어진 학습과제의 학습을 위해 실제로 사용한 시간이다. 교수의 질은 학습과제 제시방법이 적절한 정도이다.

Answer 28.① 29.③ 30.② 31.② 32.③

단원평가

33 Glaser의 수업모형의 단계별 특징에 대한 설명으로 옳은 것은?

① 수업목표는 특정 단위수업의 종료 시 학생들이 보여줄 수 있는 성취이다.
② 출발점 행동은 교수활동이 시작되기 전 학생이 지니고 있는 지적·정의적 상태이다.
③ 도착점 행동은 학생들이 학습하는 데 지침이 되고 평가의 준거가 되는 것이다.
④ 성취도평가는 학습지도의 장면을 의미하는 것으로 교사가 학습자에게 가르칠 내용을 직접 가르치는 과정이다.

Glaser의 수업모형
㉠ 수업목표: 학습의 지침과 평가의 준거가 되는 것으로 도착점 행동과 같다.
㉡ 출발점 행동: 교수활동 전 학생의 지적·정의적 상태로 선수학습능력을 알아보는 단계이다.
㉢ 수업절차: 수업과정의 중심단계로, 교사가 학습자에게 직접 가르치는 단계이다.
㉣ 성취도평가: 수업목표에 비추어 학습성취도를 평가하는 단계이다.

34 완전학습에 대한 설명으로 옳지 않은 것은?

① 교수의 과정을 적절히 조작한다면 '학급의 95% 학생들이 주어진 학습과제의 90% 이상을 완전히 학습해 내는 학습'을 의미한다.
② 학습자료가 적절하게 계열화되고 각 개인의 학습속도에 맞게 충분한 학습기회가 제공되면 완전학습이 가능하다.
③ 완전학습에서 가장 중요한 것은 개인의 지능이므로 완전학습의 결과는 정적분포를 이룬다.
④ 완전학습을 추구하기 위해서는 도달해야 할 목표수준을 명확히 하고 다양한 학습시간을 제공해야 한다.

③ 완전학습에서 가장 중요시한 것은 시간의 문제이므로 완전학습의 결과는 부적 편포를 이룬다.

35 블룸(Bloom)의 완전학습모형에서 학습의 정도를 높이기 위한 방법으로 옳지 않은 것은?

① 학습에 필요한 시간(적성, 교수이해력, 교수의 질)을 연장한다.
② 학습에 사용한 시간(학습의 지속력, 학습의 기회)을 연장한다.
③ 수업과정에서 형성 평가를 실시하여 보충과정과 심화학습을 실시한다.
④ 수업시작 전에 기초학력이 부족한 학생에게는 보충학습을 실시한다.

완전학습을 이루기 위해서는 학습에 필요한 시간은 단축하고 학습에 사용한 시간은 연장해야 한다.

생활지도

01 생활지도의 의의
02 상담
03 상담이론
04 생활지도의 실제

11 생활지도

기출문제

문 생활지도에 대한 설명으로 옳지 않은 것은?
▶ 2010. 6. 26. 부산광역시교육청
▶ 2010. 6. 12. 경기도교육청

① 학생의 성장관리에 초점을 맞추며, 전인교육 측면에서 행해져야 한다.
② 모든 학생을 대상으로 해야 한다.
③ 예방보다는 사후 치료에 중점을 둔다.
④ 담임·상담교사뿐만 아니라 학교 전체의 직원이 협력해야 한다.

문 생활지도의 원리로 옳은 것만을 모두 고르면?
▶ 2024. 3. 23. 인사혁신처

㉠ 모든 학생을 대상으로 해야 한다.
㉡ 치료나 교정이 아니라 예방에 초점을 두어야 한다.
㉢ 인지적 발달뿐만 아니라 정의적·신체적 발달도 함께 도모해야 한다.

① ㉠, ㉡
② ㉠, ㉢
③ ㉡, ㉢
④ ㉠, ㉡, ㉢

section 1 생활지도의 의의

(1) 개념
학생의 자기 자신에 대한 이해와 현실생활 적응을 돕고, 자신의 능력을 극대화할 수 있도록 조력하는 조직적이고 의도적인 교육활동이다.

(2) 생활지도의 목표
① 지·덕·체가 잘 어우러져 조화로운 사람으로 성장할 수 있도록 돕는다.
② 가정을 대상으로 자녀의 성장을 관리·조력하도록 교육력 신장을 도모한다.
③ 학생 자신이 성장의 주체로서 자신을 잘 관리해 나가도록 지원한다.
④ 학생 자신의 문제를 정확히 파악하고 자력으로 해결할 수 있도록 지도하며, 국가와 사회를 위하여 봉사하고 공헌할 수 있도록 육성한다.

(3) 생활지도의 기본 방향
① 학생의 성장관리에 초점을 맞춘다.
② 학생의 성장이 가장 자연스럽고 합리적으로 이루어지도록 도와준다.
③ 개별적으로 접근하고 지도한다.
④ 학생들의 부적응 행동이 있을 수 있는 일임을 인정하고 지도한다.

(4) 생활지도의 실천원리
① 균등의 원리 … 모든 학생을 대상으로 해야 한다.
② 과학적 기초의 원리 … 정확한 자료와 객관적인 근거를 바탕으로 행해져야 한다.
③ 적극성의 원리 … 치료보다는 예방에 중점을 두어야 한다.
④ 전인적 원리 … 학생의 전인교육 측면에서 행해져야 한다.
⑤ 계속과정의 원리 … 진학·졸업 이후에도 지속적인 관심을 가져야 한다.
⑥ 협동성의 원리 … 담임·상담교사뿐 아닌 학교 전체의 직원이 협력해야 한다.
⑦ 구체적 조직의 원리 … 생활지도를 위한 구체적 조직을 갖추어야 한다.

정답 ③, ④

(5) 생활지도의 활동별 영역

① 학생조사활동
  ㉠ 학생의 가정환경, 학업성취, 지적 능력, 적성, 신체적·정신적 건강, 재능, 성격, 종교, 친구관계, 장래계획 등 학생의 이해에 필요한 각종 자료를 조사한다.
  ㉡ 경우에 따라서는 물리적 환경자료보다 심리적 환경자료가 강조된다.

② 정보제공활동
  ㉠ 학생들이 중요한 의사결정을 할 때 자신과 주위의 환경을 이해하는 데 필요한 정보를 제공하여 개인적인 성장과 사회적 적응을 돕는 활동이다.
  ㉡ 학생들의 문제해결에 필요한 개인적·사회적 정보, 교육정보, 직업정보를 조사, 검사, 면접을 통해 종합하고 체계적으로 분석하여 교육적으로 제공하고 활용할 수 있도록 돕는 생활지도활동이다.

③ **상담활동** … 학생인 피상담자와 상담전문가인 상담자 사이에서 독특한 관계와 상담면접의 기술을 통하여 정서적·정신적 문제해결력을 신장시키고 정신건강을 향상시켜 능동적으로 적응하도록 돕는 활동이다(인생문제, 학습문제, 정서문제, 진로문제, 이성문제 등).

④ **정치활동** … 학생의 진학·취업·특별활동 부서의 선택 등에 대한 정보를 제공하고 학생 자신의 능력, 취미, 소질 등을 신중하게 고려하여 자기가 있어야 할 위치를 현명하게 결정하도록 도와주는 활동이다.

⑤ **협력활동** … 생활지도가 잘 수행되도록 필요한 자료의 제공, 전문적 조력, 관계 인사 및 관계 기간과의 긴밀한 유대관계 유지가 필요하다.

⑥ **추수지도활동** … 이미 지도받았던 학생들에 대해서 계속적으로 성장과 발달을 도와주어 보다 나은 적응을 하도록 돕는 활동이다.

section 2 상담

(1) 상담의 기초

① 개념 … 전문적인 상담자(counselor)와 도움을 필요로 하는 피상담자(counselee) 간에 이루어지는 일종의 인간관계이다.

② 목적 … 피상담자의 행동변화, 정신건강의 증진, 문제해결, 개인적 효율성의 향상, 의사결정 등이다.

기출문제

문 (가), (나)에 해당하는 생활지도 영역을 바르게 짝지은 것은?
▶ 2018. 5. 19. 교육행정직

(가) 생활지도 업무를 담당하는 김 교사는 학기 초에 생활지도 계획을 수립하기 위해 전교생에게 학교 생활 적응검사를 실시하였다.

(나) 취업지도 업무를 담당하는 송 교사는 기업체에 취업한 졸업생들에게 전화를 걸어 직장생활에 잘 적응하고 있는지를 점검하고 격려하였다.

	(가)	(나)
①	조사(調査)활동	정치(定置)활동
②	정보(情報)활동	정치(定置)활동
③	조사(調査)활동	추수(追隨)활동
④	정보(情報)활동	추수(追隨)활동

문 생활지도 활동과 적용 사례가 바르게 짝지어진 것은?
▶ 2023. 4. 8. 인사혁신처

① 학생조사 활동 – 진로 탐색을 위한 학생 맞춤형 프로그램을 실시하였다.
② 정보제공 활동 – 신입생에게 학교의 교육과정 및 특별활동에 관한 안내 자료를 배부하였다.
③ 배치(placement) 활동 – 학생들의 수업 적응 정도를 점검하고 부적응 학생을 상담하였다.
④ 추수(follow-up) 활동 – 학기 초에 학생에 관한 신체적·지적 특성과 가정환경 등 기초적인 정보를 수집하였다.

정답 ③, ②

PART 11 생활지도

기출문제

문 상담의 기본원리에 대한 설명이다. 바르게 설명한 것을 모두 고르면?
▶ 2010. 5. 8. 서울특별시교육청

㉠ 개별화의 원리 – 인간은 개인차가 있으므로 상담은 내담자의 개성을 이해하고 보다 나은 적응을 위해 조력해야 한다.
㉡ 의도적 감정표현의 원리 – 상담자는 내담자의 통제된 감정을 이해하고 이를 표현하도록 유도하며 내담자의 정서적 변화에 민감하게 반응하여 적절한 대응책을 마련할 태세를 갖춘 적극적인 관여가 필요하다.
㉢ 비심판적 태도의 원리 – 상담자는 내담자의 문제행동에 가치판단을 해서는 안 되며, 객관적으로 내담자를 이해해야 한다.
㉣ 자기결정의 원리 – 내담자의 장·단점과 감정을 있는 그대로 수용해야 한다.
㉤ 비밀보장의 원리 – 상담자는 내담자의 문제에 대한 비밀을 보장해야 할 윤리적 의무가 있다.

① ㉠㉢㉣
② ㉠㉢㉤
③ ㉡㉢㉤
④ ㉡㉢㉣
⑤ ㉢㉣㉤

정답 ②

③ 특징
  ㉠ 피상담자의 자발성에 의존하며 피상담자의 행동변화에 영향을 준다.
  ㉡ 목표는 피상담자의 자발적인 행동변화를 촉진하는 조건 마련에 있다.
  ㉢ 다른 인간관계와 마찬가지로 피상담자에게 일정한 제한이 가해지는데, 이는 상담자의 가치의 철학과 상담목표에 따라 달라질 수 있다.
  ㉣ 청취가 중요한 부분을 차지한다.
  ㉤ 상담은 비공개로 이루어지며, 피상담자의 비밀은 보장된다.

④ 상담 시 유의사항
  ㉠ 상담자는 피상담자로 하여금 친근감 및 신뢰감을 얻어야 한다.
  ㉡ 상담자는 항상 동정적이고 친절한 태도를 취해야 한다.
  ㉢ 항상 피상담자 편에 서서 이해하는 입장을 취해야 한다.
  ㉣ 건설적이고 구체적인 해결방안을 제시해야 한다.
  ㉤ 한 가지 방법만을 최선의 방법으로 제시하지 말아야 한다.

(2) 상담의 기본적 조건

① 수용
  ㉠ 인간의 가치와 존엄에서 출발한 것으로 피상담자의 필요를 충족시키기 위해 가능한 조건을 최선을 다하여 제공하려는 마음의 자세이다.
  ㉡ 무조건적 긍정과 인격 존중이 필요하다.
  ㉢ 피상담자 수용: 존재 그 자체·인간의 제 특성·인간의 구체적 행동을 수용하는 자세가 요구된다.

② 공감적 이해 … 피상담자의 입장이 되어서 그를 이해하는 것으로, 인간의 심리에서 피상담자의 내면적인 동기세계를 이해해 주는 자세이다.

③ 일치 … 상담자와 피상담자의 내면적 심리체계의 경험과 그에 대한 인식만이 아니라 그에 관련된 표현 모두를 포함한다(Rogers는 상담의 필수조건이라 한다).

④ 라포르(Rapport)의 형성 … 상담자와 피상담자가 상호 간에 신뢰하고 존경하며, 상호적인 책임관계가 있는 분위기를 조성한다.

(3) 상담의 기본원리

① 개별화의 원리 … 인간은 개인차가 있으므로, 상담은 내담자의 개성을 이해하고 보다 나은 적응을 위해 조력해야 한다.

② 의도적 감정표현의 원리 … 내담자가 자신의 긍정적·부정적 감정을 자유표현하려는 욕구를 인식하여 자유롭게 의도적인 표현을 보장받도록 온화한 분위기를 조성해 주어야 한다.

③ 통제된 정서관여의 원리 … 상담자는 내담자의 통제된 감정을 이해하고 이를 표현하도록 유도하며 내담자의 정서적 변화에 민감하게 반응하여 적절한 대응책을 마련할 태세를 갖춘 적극적인 관여가 필요하다.

④ 수용의 원리 … 내담자의 장·단점과 감정을 있는 그대로 수용해야 한다.

⑤ 비심판적 태도의 원리 … 상담자는 내담자의 문제행동에 가치판단을 해서는 안되며, 객관적으로 내담자를 이해해야 한다.

⑥ 자기결정의 원리 … 상담은 내담자 스스로가 자신의 문제에 대한 의사결정을 할 수 있다는 신념에서 시작되어야 한다.

⑦ 비밀보장의 원리 … 상담자는 내담자의 문제에 대한 비밀을 보장해야 할 윤리적 의무가 있다.

(4) 집단상담

① 개념 … 집단구성원으로 하여금 자기이해, 자기수용, 본질적인 발달과업을 성취·실현할 수 있도록 돕기 위한 과정이다.

② 집단상담의 방법
  ㉠ **공통적 문제방법**: 집단의 목적을 정할 때 구성원의 절실한 문제를 해결할 수 있도록 한다.
  ㉡ **사례중심방법**: 한 사람에게 자신의 개인적인 관심을 제시하게 하고, 나머지 구성원은 돕는 사람으로 작용하는 것이다.
  ㉢ **지도자중심의 방법**: 상담자는 적극적인 역할을 한다.
  ㉣ **집단중심 상담방법**: 특수한 문제의 해결보다는 인간의 통합과 성장에 초점을 맞춘다.
  ㉤ **훈련집단기법**: 목적달성을 위한 예정된 목표나 방법이 고정되어 있지 않고 집단과정에 초점을 맞추고 있는 것이다.

(5) 집단지도

① 개념 … 개개인에게 필요한 객관적 정보를 제공하는 하나의 방법 및 절차이다.

② 목표
  ㉠ 개별적 상담의 기초를 마련한다.
  ㉡ 학생의 공통문제를 발견에 이용한다.
  ㉢ 적응상의 문제를 해결하는 데 유용한 자료를 제공한다.
  ㉣ 공통문제에 관하여 집단사고를 할 수 있는 기회를 부여한다.
  ㉤ 자기 이해를 촉진시키는 기회를 마련한다.

③ 형태 … 오리엔테이션, 교육지도, 직업지도, 인성적 사회성 지도 등이 있다.

기출문제

문 집단상담의 장점이 아닌 것은?
▶ 2004. 5. 16. 행정자치부
① 대인관계훈련의 기회를 제공할 수 있다.
② 자신과 타인의 문제를 보는 시각을 증진할 수 있다.
③ 다양한 구성원간의 상호작용에 의한 학습의 장이 될 수 있다.
④ 개개인의 관심에 초점을 맞출 수 있다.

정답 ④

PART 11 생활지도

기출문제

▶ 생활지도를 받은 학생을 진학 혹은 졸업 후에도 계속 체계적으로 지도하는 생활지도 활동은?
▶ 2025. 6. 21. 제1회 지방직
① 정치 활동(placement service)
② 추수 활동(follow-up service)
③ 학생조사 활동(inventory service)
④ 정보제공 활동(information service)

▶ 다음 설명에 해당하는 상담은?
▶ 2022. 6. 18. 교육행정직

• 엘리스(Ellis)가 창시자이다.
• 상담과정은 A(Activating events, 선행사건) → B(Beliefs, 신념) → C(Consequences, 결과) → D(Disputing, 논박) → E(Effects, 효과) 과정으로 진행된다.
• 자신, 타인, 세상에 대한 비현실적인 기대와 요구를 합리적으로 변화시키는 데 초점을 둔다.

① 합리적·정서적 행동 상담
② 게슈탈트 상담
③ 개인심리학적 상담
④ 정신분석적 상담

정답 ②, ①

section 3 상담이론

(1) 인지적 접근을 중심으로 한 상담이론

① 윌리엄슨(Williamson)의 지시적 상담이론
  ㉠ 개념: 피상담자가 당면문제에 대해서 피상담자의 내면적인 세계를 무시한 채 상담자의 객관적인 자료와 전문적인 식견만을 가지고 상담자가 해석을 내려주고 정보를 제공하여, 조언이나 충고를 하는 방법이다.
  ㉡ 상담의 단계
    • 분석: 학생에 관한 자료수집과 분석이 이루어지는 단계이다.
    • 종합: 수집된 자료를 체계적·조직적으로 정리하는 단계이다.
    • 진단: 문제의 원인이나 특징에 대한 결론을 내리는 단계이다.
    • 예진: 피상담자의 문제의 진행에 대해 예측하는 단계이다.
    • 상담: 상담자와 피상담자가 대면하여 피상담자의 바람직한 적응을 위하여 지도하고 조언하는 단계이다.
    • 추수활동: 상담결과의 계속적인 확인과 평가가 이루어지는 단계이다.
  ㉢ 상담자의 역할
    • 피상담자와의 친밀감 조성으로 허용적 분위기(rapport)를 조성한다.
    • 피상담자에게 행동계획을 제언한다.
    • 피상담자가 자기를 인정하고 이해하도록 조력한다.
    • 상담계획에 의한 상담을 실천한다.
    • 자기 능력에 미치지 않으면 전문가에게 위탁한다.

② 엘리스(Ellis)의 합리적·정의적 상담이론
  ㉠ 개념: 인간의 사고과정, 특히 신념이 인간행동을 움직이는 가장 큰 원동력이 된다는 이론이다.
  ㉡ 기본 관점: 인간의 심리적 고통(부적응)은 대부분이 비합리적인 정서적 반응으로 인하여 생긴다고 본다.
  ㉢ 상담과정
    • 제1단계: 비합리적 신념을 자각시켜 주는 과정이다.
    • 제2단계: 형성된 자기파괴적인 문장의 반복 때문에 혼란에서 벗어나지 못한다는 점을 자각하도록 하는 단계이다.
    • 제3단계: 비합리적 신념을 바꾸거나 버리도록 도와주는 과정이다.
    • 제4단계: 피상담자에게 합리적 인생관을 갖도록 촉구하는 과정이다.
  ㉣ 상담기법
    • A(사태: Activating event): 인간의 정서를 유발하는 어떤 사건이나 현상(구체적인 환경적 상황)이다.

- B(신념 : Belief) : 활동이나 행위 등과 같은 환경적 자극에 대해서 각 사람이 지니고 있는 신념이다.
- C(결과 : Consequence) : 선행사건과 관련된 신념으로 인해서 생긴 결과들이다.
- D(논박 : Dispute) : 비합리적 신념체계에 대한 논박이다.
- E(효과 : Effect) : 논박의 결과이다.

(2) 정의적 영역의 상담이론

① 로저스(Rogers)의 비지시적(인간중심적) 상담
  ㉠ 개념 : 상담자가 피상담자의 모든 감정을 수용하고 피상담자에게 자기통찰과 자아수용의 기회를 제공하여 문제를 해결할 수 있다고 보는 내담자중심 상담이다.
  ㉡ 특징
  - 자아이론에 근거하였다.
  - 피상담자의 정서적 상태에 중점을 두었다.
  - 피상담자가 주도적 역할을 하고, 상담자는 허용적 분위기를 조성한다.
  - 진단을 배제한다.
  - 피상담자가 상담과정에 대한 책임을 진다.
  ㉢ 상담기법 : 수용, 공감적 이해, 일치 등이 있다.

② 프로이드(Freud)의 정신분석학적 상담
  ㉠ 개념 : 문제를 일으키는 무의식적 세계를 의식화하여 치료하는 방법이다.
  ㉡ 특징
  - 부적응행동을 무의식과 억압의 증거로 보았다.
  - 부적응의 치료수단은 자유연상, 꿈의 분석, 감정전이 등이 있다.
  ㉢ 상담기법
  - 진단 : 피상담자의 과거를 탐색하고 현재의 문제에 대하여 진단한다.
  - 자유연상 : 피상담자가 마음에 떠오르는 대로 이야기하게 하는 것이다.
  - 저항의 분석 : 저항을 해석하는 일은 상담의 중요한 임무이다.
  - 꿈의 분석 : 명백한 꿈의 내용에서 상징적 의미를 찾는 것이다.
  - 직면 : 피상담자가 자신의 문제를 회피하지 않도록 하는 것이다.
  - 해석 : 피상담자의 사고와 느낌, 행동에 대하여 상담자가 추리를 하여 설명해 주는 것이다.
  - 전이 및 통찰 : 전이를 통하여 자신의 본질의 이해와 통찰이 가능해진다.

③ 애들러(Adler)의 개인심리학적 상담
  ㉠ 개념 : 총체주의 개념으로 인간을 파악하면서 인간은 끊임없이 변화와 자기창조를 통하여 자기완성을 추구한다고 본다.
  ㉡ 상담과정 : 상담관계의 설정 → 피상담자의 역동성 분석과 이해 → 해석 → 재교육

기출문제

문. 로저스(Rogers)의 인간중심적 상담에서 상담자에게 필요한 태도로 옳지 않은 것은?
▶ 2022. 6. 18. 교육행정직
① 체계적 둔감
② 공감적 이해
③ 일치성
④ 무조건적 긍정적 존중

문. 정신분석 상담의 주요 기법에 해당하지 않는 것은?
▶ 2023. 4. 8. 인사혁신처
① 전이 분석
② 저항의 분석
③ 자유연상법
④ 비합리적 신념 논박

정답 ①, ④

기출문제

문 상담이론에 대한 설명으로 옳은 것은?
▶ 2020. 6. 13. 교육행정직

① 내담자 중심 상담 – 미해결 갈등을 이해하는 것이 개인의 정신역동을 이해하는 방법이다.
② 행동주의 상담 – 인간의 행동을 개인이 선택한 것으로 바라보며 행동의 원인보다는 목적에 더 주목하면서 자아실현을 강조한다.
③ 의사교류분석 – 가족치료에서 시작된 이론으로 내담자의 욕구를 파악한 후 현실과 맞서도록 심리적인 힘을 개발할 수 있도록 돕는다.
④ 합리적·정서적 행동 상담 – 인간의 감정, 즉 정서적 문제의 원인이 비합리적 신념임을 가정하고 이를 합리적 신념으로 변화시키기 위한 치료기법을 개발하였다.

|정답 ④

ⓒ 상담기법: 역할연기, 빈 의자 대화, 마치 ~인 것처럼 행동하기, 과제장면 설정하기, 상상하기, 초인종 누르기 등의 절충적인 기술을 활용한다.

④ 실존주의적 상담
  ㉠ 개념: 인간 불안문제의 본질을 시간적 제한과 죽음, 부존재에 대한 불안에서 찾으며 문제해결방법을 인간의 존재의미에서 찾는 상담이다.
  ㉡ 특징
    • 증세에 대한 피상담자의 태도에 관심을 둔다.
    • 기대불안의 치료에는 역설적 의도가 사용된다.
    • 피상담자로 하여금 인생의 목표에 대한 긍정적 태도를 유도한다.
  ㉢ 상담과정: 인간적 만남 → 상담목표의 이해 → 촉진적 관계 형성 → 각성
  ㉣ 상담기법
    • 역설적 의도: 피상담자가 갖는 예기적 불안을 제거하여 강박증, 공포증과 같은 신경증적 행동을 치료한다.
    • 역반영: 과잉된 주의를 피상담자 자신의 밖으로 돌려서 그 개인의 의식을 긍정적이고 생산적인 면으로 전환할 수 있게 하여 치료한다.
    • 의미요법: 환자의 성격에서 무의식적이고 정신적인 요인을 자각하게 하는 것이다.
    • 현존분석: 내적 생활사를 밝히며, 그 세계 내에서의 구조, 세속적 존재를 분석하려는 것이다.

(3) 행동적 영역의 상담이론

① 행동과학적 상담(행동수정이론)
  ㉠ 개념: 모든 부적응적 행동을 후천적으로 학습된 것으로 보고, 제거를 위해 원인에 대한 강화와 소멸 등의 원리를 제공하는 상담이다.
  ㉡ 특징
    • 관찰이 가능한 행동에 관심을 가진다.
    • 인간의 모든 행동은 이상행동이든, 정상적인 행동이든 같은 학습원리에 의해서 습득된 것이라고 본다.
    • 바람직하지 않은 부적응행동이나 이상심리는 행동수정, 즉 재조건화 또는 재학습에 의해서 교정될 수 있다고 본다.
  ㉢ 대표적 상담기법
    • 행동조형기법: 최종목표 행동을 여러 단계로 나누어 낮은 단계에서부터 하나씩 강화하여 점진적으로 목표행동에 접근시키는 방법이다.
    • 토큰(token)강화: 바람직한 행동에 대하여 상표를 주고 일정한 수의 상표가 모이면 그보다 강한 자극으로 바꾸어 주는 강화체계이다.
    • 상반행동강화: 바람직하지 못한 행동을 직접 수정하기보다는 상반되는 또는 바람직한 행동을 강화하는 기법이다.

- 프리맥(premack)기법 : 강한 반응을 활용해서 약한 반응을 촉진시켜 주는 기법이다.
- 모델학습(modeling) : 어떤 행동을 시범하는 모델에 노출시키는 방법이다.

② 상호제지이론
  ㉠ 개념 : 학습된 신경증적 반응은 제지할 수 있는 다른 행동을 통해서 소멸할 수 있다는 이론이다.
  ㉡ 상담기법
   - 주장적 훈련 : 대인관계에서의 불안을 주장행동으로 상호 제지하여 불안을 줄이는 방법이다.
   - 체계적 둔감법 : 불안이나 공포를 제거하는 데 불안과 양립할 수 없는 이완반응을 끌어낸 다음, 불안을 유발시키는 경험을 상상하게 하여 불안유발자극의 영향을 약화시키는 방법이다.

③ 현실요법
  ㉠ 개념 : 인간은 사랑과 소속의 욕구, 힘과 성취의 욕구, 즐거움의 욕구, 자유의 욕구, 생존의 욕구를 타고 났으며, 이러한 욕구를 충족시키기 위해 선택된 행동들이 현실적으로 만족스러운 것이 되지 못할 때 문제가 발생한다고 본다. 내담자가 현실적인 행동을 배워 성공적으로 현실문제를 극복해 나가도록 하는 것으로, 정체감을 계발시키는 것에 초점을 둔다.
  ㉡ 문제행동 발생원인 : 스스로가 책임져야 할 책임을 지지 못하는 경우인 역할혼미와 인간의 행동과 환경이 현실적 맥락에서 불일치하는 경우에 문제행동이 일어난다고 본다.
  ㉢ 상담절차 : 우불딩의 WDEP
   - 욕구·바람·지각 파악 : "학생이 진정으로 원하는 것이 무엇인가?", "부모님, 친구들 혹은 주위사람들이 학생에게 바라는 것은 무엇이라고 생각하는가?" 등의 질문을 통해 학생 스스로 원하는 바가 무엇인지를 깨닫도록 도와준다.
   - 현재 행동 파악 : "당신은 무엇을 하고 있는가?"라는 질문을 통해 학생이 욕구 충족을 위해 어떤 행동을 하고 있는지를 파악하도록 돕는다.
   - 평가 : 학생이 지금 하고 있는 행동들이 자신의 욕구 충족에 도움이 되는지 혹은 방해가 되는지를 판단할 수 있도록 돕는다.
   - 계획 : 욕구충족과 관련된 학생의 현재 행동 중에서 비효과적이고 부정적인 것들을 찾아 긍정적이고 효율적인 것으로 바꾸도록 하고 계획을 세워 일상생활 속에서 실천하도록 한다.

기출문제

문 정신분석 상담과 행동주의 상담의 공통점에 해당하는 것은?
▶ 2018. 4. 7 인사혁신처

① 상담과정에서 과거 경험보다 미래 경험을 중시한다.
② 상담기법보다는 상담자의 인간적 자질과 진솔한 태도를 중시한다.
③ 인간의 행동을 인과적 관계로 해석하는 결정론적 관점을 가진다.
④ 비합리적 신념을 인식하고 수정하는 논박 과정을 중시한다.

정답 ③

PART 11 생활지도

기출문제

문 다음 설명에 해당하는 청소년 비행 관련 이론은?
▶ 2023. 4. 8. 인사혁신처

- 뒤르켐(Durkheim)의 이론을 발전시켜 머톤(Merton)이 정립하였다.
- 문화적인 가치와 사회적 수단 간의 불일치로 인한 사회·심리적 긴장 상태에서 벗어나고자 비행을 시도한다.

① 낙인 이론
② 사회통제 이론
③ 아노미 이론
④ 합리적 선택 이론

|정답 ③

section 4 생활지도의 실제

(1) 청소년 비행

① 비행의 원인 및 지도방안

㉠ 개인적 요인
  • 원인 : 자아기능의 허약, 지적 능력의 결핍, 미성숙한 자율성, 정신질환, 성격이상, 성적 조숙 등
  • 지도방안 : 올바른 가치관을 갖도록 가치관교육을 더욱 강화한다.

㉡ 가정적 요인
  • 원인 : 가정의 애정적·교육적 기능의 약화, 가족 성원들 간의 불화, 부모의 교육적 결함, 가정결손, 가정 사정 및 환경의 급변, 지나친 기대나 규제, 부정적·공격적 성격 형성, 경제적 빈곤으로 인한 물질적·심리적 좌절과 열등의식 등
  • 지도방안 : 가족으로부터 애정이 회복되어야 한다.

㉢ 학교생활요인
  • 원인 : 성적 또는 입시 위주의 교육, 교우관계, 도덕·인격·정서교육의 부실, 과대학교·과밀학급으로 학생 개개인에 대한 이해부족 등
  • 지도방안 : 교육적 기능이 회복되어야 한다.

㉣ 사회적 요인
  • 원인 : 가치관이나 도덕기준의 동요, 사회통제와 사회적 참여기회의 제약, 규범과 욕구의 불일치, 물질만능주의, 청소년 여가활동시설의 미비, 상업적·선정적·향락적인 문화와 매스컴의 범람 등
  • 지도방안 : 매스컴의 순기능을 강화한다.

② 지도

㉠ 예방지도 : 개인적 조치, 집단적 조치
㉡ 교정지도
㉢ 개인상담 : 정신분석적·지시적·행동주의적·실존주의적 상담 등
㉣ 기타 : 유희요법, 환경요법, 독서요법, 음악요법 등

범죄비행 발생원인론

① 심리학적 이론
  ㉠ **정신분석이론** : 성장과정에서 초자아를 제대로 형성하지 못하고 자아가 제대로 기능하도록 훈련되지 않으면 본능이나 욕구에 의해 행동할 가능성이 많아지고 이것이 비행의 원인이 된다는 이론이다.
  ㉡ **성격이론** : 이상행동, 일탈행동, 정상행동 등은 성격특성의 양적 차이에서 기인한다는 이론이다.
  ㉢ **정신병적 이론** : 정신병적 성격의 소유자들이 상습적으로 반사회적 행동을 일삼는다는 이론이다.

② 사회학적 이론
  ㉠ **아노미이론** : 사회경제적 지위가 상위에 있는 사람들은 자기들의 목표를 추구할 기회가 더 많고 하위집단에 속하는 사람들은 여러 기회가 제한되어 있어 정당한 수단을 부여받기 어렵기 때문에 아노미 또는 소외감을 갖게 되어 비행을 저지르게 된다는 이론이다.
  ㉡ **하위문화이론** : 비행집단은 합법적인 수단을 사용할 기회가 제한되어 있거나 없기 때문에 사회적 목표를 실현하기 위해서 불법적인 수단을 사용하도록 강요받는다는 이론이다.
  ㉢ **정치적 갈등이론** : 정치적 요인에 의해서 범죄나 비행이 규정된다고 보는 이론이다.
  ㉣ **사회통제이론** : 어떤 사회든 주도적 힘을 발휘하는 특정 가치체계가 있는데, 사회구성원이 이 기존가치를 무시할 때에 비행이 증가한다고 보는 이론이다.
  ㉤ **사회·문화적 결정론** : 아동의 비행은 그 아동이 속한 가정, 환경 등에 영향을 받는다는 이론이다.
  ㉥ **낙인이론** : 자기 자신을 비행자로 인식하는 데는 남들이 그 사람을 비행자라고 낙인찍는 데서 크게 영향을 받는다는 이론이다.
  ㉦ **차별접촉이론** : 비행을 사람들 상호 간의 교류 중에 학습된다고 보는 이론이다.

(2) 진로지도(진로인식 → 진로탐색 → 진로준비 → 진로정치)

① 생애지도 등으로 해석되며 미래에 대한 생애설계 및 전망 등을 포함한다.
② 생애 직업발달과 그 과정과 내용을 가리키는 포괄적인 용어이다.
③ 진로지도는 개인적으로는 자신의 진로를 합리적으로 인식하고 선택케 하며, 사회적으로는 적재적소에 알맞은 유능한 인재를 양성하는 바람직한 인간교육으로 인식된다.
④ 일과 직업세계가 중심이 되는 인식과 탐색과 준비과정을 합리적으로 결정해 가도록 하는 교수프로그램이다.

기출문제

문 다음 설명에 해당하는 청소년 비행 관련 이론은?
▶ 2023. 6. 10. 교육행정직

• 일탈행동가 오히려 정상행동이며, 규범준수행위가 비정상적인 행동이다.
• 인간의 본성은 악하기 때문에 사람은 항상 규범을 위반할 수 있으며, 개인과 사회 간의 결속이 약화될수록 일탈할 확률이 높아진다.

① 낙인이론
② 사회통제이론
③ 아노미이론
④ 차별접촉이론

|정답 ②

PART 11 생활지도

기출문제

문 홀랜드(Holland)가 제안한 직업 흥미유형 간 유사성이 가장 낮은 조합은?

▶ 2020. 7. 11. 인사혁신처

① 탐구적(I) – 기업적(E)
② 예술적(A) – 사회적(S)
③ 사회적(S) – 기업적(E)
④ 예술적(A) – 탐구적(I)

⑤ 진로지도단계
  ㉠ 진로인식단계 : 직업에 대한 기초적인 이해와 인식 등을 다루도록 한다.
  ㉡ 진로탐색단계 : 잠정적으로 진로계획을 발전시키고 선택할 수 있는 경험을 제공해 주도록 한다.
  ㉢ 진로준비단계 : 구체적인 진로계획을 수집하고 직업관을 형성할 수 있도록 계속적인 지도가 필요하다.
  ㉣ 진로전문화단계 : 구체적인 직업의 기술을 준비·개발하는 것을 가르치고, 필요한 현직교육과 기술훈련과정을 제공하며, 직업인으로서의 긍지와 보람, 직업윤리와 가치관 정립을 확고히 하도록 노력한다.

Point 팁 홀랜드 유형별 성격 및 흥미 특성 … 홀랜드는 성격 특성을 진로와 관련시켜서 6가지 직업흥미유형을 제시하였다.

R유형 (실재형, Realistic)	I유형 (탐구형, Investigative)	A유형 (예술형, Artistic)	S유형 (사회형, Social)	E유형 (기업형, Enterprising)	C유형 (관습형, Conventional)
현실감각	논리성	예술성	대인관계능력	리더십	책임감
신체능력	합리성	창의성	사회성	설득력	계획성
구체성	호기심	감수성	배려	도전정신	성실성
자연친화성	탐구성	직관	타인이해	목표지향성	순응성
손재능	분석능력	표현능력	봉사정신	경쟁심	안전지향

(3) 성(性)교육

① 성교육의 의미
  ㉠ 성에 관한 지식을 일깨우고, 성에 대한 올바른 이해로 남성과 여성의 올바른 기능과 역할을 인식하게 하는 것이다.
  ㉡ 과학적 지식보다 태도교육에 관한 비중이 높아야 한다.
  ㉢ 성교육을 통하여 기본적인 생활습관을 기르고 원만한 인간관계를 유지하며 즐거운 집단생활을 영위하게 한다.

② 성교육의 목표
  ㉠ 성교육을 통하여 기본적 생활습관을 기르고 가족 및 친구들과의 원만한 인간관계를 유지하면서 즐거운 집단생활을 영위하게 한다.
  ㉡ 남녀의 생리적 구조와 기능, 심리적 특성과 역할, 남녀 간의 신뢰·협력에 입각한 사회적 관계에 관해서 체계적이고 과학적 지식을 갖게 한다.
  ㉢ 올바른 성의식과 건전한 성태도, 분별 있는 성윤리를 형성하게 한다.

| 정답 ①

③ 성교육의 실천
　㉠ 성교육 내용에 따른 지도교과와 담당교사를 중심으로 협의체를 구성한다.
　㉡ 학년별, 성별에 따른 지도계획을 수립해야 한다.
　㉢ 양호교사와 자원인사의 활용계획이 포함되어야 한다.
　㉣ 학부모교실 운영계획이 포함되어야 한다.

④ 성교육 지도자의 유의점
　㉠ 확고한 신념과 긍정적 태도로 교육해야 한다.
　㉡ 도학자적 자세가 아닌, 교육내용에 대한 자연스러운 태도가 요구된다.
　㉢ 성적 문제를 호기심이나 충격이 아닌 학생 자신의 성장과 성숙으로 수용하도록 지도한다.
　㉣ 체계적인 지도를 통하여 잘못된 성지식을 바로 잡아주고, 수치심이나 호기심을 해소해 주어야 한다.
　㉤ 인간존중, 남녀평등, 신뢰와 협력, 성숙과 자아실현 등에 바탕을 두고 지도한다.
　㉥ 성에 대한 잘못된 이해, 성폭행 문제, 성적 타락 등의 사회문제를 학생들 스스로 분석하고 이에 대한 대응책을 강구할 수 있도록 지도한다.

기출문제

문 다음 중 성교육에 있어 지도자의 태도로 옳지 않은 것은?
▶ 2005. 2. 27. 경상남도교육청

① 도학자적 자세가 아닌, 교육내용에 대한 자연스러운 태도가 요구된다.
② 인간존중과 남녀평등에 바탕을 두고 지도한다.
③ 성에 대한 잘못된 이해에 대한 대응책을 제시해준다.
④ 확고한 신념과 긍정적 태도로 교육해야 한다.
⑤ 체계적인 지도를 통하여 잘못된 성지식을 바로 잡아준다.

┃정답 ③

 생활지도

1 다음 중 교사상담이 성공적으로 수행하기 위한 태도로 옳은 것은?

① 교사가 구체적으로 지시해 준다.
② 교사가 많은 것을 이야기한다.
③ 교사는 감정이입을 통해 공감적인 태도를 갖는다.
④ 교사가 혼자의 힘으로 문제를 해결한다.

①④ 학생 스스로 자신의 문제에 대한 의사결정을 할 수 있도록 해야 한다.
② 교사가 많은 것을 이야기하기보다는 학생의 말을 경청해야 한다.

2 다음 설명에 해당하는 상담이론으로 가장 적절한 것은?

> 내담자의 사고 과정을 수정 또는 변화시켜 정서적 장애와 행동적 장애를 극복하게 하는 데 상담의 중점을 둔다. 정서적 장애는 주로 비적응적인 사고 과정의 결과로서, 이 잘못된 사고 과정을 재구성하는 것이 상담의 주요 과제라고 본다.

① 인지적 상담
② 행동 수정 상담
③ 인간 중심 상담
④ 의사결정적 상담

② 내담자는 상담자와 더불어 상담목표의 설정이나 결정과정에 적극적으로 참여하고 상담자의 지시 아래 일상생활에 확대할 수 있는 적극적이고 바람직한 행동반응을 상담장면에서 연습한다.
③ 내담자에 대한 수용과 존중을 강조하고, 상담자의 허용적 태도를 중시하며, 공감적 접근을 한다.
④ 피상담자가 당면문제에 대해서 피상담자의 내면적인 세계를 무시한 채 상담자의 객관적인 자료와 전문적인 식견만을 가지고 상담자가 해석을 내려준다.

※ 상담이론의 분류

구분	종류
인지적 상담이론	• 윌리암슨(Williamson)의 지시적 상담이론 • 앨리스(Ellis)의 합리적·정의적 상담이론
정의적 상담이론	• 로저스(Rogers)의 인간 중심적 상담 • 프로이드(Freud)의 정신분석학 • 실존주의 상담 • 애들러(Adler)의 개인심리상담
행동적 상담이론	• 행동주의적 상담 • Wölpe의 상호제지이론

3 다음에 제시된 생활지도활동을 올바른 순서로 나열한 것은?

㉠ 정보제공활동 ㉡ 학생조사활동
㉢ 추수활동 ㉣ 상담활동
㉤ 정치활동

---

① ㉠ - ㉡ - ㉢ - ㉣ - ㉤
② ㉠ - ㉣ - ㉡ - ㉢ - ㉤
③ ㉡ - ㉠ - ㉣ - ㉤ - ㉢
④ ㉤ - ㉣ - ㉠ - ㉡ - ㉢

생활지도의 활동
㉠ 학생조사활동 : 가정환경이나 학업성취 등 학생의 이해에 필요한 자료를 조사한다.
㉡ 정보제공활동 : 학생들의 의사결정을 할 때 자신과 주의 환경을 이해하는 데 필요한 정보를 제공하는 활동이다.
㉢ 상담활동 : 상담면접을 통해 문제 해결력을 신장시키고 정신건강을 향상시킨다.
㉣ 정치활동 : 능력·취미·소질 등을 고려하여 자신이 있어야 할 위치를 잘 결정하도록 돕는다.
㉤ 협력활동 : 자료제공, 전문적 조력, 관계 인사 및 관계 기관과의 긴밀한 유대관계가 필요하다.
㉥ 추수지도활동 : 이미 지도받았던 학생에 대해 계속적인 관심을 갖는다.

Answer 1.③ 2.① 3.③

4 다음 중 생활지도의 실천원리로 옳지 않은 것은?

① 생활지도는 진단 및 치료와 같은 소극적인 것보다는 적극적인 예방지도에 중점을 둔다.
② 모든 학생을 대상으로 하기보다는 문제아 중심으로 진행한다.
③ 개인의 능력과 인성을 계발하는 적극이고 능동적인 적응을 강조한다.
④ 개인의 특수한 생활영역이나 기능 등 일부만을 지도하는 것이 아니라, 개인의 전체적인 면을 지도하여 전인적 발달을 기한다.

② 문제아 중심으로 진행하는 것이 아니라 모든 학생을 대상으로 한다.

5 다음에서 설명하는 생활지도의 영역은?

> • 학생의 적성, 흥미, 능력, 주위 환경적 조건에 따라 상급학교 진학이나 직업의 선택, 계획, 준비, 적응을 돕는 활동
> • 상급학교에 대한 정보와 직업세계에 대한 정보 제공, 진학 및 취업을 위한 상담, 개인에 대한 인적조사, 기능계발, 현장지도, 실습지도, 추후지도 등

① 학업지도
② 진로지도
③ 인성지도
④ 건강지도

① 학업지도에는 학업부진아의 효과적인 학습방법 지도, 학습동기 유발방법 등이 포함된다.
③ 인성지도는 개인이 일상생활에 잘 적응할 수 있도록 심리적·인성적 발달을 돕는다.
④ 건강지도는 신체적 건강과 정신적 건강에 관계되는 문제를 지도하는 활동이다.

6 다음 중 상담 시 유의사항으로 옳지 않은 것은?

① 상담자는 피상담자로 하여금 친근감 및 신뢰감을 얻어야 한다.
② 상담자는 피상담자 편에 서서 이해하는 입장을 취해야 한다.
③ 상담자는 한 가지 방법만을 최선의 방법으로 제시해야 한다.
④ 상담자는 건설적이고 구체적인 해결방안을 제시해야 한다.

③ 상담자는 한 가지 방법만을 최선의 방법으로 제시하지 않고 다양한 해결책을 제시해야 한다.

7 다음 중 생활지도활동의 영역에 대한 설명으로 옳은 것은?

① 학생조사활동은 생활지도가 잘 수행되도록 필요한 자료의 제공, 전문적 조력, 관계인사 및 관계기관과의 긴밀한 유대관계 유지를 위해 필요한 활동이다.
② 학생들이 문제에 직면하여 의사결정을 할 때 그 자신과 주위의 환경을 이해하는 데 필요한 각종 정보를 제공하여 개인적인 성장과 사회적 적응을 돕는 활동은 추수지도활동이다.
③ 정치활동은 학생 자신의 능력, 취미, 소질 등을 신중히 고려하여 자기가 있어야 할 위치를 현명하게 의사결정 하도록 도와주는 활동이다.
④ 협력활동은 학생인 피상담자와 상담전문가인 상담자 사이에서 독특한 관계와 상담면접의 기술을 통하여 정서적·정신적 문제해결력을 신장시키고 정신건강을 향상시켜 능동적으로 적응하도록 돕는 활동이다.

① 학생조사활동은 가정환경, 학업성취, 지적 능력, 학업적성 등 학생의 이해에 필요한 각종 자료를 조사하는 활동이다.
② 추수지도활동은 이미 지도받았던 학생들에 대해서 계속적으로 그의 성장과 발달을 도와 보다 나은 적응을 하도록 돕는 활동이다.
④ 상담활동에 대한 내용이다.

Answer   4.② 5.② 6.③ 7.③

8 다음 중 비지시적 상담에 대한 설명은?

① 피상담자가 당면하고 있는 문제에 대해서 상담자가 해석을 내려주고 정보를 제공하여, 조언이나 충고를 하는 방법이다.
② 문제를 일으키는 무의식적 세계를 의식화하여 치료하는 방법이다.
③ 인간 불안문제의 본질을 시간적 제한과 죽음, 부존재에 대한 불안에서 찾으며 문제해결방법을 인간의 존재 의미에서 찾는 상담이다.
④ 상담자가 피상담자의 모든 감정을 수용하고 피상담자로 하여금 자기통찰과 자아수용의 기회를 제공함으로써 문제를 해결할 수 있다고 보는 상담이다.

① 지시적 상담이론 ② 정신분석학적 상담이론 ③ 실존적 상담이론

9 다음에서 설명하는 상담의 기본원리는?

• 상담자는 내담자의 문제행동에 가치판단을 해서는 안 된다.
• 객관적으로 내담자를 이해해야 한다.

① 의도적 감정표현의 원리 ② 통제된 정서관여의 원리
③ 수용의 원리 ④ 비심판적 태도의 원리

상담의 기본원리
㉠ 개별화의 원리 : 개인차를 감안하여 상담자는 내담자의 개성을 이해하고 보다 나은 적응을 위해 조력해야 한다.
㉡ 의도적 감정표현의 원리 : 내담자의 자유표현욕구를 받아들여 표현을 보장받도록 해주어야 한다.
㉢ 통제된 정서관여의 원리 : 내담자의 통제된 감정을 이해하고, 표현을 유도하며, 내담자의 정서적 변화에 민감하게 반응·대처하여야 한다.
㉣ 수용의 원리 : 내담자의 감정과 장·단점을 있는 그대로 수용해야 한다.
㉤ 비심판적 태도의 원리 : 내담자의 행동에 대해 가치판단을 하지 않아야 하며 객관적으로 내담자를 이해해야 한다.
㉥ 자기결정의 원리 : 내담자 스스로가 문제에 대한 의사결정을 할 수 있다는 신념이 필요하다.
㉦ 비밀보장의 원리 : 상담자는 내담자의 문제를 비밀로 보장해야 한다.

10 다음에서 설명하는 상담이론은?

- 불안문제의 본질을 시간적 제한과 죽음, 부존재에 대한 불안에서 찾으며 문제해결방법을 인간의 존재 의미에서 찾는 상담이다.
- 인간적 만남, 상담목표의 이해, 촉진적 관계 형성, 각성 등을 통해 상담이 이루어진다.

① 비지시적 상담
② 실존주의적 상담
③ 정신분석 상담
④ 행동주의적 상담

실존주의적 상담 … 증세에 대한 피상담자의 태도에 관심을 두고 피상담자로 하여금 인생의 목표에 대한 긍정적 태도를 유도한다. 상담은 개인의 자아세계의 내면에 있는 심리적 실체와 만남을 중심으로 이루어진다.

11 정신분석학적 상담에서의 상담기법으로 묶여진 것은?

① 수용, 공감적 이해, 일치
② 진단, 자유연상, 꿈의 분석, 해석
③ 의미요법, 현존분석
④ 타협의 강요, 환경의 변경, 태도의 변경

① 비지시적 상담기법 ③ 실존적 상담이론기법 ④ 지시적 상담이론기술

Answer 8.④ 9.④ 10.② 11.②

단원평가

12 다음 중 행동주의적 상담의 특성으로 옳지 않은 것은?

① 관찰이 가능한 행동에 관심을 갖는다.
② 부적응적 행동을 후천적으로 학습된 것으로 보고, 이를 제거하기 위하여 원인에 대한 강화와 소멸을 제공한다.
③ 바람직하지 않은 부적응행동은 행동수정을 통해 교정될 수 있다.
④ 행동주의적 상담은 문제를 일으키는 무의식적 세계를 의식화하여 치료하는 방법이다.

④ 정신분석학적 상담에 대한 설명이다.

13 행동주의적 상담이론에서 최종목표행동을 여러 단계로 나누어 낮은 단계에서부터 하나씩 강화하여 점진적으로 목표행동에 접근시키는 방법은?

① 행동조형기법 ② 토큰강화
③ 상반행동강화 ④ 프리맥 기법

② 토큰강화는 바람직한 행동에 대하여 상표를 주고 일정한 수의 상표가 모이면 그보다 강한 자극으로 바꾸어 주는 강화체제이다.
③ 상반행동강화는 바람직하지 못한 행동을 직접 수정하기보다는 상반되는 또는 바람직한 행동을 강화하는 기법이다.
④ 프리맥 기법은 강한 반응을 활용해서 약한 반응을 촉진시켜 주는 기법이다.

14 다음 중 지시적 상담의 절차로 옳은 것은?

① 분석 – 종합 – 진단 – 예진 – 상담 – 추후지도
② 분석 – 종합 – 예진 – 상담 – 진단 – 추후지도
③ 예진 – 분석 – 종합 – 상담 – 진단 – 추후지도
④ 상담 – 예진 – 분석 – 진단 – 종합 – 추후지도

윌리엄슨의 지시적 상담의 단계는 분석, 종합, 진단, 예진, 상담, 추수활동으로 이루어진다.

15 다음에서 설명하는 범죄비행 발생원인론은?

> 비행집단은 합법적인 수단을 사용할 기회가 제한되어 있거나 없기 때문에 사회적 목표를 실현하기 위해서 불법적인 수단을 사용하도록 강요받는다는 이론이다.

① 정신분석이론
② 하위문화이론
③ 사회통제이론
④ 차별접촉이론

> **Point**
> ① 정신분석이론은 성장과정에서 자아가 제대로 기능하도록 훈련되지 않아 본능이나 욕구에 의해 행동하여 비행을 저지르게 된다는 원리이다.
> ③ 사회통제이론은 어떤 사회든 주도적 힘을 발휘하는 특정 가치체계가 있는데, 사회구성원이 기존 가치를 무시할 때에 비행이 증가한다고 보는 이론이다.
> ④ 차별접촉이론은 비행을 사람들 상호 간의 교류 중에 학습된다고 보는 이론이다.

Answer 12.④ 13.① 14.① 15.②

교육행정학

01 교육행정의 기초
02 교육행정이론의 발달과정
03 동기이론
04 의사결정이론
05 지도성이론
06 교육행정조직론
07 교육기획 및 교육정책
08 장학론
09 교육재정론
10 교육인사행정

12 교육행정학

기출문제

section 1 교육행정의 기초

(1) 교육행정의 개념

① 일반적 정의 … 교육활동의 목표를 설정하고 목표달성에 필요한 인적·물적 조건을 정비·확립하고 지도·감독하는 협동적·조직적 작용이다.

> **교육행정의 유사개념**
> ① 교육경영 … 교육행정과 거의 같은 개념으로, 상호 교환적으로 쓰이고 있는 개념이다.
> ② 학교행정 … 학교교육만을 대상으로 하며, 교장이 주체가 되어 운영되는 개념이다.
> ③ 학교경영 … 학교장을 중심으로 하는 정규의 교육조직체 내지 단위 교육기관으로, 학교를 창의적·자율적으로 운영하며 유지·발전시켜 나가기 위한 봉사활동이다.
> ④ 학교관리 … 교육목적의 효율적 달성을 위한 간접적·보조적 활동으로 주로 인사·재정·시설 등에 관한 일을 수행하는 활동이다.

② 현대 교육행정의 특성
  ㉠ 행정력의 강화 : 행정활동의 범위 확대 및 기능 강화를 의미한다.
  ㉡ 직무의 전문화 : 교육행정 종사자들의 훈련과 경험에 바탕을 둔 고도의 지식과 기능을 필요로 한다.
  ㉢ 합리화의 촉진 : 경제성의 원리와 효율적인 목표달성이 강조된다.
  ㉣ 민주화의 촉진 : 교육자치제도가 발달하고 위원회제도, 공개토론회의 기회가 마련되고 있다.
  ㉤ 교육행정의 중립화 : 교육행정조직을 일반 행정에서 분리·독립시키고, 교육인사나 재정을 독립적·자주적으로 운영한다.
  ㉥ 평생교육체제의 정비 : 학교교육뿐만 아니라 사회교육에 대하여도 점차 관심을 넓혀 가고 있으며, 평생교육체제의 정비에 박차를 가하고 있다.

> **Point 팁** 교육행정의 일반적 성격
> ㉠ 봉사적 성격
> ㉡ 정치적 성격
> ㉢ 민주적 성격

문 교육행정의 특성으로 옳은 것은?
▶ 2014. 4. 19. 안전행정부
① 교육행정은 조직, 인사, 내용, 운영 등에서의 자율성과 민주성을 중시한다.
② 교육행정은 교육과 행정을 구분하기 때문에 정치적 측면에 강조점을 두지 않는다.
③ 교육이 전문적 활동이기 때문에 이를 지원하는 교육행정은 특별한 훈련 없이도 수월하게 이루어질 수 있다.
④ 교육행정은 교수–학습 활동의 감독을 중요한 출발점으로 한다.

|정답 ①

(2) 교육행정의 기본원리

① 법제면에서의 원리
  ㉠ 법치행정의 원리(합법성의 원리) : 모든 행정은 법에 의거하고 법이 정하는 범위 내에서 이루어지는 것을 원칙으로 한다는 것이다.
  ㉡ 기회균등의 원리 : 신앙, 사회·경제적 지위 등에 차별 없이 누구나 교육을 받을 수 있는 원리로 민주주의의 기본원리이며 교육행정에 가장 강력하게 요청된다.
  ㉢ 적도집권의 원리(지방분권의 원리) : 중앙집권주의(행정의 능률성 향상)와 지방분권주의(민주적 권한이양과 참여의 기회보장)의 적도의 균형점을 발견하려는 원리이다.
  ㉣ 자주성의 원리 : 교육의 본질을 추구하기 위하여 일반행정으로부터 독립되고 정치와 종교로부터 중립성을 유지해야 한다는 원리이다.

② 운영면에서의 원리
  ㉠ 타당성의 원리(합목적성의 원리) : 교육계획을 세우고 운영함에 있어 교육행정의 활동이 타당하고 올바른 보조활동이 되어야 함을 의미한다.
  ㉡ 민주성의 원리 : 교육행정의 실천에 있어서 독단과 편견을 배제하고 교육정책 수립에 있어서 참여를 통해 공정한 민의를 반영한다는 원리이다.
  ㉢ 능률성의 원리 : 최소한의 노력과 경비로 최대한의 효과를 올려야 한다는 원리이다. 이 원칙을 지나치게 강조하면 교육의 본질이 손상될 수 있다.
  ㉣ 적응성의 원리 : 변화하는 사회에 신축성 있게 대응해 나감으로써 새로운 조직적 관계와 능률적 성과를 계속 확보해 나가야 한다는 원리이다.
  ㉤ 안정성의 원리 : 교육활동의 지속과 안정을 위해 전통을 계승하고 그 안에 있는 좋은 부분을 강화, 발전시켜야 한다는 원리이다.
  ㉥ 균형성의 원리 : 교육행정의 능률성과 민주성, 적응성과 안정성 간에 균형을 유지하라는 원리이다.
  ㉦ 지방분권의 원리 : 교육은 외부의 부당한 지배를 받지 아니하며, 주민의 적극적인 참여와 더불어 지역주민들의 공정한 통제에 의거하라는 원리이다.
  ㉧ 전문성 보장의 원리 : 교육활동의 본질을 이해하고, 교육의 특수성을 체험하고, 교육행정에 관한 이론과 기술을 습득한 전문가가 담당하여야 한다는 원리이다.

기출문제

문 학교조직의 운영 원리에 대한 설명으로 옳지 않은 것은?
▶ 2024. 3. 23. 인사혁신처

① '적도집권의 원리'는 분권을 중심으로 학교조직을 운영하는 것이다.
② '분업의 원리'는 조직의 업무를 직능 또는 특성별로 구분하여 한사람에게 동일한 업무를 분담시키는 것이다.
③ '조정의 원리'는 조직의 목표 달성을 위해서 구성원의 노력을 집결시키고 업무 간·집단 간 상호관계를 조화롭게 유도하는 것이다.
④ '계층의 원리'는 조직의 목표를 달성하기 위한 업무를 수행함에 있어 권한과 책임의 정도에 따라 직위를 수직적으로 서열화·등급화하는 것이다.

문 교육행정의 원리에 대한 설명으로 옳은 것만을 모두 고르면?
▶ 2025. 4. 5. 국가직

㉠ 자주성 : 일반행정으로부터 분리·독립되고 정치와 종교로부터 중립성을 유지해야 한다.
㉡ 효율성 : 가장 능률적인 방법으로 최대의 목표를 달성해야 한다.
㉢ 안정성 : 모든 국민은 능력과 적성에 따라 교육받을 권리를 가진다.
㉣ 전문성 : 국민의 의사를 최대한 행정에 반영해야 한다.

① ㉠, ㉡
② ㉠, ㉣
③ ㉡, ㉢
④ ㉢, ㉣

|정답 ①, ①

기출문제

문 다음 설명에 해당하는 교육행정의 과정은?
▶ 2023. 4. 8. 인사혁신처

조직의 목표를 설정하고 목표 달성에 필요한 수단을 선택하여 미래의 행동을 준비한다.

① 기획(planning)
② 자극(stimulating)
③ 조정(coordinating)
④ 평가(evaluating)

문 보비트(Bobbit)가 학교행정에 적용한 과학적 관리의 원칙으로 옳지 않은 것은?
▶ 2022. 4. 2. 인사혁신처

① 교육에서의 낭비를 최대한 제거한다.
② 가능한 모든 시간에 교육시설을 활용한다.
③ 교직원의 작업능률을 최대한 유지하고 교직원 수를 최소화한다.
④ 교원은 학생을 가르치는 일과 함께 학교행정의 책임도 져야 한다.

문 메이요(G. Mayo)와 뢰슬리스버거(F. Roethlisberger)에 의해 수행된 호손(Hawthorne) 실험이 계기가 되어 등장하였으며, 교육행정의 민주화에 공헌한 이론은?
▶ 2025. 4. 5. 국가직

① 과학적 관리론
② 인간관계론
③ 행동과학론
④ 체제이론

정답 ①, ④, ②

교육행정의 과정
① 기획(Planning) … 교육의 예정활동의 교육목표를 설정하고 이 목표를 달성하는 데 필요한 최선의 절차와 방법을 합리적으로 마련하는 사전 준비과정이다.
② 조직(Organizing)
  ㉠ 교육목표를 효율적으로 달성하기 위하여 분업적 협동체인 관리기구를 구성하고, 과업과 책임의 분담 등 인적 조직은 물론이고 물적 자원의 배정까지도 포함되는 과정이다.
  ㉡ 학급·학생·학생회 등의 조직적 학교경영에서 중요한 요소이다.
③ 지시(Directing) … 교사들로 하여금 교수-학습지도, 생활지도, 학급경영의 제 업무에 자발적으로 노력을 경주하도록 이끄는 것이다.
④ 조정(Co-ordinating) … 교육의 목표달성에 투입된 교직의 노력과 각 부서의 활동 및 제반 물적 자원이 최선의 산출을 기할 수 있도록 통합하고 조절하는 것을 의미한다.
⑤ 평가(Evaluating) … 교육목표가 어느 정도 달성되었는가의 효과성과 능률성을 분석·검토하는 산출평가와 교육의 목표달성을 위한 과업의 실천과정을 평가하는 과정평가가 포함된다.

section 2 교육행정이론의 발달과정

(1) 과학적 관리론

① 개념 … 경영의 합리화로 최소의 노동과 비용으로 최대의 효과를 올려 노동자와 자본가의 공동번영을 도모하려는 것이다.
② 내용 … 생산공정에서 개개의 작업을 시간연구와 동작연구에 의해 표준화하여 하루의 작업량을 설정한 후 관리를 과학화한다.
③ 교육행정에의 적용(J. F. Bobbitt)
  ㉠ 가능한 한 모든 시간에 교육시설을 활용한다.
  ㉡ 교직원수는 최소화하고 능률을 최대로 신장시킨다.
  ㉢ 교육행정에서 낭비를 최대한 제거한다.
  ㉣ 교원들에게는 학생을 가르치는 일에만 전념하도록 한다.

(2) 인간관계론

① 개념 … 과학적 관리론의 결함을 보완하여 인간의 정서적·비합리적 면을 중시하여 작업능률을 향상시키려 한 인간중심이론이다.
② 교육행정에 미친 영향
  ㉠ 교육행정의 민주적인 원리를 제시하고 민주화의 발전에 공헌하였다.

ⓒ 1930년대 이후 진보주의 운동과 결합되면서 개성존중, 사기양양, 학생과 교원의 상호신뢰감 등이 강조되었다.
ⓓ 민주적인 교육행정, 인간주의적 장학을 위한 방법적 원리로 크게 부각되었다.

(3) 행동과학론

① **개념** … 인간의 행동과 조직의 관계를 정립하여 조직의 생산성을 향상시켜 행정이나 경영의 효율성을 높이려는 이론이다.

② **행동과학의 영향**
　ⓐ 교육체제를 하나의 사회체제로 파악하고 체제론적 관점에서 교육행정을 연구하는 경향이 나타났다.
　ⓑ 구성원의 동기를 적극적으로 개발시키는 이론들이 발전되었다.

(4) 체제이론

① **개념** … 학교사회를 하나의 체제로 보고 그를 구성하고 있는 요소들과 그 구조와 기능을 밝힘으로써 학교를 체계적으로 이해하기 위한 접근방법이다.

② **기본전제** … 시스템을 구성하고 있는 모든 요소를 유기적으로 기능화하면 생산성이 향상된다는 것이다.

③ **체제접근모형(Kaufman)**
　ⓐ 문제확인 : 현재의 상태와 앞으로 되어야 할 상태의 차이를 분석함으로써 문제를 확실히 하는 단계이다.
　ⓑ 문제분석과 목표설정 : 문제의 확인과정에서 세부사항을 알아내어 측정 가능한 목표와 과업을 밝혀내는 단계이다.
　ⓒ 해결전략 선택 : 설정된 목표를 성취하기 위해 가능한 여러 가지 방안을 선정하는 단계이다.
　ⓓ 선택된 전략의 실시 : 결정된 해결방안을 적용하는 단계이다.
　ⓔ 성취효과 결정 : 실행성과를 측정하는 단계이다.
　ⓕ 전략의 수정과 재실행 : 환류단계로 평가결과를 토대로 수정·보완하여 재실행에 대한 자료를 제공해준다.

(5) 사회과정이론

① **개념** … 사회체제를 개인들의 집합으로 이루어진 사회적 단위라 보고 사회체제 속에서 인간이 어떠한 행동을 보이는가에 대한 연구이론이다.

기출문제

🔍 교육행정학의 이론 중 행동과학론에 대한 설명으로 옳은 것은?
▶ 2007. 5. 26. 경상남도교육청

① 교육행정의 낭비와 비능률을 제거하고 최대의 생산효과를 올릴 수 있는 원리를 말한다.
② 조직의 목적을 달성하기 위하여 조직 내의 비공식적인 구조의 중요성을 강조하고 있다.
③ 조직과 인간을 기계화, 부품화, 표준화함으로써 인간적 요소를 경시한 과학적 관리론을 비판하고 나타났으나, 인간을 목적달성을 위한 수단으로 보고 있다.
④ 인간의 행동과 조직의 관계, 그리고 조직 내의 인간 행동을 연구하여 행정에서의 효율성과 경영에서의 생산성을 향상시키려는 이론이다.
⑤ 학교사회를 하나의 체제로 보고 학교를 구성하고 있는 요소들 간의 관계, 그리고 그 구조와 기능을 밝힘으로써 학교를 체계적으로 이해하기 위한 접근방법이다.

┃정답 ④

기출문제

② 겟젤스(Getzels)와 구바(Guba)의 사회과정모형 … 교육행정을 사회과정으로, 학교조직을 사회체제로 보고 그 사회체제 내에서 이루어지는 사회적 행위에 일반적인 개념모형을 제시하였다.

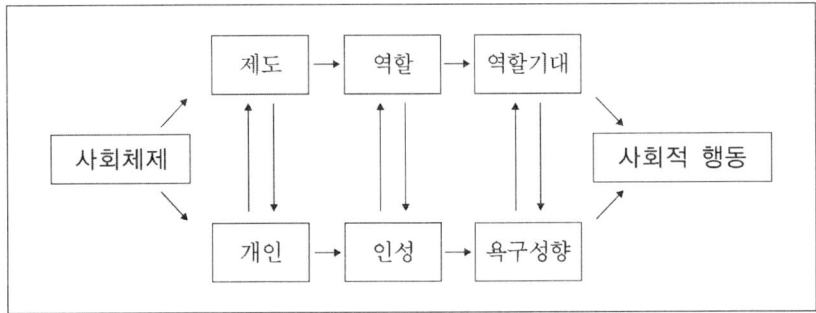

③ 겟젤스(Getzels)와 셀렌(Thelen)의 수정모형 … 겟젤스와 구바의 모형에 인류학적, 사회심리학적, 생물학적 차원을 추가하여 다양한 사회적 행동을 설명하고 있다.

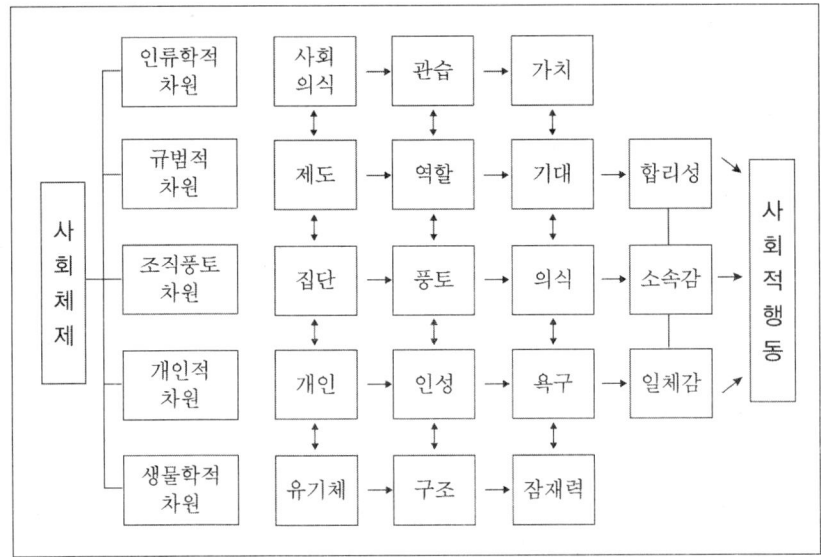

④ 공헌점
  ㉠ 교육행정 과정에서 복잡성을 강조했다.
  ㉡ 조직의 비공식적인 측면과 공식적인 측면에 대한 분석을 체계화했다.
  ㉢ 개인적 가치와 집단적 가치의 관계를 분석하는 데 유용한 개념적 모형을 제시했다.

⑤ 한계점
  ㉠ 폐쇄적 모형에 입각하고 있다.
  ㉡ 행동주의적이고 실증주의적 관점에 입각하고 있다.

section 3 동기이론

(1) 동기이론의 개요

① 동기
  ㉠ 개체의 행동을 목표로 이끌어 가는 내적인 상태, 개체의 행동방향을 결정하는 경향이나 태세를 의미한다.
  ㉡ 유기체 내부에서 움직여서 목표추구를 위한 행동을 하게 하는 개체의 조건 또는 태세이고, 이 과정을 동기과정이라 한다.
  ㉢ 행정가의 입장에서 볼 때 동기부여란 조직의 목표달성을 위하여 조직구성원을 지휘하고 도전욕구를 불어넣는 활동이다.

② 동기이론의 분류
  ㉠ 내용이론: 사람에게 동기를 부여하는 특별한 요인을 식별하는 데 관심을 둔 이론으로 Maslow의 욕구위계론, Herzberg의 동기-위생이론, Alderfer의 생존관계 성장이론 등이 있다.
  ㉡ 과정이론: 동기를 유발하기 위하여 동기의 요인들이 상호작용하는 과정에 관심을 둔 이론으로 Vroom의 기대이론, Adams의 공정성이론, Argyris의 미성숙-성숙이론 등이 있다.

③ 동기유발의 원리
  ㉠ 개인의 동기를 유발하려는 노력은 항상 전인으로서의 사람을 다루어야 한다.
  ㉡ 강한 동기는 여러 목표에 기초를 두기 때문에 사람들이 가능한 여러 목표를 성취하게 해야 한다.
  ㉢ 목표성취에 대한 분명하고 유용한 피드백이 제공되어야 한다.
  ㉣ 높지만 성취할 수 있는 최적의 목표를 제시할 때 동기가 극대화된다.
  ㉤ 동기유발을 위해 다양한 접근방법을 지속적으로 활용한다.
  ㉥ 사람들은 존중되어야 한다.

(2) 내용이론

① 매슬로우(Maslow)의 욕구위계론
  ㉠ 기본가정: 제일 먼저 요구되는 욕구는 다음 단계에서 달성하려는 욕구보다 강하고 높으며, 그 욕구가 충분히 만족스럽게 충족되었을 때 다음 단계의 욕구가 다가와 충족을 요구하는 것이 이론의 핵심이다.
  ㉡ 5단계 욕구위계: 생리적 욕구, 안전·보호의 욕구, 애정·소속·사회적 욕구, 자존·존경의 욕구, 자아실현의 욕구의 단계를 갖는다.

기출문제

문 (가), (나)에 들어갈 말을 바르게 연결한 것은?

▶ 2023. 4. 8. 인사혁신처

- 허즈버그(Herzberg)는 직무 불만족을 야기하는 근무조건, 직업 안정성, 보수 등을 ㅁ(가)ㅁ 으로 보았다.
- 맥그리거(McGregor)는 적절하게 동기부여가 되면 누구나 자율적이고 창의적으로 행동한다는 관점을 ㅁ(나)ㅁ 로 불렀다.

	(가)	(나)
①	동기요인	이론 X
②	동기요인	이론 Y
③	위생요인	이론 X
④	위생요인	이론 Y

Point 팁 포터(Porter)의 매슬로우의 욕구위계수정
- ㉠ 포터는 매슬로우의 욕구위계이론을 측정하기 위하여 욕구만족질문지(NSQ : need satisfaction questionnaire)를 개발하였다.
- ㉡ 생리적 욕구가 북아메리카의 조직사회에서는 널리 충족되었다는 점에 착안하여 매슬로우의 욕구위계에서 생리적 욕구를 빼고 대신에 자율욕구를 존중욕구와 자아실현욕구 사이에 삽입하였다.

② 허츠버그(Herzberg)의 동기-위생이론
- ㉠ 동기요인
  - 종업원의 직무수행에 적극적 동기를 부여하여 만족을 일으키는 요인을 말한다.
  - 성취, 인정, 작업자체, 책임, 발전 등이며, 이 중에서 작업자체, 책임, 발전요인은 직무수행에 지속적인 영향을 미친다.
- ㉡ 위생요인
  - 종업원의 직무수행에 있어서 불만족의 발생과 관련된 환경적 요인을 말한다.
  - 회사정책과 행동, 감독, 임금, 대인관계, 작업조건 등이다.

③ 앨더퍼(Alderfer)의 ERG이론
- ㉠ 이론적 배경
  - 앨더퍼는 매슬로우의 5단계의 욕구를 생존(existence)의 욕구, 관계성(relativiness)의 욕구, 성장(growth)의 욕구로 분류하여 생존관계성장(ERG)이론을 제시했다.
  - 낮은 수준의 욕구와 높은 수준의 욕구 간에는 근본적인 차이가 있으며, 욕구를 조직에서 피고용자의 동기를 결정하는 중요한 요인으로 보았다.
- ㉡ 욕구의 영역
  - 생존욕구 : 인간의 생존을 위하여 필요로 하는 욕구로 매슬로우의 생리적 욕구와 안전·보호욕구에 해당된다.
  - 관계욕구 : 타인과 인간관계를 맺으려는 욕구로 매슬로우의 사회적 욕구와 타인으로부터 존경받고 싶어 하는 욕구에 해당한다.
  - 성장욕구 : 인간이 성장하고 발전하며 자신의 잠재력을 최대한으로 발휘하고자 하는 내적 욕구로 매슬로우의 자아실현욕구와 자존·존경욕구에 해당한다.
- ㉢ 매슬로우의 이론과의 관계 : 하위수준의 욕구가 충족되면 상위수준의 욕구가 동기유발된다는 점에서는 동일하나, 좌절·퇴행가능성의 언급, 한 가지 이상의 욕구가 동시에 작용할 수 있다고 본 점 등에서 차이가 있다.

④ 맥그리거(McGregor)의 X이론과 Y이론
- ㉠ 기본입장 : 인간의 낮은 수준의 욕구단계에 관련된 인간관과 관리전략은 X이론으로, 높은 수준의 욕구에 따라 관련된 인간관과 관리전략은 Y이론으로 분류하고 인간의 관리전략을 설명한다.

정답 ④

ⓒ X이론과 Y이론

구분	X이론	Y이론
인간의 본성관	성악설	성선설
조직면	개인중심적·개인주의적	집단중심적·단체위주적
동기면	외적인 면과 물리적 동기	내적인 면과 자발적 동기

⑤ 아지리스(Argyris)의 미성숙-성숙이론 … 구성원을 미성숙단계에 묶어 두지 않고 성숙에로의 길을 터주며 책임을 많이 부여하여 신의와 존경을 바탕으로 하게 하고 너무 좁은 분업을 지양하여 각자가 성숙한 인간임을 인정하였을 때에 조직의 효과도 상승된다고 하였다.

(3) 과정이론

① 브룸(Vroom)의 기대이론
  ㉠ 이론적 배경 : 브룸은 종래의 내용이론들이 동기의 복합적인 과정을 설명하기에는 부족하다고 생각하고 그 대안으로 기대이론을 제안하였다.
  ㉡ 여러 형태의 행동 대안 중에서 개인의 어떤 행위에 대한 선택은 각 행동 대안이 가지는 동기부여의 힘이 강한 쪽으로 이루어진다는 것이다. 이러한 선택을 위해서는 먼저 각 행동 대안에 대한 동기부여의 정도가 계산되어야 한다. 이러한 계산에는 결과, 유의성, 수단성, 기대 등의 변수가 작용한다.

② 아담스(Adams)의 공정성이론
  ㉠ 한 개인이 다른 사람들에 비해 얼마나 공정하게 또는 균형 있게 대우를 받느냐 하는데 초점을 맞추고 있는 이론이다.
  ㉡ 동기를 자극하는 욕구나 유인 등의 중요한 요인들이 단순히 절대적 가치의 강도에서 작용하는 것이 아닌 준거인물과의 상대적 관계에서 동기요인들이 작용하고 있다는 것이다.

③ 로크(Locke)의 목표설정이론
  ㉠ 개요
    • 목표 : 개인이 의식적으로 성취하려고 하는 것
    • 내용 : 활동이나 얻고자 하는 성과와 관련
    • 강도 : 개인이 목표에 대해서 부여하는 중요성의 정도와 관련
  ㉡ 기본가정 : 목표는 성취하려는 의도가 동기를 형성하는 가장 중요한 요인이다.
  ㉢ 모형
    • 대부분의 인간행동은 유목적적이며, 행위는 목표와 의도에 의해서 통제되고 유지된다.

기출문제

문 다음 설명에 해당하는 동기이론은?
▶ 2019. 6. 15. 교육행정직

• 동기 행동이 유발되는 과정에 초점을 맞춘다.
• 유인가, 성과기대, 보상기대의 세 가지 기본 요소를 토대로 이론적 틀을 구축하였다.
• 개인의 가치와 태도는 역할기대, 학교문화와 같은 요소와 상호작용하여 행동에 영향을 미친다고 가정한다.

① 브룸(V. H. Vroom)의 기대이론
② 허즈버그(F. Herzberg)의 동기-위생이론
③ 아담스(J. H. Adams)의 공정성이론
④ 알더퍼(C. P. Alderfer)의 생존-관계-성장이론

문 교사의 동기과정이론에 대한 설명으로 옳은 것은?
▶ 2021. 6. 5. 지방직 시·도교육청

① 목표설정 이론은 직무에서 만족을 주는 요인과 불만족을 주는 요인을 독립된 별개의 차원으로 본다.
② 공정성 이론은 보상의 양뿐 아니라 그 보상이 공정하다고 지각하는 정도가 만족을 결정한다고 본다.
③ 기대 이론은 동기를 개인의 여러 가지 자발적인 행위 중에서 자신의 선택을 지배하는 과정으로 본다.
④ 성과-만족 이론은 자신이 투자한 투입 대 결과의 비율을 타인의 그것과 비교하여 공정성을 판단한다고 본다.

| 정답 ①, ③

기출문제

문 교육정책 형성의 기본모형에 대한 설명으로 옳지 않은 것은?
▶ 2009. 4. 11. 행정안전부

① 최적모형 : 정책결정이 합리성으로만 이루어지는 것이 아니며, 때때로 초합리적인 것과 같은 잠재적 의식이 개입되어 이루어진다.
② 만족모형 : 부분적인 정보와 불확실한 결과를 지닌 복잡한 문제를 해결할 때 사용하며, 최선의 해결책보다는 만족스러운 대안을 찾는다.
③ 점증모형 : 문제가 복잡하고 불확실하며 갈등이 높을 때 사용되며, 기존 상황과 유사한 대안에 대해 지속적으로 비교함으로써 의사결정을 내린다.
④ 혼합모형 : 단순하고 확실한 결과를 가진 문제를 해결하기 위해 최적모형과 만족모형을 결합한 접근방법이다.

| 정답 ④

- 정신적 또는 신체적 활동에 대한 목표의 가장 기본적인 영향은 생각과 행위를 한 쪽 방향으로 지향하도록 지시하는 것이다.
- 목표는 에너지의 사용도 역시 통제하게 된다.

Point 팁 목표설정이론의 비판점
　㉠ 어떠한 요인이 개인으로 하여금 목표를 수용하게 하는지를 구체적으로 제시하지 않고 있다.
　㉡ 가치의 결정 요인과 전환방법에 대한 언급이 없다.
　㉢ 목표의 수용성, 목표의 곤란성 등의 변인들이 어떻게 결합되어 개인의 노력을 결정하는가에 대한 설명이 없다.
　㉣ 결과가 구체적으로 분명하게 나타나는 직무에서는 목표이론의 적용이 기대되지만 교육이나 행정과 같은 복합적인 직무에서는 비교적 효과가 적다.

section 4 의사결정이론

(1) 의사결정이론의 기초

① **의사결정** … 어떤 목적을 달성하기 위해 여러 대안 중에서 최적의 대안을 선택하는 과정 또는 미래의 행동방안을 선택 또는 결정하는 행위를 말한다.

② **의사결정의 과정**
　㉠ 문제를 명확하게 인식·규정한다.
　㉡ 문제를 분석·평가한다.
　㉢ 결정하려는 해결방안이 적합한가를 평가 또는 판단할 기준을 세운다.
　㉣ 결정을 내릴 기초자료를 수집한다.
　㉤ 하나 또는 여러 개의 해결안을 작성·선정한다.
　㉥ 선정된 해결책을 실천에 옮긴다.

(2) 의사결정모형

① **합리모형**
　㉠ 의사결정이 완전하게 합리적이어야 한다고 가정하는 고전적인 의사결정모형이다.
　㉡ 목표와 목적달성을 극대화하기 위하여 모든 관련된 정보를 검토하여 최선의 대안을 찾는다.
　㉢ 문제가 단순하고 정보가 확실할 때, 조직구성원들의 선호가 분명할 때 적당하다.
　㉣ 비현실적 모형으로 의사결정자가 가지고 있지 않은 정보처리능력, 합리성, 지식을 가정하고 있어 의사결정에 도움이 되지 않는다.

② 만족모형
  ㉠ 최적모형의 단점을 극복하고자 하는 현실적인 접근방법이다.
  ㉡ 조직에서는 최적의 대안을 찾기가 어려우므로 만족할 만한 대안을 선택한다.

③ 점증모형
  ㉠ 적합한 대안들을 정의할 수 없고 특정 대안의 결과를 예측할 수 없어 만족화 전략을 활용하기가 어려운 경우 기존의 상황과는 다른 대안을 검토할 수 있다.
  ㉡ 점증적 모형은 문제가 불확실성이 높고 구성원들 간의 갈등이 많을 때 접근하는 방법으로, 대안의 개발이 어렵고 결과 예측이 어려운 경우에 채택한다.
  ㉢ 기존상황과 유사한 소수의 대안을 각각의 결과와 계속해서 비교하여 행동방안을 결정한다.
  ㉣ 특징
    • 목적 설정과 대안 개발은 분리되지 않는다.
    • 현존 상황과 유사한 소수의 대안만을 고려한다.
    • 대안의 결과에 대한 분석은 현재 상태와 대안의 결과 차이에 초점을 둔다.
    • 대안들 간의 연속적인 비교방법은 복잡한 문제를 다룰 때 실제적으로 유용하다.

④ 혼합모형
  ㉠ 모든 정보를 조사함으로써 어려움에 직면하거나 또는 정보가 거의 없이 맹목적으로 결정하는 문제를 피하고 만족할만한 결정을 내리기 위해 부분적인 정보를 사용한다.
  ㉡ 최적모형의 합리성과 점증모형의 실용성을 결합하였다.
  ㉢ 특징
    • 초점을 맞추어 시행착오과정을 거친다. 부분적인 정보에 기초하여 결정을 내리고 추후에 새로운 자료에 의해 수정한다.
    • 불확실할 때 더 많은 정보를 수집하고 분석하기 위해 연기한다.
    • 의사결정의 각 단계에서 결과에 대해 평가한다.
    • 불확실할 때 결정을 분산시킨다. 결과가 만족스러울 때까지 자원을 부분적으로 활용한다.
    • 여러 경우의 수를 고려한다. 각 대안이 만족할만한 결과를 가지고 있을 때 여러 대안들을 실행한다.

⑤ 쓰레기통모형(비합리적 의사결정)
  ㉠ 불확실성이 매우 높은 조직에서 발생되는 의사결정모형이다.
  ㉡ 조직화된 무질서를 나타내는 조직은 선호의 불명확, 불확실한 기술, 유동적 참여 등을 특징으로 한다.

기출문제

문 교육정책 결정 모형에 대한 설명으로 옳은 것은?
▶ 2022. 4. 2. 인사혁신처

① 혼합 모형은 만족 모형의 이상주의와 합리성 모형의 보수주의를 혼합하여 발전시킨 모형이다.
② 점증 모형은 인간의 이성과 합리적 행동에 대한 믿음을 바탕으로 가장 합리적인 최선의 대안을 찾고자 하는 모형이다.
③ 만족 모형은 최선의 결정은 이론적으로 가능할 뿐이며 실제로는 제한된 범위 안에서의 합리성만 추구할 수 있다고 본다.
④ 합리성 모형에서는 기존의 정책 대안과 경험을 기초로 약간의 개선을 도모할 수 있는 제한된 수의 대안을 검토하여 현실성 있는 정책을 선택한다.

정답 ③

기출문제

문 다음 설명에 해당하는 교육정책 결정 모형은?
▶ 2020. 7. 11. 인사혁신처

- 의사결정은 합리성보다는 우연성에 의존한다.
- 문제와 해결책이 조화를 이룰 때 좋은 의사결정이 이루어진다.
- 조직의 목적은 사전에 설정되는 것이 아니라 자연스럽게 나타난다.
- 높은 불확실성을 경험하고 있는 조직에서 가장 많이 일어나는 정책결정 모형이다.

① 합리 모형
② 만족 모형
③ 점증 모형
④ 쓰레기통 모형

ⓒ 쓰레기통모형에서 조직 내 의사결정은 다음과 같은 결과로 발생된다.
- 문제들은 주의를 필요로 하는 불만족의 요소들이다. 그러나 문제들은 해결책이나 선택과는 구별된다.
- 해결책은 채택되도록 제기된 방안이지만 문제 상황과는 별도로 존재한다.
- 의사결정의 참여자는 조직의 구성원들이다. 조직구성원들은 유동적이고, 문제와 해결책은 빠르게 변화될 수 있다.
- 선택의 기회는 조직이 의사결정을 내리도록 기대되는 경우이다.

ⓔ 이러한 흐름들 안에서 문제와 해결책이 우연히 결합될 때 의사결정이 이루어진다.

ⓕ 의사결정의 각 단계에 모호성이 개입되며, 의사결정의 원인과 결과의 인과관계가 불분명하다.

ⓖ 참여자의 변동이 빈번하며, 특정 문제의 결정에 대한 시간이 제한된다.

section 5 지도성이론

(1) 지도성의 개념

① 지도성의 개념에는 직무나 직책의 속성, 개인의 성격, 실행행위가 포함된다.

② 지도성이란 공식조직과 비공식조직에서 조직을 이끌어 가려는 사람과 이에 따르는 사람과의 상호관계를 원활히 유지시키는 일이다.

③ 지도자와 구성원들이 공유하는 목표를 추구하도록 집단을 이끄는 개인이 보여주는 설득의 과정이나 모범이다.

(2) 전통적 지도성이론

① **지도자 특성론** … 특성론자들은 지도자적 특성을 겸비한 사람과 그렇지 못한 사람의 두 유형으로 명확히 구분된다고 보고 지도자가 지니고 있는 선천적인 공통특성을 식별하려고 노력하였다.

㉠ 지도자의 특성(Stogdill): 책임감, 집요성, 창의성, 리더십, 자신감과 일체감, 수용성, 갈등해소능력, 관용성, 영향력, 사회적 상호작용, 체제구성능력 등

㉡ Katz의 효과적 지도성
- 사무적 기술: 구체적인 과업을 수행하기 위하여 지식, 기술, 방법을 활용하는 능력을 말한다.
- 인간적 기술: 사람들과 함께 사람들을 통하여 일을 함에 있어서의 지도자의 능력과 판단을 의미한다.
- 전체파악적 기술: 과업을 전체적으로 조망하고 파악하는 능력이다.

| 정답 ④

ⓒ 특성이론의 비판 : 특성론자들에 의해 제시된 특성들 간에 공통성이 결여되어 있으며 특성 간에 우선순위를 정할 수 없다.

② 지도자 행위론
㉠ 행위론은 지도자가 어떤 사람인가 보다 성공적인 지도자는 어떤 행동을 하느냐에 분석의 초점을 두고 있다.
㉡ 상황 내에서 지도자의 행동을 관찰하여 지도자들 간에 나타내는 행동양식의 차이점을 유형화하는 것이 이 이론의 특징이다.
㉢ 지도성의 효과성은 지도자의 인성특성, 행위, 과업구조, 지위권력, 부하의 기술이나 태도와 같은 상황변인에 의하여 결정된다.

③ 상황적 특성론 … 효과적인 지도성은 지도자의 개인적 특성, 지도자의 행위, 지도성 상황요인들 간의 상호작용에 의하여 결정된다는 것이다.

(3) 교육적 지도성이론

① 문화적 지도성 … 인간의 의미추구욕구를 만족시킴으로써 그 구성원들을 조직의 주인으로 만들고 조직의 제도적 통합을 가능하게 하는 효과적 지도성을 말한다.

② 초우량 지도성 … 구성원들이 스스로를 자율적으로 이끌어나갈 수 있도록 능력을 계발하는 전략이다.
㉠ 따르는 자들은 자기 지시적이어서 스스로를 통제할 수 있다.
㉡ 관리 및 조직에 대한 통제는 따르는 사람에 의해 지각되고, 평가되고, 수용되는 방식에 따라 효과가 달라진다.
㉢ 따르는 사람들을 이끄는 방식에 영향을 줄 수 있는 사람이 효과적인 지도자이다.

③ 도덕적 지도성 … 학교구성원들은 '지도자의 지도자'로 변혁시킴으로써 추종자를 지도자로 변혁시키는 지도성전략이다.

기출문제

문 다음에 해당하는 지도성 유형은?
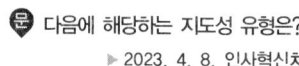 2023. 4. 8. 인사혁신처

- 지도성에 대한 중앙집권적 사고를 부정한다.
- 학교 구성원 모두가 공동의 지도성을 실행하면서 학교 조직의 효과성을 극대화하는 것을 목표로 한다.
- 학교 조직이 크고 업무가 복잡하므로 조직 내 다양한 자원을 적극 활용하는 것을 강조한다.

① 분산적 지도성
② 상황적 지도성
③ 거래적 지도성
④ 변혁적 지도성

정답 ①

기출문제

문 다음 설명에 해당하는 리더십 이론은?
▶ 2025. 6. 21. 제1회 지방직

- 번즈(J. Burns)가 제안하였으며, 바스(B. Bass)가 발전시켰다.
- 리더십의 핵심요소로 이상적 영향력, 영감적 동기화, 지적인 자극, 개별화된 배려를 제시하였다.
- 리더는 구성원에게 인센티브를 제공하는 단순한 상호교환적인 차원을 뛰어 넘어 조직목적에 헌신하도록 하고, 기대 이상의 성과를 달성하게 한다.

① 분산적 리더십
② 거래적 리더십
③ 문화적 리더십
④ 변혁적 리더십

문 다음에 해당하는 리더십 유형은?
▶ 2022. 4. 2. 인사혁신처

- 구성원으로 하여금 조직 목적에 헌신하도록 하고, 의식과 능력 향상을 격려함으로써 자신과 타인의 발전에 보다 큰 책임감을 갖고 조직을 변화시키고 높은 성취를 이루도록 유도한다.
- 이상적 영향력, 영감적 동기화, 지적 자극, 개별적 고려 등의 특징을 갖는다.

① 변혁적 리더십
② 문화적 리더십
③ 도덕적 리더십
④ 슈퍼 리더십

정답 ④, ①

변혁적 지도성이론

① 개념 … 지도자 행동의 비합리적인 측면 또는 영감적이고 비전적이고 상징적인 측면을 주장하는 지도성에 대한 새로운 접근이다.
  ㉠ 거래적 지도성 : 보상에 관심을 가지고 있고 업무를 할당하고 그 결과를 평가하며, 예외에 의한 관리에 치중하고 책임과 결정을 기피한다.
  ㉡ 변혁적인 지도성 : 지도자가 부하 직원에게 잠재능력을 개발하도록 도움을 주고 내재적 만족감을 갖게 한다.
② 변혁적 지도성의 특징
  ㉠ 지도자에 대한 구성원 개인의 가치와 신념을 기초로 한다.
  ㉡ 지도자들은 개인적인 기준을 나타냄으로 구성원들의 목표와 신념을 변화시키고 구성원들을 결속시킬 수 있다.
  ㉢ 지도자들은 구성원들을 자극하고, 조직의 비전 또는 임무를 인식시키며, 구성원들의 능력과 잠재력을 증진시키고, 조직의 이익을 가져올 수 있도록 구성원들의 동기를 유발한다.
  ㉣ 단순교환 이상으로 이념화된 영향력, 동기유발, 지적 자극, 개별화된 배려의 요인을 지닌다.
③ 변혁적 지도자들의 행동
  ㉠ 윤리적이고 도덕적인 행동의 높은 기준을 보여준다.
  ㉡ 목적을 설정하고 달성하는 데 수반되는 위험을 구성원과 함께 공유한다.
  ㉢ 그들 자신의 요구뿐만 아니라 다른 사람들의 요구를 고려한다.
  ㉣ 반드시 필요한 경우에만 권력을 사용한다.

section 6 교육행정조직론

(1) 조직론의 기초

① 개념
  ㉠ 정의 : 둘 이상의 사람들이 일정한 목표를 추구하기 위하여 의식적으로 구성한 사회체제이다.
  ㉡ 특성
    - 달성하고자 하는 목적(목표)을 가지고 있다.
    - 목적달성을 위한 개인의 집합체이다.
    - 목적달성을 위해 여러 과업을 수행할 부분들로 구성되어 있으며, 상호의존적·상호작용적 분업체제이다.
    - 전체사회의 하위체제이며, 조직 자체 내의 여러 하위체제로 구성되어 있다.

- 조직은 목표달성기능, 적응기능, 관리유지기능, 통합기능을 수행하며 비교적 장기간 존속하는 지속성을 지닌다.

② 유형
  ㉠ 카츠(Katz)와 칸(Kahn) : 모든 조직은 주요한 기능을 가지고 있다고 전제하고 조직의 본원적 기능에 근거하여 유형을 제시하였다.
    - 생산적(경제적) 조직 : 사회 전체의 통합수단을 마련해 주는 것으로, 의식주의 욕구를 충족시켜 준다.
    - 유지기능적 조직 : 사회화의 기능을 수행하는 것으로 학교와 교회조직이 대표적이다.
    - 적응적 조직 : 지식산출과 이론을 정립하는 것으로, 각종 연구소가 여기에 해당된다.
    - 관리적(정치적) 조직 : 인적·물적 자원과 하위체제에 대한 통제, 조정, 재결의 기능을 수행하는 것으로 정부조직이 여기에 해당된다.
  ㉡ 블라우(Blau)와 스코트(Scott) : 산출의 주요 수익자가 누구냐에 따른 유형이다.
    - 호혜조직 : 조직의 참여자와 구성원 모두가 수혜를 입는 조직으로 노동조합, 공제조합, 교육연합회, 종교단체, 정당 등이 있다.
    - 사업조직 : 조직의 소유주가 가장 큰 이익을 보는 조직으로 제조공장, 무역회사 등이 있다.
    - 봉사조직 : 조직을 이용하는 고객이 가장 큰 혜택을 받는 조직으로 학교, 병원 등이 있다.
    - 공공복리조직 : 일반 대중 전체가 이익을 얻는 조직으로 군대, 경찰서 등이 그 예이다.
  ㉢ 에치오니(A. Etzioni) : 조직이 구성원을 통제하기 위해 이용하는 통제수단과 구성원의 조직에 대한 관여의 정도를 결합하여 복종관계의 유형을 제시하였다.
    - 강제적 조직 : 물리적 힘을 가해 조직의 구성원이 명령에 따르게 하는 것이다.
    - 공리적 조직 : 물질적 조직에 의하여 조직구성원의 복종을 이끌어내는 것이다.
    - 규범적 조직 : 권위나 위신과 같은 규범적 상징이나 애정·수용과 같은 사회적 상징을 사용하여 조직구성원의 복종을 유발해 낸다.

③ 조직운영의 원리
  ㉠ 분업의 원리(기능의 원리, 전문화의 원리) : 업무를 구성원들의 지식이나 숙련도에 따라 한 사람에게 한 가지의 주된 업무를 분담시키는 원리이다.
  ㉡ 계층의 원리 : 각 계층 간에 책임과 권한을 배분하고 명령계통과 지휘·감독체계를 확립하는 것을 말한다.
  ㉢ 통솔범위의 원리 : 부하직원의 수 또는 조직단위의 수와 통솔자가 효과적으로 지도·감독할 수 있는 수를 초과해서는 안 된다.

기출문제

교육행정 조직의 학자와 분류기준이 바르게 연결된 것은?
▶ 2009. 5. 23. 경기도교육청
① 블라우(Blau) - 기능
② 카츠(Katz) - 조직 풍토
③ 파슨스(Parsons) - 조직의 수혜자
④ 에치오니(Etzioni) - 지배·복종의 관계

|정답 ④

ⓔ 명령통일의 원리 : 조직구성원은 1인의 상관에게만 보고하고 명령과 지시를 받아야 한다는 원리이다.
ⓜ 조정의 원리 : 조직체 안에서 업무의 수행을 조정하고 조화 있는 인간관계를 유지함으로써 공동의 목적을 효율적으로 달성하기 위한 노력이다.

> **Point 팁** 조정을 저해하는 요인
> ㉠ 구성원의 정치세력 관계나, 목표와 이해관계의 차이
> ㉡ 조직의 확대현상, 불완전 계층제의 현상, 기구의 전문화
> ㉢ 할거주의, 조정능력의 부족

ⓗ 적도집권의 원리 : 중앙집권과 분권 사이에 적절한 균형을 유지하려는 원리이다.

(2) 조직의 구조

① 공식적 조직과 비공식적 조직
  ㉠ 개념
    • 공식적 조직 : 과학적 합리성의 근거 하에 인위적으로 제도화된 조직으로, 행정기능을 분화하고 수직적·수평적으로 전문화된 조직도상의 조직이다.
    • 비공식적 조직 : 현실의 인간관계 및 행태를 중심으로 한 비합리적·감정적·대면적 측면에서 이루어진 자연발생적 조직이다.

  비공식 조직의 기능
  ① 순기능
    ㉠ 직무집단의 안정화에 기여 : 심리적 욕구불만의 해소처로서의 역할을 한다.
    ㉡ 원활한 의사전달에 기여 : 비공식적 의사전달의 통로가 된다.
    ㉢ 공식적 조직의 책임자에 대한 능력보완에 기여 : 자문기관이나 협조자의 역할을 한다.
    ㉣ 공식적 조직의 경직성 완화에 기여 : 공식적 조직에 융통성을 부여하고 개방적 풍토를 조성한다.
    ㉤ 직무의 능률적 수행에 기여 : 비공식적 조직구성원 간의 지식·경험을 교류한다.
    ㉥ 구성원 간의 행동기준 확립에 기여 : 구성원 상호 간 통제기능을 한다.
  ② 역기능
    ㉠ 공식기능의 마비우려 : 공식적 조직과의 적대감을 유발할 우려가 있다.
    ㉡ 정실행위의 우려 : 파벌주의에 입각한 정실인사 행정의 계기를 마련할 수 있다.
    ㉢ 비공식적 의사전달의 역기능 우려 : 왜곡된 정보나 소문에 의해 사기가 저하될 수 있다.

기출문제

❓ 다음 중 공식적 조직에 대한 설명으로 옳은 것은?
▶ 2002. 5. 12. 행정자치부
① 지도자의 권위는 구성원의 동의에 의해서 상향적으로 부여된다.
② 내면적·내향적이어서 비가시적 성격이다.
③ 전통적인 행정조직이다.
④ 감정의 논리에 따르는 심리적 조직이다.

| 정답 ③

ⓒ 특징
- 공식적 조직이 인위적 또는 의식적으로 편성된 제도적 조직인 데 비하여, 비공식적 조직은 자연발생적인 조직이다.
- 공식적 조직이 능률의 논리에 따른 것이라면, 비공식적 조직은 감정의 논리에 따른 것이다.
- 공식적 조직이 외면적·외향적이어서 가시적인 데 반하여, 비공식적 조직은 내면적·내향적이어서 불가시적인 성격을 띤다.
- 공식적 조직이 논리적 합리성에 의한 대규모조직이라면, 비공식조직은 내면적인 현실적 인간관계에 의한 소집단이다.
- 공식적 조직은 지도자의 권위가 상부에 의해서 주어지는 데 반하여, 비공식적 조직은 부하들의 동의에 의해서 존재하는 상향적인 것이다.
- 공식적 조직이 전체적 질서를 부여하는 데 비하여, 비공식적 조직은 부분적 질서를 담당할 뿐이다.

② 계선조직과 막료조직
ㄱ. 계선조직 : 행정의 목적수행에 직접적으로 기여하는 조직으로 계층제의 구조를 가진 수직적 형태이다.
- 장점
  - 지휘계통의 단일화로 업무와 책임의 한계가 명백하고 통제력을 발휘할 수 있다.
  - 업무수행이 능률적이고 정책결정이 신속하게 이루어진다.
- 단점
  - 대규모 조직에서는 계선만으로는 부족하고 업무량도 다양해진다.
  - 조직의 장이 주관적·독단적 조치를 취할 가능성이 있다.
  - 특수 분야에서 전문가의 지식과 경험을 이용할 수 없다.
  - 조직이 지나친 경직성을 띠기 쉽다.
  - 한두 사람의 유능한 인재를 잃으면 전체조직이 마비된다.

ㄴ. 막료조직 : 대규모 조직의 상층부에서 전문적 지식과 기술로 조언·자문하여 계선의 기능을 보좌하는 조직이다.
- 장점
  - 기관장의 통솔범위를 확대시킨다.
  - 전문적인 지식과 경험을 활용함으로써 보다 합리적인 지시와 명령을 내릴 수 있다.
  - 수평적인 업무의 조정과 협조를 가능하게 한다.
  - 조직의 신축성을 가져올 수 있다.
- 단점
  - 조직이 복잡하여 조직 내의 알력과 불화가 생길 수 있다.
  - 경비가 증대된다.
  - 막료는 책임을 지지 않으므로 계선과 막료 간 책임전가 우려가 있다.
  - 의사전달의 경로를 혼란에 빠뜨릴 가능성이 있다.

기출문제

문 참모조직과 계선조직에 대한 설명으로 옳은 것은?
▶ 2024. 3. 23. 인사혁신처
① 참모조직은 전문적인 지식과 기술을 활용하여 직접적인 명령, 집행, 결정을 행사한다.
② 계선조직은 권한과 책임의 한계가 불명확하여 능률적인 업무 수행이 어려운 한계가 있다.
③ 참모조직은 계선조직이 원활하게 역할을 수행하도록 연구, 조사, 계획 등의 기능을 수행한다.
④ 계선조직은 횡적 지원을 하는 수평적 조직인 반면, 참모조직은 계층적 구조를 갖는 수직적 조직이다.

| 정답 ③

기출문제

> Point 팁   보조조직 … 계선조직의 기능을 보조하기 위하여 계선조직과는 별개로 두는 계선조직의 외부 또는 내부의 조직이다. 막료조직과는 다르게 계선조직의 주요 시책에 직접 관여하지 않는다.

③ 조직과 갈등관리
  ㉠ 갈등의 기능
    • 순기능
    – 조직의 어느 부분에 문제가 있는가에 대한 정보를 제공한다.
    – 새로운 화합의 계기가 된다.
    – 조직의 혁신과 변화를 유도한다.
    – 조직으로 하여금 갈등을 관리하고 방지할 수 있는 방법을 배우게 한다.
    • 역기능
    – 개인의 이익으로 인해 전체 조직을 희생할 수 있다.
    – 개인 간의 오랜 갈등은 정서적으로나 신체적으로 해롭다.
    – 목표달성에 필요한 시간과 자원을 낭비한다.
    – 재정적인 비용이 소요되고 당사자들 간의 감정적인 고통을 겪게 한다.
    • 효과성
    – 갈등의 수준이 너무 높거나 낮으면 조직의 효과성에 부정적으로 영향을 미친다.
    – 적절한 갈등은 조직구성원들에게 자극과 활력을 준다.
  ㉡ 갈등관리(상황적응 갈등관리)
    • 경쟁 : 행정가는 조직의 목표달성을 강조하며 조직구성원들의 개인적인 필요에 대해서는 협력하지 않는 방식으로 승패의 접근방법이다.
    • 회피 : 조직의 목표를 강조하지도 않고, 구성원들의 관심사항에 대하여 협력하지도 않는다.
    • 수용 : 주장하지 않고 협력하는 방법이다. 행정가는 조직구성원의 필요에 양보하고 자기를 희생하는 행동이다.
    • 협력 : 주장하면서 협력하는 문제해결 접근방식으로 갈등 당사자들 모두 목적을 달성할 수 있는 행동으로 승승접근의 사고를 가진 갈등관리방법이다.
    • 타협 : 조직의 목표와 개인의 필요 간의 균형을 찾아 어느 정도 수용할 수 있는 해결책을 찾는다. 조금씩 양보함으로써 절충안을 얻으려는 방법으로 노사 간의 협상 등에서 현실적으로 많이 활용하는 방법이다.

(3) 관료제론

① 관료제 … 일정한 특권층을 형성하고 있는 관료집단이 정치권력의 중요한 장악자로 지위를 확보하기 위한 통치구조 혹은 조직구조이다.

📝 학교 조직이 갖고 있는 관료제의 특성에 해당하지 않는 것은?
▶ 2019. 4. 6. 인사혁신처

① 교장–교감–교사의 위계구조
② 과업수행의 통일성을 기하기 위한 규정과 규칙
③ 연공서열과 업적에 의해 결정되는 승진 체계
④ 인간적인 감정교류가 중시되는 교사–학생의 관계

|정답 ④

② Weber의 관료제적 지배유형
  ㉠ 베버는 권위의 정당화 방법에 따라 권위의 유형을 정립하고 그에 따른 지배유형과 조직형태를 세 가지로 구분하였는데 이러한 권위의 유형은 실제로 따로 존재하는 것이 아니라 혼합된 형태로 나타난다.
  ㉡ 조직의 능률성을 강조한 가장 합리적인 조직이며, 현대의 대규모 조직에 알맞게 적용할 수 있는 유용한 행정체제로 조직의 발전에 기여하였다.
  ㉢ 권위의 유형
   • 전통적 권위 : 왕위세습과 같이 정당한 권위로 받아들이는 것이다.
   • 합법적 권위 : 모든 지배의 근거를 법 규정에 두고 있는 것으로, 지도자는 법적으로 규정된 절차에 의해 임명되고 선출된다. 하위자는 상위자의 법적 권위에 복종하며, 법적 지위를 상실하면 권위가 상실된 것으로 간주한다.
   • 카리스마적 권위 : 권위의 근거가 상위자의 비범한 능력에 있으며, 상위자에 대한 하위자의 일상적 경외심이 복종의 기초가 된다.

③ 특징(Weber)
  ㉠ 조직의 목적에 필요한 정규 활동은 일정한 방식에 의해 공식상의 직무로 배분된다.
  ㉡ 직무의 조직은 계서제의 원리에 따른다.
  ㉢ 직원은 직무수행에서 엄격하고 체계적인 규칙에 의해 통제를 받으며, 그 적용은 일률적·비인격적이다.
  ㉣ 직원은 개인적인 감정을 드러냄 없이, 형식주의적이고 비인격적인 정신에 입각하여 직무를 수행한다.
  ㉤ 직원의 자격은 시험이나 자격증에 의해 증명되고, 전문적 기술자격에 의해 선발·임용된다.
  ㉥ 고용 당국은 규정된 조건하에서만 직원을 해직시킬 수 있으며, 직원은 언제나 사임할 수 있는 자유를 갖는다.
  ㉦ 직원의 보수는 계서제의 직위에 따라 책정·지급되며, 승진은 상위자의 판단에 의하되 선임순서(경력)나 실적에 의해 결정된다.

④ 순기능과 역기능
  ㉠ 분업과 전문화
   • 순기능 : 전문가를 양성하고 전문성을 향상시킨다.
   • 역기능 : 업무반복에 의한 권태감, 직무에 대한 흥미 상실, 분파주의를 일으켜 생산성을 저하시킨다.
  ㉡ 몰인정성
   • 순기능 : 합리적 의사결정을 가능하게 한다.
   • 역기능 : 사기를 저하시키고 능률성을 저하시킨다.

기출문제

문 베버(M. Weber)의 관료제 특성과 순기능 및 역기능을 연결한 것으로 옳지 않은 것은?
▶ 2018. 4. 7. 인사혁신처

	관료제 특성	순기능	역기능
①	분업과 전문화	전문성	권태
②	몰인정성	합리성	사기저하
③	규정과 규칙	속성과 통일성계	경직성, 본말전도
④	경력 지향성	유인체제	의사소통 저해

문 다음에 나타난 관료제의 역기능은?
▶ 2015. 4. 18. 인사혁신처

김 교장은 교사들이 수업을 충실하게 진행하도록 유도하기 위해 모든 수업에 대한 지도안을 사전에 작성하여 제출하도록 하였다. 그 후로 교사들이 수업지도안을 작성해서 제출하느라 수업 시간에 늦는 사례가 빈발했다.

① 권태
② 인간 경시
③ 실적과 연공의 갈등
④ 목표와 수단의 전도

정답 ④, ④

기출문제

문 다음과 같은 학교조직의 특성을 나타내는 말은?

▶ 2015. 4. 18. 인사혁신처

- 교원의 직무수행에 대한 엄격하고 분명한 감독이나 평가방법이 없다.
- 교사들의 가치관과 신념, 전문적 지식, 문화·사회적 배경에 따라 교육내용에 대한 해석이나 교수방법이 다르다.
- 체제나 조직 내의 참여자에게 보다 많은 자유재량권과 자기결정권을 제공한다.

① 관료체제
② 계선조직
③ 비공식조직
④ 이완결합체제

ⓒ 권위의 위계
- 순기능 : 구성원 간의 원만한 조정을 증진한다.
- 역기능 : 상하 간의 원활한 의사소통을 차단하거나 왜곡시킬 수 있다.

ⓔ 규정과 규칙
- 순기능 : 업무의 계속성, 조정성, 안정성, 통일성을 보장한다.
- 역기능 : 조직의 경직성과 목적과 수단의 전도현상을 초래한다.

ⓜ 경력지향성
- 순기능 : 구성원의 충성심유발과 동기유발요인이 된다.
- 역기능 : 업적과 연공제 간의 갈등을 유발한다.

⑤ 학교조직의 관료제적 특성(M. G. Abbott)
㉠ 학교는 전문화와 과업의 세분화의 필요에 의해 영향을 받고 있다.
㉡ 학교조직도 조직기구표 내지 직제표상 명확하고도 엄격하게 규정되어 있는 권위의 계층을 가지고 있다.
㉢ 학교조직은 조직구성원들의 행동을 통제하고 과업수행의 통일성을 기하기 위하여 규칙사용에 크게 의존한다.
㉣ 교사들의 채용은 전문적 능력에 기초해서 이루어지며, 대부분의 경우 전문적 경력으로 이어진다. 승진은 연공서열과 업적에 의해 결정되고 고정된 급여를 받는다.

Point 팁 학교의 관료제적 특성의 한계(Bidwell)
㉠ 학교조직은 관료제적 특성에 지배를 받고 있으나 학교에서는 행정가의 일사불란한 통제가 어렵고, 교사들은 전문가로서 상당히 큰 재량권과 수업에 대한 의사결정권을 행사한다.
㉡ 교사와 학생 간에도 몰인정적이기보다는 인간적 관계로 맺어져 있다.
㉢ 느슨하게 조직된 이완결합체제
- 과거에 학교조직은 관료적인 특성을 강조하였으나, 실제적으로는 학교조직은 하위체제 간에 구조적으로 느슨하게 결합된 이완결합체제이다.
- 학교조직에서 교사들은 교수-학습상에서 전문적인 자율성을 인정받고 있으며 상당한 자유재량권을 행사하고 있다.

|정답 ④

(4) 학교조직이론

① 학교조직이론

㉠ 학교의 유기적 조직과 기계적 조직
- 유기적 조직
  - 조직의 적응성을 강조한다.
  - 복잡성은 높고, 집권화·공식화·계층화는 낮은 조직이다.
  - 적응성·직무만족도는 높고 생산성과 효율성은 낮은 조직이다.
- 기계적 조직
  - 조직의 생산성을 강조한다.
  - 복잡성은 낮고, 집권화·공식화·계층화는 높은 조직이다.
  - 적응성·직무만족도는 낮고, 생산성·효율성은 높은 조직이다.

㉡ 학교의 조직화된 무질서 : 조직 내의 강한 개성과 전문성으로 인하여 자율적 견제와 조정이 이루어지므로 의도적 통제가 적용되지 않는다.
- 학교조직의 특성
  - 목표의 모호성 : 교육기관의 목적이 구체적이거나 분명하게 설정되어 있지 않으며, 교육 주체들 간에 서로 다른 목적을 추구하기 때문에 학교의 목적을 구체적으로 실행에 옮기기 어렵다.
  - 불분명한 과학적 기법 : 학교의 교수-학습활동에 참여하는 교사·행정가·장학 담당자들 간에 활용하는 기술이 분명하지 않다.
  - 유동적 참여 : 학교조직 구성원들의 참여가 유동적이고 간헐적이다.
- 학교조직의 의사결정은 구조화되어 있지 않고 문제와 해결책, 결정의 참여자들과 선택의 기회가 특정한 시점에서 우연히 만나 결정된다.

② 학교조직의 구조적 특성

㉠ 관료적 특성(우리나라 초·중고교의 관료적 특성)
- 교과의 전문화를 위하여 교사자격증제도를 도입하고 있다.
- 사무관리를 위하여 업무를 분화해서 실시하고 있다.
- 업무조정을 위하여 교장 - 교감 - 부장교사 - 교사로 구성원들의 업무를 수직적으로 분산시키고 상하위계에 따라 권한과 직위를 배분하였다.
- 업무수행 및 운영절차에 있어서 통일성을 확보하기 위해서 규정과 규칙을 사용한다.
- 권한은 직위 및 직무에 따라 합법적으로 주어진다.
- 교사채용은 자격증을 취득한 전문적 능력에 기초하여 경쟁에 의해 선발된다.
- 승진은 경력과 같은 연공서열주의가 기본이 된다.

기출문제

문 학교조직의 특성으로 옳지 않은 것은?
▶ 2022. 6. 18. 교육행정직

① 중심적 활동인 수업에 대한 교사의 재량권이 발휘되는 이완조직이다.
② 통일된 직무수행 기준에 따라 엄격하게 통제되는 순수한 관료제 조직이다.
③ 불분명한 목표, 불확실한 기술, 유동적인 참여를 특징으로 하는 조직화된 무질서 조직이다.
④ 느슨한 결합구조와 엄격한 결합구조를 동시에 가지고 있는 이중 조직이다.

문 다음과 같은 학교조직의 특성에 가장 부합하는 조직 유형은?
▶ 2021. 4. 17. 인사혁신처

학교의 목적은 구체적이지도 않고 분명하지도 않다. 비록 그 목적이 명료하게 나타나 있다고 하더라도 그 해석은 사람마다 다르며, 그것을 달성할 수단과 방법도 분명하게 제시하기 어렵다. 또한 학교의 구성원인 교사와 행정직원들은 수시로 학교를 이동하며, 학생들도 일정한 시간이 지나면 졸업하여 학교를 떠나게 된다.

① 야생 조직(wild organization)
② 관료제 조직 (bureaucratic organization)
③ 조직화된 무질서 (organized anarchy) 조직
④ 온상 조직 (domesticated organization)

정답 ②, ③

기출문제

문 칼슨(Carlson)의 분류에 따를 때, 공립학교가 해당되는 유형은?

▶ 2020. 6. 13. 교육행정직

조직의 고객선택권 \ 고객의 참여결정권	유	무
유	유형 I	유형 III
무	유형 II	유형 IV

① 유형 I ② 유형 II
③ 유형 III ④ 유형 IV

문 교육자치제도의 기본원리가 아닌 것은?

▶ 2010. 5. 8. 서울특별시교육청

① 지방분권의 원리
② 지방행정과 통합의 원리
③ 주민에 의한 통제의 원리
④ 전문관리의 원리
⑤ 합의제의 원리

정답 ④, ②

ⓛ 전문적 특성
- 교수-학습활동에 대하여 통제하기가 어렵다.
- 교육목표 및 학습목표 달성에 있어 교사 개인의 전문성, 창의성, 자율성이 중요한 요소이기 때문에 관료적 방식으로 통제할 수 없다.
- 교사들의 교육활동은 교사들의 자율적이고 전문적인 판단과 결정에 위임되어 있다.
- 교육활동에 교사들의 전문성과 윤리성이 크게 요구된다.

ⓒ 다원적 구조
- 관리조직 : 교장 - 교감 - 학급담임으로 학교경영 및 관리기능을 수행한다.
- 전문조직 : 교장 - 교감 - 교과담임으로 교수-학습활동을 하는 조직이다.
- 계층적 구조 : 교장 - 교감 - 부장교사 - 교사로서 학교의 행정기능을 수행하는 조직으로 학교를 운영하는 데 필요한 각종의 업무를 담당하는 구조이다.
- 자문조직 : 각종 위원회 기구가 해당한다.

> **칼슨(Carlson)의 봉사조직 유형** … 칼슨은 고객의 참여결정권(고객의 조직선택권)과 조직의 고객선택권의 유·무를 바탕으로 봉사조직을 4가지로 구분하고 있다.
>
> | 조직의 고객선택권 \ 고객의 참여결정권 | 유 | 무 |
> |---|---|---|
> | 유 | 유형 I
야생조직
(사립학교, 개인병원 등) | 유형 III
강제조직
(이론적으로만 가능) |
> | 무 | 유형 II
적응조직
(주립대학, 자유등록제 학교) | 유형 IV
온상조직
(공립학교, 정신병원, 형무소 등) |

(5) 교육자치제

① 개념

㉠ 지방분권의 원칙 아래 교육에 관한 의결기관으로 교육위원회와 집행기관으로 교육감제를 두고, 민주적 통제와 전문적 지도 사이에 조화와 균형을 얻게 된다.

㉡ 교육행정을 일반행정으로부터 분리·독립시켜 행정의 제도나 조직 면에서 교육의 자주성을 보장하는 제도이다.

② 기본원리
　㉠ 지방분권의 원리
　　• 중앙의 획일적 통제에서 벗어나 지방의 실정에 적합하고, 지방의 요구에 부합하는 교육정책의 수립과 행정처리를 하기 위한 원리이다.
　　• 지방의 특수성을 살려 지방주민들의 교육활동에 대한 자율·자치정신을 배양하려는 목적이다.
　㉡ 주민자치(민중통제)의 원리
　　• 교육에 관한 기본정책을 주민대표들이 결정하는 원리이다.
　　• 교육에 관한 의결기관인 교육위원회의 제도가 해당한다.
　　• 대의 민주정치의 이념과 상통하는 원리로 교육행정의 민주화에 필수적 조건이다.
　㉢ 교육행정의 분리·독립의 원리
　　• 교육활동의 특수성에 기초하여 자주성과 전문성을 보장하기 위하여 일반행정으로부터 분리·독립시켜야 한다는 원리이다.
　　• 교육행정의 기구를 독립시켜 인사·재정·장학 등 자주적으로 운영한다는 데 의의가 있다.
　㉣ 전문적 관리의 원리
　　• 교육의 본질과 특수성에 대한 인식에 기초하여 전문적 교양과 훈련을 쌓은 인사들이 교육행정을 운영해야 한다는 원리이다.
　　• 교육감제도와 교육전문직 제도가 대표적인 예이다.

Point 팁 교육자치제 실시 이유
　㉠ 교육의 자주성과 전문성의 신장을 도모한다.
　㉡ 지방교육의 특수성을 활성화시키기 위한 목적이다.
　㉢ 교육의 지역적인 균형발전을 도모한다.

③ 교육자치제의 기본골격
　㉠ 교육감 : 시·도의 교육·학예에 관한 사무의 집행기관으로, 교육·학예에 관한 소관사무로 인한 소송이나 재산의 등기에 대하여 당해 시·도를 대표한다.
　　• 임기 : 교육감의 임기는 4년으로 하며, 계속 재임은 3기에 한한다.
　　• 선출
　　　－주민의 보통·평등·직접·비밀선거에 따라 선출한다.
　　　－정당은 교육감선거에 후보자를 추천할 수 없으며, 교육감후보자는 「공직선거법」에 따른 선거권자의 추천을 받아 선거일 전 15일부터 2일간 시·도 선거관리위원회에 서면으로 등록신청을 하되, 그 추천 및 등록은 무소속후보자의 추천 및 등록에 관한 규정을 준용한다.

기출문제

문 우리나라의 지방교육자치제에 대한 설명으로 옳지 않은 것은?
▶ 2015. 4. 18. 인사혁신처

① 교육지원청에 교육장을 두되 장학관으로 보한다.
② 교육감은 시·도의 교육·학예에 관한 사무의 집행기관이다.
③ 교육감의 임기는 4년으로 하며, 교육감의 계속 재임은 2기에 한한다.
④ 부교육감은 당해 시·도의 교육감이 추천한 자를 교육부장관의 제청으로 국무총리를 거쳐 대통령이 임명한다.

|정답 ③

기출문제

- 자격
  - 당해 시·도지사의 피선거권이 있는 자로서 후보자 등록신청개시일부터 과거 1년 동안 정당의 당원이 아닌 자
  - 후보자등록신청개시일을 기준으로 교육경력 또는 교육공무원으로서의 교육행정경력이 3년 이상 있거나 양 경력을 합하여 3년 이상 있는 자
- 관장사무
  - 조례안의 작성 및 제출에 관한 사항
  - 예산안의 편성 및 제출에 관한 사항
  - 결산서의 작성 및 제출에 관한 사항
  - 교육규칙의 제정에 관한 사항
  - 학교, 그 밖의 교육기관의 설치·이전 및 폐지에 관한 사항
  - 교육과정의 운영에 관한 사항
  - 과학·기술교육의 진흥에 관한 사항
  - 평생교육, 그 밖의 교육·학예진흥에 관한 사항
  - 학교체육·보건 및 학교환경정화에 관한 사항
  - 학생통학구역에 관한 사항
  - 교육·학예의 시설·설비 및 교구(敎具)에 관한 사항
  - 재산의 취득·처분에 관한 사항
  - 특별부과금·사용료·수수료·분담금 및 가입금에 관한 사항
  - 기채(起債)·차입금 또는 예산 외의 의무부담에 관한 사항
  - 기금의 설치·운용에 관한 사항
  - 소속 국가공무원 및 지방공무원의 인사관리에 관한 사항
  - 그 밖에 당해 시·도의 교육·학예에 관한 사항과 위임된 사항

ⓛ 보조기관 및 소속교육기관
- 교육감 소속하에 국가공무원으로 보하는 부교육감 1인(인구 800만 명 이상이고 학생 170만 명 이상인 시·도는 2인)을 두되, 대통령령이 정하는 바에 따라 「국가공무원법」의 규정에 따른 고위공무원단에 속하는 일반직공무원 또는 장학관으로 보한다.
- 부교육감은 당해 시·도의 교육감이 추천한 자를 교육부장관의 제청으로 국무총리를 거쳐 대통령이 임명한다.
- 부교육감은 교육감을 보좌하여 사무를 처리한다.

ⓒ 하급교육 행정기관
- 하급교육 행정기관: 시·도의 교육·학예에 관한 사무를 분장하기 위하여 1개 또는 2개 이상의 시·군 및 자치구를 관할구역으로 하는 하급교육행정기관으로서 교육지원청을 둔다.
- 교육지원청의 관할구역과 명칭은 대통령령으로 정한다.

- 교육장 : 교육지원청에 교육장을 두되 장학관으로 보(補)하고, 교육장의 임용과, 교육청의 조직, 운영 등에 관한 사항은 대통령령으로 정한다.
- 교육장의 분장사무 : 교육장은 시·도의 교육·학예에 관한 사무 중, 공·사립의 유치원, 초·중학교·공민학교·고등공민학교 및 이에 준하는 각종 학교의 운영·관리에 관한 지도·감독 등의 사무를 위임받아 분장한다.

section 7 교육기획 및 교육정책

(1) 교육기획

① 개념 … 교육목표의 효율적 달성을 위한 최선의 가능한 수단과 방법을 선택하는 사전준비의 과정이다.

② 기능
  ㉠ 교육정책의 중점과 우선순위를 결정한다.
  ㉡ 교육활동의 방향과 지침을 제공한다.
  ㉢ 조직구성원들에게 노력과 주의를 집중하게 한다.
  ㉣ 인력과 재정을 효율적으로 이용할 수 있다.
  ㉤ 사전조정과 사후평가 및 통제의 기준이 된다.
  ㉥ 교육정책의 안정화를 도모한다.
  ㉦ 지휘의 수단이 되며, 교육혁신을 촉진시킨다.

③ 과정
  ㉠ 목표의 설정 : 기획을 통하여 조직이 추구하고자 하는 목표를 구체적으로 설정하는 단계이다.
  ㉡ 상황분석과 결단 : 당면한 상황과 문제점을 파악한다.
  ㉢ 기획전제의 설정 : 기획수립 과정에서 토대로 삼아야 할 주요 가정을 설정하고 특정 계획에 앞서 이루어져야 하는 중요하고 어려운 단계이다.
  ㉣ 대안의 작성과 비교 : 모색된 대안 중 가장 효과적이고 능률적인 선택을 하기 위해 서로 비교·분석한다.
  ㉤ 최종안의 선택 : 대안들을 비교·분석하여 최선방안을 선택하는 단계이다.
  ㉥ 관련된 모든 파생 계획의 수립 : 선택된 기본 계획의 실효성을 거두기 위해서 기본 계획의 실행에 필요한 보조적 계획을 수립하고 실시한다.

④ 교육기획의 접근방법
  ㉠ 사회수요적 접근법 : 교육을 받고자 하는 모든 사람들에게 교육기회를 보장해 준다는 원칙 아래 교육에 대한 개인적 또는 사회적 수요를 기초로 하여 교육계획을 수립하는 방법이다.

기출문제

문 교육을 받고자 하는 모든 사람들에게 교육기회를 보장해 준다는 원칙 아래 교육에 대한 개인적 또는 사회적 수요를 기초로 하여 교육계획을 수립하는 교육기획의 접근방법은?
▶ 2010. 5. 8 서울특별시교육청

① 사회수요적 접근법
② 인력수급 접근법
③ 수익률에 의한 접근
④ 국제적 비교에 의한 접근법
⑤ 수학적 모형에 의한 접근법

정답 ①

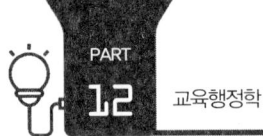

> 기출문제

- 장점: 단기적인 관점에서 정치·사회적 안전에 기여할 수 있으며, 기획의 과정도 비교적 단순하다.
- 단점: 모든 교육수요를 충족시킬 만한 자원의 여유가 없을 때 최선의 방도를 제시해 주지 못한다.

ⓛ **인력수급접근법**: 경제성장에 필요한 인력자원의 중요성을 전제로 경제성장을 뒷받침하는 인력의 수요를 예측하여 교육의 공급을 조절해 가는 방법이다.
- 장점: 교육과 취업을 연결시켜 교육운영 면에서 낭비를 줄일 수 있다.
- 단점: 급변하는 사회에서는 인력수요의 구조가 변화하기 때문에 교육과 취업 간의 시차로 인한 수급면의 차질이 빚어지기 쉽다.

ⓒ **수익률에 의한 접근법**(비용·편익접근법): 교육에 투입된 경비와 산출된 효과를 금액으로 환산하고 교육의 경제적 효과를 산출하여 이것을 기준으로 교육투자의 중점과 우선순위를 결정하여 교육기회를 수립하는 방법이다.

ⓔ **국제적 비교에 의한 접근법**: 국가의 발전단계를 몇 단계로 구분하고 그 단계마다 필요한 교육기획을 설정한다. 여기에 따라 그 나라의 발전단계를 고려하여 적합한 교육기획을 모방하려는 것이다. 그 나라의 발전단계를 국제적으로 비교하여 발전된 나라의 교육기획을 채택한다.

(2) 교육정책

① **개념** … 국가의 교육목표를 달성하기 위해 공권력을 바탕으로 강제성을 갖고 추진되는 국가의 기본방침 내지 기본지침이다.

② **성격**

㉠ **규범지향성**: 정책은 가치를 다루는 것으로 당위의 내용을 내포하고 있다.

㉡ **미래지향성**: 정책은 미래상의 실제적인 구현을 목적으로 한 현실적 기도이므로, 가치와 행동을 미래와 연관시켜 인간의 미래를 변화시키려고 한다.

㉢ **변동성**: 정책은 환경에 영향을 미치고 질적인 면과 양적인 면의 변동을 유발시킨다.

㉣ **인본주의적 성격**: 정책은 반드시 인간의 삶과 질의 변화를 유발시켜야 하고 인본주의적 의의에 관한 내용을 포함해야 한다.

㉤ **관련성**: 정책은 사회적 연관성 안에서 형성되어진다.

㉥ **행동지향성**: 정책에 있어서는 당위적인 가치를 현실적인 행동으로 연관 또는 전환시키는 것을 내용으로 하며, 정책은 현실성, 문제해결능력, 실현성, 효과성, 능률성의 창조적·합리적 행동으로의 통합을 그 속성으로 본다.

㉦ **광의의 합리성**: 손익계산을 주된 내용으로 하는 좁은 의미의 경제적 합리성에 국한되어지는 것이 아닌 직관과 창의력, 당위적인 가치와 인간 능력의 한계성, 정치적인 합리성까지 포함하는 광의의 합리성이다.

③ 교육정책결정의 원칙
  ㉠ 민주성의 원칙 : 민주적 절차에 의해서 정책이 결정되어야 한다는 원칙이다.
  ㉡ 중립성의 원칙 : 교육정책을 수립하는 과정에 있어 교육정책 자체의 타당성과 효율성에 의거할 것이며, 어떠한 정치적·종교적·파당적·사회적 압력에 의하여 좌우되어서는 안 된다는 원칙이다.
  ㉢ 합리성의 원칙 : 교육정책형성에 있어서 가치지향적인 정책에 객관성과 과학성을 부여하여, 현실에 입각한 합리적 교육정책을 형성하자는 것이다.
  ㉣ 효율성의 원칙 : 교육정책 형성과정이 능률적이며 효과적인 것이 되어야 하며, 그 집행에 있어 실현 가능한 것이어야 한다는 원리이다.

④ 캠벨(R. F. Campbell)의 교육정책 수립과정 모형
  ㉠ 기본적 힘(basic force) : 전국적이거나 세계적인 규모에서 발생하는 중요한 정치적·경제적·사회적 운동으로, 교육정책 수립의 시작이다.
  ㉡ 선행운동(antecedent movement) : 기본적인 힘에 대한 일종의 현저한 반응으로, 존경을 받는 개인이나 전문 집단에 의하여 시작된 교육개혁을 위한 건의서와 같이 상당한 주의를 끄는 것이다.
  ㉢ 정치적 활동(political action) : 정책결정에 선행되는 공공의제 토의나 논쟁을 말한다.
  ㉣ 입법(formal enactment) : 정책 형성의 최종단계로, 입법부 및 행정부처에 의한 입법조치를 말한다.

section 8 장학론

(1) 장학의 개요
① 개념
  ㉠ 일반적 정의
    • 교사와 아동의 성장발달에 관한 모든 조건을 향상시키기는 전문적·기술적 봉사활동이다.
    • 교수-학습지도의 개선을 위하여 제공되는 지도·조언을 의미한다.
    • 교사의 교수행위에 영향을 주고 교육과정을 개발·수정·보완해 주고 학습환경과 교육자료를 제공·개선해 주어 학생의 학습행위에 변화를 주어 학업성취와 학습결과를 높이기 위한 교육활동의 하나이다.
  ㉡ 기능
    • 학생들에게는 교사를 통해서 간접적인 영향을 미치지만 수업에는 직접 관계되는 활동이다.

기출문제

문 캠벨(R. Campbell)의 교육정책 수립 단계 중에서 다음 글에 해당하는 것은?
▶ 2011. 4. 9. 행정안전부

교육과학기술부 산하 자문위원회 또는 각종 연구소나 전문기관이 작성한 보고서를 통해서 교육정책이 제안된다.

① 기본적인 힘(basic forces)
② 선행운동(antecedent movements)
③ 정치적 활동(political action)
④ 입법화(formal enactment)

문 다음 중 장학을 실시하는 목적으로 적절하지 않은 것은?
▶ 2010. 10. 23. 법무부 보호직

① 교육현장의 요구에 부응하는 장학을 통해 학교교육의 창의성과 자율성을 신장하고 교육의 양을 향상시키는 데 있다.
② 학교단위의 자율장학의 활성화로 교원의 전문성 및 책무성을 제고한다.
③ 교육개혁 과제와 교육시책 구현의 공감대를 형성하고 능동적인 실천을 지원한다.
④ 자율과 책임에 바탕을 둔 열린 교육활동을 지원하여 교육력을 제고한다.

정답 ②, ①

기출문제

문 장학개념의 변천에 대한 설명으로 옳은 것은?
▶ 2020. 7. 11. 인사혁신처

① 관리장학은 학문중심 교육과정으로 인해 등장하였다.
② 협동장학은 조직의 규율과 절차, 효율성을 강조하였다.
③ 수업장학은 교육과정의 개발과 수업효과 증진을 강조하였다.
④ 아동 중심 교육이 강조되던 시기에 발달장학이 널리 퍼졌다.

┃정답┃ ③

- 학습문제에 대한 교사와의 상담, 교수자료의 선정, 교수기술에 대한 연구·조언 등이 장학에 해당된다.

② 목적
㉠ 교육현장의 요구에 부응하는 장학을 통해 학교교육의 창의성과 자율성을 신장하고 교육의 질을 향상시키는 데 있다.
㉡ 21세기를 선도하는 자율적·창의적·도덕적 인간육성을 위해 교육수요자의 요구를 수용하며 소질, 특기, 잠재력을 계발하는 새로운 교육을 창조하기 위한 지원 및 봉사활동이다.
㉢ 학교단위의 자율장학의 활성화로 교원의 전문성 및 책무성을 제고한다.
㉣ 교육개혁 과제와 교육시책 구현의 공감대를 형성하고 능동적인 실천을 지원한다.
㉤ 자율과 책임에 바탕을 둔 열린 교육활동을 지원하여 교육력을 제고한다.

③ 원리
㉠ **목적성의 원리**: 교사의 성장과 발달 특히 교수-학습 개선에 목적을 둔다.
㉡ **필요성의 원리**: 교사의 문제해결을 위한 필요에 부응해야 한다.
㉢ **협력성의 원리**: 교사와 장학담당자는 문제해결을 위해 적극적으로 참여해야 한다.
㉣ **전문성의 원리**: 교사의 성장·발달을 도모하기 위한 지도·조언의 전문적·기술적 봉사활동이다.
㉤ **효과의 원리**: 교수-학습의 개선과 향상에 기여해야 한다.

(2) 장학의 유형

① 유형 분류
㉠ 행정조직상의 장학유형: 문교장학, 학무장학, 학교장학
㉡ 장학방법상의 장학유형: 임상장학, 자기장학, 동료장학, 약식장학, 선택적 장학, 소규모수업, 인간자원장학, 요청장학, 발전장학 등

② 임상장학
㉠ 개념
- Cogan: 학급에서 교사의 행동개선을 위해 계획된 설계를 의미한다.
- Goldhammer: 수업의 질 개선을 위해 교사와 장학담당자 간의 대면적인 상호작용을 통해 교수행동 및 활동을 분석하는 일이다.

㉡ 특징
- 교사의 수업기술 향상이 주된 목적이다.
- 교사와 장학담당자 간의 대면적 관계와 상호작용을 중시한다.

- 교실 내에서의 교사의 수업행동에 초점을 둔다.
- 체계적이고 집중적인 지도·조언의 과정이다.

> **수업장학**
> ㉠ 개념: 교사들의 교수-학습 기술 향상을 위해 교장·교감이나 외부 장학요원, 전문가, 자원인사 등이 주도하는 개별적이고 체계적인 성격이 강한 조언 활동이다.
> ㉡ 대상: 초임교사, 저경력교사, 수업기술향상의 필요성이 있는 교사에게 실시한다.
> ㉢ 영역: 전문적 발달
> ㉣ 형태: 임상장학, 마이크로티칭, 수업연구, 초임교사 대상 수업관련 지도조언활동 등

③ 인간자원장학
  ㉠ 개념: 교사를 학교의 효과성을 증대시키는 잠재력을 가진 존재로 보고 의사결정에 참여시키고자 하는 것이다.
  ㉡ 특징
  - 개인의 욕구를 학교목적 및 과업과 결합시키는 데 중점으로 두고 있다.
  - 교사의 직무만족을 학교의 운영과 조직의 효과성 확보를 위한 수단으로 보고, 교사의 의사결정에의 참여가 교사의 직무만족을 증가시키는 계기가 된다고 본다.
  - 교사의 직무만족을 교사가 일하게 되는 바람직한 목적으로 보는 것으로, 기대이론과 유사하다.
  - 구체적이고 가시적인 장학의 형태라기보다는 장학의 관점이나 장학의 철학을 의미한다.
  - 교사의 효능감, 참여, 열성 등의 내적 만족을 강화하고 교사들의 상위욕구를 만족시키는 장학이다.

④ 자기장학
  ㉠ 개념
  - 외부의 지도에 의해서보다는 교사 자신이 전문적 성장을 위하여 스스로 계획을 세우고 실천해 나가는 장학이다.
  - 교사 스스로 외부의 간섭이나 통제 없이 교사 스스로 자기발전을 위한 계획을 세우고 이를 실천에 옮기며 그 결과에 대하여 자기반성과 수정을 추구해 나가는 과정이다.
  ㉡ 특징
  - 교사 자신의 자율성과 자기발전의 의지 및 능력을 기초로 한다.
  - 제반 전문적인 영역에서의 교사 자신의 성장과 발달을 도모한다.
  - 원칙적으로 교사 자신이 스스로 계획을 세우고, 이를 실천하며, 그 결과에 대하여 자기반성을 하는 활동이다.

기출문제

❓ 다음 설명에 해당하는 교내 자율장학의 형태는?
▶ 2021. 6. 5. 지방직 시·도교육청

- 교사들의 교수-학습 기술 향상을 위해 교장·교감이나 외부 장학요원, 전문가, 자원인사 등이 주도하는 개별적이고 체계적인 성격이 강한 조언 활동이다.
- 주로 초임교사, 저경력교사 등을 대상으로 진행된다.
- 구체적인 형태로는 임상장학, 마이크로티칭 등이 있다.

① 동료장학
② 발달장학
③ 수업장학
④ 자기장학

정답 ③

기출문제

문 다음 설명에 해당하는 것은?
▶ 2020. 6. 13. 교육행정직

- 학교교사가 공동으로 노력하도록 함으로써 장학활동을 위해 학교의 인적 자원을 최대한 활용할 수 있다.
- 수업개선 전략에 대한 책임감을 부여함으로써 수업개선에 기여할 수 있다는 성취감을 갖게 할 수 있다.
- 교사관계를 증진할 수 있고, 학교 및 학생 교육에 대한 적극적인 자세와 전문적 신장을 도모할 수 있다.

① 임상장학
② 동료장학
③ 약식장학
④ 자기장학

문 다음 설명에 해당하는 장학의 유형은?
▶ 2025. 6. 21. 제1회 지방직

- 단위학교에서 일상적으로 빈번하게 수행되기 때문에 일상장학이라고도 부른다.
- 교장이나 교감이 간헐적으로 짧은 시간 동안 학급 순시나 수업참관을 통하여 교사의 수업 및 학급경영 활동을 관찰하고 교사에게 지도·조언을 제공하는 활동이다.

① 자기장학
② 약식장학
③ 임상장학
④ 동료장학

|정답| ②, ②

⑤ 동료장학
　㉠ 개념
　　• 교사들이 자신의 성장과 교육활동의 개선을 위해 서로 협동하고 노력하는 과정이다.
　　• 동학년 또는 동교과 단위로 수업연구 등을 위해 공동으로 협의하는 것이 전형적인 형태이나, 동료상호 간에 정보·아이디어 또는 충고·조언 등을 주고받는 공식적·비공식적 행위도 모두 동료장학에 포함된다.
　㉡ 특징
　　• 교사들의 자율성과 협동성을 기초로 한다.
　　• 교사들 간에 동료적인 관계 속에서 서로 가르치고 배우는 활동이다.
　　• 학교의 형편과 교사들의 필요와 욕구에 기초하여 다양하고 융통성 있게 운영된다.
　　• 교사들의 전문적인 발달뿐만 아니라 개인적 발달, 그리고 학교의 조직적 발달까지 도모할 수 있다.
　㉢ 방법: 비공식 관찰과 협의, 자료제공(초점관찰), 소규모 현직 연수위원회, 팀 티칭, 임상장학의 응용, 동료코치, 동료연수화

⑥ 전통적 장학(약식장학)
　㉠ 개념: 단위학교 교장이나 교감이 간헐적으로 짧은 시간(5~10분) 동안 비공식적으로 학급순시나 수업참관을 통하여 교사들의 수업 및 학급경영활동을 관찰하고 이에 대해 교사들에게 지도·조언을 제공하는 과정을 의미한다.
　㉡ 특징
　　• 원칙적으로 학교행정가인 교장이나 교감의 계획과 주도하에 전개된다.
　　• 간헐적이고 짧은 시간 동안의 학급순시나 수업참관을 중심활동으로 한다.
　　• 다른 장학형태에 대하여 보완적이고 대안적인 성격을 갖는다.

⑦ 선택장학
　㉠ 개념: 교사의 필요와 요구 등 개인차를 고려하여 교사 각자에게 적합한 장학지도를 하는 것을 의미한다.
　㉡ 특징: Glattorn은 교사들이 경험이나 능력을 포함하는 개인적 요인을 고려하여 장학방법을 선택하여 사용할 때 장학의 효과를 높일 수 있다고 주장하였다.

Point 팁 Glattorn의 장학의 선택
　㉠ **임상장학**: 초임교사, 경험이 있는 교사들 중 특별한 문제를 안고 있는 교사에게 유익하다.
　㉡ **동료장학**: 모든 교사에게 활용될 수 있는 장학이다.
　㉢ **자기장학**: 경험이 있고 능숙하며, 자기분석 및 지도능력을 가지고 있고 혼자 일하기를 좋아하는 교사에게 적합하다.
　㉣ **약식장학**: 모든 교사들 또는 다른 장학방법을 원하지 않는 교사들에게도 사용할 수 있다.

⑧ 발전장학
  ㉠ 개요
    - C. Glickman이 개발한 것이다.
    - 교사의 발전정도에 장학의 방법을 맞추어 교사의 발전수준을 높인다는 원리에 근거하고 있다.
  ㉡ 교사의 발전기준
    - 참여수준: 교사는 낮은 수준에서 높은 수준으로 발전한다.
    - 추상적 사고수준: 교사는 낮은 추상적 사고수준에서 높은 수준으로 발전한다.
  ㉢ 문제점
    - 교사들을 발전정도에 따라 분류하기가 쉽지 않다.
    - 장학자나 교장이 각 교사들을 평가하고 이에 따른 반응을 해주기가 현실적으로 어렵다.
⑨ 컨설팅장학 … 전문성을 갖춘 학교 컨설턴트들이 교원 및 학교의 의뢰에 따라 그들이 직무상 필요로 하는 문제와 능력에 관해 진단하고 해결과 계발을 위한 대안을 마련하며, 그것을 실행하는 과정을 지원하는 장학유형이다.

section 9 교육재정론

(1) 교육재정의 기초
① 개념
  ㉠ 교육에 필요한 재원을 공권력에 의해 조달하고 그것을 합목적적으로 관리하고 지출하는 경제행위이다.
  ㉡ 국가 및 지방의 공동단체는 교육법이 정하는 바에 따라 학교, 기타 교육시설을 설치·운영하며 모든 교육기관을 지도·감독하는 데 사용되는 모든 물적 재원을 의미한다.
② 원리
  ㉠ **충족성의 원리**: 교육활동에 충분히 지원 가능한 재원이 확보되어야 하며, 재정수요가 충족되어야 교육활동을 충분하게 전개할 수 있다는 원리이다.
  ㉡ **안정성의 원리**: 교육이 장기적으로 영속성, 일관성을 유지하기 위해서는 교육재정의 확보가 안정적으로 보장되어야 한다는 원리이다.
  ㉢ **효율성의 원리**: 경비의 사용에 있어서 최소한의 재정수입으로 최대한 교육효과를 이루어야 한다는 원리이다.
  ㉣ **균형성의 원리**: 교육재정의 배분에 있어 균형과 조화가 이루어져야 한다는 원리이다.

기출문제

문 **교육재정의 특성으로 옳지 않은 것은?**
▶ 2019. 4. 6. 인사혁신처
① 재정은 공공의 이익을 도모하는 국가 활동과 정부의 시책을 위해 사용되어야 한다는 공공성이 있다.
② 공권력을 통하여 기업과 국민소득의 일부를 조세를 통해 정부의 수입으로 이전하는 강제성을 가지고 있다.
③ 수입이 결정된 후에 지출을 조정하는 양입제출(量入制出)의 원칙이 적용된다.
④ 존속기간이 길다고 하는 영속성을 특성으로 한다.

정답 ③

기출문제

문 다음 설명에 해당하는 것은?
▶ 2024. 3. 23. 인사혁신처

- 일정 규모의 단위학교가 현재 교육목표 및 교육과정 등 제반 교육체제를 유지한다는 전제하에서 정상적인 교육 활동을 수행하는 데 필요한 최소한의 교육비를 의미한다.
- 최저소요교육비라고도 한다.

① 간접교육비
② 직접교육비
③ 표준교육비
④ 공부담교육비

문 우리나라 교육비 분류에서 공교육비에 포함되는 것만을 모두 고르면?
▶ 2025. 4. 5. 국가직

㉠ 학교법인의 교육활동비
㉡ 수업료
㉢ 교재대, 부교재대
㉣ 교통비

① ㉠, ㉡
② ㉠, ㉢
③ ㉡, ㉣
④ ㉢, ㉣

정답 ③, ①

㉤ 책무성의 원리 : 사용한 경비에 관해서는 납득할 만한 명분을 제시할 수 있고 책임을 질 수 있어야 한다는 원리이다.

(2) 교육비

① 의미 … 국가나 지방자치단체가 교육을 영위하기 위하여 지출하는 비용을 말한다. 일반적으로는 공교육비만을 의미하나 광의로는 사교육비까지도 포함된다.

② 교육비의 유형
　㉠ 직접교육비 : 교육목적의 달성을 위해 교육활동에 지출되는 모든 공·사교육비를 말한다.
　㉡ 간접교육비 : 교육기간 중에 취업할 수 없기 때문에 발생하는 유실소득인 기회비용을 말한다.
　㉢ 공교육비 : 교육활동 지원을 위해 국가나 공공단체가 합리적인 예산회계 절차를 거쳐 교육에 투입하는 경비이다.
　㉣ 사교육비 : 교육활동에 투입되지만 예산회계절차를 거치지 않는 학부모가 부담하는 교재비, 학용품비, 과외비 등이다.

Point 팁 교육비의 종류

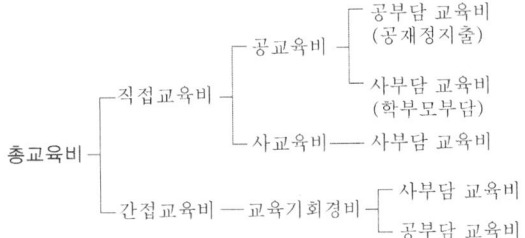

③ 초·중등교육을 위한 재원
　㉠ 지방교육재정 교부금 : 지방자치단체가 교육기관 및 교육행정기관을 설치·운영함에 필요한 재원의 전부 또는 일부를 국가가 교부하여 교육의 균형 있는 발전을 도모하는 데 의의가 있다.
　㉡ 지방자치단체 전입금 : 지방자치단체 일반회계에서 교육비 특별회계로 경비를 지원하는 것이다.

(3) 교육예산

① 교육예산제도의 원칙
　㉠ 공개성의 원칙 : 예산의 편성과 심의집행은 전 과정이 공개되어야 한다.

ⓒ 명료성의 원칙 : 내용이 명료하게 예상되어야 하며 음성수입이나 은닉된 내용을 포함해서는 안 된다.
ⓒ 사전승인의 원칙 : 수입과 지출은 회계연도가 시작되기 전에 국회의 승인을 얻어서 결정되어야 한다.
ⓔ 엄밀성의 원칙 : 예산과 결산이 일치하도록 편성되고 집행되어야 한다.
ⓜ 한정성의 원칙 : 비목 간의 유용이 금지되고 예산초과지출 또는 예산의 지출이 금지되며 한정된 회계연도 내에서 사용되어야 한다.
ⓗ 단일성의 원칙 : 형식이 단일해야 하며 추가예산, 특별회계 등은 억제되어야 한다.

② 예산의 편성과 관리기법
ⓐ 성과주의 예산제도(PBS) : 예산과목을 사업계획별·활동별로 구분하고 세부사업별로 예산액을 표시하며, 그 집행의 성과를 측정·평가하고자 하는 예산편성기법이다.
ⓑ 과제·관리·평가기법(PERT) : 하나의 과업을 달성하는 데 필요한 다수의 세부사업을 단계적 결과와 활동으로 세분하여 관련된 계획공정을 관계도식으로 형성하여 최종목표로 연결시키는, 시간의 효율적 사용을 중시하는 종합계획 관리기법이다.
ⓒ 영기준예산제도(ZBB) : 매 회계연도마다 사업을 처음 시작한다고 생각하고 설정하고자 하는 사업을 새로이 평가·조정하여 예산을 편성하는 기법이다.
ⓓ 목표관리기법(MBO) : 조직구성원인 상사와 부하직원이 공동의 목표를 향하여 활동하고, 이 활동의 결과를 조직의 목표에 비추어 평가·환류시키는 능력주의적인 조직운영 관리기법이다.
ⓔ 기획예산제도(PPBS) : 예산의 편성과 목표하는 바를 결합시켜 제한된 재원을 가장 적절하게 배분하는 예산기법이다.
ⓕ 품목별 예산제도 : 지출 대상을 품목별로 분류해, 지출 대상과 그 한계를 명확히 규정하는 통제지향적 예산 제도로, 예산에 대한 책임의 소재를 분명히 하고, 예산 집행시의 유용이나 부정을 방지하기 위해 품목별로 예산액을 명시하고 그 집행을 결산으로 확인하는 예산기법이다.

사립학교의 재원
ⓐ 학생으로부터의 입학금 및 수업료
ⓑ 학교법인으로부터의 전입금
ⓒ 인건비재정결함보조금, 운영비재정결함보조금 등의 국고지원금
ⓓ 기부금

기출문제

다음에 해당하는 학교예산 편성 기법은?
▶ 2022. 4. 2. 인사혁신처

• 달성하려는 목표와 사업이 무엇인가를 표시하고 이를 달성하는 데 필요한 비용을 명시해 주는 장점이 있다.
• 예산 관리에 치중하여 계획을 소홀히 하거나 회계 책임이 불분명한 단점도 있다.

① 기획 예산제도
② 성과주의 예산제도
③ 영기준 예산제도
④ 품목별 예산제도

정답 ②

PART 12 교육행정학

기출문제

문 현행 법령상 교원을 〈보기〉에서 고른 것은?
▶ 2018. 5. 19. 교육행정직

〈보기〉
㉠ 교장   ㉡ 교감
㉢ 행정실장 ㉣ 교육연구사

① ㉠, ㉡   ② ㉠, ㉢
③ ㉡, ㉣   ④ ㉢, ㉣

문 초·중등학교에 근무하는 교원과 직원의 신분에 대한 설명으로 옳은 것은?
▶ 2019. 4. 6. 인사혁신처

① 수석교사는 교육전문직원이다.
② 공립학교 행정실장은 교육공무원이다.
③ 교장은 별정직 공무원이다.
④ 공무원인 교원은 특정직 공무원이다.

|정답 ①, ④

section 10 교육인사행정

(1) 교육인사행정의 기초

① **개념** … 교육목표의 효과적·효율적 달성을 위하여 교육활동을 담당할 인적 자원을 확보, 교육, 배치, 그들의 전문적 능력을 향상시키며 교육활동에 전념할 수 있는 환경을 조성해주는 일련의 행정자원활동이다.
② **기능** … 교직원의 신분과 자격, 수요와 공급, 선발과 임용, 전보와 승진, 부담과 휴가, 보수와 후생, 신분보장, 징계, 퇴직제도, 인간관계, 사기, 교육과 훈련, 근무평점, 교직단체, 윤리강령 등에 관한 광범위한 기능을 한다.

(2) 교원의 선발과 임용

① **자격**
  ㉠ 자격: 교원을 비롯한 교육직원의 자격은 법으로 규정하고 있으며, 교원에 필요한 자질을 행정적으로 인정하는 행위를 자격증제도라고 한다.
  ㉡ 교원 자격증제도의 목적
   • 학생들의 이익을 보호한다.
   • 국가, 사회의 안정성을 보장한다.
   • 교사 자신의 지위를 보장한다.
   • 자격증제도는 인사행정의 기본원리로 실적주의의 적용형태이다.

② **교원의 신분과 종류**
  ㉠ 신분
   • 교직원은 대체로 교원과 교육공무원을 포함하는 개념이다.
   • 교육공무원은 국가공무원법의 규정에 의하여 특정직 공무원에 해당된다.
  ㉡ 교육직원 분류표

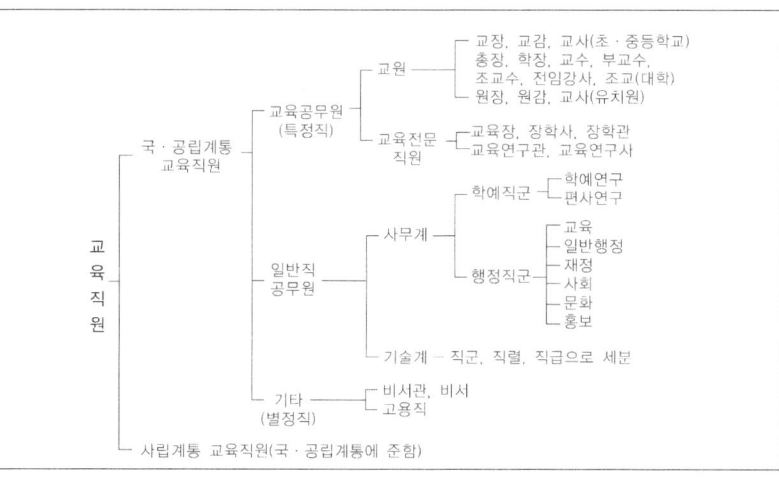

ⓒ 교원과 교육공무원

교원	교육공무원
국립 · 사립 · 사립학교	국립 · 공립학교(사립학교 제외)
시간강사 포함	전임강사까지(시간강사 제외)
각 학교교원(장학관, 장학사, 연구관, 연구사 제외)	각 학교교원으로 교육전문직 포함(교육감, 교육장, 장학관, 장학사, 연구관, 연구사 포함)

③ 교원수급계획
  ㉠ 수요와 공급을 관련시켜 교육정책의 일환으로 수립된다.
  ㉡ 교원수급의 결정요인 : 인구 동태, 각급 학교 취학인구 동태, 교원 1인당 담당 학 수 또는 학급당 학생 수 및 학급 수, 교사의 주당 수업시간, 교과목수, 교원의 이동 등의 요인에 기초하여 추정될 수 있다.
  ㉢ 교원의 공급 : 교원의 수요를 기초로 하여 적절히 조절되어야 하며, 교원자격증 제도에 직결된다.
  ㉣ 교원양성제도
    • 목적제 : 전문적인 교사양성기관(교육대학, 사범대학)을 중심으로 폐쇄적으로 교원을 양성하는 제도이다.
    • 개방제 : 교사양성을 위해 특정 양성기관을 설치 · 운용할 필요 없이 모든 대학에서 교사를 양성하는 제도이다.

④ 선발과 신규임용
  ㉠ 선발과정 : 모집→지원자의 접수 및 검토→선발시험→면접→신체검사→경력 및 신원조회→채용의 결정→배치
  ㉡ 선발시험의 기본원칙
    • 정확한 직무분석에 기초한다.
    • 신뢰도와 타당도가 높아야 한다.
    • 선발방법상 대체적 역할이 아닌 보조적 역할을 해야 한다.
  ㉢ 신규임용
    • 국 · 공립학교 : 교사임용후보자 공개전형을 통해서 이루어진다.
    • 사립학교 : 사학의 자율성 보장의 원칙하에 국가시험에 의하지 않고 임용의 권한을 학교 경영자에게 부여하고 있다.

기출문제

정답 ④

기출문제

문 전직에 해당하지 않는 것은?
▶ 2020. 7. 11. 인사혁신처
① 초등학교 교감이 장학사가 되었다.
② 초등학교 교사가 중학교 교사가 되었다.
③ 중학교 교장이 교육장이 되었다.
④ 중학교 교사가 특성화 고등학교 교사가 되었다.

문 「교육공무원법」상 교원의 전보에 해당하는 것은?
▶ 2015. 4. 18. 인사혁신처
① 교사가 장학사로 임용된 경우
② 도교육청 장학관이 교장으로 임용된 경우
③ 중학교 교사가 초등학교 교사로 임용된 경우
④ 교육지원청 장학사가 도교육청 장학사로 임용된 경우

정답 ④, ④

(3) 교원의 승진과 전직·전보 및 징계

① 승진제도
  ㉠ 의미 : 구성원에게 보상수단을 제공하고 인적 자원의 적절한 배치를 통해 조직의 목표를 효율적으로 달성하고 조직구성원이 직무수행을 위해 필요한 지식과 능력을 향상시키는 등의 능력계발의 수단이 된다.
  ㉡ 기준
    • 연공서열주의 : 승진대상자의 근무연수, 연령, 경력, 학력 등을 중시하는 것이다.
    • 능력주의 : 승진대상자의 직무수행능력과 업적 등을 중시하는 것이다.

② 전직과 전보
  ㉠ 개념
    • 전직 : 직급은 동일하나 직렬이 달라지는 수평적 이동이다.
    • 전보 : 동일직렬과 직위 내에서의 수평적 이동이다.
  ㉡ 의의
    • 직무순환은 관리자의 능력을 계발시키는 현지 교육훈련방법의 하나다.
    • 조직원의 욕구좌절을 방지하고 동기부여의 기법으로 유용하게 활용될 수 있다.
    • 적재적소의 인사관리를 가능하게 한다.
    • 궁극적으로 조직의 효율성을 증대시킬 수 있다.
    • 장기보직으로 인한 부정과 비리 등의 조직의 허점을 메울 수 있다.
    • 조직의 변화·변동에 따른 부서 간의 과부족 인원의 조정이나 조직원의 개인적 사정에 따른 구제가 가능하다.
    • 인사침체를 방지하고, 권태로움에서 벗어나 업무를 쇄신하는 계기를 마련한다.
  ㉢ 교원의 전보
    • 교원의 전보는 순환근무제를 원칙으로 한다.
    • 전보의 요건 : 본인의 희망, 소속기관장의 내신 또는 의견, 생활근거지, 부부교사의 경우 가정환경, 근무 또는 연구실적, 근무지 또는 근무학교의 위치와 사회적 명성, 근무연한 등

③ 징계
  ㉠ 징계의 종류
    • 파면
      - 공무원 관계로부터 배제, 5년간 공무원 임용 금지
      - 퇴직급여액 감액(5년 미만 재직자 4분의 1, 5년 이상 재직자 2분의 1)
    • 해임
      - 공무원 관계로부터 배제, 3년간 공무원 임용 금지
      - 퇴직급여 전액 지급

- 강등
  - 교육공무원의 강등은 동종의 직무 내에서 하위의 직위에 임명
  - 공무원신분은 보유하나 3개월간 직무에 종사하지 못함
  - 기간 중 보수는 전액을 감함
- 정직
  - 1개월 이상 3개월 이하의 기간, 공무원의 신분은 보유하나 직무에 종사하지 못함
  - 기간 중 보수의 전액 감액
- 감봉
  - 1개월 이상 3개월 이하의 기간, 기간 중 보수의 3분의 1 감액
- 견책(譴責)
  - 전과에 대하여 훈계하고 회개하게 함

ⓒ 교원소청심사위원회
- 각급 학교 교원의 징계처분과 그 밖에 그 의사에 반하는 불리한 처분에 대한 소청심사(訴請審査)를 하기 위하여 교육부에 교원소청심사위원회를 둔다.
- 본인의 의사에 반하여 파면·해임·면직처분을 하였을 때에는 그 처분에 대한 심사위원회의 최종 결정이 있을 때까지 후임자를 보충 발령하지 못한다.

기출문제

문 교육공무원의 징계 효력에 대한 설명으로 옳은 것은?
▶ 2016. 6. 18. 교육행정직

① 정직된 자는 직무에는 종사하지만 3개월간 보수를 받지 못한다.
② 견책된 자는 직무에는 종사하지만 6개월간 승진과 승급이 제한된다.
③ 해임된 자는 공무원 신분은 보유하나 3개월간 직무에 종사할 수 없다.
④ 파면된 자는 공무원 관계로부터 배제되고 1년간 공무원으로 임용될 수 없다.

정답 ②

단원평가 교육행정학

1 외부의 간섭이나 통제없이 교사 스스로 자기발전을 위해 계획을 세우고 이를 실천해 나가는 과정이다. 자기실현의 욕구가 강하고 능력이 있는 교사들에게 효과적인 장학의 형태는?

① 발전장학
② 임상장학
③ 동료장학
④ 자기장학

자기장학은 외부의 지도에 의해서보다는 교사 자신이 전문적 성장을 위하여 스스로 계획을 세우고 실천해 나가는 장학이다.

2 다음 중 전통적 장학의 특징으로 옳지 않은 것은?

① 단위학교 교장이나 교감이 간헐적으로 짧은 시간 동안 학급순시나 수업참관을 중심활동으로 한다.
② 다른 장학 형태에 대하여 보완적이고 대안적인 성격을 갖는다.
③ 다른 장학에 비해 계층적 거리감이 적어 교사들은 약식장학에 대해 거부감을 갖지 않는다.
④ 자유스러운 수업활동이나 학급경영활동을 관찰할 수 있다.

동료장학은 계층적 거리감이 적고 동료의식이 강하게 지배하기 때문에 자유로운 의사교환이 가능하다. 전통적 장학은 공개적으로 이루어지며 교장이나 교감이 담당하는 것으로 학교교육, 학교경영, 학교풍토 등 전 영역에 걸쳐 학교를 전체적으로 파악하는 데 필요한 정보를 수집할 수 있다. 그러나 교사들은 약식장학에 대한 거부반응을 보인다.

3 다음 글은 어느 동기이론에 관한 설명인가?

- A교사는 평소 수업 준비 및 연수에 많은 시간과 열정을 쏟아온 결과, 학생들의 성적 및 수업 만족도가 높은 편이다. 반면 같은 학교 동료교사 B는 그동안 수업 준비나 연수에 시간과 열정을 훨씬 더 적게 쏟는 편이어서 늘 학생들의 성적이나 수업 만족도가 낮았다.
- 그런데 최근 실시한 연구수업에서 동료교사 B가 학교장과의 관계가 좋다는 이유로 A자신보다 더 높은 학교장의 평가를 받은 것으로 보였다. 그 일 이후 A교사는 수업에 대한 열정에 회의를 느끼면서 수업 준비를 위한 시간이나 연수 시간을 현저히 줄이게 되었다.
- 이처럼 사람들은 자신의 노력에 대한 성과의 비율과 타인의 노력에 대한 성과의 비율을 비교하여 같지 않다고 느낄 경우 원래의 동기를 변화시키게 된다.

① 목표설정이론
② 동기위생이론
③ 공정성이론
④ 기대이론

아담스의 공정성 이론 … 한 개인이 다른 사람들에 비해 얼마나 공정하게 또는 균형 있게 대우를 받느냐 하는데 초점을 맞추고 있는 이론이다. 여기서 동기란 개인이 자기의 작업 상황에서 지각한 공정성 정도에 따라 영향을 받으며 얼마나 공정한 대우를 받고 있는가가 중요한 동기요인이 된다.
① 로크(Locke)의 목표설정이론이다.
② 허츠버그(Herzberg)의 동기-위생이론이다.
④ 브룸(Vroom)의 기대이론이다.

4 교육행정의 원리로서 '민주성의 원리'를 가장 잘 표현한 것은?

① 교육행정은 일반행정으로부터 분리·독립되고 정치와 종교로부터 중립성을 유지해야 한다.
② 다양한 구성원들의 의사를 반영하기 위해 위원회, 협의회 등을 둔다.
③ 가계가 곤란한 학생이 능력이 있을 경우 장학금을 지급하여 교육기회를 제공한다.
④ 교육행정 활동에서는 최소한의 인적·물적 자원과 시간을 들여서 최대의 성과를 거두도록 해야 한다.

민주성의 원리는 교육행정의 실천에 있어서 독단과 편견을 배제하고 교육정책 수립에 있어서 참여를 통해 공정한 민의를 반영한다는 원리이다.
① 자주성의 원리
③ 기회균등의 원리
④ 능률성의 원리

Answer 1.④ 2.③ 3.③ 4.②

5 민간경제와 교육재정의 특성을 비교한 설명으로 옳은 것은?

① 민간경제는 등가교환 원칙에 의하여 수입을 조달하지만, 교육재정은 합의의 원칙에 의한다.
② 민간경제는 수입과 지출이 균형을 유지해야 하는 특성을 가지고 있는 반면, 교육재정은 항상 잉여획득을 기본 원칙으로 하여 거래가 이루어지고 있다.
③ 민간경제는 존속기간이 영속성을 가지고 있는 데 비해, 교육재정은 단기성을 가진다.
④ 민간경제는 양입제출의 회계원칙이 적용되는 데 반해, 교육재정은 양출제입의 원칙이 적용된다.

> **Point**
> 교육재정(educational finance) … 교육에 필요한 재원을 공권력에 의해 조달하고 그것을 합목적적으로 관리하고 지출하는 경제행위이다. 교육재정은 필요한 경비를 먼저 산출하고 후에 수입을 확보하는 양출제입의 원칙이 적용되는 것이 특징이다.
> ① 교육재정은 교육활동의 지원을 목적으로 하고 있기 때문에 강제성을 띤다.
> ② 교육재정이 수입과 지출의 균형을 유지해야 한다.
> ③ 교육재정이 존속기간의 영속성을 지닌다.

6 현재 우리나라에서 시행되고 있는 지방교육자치제도에 대한 설명으로 옳은 것은?

① 교육위원회는 집행기관이고, 교육감은 의결기관이다.
② 교육위원회는 지방의회와 독립되어 있다.
③ 교육감의 임기는 4년으로 하며, 교육감의 계속 재임은 3기에 한한다.
④ 교육감은 학교운영위원에 의한 간선제로 선출된다.

> **Point**
> ① 교육위원회는 교육 및 학예에 관한 주요 사항을 심의, 의결하는 기관이고, 교육감은 독임제 집행기관이다.
> ② 교육위원회는 시·도의회 내 상임위원회이다.
> ④ 교육감과 교육의원은 주민의 보통·평등·직접·비밀선거에 따라 선출된다.

7 현행 교육 관련법에서 교원에 대하여 규정하고 있는 내용으로 옳지 않은 것은?

① 교원은 교육자로서 갖추어야 할 품성과 자질을 향상시키기 위하여 노력하여야 한다.
② 교권은 존중되어야 하며, 교원은 그 전문적 지위나 신분에 영향을 미치는 부당한 간섭을 받지 아니한다.
③ 교원은 특정한 정당이나 정파를 지지하거나 반대하기 위하여 학생을 지도하거나 선동하여서는 아니 된다.
④ 교원은 어떠한 경우에도 소속 학교의 장의 동의 없이 학원 안에서 체포되지 아니한다.

> **Point**
> ④ 교원은 현행범인인 경우를 제외하고는 소속 학교의 장의 동의 없이 학원 안에서 체포되지 아니한다〈교육공무원법 제48조〉.

8 다음에서 설명하는 인간관계에 부합하는 관리전략을 모두 고른 것은?

- 인간은 스스로 동기를 유발할 수 있고 자기 규제를 할 수 있는 존재이다.
- 건강한 퍼스낼리티는 타인에 의존하는 상태에서 비교적 독립적인 상태로 발달한다.
- 인간은 어떤 환경에도 적응할 수 있는 유연성을 가지고 있다.

㉠ 구성원의 의욕을 북돋워 줄 방안을 강구한다.
㉡ 구성원간의 경쟁을 유발하는 유인체제를 도입한다.
㉢ 구성원에게 그들이 감당할 수 있는 과업을 위임한다.
㉣ 구성원의 생산성을 높이기 위해 관료제를 강화한다.

① ㉠㉢
② ㉠㉣
③ ㉡㉢
④ ㉠㉢㉣

① 경쟁이나 관료제는 인간의 정서적·비합리적인 면을 중시하는 인간관계에 부합하지 않는다.

9 다음 사례와 같은 학교장의 경영방침과 관련 있는 학자의 이론은?

A교장은 평소 학교경영에서 명령이나 통제 대신에 교사 개개인의 자발적인 근무 의욕과 동기유발을 위해 노력하고 있다. 그의 교사들에 대한 기본 입장은 교사들이 타인의 간섭 없이도 자발적으로 일을 하고 싶어 하는 성향이 있다는 것이다.

① 맥그리거(McGregor)의 Y이론
② 테일러(Taylor)의 과학적 관리론
③ 애덤스(Adams)의 공정성이론
④ 허즈버그(Herzberg)의 위생이론

맥그리거의 Y이론 … 인간은 본래 선하며 내적이고 자발적 동기에 의해 동기가 부여된다는 관점이다.

Answer 5.④ 6.③ 7.④ 8.① 9.①

10 다음 중 교육재정과 예산에 대한 설명으로 옳은 것은?

① 예산의 총계주의를 강조하는 원리는 명료성의 원칙이다.
② 예산의 4단계는 예산의 편성·심의·집행·결산 및 회계감사 등이다.
③ 공교육비와 사교육비는 교육재원에 따른 분류이다.
④ 교육재정은 양입제출(量入制出)의 원칙으로 한다.

> Point
> ① 명료성의 원리는 음성수입이나 은액이 없어야 한다는 원칙이다.
> ③ 공교육비와 사교육비는 예산 회계절차를 거치는지 아닌지에 대한 차이이다.
> ④ 교육재정을 양출제입(量出制入)을 원칙으로 한다.

11 다음과 가장 관계 깊은 교육행정의 원리는?

> 교육에 관한 중요한 정책을 수립하는 데 있어서 광범위한 참여를 통해 공정한 민의를 반영하고, 결정 된 정책의 집행과정에 있어서 권한 위양(委讓)을 통해 기관장의 독단과 전제를 막는 것을 의미한다.

① 효율성의 원리
② 중립성의 원리
③ 민주성의 원리
④ 합리성의 원리

> Point
> ① 교육정책 형성과정은 능률적이고 효과적이어야 한다.
> ② 정치적·종교적·사회적 압력에 의해 교육정책이 좌우되어서는 안 된다.
> ④ 가치지향적인 정책에 객관성과 과학성이 부여되어야 한다.

12 교육의 지도성이론에 대한 설명 중 옳지 않은 것은?

① 특성론에서는 지도자는 선천적 특성을 지니고 있다고 본다.
② 지도성이론 중 1차원적 접근은 과업중심 또는 구성원중심 가운데 어떤 유형의 리더가 더 바람직한가를 연구하는 것을 말한다.
③ 지도성이론 중 2차원적 접근은 과업중심과 구성원중심을 별개의 차원으로 보고 각 차원의 배합으로 지도성을 파악하는 것을 말한다.
④ F. E. Fiedler는 상황적응적 접근방법과 지도성 이론에서 '구성원의 성숙도'를 중요한 상황으로 보았다.

④ 피들러는 지도성에서 지도자와 구성원의 관계, 과업구조 등을 중요하게 보았다.

13 교육행정에 있어서의 장학에 대한 설명 중 옳지 않은 것은?

① 장학의 대상은 주로 교사들의 교육활동을 조장해 주는 것이다.
② 장학의 주 기능은 교육조직에서 상급자가 하급자를 감독하고 지시하는 것이다.
③ 교장에게도 장학은 중요한 업무 중의 하나이다.
④ 바람직한 장학이란 교육의 통제보다도 조성과 지원을 통해 교수-학습의 효과를 극대화하는 것이다.

② 장학은 교수-학습의 개선을 위한 교육과정 개발·수정을 주목적으로 한다.

14 다음 중 교육행정의 일반적 성격에 포함되지 않는 것은?

① 봉사적 성격
② 정치적 성격
③ 민주적 성격
④ 협동적 성격

교육행정의 일반적 성격에는 봉사적 성격, 정치적 성격, 민주적 성격, 미래지향적 성격, 장기적 성격, 전문적 성격이 있다.

Answer 10.② 11.③ 12.④ 13.② 14.④

15 다음 중 교육행정을 일반행정과 구분 짓는 특수성으로만 연결된 것은?

① 목표달성의 단기성, 긴급성
② 관여집단의 독자성, 협력성
③ 인사관리, 시설관리, 재무관리면
④ 공동목표 달성을 위한 조직적인 협동행위면

교육행정을 일반행정과 구분 짓는 특수성에는 목표달성의 장기성과 비긴급성, 교육에 관여하는 제 집단의 독자성과 협력성, 교육효과에 대한 직접적인 측정의 곤란성이 있다.

16 다음과 관련이 있는 교육행정의 기본원리는?

- 교직원회, 연구회 등을 통하여 의사소통의 길을 개방하고 일방적인 명령이나 지시보다는 협조와 이해를 기초로 사무를 집행해 나간다.
- 교육행정기관의 장이 그 기관의 운영에 관하여 궁극적인 책임을 가짐에도 불구하고 여러 가지 위원회 등을 가져 정책결정을 하는 것이다.

① 민주성의 원리
② 효율성의 원리
③ 균형성의 원리
④ 안정성의 원리

민주성의 원리 … 교육행정의 실천에 있어서 주로 독단과 편견을 배제하고 교육정책수립과 집행에 있어서 광범위한 참여를 통해서 공정한 민의를 반영하며, 권한을 위임하려는 원리를 말한다.

17 교육행정의 과정 중 관리기구를 구성하고, 과업과 책임분담의 인적 조직, 물적 자원의 배정까지도 포함되는 단계는?

① 기획(Planning)
② 조직(Organizing)
③ 지시(Directing)
④ 조정(Co-ordinating)

① 기획은 교육목표를 설정하고 이 목표를 달성하는 데 필요한 최선의 절차와 방법을 합리적으로 마련하는 사전 준비과정이다.
③ 지시는 교사들로 하여금 교수-학습지도, 생활지도, 학급경영 등의 제 업무에 자발적으로 노력을 경주하도록 이끄는 것이다.
④ 조정은 교육의 목표달성에 투입된 교직원의 노력과 각 부서의 활동 및 제반 물적 자원이 최선의 산출을 기할 수 있도록 통합하고 조절하는 것을 의미한다.

18 다음 중 운영 면에서의 안정성의 원리에 대한 설명은?

① 교육행정에 국민의 의사를 반영한다는 원리
② 교육활동에 최소한 노력과 경비를 투입하여 최대한의 효과를 올려야 한다는 원리
③ 교육행정이 새로이 발전하는 사회에 신축성 있게 대응해 나가야 한다는 원리
④ 교육활동의 좋은 점은 강화·유지 발전시켜 지속성을 유지하려는 원리

① 민주성의 원리 ② 능률성의 원리 ③ 적응성의 원리

19 다음 중 과학적 관리론에 대한 설명으로 옳지 않은 것은?

① 인간을 효율적인 기계로 프로그램화할 수 있는 기본신념에 입각하고 있다.
② 조직관리의 과학화, 합리적 운영, 능률의 극대화를 강조하였다.
③ 낭비와 비능률은 제거하고 최대의 생산효과를 높일 수 있다는 원리에 입각하고 있다.
④ 과학적 관리론의 실질적인 창시자는 M. Weber이다.

과학적 관리론 … 조직관리의 과학화, 합리적 운영, 능률의 극대화를 강조한 입장이다.
④ 과학적 관리운동의 실질적인 창시자는 Taylor이다.

20 인간관계론의 등장이 일반행정에 미친 영향으로 옳지 않은 것은?

① 비공식 집단의 중요성을 인식하게 되었다.
② 인간의 주체성을 상실하고, 인간소외현상을 초래하였다.
③ 민주적 리더십과 사기의 중요성을 강조하였다.
④ 의사소통의 중요성을 인정하였다.

인간관계론은 인간의 감정적 요소와 비합리적 요소 등을 중시하는 인간중심이론이다.
② 과학적 관리론이 미친 영향이다.

Answer 15.② 16.① 17.② 18.④ 19.④ 20.②

단원평가

21 다음 중 학교조직의 관료제적 특성으로 옳지 않은 것은?

① 학교는 전문화와 과업의 세분화의 필요에 의해 영향을 받고 있다.
② 학교조직도 엄격한 권위의 계층을 가지고 있다.
③ 학교조직은 인화단결을 내세우므로 인정성의 원리가 적용된다.
④ 교사들의 능력은 전문적 능력에 기초하고 승진은 연공서열과 업적에 의해 결정되고 고정된 급여를 받는다.

③ 학교조직은 인화단결을 자주 내세우지만 조직관계에서 보면 몰인정성의 원리가 폭넓게 적용되고 있다.

22 다음 중 관료제의 특성과 역기능이 바르게 연결된 것은?

① 분업과 전문화 – 사기를 저하시키고 능률성을 저하시킨다.
② 권위의 위계 – 업무반복에 의한 권태감을 일으키며, 권태감은 생산성을 저하시킨다.
③ 경력지향성 – 업적과 연공제 간의 갈등을 유발한다.
④ 몰인정성 – 상하간의 원활한 의사소통을 차단하거나 왜곡시킬 수 있다.

관료제의 순기능과 역기능

관료제의 특징	순기능	역기능
• 분업과 전문화	• 전문성 향상	• 권태감의 누적
• 몰인정성	• 합리성 증진	• 사기 저하
• 권위의 위계	• 순응과 원활한 조정	• 의사소통 장애
• 규정과 규칙	• 계속성과 통일성 확보	• 경직과 목표 전도
• 경력지향성	• 동기의 유발	• 실적과 연공의 갈등

23 교육조직의 목표달성을 극대화하기 위해 구조, 조직구성원, 환경의 역동적인 상호작용을 강조하는 교육행정이론은?

① 개방체제이론 ② 과학적 관리론
③ 관료제론 ④ 인간관계론

어떤 체제가 환경과 비교적 자유로운 상호작용을 할 경우 개방체제라고 불리며 그렇지 못한 경우를 폐쇄체제라 한다. 학교사회는 일반적으로 국가사회의 정치, 경제, 사회, 문화 등 다른 체제와의 긴밀한 관계 속에서 활동이 이루어지기 때문에 개방체제에 속한다.

24 겟젤스(Getzels)와 셀렌(Thelen)의 수정모형에 대한 설명으로 옳지 않은 것은?

① 수정모형에서는 인류학적 차원, 조직풍토의 차원, 생물학적 차원을 추가하였다.
② 인류학적 차원은 사회의식, 관습, 가치로 연결된다.
③ 생물학적 차원은 역할과 인성의 상호작용이 상황에 의존한다는 점을 강조하였다.
④ 개인의 행위가 사회적 행동으로 나타나기 위한 조건에는 합리성, 일치성, 소속감이 있다.

③ 생물학적 차원은 학생의 물리적·정서적 조건과 상태가 학습에 상당한 영향을 준다는 점을 규명하였다. 역할과 인성의 상호작용이 상황에 의존한다는 점을 강조한 것은 조직풍토의 차원이다.

25 동기를 유발하기 위하여 동기의 요인들이 상호작용하는 과정에 관심을 두는 이론에 해당하는 것은?

① Maslow의 욕구위계론
② Herzberg의 동기-위생이론
③ Alderfer의 생존관계 성장이론
④ Vroom의 기대이론

동기이론의 유형
㉠ 내용이론 : 사람에게 동기를 부여하는 특별한 요인을 식별하는 데 관심을 둔 이론으로 Maslow의 욕구위계론, Herzberg의 동기-위생이론, Alderfer의 생존관계 성장이론이 포함된다.
㉡ 과정이론 : 동기를 유발하기 위하여 동기의 요인들이 상호작용하는 과정에 관심을 둔 이론으로 Vroom의 기대이론, Adams의 공정성이론, Argyris의 미성숙-성숙이론이 포함된다.

26 Maslow의 욕구수준을 만족시키는 조직요인이 바르게 연결된 것은?

① 자아실현욕구 - 안전한 근무조건, 특별급여, 직업안정
② 존경욕구 - 직책, 지위상징, 승진
③ 사회적 욕구 - 냉·난방시설, 기본급여, 근무조건
④ 안전욕구 - 감독의 질, 전문적인 친선

① 자아실현욕구는 도전적인 직무, 조직 내에서의 발전, 일의 성취를 통해 만족될 수 있다.
③ 사회적 욕구는 감독의 질, 경쟁적인 작업집단, 전문적인 친선을 통해 만족될 수 있다.
④ 안전욕구는 안전한 근무조건, 특별급여, 직업안정을 통해 만족될 수 있다.

Answer 21.③ 22.③ 23.① 24.③ 25.④ 26.②

27 다음 중 허즈버그의 동기-위생이론에 대한 설명은?

① 욕구를 동기를 결정하는 요인으로 보고 생존욕구, 관계욕구, 성장욕구로 구분한 이론이다.
② 유인가 – 보상기대 – 성과이론 혹은 가치이론이라고도 부른다.
③ 한 개인이 다른 사람에 비해 어느 정도 공정한 대우를 받고 있는가에 관한 지각의 중요성을 강조하는 이론이다.
④ 만족을 주는 직무요인과 불만족을 주는 직무요인이 별개로 존재한다는 이론이다.

① 앨더퍼(Alderfer)의 ERG이론
② 브룸(Vroom)의 기대이론
③ 아담스(Adams)의 공정성이론

28 앨더퍼(Alderfer)의 ERG이론은 Maslow의 5단계 욕구를 (　　)의 욕구, (　　)의 욕구, (　　)의 욕구로 분류하여 제시하였다. 빈 칸에 들어갈 말로 묶여진 것은?

① 생존, 자아실현, 관계　　　　　② 자아실현, 생존, 자존·존경
③ 생존, 관계, 성장　　　　　　　④ 자아실현, 자율, 성장

앨더퍼(Alderfer)의 ERG이론 … Maslow의 5단계의 욕구를 생존의 욕구, 관계성의 욕구, 성장의 욕구로 분류하여 생존관계성 이론을 제시하였다. Alderfer는 낮은 수준의 욕구와 높은 수준의 욕구 간에는 근본적인 차이가 있으며, 욕구가 조직에서 피고용자의 동기를 결정하는 중요한 요인으로 보았다.

29 브룸(V. H. Vroom)의 기대이론의 기본요소로 포함되지 않는 것은?

① 유인가(목표의 매력성)　　　　② 동기(개인이 지각한 활동에 대한 흥미)
③ 성과기대치(노력과 성과의 연계)　④ 보상기대치(성과와 보상의 연계)

브룸(V. H. Vroom)의 기대이론 … 현재와 미래의 행위에 대한 의식적인 선택을 한다고 가정하고 동기화 과정에서 개인의 지각의 중요성을 강조하는 이론이다. 기본요소에는 유인가, 성과기대치, 보상기대치, 산출 등이 포함된다.

30 다음에서 설명하는 의사결정모형은?

- 의사결정이 완전하게 합리적이어야 한다고 가정하는 고전적인 의사결정모형이다.
- 목표와 목적달성을 극대화하기 위하여 모든 관련된 정보를 검토하여 최선의 대안을 찾는다.
- 문제가 단순하고 정보가 확실할 때, 조직구성원들의 선호가 분명할 때 적합한 모형이다.

① 최적화 모형
② 만족화 모형
③ 점증적 모형
④ 혼합모형

② 만족화 모형은 최적의 대안보다는 만족할 만한 해결책을 찾는 모형이다.
③ 점증적 모형은 기존 상황과 유사한 소수의 대안을 각각의 결과와 비교하는 의사결정방식이다.
④ 혼합모형은 복잡하고 불확실한 상황에 실용적으로 접근해 가는 의사결정방식이다.

31 다음 중 점증적 모형에 대한 설명으로 옳지 않은 것은?

① 조직이 처한 문제가 불확실성이 높고 구성원들 간의 갈등이 많을 때 접근하는 방법이다.
② 부분적인 정보를 사용하지만 불확실할 때 더 많은 정보를 수집한다.
③ 대안의 개발이 어렵고 결과가 복잡해서 예측이 어려운 경우에 점증적 모형을 채택한다.
④ 기존 상황과 유사한 소수의 대안을 각각의 결과와 계속해서 비교함으로써 의사결정자들은 행동방안을 결정한다.

점증적 모형은 목적설정과 대안개발이 분리되지 않으며, 소수의 대안만을 고려한다. 대안의 탐색은 현존상황과 유사한 대안에 제한된다. 대안들 간의 연속적인 비교방법은 복잡한 문제를 다룰 때 실제적으로 유용하다.
② 혼합모형의 방법이다.

Answer 27.④ 28.③ 29.② 30.① 31.②

32 학교구성원들을 '지도자의 지도자'로 변혁시킴으로써 추종자를 지도자로 변혁시키는 지도성은?

① 문화적 지도성이론
② 초우량 지도성이론
③ 도덕적 지도성이론
④ 변혁적 지도성이론

교육적 지도성이론
㉠ 문화적 지도성이론 : 구성원의 의미추구욕구를 만족시킴으로써 그 구성원을 학교의 주인으로 만들고 조직의 제도적 통합을 가능하게 하는 지도성전략을 말한다.
㉡ 초우량 지도성이론 : 그 구성원들이 스스로를 자율적으로 이끌어나갈 수 있도록 능력을 계발하는 전략이다.
㉢ 도덕적 지도성이론 : 학교구성원들을 '지도자의 지도자'로 변혁시킴으로써 추종자를 지도자로 변혁시키는 지도성전략이다.

33 불확실성이 매우 높고 조직화된 무질서를 나타내는 조직에 가장 적합한 의사결정모형은?

① 만족화 모형
② 점증적 모형
③ 혼합모형
④ 쓰레기통모형

쓰레기통모형 … 불확실성이 매우 높은 조직에서 발생되는 의사결정모형이다. 의사결정의 각 단계에 모호성이 개입되며, 조직 내 원인과 결과관계가 불분명하고, 참여자들의 빈번한 변동이 있으며, 특정 문제의 결정에 대한 시간이 제한된다. 조직의 결정은 우연히 이루어지고 문제와 해결책이 우연히 결합될 때 의사결정이 이루어진다.

34 Katz의 효과적 지도성에서 사람들과 함께 사람들을 통하여 일을 함에 있어서의 지도자의 능력과 판단을 의미하는 기술은?

① 사무적 기술
② 인간적 기술
③ 분석적 기술
④ 전체 파악적 기술

Katz의 효과적 지도성
㉠ 사무적 기술 : 구체적인 과업을 수행하기 위하여 지식, 기술, 방법을 활용하는 능력
㉡ 인간적 기술 : 사람들과 함께 사람들을 통하여 일을 할 때의 지도자의 능력과 판단
㉢ 전체 파악적 기술 : 과업을 전체적으로 조망하고 파악하는 능력

35 다음 중 비공식적 조직에 대한 설명으로 옳지 않은 것은?

① 조직체의 공식적인 조직도 또는 문서화된 기구표에 나타나 있는 조직을 의미한다.
② 공식적 조직 안에 있는 구성원 간의 직접적 면접관계를 통해 이루어진다.
③ 공식적 조직 기능수행에 건설적일 수도 있고 파괴적일 수도 있다.
④ 자연스런 의사소통, 자발적 협력관계, 감정의 논리에 의거한 행동방식을 특징으로 한다.

비공식적 조직은 표면화되지 않은 자연발생적 조직을 말한다. 이와 반대로 공식적 조직은 문서화된 기구표에 나타나 있는 조직이다. 권위의 계층, 명료한 책임분담, 표준화된 업무수행, 비정의적 인간관계 등을 특징으로 한다.

36 권한이나 의사결정이 자치단체, 하부조직 및 다수기관에 이양되거나 분산되어 있는 조직은?

① 계선조직　　　　　　　　　　② 막료조직
③ 집권조직　　　　　　　　　　④ 분권조직

① 계선조직은 계층제의 구조를 가진 수직적 조직형태이다.
② 막료조직은 대규모 조직의 상층부에서 전문적 지식과 기술로 조언·자문하여 계선의 기능을 보좌하는 조직이다.
③ 집권조직은 권한 및 의사결정이 중앙에 집중되어 있는 조직이다.

37 다음 중 집권조직의 장점으로 옳지 않은 것은?

① 지방에 따르는 재정의 빈부와 교육기회의 불균형을 극복할 수 있다.
② 지방주민의 참여를 통한 통제의 강화와 교육에 대한 민의의 반영이 용이하다.
③ 정책결정 및 수행에 있어서 국가적 통일성을 도모할 수 있다.
④ 신속하고 강력한 교육행정을 수행할 수 있다.

집권조직은 권한 및 의사결정이 중앙정부, 상부조직 및 1개 기관에 집중되어 있는 조직을 의미한다. 집권조직의 장점은 위의 내용 이외에도 전국적인 교육의 기회균등을 도모하고 교육행정의 능률 향상을 가능하게 하는 등이 있다. 그러나 집권조직은 반민주적 교육행정이 자행될 우려가 있고 교육내용이나 방법을 지나치게 통제할 우려가 있다.

Answer　32.③　33.④　34.②　35.①　36.④　37.②

38 다음의 상황에 적절한 갈등관리전략은?

- 양자의 관심사가 매우 중요하여 통합적인 해결책만이 수용될 때
- 목표가 학습하는 것일 때
- 다른 관점을 지닌 사람들로부터 통찰력을 통합하기 위하여
- 합의와 헌신이 중요할 때

① 경쟁 ② 회피
③ 수용 ④ 협력

협력은 주장하면서 협력하는 문제해결 접근방식이다. 갈등 당사자들 모두 목적을 달성할 수 있는 행동으로 승승접근의 사고를 가진 갈등관리 방법이다.

39 다음 중 조직 내에서의 갈등의 순기능으로 옳지 않은 것은?

① 갈등은 새로운 화합의 계기가 된다.
② 갈등은 조직의 혁신과 변화를 유도한다.
③ 갈등은 조직의 어느 곳에 문제가 있는가에 대한 정보를 제공한다.
④ 갈등은 목표달성에 필요한 시간과 자원을 절약한다.

④ 조직 내에서의 갈등은 정서적으로나 신체적으로 해로울 수 있으며 목표달성에 필요한 시간과 자원을 낭비한다. 재정적인 비용이 소요되고 당사자들 간의 감정적인 고통을 겪게 한다.

40 다음 중 학교조직의 특성이 아닌 것은?

① 목표의 모호성 ② 느슨한 결합
③ 일원적 구조 ④ 불분명한 과학적 기법

학교조직은 조직 내의 강한 개성과 전문성으로 인하여 자율적 견제와 조정이 이루어지므로 의도적 통제가 적용되지 않는다. 학교조직은 느슨한 결합요인과 관련적인 요인이 존재한다.

41 다음 중 교육자치제의 기본원리에 포함되지 않는 것은?

① 지방분권의 원리   ② 주민자치의 원리
③ 전문적 관리의 원리   ④ 교육행정의 통합원리

교육자치제의 기본원리
㉠ 지방분권의 원리
㉡ 주민자치의 원리
㉢ 교육행정의 분리·독립의 원리
㉣ 전문적 관리의 원리

42 교육을 받고자 하는 모든 사람들에게 교육기회를 보장해 준다는 원칙 아래 교육에 대한 개인적 또는 사회적 수요를 기초로 하여 교육계획을 수립하는 교육기획의 접근방법은?

① 사회수요적 접근법   ② 인력수급 접근법
③ 수익률에 의한 접근법   ④ 국제적 비교에 의한 접근법

② 인력수급 접근법은 경제성장에 필요한 인력의 수요를 예측하여 교육의 공급을 조절하는 방법이다.
③ 수익률에 의한 접근법은 교육의 경제적 효과를 기준으로 교육기획을 수립하는 방법이다.
④ 국제적 비교에 의한 접근법은 국가발달단계를 몇 단계로 구분하고 그 단계마다 필요한 교육기획 또는 효과적으로 사용할 교육기획을 설정한다.

43 수업의 질을 개선하기 위하여 학급단위에서 교사와 학생의 상호작용에 초점을 둔 상호작용적·민주적·교사중심적 장학의 형태는?

① 발전장학   ② 임상장학
③ 동료장학   ④ 자기장학

① 발전장학은 교사의 발전정도에 장학의 방법을 맞추어 교사의 발전수준을 높인다는 원리에 근거한 장학이다.
③ 동료장학은 교사들이 자신의 성장과 교육활동의 개선을 위해 서로 협동하고 노력하는 장학이다.
④ 자기장학은 교사 자신이 자신의 발전과 전문적 성장을 위해 스스로 계획을 세우고 실천해 나가는 장학이다.

Answer 38.④ 39.④ 40.③ 41.④ 42.① 43.②

교육연구

01 교육연구의 이해
02 표집(sampling)
03 연구의 도구
04 연구방법의 종류

13 교육연구

기출문제

section 1 교육연구의 이해

(1) 교육연구의 기초

① **개념** … 교육현장의 비교육적 요인 및 문제점을 분석·검토하여 과학적 방법으로 개선점을 찾거나, 새로운 사실 또는 원리를 밝히는 활동이다.

② **목적**
  ㉠ 교육적 상황에서 행동을 예언한다.
  ㉡ 교육의 절차와 실천계획 수립에 도움이 되는 일반 법칙을 만들어 낸다.
  ㉢ 계획된 방향으로의 인간행동의 변화를 이룩하는 데 있어서 필요한 원리·법칙·이론 등을 탐구한다.

③ **특징**
  ㉠ 교육에 대한 사실의 객관적인 인식이다.
  ㉡ 원자료로부터 새로운 지식이나 자료를 수집한다.
  ㉢ 자료수집에 있어서 신뢰도와 타당도가 있는 도구를 사용한다.
  ㉣ 가능한 한 자료를 양적인 개념으로 조직한다.
  ㉤ 논리적·객관적이다.

④ **교육연구의 한계**
  ㉠ 연구과정 자체가 인간에게 영향을 미친다.
  ㉡ 개인차로 인해 결론의 일반화가 곤란하다.
  ㉢ 인간의 특성을 수량화하기가 곤란하다.

(2) 교육연구의 과정

① **연구문제의 선정** … 가치판단의 문제를 고려하여 연구를 수행하는 사람의 능력범위 내에서 문제를 선정해야 한다.

② **연구문제의 분석** … 문제와 관련된 이론이나 선행연구를 분석하여 가설설정의 근거를 마련해야 한다.

③ **가설의 설정** … 변인과 변인 간의 관계를 알아보기 위해 실증단계 이전에 연구자가 내린 잠정적 결론이다.

④ **연구설계(연구계획)** … 가설실천을 위한 자료를 확보하기 위한 방법을 계획하는 단계이다.

⑤ 실천 및 실험 … 도구를 제작하고 실험·실천을 통하여 자료를 수집하는 등 이미 형성된 가설을 실험계획에 따라 실제로 실행하는 과정이다.

⑥ 검증 및 평가 … 가설을 실행한 후 성과를 알아보는 단계로 연구목적에 비추어 연구문제에 대한 해답을 얻는 수단이다.

⑦ 보고 … 결과보고단계로 간결·정확하게 사실을 기록해야 한다.

section 2 표집(Sampling)

(1) 표본조사

① 개념 … 대상자 전체를 대표할 수 있도록 추출된 일부를 하나의 집단으로 취급하여 조사하는 것이다.

② 필요성
  ㉠ 연구에 필요한 노력, 경비의 절약이 가능하다.
  ㉡ 연구의 신속한 수행이 가능하다.
  ㉢ 조사의 정밀도를 높일 수 있다.
  ㉣ 전수조사가 불가능한 경우는 표본조사를 할 수 밖에 없다.

(2) 표집의 방법

① 확률적 표집(무작위 표집)
  ㉠ 단순무선표집 : 제비뽑기와 같이 특별한 선정의 기준을 마련해 놓지 않고 아무렇게나 뽑는 방법이다.
  ㉡ 유층표집 : 전집이 가지고 있는 중요한 특성을 기준으로 여러 개의 하위집단으로 구분해 놓고, 분류된 각 집단으로부터 무선표집하는 것이다.
  ㉢ 군집표집 : 전집을 구성하고 있는 요소를 뽑는 것이 아닌 개별요소가 한 데 묶인 집단을 단위로 하여 표집하는 방법이다.
  ㉣ 단계적 표집 : 군집표집의 한 변형으로, 표집을 집단단위로 하는 방법이다.
  ㉤ 체계적 표집 : 단순무선표집 때와 같이 전집의 각 표집단위에 일련번호를 붙이는 것이나, 제비뽑기식이 아니라 간격을 똑같이 하여 계통적으로 표집하는 방법이다.

② 비확률적 표집
  ㉠ 의도적 표집 : 연구자의 주관적 판단에 의해서 전집을 잘 대표하리라고 믿는 사례들을 의도적으로 표집하는 방법이다.
  ㉡ 할당표집 : 전집의 여러 특성을 대표 가능한 몇 개의 하위집단을 구성하여 각 집단에 알맞은 표집의 수를 할당하여 그 범위 내에서 임의로 표집하는 방법이다.

기출문제

문 표집방법에 대한 설명으로 옳지 않은 것은?
▶ 2011. 4. 9. 행정안전부

① 단순무선 표집방법은 모집단의 모든 구성원이 표집될 확률이 같도록 하는 방법이다.
② 유층 표집방법은 모집단을 다양한 하위집단으로 분할한 후에 각 하위집단으로부터 표본을 무선으로 표집하는 방법이다.
③ 편의적 표집방법은 표집의 단위가 개인이 아니라 집단을 표집단위로 표집하는 방법이다.
④ 체계적 표집방법은 모집단에 일련번호를 부여한 후에 한 번호를 선정하고 동일한 간격만큼 뛰어넘어 표집하는 방법이다.

정답 ③

기출문제

ⓒ 우연적 표집: 특별한 표집계획이 없이 조사자가 임의로 가장 손쉽게 구할 수 있는 대상들 중에서 표집하는 방법이다.

section 3 연구의 도구

(1) 관찰법

① 개념 … 피관찰자의 행동을 관찰하여 측정의 증거를 수집하는 방법이다.
  ㉠ 가장 오래된 측정방법이며 기초적인 방법이다.
  ㉡ 의도적·무의도적 관찰에 관계없이 그 결과에 대한 신뢰성에 문제가 있는 것으로 지적된다.

② 장점
  ㉠ 유아, 동물, 문맹 등 그 대상에 구애받지 않는다.
  ㉡ 직접조사의 방법이기 때문에 신뢰도를 높일 수 있다.
  ㉢ 심화된 자료를 얻을 수 있다.
  ㉣ 부수적인 자료를 수집함으로써 연구의 질을 높일 수 있다.

③ 단점
  ㉠ 관찰하려는 장면(목적)을 포착하기 어렵다.
  ㉡ 선입견이나 편견이 개입하기 쉽다.
  ㉢ 관찰결과의 해석에 주관성이 개입될 가능성이 있다.
  ㉣ 전체 장면의 관찰이 어렵다.
  ㉤ 관찰자를 피관찰자가 인식하게 되면 원하는 결과를 얻기가 어려워진다.

(2) 질문지법

① 개념 … 어떤 문제에 관해서 작성된 일련의 질문에 대해 피험자가 대답을 기술하도록 된 방법이다.

② 형식 … 자유반응형, 선택형, 체크리스트형, 평정척도법, 등위형, 분류형, 조합비교형 등이 있다.

③ 장점
  ㉠ 비용이 적게 들고 제작이 간편하다.
  ㉡ 응답자에 대한 연구자의 영향력을 줄일 수 있다.
  ㉢ 개인적 생활경험이나 심리적 특성을 알아볼 수 있다.

④ 단점
  ㉠ 문장이해력과 표현능력이 부족한 대상에게는 적용하기 어렵다.

문 다음 설명에 해당하는 정의적 특성 측정방법은?
▶ 2020. 7. 11. 인사혁신처

• 의견, 태도, 감정, 가치관 등을 측정하기 용이하다.
• 단시간에 다양한 자료를 수집하고 결과 또한 신속하게 처리할 수 있다.
• 응답 내용의 진위 확인이 어려워 결과 해석에 유의해야 한다.

① 관찰법
② 사례연구
③ 질문지법
④ 내용분석법

|정답 ③

ⓒ 질문지에 응답한 내용의 진위를 확인하기 어렵다.
ⓒ 질문지의 회수율이 낮을 가능성이 크다.
ⓔ 질문을 확실히 통제할 수 없고 자료를 엄격히 다룰 수 없다.

(3) 면접법

① 개념 … 피면접자와의 면접을 통해 연구목적에 부합되는 정보를 수집하는 방법이다. 일반적으로 관찰법과 병행하여 사용한다.

② 장점
 ㉠ 심도 있는 자료의 수집이 가능하고 조사활동의 융통성이 있다
 ㉡ 문장이해력이 없는 사람에게도 가능하다.
 ㉢ 반응의 진실성을 알 수 있다.
 ㉣ 응답자를 확인할 수 있다.
 ㉤ 부차적인 자료를 수집할 수 있다.

③ 단점
 ㉠ 고도의 기술이 필요하고 시간과 경비가 많이 든다.
 ㉡ 다른 사람이 대신할 수 없다.
 ㉢ 면접기술이 미숙하면 편견이나 그릇된 판단이 적용되기 쉽다.
 ㉣ 표준적인 절차가 결핍되어 있다.

(4) 사회성 측정법(Moreno)

① 개념
 ㉠ 역동적 사회구조를 이해하기 위해 또는 집단 내 개인의 사회적 위치, 비형식적 집단형성의 구조를 알기 위해 사용하는 방법이다.
 ㉡ 집단구성원들 간의 상호작용 양상이나 집단의 응집력을 알아보고자 할 때 이용하는 방법이다.

② 가치
 ㉠ 집단의 사회구조를 개선시킬 수 있다.
 ㉡ 개인의 사회적 적응을 개선시킨다.
 ㉢ 특수한 교육문제해결에 적용시킬 수 있다.
 ㉣ 집단을 조직하는 데 도움이 된다.

③ 장점
 ㉠ 단순하고 실시하기가 용이하다.
 ㉡ 학생들 사이의 집단역동이나 집단 내 비형식적 소집단의 구조를 파악할 수 있다.

기출문제

🔲 학교현장에서 활용되는 검사방법 중 다음 특징에 해당하는 것은?
▶ 2008. 4. 19. 경기도교육청

• 문제해결을 위한 자료기능을 가짐
• 생활지도 및 상담활동에 활용
• 개인의 욕구·흥미·가치관 등의 정의적 영역 정보수집에 적당

① 관찰법　　② 면접법
③ 질문지법　④ 일화기록법

🔲 정의적 영역의 평가를 위한 사회성 측정법에 관한 설명으로 옳지 않은 것은?
▶ 2018. 5. 19 교육행정직

① 선택 집단의 범위가 명확해야 한다.
② 측정 결과를 개인 및 집단에 적용할 수 있다.
③ 문항 작성 절차가 복잡하고 검사 시간이 길다.
④ 집단 내 개인의 사회적 위치를 알아 낼 수 있다.

|정답 ②, ③

PART 13 교육연구

④ 단점
  ㉠ 한 번의 측정결과로 집단구성원들 간의 관계를 규정지을 수 없다.
  ㉡ 설문의 내용에 따라 악영향을 줄 수 있다.

(5) 의미분석법(Osgood)
① 개념
  ㉠ 개념의 심리적 의미를 분석하여 의미공간상의 위치로 표현하는 방법이다.
  ㉡ 사람에 따라 다르게 인식하는 개념의 의미를 양극적으로 대비되는 일단의 형용사를 이용하여 측정하고, 그 결과를 3차원의 의미공간에 표시해 보려는 방법이다.

② 분석방법
  ㉠ 평균치의 비교 : 의미분석척도의 평균치를 토대로 프로파일을 그려서 집단 간의 반응결과를 시각적으로 비교할 수 있다.
  ㉡ 거리군집분석 : 의미공간에서 개념 간의 거리를 측정·분석하는 방법이다.

(6) 투사적 방법
① 개념
  ㉠ 개인적인 욕구, 지각, 해석 등이 밖으로 나타날 수 있는 자극을 피험자에게 제시하여 인성을 측정하는 방법이다.
  ㉡ 구조화되지 않은 도형이나 그림을 제시하여 피험자의 자유로운 해석과 반응으로 내심의 충동, 욕구, 감정, 가치관 등의 정신내부의 상태를 파악하려는 방법이다.

② 특징
  ㉠ 비구조적 자극을 사용한다.
  ㉡ 개인의 정의적 특성을 판단하려는 방법이다.
  ㉢ 인성을 전체로 보고 이해하려 한다.
  ㉣ 임상적 진단에 쓰이는 경우가 많다.

> **Point 팁** 투사적 방법의 유형
>   ㉠ 로르샤하 잉크반점검사(지각적 접근) : 로르샤하가 투사의 기능을 자극하고 상상력을 검사하기 위한 수단으로 행한 잉크반점실험에서 비롯되었다.
>   ㉡ 주제통각검사(상상적 접근) : 프로이드의 정신분석학에 근거하여 머레이와 모간이 만든 것으로, 개인의 인성을 욕구와 압력에 집약시켰다.
>   ㉢ 기타 : 단어연상검사, 도형검사, 문장완성검사, 그림좌절검사 등

기출문제

문 다음에서 설명하는 자료수집법은?
▶ 2004. 3. 13. 경기도교육청

• 사람의 잠재의식을 드러나게 하여 심리측정에 사용한다.
• 내담자의 내면세계를 자유롭게 볼 수 있다.
• 진단과 동시에 치료의 방법이 제시된다.

① 의미분석법
② 관찰법
③ 사회성 측정법
④ 투사법

| 정답 ④

section 4 연구방법의 종류

(1) 기술적 연구방법

① 의의
  ㉠ 있는 현상을 사실대로 기술하며 관계를 조사하는 연구이다.
  ㉡ 단순한 관찰기법을 통해 많은 양의 자료를 수집하며, 흔히 비실험실 상황에서 이루어진다.

② 조사연구
  ㉠ 연구자가 관심을 가진 사건이나 현상에 대하여 아무런 조작이나 통제를 가하지 않은 자연적인 상황에서 조사하여 정확하게 기술한다.
  ㉡ **연구방법** : 질문지법, 면접법
  ㉢ **유형** : 사회조사, 학교조사, 지역사회조사, 학업성취조사, 의견조사

③ 발달연구
  ㉠ **의의** : 시간의 경과에 따른 유기체의 변화에 관심을 두고 하는 연구이다.
  ㉡ **목적** : 발달의 경향과 속도, 유형, 한계 그리고 성장과 발달에 작용하는 여러 요인들 간의 관계를 탐구하는 데 있다.
  ㉢ **유형**
    • 횡단적 접근방법 : 동시에 여러 연령층의 대상들을 택해서 필요한 발달특징을 알아보는 방법이다.
    • 종단적 접근방법 : 동일한 연구대상을 오랜 기간 동안 계속 추적하면서 관찰하는 방법이다.
    • 단기종단의 접근방법 : 횡단적 접근방법과 종단적 접근방법을 통합한 것이다.

④ 사례연구
  ㉠ 의의
    • 개인이나 집단·기관을 대상으로, 특정사항을 심층적으로 조사·분석하는 연구이다.
    • 각종 정보나 자료를 기초로 하여 연구대상이 가지고 있는 특성이나 문제점을 종합적으로 진단하고 기술하는 연구이다.
  ㉡ 특징
    • 총합성 : 사례의 신체적·심리적·환경적인 모든 요인을 조사하고 이러한 요인들을 토대로 해당 사례가 당면한 문제를 포괄적으로 고찰한다.
    • 다각성 : 문제해결에 도움이 되면 모두 이용한다.
    • 개별성 : 연구의 대상은 개개의 사례이며, 한 개인의 문제이다.
    • 교육적 및 치료적 의의 : 연구대상인 개인이 당면한 곤란이나 부적응을 교육적으로 혹은 심리적으로 치료하여 주는 것이 일차적 목적이다.

기출문제

문 다음은 어떤 연구의 요약내용이다. 수행된 연구방법으로 옳은 것은?
▶ 2007. 5. 26. 경상남도교육청

본 연구는 학교 밖에서 자기 진로를 모색하고 있는 청소년들이 다양한 활동을 통해 경험하는 학습과 그 교육적 의미를 고찰한 것이다. 이를 위해서 '○○청소년 센터'에서 활발하게 활동하는 청소년들을 대상으로 참여관찰과 면담을 통해 그들의 활동과 학습체험을 분석하였다.

① 문화기술적 연구
② 문헌연구
③ 조사연구
④ 사례연구
⑤ 실험연구

정답 ①

기출문제

문 다음의 교육학 연구방법에 해당하는 것은 무엇인가?
▶ 2006. 5. 21. 서울특별시교육청

가설: 음악을 들으며 공부한 신세대들은 그렇지 않는 사람들에 비해서 성적이 좋다.
방법: 평소 평균성적이 같은 학생들을 두 부류로 나눈다. 한 집단에게는 음악을 틀어주지 않고 공부하게 하고, 다른 집단에게는 음악을 들려주며 공부하게 한다. 얼마 후 이들에게 같은 시험을 치르게 한다.

① 관찰법
② 면접법
③ 문헌분석법
④ 실험법
⑤ 질문지법

ㄷ 적용
- 자료를 수집하기 위한 것이다.
- 하나의 연구방법으로 활용된다.
- 효율적인 수업의 기초로 이용될 수 있다.

⑤ 상관연구
ㄱ 의의
- 수집한 자료들의 통계적 분석·해석에 초점을 두는 연구이다.
- 통제나 조작이 불가능한 상황에서 변인들 간의 관계를 파악하고자 할 때 사용하는 방법이다.
ㄴ 한계점
- 인과관계에 대한 분명한 결론을 얻을 수 없다.
- 두 변인이 상호 관련되어 변화한다는 것은 인과관계의 필요조건은 되지만 충분조건은 되지 못한다.

⑥ 내용분석
ㄱ 의의: 본래 의사소통의 과정에서 발신자와 수신자 사이에 발생하는 주요 문제를 확인·분석하기 위하여 개발된 방법이다.
ㄴ 목적
- 널리 행해지고 있는 실천이나 조건을 기술한다.
- 비교적 중요하거나 흥미 있는 제목이나 문제를 발견한다.
- 교과서나 다른 출판물의 곤란도 정도를 발견한다.
- 교과서에 제시되어 있는 내용의 선입견, 편견, 선전을 평가한다.

(2) 실험연구

① **개념** … 설정된 가설의 합리성을 검증하여 평가하기 위하여 통제된 조건이나 변인의 조건을 관찰하는 계획된 절차이다.

② **특징** … 독립변인을 인위적으로 조작 또는 변화시킨다.

(3) 현장연구법

① 현장의 교사가 주체가 되어 추진하는 연구이다.
② 현장의 교사가 주가 된다는 측면에서 전문가가 주가 되는 기본적인 연구와 다르다.

정답 ④

단원평가 — 교육연구

1 다음에서 설명하는 변인의 종류는?

- 독립변인의 효과를 결정하기 위해 관찰, 측정되는 요인
- 독립변인의 추정된 효과
- 측정될 수는 있어도 조작될 수 없는 변인

① 독립변인
② 종속변인
③ 통제변인
④ 매개변인

① 독립변인은 실험자에 의해 측정, 조작, 선택되며 그것과 관찰된 현상과의 관계를 결정해 주는 요인이다.
③ 통제변인은 통제되지 않으면 관찰된 현상에 영향을 미칠지도 모르는 효과를 제거하거나 무력화하기 위해 연구자에 의해 통제되는 요인이다.
④ 매개변인은 이론적으로는 관찰된 현상에 영향을 미치지만 관찰, 측정, 조작될 수 없는 요인이다.

2 다음 중 질문지법에 대한 설명으로 옳지 않은 것은?

① 연구하고자 하는 어떤 문제나 사물에 관한 필요한 사항을 알아보기 위하여 만든 일련의 문항들을 체계적으로 조직하여 작성한 것이다.
② 조사연구에서 가장 빈번하게 사용하는 자료수집의 방법이다.
③ 자유반응형, 선택형, 체크리스트형, 평정척도법 등이 있다.
④ 심화된 자료를 얻을 수 있으며 부수적인 자료를 수집함으로써 연구의 질을 높일 수 있다.

질문지법은 비용이 적게 들고 제작이 간편하며, 응답자에 대한 연구자의 영향력을 줄일 수 있다는 장점이 있다.
④ 관찰법의 장점이다.

Answer 1.② 2.④

단원평가

3 한 학급이나 소집단의 역동적 사회구조를 이해하기 위해 또는 집단 내 개인의 사회적 위치, 비형식적 집단형성의 구조를 알기 위해 사용하는 방법은?

① 사회성 측정법
② 의미분석법
③ 투사적 방법
④ 면접법

② 의미분석법은 어떤 사상에 관한 개념의 심리적 의미를 분석하여 의미공간상의 위치로 표현하는 측정방법이다.
③ 투사적 방법은 개인적인 욕구, 지각, 해석 등이 밖으로 나타날 수 있는 자극을 피험자에게 제시하여 인성을 측정하는 방법이다.
④ 면접법은 언어의 상호작용을 매개로 하여 피면접자로부터 연구목적에 부합되는 여러가지 정보를 수집하는 방법이다.

4 다음에서 설명하는 기술적 연구방법은?

> • 특정한 개인이나 집단 또는 기관을 대상으로 하여 어떤 문제나 특성을 심층적으로 조사하고 분석하는 연구이다.
> • 각종 정보나 자료를 기초로 하여 연구대상이 가지고 있는 특성이나 문제점을 종합적으로 진단하고 기술하는 연구이다.

① 발달연구
② 사례연구
③ 내용분석
④ 상관연구

기술적 연구방법
㉠ 조사연구: 사건이나 현상에 대하여 아무런 조작이나 통제를 가하지 않은 자연적인 상황에서 조사하여 정확하게 기술한다.
㉡ 발달연구: 시간의 경과에 따른 유기체의 변화에 관심을 두고 하는 연구이다.
㉢ 내용분석: 언어나 문자로써 표현된 의사소통의 주제나 내용을 객관적·체계적·수량적으로 기술하기 위한 연구방법이다.
㉣ 상관연구: 수집한 자료들을 통계적으로 분석하고 해석하는 데 초점을 두는 연구이다.

5 제비를 뽑을 때처럼 특별한 선정의 기준을 마련해 놓지 않고 아무렇게나 뽑는 방법은?

① 단순무선표집
② 유층표집
③ 군집표집
④ 체계적 표집

② 유층표집은 전집이 가지고 있는 중요한 특성을 기준으로 하여 여러 개의 하위집단으로 구분해 놓고, 이렇게 분류된 각 집단으로부터 무선표집하는 것이다.
③ 군집표집은 전집을 구성하고 있는 요소를 하나하나 뽑는 것이 아니라 이러한 개별요소가 한 데 묶인 집단을 단위로 하여 표집하는 방법이다.
④ 체계적 표집은 간격을 똑같이 하여 계통적으로 표집하는 방법이다.

6 전집의 주요 특성을 감안하여 하위집단으로 나누고 각 하위집단으로부터 난수표를 이용하여 무선표집하는 방법은?

① 유층표집
② 단계적 표집
③ 군집표집
④ 단순무선표집

② 단계적 표집: 군집표집의 한 변형으로 전집에서 제1차 표집단위를 뽑은 다음, 여기서 다시 제2차 표집단위를 뽑는 등 최종단위의 표집을 위하여 몇 개의 단계를 거쳐서 표집하는 방법이다.
③ 군집표집: 전집을 구성하고 있는 요소를 하나하나 뽑는 것이 아니라 이러한 개별요소가 한데 묶인 집단을 단위로 하여 표집하는 것이다.
④ 단순무선표집: 특별한 선정의 기준을 마련해 놓지 않고 무작위로 표본을 선정하는 표집방법으로, 다른 확률적 표집방법(유층표집, 군집표집, 체계적 표집, 단계적 표집)의 기초가 된다.

7 특정 분야 또는 일정한 연구 주제에 대해 행해진 여러 독립적인 연구결과들을 종합하는 방법으로 연구에 대한 연구를 뜻하는 것은?

① 델파이기법
② 발달연구법
③ 메타분석법
④ 조사연구법

메타분석(analysis of analyses) … 어떤 특정한 연구주제에 대한 기존의 연구들을 수집하여 재분석하는 분석에 대한 분석으로서 여러 독립적인 연구결과들을 한데 모아 통계적으로 분석하는 방법이다.

Answer 3.① 4.② 5.① 6.① 7.③

단원평가

8 다음의 교육학 연구방법에 해당하는 것은 무엇인가?

> 가설: 음악을 들으며 공부한 신세대들은 그렇지 않는 사람들에 비해서 성적이 좋다.
> 방법: 평소 평균성적이 같은 학생들을 두 부류로 나눈다. 한 집단에게는 음악을 틀어주지 않고 공부하게 하고, 다른 집단에게는 음악을 들려주며 공부하게 한다. 얼마 후 이들에게 같은 시험을 치르게 한다.

① 관찰법
② 면접법
③ 문헌분석법
④ 실험법

실험법 … 하나의 변인값이 변할 경우 다른 변인값에 영향을 주어 그 값이 변하는지의 유무를 관찰하여 두 변인 사이의 관계, 즉 인과관계를 밝히고자 할 경우 사용하는 방법이다.

9 다음 중 교육심리학의 연구방법 중 질적 연구에 해당하는 것은?

① 기술연구
② 실험연구
③ 사례연구
④ 상관연구

질적 연구
㉠ 민속지학: 한 집단 내의 생활에 초점을 두고 그 집단의 사람들에게 미치는 사건의 의미를 이해하기 위하여 연구하는 기술적 연구방법을 말한다.
㉡ 사례연구: 한 개인이나 한 상황에 대한 집중적인 연구로서 두드러진 행동 특성을 보인 개인이나 소집단을 계속해서 관찰하고 동의 원인을 추적하고 나서 어떤 조처를 취한 다음 어떻게 변화되어 가는지를 연구하는 심층연구방법을 말한다.

10 다음 중 교육연구의 가설에 대한 설명으로 옳은 것끼리 바르게 짝지어진 것은?

> ㉠ 가설은 검증이 가능하도록 진술한다.
> ㉡ 가설은 연구문제에 대한 잠정적인 결론을 내린다.
> ㉢ 하나의 연구 문제에는 하나의 가설만을 설정해야 한다.
> ㉣ 가설은 둘 이상의 변인간의 관계에 대한 추리를 문장화한 것이다.
> ㉤ 가설에 선언적 문장형식과 가정적 문장형식은 사용해서는 안 된다.

① ㉠㉡
② ㉢㉤
③ ㉠㉡㉣
④ ㉡㉢㉣

가설
㉠ 개념: 둘 이상의 변인간의 관계에 대한 추리를 문장화한 것이고 연구를 이끄는 개념이며, 잠정적 설명 혹은 가능성을 진술한 것으로 관찰을 시작하고 이끌도록 하며 적절한 자료 및 다른 요건을 찾도록 하는 것이며, 결론이나 결과를 예언하는 것을 말한다.
㉡ 가설의 기능
  • 가설은 변인간의 관계에 대한 추리작용을 한다.
  • 가설은 연구문제에 대한 잠정적인 결론을 내린다.
  • 연구의 초점을 맞추는 기능을 한다.
㉢ 가설의 진술
  • 변인간의 관계로 저술한다.
  • 검증이 가능하도록 진술한다.
  • 간단명료하게 진술한다.
  • 선언적·가정적 형식을 택한다.
  • 사전에 설정하여 놓는다.

Answer 8.④ 9.③ 10.③

교육통계

01 교육통계의 기초
02 집중경향치와 변산도
03 정상분포곡선과 상관도
04 원점수와 표준점수
05 문항의 통계적 분석

14 교육통계

기출문제

문 다음 설명에 해당하는 척도는?
▶ 2024. 6. 22. 교육행정직

• 사물이나 사람을 구분하거나 분류하기 위해 사용되는 척도이다.
• 예를 들어 성별을 표시할 때, 여학생을 0, 남학생을 1로 표시한다.

① 명명척도
② 서열척도
③ 동간척도
④ 비율척도

section 1 교육통계의 기초

(1) 교육통계
교육현상을 통계적 방법을 사용하여 정확하고 간결하게 파악하는 방법으로 교육의 합리화가 궁극적 목적이다.

(2) 변인
그 속성에 따라 여러 수준으로 분류할 수 있거나 다양한 값을 취할 수 있는 어떤 사건, 사물, 현상을 나타내는 것이다.

(3) 측정척도의 이해

① **명명척도**
  ㉠ 가장 낮은 수준의 척도로서 단순한 분류를 위해 사용되는 척도이다.
  ㉡ 수열의 연속성이 없기 때문에 척도의 구실은 하지 못한다.
  ㉢ **비방향성**: 구분한 순서가 어떠한 크기나 순서 등을 의미하지 않는다.
  ㉣ **통계 적용**: 사례수, 백분율, 최빈치, 유관상관계수 계산

② **서열척도**
  ㉠ 어떤 사물이나 특성에 순위를 부여하는 척도이다.
  ㉡ 서열 또는 부여된 숫자 간에 대소를 결정하기 위해 사용한다.
  ㉢ 사물들을 서로 비교하기 위하여 그 사물들의 어떤 속성의 다과 또는 대소의 순위에 따라 수치를 부여해 가는 방법이다.
  ㉣ 방향성이 있다.
  ㉤ **통계 적용**: 사례수, 백분율, 최빈치, 유관상관계수, 중앙치, 사분편차, 백분위점수, 등위차 상관계수의 계산, 수·우·미·양·가 평정

③ **등간척도**(동간척도)
  ㉠ 대상에 할당된 숫자들 간의 등간성 여부를 결정하기 위하여 사용한다.
  ㉡ 얻어진 측정은 어느 정도 산술적 계산이 가능하다.
  ㉢ 절대영점이 없다.
  ㉣ 가감계산만 가능하다(승제는 의미가 없다).
  ㉤ **통계 적용**: 사례수, 백분율, 최빈치, 유관상관계수, 중앙치, 사분편차, 백분위점수, 등위차 상관계수, 산술평균, 표준편차, 적률상관계수의 계산

정답 ①

> **Point 팁** 피어슨(Pearson)의 적률상관계수 … 적률상관계수는 직선적 가정하에서 두 변인 간의 상관의 정도를 나타내는 가장 대표적인 계수로, r로 표시한다. 상관계수 r은 상관의 정도와 상관의 방향에 따라서 $-1.0 \leq r \leq +1.0$의 값을 가지며, 두 변인 간의 관계가 전혀 없을 때 $r = 0.00$이다.

④ 비율척도
　㉠ 절대영점인 원점이 있는 등간척도이다.
　㉡ 하나의 대상이 다른 것의 몇 배나 되는지 측정 가능한 척도이다.
　㉢ 여러가지 척도 가운데서 가장 완전하며 모든 수학적 계산이 가능하다.
　㉣ 비율적 비교·판단이 가능하다.
　㉤ 모든 수치는 실제 수량과 같다(모든 수학적 운용이 가능하다).
　㉥ 절대영점이 있어서 측정단위의 선택이 오직 한 가지뿐이다.
　㉦ **통계 적용**: 명명척도, 서열척도, 등간척도의 방법 사용

(4) 빈도분포

① 단순빈도분포 … 시험점수나 값이 얼마나 자주 나타나는지 알기 위해 작성하는 분포표이다.

② 누가빈도분포 … 어떤 급간의 빈도와 그 아래 급간까지의 빈도를 모두 합한 것으로 어떤 급간의 상한계 점수까지의 모든 빈도를 말한다.

section 2 집중경향치와 변산도

(1) 집중경향치

① 개념 … 한 집단의 점수분포를 하나의 값으로 요약·기술해주는 지수이다. 즉, 한 집단의 어떤 특성을 점수화하였을 때 이 집단의 특징을 하나의 수치로서 대표하고자 하는 것이다.

② 종류
　㉠ **최빈치**(Mo : Mode) : 한 분포에서 빈도가 가장 높은 측정치이다.
　　• 연속변량보다는 불연속변량에서 그 의미가 뚜렷하다.
　　• 신뢰성이 낮다.
　　• 용도
　　－명명적·서열적·동간적·비율적 측정치의 자료일 때
　　－다른 방법으로 집중경향을 계산할 만한 시간적 여유가 없을 때
　　－집중경향을 빨리 알고 싶거나 대략 짐작하고 싶을 때
　　－가장 전형적인 경우를 알고 싶을 때

기출문제

문 교육통계에 따라 다음 자료를 해석한 것으로 옳지 않은 것은?
▶ 2010. 6. 12. 경기도교육청

〈남학생 10명의 수학점수〉
80, 60, 95, 70, 65,
80, 75, 90, 100, 50

① 최빈치 80
② 중앙치 50
③ 평균치 76.5
④ 최고점수 100

정답 ②

> 기출문제

  ⓒ **중앙치**(Mdn : Median) : 한 집단의 점수분포에서 전체 사례를 상위와 하위로 나누는 점을 말한다.
   • 서열적 · 동간적 · 비율적 측정치의 자료일 때
   • 평균치를 계산할 만한 충분한 시간이 없을 때
   • 심한 편포를 이루어 이런 극단치의 영향을 배제하고 싶을 때
   • 분포가 불완전한 상태로 주어져 있을 때
   • 측정단위의 동간성이 의심될 때
   • 분포의 순서상의 위치를 알고 싶을 때
  ⓒ **평균치**(M : Arithmetic Mean) : 한 집단에 속하는 모든 점수의 합을 이 집단의 사례수로 나눈 것이다.
   • 수리적인 조작이 편리하다.
   • 가장 신뢰할 만한 대표치이다.
   • 평균치로부터 편차의 합은 0이 된다.
   • 각 구간의 경우 계산이 어렵고 중심경향을 파악하기 어렵다.
   • 평균치의 계산이 필요한 경우
    - 동간적 · 비율적 측정치의 자료일 때
    - 가장 신뢰할 만한 집중경향을 구할 때
    - 다른 통계치의 계산이 뒤따를 때
    - 분포가 좌우 대칭일 때
    - 한 분포의 역률 또는 중력의 중심을 알고 싶을 때

(2) 변산도(산포도)

① **변산도의 개념** … 주어진 집단에 점수분포의 정도를 나타내는 통계적 지수이다.

② **변산도지수**
  ⊙ **범위**(R : Range) : 한 점수에 있어서 최저점과 최고점과의 간격이다.
   • 계산 : R = 최고점수 − 최저점수 + 1
   • 특성
    - 양극단의 점수를 알고 싶을 때나 변산도를 빨리 알고 싶을 때 이용한다.
    - 표집에 따른 변동이 심하다.
    - 양극단값의 영향을 많이 받는다.
    - 한 분포의 최고점과 최저점의 두 수치만이 범위의 결정에 고려될 뿐 그 사이에 있는 많은 수치들은 어떻게 흩어져 있는지 관심이 없다.
    - 범위는 사례수가 많을수록 커지는 경향이 있다.
    - 손쉽게 계산할 수 있기 때문에 표준편차 대신에 품질관리에 많이 쓰인다.

ⓛ **사분편차**(Q : Quartile deviation) : 한 분포에서 중앙부 50% 사례를 포함하는 점수범위의 2분의 1을 말한다. 점수분포상의 양극단의 점수가 아닌 어떤 일정한 위치에 있는 점수를 비교하는 것이다.
- 사례
  - 집중경향치로서 중앙치만이 보고되어 있을 때
  - 분포의 극단에서 절단되었거나 불완전할 때
  - 극단적인 수치가 있거나 분포가 심하게 편포되었을 때
  - 중앙부 50%의 사례가 차지하는 실제의 점수범위를 알고 싶을 때
- 특징
  - 범위보다는 표집에 따른 불안정성이 적다.
  - 양극단점수의 영향을 배제하고자 하는 것이 목적이다.

ⓒ **표준편차**(SD : Standard Deviation) : 평균으로부터의 편차점수를 제곱하여 합하고, 이를 사례수로 나누어서 제곱근을 얻어낸 것이다.
- 용도 : 가장 신뢰할 만한 변산도를 원할 때, 수리적인 다양성을 지니며 상관도·표준오차, 회귀방정식 등의 계산이 뒤따를 때, 정상분포곡선에 관련된 해석을 원할 때 쓰인다.
- 특징
  - 표집의 오차의 정도가 가장 안정성 있는 변산도지수이다.
  - 분포상에 있는 모든 점수의 영향을 받는다.
  - 한 집단의 모든 점수에 일정한 수치를 더하거나 빼도 표준편차는 변화하지 않는다.

ⓔ **평균편차**(AD : Average Deviation) : 한 집단의 산출평균으로부터 모든 점수까지의 거리의 평균이다.

section 3 정상분포곡선과 상관도

(1) 정상분포곡선

① **정상분포** … 각 점수 수준에 대한 상대적인 빈도가 마치 종을 엎어 놓은 모양으로 좌우대칭이며, 꼭지가 하나인 분포를 이루는 경우이다.

② **학습결과와 정상분포**
  ㉠ 발달적 교육관의 입장에서는 학생의 학습결과의 분포가 반드시 정상분포를 이루어야 할 근거는 없고 부적 분포를 지향한다.
  ㉡ 학습결과의 분포가 개인차를 나타내는 정상분포 또는 이와 유사한 분포를 이룬 것은 교수방법의 실패를 의미한다.

기출문제

문 표준편차(SD)에 대한 설명으로 옳지 않은 것은?
▶ 2010. 5. 8. 서울특별시교육청
① 평균으로부터의 편차점수를 제곱하여 합하고, 이를 사례수로 나누어서 제곱근을 얻어낸 것이다.
② 가장 신뢰할 만한 산포도를 원할 때, 정상분포곡선에 관련된 해석을 원할 때 주로 쓰인다.
③ 한 집단의 모든 점수에 일정한 수치를 더하거나 빼면 표준편차가 변화한다.
④ 표집의 오차의 정도가 가장 안정성 있는 산포도지수이다.
⑤ 추출된 표본이 평균에서 얼마나 떨어져 있는지 알 수 있게 해준다.

|정답 ③

PART 14 교육통계

기출문제

문 표준점수에 대한 설명으로 옳지 않은 것은?
▶ 2010. 4. 24. 경상북도교육청

① 표준 점수는 비율 척도이다.
② H 점수는 평균 50, 표준편차 14로 변환한 점수다.
③ 수학과목에서 원점수 75, 표준편차 7, 평균 68이면 Z 점수는 1이다.
④ 영어과목에서 원점수 90, 표준편차 5, 평균 80이면 T 점수는 85이다.
⑤ Z 점수의 분포 형태는 원점수 분포 형태와 일치하며 점수의 제곱은 점수의 사례수와 같다.

|정답 ④

(2) 상관도

① 개념 … 두 변인 간에 한 변인이 변함에 따라 다른 변인이 어떻게 변하느냐의 정도이다.

② 상관계수의 이용
  ㉠ 인과관계나 공통요인을 발견하려는 연구
  ㉡ 예언적인 연구
  ㉢ 교육평가 또는 심리검사의 신뢰도와 타당도의 검증을 위한 연구

③ 상관계수의 해석
  ㉠ 0.90~1.00 : 아주 상관이 높다.
  ㉡ 0.70~0.90 : 상관이 높다.
  ㉢ 0.40~0.70 : 확실히 상관이 있다.
  ㉣ 0.20~0.40 : 상관이 있으나 낮다.
  ㉤ 0.00~0.20 : 상관이 거의 없다.

④ 상관계수에 영향을 주는 요인
  ㉠ 회귀선이 직선적이며 산포도의 각 행과 열의 변산도가 비슷해야 한다.
  ㉡ 표집에 사례가 많아야 한다.
  ㉢ 분포의 변산도는 상관계수의 크기에 영향을 준다.
  ㉣ X나 Y의 측정척도의 신뢰도가 높아야 한다.
  ㉤ 평균치가 다른 두 개의 집단을 통합하는 경우에 변화하게 된다.

section 4 원점수와 표준점수

(1) 원점수와 등위점수

① 원점수 … 고사나 검사 실시 후 우선 채점하여 나오는 점수로 기초점이 없어 두 집단 간의 교육적 성취도를 비교할 수 없으며, 비동간적 척도에서 나온 측정으로, 실제로 여러 교과에서 나온 점수를 서로 비교할 수 없다.

② 등위점수척도(석차점수) … 서열이나 순위를 나타내는 점수, 즉 어떤 고사 점수의 원점수를 최고점에서부터 차례로 석차를 붙이는 방법이다.

③ 백분위점수 … 한 점수가 분포상에서 서열로 따져 어디에 위치하고 있는가를 표시하는 것이다. 서로 간의 비교는 가능하지만 동간척도가 아니므로 가감승제가 불가능하다.

(2) 표준점수

① 개념
  ㉠ 통계적 절차를 통해서 어떤 척도로 옮겨 놓은 것으로서 가장 신뢰할 수 있는 유용한 척도이다.
  ㉡ 절대영점과 동간성이 있어서 가감승제가 가능한 점수이다.

② 종류
  ㉠ Z점수 : 한 분포에서 얻어진 특정한 점수(X)를 그 집단의 평균(M)과 표준편차(σ)를 고려하여 환산한 점수이다. '+'값을 가질 수도 있고, '−'값을 가질 수도 있다. 평균은 0, 분산과 표준편차는 1로, 원점수를 전환한 점수이다.

$$Z = \frac{X - M}{\sigma} = \frac{x}{\sigma}$$

[σ : 표준편차, X : 원점수, M : 평균치, x : 편차(X − M)]

  ㉡ T점수 : 원점수를 평균 50, 표준편차 10으로 바꾸어 표시해 놓은 점수이다. 점수분포는 20 ~ 80의 범위 안에 든다. 소수점과 음수부호가 나와 실제 계산과정에서 사용하기 불편한 Z점수의 불편함을 없애기 위한 것이다.

$$T = \frac{X - M}{\sigma} \times 10 + 50 = 10Z + 50$$

  ㉢ 스테나인점수(C점수) : 평균치를 5, 표준편차를 2로 한 점수이다. 많은 자료의 계산이나 처리에는 대단히 편리한 점이 있지만 평균에서의 차가 큰 득점의 경우에는 양쪽 끝의 단계에 들어가게 되는 모순이 있다.
  ㉣ H점수 : 평균이 50, 표준편차를 14로 한 점수이며, 점수분포는 0 ~ 100까지 이다.

Point 팁 정규분포상 규준점수별 위치

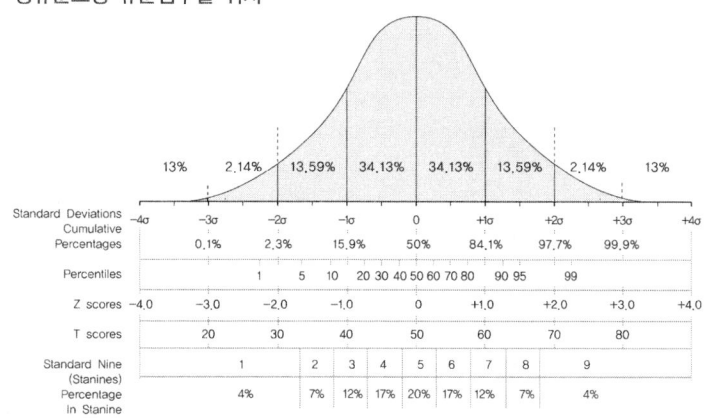

기출문제

❓ 다음은 지능 원점수 4개를 서로 다른 척도로 나타낸 것이다. 지능 원점수가 가장 낮은 것은? (단, 지능 원점수는 정규분포를 따른다.)
▶ 2018. 4. 7. 인사혁신처
① Z점수 1.5
② 백분위 90
③ T점수 60
④ 스테나인 2등급

정답 ③

기출문제

문 변별도에 대한 설명으로 옳은 것만을 모두 고른 것은?
▶ 2016. 4. 9. 인사혁신처

㉠ 난이도가 어려울수록 변별도는 높아진다.
㉡ 정답률이 50%인 문항의 변별도는 1이다.
㉢ 모든 학생이 맞힌 문항의 변별도는 0이다.

① ㉡　　② ㉢
③ ㉠, ㉡　　④ ㉠, ㉢

|정답 ②

section 5 문항의 통계적 분석

(1) 문항분석

어떤 검사문항이 그 기능을 제대로 발휘하고 있는가를 검증하는 것으로, 즉 문항의 양부(良否)를 가리는 일련의 검증절차를 의미한다.

(2) 문항양호도의 검증

① **문항곤란도(문항난도)** … 문항의 쉽고 어려운 정도로 한 문항에 정답을 한 확률로 계산한다.

② **문항변별도** … 학생의 능력을 어느 정도 변별해 내느냐의 정도를 말한다. 어떤 검사에 총점을 성적순으로 차례로 배열했을 때, 그 중앙치를 중심으로 상위부분과 하위부분으로 나누어 계산하는 것이다.

③ **문항반응분포** … 각 문항별 답지가 어떻게 반응하고 있는가를 말한다. 즉, 오답과 정답이 제 구실을 하고 있는가를 보는 것이다.

 단원평가 교육통계

1 사물이나 사람의 특성을 측정하기 위해서는 측정단위를 설정하여야 한다. 다음 중 '절대 영점'을 포함하고 있는 척도는?

① 명명척도(nominal scale)
② 서열척도(ordinal scale)
③ 동간척도(interval scale)
④ 비율척도(ratio scale)

비율척도(ratio scale) … 절대 영점이 원점인 등간척도로 하나의 대상이 다른 것의 몇 배나 되는지 측정 가능한 척도이다. 절대 영점이 있으므로 측정단위의 선택이 오직 한 가지뿐이다.

2 중앙치가 필요한 경우는?

① 집단의 중심적 경향을 대강 빨리 알고 싶을 때
② 극단점수를 배제하고 싶을 때
③ 가장 신뢰할 수 있는 대표치를 알고 싶을 때
④ 한 분포의 중심을 알고 싶을 때

중앙치 … 한 집단의 점수분포에서 전체 사례를 상위와 하위로 나누는 점

Answer 1.④ 2.②

3 다음에서 설명하는 측정척도는?

> • 가장 낮은 수준의 척도로서 단순한 분류를 위해 사용되는 척도이다.
> • 수열의 연속성은 없기 때문에 척도의 구실은 하지 못한다.
> • 구분한 순서가 어떠한 크기나 순서 등을 의미하지 않는다.

① 서열척도
② 명명척도
③ 등간척도
④ 비율척도

① 서열척도는 어떤 사물의 특성에 순위를 부여하는 척도이다.
③ 등간척도는 대상에 할당된 숫자들 간의 등간성 여부를 결정하기 위하여 사용하는 척도이다.
④ 비율척도는 하나의 대상이 되는 다른 것보다 몇 배나 되는가를 측정할 수 있는 척도이다.

4 다음 중 표준편차의 기능으로 옳은 것은?

① 여러 과목의 점수를 비교할 수 있다.
② 극단적으로 높거나 낮은 점수의 사례수를 알 수 있다.
③ 사례의 수가 가장 많은 점수를 알 수 있다.
④ 점수분포의 분산 정도를 알 수 있다.

표준편차 … 평균으로부터의 편차점수를 제곱하여 합하고, 이를 사례수로 나누어서 제곱근을 얻어낸 것이다. 가장 신뢰할만한 변산도를 원할 때, 정상분포곡선에 관련된 해석을 원할 때 쓰인다. 한 집단의 모든 점수에 일정한 수치를 더하거나 빼도 표준편차는 변화하지 않는다.

5 하나의 봉우리를 가진 산술평균치, 중앙치 및 최빈치가 일치되는 좌우대칭의 분포는?

① 정상분포곡선 ② 부적 편포곡선
③ 역분포곡선 ④ 표준점수분포

  정상분포곡선은 하나의 봉우리를 가진 산술평균치, 중앙치 및 최빈치가 일치되는 좌우 대칭의 분포이며 곡선이 중앙을 중심으로 양쪽으로 대칭되는 곡선이다.

6 다음 중 산술평균과 표준편차를 사용하기에 적합한 변수들만으로 구성된 자료는?

① 흥미, 계열 ② 성별, 국어점수
③ 연령, 수학점수 ④ 지역, 지능

  산술평균, 표준편차를 사용하기에 적합한 변수는 객관적으로 주어진 명시적인 것이어야 한다. 사회·경제적 지위, 성별, 지역, 흥미, 계열 등의 변수는 하나의 수치로 점수화하기에 곤란하다.

7 성적을 수, 우, 미, 양, 가로 평정하였을 때 사용된 측정의 척도는 어느 것인가?

① 서열척도 ② 명명척도
③ 동간척도 ④ 비율척도

  서열척도 … 어떤 특성의 분류유목을 높은 데서 낮은 데로 또는 낮은 데서 높은 순서대로 배열해 놓은 측정치다.

Answer 3.② 4.④ 5.① 6.③ 7.①

단원평가

8 표준점수는 어떤 척도에 해당하는가?

① 명명척도
② 서열척도
③ 동간척도
④ 비율척도

표준점수는 절대영점인 원점이 있는 등간척도이므로 비율척도에 해당한다.

9 다음 빈칸에 공통적으로 들어갈 말로 알맞은 것은?

> (   )을/를 측정하는 목적은 전체 분포점수를 가장 잘 나타내는 단일값을 결정하는 것이다. 또한 여러 집단 간의 비교를 가능하게 해 주고, 집단 내 특정 측정치의 위치를 짐작하게 해 준다. 흔히 사용되고 있는 (   ) 에는 최빈치, 중앙치 그리고 평균치가 있다.

① 빈도분포
② 비율척도
③ 동간척도
④ 집중경향치

한 집단의 점수분포를 하나의 값으로 요약·기술해 주는 집중경향치에 대한 설명이다.

10 다음 그림에서 Z-점수 2에 해당하는 T-점수를 구하면?

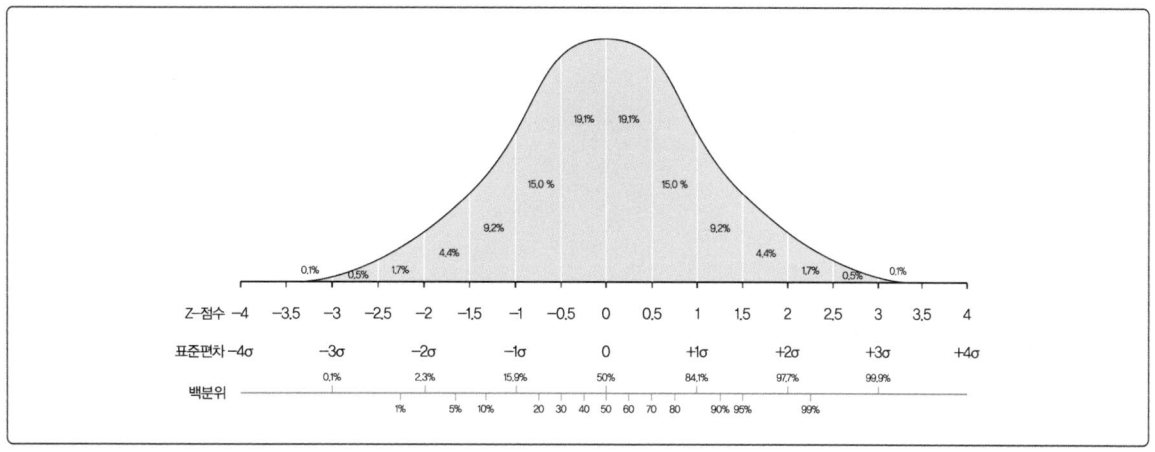

① 70
② 75
③ 80
④ 85

T = 10Z + 50이므로 (10 × 2) + 50 = 70이다.

PART 15
관련 법령

01 교육기본법
02 초·중등교육법
03 사립학교법
04 지방교육재정교부금법
05 평생교육법
06 교육공무원법
07 지방교육자치에 관한 법률
08 공교육 정상화 촉진 및 선행교육 규제에 관한 특별법
09 학교폭력예방 및 대책에 관한 법률
10 독학에 의한 학위취득에 관한 법률

15 관련 법령

section 1 교육기본법

(1) 총칙

① **목적** … 교육에 관한 국민의 권리·의무 및 국가·지방자치단체의 책임을 정하고 교육제도와 그 운영에 관한 기본적 사항을 규정함을 목적으로 한다.

② **교육이념** … 교육은 홍익인간의 이념 아래 모든 국민으로 하여금 인격을 도야하고 자주적 생활능력과 민주시민으로서 필요한 자질을 갖추게 함으로써 인간다운 삶을 영위하게 하고 민주국가의 발전과 인류공영의 이상을 실현하는 데에 이바지하게 함을 목적으로 한다.

③ **학습권** … 모든 국민은 평생에 걸쳐 학습하고, 능력과 적성에 따라 교육 받을 권리를 가진다.

④ **교육의 기회균등**
  ㉠ 모든 국민은 성별, 종교, 신념, 인종, 사회적 신분, 경제적 지위 또는 신체적 조건 등을 이유로 교육에서 차별을 받지 아니한다.
  ㉡ 국가와 지방자치단체는 학습자가 평등하게 교육을 받을 수 있도록 지역 간의 교원 수급 등 교육 여건 격차를 최소화하는 시책을 마련하여 시행하여야 한다.
  ㉢ 국가는 교육여건 개선을 위한 학급당 적정 학생 수를 정하고 지방자치단체와 이를 실현하기 위한 시책을 수립·실시하여야 한다.

⑤ **교육의 자주성과 중립성**
  ㉠ 자주성
    • 국가와 지방자치단체는 교육의 자주성과 전문성을 보장하여야 하며, 국가는 지방자치단체의 교육에 관한 자율성을 존중하여야 한다.
    • 국가와 지방자치단체는 관할하는 학교와 소관 사무에 대하여 지역 실정에 맞는 교육을 실시하기 위한 시책을 수립·실시하여야 한다.
    • 국가와 지방자치단체는 학교운영의 자율성을 존중하여야 하며, 교직원·학생·학부모 및 지역주민 등이 법령으로 정하는 바에 따라 학교운영에 참여할 수 있도록 보장하여야 한다.
  ㉡ 중립성
    • 교육은 교육 본래의 목적에 따라 그 기능을 다하도록 운영되어야 하며, 정치적·파당적 또는 개인적 편견을 전파하기 위한 방편으로 이용되어서는 아니 된다.
    • 국가와 지방자치단체가 설립한 학교에서는 특정한 종교를 위한 종교교육을 하여서는 아니 된다.

기출문제

📍 **현행법상 교육의 중립성에 대한 설명으로 옳지 않은 것은?**
▶ 2022. 6. 18. 교육행정직

① 교육은 정치적·파당적 또는 개인적 편견을 전파하기 위한 방편으로 이용되어서는 아니 된다.
② 교원노동조합은 정치활동을 할 수 없다.
③ 교원은 특정한 정당이나 정파를 지지하거나 반대하기 위하여 학생을 지도하거나 선동하여서는 아니 된다.
④ 공립학교에서는 학교운영위원회의 동의가 있는 경우 특정한 종교를 위한 종교교육을 할 수 있다.

정답 ④

⑥ **의무교육** … 의무교육은 6년의 초등교육과 3년의 중등교육으로 하며, 모든 국민은 의무교육을 받을 권리를 가진다.

⑦ **학교교육**
  ㉠ 유아교육·초등교육·중등교육 및 고등교육을 하기 위하여 학교를 둔다.
  ㉡ 학교는 공공성을 가지며, 학생의 교육 외에 학술 및 문화적 전통의 유지·발전과 주민의 평생교육을 위하여 노력하여야 한다.
  ㉢ 학교교육은 학생의 창의력 계발 및 인성 함양을 포함한 전인적 교육을 중시하여 이루어져야 한다.

⑧ **평생교육** … 전 국민을 대상으로 하는 모든 형태의 평생교육은 장려되어야 하며, 평생교육의 이수는 법령으로 정하는 바에 따라 그에 상응하는 학교교육의 이수로 인정될 수 있다.

(2) 교육당사자

① **학습자**
  ㉠ 학생을 포함한 학습자의 기본적 인권은 학교교육 또는 평생교육의 과정에서 존중되고 보호된다.
  ㉡ 교육내용·교육방법·교재 및 교육시설은 학습자의 인격을 존중하고 개성을 중시하여 학습자의 능력이 최대한으로 발휘될 수 있도록 마련되어야 한다.
  ㉢ 학생은 학습자로서의 윤리의식을 확립하고, 학교의 규칙을 지켜야 하며, 교원의 교육·연구활동을 방해하거나 학내의 질서를 문란하게 하여서는 아니 된다.

② **보호자**
  ㉠ 부모 등 보호자는 보호하는 자녀 또는 아동이 바른 인성을 가지고 건강하게 성장하도록 교육할 권리와 책임을 가진다.
  ㉡ 부모 등 보호자는 보호하는 자녀 또는 아동의 교육에 관하여 학교에 의견을 제시할 수 있으며, 학교는 그 의견을 존중하여야 한다.
  ㉢ 부모 등 보호자는 교원과 학교가 전문적인 판단으로 학생을 교육·지도할 수 있도록 협조하고 존중하여야 한다.

③ **교원**
  ㉠ 학교교육에서 교원(敎員)의 전문성은 존중되며, 교원의 경제적·사회적 지위는 우대되고 그 신분은 보장된다.
  ㉡ 학교교육에서 교원의 교육활동과 학생생활지도 권한은 법령으로 정하는 바에 따라 보장된다.
  ㉢ 교원은 교육자로서 갖추어야 할 품성과 자질을 향상시키기 위하여 노력하여야 한다.

기출문제

문 현행 교육 관련법에서 교원에 대하여 규정하고 있는 내용으로 옳지 않은 것은?
▶ 2013. 7. 27. 안전행정부

① 교원은 교육자로서 갖추어야 할 품성과 자질을 향상시키기 위하여 노력하여야 한다.
② 교권은 존중되어야 하며, 교원은 그 전문적 지위나 신분에 영향을 미치는 부당한 간섭을 받지 아니한다.
③ 교원은 특정한 정당이나 정파를 지지하거나 반대하기 위하여 학생을 지도하거나 선동하여서는 아니된다.
④ 교원은 어떠한 경우에도 소속 학교의 장의 동의 없이 학원 안에서 체포되지 아니한다.

정답 ④

기출문제

문 교육과 관련하여 우리나라 헌법에 명문화되어 있지 않은 내용은?
▶ 2024. 3. 23. 인사혁신처

① 국가는 평생교육을 진흥하여야 한다.
② 모든 국민은 능력에 따라 균등하게 교육을 받을 권리를 가진다.
③ 교육의 자주성·전문성·정치적 중립성 및 대학의 자율성은 법률이 정하는 바에 의하여 보장된다.
④ 국가는 특별한 교육적 배려가 필요한 사람의 교육을 지원하기 위하여 필요한 시책을 수립·실시하여야 한다.

|정답| ④

ⓔ 교원은 교육자로서 지녀야 할 윤리의식을 확립하고, 이를 바탕으로 학생에게 학습윤리를 지도하고 지식을 습득하게 하며, 학생 개개인의 적성을 계발할 수 있도록 노력하여야 한다.
ⓜ 교원은 특정한 정당이나 정파를 지지하거나 반대하기 위하여 학생을 지도하거나 선동하여서는 아니 된다.
ⓑ 교원은 법률로 정하는 바에 따라 다른 공직에 취임할 수 있다.
ⓢ 교원의 임용·복무·보수 및 연금 등에 관하여 필요한 사항은 따로 법률로 정한다.

④ **교원단체**
㉠ 교원은 상호 협동하여 교육의 진흥과 문화의 창달에 노력하며, 교원의 경제적·사회적 지위를 향상시키기 위하여 각 지방자치단체와 중앙에 교원단체를 조직할 수 있다.
㉡ 교원단체의 조직에 필요한 사항은 대통령령으로 정한다.

⑤ **학교 등의 설립자·경영자**
㉠ 학교와 평생교육시설의 설립자·경영자는 법령으로 정하는 바에 따라 교육을 위한 시설·설비·재정 및 교원 등을 확보하고 운용·관리한다.
㉡ 학교의 장 및 평생교육시설의 설립자·경영자는 법령으로 정하는 바에 따라 학습자를 선정하여 교육하고 학습자의 학습성과 등 교육의 과정을 기록하여 관리한다.
㉢ 학교와 평생교육시설의 교육내용은 학습자에게 미리 공개되어야 한다.

⑥ **국가 및 지방자치단체** … 국가와 지방자치단체는 학교와 평생교육시설을 지도·감독한다.

section 2 초·중등교육법

(1) 학교의 종류와 설립

① 학교의 종류와 구분
  ㉠ 학교의 종류
   • 초등학교
   • 중학교·고등공민학교
   • 고등학교·고등기술학교
   • 특수학교
   • 각종학교
  ㉡ 국립·공립·사립학교의 구분
   • 국립학교 : 국가가 설립·경영하는 학교 또는 국립대학법인이 부설하여 경영하는 학교

- 공립학교 : 지방자치단체가 설립·경영하는 학교(설립주체에 따라 시립학교·도립학교로 구분할 수 있다)
- 사립학교 : 법인이나 개인이 설립·경영하는 학교(국립대학법인이 부설하여 경영하는 학교는 제외한다)

② 학교의 설립
  ㉠ 학교를 설립하려는 자는 시설·설비 등 대통령령으로 정하는 설립 기준을 갖추어야 한다.
  ㉡ 사립학교를 설립하려는 자는 특별시·광역시·특별자치시·도·특별자치도 교육감의 인가를 받아야 한다.

③ 사립학교를 설립·경영하는 자가 학교를 폐교하거나 대통령령으로 정하는 중요 사항을 변경하려면 교육감의 인가를 받아야 한다.

(2) 의무교육

① 의무교육
  ㉠ 국가는 「교육기본법」에 따른 의무교육을 실시하여야 하며, 이를 위한 시설을 확보하는 등 필요한 조치를 강구하여야 한다.
  ㉡ 지방자치단체는 그 관할 구역의 의무교육대상자를 모두 취학시키는 데에 필요한 초등학교, 중학교 및 초등학교·중학교의 과정을 교육하는 특수학교를 설립·경영하여야 한다.
  ㉢ 지방자치단체는 지방자치단체가 설립한 초등학교·중학교 및 특수학교에 그 관할 구역의 의무교육대상자를 모두 취학시키기 곤란하면 인접한 지방자치단체와 협의하여 합동으로 초등학교·중학교 또는 특수학교를 설립·경영하거나, 인접한 지방자치단체가 설립한 초등학교·중학교 또는 특수학교나 국립 또는 사립의 초등학교·중학교 또는 특수학교에 일부 의무교육대상자에 대한 교육을 위탁할 수 있다.
  ㉣ 국립·공립학교의 설립자·경영자와 의무교육대상자의 교육을 위탁받은 사립학교의 설립자·경영자는 의무교육을 받는 사람으로부터 입학금, 수업료와 학교운영지원비, 교과용 도서구입비를 받을 수 없다.

② 취학 의무
  ㉠ 모든 국민은 보호하는 자녀 또는 아동이 6세가 된 날이 속하는 해의 다음 해 3월 1일에 그 자녀 또는 아동을 초등학교에 입학시켜야 하고, 초등학교를 졸업할 때까지 다니게 하여야 한다.
  ㉡ 모든 국민은 ㉠에도 불구하고 그가 보호하는 자녀 또는 아동이 5세가 된 날이 속하는 해의 다음 해 또는 7세가 된 날이 속하는 해의 다음 해에 그 자녀 또는 아동을 초등학교에 입학시킬 수 있다. 이 경우에도 그 자녀 또는 아동이 초등학교에 입학한 해의 3월 1일부터 졸업할 때까지 초등학교에 다니게 하여야 한다.

기출문제

문 「초·중등교육법」에서 규정하고 있는 내용이 아닌 것은?
▶ 2025. 4. 5. 국가직
① 학교운영위원회의 설치 및 기능
② 교원의 자격 및 교직원의 임무
③ 고등학교 등의 무상교육 및 고교학점제의 지원 등
④ 초·중등학교의 유치원 병설

┃정답 ④

기출문제

문 『초·중등교육법』및 동법 시행령상 학생 징계의 종류 중 징계처분을 받은 학생 또는 그 보호자가 시·도학생징계조정위원회에 재심을 청구할 수 있는 것은?
▶ 2018. 5. 19. 교육행정직

① 사회봉사
② 출석정지
③ 퇴학처분
④ 특별교육이수

문 교육법의 존재형식과 그 구체적인 예의 연결이 옳지 않은 것은?
▶ 2020. 7. 11. 인사혁신처

① 법률 - 초·중등교육법
② 조약 - 유네스코 헌장
③ 법규명령 - 고등교육법시행령
④ 규칙 - 학생인권조례

문 「초·중등교육법」상 교직원의 임무로서 옳지 않은 것은?
▶ 2025. 6. 21. 제1회 지방직

① 교사는 법령에서 정하는 바에 따라 학생을 교육한다.
② 수석교사는 교사의 교수·연구 활동을 지원하며, 학생을 교육한다.
③ 행정직원은 법령에서 정하는 바에 따라 학교의 행정사무를 담당하고, 학생을 교육한다.
④ 교장은 교무를 총괄하고, 민원 처리를 책임지며, 소속 교직원을 지도·감독하고, 학생을 교육한다.

|정답 ③, ④, ③

ⓒ 모든 국민은 보호하는 자녀 또는 아동이 초등학교를 졸업한 학년의 다음 학년 초에 그 자녀 또는 아동을 중학교에 입학시켜야 하고, 중학교를 졸업할 때까지 다니게 하여야 한다.

(3) 학생과 교직원

① 학생
  ㉠ 학생자치활동 : 학생의 자치활동은 권장·보호되며, 그 조직과 운영에 관한 기본적인 사항은 학칙으로 정한다.
  ㉡ 학생의 징계
  • 학교의 장은 교육을 위하여 필요한 경우에는 법령과 학칙으로 정하는 바에 따라 학생을 징계할 수 있다. 다만, 의무교육을 받고 있는 학생은 퇴학시킬 수 없다.
  • 학교의 장은 학생을 징계하려면 그 학생이나 보호자에게 의견을 진술할 기회를 주는 등 적정한 절차를 거쳐야 한다.
  • 징계처분 중 퇴학 조치에 대하여 이의가 있는 학생 또는 그 보호자는 퇴학 조치를 받은 날부터 15일 이내 또는 그 조치가 있음을 알게 된 날부터 10일 이내에 시·도학생징계조정위원회에 재심을 청구할 수 있다.
  ㉢ 학생의 인권보장 : 학교의 설립자·경영자와 학교의 장은 「헌법」과 국제인권조약에 명시된 학생의 인권을 보장하여야 한다. 그리고 학생은 교직원 또는 다른 학생의 인권을 침해하는 행위를 하여서는 아니 된다.

> **Point 팁** 학생인권조례 … 각 교육청에서는 학생의 인권이 학교교육과정에서 보장·실현될 수 있도록 학생인권조례를 제정하고 있다.

② 교직원
  ㉠ 교직원의 구분
  • 초등학교·중학교·고등학교·공민학교·고등공민학교·고등기술학교 및 특수학교에는 교장·교감·수석교사 및 교사를 둔다. 다만, 학생 수가 100명 이하인 학교나 학급 수가 5학급 이하인 학교 중 대통령령으로 정하는 규모 이하의 학교에는 교감을 두지 아니할 수 있다.
  • 학교에는 교원 외에 학교 운영에 필요한 행정직원 등 직원을 둔다.
  • 학교에는 원활한 학교 운영을 위하여 교사 중 교무를 분담하는 보직교사를 둘 수 있다.
  ㉡ 교직원의 임무
  • 교장은 교무를 총괄하고, 소속 교직원을 지도·감독하며, 학생을 교육한다.
  • 교감은 교장을 보좌하여 교무를 관리하고 학생을 교육하며, 교장이 부득이한 사유로 직무를 수행할 수 없을 때에는 교장의 직무를 대행한다. 다만, 교감이 없는 학교에서는 교장이 미리 지명한 교사(수석교사를 포함)가 교장의 직무를 대행한다.
  • 수석교사는 교사의 교수·연구 활동을 지원하며, 학생을 교육한다.

- 교사는 법령에서 정하는 바에 따라 학생을 교육한다.
- 행정직원 등 직원은 법령에서 정하는 바에 따라 학교의 행정사무와 그 밖의 사무를 담당한다.

(4) 학교회계

① 학교회계의 설치

㉠ 국립·공립의 초등학교·중학교·고등학교 및 특수학교에 각 학교별로 학교회계를 설치한다.

㉡ 학교회계는 다음의 수입을 세입으로 한다.
- 국가의 일반회계나 지방자치단체의 교육비특별회계로부터 받은 전입금
- 학교운영위원회 심의를 거쳐 학부모가 부담하는 경비
- 학교발전기금으로부터 받은 전입금
- 국가나 지방자치단체의 보조금 및 지원금
- 사용료 및 수수료
- 이월금
- 물품매각대금
- 그 밖의 수입

㉢ 학교회계는 학교 운영과 학교시설의 설치 등을 위하여 필요한 모든 경비를 세출로 한다.

㉣ 학교회계는 예측할 수 없는 예산 외의 지출이나 예산초과지출에 충당하기 위하여 예비비로서 적절한 금액을 세출예산에 계상할 수 있다.

㉤ 학교회계의 설치에 필요한 사항은 국립학교의 경우에는 교육부령으로, 공립학교의 경우에는 시·도의 교육규칙으로 정한다.

② 학교회계의 운영

㉠ 학교회계의 회계연도는 매년 3월 1일에 시작하여 다음 해 2월 말일에 끝난다.

㉡ 학교의 장은 회계연도마다 학교회계 세입세출예산안을 편성하여 회계연도가 시작되기 30일 전까지 학교운영위원회에 제출하여야 한다.

㉢ 학교운영위원회는 학교회계 세입세출예산안을 회계연도가 시작되기 5일 전까지 심의하여야 한다.

㉣ 학교의 장은 예산안이 새로운 회계연도가 시작될 때까지 확정되지 아니하면 다음의 경비를 전년도 예산에 준하여 집행할 수 있다. 이 경우 전년도 예산에 준하여 집행된 예산은 해당 연도의 예산이 확정되면 그 확정된 예산에 따라 집행된 것으로 본다.
- 교직원 등의 인건비
- 학교교육에 직접 사용되는 교육비
- 학교시설의 유지관리비

기출문제

문 「초·중등교육법」상 국·공립학교 학교회계의 세입(歲入)에 해당하지 않는 것은?
▶ 2019. 4. 6. 인사혁신처

① 지방자치단체의 교육비 특별회계로부터 받은 전입금
② 학교발전기금으로부터 받은 전입금
③ 사용료 및 수수료
④ 지방교육세

정답 ④

PART 15 관련 법령

기출문제

문. 「초·중등교육법」상 학교운영위원회의 심의사항에 해당하지 않는 것은?
▶ 2023. 4. 8. 인사혁신처

① 학교급식
② 자유학기제 실시 여부
③ 교과용 도서와 교육 자료의 선정
④ 대학입학 특별전형 중 학교장 추천

| 정답 ②

- 법령상 지급 의무가 있는 경비
- 이미 예산으로 확정된 경비

ⓜ 학교의 장은 회계연도마다 결산서를 작성하여 회계연도가 끝난 후 2개월 이내에 학교운영위원회에 제출하여야 한다.

ⓑ 학교회계의 운영에 필요한 사항은 국립학교의 경우에는 교육부령으로, 공립학교의 경우에는 시·도의 교육규칙으로 정한다.

(5) 학교운영위원회

① 학교운영위원회의 설치

㉠ 학교운영의 자율성을 높이고 지역의 실정과 특성에 맞는 다양하고도 창의적인 교육을 할 수 있도록 초등학교·중학교·고등학교·특수학교 및 각종학교에 학교운영위원회를 구성·운영하여야 한다.

㉡ 국립·공립 학교에 두는 학교운영위원회는 그 학교의 교원 대표, 학부모 대표 및 지역사회 인사로 구성한다.

㉢ 학교운영위원회의 위원 수는 5명 이상 15명 이하의 범위에서 학교의 규모 등을 고려하여 대통령령으로 정한다.

② 학교운영위원회의 기능

㉠ 학교에 두는 학교운영위원회는 다음의 사항을 심의한다. 다만, 사립학교에 두는 학교운영위원회의 경우 공모 교장의 공모 방법, 임용, 평가 등과 초빙교사의 추천에 대한 사항은 제외하고, 학교헌장과 학칙의 제정 또는 개정에 대하여는 자문한다.

- 학교헌장과 학칙의 제정 또는 개정
- 학교의 예산안과 결산
- 학교교육과정의 운영방법
- 교과용 도서와 교육 자료의 선정
- 교복·체육복·졸업앨범 등 학부모 경비 부담 사항
- 정규학습시간 종료 후 또는 방학기간 중의 교육활동 및 수련활동
- 「교육공무원법」에 따른 공모 교장의 공모 방법, 임용, 평가 등
- 「교육공무원법」에 따른 초빙교사의 추천
- 학교운영지원비의 조성·운용 및 사용
- 학교급식
- 대학입학 특별전형 중 학교장 추천
- 학교운동부의 구성·운영
- 학교운영에 대한 제안 및 건의 사항
- 그 밖에 대통령령이나 시·도의 조례로 정하는 사항

㉡ 학교운영위원회는 학교발전기금의 조성·운용 및 사용에 관한 사항을 심의·의결한다.

③ **학교발전기금** … 학교운영위원회는 학교발전기금을 조성할 수 있다. 학교발전기금의 조성과 운용방법 등에 필요한 사항은 대통령령으로 정한다.

section 3 사립학교법

(1) 목적 및 정의

① **목적** … 사립학교의 특수성에 비추어 그 자주성을 확보하고 공공성을 높임으로써 사립학교의 건전한 발달을 도모함을 목적으로 한다.

② **정의**
  ㉠ **사립학교** : 학교법인, 공공단체 외의 법인 또는 그 밖의 사인(私人)이 설치하는 학교를 말한다.
  ㉡ **학교법인** : 사립학교만을 설치·경영할 목적으로 이 법에 따라 설립되는 법인을 말한다.
  ㉢ **사립학교경영자** : 법에 따라 사립학교를 설치·경영하는 공공단체 외의 법인(학교법인은 제외) 또는 사인을 말한다.
  ㉣ **임용** : 신규채용, 승진, 전보(轉補), 겸임, 파견, 강임(降任), 휴직, 직위해제, 정직(停職), 강등, 복직, 면직, 해임 및 파면을 말한다.

(2) 임원과 이사회

① **임원**
  ㉠ 학교법인에는 임원으로서 7명 이상의 이사와 2명 이상의 감사를 두어야 한다. 다만, 유치원만을 설치·경영하는 학교법인에는 임원으로서 5명 이상의 이사와 1명 이상의 감사를 둘 수 있다.
  ㉡ 이사 중 1명은 정관으로 정하는 바에 따라 이사장이 된다.
  ㉢ 학교법인은 이사 정수(定數)의 4분의 1에 해당하는 이사(개방이사)를 개방이사추천위원회에서 2배수 추천한 인사 중에서 선임하여야 한다.
  ㉣ 추천위원회가 개방이사를 추천할 때에는 30일 이내에 추천을 완료하여야 하며, 그 기간에 추천하지 못하면 관할청이 추천한다.

② **이사회**
  ㉠ 학교법인에 이사회를 둔다.
  ㉡ 이사회는 이사로 구성한다.
  ㉢ 이사장은 이사회를 소집하고 그 의장이 된다.
  ㉣ 감사는 이사회에 출석하여 발언할 수 있다.

기출문제

문 「사립학교법」의 내용으로 옳지 않은 것은?
▶ 2023. 6. 10. 교육행정직

① 학교법인의 설립 당초의 임원은 정관으로 정하여야 한다.
② 기간제교원의 임용기간은 1년 이내로 하되, 필요한 경우 4년의 범위에서 그 기간을 연장할 수 있다.
③ 사립학교 교원은 권고에 의하여 사직을 당하지 아니한다.
④ 각급 학교의 장은 해당 학교를 설치·경영하는 학교법인 또는 사립학교경영자가 임용한다.

| 정답 ②

기출문제

(3) 학교의 장 및 교원의 임용

① 학교의 장의 임용
- ㉠ 각급 학교의 장은 해당 학교를 설치·경영하는 학교법인 또는 사립학교경영자가 임용한다.
- ㉡ 학교법인이 대학교육기관의 장을 임기 중에 해임하려는 경우에는 이사 정수의 3분의 2 이상의 찬성에 의한 이사회의 의결을 거쳐야 한다.
- ㉢ 각급 학교의 장의 임기는 학교법인 및 법인인 사립학교경영자의 경우에는 정관으로 정하고, 사인인 사립학교경영자의 경우에는 규칙으로 정하되, 4년을 초과할 수 없으며, 중임할 수 있다. 다만, 초·중등학교 및 특수학교의 장은 한 차례만 중임할 수 있다.

② 학교의 장이 아닌 교원의 임용
- ㉠ 각급 학교의 교원은 해당 학교법인 또는 사립학교경영자가 임용한다.

  > **Point 팁** 학교의 장이 아닌 교원의 임용 방법
  > - ㉠ 학교법인 및 법인인 사립학교경영자가 설치·경영하는 사립학교의 교원: 해당 학교의 장의 제청으로 이사회의 의결을 거쳐 임용
  > - ㉡ 사인인 사립학교경영자가 설치·경영하는 사립학교의 교원: 해당 학교의 장의 제청으로 임용

- ㉡ 대학교육기관의 교원 임용권과 고등학교 이하 각급학교 교원의 휴직 및 복직에 관한 사항은 해당 학교법인의 정관으로 정하는 바에 따라 학교의 장에게 위임할 수 있다.
- ㉢ 대학교육기관의 교원은 정관으로 정하는 바에 따라 근무기간·급여·근무조건, 업적 및 성과약정 등 계약조건을 정하여 임용할 수 있다. 이 경우 근무기간에 관하여는 국립대학·공립대학의 교원에게 적용되는 관련 규정을 준용한다.
- ㉣ 임용된 교원의 임용권자는 해당 교원에게 임용기간 만료일 4개월 전까지 임용기간이 만료된다는 사실과 재임용 심의를 신청할 수 있음을 통지(문서에 의한 통지)하여야 한다.
- ㉤ 통지를 받은 교원이 재임용을 받으려는 경우에는 통지받은 날부터 15일 이내에 재임용 심의를 임용권자에게 신청하여야 한다.
- ㉥ 고등학교 이하 각급 학교 교원의 신규채용은 공개전형으로 하며, 담당할 직무에 필요한 자격요건과 공개전형의 실시에 필요한 사항은 대통령령으로 정한다.
- ㉦ 교원의 임용권자는 공개전형을 실시할 때에는 필기시험을 포함하여야 하고, 필기시험은 시·도 교육감에게 위탁하여 실시하여야 한다. 다만, 대통령령으로 정하는 바에 따라 시·도 교육감의 승인을 받은 경우에는 필기시험을 포함하지 아니하거나 시·도 교육감에게 위탁하지 아니할 수 있다.

(4) 면직 및 직위의 해제

① 면직의 사유
   ㉠ 휴직 기간이 끝나거나 휴직 사유가 소멸된 후에도 직무에 복귀하지 아니하거나 직무를 감당할 수 없을 때
   ㉡ 근무성적이 매우 불량할 때
   ㉢ 정부 파괴를 목적으로 하는 단체에 가입하고 이를 방조(幇助)하였을 때
   ㉣ 정치운동을 하거나 집단적으로 수업을 거부하거나 어느 정당을 지지 또는 반대하기 위하여 학생을 지도·선동하였을 때
   ㉤ 인사기록에 있어서 부정한 채점·기재를 하거나 거짓 증명 또는 진술을 하였을 때
   ㉥ 거짓이나 그 밖의 부정한 방법으로 임용되었을 때

② 직위의 해제의 사유
   ㉠ 직무수행능력이 부족하거나 근무성적이 매우 불량하거나 교원으로서 근무태도가 매우 불성실한 경우
   ㉡ 징계의결이 요구 중인 경우
   ㉢ 형사사건으로 기소된 경우(약식명령이 청구된 경우는 제외)
   ㉣ 금품비위, 성범죄 등 대통령령으로 정하는 비위행위로 인하여 감사원 및 검찰·경찰 등 수사기관에서 조사나 수사 중인 경우로서 비위의 정도가 중대하고 이로 인하여 정상적인 업무수행을 기대하기 현저히 어려운 경우

section 4 지방교육재정교부금법

(1) 목적 및 정의

① 목적 … 지방자치단체가 교육기관 및 교육행정기관(그 소속기관을 포함한다. 이하 같다)을 설치·경영하는 데 필요한 재원(財源)의 전부 또는 일부를 국가가 교부하여 교육의 균형 있는 발전을 도모함을 목적으로 한다.

② 정의
   ㉠ 기준재정수요액 : 지방교육 및 그 행정 운영에 관한 재정수요를 제6조(기준재정수요액)에 따라 산정한 금액을 말한다.
   ㉡ 기준재정수입액 : 교육·과학·기술·체육, 그 밖의 교육·학예에 관한 모든 재정수입으로서 제7조(기준재정수입액)에 따른 금액을 말한다.
   ㉢ 측정단위 : 지방교육행정을 부문별로 설정하여 그 부문별 양(量)을 측정하기 위한 단위를 말한다.

기출문제

문 교육재정의 구조와 배분에 대한 설명으로 옳지 않은 것은?
▶ 2023. 6. 10. 교육행정직

① 학생이 교육을 받는 기간 동안 미취업에 따른 유실소득은 공부담 교육기회비용에 해당된다.
② 국가는 지방교육재정상 부득이한 수요가 있는 경우, 국가예산으로 정하는 바에 따라 보통교부금과 특별교부금 외에 따로 증액교부할 수 있다.
③ 시·도 및 시·군·자치구는 관할구역에 있는 고등학교 이하 각급학교의 교육경비를 보조할 수 있다.
④ 시·도의 교육·학예에 필요한 경비는 해당 지방자치단체의 교육비특별회계에서 부담한다.

정답 ①

기출문제

문 지방교육재정교부금에 대한 설명으로 옳지 않은 것은?
▶ 2022. 6. 18. 교육행정직

① 교육의 균형 있는 발전을 목적으로 확보·배분된다.
② 지방자치단체 교육비특별회계의 세입 재원에 포함되지 않는다.
③ 국가는 회계연도마다 『지방교육재정교부금법』에 따른 교부금을 국가예산에 계상(計上)하여야 한다.
④ 『지방교육재정교부금법』상 지방자치단체에 교부하는 교부금은 보통교부금과 특별교부금으로 나눈다.

| 정답 ②

ⓔ 단위비용 : 기준재정수요액을 산정하기 위한 각 측정단위의 단위당 금액을 말한다.

(2) 교부금 및 예산 계상

① 교부금의 종류와 조정

㉠ **교부금의 종류** : 국가가 지방자치단체에 교부하는 교부금은 보통교부금과 특별교부금으로 나눈다.

㉡ **교부금의 조정** : 교부금이 산정자료의 착오 또는 거짓으로 인하여 부당하게 교부되었을 때에는 교육부장관은 해당 시·도가 정당하게 받을 수 있는 교부금액을 초과하는 금액을 다음에 교부할 교부금에서 감액한다.

② 예산 계상

㉠ 국가는 회계연도마다 이 법에 따른 교부금을 국가예산에 계상(計上)하여야 한다.

㉡ 추가경정예산에 따라 내국세나 교육세의 증감이 있는 경우에는 교부금도 함께 증감하여야 한다. 다만, 내국세나 교육세가 줄어드는 경우에는 지방교육재정 여건 등을 고려하여 다음다음 회계연도까지 교부금을 조절할 수 있다.

㉢ 내국세 및 교육세의 예산액과 결산액의 차액으로 인한 교부금의 차액은 늦어도 다음다음 회계연도의 국가예산에 계상하여 정산하여야 한다.

> **Point 팁** 기준재정수입액
> ㉠ 기준재정수입액은 일반회계 전입금 등 교육·학예에 관한 지방자치단체 교육비특별회계의 수입예상액으로 한다.
> ㉡ 수입예상액 중 지방세를 재원으로 하는 것은 「표준세율에 따라 산정한 금액으로 하되, 산정한 금액과 결산액의 차액은 다음다음 회계연도의 기준재정수입액을 산정할 때에 정산하며, 그 밖의 수입예상액 산정방법은 대통령령으로 정한다.

③ 교부금의 보고

㉠ 교육부장관은 매년 3월 31일까지 국회 소관 상임위원회에 보고하여야 한다.

㉡ 보고사항
- 보통교부금의 배분기준·배분내용·배분금액, 그 밖에 보통교부금의 운영에 필요한 주요사항
- 특별교부금의 전년도 배분기준·배분내용·집행실적 등 특별교부금의 운영에 따른 결과

(3) 지방자치단체의 부담〈법 제11조〉

① 시·도의 교육·학예에 필요한 경비는 해당 지방자치단체의 교육비특별회계에서 부담하되, 의무교육과 관련된 경비는 교육비특별회계의 재원 중 교부금과 일반회계로부터의 전입금으로 충당하고, 의무교육 외 교육과 관련된 경비는 교육비특별회계 재원 중 교부금, 일반회계로부터의 전입금, 수업료 및 입학금 등으로 충당한다.

② 예산액과 결산액의 차액으로 인한 전출금(轉出金)의 차액은 늦어도 다음다음 회계연도의 예산에 계상하여 정산하여야 한다.

③ 시·도 및 시·군·자치구는 대통령령으로 정하는 바에 따라 관할구역에 있는 고등학교 이하 각급학교의 교육에 드는 경비를 보조할 수 있다.

④ 시·도 및 시·군·자치구는 관할구역의 교육·학예 진흥을 위하여 별도 경비를 교육비특별회계로 전출할 수 있다.

section 5 평생교육법

(1) 목적 및 정의

① 목적…「헌법」과 「교육기본법」에 규정된 평생교육의 진흥에 대한 국가 및 지방자치단체의 책임과 평생교육제도와 그 운영에 관한 기본적인 사항을 정하고, 모든 국민이 평생에 걸쳐 학습하고 교육받을 수 있는 권리를 보장함으로써 모든 국민의 삶의 질 향상 및 행복 추구에 이바지함을 목적으로 한다.

② 정의
  ⓛ 평생교육 : 학교의 정규교육과정을 제외한 학력보완교육, 성인 문해교육, 직업능력 향상교육, 성인 진로개발역량 향상교육, 인문교양교육, 문화예술교육, 시민참여교육 등을 포함하는 모든 형태의 조직적인 교육활동을 말한다.
  ⓒ 평생교육기관
    • 이 법에 따라 인가·등록·신고된 시설·법인 또는 단체
    • 「학원의 설립·운영 및 과외교습에 관한 법률」에 따른 학원 중 학교교과교습학원을 제외한 평생직업교육을 실시하는 학원
    • 그 밖에 다른 법령에 따라 평생교육을 주된 목적으로 하는 시설·법인 또는 단체
  ⓒ 평생교육사업 : 국가 및 지방자치단체가 국민과 주민의 평생교육을 위하여 예산 또는 기금으로 조직적인 교육활동을 직·간접적으로 지원하는 사업을 말한다.
  ⓔ 평생교육이용권 : 평생교육프로그램을 이용할 수 있도록 금액이 기재(전자적 또는 자기적 방법에 따른 기록을 포함)된 증표를 말한다.

기출문제

문 「평생교육법」상 (가), (나)에 들어갈 말을 바르게 연결한 것은?
▶ 2024. 6. 22. 교육행정직

"평생교육"이란 학교의 정규교육과정을 (가) 학력보완교육, 성인 문해교육, 직업능력 향상교육, 성인 진로개발역량 향상교육, 인문교양교육, 문화예술교육, 시민참여교육 등을 포함하는 모든 형태의 (나) 교육활동을 말한다.

	(가)	(나)
①	포함한	조직적인
②	포함한	비조직적인
③	제외한	조직적인
④	제외한	비조직적인

문 「평생교육법」상 용어의 정의로 옳지 않은 것은?
▶ 2025. 4. 5. 국가직

① "평생교육"이란 학교의 정규교육 과정을 포함한 학력보완교육, 성인 문해교육, 시민참여교육 등 다양한 형태의 교육활동을 말한다.
② "문해교육"이란 일상생활을 영위하는데 필요한 문자해득능력을 포함한 사회적·문화적으로 요청되는 기초생활능력 등을 갖출 수 있도록 하는 조직화된 교육프로그램을 말한다.
③ "평생교육사업"이란 국가 및 지방자치단체가 국민과 주민의 평생교육을 위하여 예산 또는 기금으로 조직적인 교육활동을 직·간접적으로 지원하는 사업을 말한다.
④ "평생교육이용권"이란 평생교육프로그램을 이용할 수 있도록 금액이 기재(전자적 또는 자기적 방법에 따른 기록을 포함한다)된 증표를 말한다.

|정답 ③, ①

PART 15 관련 법령

기출문제

문 「평생교육법」상 평생학습도시에 대한 설명으로 옳지 않은 것은?
▶ 2021. 6. 5. 지방직 시·도교육청
① 평생학습도시의 지정 및 지원에 필요한 사항은 교육부장관이 정한다.
② 전국평생학습도시협의회의 구성 및 운영에 필요한 사항은 교육부령으로 정한다.
③ 평생학습도시 간의 연계·협력 및 정보교류의 증진을 위하여 전국평생학습도시협의회를 둘 수 있다.
④ 국가는 지역사회의 평생교육 활성화를 위하여 시·군 및 자치구를 대상으로 평생학습도시를 지정 및 지원할 수 있다.

| 정답 ②

(2) 평생교육의 이념

① 모든 국민은 평생교육의 기회를 균등하게 보장받는다.
② 평생교육은 학습자의 자유로운 참여와 자발적인 학습을 기초로 이루어져야 한다.
③ 평생교육은 정치적·개인적 편견의 선전을 위한 방편으로 이용되어서는 아니 된다.
④ 일정한 평생교육과정을 이수한 자에게는 그에 상응하는 자격 및 학력인정 등 사회적 대우를 부여하여야 한다.

(3) 평생학습도시

① 국가는 지역사회의 평생교육 활성화를 위하여 특별자치시, 시(「제주특별자치도 설치 및 국제자유도시 조성을 위한 특별법」에 따른 행정시를 포함)·군 및 자치구를 대상으로 평생학습도시를 지정 및 지원할 수 있다. 이 경우 이미 지정된 평생학습도시에 대하여 평가를 거쳐 재지정 여부를 결정할 수 있다.
② 평생학습도시 간의 연계·협력 및 정보교류의 증진을 위하여 전국평생학습도시협의회를 둘 수 있다.
③ 전국평생학습도시협의회의 구성·운영에 필요한 사항은 대통령령으로 정한다.
④ 평생학습도시의 지정, 지원 및 평가 등에 필요한 사항은 교육부장관이 정한다.

(4) 국가평생교육진흥원

① 국가평생교육진흥원의 업무
  ㉠ 평생교육진흥을 위한 지원 및 조사 업무
  ㉡ 진흥위원회가 심의하는 기본계획 수립의 지원
  ㉢ 평생교육진흥정책의 개발·발전을 위하여 필요한 연구
  ㉣ 평생교육프로그램 개발(온라인 기반의 평생교육프로그램의 개발을 포함한다)의 지원
  ㉤ 평생교육사를 포함한 평생교육 종사자의 양성·연수
  ㉥ 국내외 평생교육기관·단체 간 연계 및 협력체제의 구축
  ㉦ 시·도평생교육진흥원에 대한 지원 및 시·도평생교육진흥원과의 협력
  ㉧ 「학점인정 등에 관한 법률」 및 「독학에 의한 학위취득에 관한 법률」에 따른 학점 또는 학력인정에 관한 사항
  ㉨ 학습계좌의 통합 관리·운영
  ㉩ 문해교육의 관리·운영에 관한 사항
  ㉪ 정보화 및 온라인 기반 관련 평생교육의 관리·운영에 관한 사항

ⓒ 이 법 또는 다른 법령에 따라 위탁받은 업무
ⓓ 그 밖에 진흥원의 목적수행을 위하여 필요한 사업

평생교육사 자격제도

㉠ **정의**: 평생교육법 제24조에 따라 평생교육의 기획, 진행, 분석, 평가 및 교수 업무 등을 수행하는 평생교육 현장전문가이다.

㉡ **자격요건**
- 평생교육사 1급: 평생교육사 2급 자격증을 취득한 후 평생교육 관련업무 5년 이상 종사한 경력이 있는 자로서 국가평생교육진흥원이 운영하는 1급 승급과정을 이수한 자(2급 자격취득 이후 경력만 인정)
- 평생교육사 2급: 대학원에서 필수과목 15학점 이상 이수하고 석사 또는 박사학위를 취득한 자, 대학 또는 학점은행기관에서 평생교육 관련과목을 30학점 이수하고 학위를 취득한 자, 대학을 졸업한 자로서 대학 또는 학점은행기관에서 평생교육 관련과목을 30학점 이수한 자, 평생교육사 3급 자격증을 보유하고 평생교육 관련업무에 3년 이상 종사한 경력이 있는 자로서 국가평생교육진흥원이 운영하는 2급 승급과정을 이수한 자(3급 자격취득 이전/이후 경력 모두 인정)
- 평생교육사 3급: 대학 또는 학점은행기관에서 평생교육 관련과목을 21학점 이상 이수하고 학위를 취득한 자, 대학을 졸업한 자로서 대학 또는 학점은행기관에서 평생교육 관련과목을 21학점 이수한 자

㉢ **수행직무**
- 행정 및 경영: 평생학습사업의 효과적인 운영을 위한 행정사무 및 기관 경영업무 수행
- 조사 및 분석: 평생학습사업 및 프로그램의 기획을 위해 객관적인 자료와 정보를 과학적으로 확보하고 분석
- 기획 및 계획: 평생학습사업의 비전 및 추진전략을 수립하고, 기획서 및 실행계획안을 과학적으로 설계
- 평가 및 보고: 평생학습사업의 결과 및 성과를 과학적으로 진단·보고하고, 평생학습사업의 성과를 유지·확산
- 네트워킹: 평생학습사업의 통합적 추진과 유관기관의 참여를 촉진시키기 위해 생산적으로 네트워크를 구축
- 상담 및 컨설팅: 학습자의 생애설계를 자문·상담하고 기관 및 지역의 평생학습사업을 조직적으로 컨설팅
- 프로그램 개발: 학습고객의 특성과 요구를 고려하여 단위 프로그램의 내용을 선정·조직하고 매체로 개발
- 변화촉진: 평생학습고객(개인, 지도자, 동아리, 단체)의 역량개발, 발굴·육성, 변화촉진을 수행
- 교수학습: 학습자의 특성과 능력에 맞는 교수법을 개발·적용하여 평생교육 프로그램 및 강좌를 전재
- 운영 및 지원: 평생학습사업 및 프로그램의 전문적인 실행과 필요한 인적·물적 자원의 확보·지원·관리

기출문제

문 다음 중 우리나라의 현행 평생교육사 제도에 대한 설명으로 옳은 것만을 모두 고르면?
▶ 2021. 4. 17. 인사혁신처

㉠ 평생교육사의 등급은 1급부터 3급까지로 구분한다.
㉡ 평생교육사 2급은 대학 수준에서, 평생교육사 3급은 전문대학 수준에서 각각 양성한다.
㉢ 「학점인정 등에 관한 법률」에 따라 평가인정을 받은 학습과정을 운영하는 교육훈련기관에서도 평생교육사 자격 취득에 필요한 학점을 이수할 수 있다.

① ㉠
② ㉠, ㉢
③ ㉡, ㉢
④ ㉠, ㉡, ㉢

문「평생교육법」상 평생교육사에 대한 설명으로 옳지 않은 것은?
▶ 2025. 6. 21. 제1회 지방직

① 평생교육사는 평생교육의 기획·진행·분석·평가 및 교수 업무를 수행한다.
② 평생교육사 자격증은 다른 사람에게 빌려주거나 빌려서는 아니 되며, 이를 알선하여서도 아니 된다.
③ 평생교육사의 등급, 직무범위, 이수과정, 연수 및 자격증의 교부절차 등에 필요한 사항은 대통령령으로 정한다.
④ 거짓이나 그 밖의 부정한 방법으로 평생교육사 자격을 취득하여 자격이 취소된 경우, 그 자격이 취소된 날부터 1년이 경과하면 다시 평생교육사가 될 수 있다.

정답 ②, ④

기출문제

문 학교의 평생교육을 규정한 「평생교육법」 제29조에 대한 설명으로 옳지 않은 것은?
▶ 2024. 3. 23. 인사혁신처

① 학교의 평생교육을 실시하기 위하여 각급학교의 교실·도서관·체육관, 그 밖의 시설을 활용하여야 한다.
② 학교의 장은 학교를 개방할 경우 개방시간 동안의 해당 시설의 관리·운영에 필요한 사항을 정할 수 있다.
③ 각급학교의 장은 해당 학교의 교육여건을 고려하여 학생·학부모와 지역 주민의 요구에 부합하는 평생교육을 직접 실시하거나 지방자치단체 또는 민간(영리를 목적으로 하는 법인 및 단체는 제외)에 위탁하여 실시할 수 있다.
④ 「초·중등교육법」 및 「고등교육법」에 따른 각급학교의 장은 평생교육을 실시하는 경우 평생교육의 이념에 따라 교육과정과 방법을 수요자 관점으로 개발·시행하도록 하며 학교를 중심으로 공동체 및 지역문화 개발에 노력하여야 한다.

정답 ②

② **학습계좌** … 교육부장관은 국민의 평생교육을 촉진하고 인적자원의 개발·관리를 위하여 학습계좌(국민의 개인적 학습경험을 종합적으로 집중 관리하는 제도를 말한다)를 도입·운영할 수 있도록 노력하여야 한다.

(5) 평생교육기관

① 학교의 평생교육

㉠ 「초·중등교육법」 및 「고등교육법」에 따른 각급학교의 장은 평생교육을 실시하는 경우 평생교육의 이념에 따라 교육과정과 방법을 수요자 관점으로 개발·시행하도록 하며, 학교를 중심으로 공동체 및 지역문화 개발에 노력하여야 한다.

㉡ 각급학교의 장은 해당 학교의 교육여건을 고려하여 학생·학부모와 지역 주민의 요구에 부합하는 평생교육을 직접 실시하거나 지방자치단체 또는 민간에 위탁하여 실시할 수 있다. 다만, 영리를 목적으로 하는 법인 및 단체는 제외한다.

㉢ 학교의 평생교육을 실시하기 위하여 각급학교의 교실·도서관·체육관, 그 밖의 시설을 활용하여야 한다.

㉣ 학교의 장이 학교를 개방할 경우 개방시간 동안의 해당 시설의 관리·운영에 필요한 사항은 해당 지방자치단체의 조례로 정한다.

② **학점은행기관의 평생교육** … 학점은행기관의 장은 교육부장관의 평가인정을 받은 학습과정 운영을 통하여 평생교육을 실시하여야 하며, 학습과정을 운영함에 있어 그 질을 유지하거나 개선하기 위하여 노력하여야 한다.

③ **학교 부설 평생교육시설** … 각급학교의 장은 학생·학부모와 지역 주민을 대상으로 교양의 증진 또는 직업교육을 위한 평생교육시설을 설치·운영할 수 있다.

④ **학교형태의 평생교육시설** … 학교형태의 평생교육시설을 설치·운영하고자 하는 자는 대통령령으로 정하는 시설·설비를 갖추어 교육감에게 등록하여야 한다.

⑤ **사내대학형태의 평생교육시설** … 다음의 어느 하나에 해당하는 자는 교육부장관의 인가를 받아 전문대학 또는 대학졸업자와 동등한 학력·학위가 인정되는 평생교육시설을 설치·운영하거나 「고등교육법」에 따른 학교에 위탁하여 운영할 수 있다.

㉠ 대통령령으로 정하는 규모 이상의 사업장(공동으로 참여하는 사업장도 포함한다)의 경영자

㉡ 「산업입지 및 개발에 관한 법률」에 따라 설립된 산업단지 입주기업의 연합체(이하 "산업단지 기업연합체"라 한다). 이 경우 산업단지 기업연합체는 ㉠에서 대통령령으로 정하는 규모 이상이어야 한다.

ⓒ 「산업발전법」에 따라 구성된 산업부문별 인적자원개발협의체(이하 "산업별 협의체"라 한다). 이 경우 산업별 협의체는 ㉠에서 대통령령으로 정하는 규모 이상이어야 한다.

⑥ **원격대학형태의 평생교육시설** … 누구든지 정보통신매체를 이용하여 특정 또는 불특정 다수인에게 원격교육을 실시하거나 다양한 정보를 제공하는 등의 평생교육을 실시할 수 있다.

⑦ **사업장 부설 평생교육시설** … 대통령령으로 정하는 규모 이상 사업장의 경영자는 해당 사업장의 고객 등을 대상으로 하는 평생교육시설을 설치·운영할 수 있다.

⑧ **시민사회단체 부설 평생교육시설** … 시민사회단체는 상호 유기적인 협조체제를 구축하고 공공시설 및 민간시설 등 유휴시설을 활용하여 해당 시민사회단체의 목적에 부합하는 평생교육과정을 운영하도록 노력하여야 한다.

⑨ **언론기관 부설 평생교육시설** … 신문·방송 등 언론기관을 경영하는 자는 해당 언론매체를 통하여 다양한 평생교육프로그램을 방영하는 등 국민의 평생교육진흥에 기여하여야 한다.

⑩ **지식·인력개발 관련 평생교육시설** … 국가 및 지방자치단체는 지식정보의 제공과 교육훈련을 통한 인력개발을 주된 내용으로 하는 지식·인력개발사업을 진흥·육성하여야 한다.

section 6 교육공무원법

(1) 목적 및 정의

① **목적** … 교육을 통하여 국민 전체에게 봉사하는 교육공무원의 직무와 책임의 특수성에 비추어 그 자격·임용·보수·연수 및 신분보장 등에 관하여 교육공무원에게 적용할 「국가공무원법」 및 「지방공무원법」에 대한 특례를 규정함을 목적으로 한다.

② **정의**
   ㉠ **교육공무원**
   - 교육기관에 근무하는 교원 및 조교
   - 교육행정기관에 근무하는 장학관 및 장학사
   - 교육기관, 교육행정기관 또는 교육연구기관에 근무하는 교육연구관 및 교육연구사

   ㉡ **교육기관** : 다음의 어느 하나에 해당하는 국립 또는 공립의 학교 또는 기관
   - 「유아교육법」의 유치원, 「초·중등교육법」 및 「고등교육법」의 학교
   - 교육공무원의 재교육과 연수를 위하여 설치한 연수기관

기출문제

기출문제

문 교원 인사이동에 대한 설명으로 옳지 않은 것은?
▶ 2025. 4. 5. 국가직

① 승진은 동일 직렬 내에서의 직위 상승을 의미한다.
② 전직은 종류와 자격을 달리하는 임용이다.
③ 전보는 같은 직위 및 자격에서 근무기관이나 부서를 달리하는 임용이다.
④ 전직은 수직적 이동이고 전보는 수평적 이동이다.

- 교육 관계 법령이나 교육 관계 조례에 따라 설치된 학생수련기관 등 교육연수기관
- ⓒ **교육행정기관** : 국가교육위원회, 교육부 및 그 소속 기관과 특별시·광역시·특별자치시·도 또는 특별자치도의 교육 관서
- ⓔ **임용** : 신규채용, 승진, 승급, 전직(轉職), 전보(轉補), 겸임, 파견, 강임(降任), 휴직, 직위해제, 정직(停職), 복직, 면직, 해임 및 파면
- ⓜ **직위** : 1명의 교육공무원에게 부여할 수 있는 직무와 책임
- ⓗ **전직** : 교육공무원의 종류와 자격을 달리하여 임용하는 것
- ⓢ **전보** : 교육공무원을 같은 직위 및 자격에서 근무기관이나 부서를 달리하여 임용하는 것
- ⓞ **강임** : 같은 종류의 직무에서 하위 직위에 임용하는 것
- ⓩ **복직** : 휴직, 직위해제 또는 정직 중에 있는 교육공무원을 직위에 복귀시키는 것

(2) 교사의 자격

교사는 「유아교육법」 제22조 제2항 및 「초·중등교육법」 제21조 제2항에 따른 자격이 있는 사람이어야 한다.

① 「유아교육법」 제22조 제2항 … 교사는 정교사(1급·2급)·준교사로 나뉘되, 자격기준에 해당하는 사람으로서 대통령령으로 정하는 바에 따라 교육부장관이 검정·수여하는 자격증을 받은 사람이어야 한다.

ⓐ 정교사 1급
- 유치원 정교사(2급)자격증을 가진 자로서 3년 이상의 교육경력을 가지고 소정의 재교육을 받은 자
- 유치원 정교사(2급)자격증을 가지고 교육대학원 또는 교육부장관이 지정하는 대학원의 교육과에서 유치원 교육과정을 전공하여 석사학위를 받은 자로서 1년 이상의 교육경력이 있는 자

ⓑ 정교사 2급
- 대학에 설치하는 유아교육과 졸업자
- 대학(전문대학 및 이와 동등 이상의 각종 학교와 「평생교육법」에 따른 전문대학 학력인정 평생교육시설을 포함)졸업 자로서 재학 중 소정의 보육과 교직학점을 취득한 자
- 교육대학원 또는 교육부장관이 지정하는 대학원의 교육과에서 유치원 교육과정을 전공하고 석사학위를 받은 자
- 유치원 준교사자격증을 가진 자로서 2년 이상의 교육경력을 가지고 소정의 재교육을 받은 자

ⓒ 준교사 : 유치원 준교사 자격검정에 합격한 자

|정답 ④

② 「초·중등교육법」 제21조 제2항 … 교사는 정교사(1급·2급), 준교사, 전문상담교사(1급·2급), 사서교사(1급·2급), 실기교사, 보건교사(1급·2급) 및 영양교사(1급·2급)로 나누되, 자격 기준에 해당하는 사람으로서 대통령령으로 정하는 바에 따라 교육부장관이 검정·수여하는 자격증을 받은 사람이어야 한다.

㉠ 정교사 1급

학교	기준
중등학교	• 중등학교의 정교사(2급) 자격증을 가지고 교육대학원 또는 교육부장관이 지정하는 대학원 교육과에서 석사학위를 받은 사람으로서 1년 이상의 교육경력이 있는 사람 • 중등학교 정교사 자격증을 가지지 아니하고 교육대학원 또는 교육부장관이 지정하는 대학원 교육과에서 석사학위를 받은 후 교육부장관으로부터 중등학교 정교사(2급) 자격증을 받은 사람으로서 3년 이상의 교육경력이 있는 사람 • 중등학교의 정교사(2급) 자격증을 가진 사람으로서 3년 이상의 교육경력을 가지고 일정한 재교육을 받은 사람 • 교육대학·전문대학의 교수·부교수로서 3년 이상의 교육경력이 있는 사람
초등학교	• 초등학교 정교사(2급) 자격증을 가진 사람으로서 3년 이상의 교육경력을 가지고 일정한 재교육을 받은 사람 • 초등학교 정교사(2급) 자격증을 가진 사람으로서 교육경력이 3년 이상이고, 방송통신대학 초등교육과를 졸업한 사람 • 초등학교 정교사(2급) 자격증을 가지고 교육대학원 또는 교육부장관이 지정하는 대학원의 교육과에서 초등교육과정을 전공하여 석사학위를 받은 사람으로서 1년 이상의 교육경력이 있는 사람
특수학교	• 특수학교 정교사(2급) 자격증을 가지고 3년 이상의 교육경력이 있는 사람으로서 일정한 재교육을 받은 사람 • 특수학교 정교사(2급) 자격증을 가지고 1년 이상의 교육경력이 있는 사람으로서 교육대학원 또는 교육부장관이 지정하는 대학원에서 특수교육을 전공하고 석사학위를 받은 사람 • 유치원·초등학교 또는 중등학교 정교사(1급) 자격증을 가지고 필요한 보수교육을 받은 사람 • 유치원·초등학교 또는 중등학교 정교사(2급) 자격증을 가지고 1년 이상의 교육경력이 있는 사람으로서 교육대학원 또는 교육부장관이 지정하는 대학원에서 특수교육을 전공하고 석사학위를 받은 사람

기출문제

기출문제

ⓒ 정교사 2급

학교	기준
중등학교	• 사범대학을 졸업한 사람 • 교육대학원 또는 교육부장관이 지정하는 대학원 교육과에서 석사학위를 받은 사람 • 임시 교원양성기관을 수료한 사람 • 대학에 설치하는 교육과를 졸업한 사람 • 대학·산업대학을 졸업한 사람으로서 재학 중 일정한 교직과(敎職科) 학점을 취득한 사람 • 중등학교 준교사 자격증을 가진 사람으로서 2년 이상의 교육경력을 가지고 일정한 재교육을 받은 사람 • 초등학교의 준교사 이상의 자격증을 가지고 대학을 졸업한 사람 • 교육대학·전문대학의 조교수로서 2년 이상의 교육경력이 있는 사람 • 산학겸임교사 등(명예교사는 제외)의 자격기준을 갖춘 사람으로서 임용권자의 추천과 교육감의 전형을 거쳐 교육감이 지정하는 대학 또는 교원연수기관에서 대통령령으로 정하는 교직과목과 학점을 이수한 사람
초등학교	• 교육대학을 졸업한 사람 • 사범대학을 졸업한 사람으로서 초등교육과정을 전공한 사람 • 교육대학원 또는 교육부장관이 지정하는 대학원의 교육과에서 초등교육과정을 전공하고 석사학위를 받은 사람 • 초등학교 준교사 자격증을 가진 사람으로서 2년 이상의 교육경력을 가지고 일정한 재교육을 받은 사람 • 중등학교 교사자격증을 가진 사람으로서 필요한 보수교육을 받은 사람 • 전문대학을 졸업한 사람 또는 이와 같은 수준 이상의 학력이 있다고 인정되는 사람을 입소 자격으로 하는 임시 교원양성기관을 수료한 사람 • 초등학교 준교사 자격증을 가진 사람으로서 교육경력이 2년 이상이고 방송통신대학 초등교육과를 졸업한 사람
특수학교	• 교육대학 및 사범대학의 특수교육과를 졸업한 사람 • 대학·산업대학의 특수교육 관련 학과를 졸업한 사람으로서 재학 중 일정한 교직과정을 마친 사람 • 대학·산업대학의 특수교육 관련 학과를 졸업한 사람으로서 교육대학원 또는 교육부장관이 지정하는 대학원에서 특수교육을 전공하고 석사학위를 받은 사람 • 유치원·초등학교 또는 중등학교 정교사(2급) 자격증을 가지고 필요한 보수교육을 받은 사람 • 유치원·초등학교 또는 중등학교 정교사(2급) 자격증을 가지고 교육대학원 또는 교육부장관이 지정하는 대학원에서 특수교육을 전공하고 석사학위를 받은 사람 • 특수학교 준교사 자격증을 가지고 2년 이상의 교육경력이 있는 사람으로서 일정한 재교육을 받은 사람 • 유치원·초등학교·중등학교 또는 특수학교 준교사 자격증을 가지고 2년 이상의 교육경력이 있는 사람으로서 교육대학원 또는 교육부장관이 지정하는 대학원에서 특수교육을 전공하고 석사학위를 받은 사람

(3) 임용의 원칙

① 교육공무원의 임용은 그 자격, 재교육성적, 근무성적, 그 밖에 실제 증명되는 능력에 의하여 한다.

② 교육공무원의 임용은 교원으로서의 자격을 갖추고 임용을 원하는 모든 사람에게 능력에 따른 균등한 임용의 기회가 보장되어야 한다.

Point 팁 기간제교원〈교육공무원법 제32조 제1항〉… 고등학교 이하 각급학교 교원의 임용권자는 다음 각 호의 어느 하나에 해당하는 경우에는 예산의 범위에서 기간을 정하여 교원 자격증을 가진 사람을 교원으로 임용할 수 있다.
  ㉠ 교원이 제44조(휴직) 제1항 각 호의 어느 하나의 사유로 휴직하게 되어 후임자의 보충이 불가피한 경우
  ㉡ 교원이 파견·연수·정직·직위해제 등 대통령령으로 정하는 사유로 직무를 이탈하게 되어 후임자의 보충이 불가피한 경우
  ㉢ 특정 교과를 한시적으로 담당하도록 할 필요가 있는 경우
  ㉣ 교육공무원이었던 사람의 지식이나 경험을 활용할 필요가 있는 경우
  ㉤ 유치원 방과후 과정을 담당하도록 할 필요가 있는 경우

(4) 신분보장·징계

① 교권의 존중과 신분보장
  ㉠ 교권은 존중되어야 하며, 교원은 그 전문적 지위나 신분에 영향을 미치는 부당한 간섭을 받지 아니한다.
  ㉡ 교육공무원은 형의 선고나 징계처분 또는 이 법에서 정하는 사유에 의하지 아니하고는 본인의 의사에 반하여 강임·휴직 또는 면직을 당하지 아니한다.
  ㉢ 교육공무원은 권고에 의하여 사직을 당하지 아니한다.

② 징계
  ㉠ 중징계 : 파면·해임·강등 또는 정직
  ㉡ 경징계 : 감봉 또는 견책

(5) 교원 등의 연수에 관한 규정

① 직무연수
  ㉠ 교원능력개발평가 결과 직무수행능력 향상이 필요하다고 인정되는 교원을 대상으로 실시하는 직무연수
  ㉡ 「교육공무원법」에 따라 복직하려는 교원을 대상으로 실시하는 직무연수
  ㉢ 그 밖에 교육의 이론·방법 연구 및 직무수행에 필요한 능력 배양을 위한 직무연수

기출문제

문 「교육공무원법」상 고등학교 이하 각급학교 기간제 교원으로 임용할 수 있는 경우가 아닌 것은?
▶ 2019. 6. 15. 교육행정직

① 교원이 병역복무를 사유로 휴직하게 되어 후임자의 보충이 불가피한 경우
② 특정 교과를 한시적으로 담당하도록 할 필요가 있는 경우
③ 유치원 방과 후 과정을 담당하도록 할 필요가 있는 경우
④ 학부모의 요구가 있는 경우

정답 ④

기출문제

문 2급 정교사인 사람이 1급 정교사가 되고자 할 때 받아야 하는 연수는?
▶ 2019. 4. 6. 인사혁신처

① 직무연수
② 자격연수
③ 특별연수
④ 지정연수

② 자격연수 … 「유아교육법」 제22조 제1항부터 제3항까지, 같은 법 별표 1 및 별표 2, 「초·중등교육법」 제21조 제1항부터 제3항까지, 같은 법 별표 1 및 별표 2에 따른 교원의 자격을 취득하기 위한 자격연수

㉠ 「유아교육법」 제22조 제1항부터 제3항
- 원장 및 원감은 별표 1의 자격기준에 해당하는 사람으로서 대통령령으로 정하는 바에 따라 교육부장관이 검정·수여하는 자격증을 받은 사람이어야 한다.
- 교사는 정교사(1급·2급)·준교사로 나누되, 자격 기준에 해당하는 사람으로서 대통령령으로 정하는 바에 따라 교육부장관이 검정·수여하는 자격증을 받은 사람이어야 한다.
- 수석교사는 위의 자격증을 소지한 사람으로서 15년 이상의 교육경력을 가지고 교수·연구에 우수한 자질과 능력을 가진 사람 중에서 대통령령으로 정하는 바에 따라 교육부장관이 정하는 연수 이수 결과를 바탕으로 검정·수여하는 자격증을 받은 사람이어야 한다.

㉡ 「초·중등교육법」 제21조 제1항부터 제3항
- 교장과 교감은 자격 기준에 해당하는 사람으로서 대통령령으로 정하는 바에 따라 교육부장관이 검정(檢定)·수여하는 자격증을 받은 사람이어야 한다.
- 교사는 정교사(1급·2급), 준교사, 전문상담교사(1급·2급), 사서교사(1급·2급), 실기교사, 보건교사(1급·2급) 및 영양교사(1급·2급)로 나누되, 자격 기준에 해당하는 사람으로서 대통령령으로 정하는 바에 따라 교육부장관이 검정·수여하는 자격증을 받은 사람이어야 한다.
- 수석교사는 위의 자격증을 소지한 사람으로서 15년 이상의 교육경력을 가지고 교수·연구에 우수한 자질과 능력을 가진 사람 중에서 대통령령으로 정하는 바에 따라 교육부장관이 정하는 연수 이수 결과를 바탕으로 검정·수여하는 자격증을 받은 사람이어야 한다.

section 7 지방교육자치에 관한 법률

(1) 목적

교육의 자주성 및 전문성과 지방교육의 특수성을 살리기 위하여 지방자치단체의 교육·과학·기술·체육 그 밖의 학예에 관한 사무를 관장하는 기관의 설치와 그 조직 및 운영 등에 관한 사항을 규정함으로써 지방교육의 발전에 이바지함을 목적으로 한다.

|정답 ②

(2) 교육감

시·도의 교육·학예에 관한 사무의 집행기관으로 시·도에 교육감을 둔다. 교육감은 교육·학예에 관한 소관 사무로 인한 소송이나 재산의 등기 등에 대하여 당해 시·도를 대표한다.

① 관장사무
   ㉠ 조례안의 작성 및 제출에 관한 사항
   ㉡ 예산안의 편성 및 제출에 관한 사항
   ㉢ 결산서의 작성 및 제출에 관한 사항
   ㉣ 교육규칙의 제정에 관한 사항
   ㉤ 학교, 그 밖의 교육기관의 설치·이전 및 폐지에 관한 사항
   ㉥ 교육과정의 운영에 관한 사항
   ㉦ 과학·기술교육의 진흥에 관한 사항
   ㉧ 평생교육, 그 밖의 교육·학예진흥에 관한 사항
   ㉨ 학교체육·보건 및 학교환경정화에 관한 사항
   ㉩ 학생통학구역에 관한 사항
   ㉪ 교육·학예의 시설·설비 및 교구(敎具)에 관한 사항
   ㉫ 재산의 취득·처분에 관한 사항
   ㉬ 특별부과금·사용료·수수료·분담금 및 가입금에 관한 사항
   ㉭ 기채(起債)·차입금 또는 예산 외의 의무부담에 관한 사항
   ⓐ 기금의 설치·운용에 관한 사항
   ⓑ 소속 국가공무원 및 지방공무원의 인사관리에 관한 사항
   ⓒ 그 밖에 당해 시·도의 교육·학예에 관한 사항과 위임된 사항

② **교육감의 임기** … 교육감의 임기는 4년으로 하며, 교육감의 계속 재임은 3기에 한정한다.

③ **겸직의 제한**
   ㉠ 교육감은 다음의 어느 하나에 해당하는 직을 겸할 수 없다.
   • 국회의원·지방의회의원
   • 「국가공무원법」에 규정된 국가공무원과 「지방공무원법」에 규정된 지방공무원 및 「사립학교법」의 규정에 따른 사립학교의 교원
   • 사립학교경영자 또는 사립학교를 설치·경영하는 법인의 임·직원
   ㉡ 교육감이 당선 전부터 겸직이 금지된 직을 가진 경우에는 임기개시일 전일에 그 직에서 당연 퇴직된다.

④ **교육감의 소환** … 주민은 교육감을 소환할 권리를 가진다. 교육감에 대한 주민소환투표사무는 선거관리위원회가 관리한다.

기출문제

문 『지방교육자치에 관한 법률』상 교육감에 대한 설명으로 옳지 않은 것은?
▶ 2022. 6. 18. 교육행정직

① 시·도의 교육·학예에 관한 사무의 집행기관이다.
② 교육·학예에 관한 교육규칙의 제정에 관한 사항을 관장한다.
③ 교육감후보자가 되려면 교육경력과 교육행정경력을 각각 최소 1년 이상 갖추어야 한다.
④ 주민은 교육감을 소환할 권리를 가진다.

정답 ③

PART 15 관련 법령

기출문제

문 우리나라의 현행 지방교육자치 제도에 대한 설명으로 옳은 것은?
▶ 2021. 6. 5. 지방직 시·도교육청
① 부교육감은 대통령이 임명한다.
② 교육감의 임기는 4년이며 2기에 걸쳐 재임할 수 있다.
③ 지방교육자치제의 실시 단위는 시·군·구 기초자치단체를 단위로 한다.
④ 시·도 교육청에 교육위원회를 두고 교육의원은 주민이 직접 선거하여 선출한다.

문 「지방교육자치에 관한 법률」상 교육지원청에 대한 내용으로 옳지 않은 것은?
▶ 2025. 6. 21. 제1회 지방직
① 교육지원청의 관할구역과 명칭은 대통령령으로 정한다.
② 교육지원청에 교육장을 두되 장학관으로 보하고, 그 임용에 관하여 필요한 사항은 대통령령으로 정한다.
③ 교육지원청은 지방의 교육·학예에 관한 사무를 담당하기 위해 설치된 하급교육행정기관으로 특별시·광역시에는 설치할 수 없다.
④ 시·도의 교육·학예에 관한 사무를 분장하기 위하여 1개 또는 2개 이상의 시·군 및 자치구를 관할구역으로 하는 하급교육행정기관으로서 교육지원청을 둔다.

┃정답 ①, ③

⑤ 교육규칙의 제정
  ㉠ 교육감은 법령 또는 조례의 범위 안에서 그 권한에 속하는 사무에 관하여 교육규칙을 제정할 수 있다.
  ㉡ 교육감은 대통령령이 정하는 절차와 방식에 따라 교육규칙을 공포하여야 하며, 교육규칙은 특별한 규정이 없는 한 공포한 날부터 20일이 경과함으로써 효력을 발생한다.

⑥ 직원의 임용 … 교육감은 소속 공무원을 지휘·감독하고 법령과 조례·교육규칙으로 정하는 바에 따라 그 임용·교육훈련·복무·징계 등에 관한 사항을 처리한다.

(3) 보조기관

① 부교육감의 배치 및 임명
  ㉠ 교육감 소속하에 국가공무원으로 보하는 부교육감 1인(인구 800만 명 이상이고 학생 150만 명 이상인 시·도는 2인)을 두되, 대통령령으로 정하는 바에 따라 「국가공무원법」의 규정에 따른 고위공무원단에 속하는 일반직공무원 또는 장학관으로 보한다.
  ㉡ 부교육감은 해당 시·도의 교육감이 추천한 사람을 교육부장관의 제청으로 국무총리를 거쳐 대통령이 임명한다.

② 부교육감의 업무
  ㉠ 부교육감은 교육감을 보좌하여 사무를 처리한다.
  ㉡ 부교육감 2인을 두는 경우에 그 사무 분장에 관한 사항은 대통령령으로 정한다. 이 경우 그중 1인으로 하여금 특정 지역의 사무를 담당하게 할 수 있다.

③ 보조기관의 지정
  ㉠ 교육감 소속하에 보조기관을 두되, 그 설치·운영 등에 관하여 필요한 사항은 대통령령으로 정한 범위 안에서 조례로 정한다.
  ㉡ 교육감은 보조기관의 설치·운영에 있어서 합리화를 도모하고 다른 시·도와의 균형을 유지하여야 한다.

(4) 하급교육행정기관

① 하급교육행정기관의 설치
  ㉠ 시·도의 교육·학예에 관한 사무를 분장하기 위하여 1개 또는 2개 이상의 시·군 및 자치구를 관할구역으로 하는 하급교육행정기관으로서 교육지원청을 둔다.
  ㉡ 교육지원청의 관할구역과 명칭은 대통령령으로 정한다.
  ㉢ 교육지원청에 교육장을 두되 장학관으로 보하고, 그 임용에 관하여 필요한 사항은 대통령령으로 정한다.

ⓔ 교육지원청의 조직과 운영 등에 관하여 필요한 사항은 대통령령으로 정한다.
② **교육장의 분장 사무** … 교육장은 시·도의 교육·학예에 관한 사무 중 다음의 사무를 위임받아 분장한다.
  ㉠ 공·사립의 유치원·초등학교·중학교·고등공민학교 및 이에 준하는 각종 학교의 운영·관리에 관한 지도·감독
  ㉡ 그 밖에 조례로 정하는 사무

(5) 교육재정

① **교육·학예에 관한 경비** … 교육·학예에 관한 경비는 다음의 재원으로 충당한다.
  ㉠ 교육에 관한 특별부과금·수수료 및 사용료
  ㉡ 지방교육재정교부금
  ㉢ 해당지방자치단체의 일반회계로부터의 전입금
  ㉣ 유아교육지원특별회계에 따른 전입금
  ㉤ ㉠부터 ㉣까지 외의 수입으로서 교육·학예에 속하는 수입

② **의무교육경비**
  ㉠ 의무교육에 종사하는 교원의 보수와 그 밖의 의무교육에 관련되는 경비는 「지방교육재정교부금법」에서 정하는 바에 따라 국가 및 지방자치단체가 부담한다.
  ㉡ ㉠의 규정에 따른 의무교육 외의 교육에 관련되는 경비는 「지방교육재정교부금법」에서 정하는 바에 따라 국가·지방자치단체 및 학부모 등이 부담한다.

③ **교육비특별회계** … 시·도의 교육·학예에 관한 경비를 따로 경리하기 위하여 해당지방자치단체에 교육비특별회계를 둔다.

④ **교육비의 보조** … 국가는 예산의 범위 안에서 시·도의 교육비를 보조하며, 국가의 교육비보조에 관한 사무는 교육부장관이 관장한다.

⑤ **특별부과금의 부과·징수** … 특별부과금은 특별한 재정수요가 있을 때에 조례로 정하는 바에 따라 부과·징수하며, 특별부과가 필요한 경비의 총액을 초과하여 부과할 수 없다.

section 8 공교육 정상화 촉진 및 선행교육 규제에 관한 특별법

(1) 목적 및 정의

① **목적** … 「초·중등교육법」에 따라 공교육을 담당하는 초·중·고등학교의 교육과정이 정상적으로 운영되도록 하기 위하여 교육관련기관의 선행교육 및 선행

기출문제

❓ 우리나라의 현행 교육재정의 구조에 대한 설명으로 옳지 않은 것은?
▶ 2021. 4. 17. 인사혁신처

① 국가가 지방자치단체에 교부하는 교부금은 보통교부금과 특별교부금으로 나눈다.
② 교육부의 일반회계와 특별회계는 정부가 교육과 학예 활동을 위해 투자하는 예산을 말한다.
③ 교육부 일반회계의 세출 내역 중에서 가장 규모가 큰 것은 지방교육재정교부금이다.
④ 시·도교육비 특별회계의 세입 중에서 가장 큰 비중을 차지하는 것은 지방자치단체 일반회계로부터의 전입금이다.

정답 ④

PART 15 관련 법령

기출문제

문 「공교육 정상화 촉진 및 선행교육 규제에 관한 특별법」에서 금지하는 행위에 포함되지 않는 것은?
▶ 2016. 4. 9. 인사혁신처

① 지필평가, 수행평가 등 학교 시험에서 학생이 배운 학교교육과정의 범위와 수준을 벗어난 내용을 출제하여 평가하는 행위
② 각종 교내 대회에서 학생이 배운 학교교육과정의 범위와 수준을 벗어난 내용을 출제하여 평가하는 행위
③ 「영재교육 진흥법」에 따른 영재교육기관에서 학교교육과정의 범위와 수준을 벗어난 내용으로 영재교육을 실시하는 행위
④ 대학의 입학전형에서 고등학교 교육과정의 범위와 수준을 벗어난 내용을 출제 또는 평가하는 대학별고사를 실시하는 행위

정답 ③

학습을 유발하는 행위를 규제함으로써 「교육기본법」에서 정한 교육 목적을 달성하고 학생의 건강한 심신 발달을 도모하는 것을 목적으로 한다.

② 정의
  ㉠ 교육관련기관: 「초·중등교육법」에 따른 학교 중 초등학교·중학교·고등학교·각종학교와 「고등교육법」에 따른 학교 및 그 밖에 다른 법률에 따른 고등교육기관을 말한다.
  ㉡ 선행교육: 교육관련기관이 다음에 따른 교육과정에 앞서서 편성하거나 제공하는 교육 일반을 말한다.
  • 국가교육과정: 「초·중등교육법」에 따라 국가교육위원회가 정한 초·중등학교 교육과정
  • 시·도교육과정: 「초·중등교육법」에 따라 특별시·광역시·특별자치시·도 및 특별자치도의 교육감이 정한 초·중등학교 교육과정
  • 학교교육과정: 「초·중등교육법」에 따라 편성·운영되는 단위학교 교육과정
  ㉢ 선행학습: 학습자가 국가교육과정, 시·도교육과정 및 학교교육과정에 앞서서 하는 학습을 말한다.

(2) 당사자의 책무

① 국가 및 지방자치단체의 책무
  ㉠ 국가 및 지방자치단체는 국가가 정한 교육목표와 내용에 맞게 학교가 교육과정을 편성·운영하고 그 내용에 대하여 공정하게 학생 평가를 할 수 있도록 지도·감독하여야 한다.
  ㉡ 국가 및 지방자치단체는 선행교육으로 인한 부작용을 예방·시정하기 위하여 조사·연구·분석·교육하고, 개선대책을 수립하는 등 필요한 법적·제도적 장치를 마련하여야 한다.
  ㉢ 국가 및 지방자치단체는 책무를 다하기 위하여 필요한 행정적·재정적 지원을 하고 적절한 조치를 취하여야 한다.

② 학교의 장의 책무
  ㉠ 학교의 장은 학생이 편성된 교육과정에 따른 교과용 도서의 내용을 충실히 익힐 수 있도록 하여야 한다.
  ㉡ 학교의 장은 해당 학교에서 선행교육을 실시하지 아니하도록 지도·감독하여야 한다.
  ㉢ 학교의 장은 학부모·학생·교원에게 선행교육 및 선행학습을 예방하기 위한 교육을 정기적으로 실시하여야 한다.
  ㉣ 학교의 장은 ㉢의 내용을 포함한 선행교육 및 선행학습 예방에 관한 계획을 수립·시행하여야 한다.

③ **교원의 책무** … 교원은 학생의 학습권 보호를 위하여 학생의 선행학습을 전제로 수업을 하여서는 아니 된다.
④ **학부모의 책무** … 학부모는 자녀가 학교의 교육과정에 따른 학교 수업 및 각종 활동에 성실히 참여할 수 있도록 지원하고, 학교의 정책에 협조하여야 한다.

(3) 선행교육 및 선행학습 유발행위 금지

① 학교는 국가교육과정 및 시·도교육과정에 따라 학교교육과정을 편성하여야 하며, 편성된 학교교육과정을 앞서는 교육과정을 운영하여서는 아니 된다. 방과후학교 과정도 또한 같다.
② 방과후학교 과정이 다음의 어느 하나에 해당하는 경우 편성된 학교교육과정을 앞서는 교육과정을 운영할 수 있다.
  ㉠ 「초·중등교육법」에 따른 고등학교에서 「초·중등교육법」에 따른 학교의 휴업일 중 편성·운영되는 경우
  ㉡ 「초·중등교육법」에 따른 중학교 및 고등학교 중 농산어촌 지역 학교 및 대통령령으로 정하는 절차 및 방법 등에 따라 지정하는 도시 저소득층 밀집 학교 등에서 운영되는 경우
③ 학교에서는 다음의 행위를 하여서는 아니 된다.
  ㉠ 지필평가, 수행평가 등 학교 시험에서 학생이 배운 학교교육과정의 범위와 수준을 벗어난 내용을 출제하여 평가하는 행위
  ㉡ 각종 교내 대회에서 학생이 배운 학교교육과정의 범위와 수준을 벗어난 내용을 출제하여 평가하는 행위
  ㉢ 그 밖에 이에 준하는 것으로서 대통령령으로 정하는 행위
④ 「학원의 설립·운영 및 과외교습에 관한 법률」에 따른 학원, 교습소 또는 개인 과외교습자는 선행학습을 유발하는 광고 또는 선전을 하여서는 아니 된다.

(4) 학교의 입학전형

① 학교별로 입학전형을 실시하는 학교 중에서 대통령령으로 정하는 학교의 입학전형은 그 내용과 방법이 해당 학교 입학 단계 이전 교육과정의 범위와 수준을 벗어나서는 아니 된다.
② 학교의 장은 입학전형을 실시하는 경우 해당 학교의 설립목적과 특성에 맞도록 학교생활기록부 기록을 반영하여야 한다.
③ 학교의 장은 입학전형을 실시하는 경우 다음의 내용을 반영하여서는 아니 된다.
  ㉠ 학교 밖 경시대회 실적
  ㉡ 각종 인증시험 성적

PART 15 관련 법령

기출문제

문 「학교폭력예방 및 대책에 관한 법률」상 학교폭력의 예방 및 대책에 대한 설명으로 옳지 않은 것은?
▶ 2023. 4. 8. 인사혁신처

① 학교 안뿐만 아니라 학교 밖에서 발생한 학생 간의 상해, 폭행, 협박, 따돌림 등도 이 법의 적용대상이다.
② 경미한 학교폭력사건의 경우 가해학생 및 그 보호자가 학교폭력대책심의위원회의 개최를 원하지 않으면 학교의 장은 자체적으로 해결할 수 있다.
③ 학교의 장은 학교폭력의 예방 및 대책 등을 위한 교직원 및 학부모에 대한 교육을 학기별로 1회 이상 실시하여야 한다.
④ 피해학생의 보호를 위한 조치에는 학내외 전문가에 의한 심리상담 및 조언, 일시보호, 치료 및 치료를 위한 요양, 학급교체 등이 있다.

┃정답┃ ②

ⓒ 각종 자격증
ⓔ 그 밖에 이에 준하는 것으로서 대통령령으로 정하는 사항

(5) 교육과정정상화심의위원회

① 국립학교 및 대학등의 선행교육 방지에 관한 주요 사항을 심사·의결하기 위하여 교육부장관 소속으로 교육과정정상화심의위원회를 둔다.
② 교육과정위원회는 다음의 사항을 심사·의결한다.
  ㉠ 국가교육과정 운영에 관한 사항
  ㉡ 선행교육 방지 대책에 관한 사항
  ㉢ 국립학교 및 대학등의 선행학습 영향평가에 관한 사항
  ㉣ 선행교육 또는 선행학습 유발행위 여부에 관한 사항
  ㉤ 그 밖에 교육부장관이 교육과정위원회에 요청한 사항
③ 교육과정위원회는 심의 결과를 지체 없이 교육부장관에게 통보하여야 하며, 교육부장관은 심의 결과에 따라야 한다. 다만, 심의 결과에 이의가 있는 경우에는 교육과정위원회에 재심을 요청할 수 있고, 그 재심 결과를 수용하여야 한다.
④ 교육과정위원회는 위원장 1명과 부위원장 1명을 포함하여 15명 이내의 위원으로 구성한다.
⑤ 위원은 다음의 어느 하나에 해당하는 사람 중에서 교육부장관이 임명하거나 위촉한다.
  ㉠ 교육부 또는 시·도교육청 소속 관계 공무원
  ㉡ 교육과정, 학습이론 및 대학 입학전형 등 관련 전문지식이 있는 사람
  ㉢ 학부모, 학부모단체 소속 회원, 그 밖에 학식과 경험이 풍부한 사람
⑥ 위원의 임기는 2년으로 하며, 1차에 한하여 연임할 수 있다. 다만, 공무원인 위원의 임기는 임명 당시의 직위에 재직하는 기간으로 한다.

section 9 학교폭력예방 및 대책에 관한 법률

(1) 목적 및 정의

① 목적…학교폭력의 예방과 대책에 필요한 사항을 규정함으로써 피해학생의 보호, 가해학생의 선도·교육 및 피해학생과 가해학생 간의 분쟁조정을 통하여 학생의 인권을 보호하고 학생을 건전한 사회구성원으로 육성함을 목적으로 한다.
② 정의
  ㉠ 학교폭력: 학교 내외에서 학생을 대상으로 발생한 상해, 폭행, 감금, 협박, 약취·유인, 명예훼손·모욕, 공갈, 강요·강제적인 심부름 및 성폭력, 따돌

림, 사이버폭력 등에 의하여 신체·정신 또는 재산상의 피해를 수반하는 행위를 말한다.
- 따돌림 : 학교 내외에서 2명 이상의 학생들이 특정인이나 특정집단의 학생들을 대상으로 지속적이거나 반복적으로 신체적 또는 심리적 공격을 가하여 상대방이 고통을 느끼도록 하는 모든 행위를 말한다.
- 사이버폭력 : 정보통신망을 이용하여 학생을 대상으로 발생한 따돌림, 딥페이크 영상 등(인공지능 기술 등을 이용하여 학생의 얼굴·신체 또는 음성을 대상으로 성적 욕망 또는 불쾌감을 유발할 수 있는 형태로 편집·합성·가공한 촬영물·영상물 또는 음성물을 말한다)을 제작·반포하는 행위 및 그 밖에 신체·정신 또는 재산상의 피해를 수반하는 행위를 말한다.

ⓒ **가해학생** : 가해자 중에서 학교폭력을 행사하거나 그 행위에 가담한 학생을 말한다.

ⓒ **피해학생** : 학교폭력으로 인하여 피해를 입은 학생을 말한다.

(2) 기본계획의 수립

① 교육부장관은 이 법의 목적을 효율적으로 달성하기 위하여 학교폭력의 예방 및 대책에 관한 정책 목표·방향을 설정하고, 이에 따른 학교폭력의 예방 및 대책에 관한 기본계획을 학교폭력대책위원회의 심의를 거쳐 수립·시행하여야 한다.

② 기본계획은 다음의 사항을 포함하여 5년마다 수립하여야 한다. 이 경우 교육부장관은 관계 중앙행정기관, 특별시·광역시·특별자치시·도·특별자치도의 교육감 등의 의견을 수렴하여야 한다.
  ㉠ 학교폭력의 근절을 위한 조사·연구·교육 및 계도
  ㉡ 피해학생에 대한 치료·재활 등의 지원
  ㉢ 학교폭력 관련 행정기관 및 교육기관 상호 간의 협조·지원
  ㉣ 전문상담교사의 배치 및 이에 대한 행정적·재정적 지원
  ㉤ 학교폭력의 예방과 피해학생 및 가해학생의 치료·교육을 수행하는 청소년 관련 단체 또는 전문가에 대한 행정적·재정적 지원
  ㉥ 그 밖에 학교폭력의 예방 및 대책을 위하여 필요한 사항

(3) 학교폭력대책위원회 및 학교폭력대책심의위원회

① **학교폭력대책위원회** … 학교폭력의 예방 및 대책에 관한 다음의 사항을 심의하기 위하여 국무총리 소속으로 학교폭력대책위원회를 둔다.
  ㉠ 학교폭력의 예방 및 대책에 관한 기본계획의 수립 및 시행에 대한 평가
  ㉡ 학교폭력과 관련하여 관계 중앙행정기관 및 지방자치단체의 장이 요청하는 사항
  ㉢ 학교폭력과 관련하여 교육청, 학교폭력대책지역위원회, 학교폭력대책지역협의회, 학교폭력대책심의위원회, 전문단체 및 전문가가 요청하는 사항

PART 15 관련 법령

기출문제

문 「학교폭력예방 및 대책에 관한 법률」상 내용으로 옳은 것은?
▶ 2014. 4. 19. 안전행정부

① 학교폭력 가해 중학생의 경우 퇴학처분이 가능하다.
② 학교의 장은 학교폭력과 관련한 개인정보 등을 경찰청장, 시·도경찰청장, 관할 경찰서장 및 관계 기관의 장에게 요청할 수 없다.
③ 교육감은 학교폭력의 실태를 파악하고 학교폭력에 대한 효율적인 예방대책을 수립하기 위하여 학교폭력 실태조사를 연 2회 이상 실시하여야 한다.
④ 교육감은 학교폭력대책자치위원회가 처리한 학교의 학교폭력빈도를 학교의 장에 대한 업무수행 평가에 부정적 자료로 사용할 수 있다.

|정답| ③

② 학교폭력대책심의위원회 ··· 학교폭력의 예방 및 대책에 관련된 사항을 심의하기 위하여 교육지원청에 학교폭력대책심의위원회를 둔다. 심의위원회는 학교폭력의 예방 및 대책 등을 위하여 다음의 사항을 심의한다.
㉠ 학교폭력의 예방 및 대책
㉡ 피해학생의 보호
㉢ 가해학생에 대한 교육, 선도 및 징계
㉣ 피해학생과 가해학생 간의 분쟁조정
㉤ 그 밖에 대통령령으로 정하는 사항

(4) 교육감의 임무

① 교육감은 시·도교육청에 학교폭력의 예방·대책 및 법률지원을 포함한 통합지원을 담당하는 전담부서를 설치·운영하여야 한다.
② 교육감은 관할 구역 안에서 학교폭력이 발생한 때에는 해당 학교의 장 및 관련 학교의 장에게 그 경과 및 결과의 보고를 요구할 수 있다.
③ 교육감은 관할 구역 안의 학교폭력이 관할 구역 외의 학교폭력과 관련이 있는 때에는 그 관할 교육감과 협의하여 적절한 조치를 취하여야 한다.
④ 교육감은 학교의 장으로 하여금 학교폭력의 예방 및 대책에 관한 실시계획을 수립·시행하도록 하여야 한다.
⑤ 교육감은 심의위원회가 처리한 학교의 학교폭력빈도를 학교의 장에 대한 업무수행 평가에 부정적 자료로 사용하여서는 아니 된다.
⑥ 교육감은 가해학생에 대한 조치에 따른 전학의 경우 그 실현을 위하여 필요한 조치를 취하여야 하며, 퇴학처분의 경우 해당 학생의 건전한 성장을 위하여 다른 학교 재입학 등의 적절한 대책을 강구하여야 한다.
⑦ 교육감은 대책위원회 및 지역위원회에 관할 구역 안의 학교폭력의 실태 및 대책에 관한 사항을 보고하고 공표하여야 한다. 관할 구역 밖의 학교폭력 관련 사항 중 관할 구역 안의 학교와 관련된 경우에도 또한 같다.
⑧ 교육감은 학교폭력의 실태를 파악하고 학교폭력에 대한 효율적인 예방대책을 수립하기 위하여 학교폭력 실태조사를 연 2회 이상 실시하고 그 결과를 공표하여야 한다.
⑨ 교육감은 학교폭력 등에 관한 조사, 상담, 치유프로그램 운영, 학생 치유·회복을 위한 보호시설 운영, 법률지원을 포함한 통합지원 등을 위한 전문기관을 설치·운영하여야 한다.
⑩ 교육감은 전담기구 구성원의 학교폭력 관련 전문성 향상을 위한 교육 등을 실시할 수 있다.

⑪ 교육감은 관할 구역에서 학교폭력이 발생한 때에 해당 학교의 장 또는 소속 교원이 그 경과 및 결과를 보고하면서 축소 및 은폐를 시도한 경우에는 징계위원회에 징계의결을 요구하여야 한다.
⑫ 교육감은 관할 구역에또는 소속 교원에게 상훈을 수여하거나 소속 교원의 근무성적 평정에 가산점을 부여할 수 있다.
⑬ 교육감은 학교의 장 및 교감을 대상으로 학교폭력 예방 및 대책 등에 관한 교육을 매년 1회 이상 실시하여야 한다.

(5) 학교폭력 조사·상담

① 교육감은 학교폭력 예방과 사후조치 등을 위하여 다음의 조사·상담 등을 수행할 수 있다.
  ㉠ 학교폭력 피해학생 상담 및 가해학생 조사
  ㉡ 필요한 경우 가해학생 학부모 조사
  ㉢ 학교폭력 예방 및 대책에 관한 계획의 이행 지도
  ㉣ 관할 구역 학교폭력서클 단속
  ㉤ 학교폭력 예방을 위하여 민간 기관 및 업소 출입·검사
  ㉥ 그 밖에 학교폭력 등과 관련하여 필요한 사항
② 조사 등의 결과는 학교의 장 및 보호자에게 통보하여야 한다.

(6) 학교폭력 예방교육

① 학교의 장은 학생의 육체적·정신적 보호와 학교폭력의 예방을 위한 학생들에 대한 교육(학교폭력의 개념·실태 및 대처방안 등을 포함)을 학기별로 1회 이상 실시하여야 한다.
② 학교의 장은 학교폭력의 예방 및 대책 등을 위한 교직원 및 학부모에 대한 교육을 학기별로 1회 이상 실시하여야 한다.
③ 학교의 장은 학교폭력을 예방하기 위하여 교사·학생·학부모 등 학교구성원이 학교폭력에 대한 책임을 인식하고 실천할 수 있도록 필요한 사항을 정하여 운영할 수 있다.
④ 학교의 장은 학교폭력 예방교육 프로그램의 구성 및 그 운용 등을 전담기구와 협의하여 전문단체 또는 전문가에게 위탁할 수 있다.
⑤ 교육장은 학교폭력 예방교육 프로그램의 구성과 운용계획을 학부모가 쉽게 확인할 수 있도록 휴대전화를 이용한 문자메시지 전송, 인터넷 홈페이지 게시 및 그 밖에 다양한 방법으로 학부모에게 홍보하여 참여가 활성화될 수 있도록 노력하여야 한다.
⑥ 교육부장관은 학교폭력 예방 및 대책 등에 관한 홍보영상을 제작하여 「방송법」에 따른 방송사업자에게 배포하고 송출을 요청할 수 있다.

> 기출문제

PART 15 관련 법령

기출문제

문 「학교폭력예방 및 대책에 관한 법률」상 중학교에서 발생한 학교폭력 문제 처리과정에서 중학생인 가해학생에 대해 취할 수 있는 조치가 아닌 것은?
▶ 2019. 6. 15. 교육행정직

① 출석정지
② 학급교체
③ 전학
④ 퇴학처분

정답 ④

(7) 피해학생의 보호

① 심의위원회는 피해학생의 보호를 위하여 필요하다고 인정하는 때에는 피해학생에 대하여 다음의 어느 하나에 해당하는 조치를 할 것을 교육장에게 요청할 수 있다. 다만, 학교의 장은 학교폭력사건을 인지한 경우 피해학생의 반대의사 등 대통령령으로 정하는 특별한 사정이 없으면 지체 없이 가해자와 피해학생을 분리하여야 하며, 피해학생이 긴급보호를 요청하는 경우에는 ㉠㉡㉢ 및 ㉤의 조치를 할 수 있다. 이 경우 학교의 장은 심의위원회에 즉시 보고하여야 한다.

㉠ 학내외 전문가에 의한 심리상담 및 조언
㉡ 일시보호
㉢ 치료 및 치료를 위한 요양
㉣ 학급교체
㉤ 그 밖에 피해학생의 보호를 위하여 필요한 조치

② 심의위원회는 조치를 요청하기 전에 피해학생 및 그 보호자에게 의견진술의 기회를 부여하는 등 적정한 절차를 거쳐야 한다.

③ 교육장은 조치의 요청이 있는 때에는 피해학생의 보호자의 동의를 받아 7일 이내에 해당 조치를 하여야 한다.

(8) 가해학생에 대한 조치

① 심의위원회는 피해학생의 보호와 가해학생의 선도·교육을 위하여 가해학생에 대하여 다음의 어느 하나에 해당하는 조치를 할 것을 교육장에게 요청하여야 하며, 각 조치별 적용 기준은 대통령령으로 정한다. 다만, 퇴학처분은 의무교육 과정에 있는 가해학생에 대하여는 적용하지 아니한다.

㉠ 피해학생에 대한 서면사과
㉡ 피해학생 및 신고·고발 학생에 대한 접촉, 협박 및 보복행위의 금지
㉢ 학교에서의 봉사
㉣ 사회봉사
㉤ 학내외 전문가, 교육감이 정한 기관에 의한 특별 교육이수 또는 심리치료
㉥ 출석정지
㉦ 학급교체
㉧ 전학
㉨ 퇴학처분

② 심의위원회가 교육장에게 가해학생에 대한 조치를 요청할 때 그 이유가 피해학생이나 신고·고발 학생에 대한 협박 또는 보복 행위일 경우에는 각 조치를 동시에 부과하거나 조치 내용을 가중할 수 있다.

section 10 독학에 의한 학위취득에 관한 법률

(1) 목적 및 국가의 임무

① 목적 … 독학자(獨學者)에게 학사학위(學士學位) 취득의 기회를 줌으로써 평생교육의 이념을 구현하고 개인의 자아실현과 국가·사회의 발전에 이바지하는 것을 목적으로 한다.

② 국가의 임무 … 국가는 독학자가 학사학위를 취득하는 데에 필요한 편의를 제공하여야 한다.

③ 시험의 실시기관
   ㉠ 교육부장관은 독학자에 대한 학위취득시험을 실시한다.
   ㉡ 시험의 실시에 필요한 사항은 대통령령으로 정한다.

(2) 응시자격 및 시험과목

① 응시자격
   ㉠ 시험에 응시할 수 있는 사람은 고등학교 졸업이나 이와 같은 수준 이상의 학력(學力)이 있다고 인정된 사람이어야 한다.
   ㉡ 과정별 인정시험에 관한 응시자격은 대통령령으로 정한다.

② 시험의 과정 및 과목
   ㉠ 시험의 과정
      • 교양과정 인정시험
      • 전공기초과정 인정시험
      • 전공심화과정 인정시험
      • 학위취득 종합시험
   ㉡ 시험과목 : 과정별 시험과목은 교육부장관이 정한다.

(3) 학위 수여 및 권한의 위임

① 학위 수여
   ㉠ 교육부장관은 학위취득 종합시험에 합격한 사람에게는 학위를 수여한다.
   ㉡ 국가평생교육진흥원장은 학위취득 종합시험의 합격증명, 학위증명, 그 밖에 필요한 증명서를 발급하고, 각종 증명서의 발급(발급수수료를 포함한다)에 필요한 사항은 교육부령으로 정한다.

② 권한의 위임 … 교육부장관은 대통령령으로 정하는 바에 따라 시험 실시, 학사 관리, 그 밖에 독학에 의한 학위취득에 관한 업무를 그 소속 기관의 장이나 국립학교(전문대학과 고등학교 이하의 각급학교는 제외한다)의 장에게 위임할 수 있다.

기출문제

문 「독학에 의한 학위취득에 관한 법률」의 내용으로 옳지 않은 것은?
▶ 2023. 6. 10. 교육행정직

① 국가는 독학자가 학사학위를 취득하는 데에 필요한 편의를 제공하여야 한다.
② 학위취득시험에 응시할 수 있는 사람은 고등학교 졸업이나 이와 같은 수준 이상의 학력이 있다고 인정된 사람이어야 한다.
③ 일정한 학력이나 자격이 있는 사람에 대하여는 학위취득 종합시험을 면제할 수 있다.
④ 교육부장관은 학위취득 종합시험에 합격한 사람에게는 학위를 수여한다.

정답 ③

단원평가 — 관련 법령

1 「초·중등교육법」상 학생의 징계와 인권보장에 대한 설명으로 틀린 것은?

① 학교의 장은 교육상 필요한 경우에는 법령과 학칙으로 정하는 바에 따라 학생을 징계할 수 있다.
② 의무교육을 받고 있는 학생도 퇴학시킬 수 있다.
③ 학교의 장은 학생을 징계하려면 그 학생이나 보호자에게 의견을 진술할 기회를 주는 등 적정한 절차를 거쳐야 한다.
④ 학교의 장은 「헌법」에 명시된 학생의 인권을 보장하여야 한다.

② 의무교육을 받고 있는 학생은 퇴학시킬 수 없다.

2 「교육기본법」상 다음의 내용은 교육의 어떤 성격과 관련되는가?

> 국가와 지방자치단체가 설립한 학교에서는 특정한 종교를 위한 종교교육을 하여서는 아니 된다.

① 자주성　　　　　　　　　② 전문성
③ 자율성　　　　　　　　　④ 중립성

교육의 중립성〈교육기본법 제6조〉
㉠ 교육은 교육 본래의 목적에 따라 그 기능을 다하도록 운영되어야 하며, 정치적·파당적 또는 개인적 편견을 전파하기 위한 방편으로 이용되어서는 아니 된다.
㉡ 국가와 지방자치단체가 설립한 학교에서는 특정한 종교를 위한 종교교육을 하여서는 아니 된다.

3 「평생교육법」상 평생교육에 대한 설명으로 틀린 것은?

① 모든 국민은 평생교육의 기회를 균등하게 보장받는다.
② 평생교육은 학습자의 자유로운 참여와 자발적인 학습을 기초로 이루어져야 한다.
③ 평생교육은 정치적 · 개인적 편견의 선전을 위한 방편으로 이용되어서는 아니 된다.
④ 평생교육과정을 통해서는 자격 및 학력인정을 받기 어렵다.

④ 일정한 평생교육과정을 이수한 자에게는 그에 상응하는 자격 및 학력인정 등 사회적 대우를 부여하여야 한다(평생교육법 제4조(평생교육의 이념) 제4항).

4 「지방교육자치에 관한 법률」상 교육감에 대한 설명으로 틀린 것은?

① 시·도의 교육·학예에 관한 사무의 집행기관으로 시·도에 교육감을 둔다.
② 교육감은 교육과정의 운영에 관한 사항을 관장한다.
③ 교육감은 국회의원과 겸직할 수 있다.
④ 교육감은 법의 범위 안에서 그 권한에 속하는 사무에 관하여 교육규칙을 제정할 수 있다.

③ 교육감은 국회의원 및 지방의회의원 등과 겸직할 수 없다.

5 다음 중 「초·중등교육법」에 따른 중등학교 정교사 1급의 자격을 갖춘 사람으로 볼 수 없는 것은?

① 중등학교의 정교사 2급 자격증을 가지고 교육대학원 또는 교육부장관이 지정하는 대학원 교육과에서 석사학위를 받은 사람으로서 1년 이상의 교육경력이 있는 사람
② 중등학교 정교사 자격증을 가지지 아니하고 교육대학원 또는 교육부장관이 지정하는 대학원 교육과에서 석사학위를 받은 후 교육부장관으로부터 중등학교 정교사 2급 자격증을 받은 사람으로서 3년 이상의 교육경력이 있는 사람
③ 중등학교의 정교사 2급 자격증을 가진 사람으로서 2년 이상의 교육경력을 가지고 일정한 재교육을 받은 사람
④ 교육대학·전문대학의 교수·부교수로서 3년 이상의 교육경력이 있는 사람

③ 중등학교의 정교사 2급 자격증을 가진 사람으로서 3년 이상의 교육경력을 가지고 일정한 재교육을 받은 사람(초·중등교육법 교사자격 기준[별표 2] 제21조 제2항 관련)

Answer 1.② 2.④ 3.④ 4.③ 5.③

단원평가

6 「공교육 정상화 촉진 및 선행교육 규제에 관한 특별법」상 입학전형을 실시하는 경우 반영하여서는 안 되는 내용이 아닌 것은?

① 학교생활기록부 기록
② 학교 밖 경시대회 실적
③ 각종 인증시험 성적
④ 각종 자격증

학교의 장은 입학전형을 실시하는 경우 해당 학교의 설립목적과 특성에 맞도록 학교생활기록부 기록을 반영하여야 하며, 학교 밖 경시대회 실적, 각종 인증시험 성적, 각종 자격증 등은 반영하여서는 아니 된다(공교육 정상화 촉진 및 선행교육 규제에 관한 특별법 제9조(학교의 입학전형 등) 제3항).

7 「학교폭력예방 및 대책에 관한 법률」에 따라 학교폭력대책심의위원회가 교육장에게 가해학생에 대한 조치로 요청하여야 하는 내용으로 가장 옳지 않은 것은?

① 피해학생에 대한 대면사과
② 학교에서의 봉사
③ 출석정지
④ 학급교체

① 피해학생에 대한 서면사과를 요청하여야 한다.

8 다음은 「평생교육법」 조항의 일부이다. 괄호 안에 들어가는 말은?

"평생교육"이란 학교의 정규교육과정을 제외한 학력보완교육, 성인 (　　　)교육, 직업능력 향상교육, 성인 진로개발역량 향상교육, 인문교양교육, 문화예술교육, 시민참여교육 등을 포함하는 모든 형태의 조직적인 교육활동을 말한다.

① 취업
② 문해
③ 의사소통
④ 정보통신

"평생교육"이란 학교의 정규교육과정을 제외한 학력보완교육, 성인 문해교육, 직업능력 향상교육, 성인 진로개발역량 향상교육, 인문교양교육, 문화예술교육, 시민참여교육 등을 포함하는 모든 형태의 조직적인 교육활동을 말한다(평생교육법 제2조(정의) 제1호).

9 다음은 초·중등교육법 시행령 제91조의 규정이다. ㉠과 ㉡에 들어갈 말은?

> ____㉠____은 소질과 적성 및 능력이 유사한 학생을 대상으로 특정분야의 인재양성을 목적으로 하는 교육 또는 자연현장실습 등 체험위주의 교육을 전문적으로 실시하는 고등학교(이하 "____㉡____"라 한다)를 지정·고시할 수 있다.

	㉠	㉡
①	교육부 장관	전문계고등학교
②	교육감	특성화고등학교
③	교육감	전문계고등학교
④	교육부 장관	특성화고등학교

 Point

특성화고등학교
㉠ 정의: 특정분야의 인재양성 및 체험위주의 교육을 전문적으로 실시하는 고등학교
㉡ 지정목적: 소질과 적성 및 능력이 우수한 학생을 대상으로 특정분야의 인재양성
㉢ 지정자: 교육감
㉣ 지정 내용 및 분야: 학교명·설치학과·학급 수·학생모집 지역 및 적용시기 등

10 「초·중등교육법」에 근거할 때, 학교회계에 대한 설명으로 옳은 것은?

① 학교의 장이 학교회계 세입세출예산안을 편성한다.
② 학교회계 세입세출예산안은 학교운영위원회에 제출하지 않아도 된다.
③ 학교발전기금으로부터 받은 전입금은 학교회계의 세입으로 할 수 없다.
④ 학교회계의 회계연도는 매년 1월 1일에 시작하여 12월 말일에 종료된다.

Point

①② 학교의 장은 회계연도마다 학교회계 세입세출예산안을 편성하여 회계연도가 시작되기 30일 전까지 제31조에 따른 학교운영위원회에 제출하여야 한다〈초·중등교육법 제30조의3(학교회계의 운영) 제2항〉.
③ 학교발전기금으로부터 받은 전입금은 학교회계의 세입으로 한다〈초·중등교육법 제30조의2(학교회계의 설치) 제2항 제3호〉.
④ 학교회계의 회계연도는 매년 3월 1일에 시작하여 다음 해 2월 말일에 끝난다〈초·중등교육법 제30조의3(학교회계의 운영) 제1항〉.

Answer 6.① 7.① 8.② 9.② 10.①

단원평가

11 「사립학교법」상 학교의 장의 임용에 관한 설명으로 틀린 것은?

① 법인인 사립학교경영자가 학교의 장인 경우에는 임기는 정관으로 정해야 한다.
② 초·중등학교의 장은 한 차례만 중임할 수 있다.
③ 각급 학교의 장은 그 주소지를 관할하는 시·도의 교육감이 임용한다.
④ 사인인 사립학교경영자의 경우에는 규칙으로 정하여야 하며, 4년을 초과할 수 없다.

③ 각급 학교의 장은 해당 학교를 설치·경영하는 학교법인 또는 사립학교경영자가 임용한다〈사립학교법 제53조(학교의 장의 임용) 제1항〉.

12 「사립학교법」상 임원에 관한 설명으로 틀린 것은?

① 학교법인에는 임원으로서 3명 이상의 감사를 두어야 한다.
② 유치원만을 경영하는 학교법인에는 임원으로서 5명 이상의 이사를 둘 수 있다.
③ 이사 중 1명은 정관에 따라 이사장이 된다.
④ 개방이사를 추천할 때에는 30일 이내에 추천을 완료하여야 한다.

학교법인에는 임원으로서 7명 이상의 이사와 2명 이상의 감사를 두어야 한다. 다만, 유치원만을 설치·경영하는 학교법인에는 임원으로서 5명 이상의 이사와 1명 이상의 감사를 둘 수 있다〈사립학교법 제14조(임원) 제1항〉.

13 「지방교육재정교부금법」에 대한 설명으로 틀린 것은?

① 지방교육재정교부금법의 목적은 지방자치단체가 필요한 재원을 국가가 교부하여 교육의 균형 있는 발전을 도모하는 데에 있다.
② 지방자치단체에 교부하는 교부금은 보통교부금과 특별교부금으로 나눈다.
③ 교육부장관은 국회 소관 상임위원회에 법이 정한 사항을 보고하여야 한다.
④ 기준재정수입액이란 지방교육 및 그 행정 운영에 관한 재정수요를 제6조에 따라 산정한 금액을 말한다.

④는 기준재정수요액을 설명한 것이다.
※ 기준재정수입이란: 교육·과학·기술·체육, 그 밖의 교육·학예에 관한 모든 재정수입으로서 제7조(기준재정수입액)에 따른 금액을 말한다〈지방교육재정교부금법 제2조(정의) 제2호〉.

14 「지방교육재정교부금법」상 교육부장관이 국회 소관 상임위원회에 보고하여야 할 기한은?

① 매년 3월 31일까지
② 매년 6월 30일까지
③ 매년 9월 30일까지
④ 매년 12월 31일까지

교부금의 보고〈지방교육재정교부금법 제12조〉… 교육부장관은 매년 3월 31일까지 다음 각 호의 사항을 국회 소관 상임위원회에 보고하여야 한다.
1. 보통교부금의 배분기준·배분내용·배분금액, 그 밖에 보통교부금의 운영에 필요한 주요사항
2. 특별교부금의 전년도 배분기준·배분내용·집행실적 등 특별교부금의 운영에 따른 결과

15 「독학에 의한 학위취득에 관한 법률」에 대한 설명으로 틀린 것은?

① 국가는 독학자가 학사학위를 취득하는 데에 필요한 편의를 제공하여야 한다.
② 독학자에 대한 학위취득시험은 시·도의 교육감이 실시한다.
③ 시험에 응시할 수 있는 사람은 고등학교 졸업이나 이와 같은 수준 이상의 학력이 있다고 인정된 사람이어야 한다.
④ 학위취득 종합시험에 합격한 사람에게는 교육부장관이 학위를 수여한다.

② 교육부장관은 독학자에 대한 학위취득시험을 실시한다〈독학에 의한 학위취득에 관한 법률 제3조(시험의 실시기관 등) 제1항〉.

자격증

한번에 따기 위한 서원각 교재

한 권에 준비하기 시리즈 / 기출문제 정복하기 시리즈를 통해 자격증 준비하자!